中铁西北科学研究院有限公司

青藏铁路
冻土环境和冻土工程

张鲁新　熊治文　韩龙武 ◎ 著

人民交通出版社
China Communications Press

内 容 提 要

本书从冻土和冻土工程的环境地质学属性介绍了青藏铁路冻土工程的研究方法、研究内容以及工程实践。全书共分6章,第1章为青藏铁路冻土环境,第2章为青藏铁路冻土工程次生环境,第3章为冻土环境和冻土工程研究方法,第4章为冷却地基思想和青藏铁路冻土工程,第5章为运营期冻土区线路变化和工程病害防治预警,第6章为青藏铁路冻土工程施工和建设管理技术。

本书可供冻土区工程建设勘察、设计、施工、运营管理人员参考使用。

图书在版编目(CIP)数据

青藏铁路冻土环境和冻土工程 / 张鲁新, 熊治文, 韩龙武著. -- 北京 : 人民交通出版社, 2011.8
ISBN 978-7-114-09193-3

Ⅰ. ①青… Ⅱ. ①张… ②熊… ③韩… Ⅲ. ①青藏高原—冻土区—铁路工程 Ⅳ. ①U21

中国版本图书馆CIP数据核字(2011)第110811号

Qingzang Tielu Dongtu Huanjing He Dongtu Gongcheng

书　　名: 青藏铁路冻土环境和冻土工程
著 作 者: 张鲁新　熊治文　韩龙武
责任编辑: 陈志敏　王　霞　付宇斌
出版发行: 人民交通出版社
地　　址: (100011)北京市朝阳区安定门外外馆斜街3号
网　　址: http://www.ccpress.com.cn
销售电话: (010)59757969、59757973
总 经 销: 人民交通出版社发行部
经　　销: 各地新华书店
印　　刷: 北京盛通印刷股份有限公司
开　　本: 787 x 1092　1/16
印　　张: 29.25
字　　数: 736千
版　　次: 2011年8月　第1版
印　　次: 2011年8月　第1次印刷
书　　号: ISBN 978-7-114-09193-3
定　　价: 88.00元

写在前面

中铁西北科学研究院走过了50年的艰辛历程,50年的历史始终是和青藏高原的探秘、对青藏铁路的向往休戚相关的。在50年短暂而漫长的探秘之路上,有贡献一生的前驱者,有仍然雄心壮志、奋斗不已并谆谆教诲后来者的中流砥柱,更有前赴后继、孜孜不倦追求的年轻一代,他们都给了我们写作这本书的责任和动力。而促使我们最终开始写作的是中铁西北科学研究院建院(所)50周年的特殊纪念日,作为在它的环境里成长的科学技术人员,感激的心情促使我们有责任和义务把中铁西北科学研究院青藏高原冻土研究、青藏铁路建设冻土工程研究的辉煌成就留存下来,因此写出这本书作为院庆的献礼。

一直不想写书,是因为我们对一些问题的认识还在探索、学习之中,写书在某种程度上可能是对某些问题形成定论,而对于冻土的认识我们始终认为都还是在探索,只不过探索路上的一些阶段性结论能够满足工程建设现阶段的需要而已,但是我们在冻土研究和实践的经历上具有的一些特殊性,我们对一些问题的思考和认识也许对读者有一定的借鉴意义。

我们中有曾经被冻土学界的师长们称作是承前启后者,我们感到这是一种责任;我们在青藏铁路建设中曾经被称作科学研究和工程建设之间的桥梁,这是一种义务。也许在别人看来写书是著书立说,可在我们来看是在书写历史——枯燥的数据和抽象的论述实际上跃动着无数前驱辉煌的身影,印记着无数默默无闻奉献者的艰辛。高原多年冻土研究是集体性很强的研究项目,任何的成功和成就都是在无数人奉献的基础上取得的,我们的写作仅仅是某种代言而已。

能够写成这本书,要感谢中铁西北科学研究院有限公司领导们的支持和鼓励,感谢师长们一直以来的教诲,感谢学生和朋友们的支持,感谢中铁西北科学研究院50年的研究历史提供给我们的大量写作素材。

参与青藏铁路建设工作的经历,给予了我们得天独厚的条件。大量科学研究、工程设计、工程实践、建设管理的第一手资料,同行们在青藏铁路建设过程共同进行的科学实验及工程实践,都为写作提供了大量的基础性数据和宝贵资料,在此也一并感谢。

基于本书读者是具有一定研究和实践经历的科学研究人员和工程技术人员,书中对于冻土和冻土工程的一般基础性知识不再赘述,而侧重于从冻土和冻土工程的环境地质学属性介绍青藏铁路冻土工程的研究方法和研究内容以及工程实践。

著书立说多是经典性理论和总结，供大家使用和接受，但是本书实际上是我们分别在数十年不同阶段从事地质勘察、科学研究、设计咨询、工程施工和建设管理工作中，学习冻土、认识冻土和研究冻土的认知方法的探索和体会，希望能够成为大家的一种参考，如果能够在某些方面具有一定启迪作用，我们就心满意足了。

很抱歉没有沿循以往做法请尊敬的学者或师长为本书作序，是因为我们不想把这次写作当作著书立说，而仅仅把这当作自己的体会，既然是体会，还是平常一些为好。

尽管很努力地在写，在思考，但是仍然很不满意，欢迎批评指正。

写下上面的话和下面的书作为一次汇报，向培养、帮助、给予我们的中铁西北科学研究院有限公司（前铁道部科学研究院西北研究所）50 华诞表达真挚的心意。

作　者

2011 年 5 月

目　　录

绪论

冻土的神秘性是随着青藏铁路的建设进程和青藏铁路的通车运营逐渐揭示在广大民众面前的，而冻土的特殊性则是随着青藏铁路建设全过程中不断进行的科学研究，逐渐为科学技术人员所深刻认知，对于中国的冻土科学研究人员和工程技术人员，这一认知过程是通过几代人、几十年前赴后继的艰辛逐渐深化的。

冻土和冻土工程学科的特殊性，在很长一段时间被广泛强化，从而忽略了冻土和岩土、冻土工程和岩土工程之间的共同性。正确认识事物的个性和共性，区分矛盾的特殊性和普遍性，最终使我们认识到，冻土和各种类型的岩土一样，都是岩土工程领域的研究核心，冻土工程和其他岩土工程一样，研究目的都是保证建筑在各类岩土上面工程的安全。

冻土的特殊性主要是因为冻土的物理性质、化学性质和工程特性都与温度密切相关。常规土类的性质主要受其颗粒的矿物成分、密度和含水量的控制，这些因素一旦确定，土的性质就基本稳定。土的性质多表现为静态特性，冻土则不然，冻土特性除了与上述因素有关外，还受含冰量控制，而含冰量又直接与温度相关，它是随着温度的变化而改变的。气候的季节变化，引起冻土温度的变化，冻土的性质随温度呈现动态变化，因此，冻土的特殊性集中体现为它是一种对温度十分敏感而且性质不稳定的土体。

冻土和其他各类岩土的共同性表现在，它也是以变形和强度的变化来影响工程建筑稳定性的土体，岩土工程的基础研究方法和研究手段同样适用于冻土和冻土工程研究。

冻土研究主要涉及资源、材料、低温环境三类研究内容，在高原多年冻土区修建铁路中，冻土主要是作为一种材料和低温环境来进行研究的。

冻土作为铁路建筑物地基材料，主要研究在不同边界条件（温度、荷载）下，冻土的物理力学性质与建筑物的相互热、力作用以及冻土性质的改良。

将冻土作为铁路建筑的一种环境对待时，主要研究冻土与周围环境（大气和下垫面）的热、质交换及相互作用。

冻土作为建筑地基时，工程建筑区别于非冻土区的特点是：

（1）冻土为四相体系，其中冰的形成与存在，一方面起着土体颗粒的胶结作用，从而使冻土的强度比非冻结土的强度大的多；另一方面，冰是冻土土体的重要组成成分，可以改变土体的工程性质。

（2）地下冰的存在不但改变了土体的工程性质，地下冰作为冻土体的组分，其含量、部位及与土颗粒成分的组合关系，都极度地扮演了独有角色。时而与土颗粒组成高强度的土体，时而又以自身的特点表现出冰的性质，使冻土体成为多变特性的地基土。

(3)冻土体对温度具有特殊的敏感度。随着土体温度状态的变化，冻土体具有不同的工程特性，具有明显的随温度变化的函数关系，且随海拔高度、纬度、地质地理环境变化存在地温带的分布特征。

(4)冻土体具有异常脆弱的特点，地质地理环境的变化，特别是人类的热干扰将使冻土体产生强烈的变化。

(5)冻结与融化使地基土产生冻胀与融沉，随气候变化而周而复始地改变着地基土的工程性质，此两大问题是冻土区独特的工程特性。

(6)冷生冻土现象是冻土区形成区别于非冻土区的特殊不良地质现象，具有明显的随气候与热干扰而变化的特点。

冻土本身是自然地理和地质环境长期作用产生的处于相对平衡状态下的综合地质体，地质环境产生它，地质环境也在改变它，冻土的根本属性在于它的环境属性，即源于环境，受制于环境，最终也得益于环境。

青藏铁路建设冻土工程活动的实质，就是在改变着多年冻土的生存环境，研究冻土、改造冻土和利用冻土的最终结果是要这种生存环境的改变向着有利于冻土生存，有利于建筑物的稳定的方向发展。在这个工程活动的全过程中，环境本身也处在动态变化中，给冻土工程的研究、改造带来更多的不确定性，使这种研究和实践具有不可预见性，这正是冻土工程成为青藏铁路修建的核心技术难题的根源。

源自环境地质学理论的思路，冻土和冻土工程主要研究由于冻土工程活动引起的冻土环境的变化，以及这种变化所造成的影响。其目的是为了改造、利用和保护冻土环境以达到冻土工程稳定的目的。这种研究以其研究领域的广泛性、研究内容和方法的综合性、预测性和利用冻土环境的能动性而区别于传统的工程研究。回顾青藏铁路冻土工程及与之有关的研究，基本可以认为所有研究都是在查明冻土环境地质作用的基础上，探索冻土工程与冻土环境的相互作用，从定性分析到定量评价，由静态认识到动态观测，着重研究冻土环境的演化和它的发展趋势，提出合理的防治措施，为冻土工程设计提供科学依据。

作者从环境工程地质学理论角度分析，冻土是冻土工程存在的一种环境，冻土工程是冻土和自然环境进行能量交换和能量平衡的一种介质体，冻土工程结构上的特殊性使其传递能量、转换能量的效率和效果受控于自然环境。青藏铁路的冻土工程研究和建设实践究其本质讲，就是研究冻土环境、冻土工程环境、冻土和冻土工程受环境影响的过程及过程的控制，最终影响冻土工程的效果。

冻土环境和冻土工程之间还是一种依附和互动关系，冻土工程有时在强化冻土环境的作用，有时在弱化冻土环境的作用。冻土工程措施选取得当，冻土环境对冻土退化的作用被弱化，反之则被强化。这也是冻土区冷却型工程结构和保温型工程结构的区别所在。

冻土和冻土工程问题的环境属性决定了它的研究思路是把二者放在环境变化的背景下进行研究，冻土问题的复杂性和分异性决定了它的研究方法是以实体工程试验观测研究和冻土环境定位观测研究为主，理论的研究和预测都必须建立在冻土环境长期观测数据和冻土工程实体试验数据基础之上。

青藏铁路冻土区工程建设前后几十年的研究、勘察设计、工程施工和建设管理实践就是遵循这样的研究思路和研究方法取得了成功和进步。

第1章 青藏铁路冻土环境

环境工程地质学理论认为,任何研究主体的周围条件和状态都可以认为是其存在的环境。冻土本质上也是冻土工程的一种环境,而冻土和冻土工程对于自然环境来说,也可以是一个综合主体。因此,自然环境成为这个主体,同时也是冻土存在和发育的原生环境和原生动力。

冻土,是历史自然地质环境长期作用形成的综合地质体,这种历史自然地质环境主要指区域气候条件、地质构造、地表水、地下水、岩性、地貌、植被、雪盖等形成的综合自然地理地质环境,环境条件的动态变化使冻土处于一种动态变化和局地动态平衡状态。

冻土变化主要受环境气候条件控制,同时对环境气候条件的变化进程产生反馈,这种反馈的直接响应就是冻土层地温升高,活动层厚度增大,地下冰融化,多年冻土厚度变薄,与大气之间的水热交换状况随之发生深刻的变化,从而对寒区气候、水文水资源、生态和环境演变产生重大影响,使冻土工程依赖的环境条件发生复杂的不确定性变化,这些最终对冻土工程的稳定性和可靠性产生重大影响。

冻土环境问题包括冻土周围的自然环境,还包括冻土本身两个大的层次。冻土周围自然环境分为以下几个层面:影响冻土发育的能量来源因素,导致冻土发育差异性的局部因素;冻土本身包括的温度环境、活动层(即季节融化层)范围、水分变化等。

1.1 自然地理地质环境概述

青藏铁路穿越青藏高原中低纬度地区,地势高耸,平均海拔在4000m以上,线路中部地区海拔高程均在4500m以上。冻土地区 $-3.0\sim-7.0$℃的年平均气温,为多年冻土的发育提供了必要的环境温度条件。

青藏铁路在地质构造上,自北向南穿越东西走向的主要构造区(带)有:昆仑山褶皱带、可可西里—巴颜额拉山褶皱带、青南—三江 羌塘构造区、藏北构造区、喜马拉雅褶皱带。其间还可以细分为15个主要地貌单元。不同的地质构造和地形地貌以及区域气候条件成为多年冻土差异存在的重要环境因素。

在不同地质构造单元和地形地貌单元,水文地质条件、岩性、地表性状导致了冻土在环境气候条件下发生变化的分异性。

1.1.1 气温和降水

环境气温是冻土存在的能量条件,青藏铁路沿线气温受到纬度和海拔高度的影响。在经度和海拔相同的情况下,气温随纬度的增加而降低;在相同的经度和纬度下,气温随海拔的升高而降低。冻土区气温随着海拔的升高,气温逐渐降低,呈现明显的垂直地带性。观测和研究证明，海拔每升高100m，年平均气温下降0.5℃左右。表1-1列出了青藏铁路沿线多年冻土区代表性地段的多年平均气温观测数值。

青藏铁路沿线多年冻土区各地段多年平均气温表

表1-1

地　点	纬　度	海拔高程(m)	年平均气温(℃)	备　注
西大滩	35°44′	4350~4500	-2.0~-3.5	实测
昆仑山	35°40′	4800~5000	-3.5以下	实测
楚玛尔河	35°20′	4480~4500	-6.2	实测
五道梁	34°15′	4610	-6.5	实测
北麓河	34°27′	4620	-6.6	实测
沱沱河	34°20′	4700~5100	-4.4	实测
风火山	33°50′	4500~4700	-6.6	实测
通天河	33°30′	4800	-4.4	实测
布曲河谷地	33°10′	4800	-4.1	实测
温泉兵站	33°10′	4890	-4.7	温泉融区
唐古拉山	32°57′	4900~5300	-6.4	估算
安多谷地	32°10′	4780以下	-3.5	安多融区

注：资料摘自《青藏公路沿线多年冻土的温度和厚度》(李树德，1982)。

1)气温

青藏铁路沿线多年冻土区地处大陆内部，远离海洋，除唐古拉山以南部分地区受海洋性气候影响和北部柴达木内陆干旱气候影响外，绝大部分高原腹地具有独特的冰缘干旱气候特征，且随海拔并高而呈现明显的气候垂直分带性。区内寒冷干旱，气候多变，四季不明，空气稀薄，气压低，一年内冻结期长达7~8个月(每年9月至次年4、5月)。蒸发量远大于降雨量，高山地区降水以雪、霰、冰雹为主，广阔的高平原上则以降雨为主，60%~90%的降水在正温季节，冬季少雪，除个别的高山地区外，雪盖一般均不稳定且厚度小。风向以西北、西风为主，大风(≥8级)多集中于10月至次年4月间。

据高原上各气象站资料，沿线年平均气温为-2~-6.9℃，7月份气温最高，平均为6.5~8.1℃，1月份(有时12月份)气温最低，平均为-14.5~-17.4℃，年平均气温较差为15~26℃，极端较差不超过50℃。年内日平均较差为10~19℃，极端日较差为35℃。与我国东北多年冻土区相比，本区具有年较差小，日较差大的特点。

沿线大气透明度良好，云量少，太阳直射强，总辐射量大，日照时数较多，一般为2600~3000h/a。高原上海拔5000m以下地区辐射平衡年总量介于60~80kal/cm^2·a，成为全国辐射量最大的地区，而且各月总量均为正值。由于高原风大，每年感热通量占辐射平衡总量60%~80%，潜热通量占20%~30%，这两项消耗了地表热量的绝大部分。海拔5000m以下地表所获辐射量的绝大多数(98.8%)通过湍流交换以感热或潜热的形式向大气逸散，用于土壤增温和冻土融化的热量仅占1.2%，使得高原上近地面气温并没有显著升高，而地下土层处于低温状态。

沿线跨越了三个较大的自然气候区，即昆仑山以北干旱气候区、昆仑山至唐古拉山间的高原干旱气候区和唐古拉山以南高原亚干旱气候区。

干旱气候区(昆仑山以北地区)，以格尔木的气候特征为代表；高原干旱气候区，自昆仑山区逐渐进入青藏高原腹地，海拔升为4500m以上，气温逐渐降低，降雨量逐渐增加，蒸发量逐渐减少,气压降低为560～580mb,相对湿度增加到49%～52%,年平均风速为3.9～4.1m/s;唐古拉山以南高原亚干旱气候区气候特征略向温暖湿润方向转变,气压为587～652mb,相对湿度增加到54%,年平均风速为2.0～4.1m/s,总的来看,具有高寒半干旱—半湿润的气候特征。但由于沿线地域辽阔,高差悬殊,高原上的山区与高平原相比仍有明显差异。

昆仑山、可可西里、风火山、唐古拉山等山区,年平均气温在－6℃以下,10月至次年5月份长达8个月的时间为负温月份,降水量多集中在6～9月份,年蒸发量大于1300mm,风速大,风向多变。

青藏高原腹地高平原区,年平均气温为－4～－6℃,历年的10月至次年4月为负温月份,而各月的平均最低气温在－10℃以下。年降雨量在300mm左右。历年9月份至次年5月份多西风,6～8月份多偏北风。最大风速达30～31m/s,多出现在11月至次年3月份。

唐古拉山以南的安多谷地,地势虽然很高,海拔在4700m以上,但总的气候特征略向温暖湿润方向转变。年平均气温为－2.9℃,负温月份为10月至次年的4月。年降雨量为428.4mm,多集中在6～9月份,其中7、8、9三个月的降水量占全年总降水量的80%左右,年蒸发量为1782.9mm,年平均风速为4.3m/s。

青藏铁路经过的高原地区的年平均气温大部分在0℃以下,最低可达－7.5℃,而多年冻土地区的年平均气温则多在－2℃以下。一年中6～9月份的平均气温为正值,10月至次年5月气温为负值。七月份平均气温最高,约为5.0～6.0℃,1月份平均气温最低,约为－16.0～－20.0℃之间。一天当中白天气温增温快,而日落后气温逐渐降低,日温变化幅度大。晴天最高气温出现在15～16时,16时后开始降低,最低气温值出现在凌晨2时左右。即便是平均气温为正值的月份出现负温的天数也很多,因此高原有"长冬无夏"之说。

2)降水

水的传热特性使之成为冻土层以及冻土工程散热的重要影响因素。大气降水时间影响冻土工程结构的散热性能发挥,降水量最终影响季节融化层中水分状况,也将影响冻土工程散热效率。青藏铁路沿线寒季降雪少,且由于风力风速的原因鲜有积雪,因此,对冻土工程散热影响有限。但是冻结季节的降雪对多年冻土的形成有抑制作用,融化季节的降雪对多年冻土的形成有促进作用。降水形成的地表径流和渗流,对多年冻土层形成热侵蚀,导致在某些地段逐渐形成渗透融区。

青藏铁路沿线多年冻土地区,位于中低纬度带的欧亚大陆腹地,大陆性气候特征极为明显。与同纬度的其他地区比较,由于海拔高,高空受西风环流的影响,湿润的海洋气流难以到达该区。同时,由于喜马拉雅山的阻挡,孟加拉湾的暖湿季风也难以深入该区,形成了干旱、寒冷的气候。大部分年降水量在250～400mm之间,南部边缘地区可达500mm。

降水主要集中在暖季的6～9月份,占全年降水的80%以上,降水主要以冰雹和雪等固态降水为主,全年固态降水天数是降雨的两倍。有时一天数次,受局部环境因素影响,降水差异性很大,这表现在降水范围不大,降水区域不连续的地区,且经常出现忽而雷雨大作,冰雹倾泻,忽而阳光普照的现象。冻土区寒季气候虽然严寒,但降水极少,加之风的作用,寒季基本不积雪,这和高纬度寒区形成明显的差别。在东北大小兴安岭地区降雪积雪主要集中在最寒冷的冬季,而高原多年冻土区的降雪主要集中在暖季,此时气温逐渐回升,太阳辐射强烈,蒸发量大,降雪很快就融化蒸发,雪盖薄,积雪时间短暂。

冻土区年蒸发量在1000～1500mm之间,降水量与蒸发量比值大约为1:5左右,最大蒸发月集中在6～9月份,占全年的1/2左右。

青藏铁路沿线冻土区典型地段五道梁、风火山、沱沱河降水量见表1-2和表1-3，青藏铁路沿线主要气象站降水量特征值见表1-4。

五道梁、沱沱河年降水量表(mm) 表1-2

地区	年份									
	1961	1962	1963	1964	1965	1966	1967	1968	1969	1970
五道梁	215.2	287	295.3	294.4	240.0	299.4	308.5	244.2	231.6	260.5
沱沱河	350.5	278.7	325.3	224.9	321.9	245.8	318.9	260.6	209.6	241.3
地区	年份									
	1971	1972	1973	1974	1975	1976	1977	1978	1979	1980
五道梁	288.3	279.3	206	314.6	255.4	282.3	316.7	186.1	209.0	229.9
沱沱河	331.5	246.3	250.9	389.1	300.2	261.3	291.6	250.7	180.5	269.1

风火山年降水量表(mm) 表1-3

年份	1980	1981	1982	1983	1984	1985	1986	1987
降水量	304.1	382.2	385.8	299.4	207.8	370.9	256.7	311.1
年份	1988	1989	1990	1991	1992	1993	1994	1995
降水量	372.6	477.6	289.6	291.2	370.6	382.0	229.9	280.6

青藏铁路沿线主要气象站降水量特征值(mm) 表1-4

站名	统计年限	年平均降水量	最大值	出现时间	最小值	出现时间
格尔木	1956—2002	40.2	98.7	1967	11.4	1965
五道梁	1959—2002	271.0	407.0	1989	136.3	1984
风火山	1976—2005	310.2	477.6	1989	191.7	2001
沱沱河	1959—2000	272.4	459.4	1985	162.7	1994
安　多	1966—2002	426.8	595.6	1971	289.3	1972
那　曲	1955—2002	422.5	590.4	1980	291.1	1973

3)水文地质环境

多年冻土的水文地质条件，是由区内的气候特征、地形及地貌条件、地层岩性及地质构造特征等多种自然因素综合作用所形成的。

(1)高耸的昆仑山、唐古拉山将青藏铁路冻土区分割成三个大的地下水汇集流域区，各区的水文地质条件由于地层、岩性、构造特征、地形地貌条件的不同，其差异性较为明显。

昆仑山以北属格尔木河谷地下水流域区，水文地质环境受纬向构造体系控制，呈东西展布的山体与谷地相间，山区基岩裂隙发育，谷地内又被松散沙砾石充填，地下水径流强烈，矿化度低，水质好。

昆仑山至唐古拉山之间，属长江源头高平原地下水流域区，一系列低山与断陷盆地相间，构成了波状起伏的高平原，二叠系含煤地层发育，地下水补给贫乏，径流迟缓，矿化度较高，水质较差，对圬工多具硫酸盐侵蚀性。

唐古拉山以南属扎加藏布地下水流域区，水文地质环境受“歹”字形构造体系控制，呈一系列阶梯状山脉，主要含水岩系为中侏罗纪的碎屑岩和碳酸岩，地下水径流强烈，水质较好。

(2)自昆仑山北麓西大滩至安多间广泛分布的片状多年冻土，把沿线分割成几个不同的水文地质单元。多年冻土区内的水文地质条件，又具有它本身的特殊性。

冻土区具有一定厚度的多年冻土，形成一个较完整的统一的隔水层，出现了冻结层上水、冻结层下水、融区水等几种特殊的地下水类型，并且都有各自的分布特征和富集规律。

青藏铁路冻土区地下水的主要补给来源为大气降水、融雪水、冰川消融水。地表水在多年冻土区汇集成溪流，在径流过程中补给多年冻土区的层上水以及非多年冻土区的地下水。而多年冻土层下水，由于冻结层的存在，不可能直接获得地表水的补给，主要通过河湖融区及冰川底部融区接受层上水或地表水补给，故其补给量较少。冻结层下水，主要通过融区排泄，径流缓慢。冻结层下水的天然露头在寒季形成冰锥或冻胀丘。

(3)不同的构造体系，严格控制了区域水文地质条件，由于强烈的构造活动，形成了隆起的山地、断陷谷地及盆地。在基岩山区褶皱裂隙的组合部位往往形成良好的蓄水构造。一般水质较好。新生代早期断陷盆地内，冰水沉积砂砾石覆盖较薄，地下水主要赋存于新生代早期湖相含盐地层内，水质较差。在断陷谷地内，地下水主要赋存于新生代晚期巨厚的冰水沉积砂砾石层中，水量丰富，水质较好。

4)地下水分类

在多年冻土区，由于多年冻土层的存在，使地下水的埋藏条件和分布规律更加复杂化。冻土地区的地下水可分为：冻结层上水、冻结层下水和融区水几种特殊的地下水类型。

(1)冻结层上水，是高原多年冻土区分布较为广泛的一种地下水类型，它的水位不稳定，相态不固定，埋藏条件也随季节而改变，其含水层厚度受冻土上限的控制，水量大小也随季节而变。青藏铁路冻土区多年冻土上限埋深一般为 2 ~ 4m，含水层厚度较小，一般仅 1 ~ 2m 左右，由于径流及垂向蒸发的影响，其分布受微地形控制较为明显，在地势较高处则基本疏干，不能形成统一的含水层。每年 4 月初地表开始解冻，随着土中冰体的融化，这一含水层便在活动层中逐渐形成，9 月底或 10 月初融化深度达到极限，含水层厚度也最大。10 月初地面开始冻结，随冻结深度逐渐加深，直至次年 1 月土层完全冻结并与多年冻土衔接起来而结束。总之冻结层上水基本为潜水类型，含水层薄且不稳定，其埋藏和分布状况主要决定于季节融化层的分布特征和多年冻土融化底板的形状。

(2)冻土层下水，是多年冻土区内地下水的一种主要的赋存形式。这种类型的地下水相态稳定，一年四季都处于液态。除西大滩地区多年冻土的边缘地带不具承压性外，一般都具有承压性，且有些地方可以流出地表。多年冻土层为其承压顶板，多年冻土层的厚薄直接改变着冻结层下水的径流状态和赋存规律。冻结层下水的补给条件困难，径流条件也较差，水质好坏相差悬殊，水量贫富极不均匀。根据含水介质的不同，主要有孔隙水、孔隙裂隙水、裂隙水、岩溶水等四类。

孔隙水主要赋存于西大滩、温泉、扎加藏布断陷谷地下部砂砾层孔隙中及楚玛尔河、沱沱河、通天河等高平原及盆地中半成岩粉细砂岩孔隙中。孔隙裂隙水主要赋存于可可西里、风火山及其间高平原与盆地下部的泥岩、砂岩、砾岩孔隙裂隙中。裂隙水主要赋存于昆仑山、唐古拉山构造裂隙中。岩溶水主要赋存于楚玛尔河高平原、沱沱河盆地及唐古拉山山麓泥灰岩及碳酸盐岩岩溶裂隙、孔隙中。

(3)由于融区的成因类型复杂，融区水可以发育在任何地貌位置和构造单元上，并包含了通常条件下的各种地下水的类型。有些融区(如河流融区)，一个融区就可以跨越山区、盆地、平原等数个地貌单元和构造单元，可以穿过多种岩层的分布区，可以包含着各种地下水的类型。考虑融区地下水的分布特征、埋藏条件以及水力性质，融区水可分为片状、带状、点状三类。片状融区水主要赋存于一些大型湖泊底部；带状融区水主要赋存于楚玛尔河、北麓河、沱沱河、布曲等较大河流的河床下部及河谷两侧，呈带状发育；点状融区水主要赋存于断裂带的交汇处、温泉出露点和岩溶发育地区。

5）地下水补给、径流、排泄条件

区内地下水的补给、径流、排泄是受区内的地质、构造、地貌、气候等自然条件的综合作用所制约的。

区内地下水的补给来源主要为大气降水，由于海拔高，跨越了不同纬度，降水量随海拔高度的增加而增大，纬度越低也略有增加的趋势。本区气候严寒，大气降水多以冰雪的形式而得以保存，当暖季融化后，成为地表水及地下水的主要补给来源。位于本区南北两侧的昆仑山及唐古山为本区地表水流域及地下水流域的分水岭，因此，本区地下水可分成三个大的自然汇流区域。

（1）昆仑山以北地区（DK957 +766 ~ DK983 +800）是。此区是受纬向构造体系控制的山脉与谷地相间地形，地势由南向北急速变低。在山区，地下水接受融雪水及大气降水以及冰川底部融化水的补给，聚流于断裂带，并向谷地汇集，再沿着谷地顺地势由南而北流动。在径流过程中，往往发生地表水及地下水的相互转换。该区地下水补给充沛，径流强烈，排泄条件较好。

（2）昆仑山至唐古拉山之间（DK983 +800 ~ DK1419 +600）。此区为一系列的低山与断陷盆地及高平原相间地形。唐古拉山北麓至雁石坪一带的高山区，降水量充沛，山体上升强烈，山势由南而北迅速变低。此带山区主要受“歹”字形构造体系控制，地表水文网及地下水文网主要呈北西向展布。山区冻结层上水，接受大气降水及融雪水补给后，并向溪流汇集注入布曲，而山区冻结层下水主要为现代冰川底部冰川融水以及少量的山间湖塘水补给，沿着北西向地下水文网向谷地汇集。在温泉谷地两侧山区地下水则汇集于谷地，而温泉一带至雁石坪布曲两侧山区地下水则通过布曲融区补给河水。此段地下水补给充沛，径流通畅，排泄条件良好。

盆地之间低矮的山区，山体小，降水量也相对减少，冻结层上水接受大气降水的补给，顺地形向低地汇集，构成山间湖塘，然后通过融区补给冻结层下水或向山间溪流汇集，或以山前沼泽形式补给盆地冻结层上水。山区冻结层下基岩裂隙及孔隙裂隙水，则通过融区获得层上水及大气降水的补给，局部通过北西向断裂带获得邻区冻结层下水侧渗补给，补给来源贫乏，排泄条件差。

（3）唐古拉南麓至安多间（DK1419 +600 ~ DK1513 +753）。这一带大气降水充沛，地形高差大，地表水及地下水文网受构造带的控制，冻结层上水接受大气降水补给，冻结层下水主要接受扎加藏布曲上游一带湖塘水的补给，此区冻结层上水及层下水径流通畅，排泄条件良好，水质较好。

1.1.2 地形地貌及构造

宏观地质构造板块之间的碰撞、挤压作用，形成了青藏高原山地与断陷盆地相间分布的特殊地貌特征。昆仑山至唐古拉山之间的多年冻土区海拔在4400m以上，宏观上属高准平原地貌。除昆仑山北坡地势较险外，其余山系多呈拱形起伏，山顶浑圆，相对高差不大，一般均小于300m。

不同的地质构造导致地热背景的差异,影响了多年冻土层发育的下边界条件:深部地温和地中热流。区域地质构造、构造运动性质及地层发育历史还影响了铁路通过区域的岩性、表层堆积物性质和裂隙发育程度,这些特征发育程度影响了多年冻土层的含水量特征。

青藏高原频繁的构造运动,沿构造线多次岩浆侵入,岩浆喷发及水热流动,使高原成为我国最强烈的地热异常区,具有较高的地热背景值,这在很大程度上影响了铁路沿线多年冻土的温度、厚度、空间分布状态和历史演化规律,铁路沿线部分历史构造运动活跃的多年冻土所具有的厚度小、地温高、地温梯度大和构造—地热融区发育均与此有关。典型地段乌丽构造融区就是地质构造通过它所影响的自然环境因子大地热流、岩性、地表径流、地下径流、地形地貌变化和植被等对区域多年冻土的平面和剖面分布特征产生巨大的影响。

青藏铁路沿线冻土区地质构造从空间上跨越藏北构造区、班公错—东巧—怒江超基性岩带、可可西里—巴颜喀拉构造区和昆仑山褶皱带。各构造区地层复杂多变,断裂、褶皱等多尺度多形态的构造非常发育,是冻土区隧道工程设计和施工需要考虑的主要地质环境因素。

区域环境气候因素确定后,局部地形、地貌特征决定了冻土特征的差异。高原上山地、盆地、谷地、高平原彼此相间的地貌格局,由于各地理区域地质、地理因素条件组合不同,而使后期多年冻土的发生、发展以及演变形成明显的地域差别。在同一气候波动下,山地(低山丘陵及中高山冻土区)因其海拔高于盆地、谷地、高平原,而具有更低温度的气候环境,加上地势高耸有利于地热散失,以及基岩裸露具有较大导热率等原因,形成的多年冻土温度相对较低,厚度比较大;高平原、盆地、谷地由于地势较低,气温相对较高,加上形成时间较晚,构造活动影响具有较高的地热背景,以及地表水、地下水影响等,因此,使高平原、盆地、谷地形成了温度高、厚度薄的多年冻土层。

不同地理区域的自然条件组合,不仅决定着多年冻土温度、厚度的地域分异规律,同时,也制约着不同地理区域多年冻土历史演化过程,对于气候变化而表现出的冻土稳定性及其响应程度也各不相同。

青藏铁路沿线多年冻土区地貌大致可以分为三类地貌单元,即山地丘陵区、断陷盆地平原区和峡谷阶地区。

山地丘陵区自北向南主要包括昆仑山区、可可西里丘陵地带、风火山区、开心岭山区、唐古拉山及头二九山等。山地一般呈东西走向,海拔高度大多在4700~5400m。

在山地和山地丘陵区之间一般为断陷盆地、谷地及高平原地貌,断陷盆地、谷地及高平原多与山地走向一致,多呈东西向展布,地形相对开阔平坦,起伏不大,海拔大多在4400~4600m之间。这些地段包括西大滩断陷盆地、楚玛尔河高平原、北麓河盆地、乌丽盆地、沱沱河盆地等。

在谷地和高平原上广泛分布着许多季节性湖塘。这些湖塘多是由于多种自然营力叠加作用和人为工程经济活动,破坏了原有地表—地中热交换和热平衡关系,造成地下冰融化而诱发,继而在地表水作用下发展形成的。有的湖塘与现代河流连通,形成串珠状湖塘。湖塘大小深浅不一,一般在十几米至数十米,水深一般1~2m。位于楚玛尔河高平原清水河附近的清水湖,直径达2km左右,水深十几米。有些湖塘已经干枯形成凹地。峡谷阶地主要有布曲河沿岸的雁温峡谷等,地形起伏较大,河谷狭窄。

在昆仑山与唐古拉山之间,青藏铁路沿线的河谷盆地、高平原上发育着长江源头的各大河流。高原上较大的河流有沱沱河、楚玛尔河、北麓河、通天河、布曲河等。楚玛尔河、沱沱河、通天河、布曲河等较大的河流,属常年性河流。暖季水量大时,水深一般有1.5~2.0m。寒季水量很小,水流变窄,多呈支漫流状,水深仅数十厘米。每年寒季有7~8个月的时间河面封冻。终年畅流的河流在5~10月暖季间水流量占全年流量的80%~90%。较小的河流一般在暖季由于降水较多、冰雪融化、水源补给充足时有流水,而在寒季则为封冻和干涸期。这样的季节性河流在高原上大量存在。

青藏铁路冻土区典型断陷盆地与谷地有:西大滩断陷谷地、昆仑山断陷盆地、北麓河断陷盆地、楚玛尔河断陷盆地、沱沱河断陷盆地、通天河断陷盆地及温泉断陷谷地。

青藏铁路设计和建设过程中,将沿线多年冻土区的地形地貌划分为15个地貌单元,根据不同地貌单元多年冻土的温度和含冰量特征有针对性的采用了不同的工程设计:

(1)西大滩断陷谷地(DK957+640~DK973+700)

该谷地南北宽4~7km,东西长30~50km,地形平坦,线路近东西向经过,海拔4120~4600m,其中多年冻土北界位于DK957+640处,海拔4360m。

(2)昆仑山中高山区(DK973+700~DK1005+500)

本段含昆仑山北坡乱石沟峡谷区、昆仑山垭口、昆仑山垭口盆地及不冻泉河谷地带。地形起伏较大,植被稀少,海拔4500~4800m,以古冰川、现代冰川及寒冻风化地貌形态为主,局部为河流冲洪积阶地及滩地。乱石沟峡谷沟谷狭窄,山坡陡峻,昆仑山垭口及垭口以南为冰水沉积及湖相沉积盆地,地形相对平缓,冻土不良地质现象较发育。

(3)楚玛尔河高平原区(DK1005+500~DK1072+000)

本段包括巴拉大才曲河、清水河及楚玛尔河冲洪积平原,海拔4500~4700m,地形略有起伏,微丘与洼地相间,地表植被较发育,热融湖塘分布较多,局部地段有沙地、沙丘。河谷水流分散,一般呈浅滩漫流状,下切不明显。

(4)可可西里山区(DK1072+000~DK1124+500)

本段包括楚玛尔河南岸、五道梁、可可西里山、红梁河、曲水河,其中楚玛尔河以南至可可西里山地段地形切割较为显著,呈波浪起伏,地貌上呈沟梁相间。可可西里山走向近东西,海拔4500~4700m,山脊平缓,相对高差100~300m。红梁河河谷分布有流动沙地。

(5)北麓河盆地(DK1124+500~DK1145+400)

本段包括秀水河、北麓河滩地及阶地,海拔4500m,属冲洪积高平原地貌。地貌略有起伏,低丘与洼地相间,冲沟发育,地表植被稀疏。局部分布沙丘、沙地。

(6)风火山山区(DK1145+400~DK1165+500)

本段包括风火山山前丘陵及风火山低、高山区。海拔4500~4700m,相对高差200~300m,山顶基岩裸露,山梁较平缓,自然山坡上陡下缓,山间沟谷发育,岸坡深而陡,呈顶平坡缓、谷宽沟短的地貌形态。

(7)尺曲河河谷地(DK1165+500~DK1193+200)

本段主要为尺曲河河流阶地,海拔4580~4600m,地形平坦,微有起伏,冲沟较发育,地表植被稀疏。

(8)乌丽盆地(DK1193+200~DK1202+500)

本段主要为乌丽冲洪积盆地地貌,盆地内地形平坦,海拔4580~4600m,局部地段冲沟发育,地表植被稀疏。

(9)乌丽山区(DK1202+500~DK1217+700)

本段主要为乌丽低、高山区,海拔4500~4700m,相对高差100~200m,山坡沟壑发育,切割较深，山顶平缓，基岩裸露，山坡较陡，植被稀疏。

（10）沱沱河盆地（DK1217＋700～DK1245＋000）

盆地东宽西窄，其边缘为洪积扇，中部为沱沱河河谷及其阶地，海拔在4560m左右，地形略有起伏，地势开阔，地表植被稀疏，广布沙地。

（11）开心岭山区（DK1245＋000～DK1262＋800）

开心岭山顶平缓浑圆，基岩裸露，山坡较陡，沟壑发育，切割较深，植被稀疏；海拔4500～4700m，相对高差100～200m，山间盆地地形较平坦，植被发育。

（12）通天河盆地（DK1262＋800～DK1282＋800）

该段为冲洪积平原，主要由河谷及阶地组成，海拔4600～4700m，地形平坦，地势开阔，通天河蜿蜒漫流，盆地内局部分布沙地，植被稀疏。

（13）布曲河谷地（DK1282＋800～DK1360＋800）

该段主要由布曲河河谷，漫滩，一、二级阶地及雁温峡谷组成，海拔在4700m左右，布曲河受南北高山区控制，由南向北摆动，在山间谷地之中，地形起伏较大，河谷狭窄，三级阶地零星残存。

（14）温泉断陷盆地（DK1360＋800～DK1394＋800）

该盆地为一南北向分布的张性断陷盆地，海拔4700～4800m，南北长约30km，宽约5～8km，盆地周边山前冲洪积扇发育。布曲河河床宽浅，河道多支流，地形较平缓，植被稀疏。

（15）唐古拉山山区及山间盆地（DK1394＋800～DK1513＋753）

该段主要包括唐古拉山区、唐古拉山山间盆地、扎加藏布曲河谷地、安多谷地等。唐古拉山区主要是布曲河源头一带，河谷狭窄，山坡陡峻，基岩裸露，地形起伏较大，海拔4800～5200m。唐古拉山山间盆地主要是垭口以南至土门一带，地势开阔，地形略有起伏，植被稀疏，海拔在5000m左右。扎加藏布曲河谷地及安多谷地主要由河谷、山前洪积扇、低山丘陵组成，地形起伏较大，植被稀疏，海拔4800～5000m。多年冻土南界位于DK1513＋770，海拔4800m。

1.1.3 地表性状（植被、雪盖、硬结地表和水土流失）

地表性状主要指原生地表的植被状况、季节性水被状况（雪盖、积水）、硬结地表和水土流失状况。

地表性状对大气和冻土层之间的能量交换（热交换）承担媒介和传递作用，地表传热特征决定这种传递作用的效率和传递趋势。

在青藏铁路沿线昆仑山至唐古拉山之间的多年冻土区，由于海拔高、气候严寒，植物生长期只有5个月左右，与其他地区相比植物的生长期较短。高原的植物种类繁多，主要以多年生草木植物为主，属于低矮针状、蒿草类植物。这类植物叶小茎短，根沿地面生长。由于高原海拔、地形、地貌和局部气候条件的差异，植被的分布形态差异很大。在海拔4900m以上地带，由于气候寒冷干燥，地表寒冻风化严重、粗砾遍布、土壤发育较差，加之风力强劲，因而，植被稀疏，呈高山冻土荒漠景观。

分布在海拔4500m以上的长江源头高平原上的河谷滩地、山麓洪积扇及平缓山坡面积广大。这些地带降水量少，蒸发量大，地面多呈砂砾堆积，土壤瘠薄，植被一般呈丘状、斑状、片状，稀疏状分布。少数山地横坡在15°～25°的坡地上，植被覆盖面积少于50%，而在相对平缓向阳地段植被覆率相对较高，可达70%～80%。在部分地段由于冻融作用，草皮撕裂，基土裸露分割植被而成斑状。在融冻流扇上蒿草丛生，草墩密布。这些地段呈现出亚高山草甸景观。

在水分充足，排水良好的山间洼地、盆地和滨湖地区，水草相互垒结形成斑状草墩，使地面起伏不平。草丘一般高10～20cm，宽15～35cm。在排水不良地段，暖季丘间凹陷被水充填，形成水草相间的湿地、沼泽地，即沼泽化湿地。

高原生态环境严酷，特别是高原多年冻土地区，由于深居高原腹部地带，受层层山脉阻隔，潮湿气流难以渗入，干旱少雨，全年降水量只有250～400mm。加之封冻时间长，生长期短，造成高原植被相当脆弱，一旦破坏很难恢复。特别是在植被稀疏的地方，地面裸露，侵蚀强烈，土壤流失严重，土地沙化和荒漠化现象在多年冻土地区不断扩展和蔓延。在北麓河、秀水河河岸、沱沱河盆地、红梁河、温泉谷地等地段已经出现地表沙化现象。严重地段已有流沙存在，同时形成固定、半固定沙丘，沙丘为新月形或沙丘链，在风的作用下移动速度快。

1.1.4 太阳辐射

太阳是地球上一切存在着的万物之源。

地球表面的能量主要来源于太阳辐射，太阳辐射是影响多年冻土热状况的重要外部因素（李述训等，1998）。地表面辐射—热量平衡的结构对多年冻土的形成和动态变化有着决定性的作用。太阳直接辐射强度的日变化与地表及浅层地温的日变化关系十分密切，对于有冰雪存在的寒冷地区，表征地面能量守恒关系的地面热量平衡方程一般可以表示为（周幼吾等，2000）：

$$Q_d = (Q_i + Q_s)(1 - \alpha) - Q_e = LE + P + \Delta W + A \tag{1-1}$$

式中：Q_d——地面辐射平衡（辐射差额）；

Q_i，Q_s——分别为太阳直接辐射和散射辐射；

$Q_i + Q_s$——太阳总辐射；

α——地面反射率；

$(Q_i + Q_s)(1 - \alpha)$——地面吸收辐射；

Q_e——地面有效辐射，也即地面长波辐射和大气逆辐射之差；

L——水的蒸发潜热；

E——地面水分蒸发量；

LE——蒸发耗热；

P——湍流交换耗热；

ΔW——融雪耗热；

A——地面的热流（热通量）。

方程中的湍流热交换量P可以表示为：

$$P = \alpha(T_s - T_a) \tag{1-2}$$

α为地面与大气间的热交换系数；T_s为地面温度，T_a为地面上的气温。

这一方程清楚地表明在热交换系数α相同的情况下，地面与大气之间的热交换关系呈线性关系。因此，在天然条件下，地面温度变化大的下垫面因对流换热作用失去或获得的热量也大。

根据式（1-1）分析夏季与冬季的辐射—热量平衡情况，可以发现，在夏季，有效辐射Q_e远远小于吸收辐射$(Q_i + Q_s)(1 - \alpha)$，所以Q_d为正值，地面吸热；而在冬季，太阳总辐射减弱，加上积雪表面强烈的反射作用，吸收辐射$(Q_i + Q_s)(1 - \alpha)$小于有效辐射Q_e，Q_d出现负值，地面放热。夏季的地面辐射盈余Q_d主要用于消耗蒸发耗热、湍流交换耗热和融雪耗热；冬季时，地面温度降低到0℃以下，水由液态变为固态，式（1-1）中蒸发耗热（LE）和湍流交换耗热

(P)之和接近于0, Q_d 就接近于通过地面与下伏地层的换热量 A ,式(1-1)变成:

$$Q_d = (Q_i + Q_s)(1 - \alpha) - Q_e = A \tag{1-3}$$

由此可见,蒸发耗热(LE)和湍流交换耗热(P)主要影响地面温度在0℃以上的地面辐射平衡, A 主要影响地面温度低于0℃的地面辐射平衡。土的冻结就发生在 Q_d 具有稳定负值的时期,因此, Q_d 负值存在时间的长短,对多年冻土的形成具有十分重要的意义。

多年冻土的形成与发展主要决定于夏半年地面与下伏地层的换热量 A_s 和冬半年地面与下伏地层的换热量 A_w 的对比关系。当 $A_s = A_w$ 时,多年冻土处于稳定状态;当 $A_s > A_w$ 时,多年冻土年平均温度升高,发生自上而下的退化;当 $A_s < A_w$ 时,多年冻土年平均温度降低,有利于多年冻土发展。

同一区域内相同下垫面条件的太阳辐射差异主要是由于地形因子中的坡度和坡向不同引起的。对20°N ~50°N南北坡不同坡度上可能的太阳直接辐射(傅抱璞,1979)进行的统计分析(表1-5)显示,在南坡可能的太阳直接辐射总量随着纬度升高而减小,同纬度上可能的太阳直接辐射总量的最大值所在的坡度随着纬度的升高而增大;在北坡上,对任何纬度和坡度可能的太阳直接辐射总量都随坡度的增大和纬度的升高而减小。不同坡度接收的太阳辐射的差异直接影响地面热量平衡中地中热流分量的强度,造成相同纬度、相同海拔高程、不同坡度坡向上多年冻土分布迥然不同(程国栋,2003)。

20°N ~50°N南北坡不同坡度上可能的太阳直接辐射年总量(kJ/cm^2)　　表1-5

纬度	坡度											
	南坡						北坡					
	5°	10°	20°	30°	40°	50°	5°	10°	20°	30°	40°	50°
20°N	1301.7	1324.6	1339.7	1317.1	1256.5	1159.1	1228.9	1179.2	1055.5	904.6	734.0	566.4
30°N	1288.9	1269.0	1320.9	1333.4	1309.6	1247.3	1124.4	1058.8	910.0	741.5	575.6	434.3
40°N	1123.6	1179.1	1264.5	1313.4	1323.8	1297.1	988.6	914.2	748.6	585.6	446.4	325.6
50°N	990.2	1058.0	1171.7	1252.3	1297.1	1303.7	838.1	755.7	597.3	462.3	345.2	250.0

随着海拔高度的增加,大气中的水汽、气溶胶等含量减少,大气透明系数增大,大气浑浊度系数减小,青藏高原太阳直接辐射呈指数增加;散射辐射随海拔高程的变化比较复杂,在晴空条件下,散射辐射随着海拔高度增加而递减,在有云的天气条件下,散射辐射日总量随着海拔高程的增加而增大,这种情况在夏季特别明显(潘守文等,1994)。高原的太阳辐射在空间分布上自西南向东北减少(曾群柱等,1982;谢应钦等,1983),表现出随着纬度的增大而减少,随着海拔、日照百分率的增大而增大的规律,其中日照对总辐射起着主导作用(李韧,2005)。

太阳总辐射随着海拔高度增加而明显增大,因此高原地区的太阳总辐射比低海拔平原地区要强得多。青藏高原辐射平衡年总量平均为2512 ~3350 MJ/m^2,在高原中部地区年总辐射量达7400 MJ/m^2,在全国为最大,而且全年均为正值,青藏高原的热力作用主要源于强烈的太阳辐射对下垫面的加热(姚檀栋等,2002)。如此之大的太阳辐射总量和多年冻土表面相对较低的地表反射率,使得高原多年冻土的表面在全年绝大部分时间地面净辐射为正值,处于吸热状态,从而对多年冻土的热状况造成重大影响。

1.1.5 风力风速

风力风速影响了冻土层和冻土工程结构与大气环境之间的热交换效率，是冻土和冻土工程热交换条件分析中不可忽略的因素。尤其是对一些特殊路基工程，它的冷却地基土体的功能发挥是和空气流动即风力风速相关的。

青藏铁路冻土区深居内陆，高空受西风带的控制，西风为本区的主导风向。全年该风向出现频率最高。全年平均风速一般为三、四级。从 10 月至次年 3 月为多风季节，且风速比其他时间大很多，2 月风速可达 28 ~ 34m/s。进入暖季后，由于暖流沿横断山脉入侵 32°N 地区，西风带北移，风向受东南气流与地形影响，在部分地区风向比较紊乱。

冻土区风力风速日变化较大，一天当中清晨风速最小，一般午后起风，并逐渐增大，到晚上逐渐停止。这种现象在寒季尤为明显。青藏铁路多年冻土区典型区域风速见表 1-6，表中区域平均风速达到 4.4 m/s，非常利于以冷却地基土体为目的的冻土工程结构的降温散热功能的发挥。

青藏铁路多年冻土区典型区域风速（m/s） 表 1-6

气象站	平均风速	气象站	平均风速
五道梁气象站	4.1	沱沱河气象站	1.7
北麓河试验段	4.1	清水河试验段	4.5
安多气象站	4.8	昆仑山区	5.4

青藏铁路格拉段地势高耸开阔，受到高空强劲西风动量下传的影响，成为全国风速和大风日数分布的高值区之一。大风天气频繁发生给冻土区铁路建设和安全运营带来一定困难。大风指瞬时风速达到 17m/s 以上的天气现象，它的破坏力很大，有时可以吹倒房屋、树木和生产设施。在铁路沿线，大风对铁路桥梁、车辆、电信设备、线路都可以造成不同程度的危害，强风可导致列车晚点，甚至可以使列车倾覆。因此，充分了解青藏高原及铁路沿线大风特征对工程建筑物的稳定和安全也具有十分重要的意义。

（1）大风的时空分布

根据青藏高原 66 个气象站地面信息化资料（青藏公司信息化项目），青藏高原（以下简称高原）大风日数高发区域主要集中在高原中部地区。除高原南部和东部边缘及柴达木盆地东部年大风日数均在 40d 以下外，主体多年平均（平均值以 1971 ~ 2000 年为基准车，下同）年大风日数一般都在 60d 以上。以沱沱河为中心的昆仑山和唐古拉山地区的年平均大风日数在 100d 以上，根据气象资料沱沱河年平均大风日数为 167.8d，安多年平均大风日数为 148.8d，五道梁年平均大风日数为 135.5d。

高原大风日数的中心区域正好位于青藏铁路沿线的五道梁—安多冻土区段。青藏铁路南北两端大风日数相对较少，格尔木和拉萨的年平均大风日数分别为 19.1d 和 27.5d。这种整体分布特征是由于高空急流的动量下传造成高原主体的大风系统是相对独立的，而高原南部和东部边缘及柴达木盆地的大风天气主要是地面冷风或局地热力作用形成的。由此可见，青藏铁路沿线大风日数中间多，两头少，在工程建设和安全运营过程中，作为冷却型工程结构，风是热交换的催化剂，但是对铁路运营来说，风就是安全隐患。但是，由于高原海拔高，空气密度比低海拔地区要小。因此，在同等风速下，它对火车产生的风压也较小，但极端风速达到一定程度，或列车行驶速度超过某一临界值时，它仍然会对列车的安全行驶构成威胁。

(2)大风日数的年变化

青藏铁路沿线分布着格尔木、五道梁、沱沱河、安多、那曲、当雄、拉萨7个气象站,从多年平均月大风日数统计结果表明(表略),铁路沿线3月份大风日数最多,8月份最少。从多年平均季节大风日数来看,除五道梁春季大风略少于冬季外,其余各站春季大风日数均多于冬季。夏季五道梁—那曲段大风多于秋季,南、北段秋季大风多于夏季。从年平均日数分析,海拔在4500m以上的沱沱河、安多、那曲和五道梁年大风日数基本在100d以上,沱沱河平均2d就有一次大风天气过程,有些年份,如1976年几乎每天都有大风天气,有时候一天甚至有两次以上的过程。当雄、拉萨和格尔木站的年大风日数分别为56d、28d和19d,虽然当雄的海拔高度达到4200m,但由于纬度较低,大风日数也相对较少,风速也较小。

大风日数的这种变化特征,对热棒路基、片石气冷路基等冷却型路基结构的功效发挥是一种十分有利的环境条件,因为这些路基结构主要在寒季通过散热导冷的热交换过程达到冷却地基的效果,而大风多发正好有利于这种换热过程。

(3)大风日数的年际变化

选取青藏铁路沿线大风日数最多且位于唐古拉山南、北的安多和沱沱河两个站来分析年大风日数的年际变化特征。

从图1-1中看到,沱沱河的大风日数在20世纪50年代后期到60年代为100d左右,70年代到80年代中期为150d左右,之后到20世纪末为180d左右。上述三个年代的平均值呈阶梯型上升,每个年代内的大风日数变化都又呈减少趋势。安多自1966年有观测资料至1976年一致呈现上升趋势,之后至21世纪初呈迅速减少趋势。总体上,安多在20世纪70年代到80年代大风日数多,平均约180d左右,20世纪60年代和90年代大风日数较少,尤其是在20世纪90年代中后期,大风日数达到有观测记录以来的最小值,年大风日数在100d以下。这是由于气候变暖引起高空急流轴北移,下传的动量减小所致。

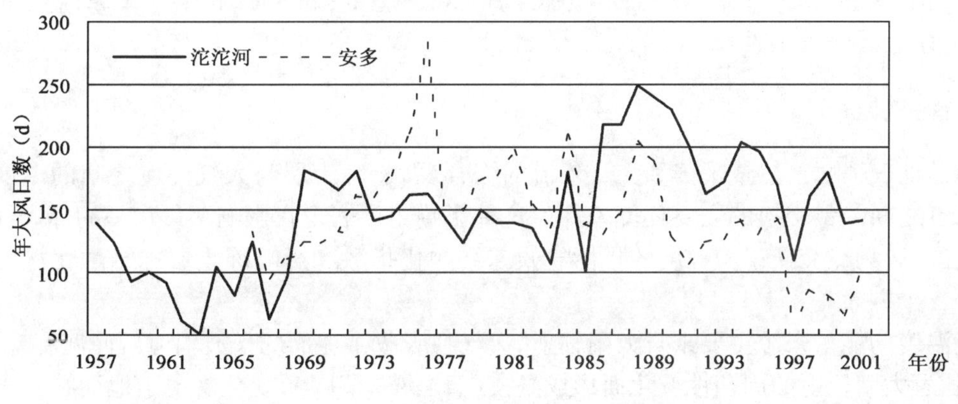

图1-1　青藏铁路沿线年大风日数变化

冻土区的中心地带大风日数年际变化也有利于冷却型路基结构在气温逐渐升高时发挥其功效。

(4)最大风速和盛行风向

对铁路沿线站点建站以来10min平均最大风速(以下简称最大风速,与瞬时极大风速不同)和新疆山口地区(阿拉山口、达坂城)大风作对比分析。从表1-7中看到,历史上最大风速出现在海拔较高和纬度较高的地区,其极端最大风速在31m/s以上,安多则为38m/s。铁路两端属于风速相对较小地区，除拉萨 ESE 风向极端最大风速出现在 7 月份外，其他各站基本出现在冬半年，且均以 W 风为主。新疆的阿拉山口、达坂城极端最大风速可达 46m/s，瞬时风速达 55m/s，风向为 NW，出现在 1977 年 10 月 1 日。另外，全年各地盛行风向也有差异，但均以偏西风、偏北风和偏东风为主。

青藏铁路沿线极端最大风速、风向、主要盛行风向及出现月份 表 1-7

站名	格尔木	伍道梁	沱沱河	安多	那曲	拉萨
最大风速(m/s)	22	31	32	38	26	16.3
风 向	W	W	WSW	W	W	ESE
出现月份	2 月	4 月	2、11 月	1 月	1 月	7 月
年内主要盛行风	W,WS（全年）	N,NNE(5 月)，W(其余月份)	NE(6～8 月)，W(其余月份)	WSW(2～3 月)，NE,NNE(其余月份)	ESE(5～8 月)，NNE(9～1 月)，W(其余月份)	ESE,W(6 月)，E,ESE(其余月份)

通过分析铁路沿线主要站点历年最大风速和出现的风向频率，得到其多年平均最大风速和主要风向频率。统计结果表明：安多多年年最大风速的平均值为 27.8m/s，相对应的风向（频率）为 WSW(65.4%)、W(26.9%) 和 WNW(7.7%)，主要出现在 1～3 月份和 11～12 月份；沱沱河多年年最大风速的平均值为 25.5m/s，相对应的风向（频率）为 WSW(61.3%)、W(25.8%) 和 NW(12.9%)，主要出现在 1～3 月和 11～12 月；伍道梁多年年最大风速的平均值为 25.1 m/s，相对应的风向（频率）为 WSW(70%)、W(13.3%)、WNW(16.7%) 和 WSW(13.3%)，主要出现在 1～4 月份和 10～12 月份；格尔木多年年最大风速的平均值为 16.5 m/s，相对应的风向（频率）为 WSW(10%)、W(12.3%)、WNW(71%) 和 E(6.5%)；拉萨多年年最大风速的平均值为 12.2m/s，风向较多，主要风向不明显。而对比站阿拉山口多年年最大风速的平均值为 31.3m/s，相对应的风向（频率）为 NNW(60%) 和 NW(40%)，主要出现在 1～5 月份、7 月份和 11～12 月份。

1.2 冻土区气温

气温是地表辐射—热量平衡和大气环流的综合反映，冻土层与大气环境之间的温度差异是影响二者之间热量交换的主要环境条件。这种影响主要表现在影响总量水平的标志性指标年平均气温、影响热交换累积程度的指标气候冻结融化指数和影响冻土层冻结融化深度的气温较差等三个方面。

环境温度的能量来源主要来自太阳辐射，大气在吸收了地面的长波辐射后使温度升高，因此，它也随着太阳辐射的周期性变化而形成昼夜（日）和季节（年）变化。由于地面在日出之后需要吸收、积累热量，日落之后需要逐渐散逸热量，因此，气温的日最大值比地面温度日最大值滞后约 2h；其最小值延至清晨日出之前。同样，一年中气温最高和最低月平均值也不是太阳辐射最强和最弱的月份，而是地面储存热量最多和最少的月份。

1.2.1 气温变化和气温较差

气温变化是衡量能量变化的标志，气温较差是衡量融化最大深度的能量标志。区域年平均气温代表一个区域冻土生存状态的能量水平。

1）年平均气温

年平均气温是冻土区气温变化的一个宏观指标,它表示一个地区的冷热程度的逐年变化和区域差异。年平均气温反映了各地区地表辐射—热量平衡和大气环流的特点,是影响土体温度的主要因素,是判断多年冻土生存和生存状态的一个主要标志。

青藏铁路沿线西大滩、昆仑山北坡岛状多年冻土下界处海拔高程为4150~4250m,唐古拉山南麓安多岛状多年冻土下界处海拔高程为4537m,大致与年平均气温-2~-3℃等值线相当。青藏铁路沿线大片多年冻土区昆仑山北坡下界处海拔高程为4350m(砂砾石),唐古拉山南麓安多的大片多年冻土区下界处海拔高程为4730m,大致与年平均气温-3.6℃相当(砂砾石)。

青藏铁路冻土区气温随海拔高程的升高而降低,降温率一般为6.5℃/km。纬度对其影响没有明显的规律性。表1-1是根据实测数据统计的青藏铁路沿线冻土区主要地段多年平均气温值,从这些数据可以看出,沿线中高山地区年平均气温比较低,而这些地区冻土的年平均地温也比较低,大多是低温多年冻土,盆地和河谷地段年平均气温较高,冻土年平均地温也较高,属高温多年冻土集中发育地段。

2)气温的年变化

在气候变化的诸多因素中,气温的变化是冻土生存状态最重要的能量指标。气温变化受海拔、纬度的影响,与多年冻土的分布有密切的关系。

气温的变化给多年冻土的生存、发展带来很大影响。多年冻土的发展、稳定和退化过程,既依赖于目前正在发生的气候变化过程,也取决于历史上所历经的气候条件。气温的变化使多年冻土的状态指标如季节融化层的厚度、年变化层深度、年平均地温、地面温度和多年冻土的厚度等发生变化。制约这些指标的气温变化的时间尺度为季节变化、年变化、多年变化。

观测资料表明,从20世纪70年代开始,青藏铁路冻土区气温近40年基本处于升温趋势,气温变化与全球气温的升高是吻合的,青藏高原多年冻土分布区主要气象站的资料统计和分析证实了这一升温现象。

表1-8、表1-9和图1-2a)是五道梁(低温冻土区)、风火山(低温冻土区厚层地下冰地段)、沱沱河(高温冻土区和大河融区)气象站多年来气温观测值的统计数据和绘图。从表中所统计的数值可以看出:近30年来气温变化总的趋势是向着升高的方向发展,尤其明显的是自20世纪80年代中后期,升温趋势十分明显,升温幅度也比较大。

高原冻土区主要气象站年平均气温值(℃) 表1-8

年份 气象站	1976	1977	1978	1979	1980	1981	1982	1983	1984	1985	1986	1987	1988
风火山	-6.6	-6.8	-6.3	-6.3	-6.3	-5.7	-6.4	-7.3	-6.0	-7.50	-6.7	-5.6	-5.3
沱沱河	-4.2	-4.1	-4.2	-4.0	-4.0	-3.7	-4.1	-4.8	-3.8	-7.4	-4.7	-6.1	-4.0
五道梁	-5.8	-5.7	-5.4	-5.6	-5.4	-5.2	-5.8	-6.4	-5.4	-6.4	-5.6	-4.8	-4.7
年份 气象站	1989	1990	1991	1992	1993	1994	1995	1996	1997	1998	1999	多年平均值	
风火山	-6.3	-5.9	-5.6	-6.6	-6.1	-5.5	-6.0	-5.6	-5.0	-4.9	-7.0	-6.1	
沱沱河	-3.6	-4.2	-3.9	-4.3	-3.6	-4.3	-4.0	-3.5	—	—	—	-4.3	
五道梁	-5.6	-5.2	-5.0	-5.8	-5.4	-3.3	-5.5	—	—	—	—	-5.4	

高原冻土区主要气象站五年平均气温和多年平均气温值(℃)　　表 1-9

气象站 \ 年份	1966~1970	1971~1975	1976~1980	1981~1985	1986~1990	1991~1995	1996~2000
风火山	—	—	-6.5	-6.6	-6.0	-6.0	-5.6
沱沱河	-4.6	-4.1	-3.9	-4.7	-4.3	-3.8	—
五道梁	-6.0	-5.2	-5.5	-5.8	-5.2	-5.0	—

这三个气象站的气温资料还有一个特点,就是冬季最冷月份的平均气温升高的趋势比较明显,冬季最冷月份气温升高幅度较大;而夏季气温升高趋势不太明显,甚至有所降低(表 1-10~表 1-13 及图 1-2b))。

风火山、五道梁、沱沱河冬季最冷月份(1 月)气温年平均值(℃)　　表 1-10

气象站 \ 年份	1976	1977	1978	1979	1980	1981	1982	1983	1984	1985	1986	1987	1988
风火山	-18.6	-15.7	-20.9	-15.7	-18.4	-17.7	-16.0	-19.6	-18.6	-18.3	-20.4	-16.7	-16.3
沱沱河	-15.9	-14.4	-19.5	-14.6	-17.1	-16.7	-14.2	-17.0	-17.0	-17.3	-19.5	-15.6	-16.8
五道梁	-17.3	-15.3	-19.4	-15.2	-17.1	-17.7	-14.9	-18.5	-17.9	-17.4	-17.6	-15.9	-15.9
气象站 \ 年份	1989	1990	1991	1992	1993	1994	1995	1996	1997	1998	1999	多年平均值	
风火山	-18.4	-14.5	-18.0	-17.3	-18.0	-15.0	-19.6	-18.1	-18.7	-16.6	-15.0	-17.6	
沱沱河	-18.0	-13.4	-17.0	-15.0	-17.0	-13.2	-18.0	-19.7	—	—	—	-16.5	
五道梁	-17.7	-14.4	-17.4	-15.9	-17.7	-14.4	-18.6	-17.5	—	—	—	-16.8	

风火山、五道梁、沱沱河冬季最冷月份(1 月)气温 5 年平均值(℃)　　表 1-11

气象站 \ 年份	1966~1970	1971~1975	1976~1980	1981~1985	1986~1990	1991~1995	1996~2000
风火山	—	—	-17.80	-18.00	-17.30	-17.60	-17.08
沱沱河	-16.50	-15.30	-16.30	-16.44	-16.66	-16.40	—
五道梁	-17.30	-16.20	-16.90	-17.28	-16.30	-16.80	—

风火山、五道梁、沱沱河夏季最热月份(7 月)气温值和多年平均值(℃)　　表 1-12

气象站 \ 年份	1976	1977	1978	1979	1980	1981	1982	1983	1984	1985	1986	1987	1988
风火山	2.6	5.3	5.5	2.9	4.6	6.3	4.5	4.4	3.4	3.7	5.1	4.3	5.8
沱沱河	5.3	8.0	8.0	5.4	7.2	8.6	7.1	7.1	6.6	6.4	7.9	7.4	8.4
五道梁	3.2	5.9	6.0	3.3	5.1	7.0	4.8	4.5	4.4	4.7	6.1	5.1	6.3

续上表

年份 / 气象站	1989	1990	1991	1992	1993	1994	1995	1996	1997	1998	1999	多年平均值
风火山	5.5	5.0	5.3	3.3	4.9	5.5	4.7	5.4	4.8	4.5	5.9	4.7
沱沱河	7.8	7.8	8.3	5.7	7.2	7.8	7.4	—	—	—	—	7.3
五道梁	6.0	5.7	6.1	3.9	5.7	6.7	5.3	—	—	—	—	5.4

风火山、五道梁、沱沱河夏季最热月份(7月)气温5年平均值(℃) 表1-13

年份 / 气象站	1966~1970	1971~1975	1976~1980	1981~1985	1986~1990	1991~1995	1996~2000
风火山	—	—	4.2	4.5	5.2	4.7	5.1
沱沱河	7.5	7.8	6.8	7.2	7.9	7.4	—
五道梁	5.2	5.8	4.7	5.1	5.8	5.5	—

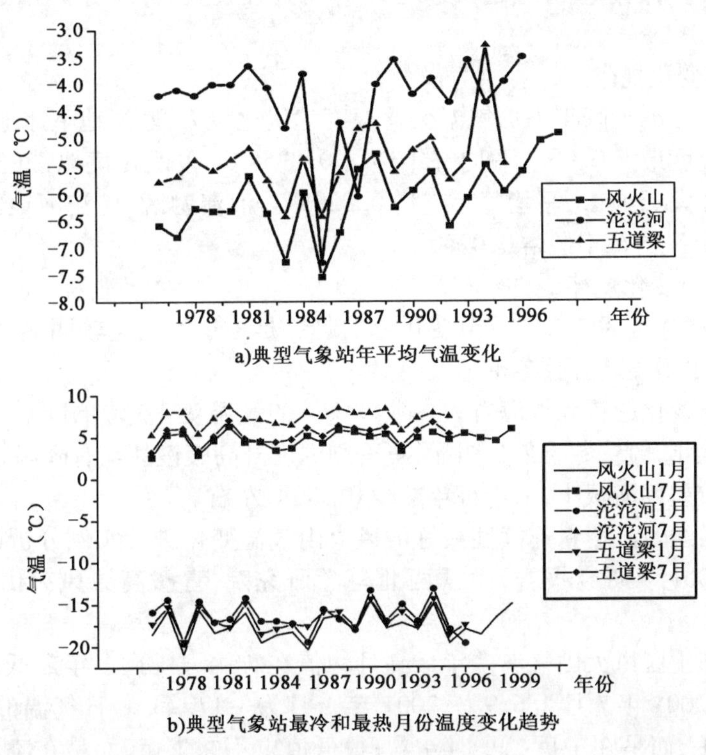

图1-2　典型气象站年平均气温变化以及最冷和最热月份温度变化趋势

从表1-10中可以看出,近24年来风火山地区最冷月份(1月)多年平均值为-17.6℃,24年中气温高于多年平均值的年份有10年,而最近10年高于多年平均值的年份有6年;沱沱河最冷月份(1月)多年平均值为-16.5℃,21年中气温高于多年平均值的年份有8年,而最近10年高于多年平均值的年份有4年;五道梁地区最冷月份(1月)多年平均值为-16.8℃,21年中气温高于多年平均值的年份有8年,而最近10年高于多年平均值的年份有5年。

从图1-2中可以看出,如果把接近于多年平均值的年份也考虑在内,冬季最冷月份的升温趋势就更明显了。比较以下这几个气象站最冷月份(1月)和最热月份(7月)的气温资料也很能说明问题:从表1-11三个气象站最冷月份(1月)5年平均值统计中也可以看出冬季的增温趋势是比较明显的。从表1-12、表1-13三个气象站最热月份(7月)的气温年平均值和5年平均值统计资料看,夏季的增温趋势就不是那么明显,而进入20世纪80年代以后,夏季气温增温趋势远不如冬季那么明显。气温的这一变化特点对多年冻土的退化有很大影响。

另外,据青藏高原有记录的12个气象站的气温观测资料揭示:所有气象站的10年平均气温值,20世纪60年代的平均值都低于70年代,80年代中后期经过短暂的气温下降以后,一直到90年代气温都在上升。

从以上三个典型气象站气温资料的统计和相应的气温曲线可以看到如下规律:

(1)气温多年变化规律。

低温冻土区厚层地下冰地段(风火山)近30年的平均气温为-6.1℃,中低丘陵地段(五道梁)平均气温-5.4℃,融区(沱沱河)地段平均气温-4.3℃。

近30年来高原冻土区的气候变化总的趋势是向着气温升高的方向发展的。高原冻土区气温从20世纪60年代起开始升高,70年代的平均气温又高于60年代。进入80年代后,虽然在中期气候一度变冷,但紧接着就是长达近10年的连续升温期,直到现在,这种升温过程仍然没有停止。

(2)气温的年变化规律。

近30年来,高原冻土区年平均气温变化幅度起伏比较大,厚层地下冰地段(风火山地区)年平均气温增加幅度最大0.9℃,平均每年递增0.0255℃,中低丘陵地带(五道梁地区)年平均气温增加幅度最大1.48℃,平均每年递增0.0293℃,河流融区(沱沱河地区)年平均气温增加幅度最大0.7℃,平均每年递增0.0260℃。

(3)气温的季节变化规律。

近30年来高原冻土区的气温季节变化总的趋势是冬季增温比较明显,尤其近10年来增温幅度比较大;夏季增温趋势较冬季不太明显。

以上各站气温变化趋势和青海省大多数气象站的气温变化趋势相同。三十多年来,青海省年平均气温在逐年升高,冬季最为明显,夏季则温度升高缓慢甚至有降温趋势。这种变化趋势使高原气温年较差逐渐减小,平均每年减少0.055℃左右。

取青藏铁路沿线气温资料连续性最好的风火山气温变化进行实例分析(据中铁西北科学研究院,张鲁新,2001年研究报告;中铁西北科学研究院,青藏高原风火山气象观测研究报告)。

中高山低温冻土区风火山气温多年最高月均值在7~8月份,多年最低月平均值在1月,如图1-3a)所示。2001年7月为6.9℃,2001年1月为-17.2℃。日气温的最高值不在太阳高度角最大的正午,而是在午后二小时左右;最低值也不在午夜,而是在凌晨日出之前,如图1-3b)所示。

年平均气温是多年冻土存在的能量指标,年平均地表温度是多年冻土存在的能量标志,它与冻土的分布有一定的相关性。我国东北多年冻土区南界与年平均气温0℃线相吻合;青藏高原研究工作表明:地表为黏性土条件下,形成岛状多年冻土的必要条件是年平均气温 T_a 保持在-2.6~-2.8℃;地面为砂砾石条件时,形成连续分布多年冻土的必要条件是年平均气温 T_a 保持在-1.7~-1.8℃,青藏高原多年冻土得以生存的气温条件一般要满足 $T_a \leq -4.1$℃。

根据36年和46年气温资料(表1-14)可以看出:

(1)近10年来,冻土区年平均气温变化幅度起伏比较大,根据截止到1998年的气温资料分析:厚层地下冰地段(风火山地区)年平均气温增加幅度最大0.8℃,平均每年递增0.0255℃;中低丘陵地带(五道梁地区)年平均气温增加幅度最大1.48℃,平均每年递增0.0293℃;河流融区(沱沱河地区)年平均气温增加幅度最大0.7℃,平均每年递增0.0260℃。

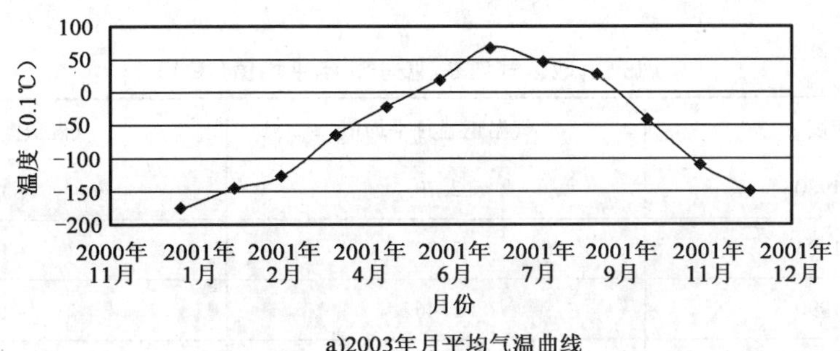

a)2003年月平均气温曲线

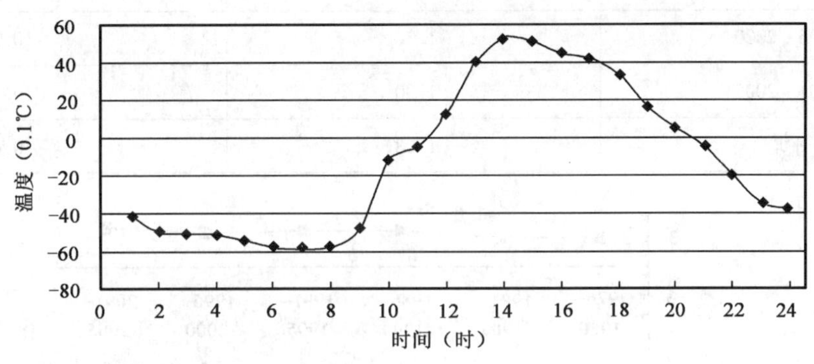

b)2001年10月6日气温日变化曲线

图1-3 2003年月平均气温曲线以及2001年10月6日气温日变化曲线

青藏高原各气象站升温率统计表 表1-14

站名(地区)	升温率(℃/年)(46年)	升温率(℃/年)(36年)	简略分析
风火山	0.0271	0.0255	多年冻土腹部地区
五道梁	0.0213	0.0293	多年冻土腹部地区
沱沱河	0.0075	0.0260	多年冻土腹部地区

1998~2008年资料显示(据冻土区工程长期观测系统气象站资料),升温趋势与1998年以前的升温趋势比较有所不同,五道梁、沱沱河、风火山地区位于多年冻土腹部地区,冻土地温低、厚度大,受人为影响又小,气温增长速度慢。

(2)寒季气温和暖季气温分别显示的不同变化对冻土工程作用的能量基础条件产生较大影响。寒、暖季气温累计值和平均值的变化,反映了地面热量的消长,反映为地表年平均温度的降低或升高。而地表温度是地下不同深度冻土温度变化的能量标志。

多年气温观测数据表明:冻土区的气温季节变化总的趋势是冬季增温幅度大于夏季增温幅度。风火山冬季增温平均每年0.014℃,夏季平均每年增温0.028℃;五道梁冬季增温平均每年0.017℃,夏季平均每年增温0.013℃;沱沱河冬季增温平均每年0.01℃,夏季平均每年增温0.0086℃。基本上夏季温度增加幅度小于冬季。风火山厚层地下冰地段虽然表现了一定的特殊性,但是冬季增温幅度逐年有增大趋势,而夏季的增温幅度则有逐年减小的趋势。

表 1-15 所显示的 1976 年至 2005 年风火山地区暖季、寒季 5 年气温的平均值，图 1-4a）显示的其气温变化趋势，图 1-4b）显示的地表温度变化，以及这些数据反映的寒季和暖季不同时间段温度的不同变化，对于分析冻土工程能量基础条件及其变化具有重要的参考价值。

风火山地区气温寒、暖季 5 年平均值（℃） 表 1-15

统计年度	气温正温月平均值	气温负温月平均值
1976 ~ 1980	2.79	-11.1
1981 ~ 1985	2.77	-11.3
1986 ~ 1990	1.46	-10.3
1991 ~ 1995	1.47	-10.7
1996 ~ 2000	1.30	-10.3
2001 ~ 2005	1.90	-10.1
平均	1.28	-10.6

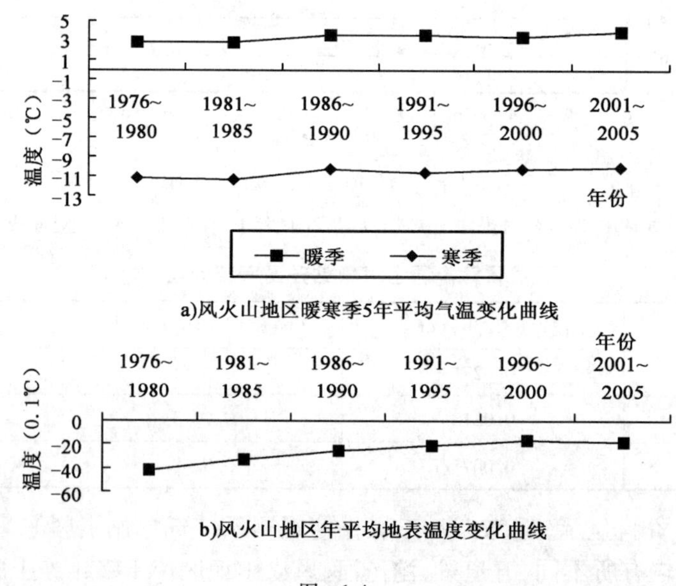

a)风火山地区暖寒季5年平均气温变化曲线

b)风火山地区年平均地表温度变化曲线

图 1-4

（3）青藏铁路多年冻土区气温分布具有三向地带性，在 4000 ~ 5000m 高度范围内，气温随纬度变化的相关性较好。

各种因素对土体季节融化的影响，是通过季节融化层地面的年平均温度（或多年冻土年变化深度处的年平均温度）以及地表年平均温度较差表现出来。在其他因素相同条件下，季节融化深度在年平均地温等于 0℃ 的地带达到最大值。随着年平均地温降低，季节融化深度减小，与此同时，深度随着地面年平均温度较差增大而加大。

3）气温较差

即一年中月平均气温的最高值与最低值之差（气温年较差）或一日中气温的最高值与最

低值之差(气温日较差),它和气温均为表征大气温度状况的基本参数。

寒季远长于暖季,青藏铁路沿线年平均气温 -2~-6.9℃,7月份气温最高(6.5~8.1℃),1月份或12月份气温最低(-14.5~-17.4℃),气温年较差15~26℃,极端较差不超过50℃。年内日平均较差10~19℃,极端日较差35℃。

青藏铁路冻土区气温年较差随纬度的增加而增大,随海拔高程的升高而减少。青藏高原由于夏季温度不高(暖季月平均气温为3~5℃);而寒季干燥少雪、太阳辐射相对较强、气温又不太低(寒季月平均气温为-10~-12℃),气温年变化幅度小,青藏铁路格尔木—拉萨段通过地带最北的格尔木气温年较差为28℃;而在海拔4000m以上的多年冻土地带,则为23~25℃,风火山地区气温年较差平均值为21.1℃。

青藏高原多年冻土区各主要气象站的气温年较差见表1-16。

青藏铁路沿线主要气象站气温年较差一览表 表1-16

站　名	海拔(m)	纬度	平均气温年较差(℃)	年较差最高值℃/出现年	年较差最低值℃/出现年
安多	4800	32°21′	21.7	28.9/1998	20.4/1976
风火山	4745	34°43′	21.1	26.4/1978	19.9/1965
五道梁	4612	35°13′	21.1	28.5/1956	20.8/1979
沱沱河	4533	34°13′	25.3	29.4/1999	21.7/1957
那曲	4507	31°29′	21.1	29.6/1966	19.6/1994

青藏高原多年冻土区气温年较差随海拔升高而减少的相关规律比较明显,随纬度增加而增大的相关性不如与海拔的相关性好。

冻土腹部地带的五道梁、风火山、沱沱河的气温年较差随时间变化不大,变化趋势也不明显。从表面意义理解无论是寒季还是暖季气温较差会直接影响冻土工程埋入土体部分和裸露空气部分的温度差,从冻土理论上讲,这种较差影响季节融化层厚度,对冻土工程冷却功能的启动和持续工作时间都有影响。

1.2.2 气温冻结融化能力

气温的冻结融化能力是冻土层散热的能量基础,也是冷却地基措施的启动工作条件、持续工作时间、工程散热导冷作用累积效应的能量基础条件。气温冻结融化能力从冷热源强度和可累积程度上细化显示了气候因素对多年冻土发育的影响,以及气候条件对冻土工程效果的影响程度。

气温的冻结融化能力一般用冻结指数、融化指数、过余冻结指数(二者代数和)和冻结数(二者之比值)来分析。

冻结指数(Ω^-)是指一年中(或整个寒季)低于0℃气温的持续时间和负气温值乘积的总和,以℃·d表示。冻结指数的大小,一般表征该地区寒季的寒冷程度,也反映了当地气候对地层的冻结能力(下面分析冻结指数变化时指的是绝对值)。

融化指数(Ω^+)是指一年中(或整个暖季)高于0℃气温的持续时间和正气温值乘积的总和,也是以℃·d表示。融化指数的大小是该地区暖季长短与气温高低的重要指标,同时反映了当地气候对地层的融化能力。

冻结指数和融化指数也称为负积温和正积温,是气候对冻土地温场影响的能量来源的衡量标志。冻融指数则可从冬半年(寒季)和夏半年(暖季)的热量积累以及二者的关系,判断该地大气热量年周转的结存,并用过余冻结指数或冻结数来表征,进一步揭示该地区气候变化对多年冻土影响的程度,判断气候的变化趋势及其对该区冻土工程的影响。

过余冻结指数(积温差)Ω_G,即冻结指数与融化指数的代数和($\Omega_G = \Omega^- + \Omega^+$),它表征该区气温潜在冻结能力的大小。其负值大,说明有更多的冻结能力去冻结或冷却地层;其负值很小,说明气温的冻结能力和融化能力相近,地层多年冻土的稳定性差,难以抵御气候转暖的影响;若其值为正值,说明该地区融化能力大于冻结能力,是季节冻土区。

冻结数 F,即积温比,是指气温冻结指数与融化指数的比值,$F = \Omega^- / \Omega^+$。它是表征气温冻结能力的指标,当 F 的绝对值大于 1 时,气温的潜在冻结能力强;当 F 的绝对值等于 1 时,冻结能力与融化能力相等,冻土层处于过渡不稳定状态;当 F 的绝对值小于 1 时,融化能力大于冻结能力为季节冻土区。过余冻结指数大的地区其冻结数也大。

冻结指数显示冻土工程输导的冷源强度和可累积度,区域冻结指数越大,冻土工程累积工作时间越长。气温升高的趋势虽然不可避免,但是如果冻结指数的减少主要减少的是温度值,而不是负温持续时间时,冻土工程仍然可以持续有效工作,因而可以减缓甚至抵御气温升高对冻土的不利影响。

表1-17 和表1-18 分别反映青藏铁路多年冻土区各气象站的冻结指数、融化指数和过余冻结指数的逐年变化情况,对于冻土工程应用的能量来源来说最有意义的表现在以下数据:

风火山、五道梁、沱沱河气温冻结、融化指数表(℃·d) 表1-17

地　区	风火山		五道梁		沱沱河	
气温冻融指数	冻结指数	融化指数	冻结指数	融化指数	冻结指数	融化指数
1981	−2591.0	531.1	−2418.9	580.7	−2191.7	871.4
1982	−2649.4	351.4	−2494.2	412.4	−2144.5	686.9
1983	−2868.0	335.4	−2717.6	396.3	−2368.2	659.0
1984	−2475.1	291.3	−2325.7	368.4	−2050.8	664.3
1985	−3081.8	331.4	−2709.3	385.7	−3341.7	701.0
1986	−2794.0	351.1	−2449.6	412.8	−2880.8	691.5
1987	−2410.0	404.2	−2209.0	462.5	−2207.9	758.6
1988	−2371.7	448.8	−2218.0	494.7	−2089.8	797.2
1989	−2696.9	435.9	−2528.3	502.7	−2275.2	768.5
1990	−2508.9	375.3	−2342.5	457.7	−2121.4	720.3
1991	−2486.2	454.2	−2341.0	531.4	−2117.0	821.2
1992	−2745.5	337.3	−2498.9	404.7	−2278.7	705.7
1993	−2555.5	342.0	−2370.9	409.2	2121.5	681.2
1994	−2512.6	527.0	−2025.7	841.6	−2156.6	896.9
1995	−2676.3	520.4	−2547.2	572.7	2250.0	915.2

青藏铁路沿线主要气象站冻结、融化指数比较表 表 1-18

站名	东经	北纬	海拔(m)	年平均气温(℃)	年平均冻结指数 Ω^-(℃·d)	年平均融化指数 Ω^+(℃·d)	过余冻结指数 Ω_G(℃·d)	冻结数 F	变化趋势
五道梁(46年)	93°05′	35°13′	4612	-5.4	-2489	507	-1982	4.9	Ω^-减少、Ω^+增加
风火山(30年)	92°52′	34°43′	4745	-6.0	-2601	424	-2176	6.1	Ω^-减少、Ω^+增加
沱沱河(46年)	92°26′	34°13′	4533	-4.2	-2295	780	-1515	2.9	Ω^-变化不大、Ω^+略有增加
安多(37年)	91°06′	32°21′	4000	-2.8	-1906	885	-1021	2.2	Ω_G减少
那曲(46年)	92°04′	31°29′	4507	-1.2	-1670	1140	-530	1.5	Ω_G减少

大片连续多年冻土区多年统计的年平均冻结指数均大于1900℃·d,年融化指数均小于900℃·d,有较强的过余冻结能力;青藏高原多年冻土区寒季时间期长达七个月之久,寒季期内气温低;而暖季时间短,气温相对不高,因而该区的气温冻结指数远远大于融化指数。风火山、五道梁、沱沱河三地各年的冻结指数均在2000~3000℃·d之间。风火山、五道梁的融化指数在300~500℃·d之间,而沱沱河的融化指数值在600~800℃·d之间,三地气温冻结指数约是气温融化指数的3~8倍,这也反映了多年冻土地区气温低,冻结时间长的特征。

大片连续多年冻土区的冻结数均在2.0以上,即冻结指数为融化指数的2倍。其中以风火山地区的6.1倍为最大,安多的2.2倍为最小。

冻融指数和冻结数与年平均气温直接相关:年平均气温低的五道梁、风火山等地区,过余冻结指数和冻结数大,反之则小。

青藏铁路经过的多年冻土区气温冻结指数和融化指数随时间的变化趋势基本都是冻结指数减少、融化指数增加,其结果是过余冻结指数和冻结数的减少,对多年冻土的稳定和发展不利。但年变化幅度不大,呈缓慢渐进态势,因此对冻土工程应用和导冷作用发挥影响较小。冷却地基型的一些工程结构在气温升高的情况下仍然可以发挥作用,起到冷却土体减缓多年冻土退化的作用。

根据中铁西北科学研究院对风火山地区的气温冻结指数和融化指数分析,从表1-19风火山地区数据分析可以看出:

风火山地区气温指标一览表 表 1-19

年度	气温平均值(℃)	地表温度平均值(℃)	冻结指数平均值(℃·d)	融化指数平均值(℃·d)	过余冻结指数平均值(℃·d)	冻结数
1976~1980	-6.1	-4.2	-2598	368	-2230	7.0
1981~1985	-6.6	-1.4	-2747	376	-2371	7.3
1986~1990	-6.0	-2.5	-2560	403	-2157	6.4
1991~1995	-6.0	-2.2	-2592	436	-2156	5.9
1996~2000	-5.7	-1.7	-2509	457	-2052	5.5
2001~2005	-5.4	-1.8	-2454	483	-1971	5.1
1976~2005	-6.0	-2.6	-2577	421	-2156	6.2

30 年来除 1981 ~ 1985 年度冻结指数较大外其后冻结指数随时间则逐渐减少，但减少的速率不大；融化指数却一直逐渐增大，且增加的速率大于冻结指数减少的速率，过余冻结指数也逐年减少。

过余冻结指数的减少主要是受融化指数增加的影响。过余冻结指数逐年平稳递减，每年均递减率 11.3℃·d，对冻土工程散热作用的发挥影响较小。

作者曾经于 2007 ~ 2010 年对祁连山大通河流域柴达尔—木里铁路冻土区气温冻结融化特征（表 1-20 ~ 表 1-22）和冻土分布与青藏铁路冻土区典型地段的气温冻结融化特征和冻土分布作对比分析，尽管柴达尔—木里地方铁路冻土区海拔只有 3600 ~ 4230m，但是，只要气温冻结能力超过气温融化能力一定值，仍然会发育多年冻土。

青海省柴达尔—木里地区气温指标一览表 表 1-20

年度	冻结指数	融化指数	过余冻结指数	冻结数 F
2008	-2136.2℃·d	1238.4℃·d	-897.8℃·d	1.72
	-51268.8℃·h	29721.6℃·h	-21547.2℃·h	—
2009	-2016.6℃·d	1032.9℃·d	-983.7℃·d	1.95
	-48398.4℃·h	24789.6℃·h	-23608.8℃·h	—
平均	-2076.4℃·d	1135.7℃·d	-940.8℃·d	1.84
	-49833.6℃·h	27255.6℃·h	-22577.5℃·h	—

柴达尔—木里地方铁路与青藏铁路部分地区年平均气温、冻结数比较 表 1-21

地区	柴木地区	五道梁	风火山	沱沱河	安多	那曲
年平均气温（℃）	-5.3	-5.4	-6.0	-4.2	-2.8	-1.2
冻结数 F	1.84	4.9	6.1	2.9	2.2	1.5

柴达尔—木里地方铁路冻土区气象站气温资料汇总（℃） 表 1-22

统计年限	年平均气温	最高气温	最低气温	最热月平均	最冷月平均	气温振幅	负温/正温天数
2008	-5.8	7.19	-18.79	7.13	-18.68	12.99	211/155
2009	-4.99	7.18	-18.78	7.13	-18.68	11.79	210/155
平均	-5.3	7.19	-18.79	7.13	-18.68	12.39	210/155

柴达尔—木里冻土区气象资料表明：区域年平均气温为 -5.3℃，与青藏铁路低温稳定冻土区昆仑山区的年平均气温类似，但是其他环境条件的差异使本研究地区的冻土发育特征与昆仑山区有着明显的差别。

研究表明，该区过余冻结指数（积温差）Ω_G 为 -941℃·d，它表征该区气候潜在冻结能力仅仅与青藏铁路冻土区南界附近安多近似，因此尽管该地区年平均气温达到青藏铁路低温稳定冻土区昆仑山区的水平，但是多年冻土类型大多数却是以高温不稳定多年冻土为主。从该地区冻结数 F，即气温冻结指数与融化指数的比值看，作为表征气候冻结能力的指标，F 值也和青藏铁路冻土区南界相似。

青藏高原大片连续多年冻土区多年统计的年平均冻结指数均大于 1900℃·d，年融化指数均小于 900℃·d，有较强的过余冻结能力；大片连续多年冻土区的冻结数均在 2.0 以上，即冻结指数为融化指数的两倍以上。其中以风火山地区的 6.1 倍为最大，安多的 2.2 倍为最小；柴木冻土区在这些气候冻结特征值上与青藏铁路冻土区南界类似。

1.2.3 气温升高趋势及影响

冻土区近40年的温度变化已经说明升高是变化的主导趋势，近年来研究气候变化的学者们通过各种模式对未来50年气温的变化趋势进行了预测，冻土工程的设计应该考虑这种气温变化的背景具有一定的安全预留。要使冻土区工程的安全可靠适应未来全球性气温升高的背景条件，应该了解气温升高的趋势对青藏铁路冻土区冻土生存环境的影响、冻土分布特征影响和冻土工程冷却效果的影响。

多年冻土存在的能量来源是环境气温，冻土区工程结构（路基和桥梁桩基等）的工程效果从能量交换角度讲也取决于环境气温条件。研究历史气候条件及其演变是研究多年冻土演变历史的基础，研究未来环境气温变化趋势是判断多年冻土变化趋势和冻土工程长期稳定性的关键。

1.2.3.1 青藏高原气温变化趋势

《中国西部环境演变评估》中，对太阳黑子周期活动的降温作用与人类活动的增暖作用研究预测评估认为："在2010年，自然的降冷作用与人类产生的增暖作用基本相互抵消，增温不明显。其后，由人类活动引起的增暖作用越来越明显，对温度的变化可能起主要作用"；"到2050年青藏高原气温可能上升2.2～2.6℃"；"未来50年西部冰川融水总量将处于增加状态，柴达木及青藏高原的内陆河流域，冰川融水高峰预计出现在2030～2050年，年增20%～30%"；"未来50年青藏高原多年冻土空间分布格局将发生较大变化，季节融化深度增加，形成融化夹层和深埋藏冻土；表面冻土面积减少10%～15%，亚稳定及稳定冻土温度将升高0.5～0.7℃"。

青藏铁路沿线冻土区在过去40年表现出程度不一的升温趋势，以10年尺度的平均值变化来看，20世纪60年代高原的平均气温为4.74℃，70年代为5.00℃，80年代为5.14℃，90年代为5.43℃，40年来高原气温平均升高了大约0.70℃，增温率约为0.017℃/年，而且青藏高原近年来的气候变暖主要集中在冷季的变暖，影响多年冻土上限变化的高原气温年较差平均减小了0.44℃，年平均递减率为0.011℃/年。

青藏高原10年平均气温值，20世纪60年代都低于70年代，80年代中期经过短暂的降温后，一直到90年代末期气温都在升高。其中沱沱河的增温幅度最小，温度升高不到0.50℃，增温率为0.012℃/年；增温幅度最高的为风火山站，近30年来气温上升了0.65℃，增温率为0.022℃/年；近40年来高原多年冻土区冷季气温平均上升了0.90℃，增温率为0.022℃/年。

高原多年冻土区的冷暖季气温年际变化趋势与高原年平均气温年际变化总趋势是同步的，表现为冷季增温比较明显，尤其是近10年递增幅度比较大，相比而言暖季的增温就相对弱一些。冷季气温的显著升高将使区域冻结能力减弱，冻结指数和融化指数差距减小，多年冻土受到干扰后恢复热平衡的能力减弱，以自然冷源为结构动力的一些工程措施效果减弱。

1.2.3.2 青藏铁路冻土区气温变化的影响

气候变暖产生的环境条件变化使青藏铁路和公路沿线多年冻土区的自然地理、地质环境、工程地质环境和工程地质条件发生了很大变化。近15～20年以来，北部和南部多年冻土边缘岛状冻土区年平均地温升高0.3～0.5℃，大片连续多年冻土区内上升0.1～0.3℃，预测2040年以后，青藏高原年平均地温将普遍提高0.4～0.5℃。

气温的变化给多年冻土的生存、发展带来很大影响，多年冻土的发展、稳定和退化过程，既依赖于目前正在发生的气候变化过程，也取决于历史上所历经的气候条件；气温的变化使多年冻土的状态指标，如季节冻结和季节融化层的厚度、年变化层深度、年平均地温、地表温度和多年冻土的厚度及多年冻土上限与下限等，均发生变化；气温变化的时间尺度为季节变化、年变化、多年变化。因此，研究高原多年冻土区域的气候条件必须首先对所研究区域的气温变化作详细的分析。

气温的多年变化即年平均气温的变化。首先影响到多年冻土上限的变化；其次影响到地温年变化深度，最终影响到冻土的年平均地温。这几个指标是衡量多年冻土退化和发展的标志，也是工程设计原则的主要参考指标。

(1)气候变暖趋势和冻土变化预测

中国科学院寒区旱区环境与工程研究所承担的中国科学院知识创新工程重大课题“青藏铁路工程与多年冻土相互作用及其环境效应”2002 年度的科学报告认为：由于对未来 50 年气温升高预测的不确定性，考虑 50 年气温升温 1℃和升高 2.6℃两种气候变化背景，给出了 50 年后气候对多年冻土变化的影响的数值计算，从按照计算结果绘制的“气温升温后青藏铁路沿线多年冻土地温温度场分布”可以看出，气温升高 1℃后，楚玛尔河高平原、秀水河和北麓河盆地、沱沱河至通天河一带盆地铁路经过的绝大部分地区，全部演变成高温极不稳定型的多年冻土，其中沱沱河、通天河盆地部分地段演变成季节冻土区；气温升高 2.6℃后(图 1-5)，上述地区绝大部分演变成季节冻土区，少部分海拔相对较高地段成为高温极不稳定型多年冻土。由于未来冰川融水总量呈增加趋势，在水的作用下，青藏铁路所经过的楚玛尔河高平原、北麓河、尺曲、乌丽、沱沱河、通天河盆地、布曲河谷地将加速区域性冻土退化，这些地段的铁路工程措施将经受严峻的考验。

从表 1-23 多年冻土年平均地温变化趋势的预测结果来看，50 年气温升高 1℃后，年平均地温高于 -0.30℃的极高温多年冻土将会发生退化，高温极不稳定型多年冻土(Ⅰ区)将少部分退化为季节冻土区，但大部分只是导致年平均地温升高；高温不稳定型多年冻土(Ⅱ区)将部分转为极不稳定型多年冻土，部分年平均地温升高，50 年后多年冻土不会发生完全退化；年平均地温高于 -1.47℃的低温基本稳定型多年冻土(Ⅲ区)将转为不稳定型多年冻土，而年平均地温高于 -2.52℃的稳定型多年冻土将转为基本稳定型多年冻土。

50 年后气温升高 1℃后多年冻土年平均地温变化 表 1-23

时间(年)	地表温度(℃)	年平均地温(℃)	时间(年)	地表温度(℃)	年平均地温(℃)
0	-0.5	-0.45	30	-0.09	-0.26
	-1.5	-1.11		-0.91	-0.91
	-2.5	-1.87		-1.91	-1.61
	-3.5	-2.58		-2.91	-2.32
10	-0.31	-0.40	40	0.29	-0.19
	-1.31	-1.10		-0.71	-0.81
	-2.31	-1.82		-1.71	-1.51
	-3.31	-2.52		-2.71	-2.21
20	-0.11	-0.33	50	0.49	-0.12
	-1.11	-1.01		-0.51	-0.71
	-2.11	-1.72		-1.51	-1.40
	-3.11	-2.43		-2.51	-2.10

从表 1-24 多年冻土年平均地温变化趋势的预测结果来看，50 年气温升高 2.6℃后，多年冻土热状态将会发生较大的变化。高温极不稳定型多年冻土（Ⅰ区）将全部退化为季节冻土区；高温不稳定型多年冻土（Ⅱ区）将部分退化为季节冻土，部分转为极不稳定型多年冻土；年平均地温低于 -1.15℃、高于 -1.68℃的低温基本稳定型多年冻土（Ⅲ区）将转为极不稳定型多年冻土；年平均地温高于 -2.22℃、低于 -1.68℃的基本稳定型和部分极稳定型多年冻土将转为不稳定型多年冻土；年平均地温低于 -2.22℃、高于 -3.34℃的极稳定型多年冻土将转为基本稳定型多年冻土。

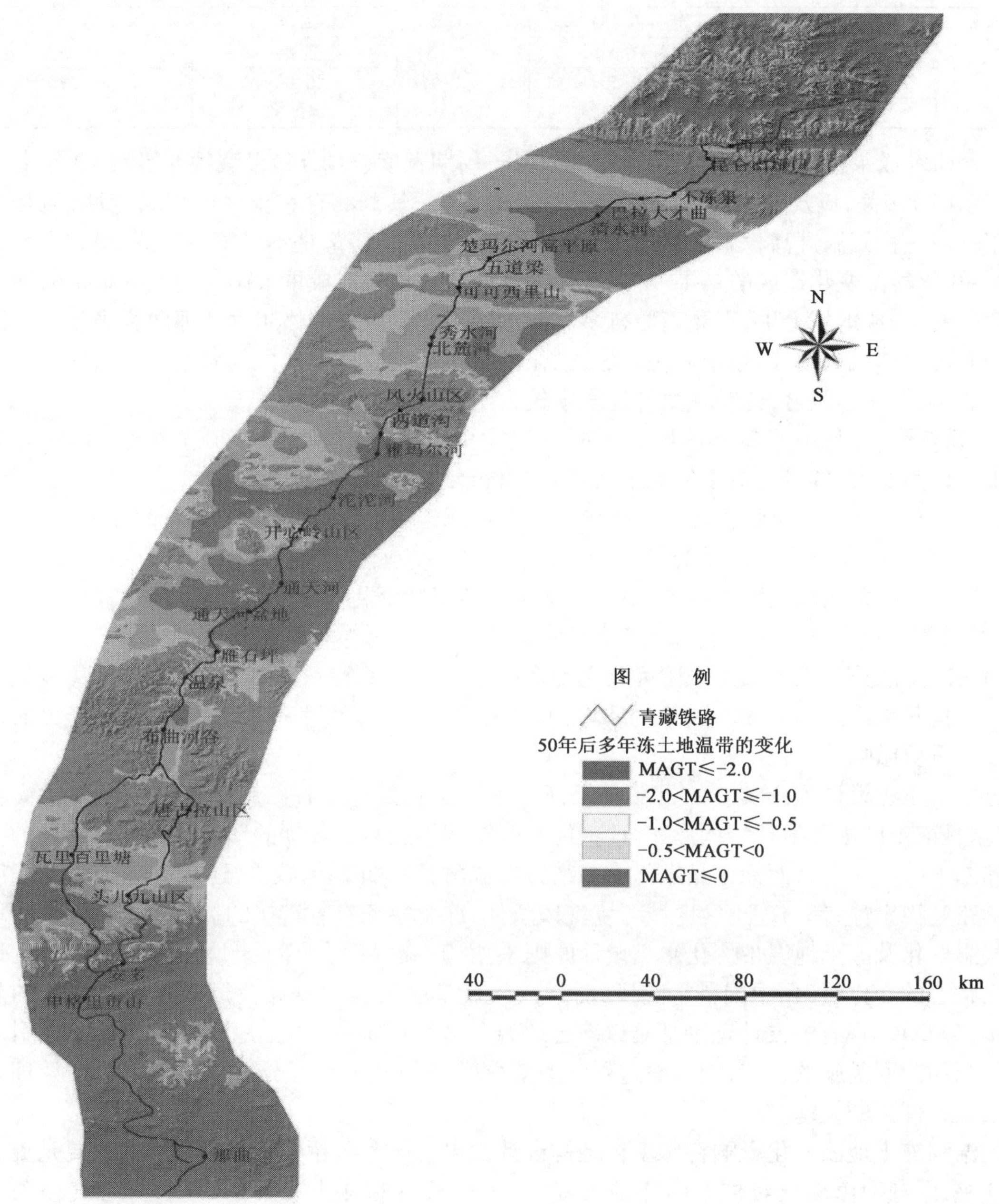

图 1-5　50 年气温升高 2.6℃后青藏铁路沿线多年冻土地温带分布

50 年后气温升高 2.6℃后多年冻土年平均地温变化 表 1-24

时间(年)	地表温度(℃)	年平均地温(℃)	时间(年)	地表温度(℃)	年平均地温(℃)
0	-0.5	-0.47	30	1.04	0
	-1.5	-1.11		0.04	-0.53
	-2.5	-1.92		-0.98	-1.25
	-3.5	-2.66		-1.96	-1.98
10	0	-0.35	40	1.56	0
	-1.01	-1.04		0.55	-0.26
	-2.01	-1.78		-0.45	-0.96
	-3.0	-2.51		-1.44	-1.69
20	0.52	-0.15	50	2.08	0
	-0.48	-0.8		1.08	-0.05
	-1.48	-1.53		0.08	-0.67
	-2.48	-2.26		-0.92	-1.38

这些研究成果给我们的警示是:尽管太阳黑子周期长度(SCL)和青藏铁路沿线 10 年滑动平均气温(T)相关,以及 SCL 的周期性都是过去的事实,其预测存在很大的不确定性,但是无论采用任何一种气温升高背景进行预测,多年冻土的退化趋势都是不可避免的。

近 40 年气温变化造成的结果,对冻土工程导冷功效累积造成重大影响的是冻结指数和融化指数的变化,从地域上讲,青藏高原自多年冻土区南北界以外的格尔木和那曲至多年冻土区腹地的五道梁和风火山,冻结指数在增加,融化指数在减少。典型地段气象站冻结指数逐渐降低,融化指数增加不显著,说明气温升高寒季较为明显。

气候转暖变化趋势下多年冻土腹部地带气温增幅明显低于周边地区,这主要是由于多年冻土带所积累的大量冷量,对多年冻土区气温升高起到抑制作用。

气温变化对多年冻土最主要的影响表现在多年冻土温度状态的改变,这种改变:一是多年冻土上限的变化(实际上是冻结温度等温线的位置);二是不同深度多年冻土的年平均温度。这些改变最终都影响冻土路基变形,而多年冻土含冰量特征将直接影响这种变形量的大小。

(2)气温和地温分区变化对冻土工程设计的影响

由于冻土区路基工程都是采用可以主动降低土体温度的特殊路基结构,桥梁桩基多是靠冻结力支持其承载力的形成。因此,多年冻土上限位置及含冰量特征对桥梁和路基工程的稳定性具有重要影响。

冻土区工程设计理论实施的目的是保证冻土区工程的稳定性。就工程结构而言桥梁桩基、路基是冻土区主要地基结构形式,这些地基的结构承载力和强度的形成多是依靠冻土的冻结力和冻土强度实现。而无论是靠冻土冻结力形成的桥梁桩基承载力,还是靠冻土本身强度形成的路基稳定性,都与冻土区区域环境气候条件、冻土特征有着直接的关系。

气温变化及冻土地温带变化影响设计原则采用,升温以后多年冻土地温变化引起冻土地温分区状态的变化图(据中国科学院研究报告:气候变暖对青藏铁路高原多年冻土影响的趋势分析,2003)。现有的设计理论都是以冻土地温分区为前提的,冻土地温分区变化必然引起设计原则和工程措施的改变,而考虑这种气温变化带来的冻土地温分区变化是工程设计理论和补强设计理论的关键。

气温和冻土地温变化影响特殊工程结构设计效果。冻土区桥梁工程基础形式主要是混凝土灌注桩,承载力由冻土对桩壁的冻结力提供,气候条件和冻土条件的影响在于:气候条件(太阳辐射、气温、降水)及铁路长期运营期间的发展变化趋势,决定着桥梁桩基周围冻土地温的变化,直接影响冻结力大小;施工期间气温日变化(最低气温最高气温、气温较差)幅度及最低气温延续时间影响桩基承载力形成过程。

目前,片石层结构的传热机理还没有完全研究彻底,但是冬季增温明显这样一种变化特点不利于片石层冷量的积累,从而削弱了气温升高过程中片石层的长期工程效果。

计算片石层效果的数学方程中有一个关键边界条件,即路基表面温度,按照下式进行计算:

$$T_{p} = T_{cp} + A\sin\left(\frac{2\pi}{8760}t_{h} + \frac{7\pi}{12} + \alpha_{0}\right) \tag{1-4}$$

式中,T_{cp}为年平均气温,A 为气温年较差的一半,这两个数值越小,数值模拟计算的片石层降温效果越差。多年冻土区最主要的路基工程是以路堤为主,路堤的稳定决定于基底土层吸热和散热特征。如果散热超过吸热则地温下降,人为上限上升,路堤能保持稳定。如果吸热超过散热则地温上升,人为上限下降,多年冻土融化,路堤融沉变形加大。气温升高结果使片石层路基基底吸热和散热特征改变,也影响到基底多年冻土稳定。

由于气温变化和地温变化之间的必然联系,使得单一采用一种工程措施带来可靠性的风险,因而工程设计及其补强设计中,更多的是采用综合工程措施保护多年冻土和保证工程稳定性,尤其是路基工程稳定性。

1.3 冻土区地温

气温变化导致多年冻土的地温产生滞后于气温的变化,随着深度的增加,这种滞后期将变长,地温的变化幅度也变小。气温波动对地温的影响,具有一定的时间、空间尺度概念,不同周期的气温波动影响的深度和幅度各不相同。

气温变化直接影响地表温度的变化,是引起多年冻土热状态变化的能量标志,在其他因素相同的情况下,多年冻土年变化层的变化依赖于地面年平均温度的变化。由于气候的变化所引起的垂直剖面上多年冻土温度状况的变化要稍微滞后。温度梯度的变化反映了多年冻土层的热状态的变化。

气温作为多年冻土生存的能量条件是可以由多年冻土的年平均地温来反映的,随时间和深度变化的地温,不但反映着该处冻土的发展和演变,而且也反映了冻土的现代特征。对多年冻土来说,地表温度、年平均地温、垂直剖面上地温梯度的变化是判断多年冻土生存条件和发展变化趋势的主要特征指标,同时也是评价冻土稳定性的重要指标。

为冷却地基而修筑的任何冻土工程,都可以把接近大气的一端或一面看作是散热端或散热面,而接近冻土层的一端或一面看作是吸热端或吸热面。散热端(面)和吸热端(面)分别处于不同环境条件下,散热端置于大气受环境气温变化影响,而吸热端则受冻土层温度变化影响。而土层温度与环境气温差决定冻土工程冷却地基土体过程的启动和持续。

1.3.1 区域冻土温度特征

冻土温度特征主要研究地表温度、季节融化层温度、多年冻土层温度的分布特征。地表温度是冻土层存在的能量标志,季节融化层温度分布揭示土体的冻融过程,多年冻土层温度分布特征主要指冻土年平均地温、冻土年变化深度和冻土层厚度。

冻土温度特征是不同区域冻土工程设计和施工技术的主要参照条件。土体垂直剖面温度变化的意义在于:天然地表温度变化和冻土工程修筑以后地表温度变化是冻土工程结构冷却基底冻土的能量标志,季节融化层温度变化是多年冻土上限变化和人为上限形成和发展的标志,冻土年平均地温和冻土年变化深度变化是冻土工程长期效果的判断依据。冻土温度特征研究在青藏铁路冻土区工程建设过程的每个阶段都是基础性且不可或缺的工作。

区域冻土温度特征是多年冻土生存发展的区域环境条件,是冻土分异性的能量因素青藏铁路沿线不同的气候分区的环境气温条件各不相同,边缘地区环境气温条件不适宜多年冻土发展发育,多年冻土退化特征比较明显,腹部地区环境气温条件较低,适宜多年冻土生存,尽管由于气温升高的趋势存在,多年冻土也呈现退化特征,但是大片连续多年冻土基本处于稳定状态。不同地区多年冻土的地温特征对冻土工程影响不同,设计原则和工程措施也随之而变。

不同地区不同深度冻土的温度变化是冻土工程启动工作和持续工作的主要影响因素,冻土工程工作的环境气温和埋入土体部分的土体温度是冻土工程启动导冷功能的决定性因素。不同时间段二者之间温度差(地温高于气温条件下)满足冻土工程启动条件冻土工程导冷功效才能发挥。青藏铁路沿线冻土区寒季气温(低于0℃)和冻土地温差值满足冻土工程启动条件,且寒季多风,利于冻土工程导冷功能发挥,暖季部分时间气温低于0℃而地温处于正温状态,也可以使冻土工程启动工作。

青藏铁路研究工作的前期中铁西北科学研究院曾于20世纪80年代在青藏铁路沿线多年冻土区的主要地貌单元设置了西大滩、昆仑山、楚玛尔河、可可西里、乌丽、雁石坪、温泉冻土地温观测场,青藏铁路通车运营期间与青藏铁路建设总指挥部合作建立了运营期间冻土工程长期观测系统地温观测场,青藏铁路建设初期先期进行的试验工程建设,也布置若干验证性的地温观测场,这些地温观测数据揭示了青藏铁路冻土区工程建设以前、建设初期和通车运营后的冻土温度特征。

青藏铁路沿线冻土地温基本分为四种类型:

第I种类型,冻土年平均地温在0～－0.5℃,对应的冻土层厚度0～25m。此种类型冻土主要分布在青藏公路沿线南、北段岛状冻土区和融区边缘的地段,诸如楚玛尔河、北麓河、沱沱河、通天河、布曲河谷地等。在边缘地区和岛状冻土区内20m以上的浅层地温普遍升高,导致多年冻土层减薄或消失。

第II种类型,冻土年平均地温为－0.5～－1.5℃,冻土层厚度25～60m。它主要分布于楚玛尔河、北麓河、沱沱河、通天河高平原及开阔的山间盆地、谷地,如唐古拉山南坡至头儿九山之间,以及113道班一带的谷地、盆地等。北部的楚玛尔河、北麓河高平原冻土年平均地温多为－1.0℃左右,冻土层厚度一般以大于40m居多;南部的高平原及盆地、谷地,冻土年平均地温一般不低于－1.0℃,冻土层厚度以30～40m以下者居多。

第III种类型,冻土年平均地温为 －1.5～－3.5℃,冻土层厚度60～120m。主要分布于公路沿线的低山、丘陵及中高山的下部,如昆仑山垭口盆地、可可西里山(指五道梁盆地之南、北山)、风火山、开心岭谷地、唐古拉山、头儿九山等。此类冻土稳定性较好。

第IV种类型,冻土年平均地温低于－3.5℃,冻土层厚度大于120m,此类型冻土在昆仑山、唐古拉山中上部基岩带可以见到。此类冻土稳定性较好。

以上四种基本的地温类型在区域气候条件、地形地貌、岩性条件影响下,在多年冻土边缘地区和大片多年冻土分布地区有不同的分别特征,在青藏铁路的勘察设计中,分为四个基本地温分区,在后面章节还要论述,本章只是从冻土地温特征在区域上的分布特征进行论述。

1.3.1.1 冻土区边缘地段地温特征

青藏铁路冻土区南北部边缘尽管多年冻土都处在极不稳定状态,但是由于纬度大不相同,海拔高程也不相同,尤其是北部边缘地区处在唐古拉山以北内陆地区,而南部边缘地区处在唐古拉山南麓,接受印度洋暖湿气候影响,两个边缘地区环境条件有所不同,多年冻土发育程度和稳定状态都有很大区别。

1）多年冻土北界地温

青藏铁路多年冻土北界位于铁路里程 DK957 +766 处。附近地貌为西大滩断陷谷地，南北宽 4 ~7km，东西长 30 ~50km，地形较为平坦，线路近似东西方向穿过谷地，海拔 4120 ~4600m，地层为中更新世冰水沉积，表层多为砾砂粉砂或砂黏土，下为砂砾石，含粒状冰和薄层冰。

在多年冻土北界区域西大滩断陷盆地（DK957 +766 ~ DK973 +700）内，年平均气温为 -2.0 ~ -5.0℃，年平均地温为 -0.2 ~ -0.5℃。多年冻土与融区相间分布，冻土层厚 5 ~20m。无厚层地下冰分布。天然上限 2.8 ~3.5m。

对比中铁西北科学研究院 20 世纪 80 年代在该地区设置的地温场，建设单位和科研单位 2005 年设置的地温观测场的数据和图件（图 1-6）可以看出，在多年冻土北部边缘地区冻土地温有几个值得注意的特点：

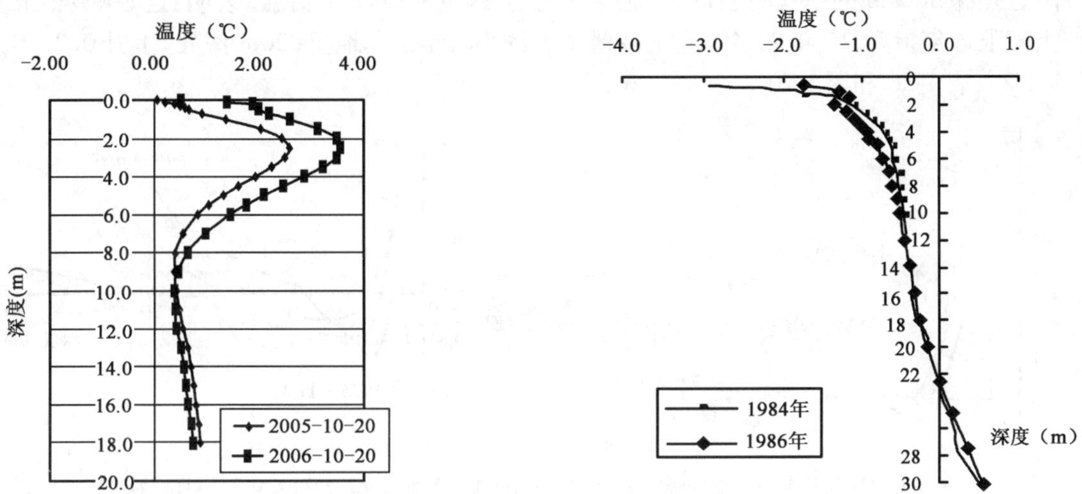

a)西大滩冻土北界典型地温场最大融化季节地温曲线（左图）和年平均地温曲线（右图）

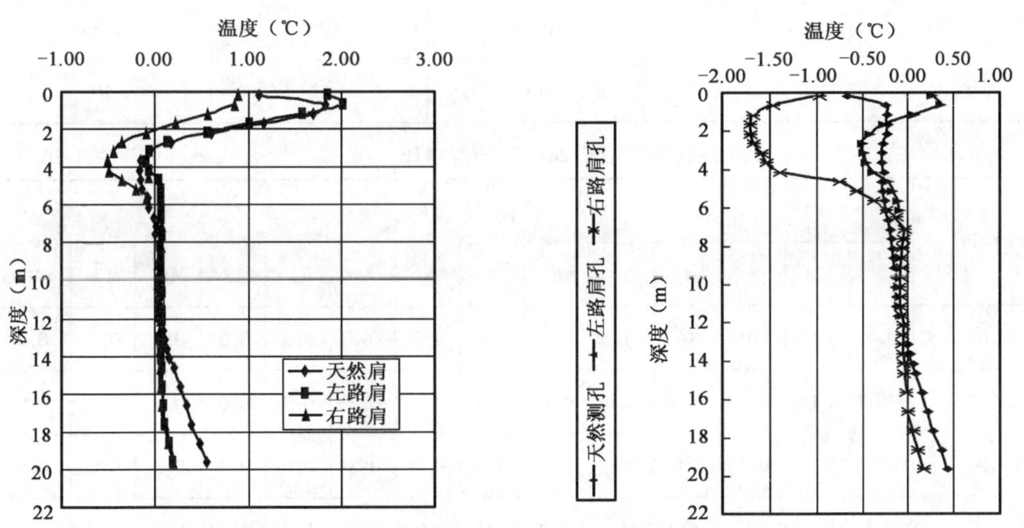

b)西大滩DK0966+000天然条件年平均地温曲线（左）和DK0959+830天然条件年平均地温曲线

图 1-6　西大滩不同条件下的地温曲线

(1)冻土地温曲线属吸热型地温曲线，多年冻土长期处在退化状态。

(2)20 年前同一位置多年冻土已经全部退化。

(3)相距不足 10km 处尚存在薄层多年冻土，且处于极不稳定状态，根据观测，DK0966 + 000 附近地表冻结指数为 -971.6℃ · d，融化指数为 544℃ · d，冻结数仅为 1.79，比冻土南界安多地区的冻结数 2.2 还小。这也是多年冻土退化的能量原因。

图 1-6a)所示的地温曲线是相距不到 500m 的两个地温观测孔的地温曲线，左图显示该处多年冻土已经基本退化，右图显示 23m 以下年平均地温为正值，多年冻土厚度只有不足 20m。图 1-6b)显示的铁路里程 DK0966 + 000 和 DK0959 + 830 附近距路基 20m 远的天然地温场地温曲线中可以看出，多年冻土厚度已经不足 10m，处于完全退化的边缘。

冻土区北部边缘地区近 30 年一直处于逐步退化过程中，作者 1997 年对该地区冻土的界限进行勘察时已经发现，位于青藏高原冻土区岛状多年冻土分布北界附近的惊仙谷北口公路桥附近孔深 26.5m 的钻孔测温资料(根据王绍令 1974 ~ 1989 年测温)表明：近 20 多年来多年冻土下限逐年抬升，15 年来多年冻土减薄了大约 5m，年平均地温(20m 深处)上升 0.2 ~ 0.3℃(表 1-25、表 1-26 和图 1-7)。

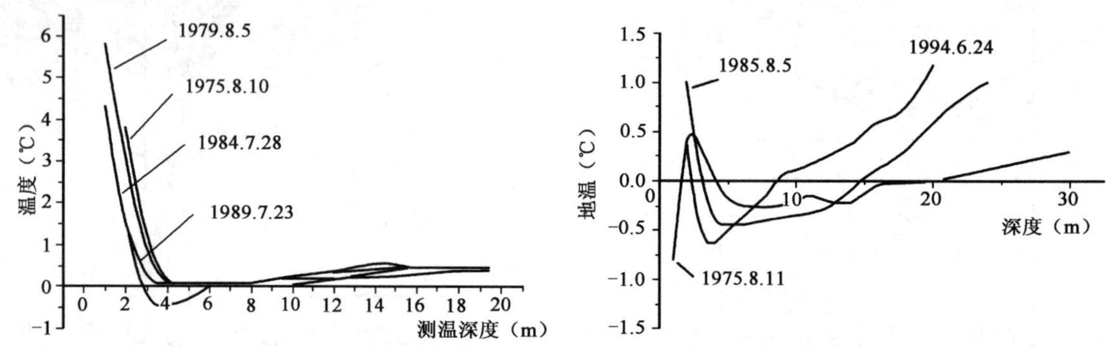

图 1-7　114 道班 1#孔地温曲线对比(左图)和冻土北界惊仙谷北口钻孔测温曲线对比(右图)

惊仙谷北口钻孔多年冻土下限的变化　　表 1-25

观 测 年 份	1974	1979	1985	1989
多年冻土下限深度(m)	15	14	12	10

公路里程 CK124-4 孔地温对比　　表 1-26

测 温 时 间	测温深度(m)													
	1	2	3	4	5	6	7	8	9	11	13	15	17	19
1979.08.05	0.6	-0.1	-0.3	-0.1	-0.2	-0.2	0.0	0.2	0.3	0.5	0.5	0.5	0.7	0.8
1984.08.07	-0.2	-0.3	-0.3	-0.1	0.1	0.1	0.0	0.2	0.2	0.7	0.6	0.8	0.7	0.9
1989.07.26	0.7	0.1	0.1	0.0	0.1	0.1	0.2	0.2	0.3	0.6	0.7	0.8	0.9	0.9

位于岛状多年冻土南界附近的公路 124 道班南 2km 的山涧洼地内，海拔 4670m 的钻孔深度为 19.8m，1975 年 6 月 25 日终孔时根据岩心判断，3 ~ 8.5m 是多年冻土层，后来的测温资料表明多年冻土层逐渐减薄，最后完全消失，年平均地温升高了 0.2 ~ 0.3℃。

上述地温资料可以看出在岛状多年冻土边缘地区冻土对气温变化的敏感性和本身的不稳定性。考虑上述情况，在重新进行青藏铁路设计时，新的方案基本上采取了绕避岛状多年冻土地段的方案。

但是青藏铁路冻土区北部边缘地段多年冻土的温度场特征显示的多年冻土退化特征和极不稳定的热状态说明，新的岛状多年冻土区域还会形成，多年冻土的边界还会退后，在这种不稳定的边缘地区，冻土工程设计原则选择和工程结构、工程措施采用必须考虑上述的退化趋势。

2）多年冻土南界地温

青藏铁路冻土区多年冻土南界在安多附近的扎加藏布曲谷地至安多谷地，对应铁路里程在 DK1456 +000 ~ DK1513 +753，为山前冲洪积扇前缘，发育沼泽化湿地，地表冻胀草丘发育，海拔高程为：4807m。多年冻土南界海拔 4800m。多年冻土厚 10 ~ 20m，天然上限 1.9 ~ 4.5m，年平均地温 -0.2℃，南界主要为大片连续多年冻土向岛状多年冻土过渡，安多谷地内接近多年冻土南界，多年冻土大多数已经退化为岛状多年冻土。此段内虽然海拔高程为 4800 ~ 5000m，但因纬度低、年平均气温高，所以，岛状多年冻土发育，且多年冻土层厚变小。

图 1-8 揭示的是青藏铁路多年冻土南部边缘地区里程 DK1512 +655 位于安多附近山区的南坡湿地天然地温曲线和里程 DK1501 +400 的安多附近天然条件下地温曲线，图 1-9 揭示的是南部边缘地区 DK1500 +200 安多附近天然地温曲线和南界附近 DK1484 +200 的天然地温曲线。

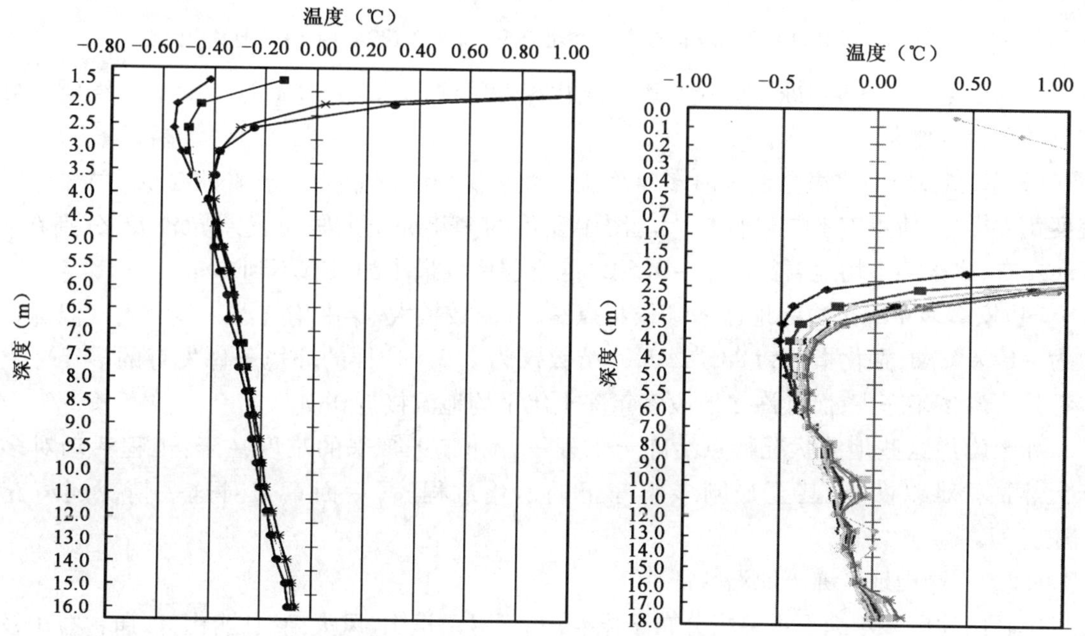

图 1-8　DK1512 +655 安多附近山区南坡湿地天然地温曲线和 DK1501 +400 安多附近天然地温曲线

多年冻土的南部边缘地区和北部边缘地区海拔高程要高，气候要湿润，显示的多年冻土边缘特征是相似的，也就是在冻土厚度、多年冻土温度和地温曲线类型上显示多年冻土强烈的退化特征。

对比建设单位和科研单位 2005 年设置的地温观测场的数据和图件（图 1-6）可以看出，在多年冻土南部边缘地区冻土地温与北部边缘地区地温有共同的特点：

(1)多年冻土年变化深度中上部地温曲线属吸热型地温曲线，多年冻土已经处在退化状态。

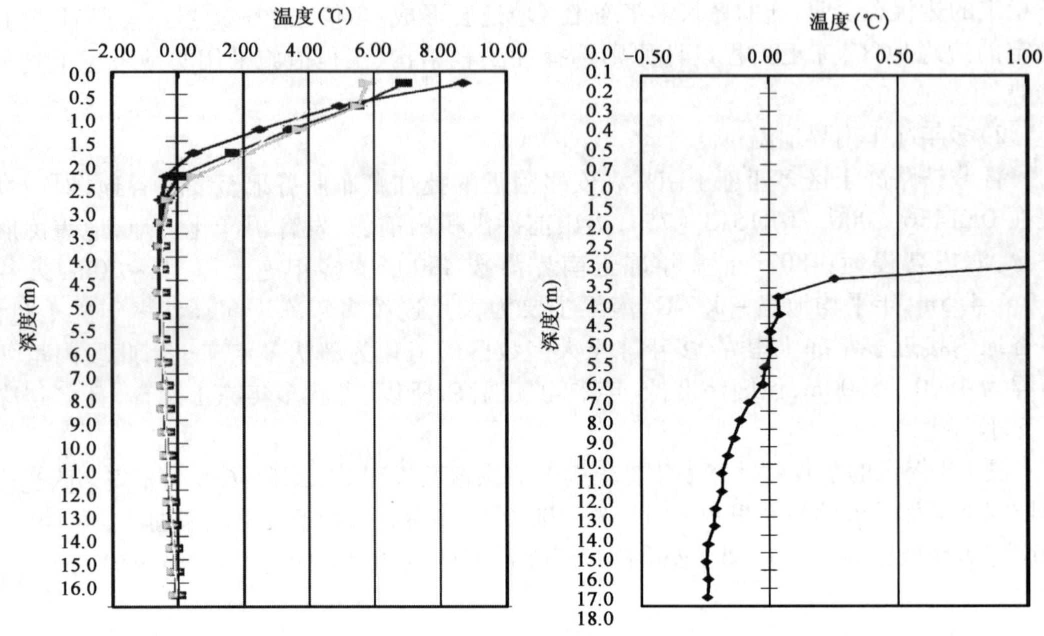

图1-9 DK1500+200安多附近天然地温曲线南界附近和DK1484+200天然地温曲线

(2)天然条件下多年冻土的最大季节融化深度最深可达7~10m，远较北部边缘地区最大季节融化深度要大。

(3)安多谷地南北边缘地区内多年冻土变化较大，由于气温较高，降水量大，局部地形地貌变化多样化，使得冻土差异性较大。图中显示的多年冻土上限位置差异较大，分别在4~10m左右，冻土年平均地温都高于-0.5℃，冻土层厚度最小的只有不到10m。

(4)安多多年冻土边缘地区的气候特点是，气温较差大，年平均气温-2.8℃，气温冻结指数为-1906℃·d，融化指数为885℃·d，冻结数仅为2.2。这样的环境条件发育的多年冻土基本都是高温多年冻土，而且许多地段多年冻土年平均地温接近0℃。

冻土南界这些地温状况特点给冻土工程设计和施工带来的难度在于：工程活动对多年冻土热扰动难以恢复，甚至加剧多年冻土的退化过程。(后面章节对这一情况还将充分论述。)

1.3.1.2 中高山地区冻土地温特征

中高山地区多年冻土主要指分布于昆仑山、可可西里山、风火山、乌丽山区、唐古拉山及头二九山等地区的多年冻土，这些地区的年平均气温一般低于-5℃，气温冻结指数较大，融化指数较小，冻结数一般都在3以上，气温的潜在冻结能力强，因此，多年冻土的年平均地温也较低，一般在-1℃以下，属于低温多年冻土，多年冻土上限埋深1~2.5m，较边缘地区要浅，多年冻土年变化深度在10~15m之间。

典型代表性地段冻土地温特征如下：

唐古拉山垭口为山前冲洪积平原，地表主要为土黄色含砾砂土或粉土质砂砾石，地下水位高，海拔高程为5072m。天然状态下多年冻土上限为2.2m，多年冻土年平均地温为-1.25℃。昆仑山中高山区地形起伏较大，植被稀疏，海拔为4500~4771m；年平均气温为-2.0~-5.0℃，昆仑山垭口可达-5.7℃；年平均地温为-2.0~-4.0℃。冻土厚度25~80m，本区无厚层地下冰存在，天然上限1.5~2.5m。昆仑山地温场位于昆仑山垭口以南的平缓山脊，地形相对平缓。图1-10a)为昆仑山区北部典型地段地温曲线。

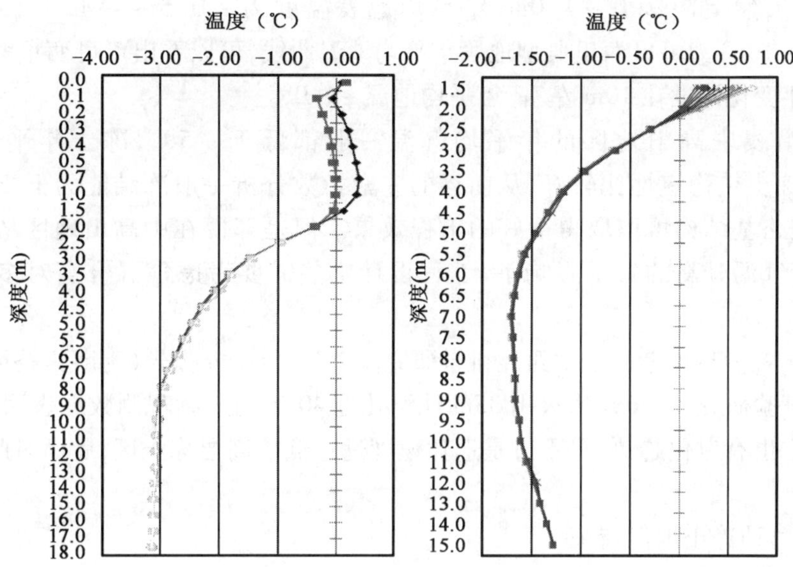

a)昆仑山口DK987+950处地温曲线(左)和唐古拉山垭口DK1419+360处地温曲线(右)

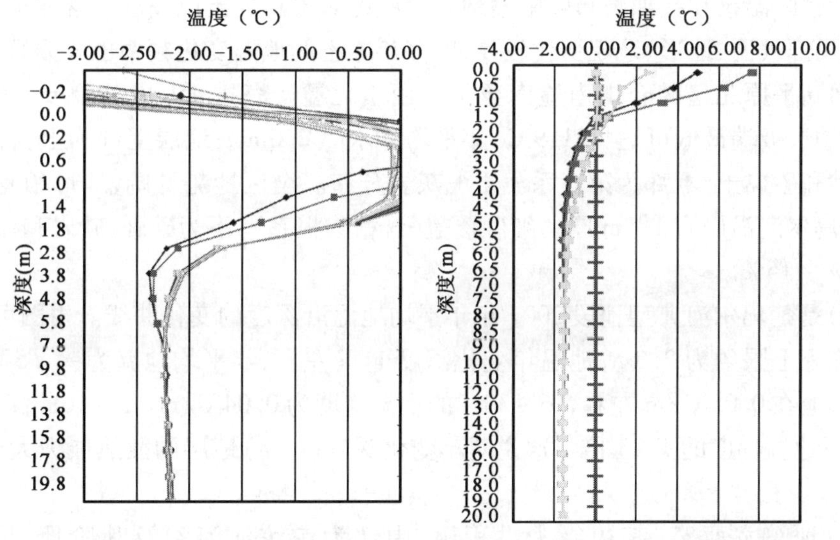

b)风火山DK1160+600处地温曲线(左)和可可西里山区DK1090+970处地温曲线(右)

图1-10 昆仑山、可可西里典型地段的地温曲线

观测资料表明，昆仑山地温场年平均地温较低，在 -2.8℃左右，地温年变化深度为9m，地温曲线都属于散热型曲线。

可可西里山区主要包括楚玛尔河南岸、五道梁、可可西里山，其中楚玛尔河以南至可可西里山地形切割较为显著，呈波浪起伏，地貌上呈沟梁相间。可可西里山走向近东西，海拔4500～4700m，山脊平缓，相对高差50～100m。本段年平均气温为 -5.6～-6.0℃，较一般山区低，年平均降水269.7mm，多年冻土年平均地温为 -1.0～-4.0℃，其中五道梁地区为 -1.0～-1.5℃，可可西里山垭口南北两坡为 -1.5～-4.0℃。冻土厚度为60～120m，其中五道梁地区为60～80m，天然上限2.0～1.0m，年平均地表温度为 -0.5～-1.5℃，多年地温为 -1.5℃。图1-10b）为可可西里典型地段年平均地温曲线，可以看出可可西里多年冻土上限为1.5m，地温年变化深度在10m左右，年平均地温 -1.0℃。

青藏铁路沿线中高山地区的年平均气温一般都低于 -5℃，冻土年平均地温多在 -1.0℃以下，冻土热稳定性比较好，从前述的冻融指数分析一般冻结能力低于融化能力很多，应用冷却型路基结构可以取得很好的工程效果。但是即便在中高山地区从大的环境条件下，仍然处于气温升高的背景影响下，工程设计仍然需要考虑气温升高对多年冻土及工程设施的影响。

根据本书作者参与执笔的中铁西北科学研究院2006年研究报告（青藏铁路风火山多年冻土长期观测与试验研究，2006），风火山35m地温孔近40年的连续观测数据表明，即便是中高山低温多年冻土也有退化趋势，只不过是退化速度远远低于高温冻土区，后面对此还要进行较为详细的论述。

1.3.1.3　河谷盆地冻土地温特征

青藏高原冻土区的河谷盆地气候一般要比邻近的中高山地区要温暖和潮湿，多年冻土的退化也要比中高山地区明显。沿线冻土区典型的河谷盆地区域有楚玛尔河高平原、开心岭、通天河盆地、雁石坪、温泉和扎加藏布断陷盆地。这些区域多年冻土以高温高含冰量多年冻土为多，由于区域局部气温、地形、地貌变化较复杂，多年冻土的地温变化频率也较频繁。

楚玛尔河高平原北起昆仑山南麓南至可可西里北麓。海拔4500～4600m。年平均气温 -1.5～-6.5℃，极端最低可达 -31.9℃，年平均降水为260mm；地层上部为上新世湖相沉积和冲洪积粉砂和砂黏土，下部为第三系泥岩泥灰岩分布。全区地势开阔，地形稍有起伏，热融湖塘发育，楚玛尔河沿岸有1.5m厚的细砂覆盖（含植物根系），下为砂砾、砂岩和泥灰岩分布，可见冰为10%～15%。

图1-11a）是楚玛尔河典型地段2007年年平均地温沿深度的变化曲线。由图可以看出，楚玛尔河多年冻土上限约为2.3m，地温年变化深度11m左右，年平均地温为 -1.5℃。5～16m地温梯度基本上在0.05℃/m左右，16～30m的地温梯度为0.04℃/m。5～16m深度的地温梯度是16m以下地温梯度的1.25倍。这说明年变化深度（11m）地层的散热能力大于其下地层的散热能力。

沱沱河盆地东宽西窄，其边缘为洪积扇，中部为沱沱河河谷及其阶地，地形略有起伏，地势开阔，地表植被稀疏，广布沙地。环境气温年平均值为 -4.0℃，开心岭山区山顶平缓浑圆，山坡较陡，沟壑发育，切割较深，植被稀疏；山间盆地地形较平坦，植被发育。环境气温年平均值为 -4.0℃。图1-11b）是开心岭DK1255+594和DK1272+120处地温曲线图。

唐古拉山土门格拉盆地，地层以残积层为主，地形较平坦，地表较干燥，接近荒漠化，海拔高程4922m。天然条件下多年冻土上限为11.2m，少冰、多冰冻土类型，多年冻土年平均地温高于-0.1℃，属于多年冻土强烈退化型。典型地段如DK1446+200地段，根据2006年最大融化季节地温观测数据绘制的地温曲线，如图1-12所示。该处多年冻土已经处于强烈退化阶段，上限已经在地表以下10~12m处，冻土厚度只有5m左右。

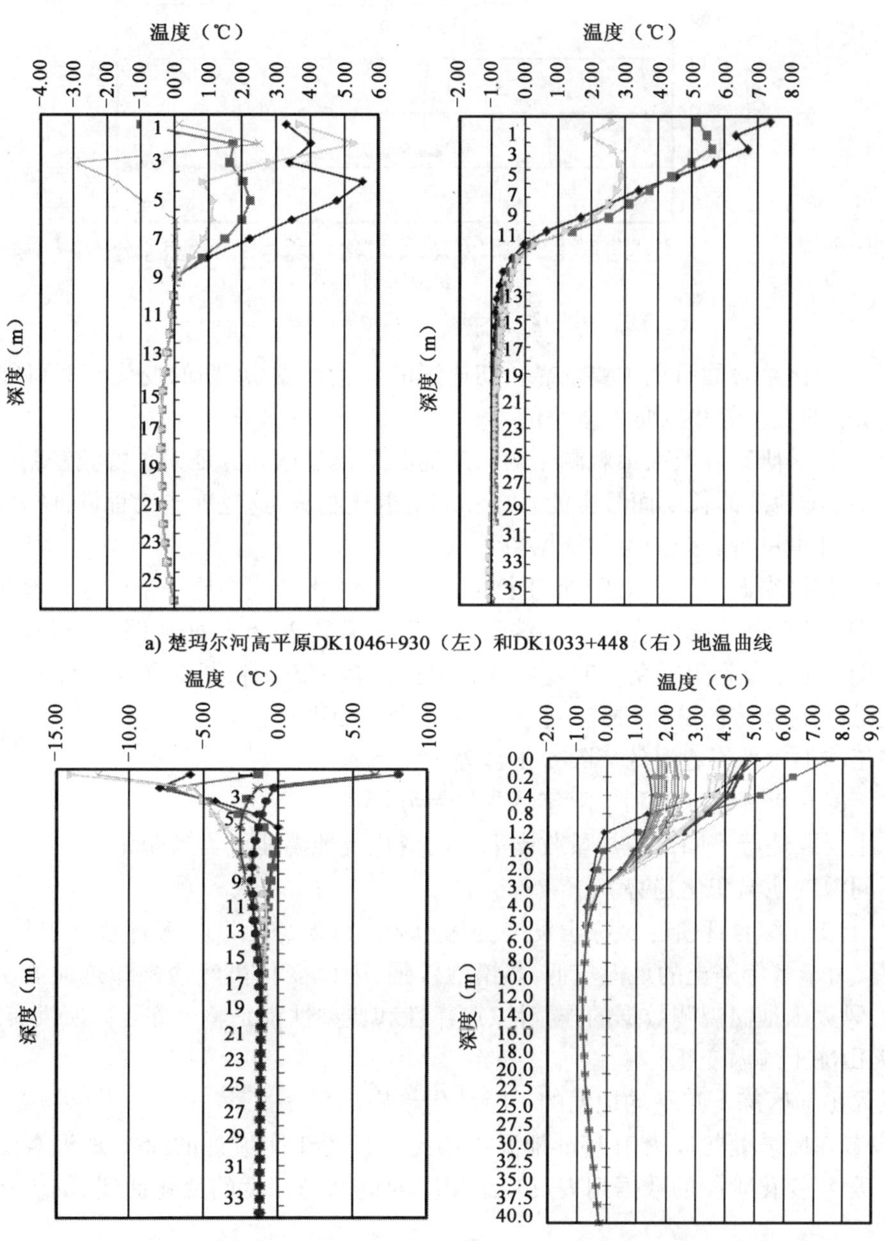

图1-11　楚玛尔河、开心岭典型地段处的地温曲线

1.3.2 冻土地温变化趋势

青藏铁路冻土环境条件的变化除了环境气温变化，冻土地温的变化也是重要的一种环境变化，冻土工程所保护和依存的主要环境就是多年冻土和气温环境，冻土地温的变化势必影响冻土工程的效果。

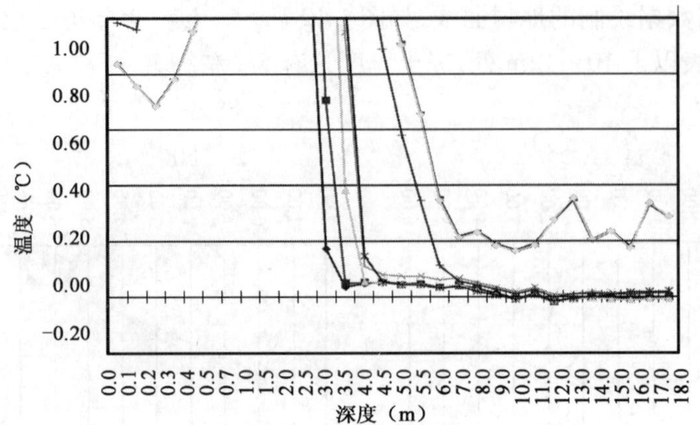

图 1-12 DK1446 +200 地温曲线

冻土地温变化趋势的研究主要依靠长期连续的工程数据，短期的变化有时可能属于突发性质的，而长期的变化趋势则是大概率的。

中铁西北科学研究院风火山观测站的长期地温工程数据充分证明了青藏铁路冻土区冻土环境变化下，冻土地温的长期而缓慢的升高和冻土退化趋势，这是冻土工程设计需要认真对待并且需要在设计中进行安全预留的依据。

以下分析数据来源于作者 1997 年主持的研究课题"青藏线高原冻土区地温变化对路基稳定性影响的研究"和作者参与完成的中铁西北科学研究院 2006 年研究课题"青藏高原冻土区气象、冻土及工程综合监测研究"和"青藏铁路风火山多年冻土长期综合观测与试验研究"。

冻土地温变化趋势的分析研究一般从以下几个方面进行：

(1)多年冻土年平均地温的年际变化趋势。

(2)多年冻土年变化深度和上限年际变化趋势。

(3)冻土层或地层不同部位热量收支平衡的变化及地温曲线类型变化。

(4)不同深度地温变化趋势。

通过以上变化综合评价区域冻土发展变化趋势。低温冻土区一般环境气温较低，气温变化较为缓慢，由于多年冻土的地温较低，热惰性较强，因此变化虽然缓慢却是最能说明问题的典型事例。风火山地温观测数据的连续性、可靠性和典型性都是整个冻土区所没有的，本节重点解析风火山冻土地温变化。

(1)风火山地区冻土年平均地温的年际变化趋势

根据设置在阳坡处的风火山 15m 地温观测孔和设置于阴坡处的 35m 地温观测孔数据解析，分年度、分年变化阶段的数据列表及绘制相应的地温随深度的变化曲线，剖析年平均地温变化趋势。

表 1-27 是风火山 1978 ~ 2002 年 15m 地温观测孔不同深度每 5 年年平均地温。可以看出：随着时间的推移，各深度处的地温均有上升，0.5m 深度的地温在 1998 ~ 2002 年平均值比 1993 ~ 1997 年提上升了 0.5℃，比 1988 ~ 1992 年上升了 0.6℃，比 1983 ~ 1987 年上升了

1.1℃;10m 深处地温在 1998～2002 年平均值比 1993～1997 年上升了 0.1℃,比 1988～1992 年上升了 0.1℃,比 1983～1987 年上升了 0.5℃。

风火山 15m 地温观测孔不同深度 5 年年平均温度(℃) 表 1-27

时间(年) \ 深度(m)	0.5	1	2	3	5	10	15
1978～1982	-2.6	-2.6	-2.8	-2.8	-2.8	-2.4	-2.4
1983～1987	-2.8	-2.9	-2.7	-2.6	-2.6	-2.4	-2.3
1988～1992	-2.3	-2.5	-2.3	-2.2	-2.2	-2.0	-2.1
1993～1997	-2.2	-2.4	-2.2	-2.2	-2.1	-2.0	-2.1
1998～2002	-1.7	-2.0	-2.0	-2.0	-2.0	-1.9	-2.0

表 1-28 是 35m 地温观测孔 1964～2001 年不同深度处年平均地温值,从表中数据可以看出:从 1964 年至 2001 年的近 40 年间,该地 35m 层间仍保持散热型地温特征;年变化层(13m)以下地层的温度基本稳定,地温梯度保持在 0.015～0.02℃/m 之间;但年变化层以上地层地温曲线向正温方向偏转,地温梯度由 1964 年的 0.06℃/m 变为 2001 年的 0.02℃/m,但是年平均地温升高的幅度不大,1964 年的年平均地温为 -1.5℃,而 2002 年年平均地温为 -1.2℃,40 年间升高了 0.3℃。

风火山 35m 地温观测孔各年各深度年平均地温值(℃) 表 1-28

时间(年) \ 深度(m)	0.5	1.5	2.0	3.0	7.0	9.0	10.0	12.0	15.0	20.0	25.0	30.0	35.0
1964	-3.6	-4.2	-4.0	-4.1	-3.7	-3.9	-3.8	-3.6	-3.3	-3.2	-3.3	-3.0	-2.9
1982	-3.6	-4.0	-4.1	-3.9	-3.7	-3.5	-3.6	-3.1	-3.1	-3.2	-3.1	-2.9	-2.9
1992	-3.7	-3.8	-3.7	-3.5	-3.4	-3.4	-3.4	-3.2	-3.2	-3.1	-3.1	-2.9	-2.8
2001	-3.0	-3.3	-3.2	-3.4	-3.4	-3.3	-3.3	-3.3	-3.2	-3.1	-3.1	-3.0	-2.9

年平均地温升高的幅度不大,1964 年的年平均地温为 -3.5℃,而 2002 年年平均地温为 -3.2℃,40 年间升高了 0.3℃。年变化深度在 12～13m 左右变化,有稍微的增加趋势。由于高原的气温自 20 世纪 70 年代中期一度升高,80 年代中期有所下降,到 80 年代后期又有比较明显的持续升温趋势,地层的升温相对气温的升高有滞后效应。该地年平均地温低、冻土厚度大,冻十的热惰性大,又因其地处阴坡,由于阴阳坡效应,变化不及阳坡观测孔明显。

(2)地层热量收支和地温曲线类型变化

图 1-13 是 15m 观测孔的地温曲线 5 年变化对比,在地温曲线的 2～15m 部分,1978～1982 年,曲线为散热型,地温梯度在 0.03℃/m 左右,1983～1987 年曲线为梯度为 0.01℃/m ,1993～1997 年地温接近零梯度,到 1998～2002 年,地温曲线为过渡型曲线,地温梯度为 0.01℃/m。表 1-29 所揭示的数据说明:30 年来,风火山地区冻土层的地温场已经发生了很大变化,年变化层以上冻土层的冷储量的积累正在减少,地温梯度正在变小,年均地温曲线由典型的放热型向吸热型过渡,而且已经影响到年变化层以下,多年冻土的热稳定性将会发生变化。

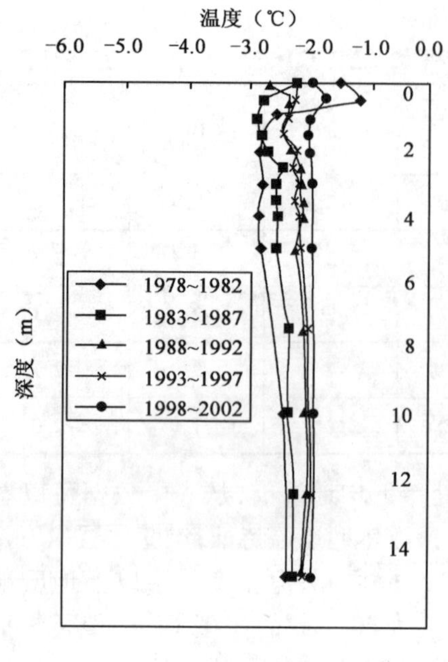

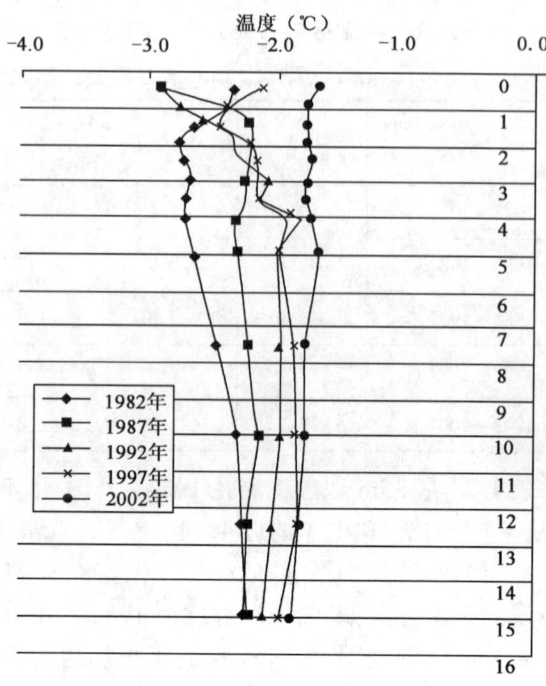

图 1-13　风火山 15m 观测孔各深度处 5 年平均地温曲线(左)和各年地温变化曲线(右)

1978～1987 年这十年各个深度处的地温相对较低。20 世纪 80 年代末至 90 年代，年变化层以上地温，尤其是上限以上的浅层地温，随气温的波动有一定幅度的上升，幅度在 0.2℃左右，没有形成明显的升温趋势，而年变化层以下，地温保持不变。近 15 年来，随着气温的持续升高，曲线向正温方向推移达 0.5℃左右，尽管地温对气温的反映有一定滞后，但是这里同样看出地温对于气温变化的敏感反应，而且，这种趋势一旦继续发展，多年冻土区深层的热稳定性也将受到极大的影响。

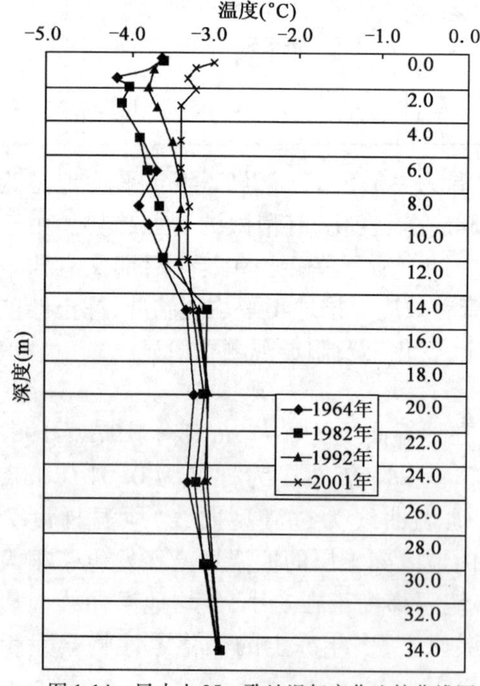

图 1-14　风火山 25m 孔地温年变化比较曲线图

低温冻土区气温观测数据表明气温自 20 世纪 70 年代中期一度升高，80 年代中期有所下降，到 80 年代后期又有比较明显的持续升温趋势，总体上是波浪式上升，相关地温场也逐渐发生变化。图 1-13 和图 1-14 都说明浅层地温变化幅度较大。1m 深处，最高为 1991～1995 年 5 年平均值的 −2.3℃，最低为 1981～1985 年的 −1.7℃。而 15m、25m、34m 地温曲线变化平缓，变化幅度在 0.1℃左右。即浅层地温随着年平均气温变化而变化，在时间上有些滞后，2002 年，15m 深地层基本上完成了地温曲线向零梯度的转变，15m 处的地温由 1982 年的 −2.3℃ 升为 −1.9℃，升高了 0.4℃，说明自 20 世纪 80 年代开始，该地气候转暖的影响已波及多年变化层的一定深度。

图 1-15 是 2005 年风火山地区铁路线路里程 DK1160 + 600 附近天然观测孔的地温曲线，从图中可以看出深部地层地温曲线没有明显变化。

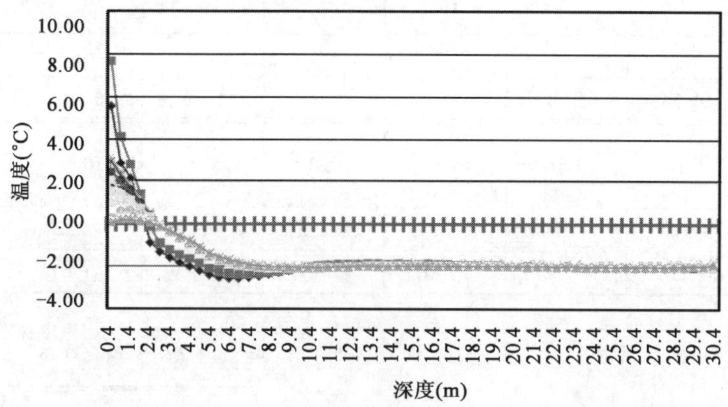

图 1-15　2005 年风火山地区 DK1160 + 600 阳坡线路附近天然地面观测孔地温曲线

以上分析说明：近 40 年来多年冻土上部地温在逐渐升高，对于年平均地温较低的中高山地区，影响深度在年变化层以上地层；对于年平均地温稍高的地段，影响到多年变化层的上部。低温冻土区近 40 年年平均地温升高约 0.5℃，平均升温率为 0.013℃/年；这些都大于气温升温幅度，但是滞后气温升高时间，一般滞后 10 ~ 15 年。

3）多年冻土上限变化

图 1-16 是风火山 15m 观测孔天然上限随时间的变化曲线。整体看天然上限呈下降趋势。从图中可以看出，1983 年年平均气温为 -7.3℃，为 20 年中最低，而天然上限则为 1.2m，是 20 年中最小值。1983 年 ~ 1989 年天然上限平均值为 1.32m，1989 年 ~ 1999 年天然上限平均值为 1.37m，2000 年 ~ 2002 年天然上限平均值为 1.47m，逐步加深，而气温也呈增高趋势，两条曲线变化趋势一致。

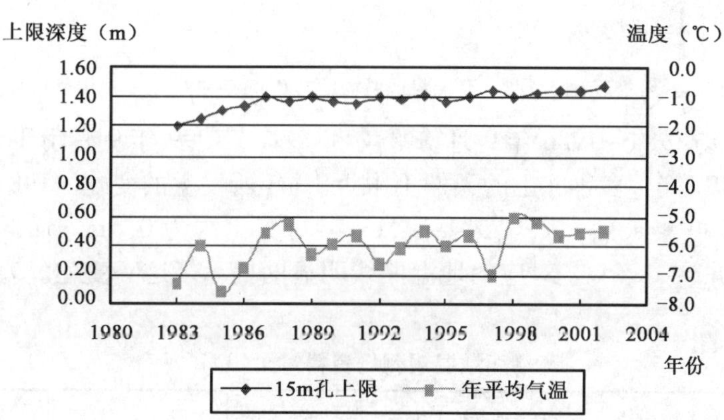

图 1-16　风火山 15m 地温观测孔天然上限和年平均气温曲线

对比中铁西北科学研究院 1985 年建立的高温冻土区楚玛尔河地温观测场 1997 年观测数据可以看出（表 1-29 和图 1-17）多年冻土的天然上限近 15 年所发生的变化。1984 年天然上限埋深 2.38m，1997 年天然上限观测值为 2.9m，13 年间变化约为 0.52m。而同期浅层地温变化（3 ~ 10m）为 0.3 ~ 0.7℃。对应的地温曲线明显的揭示了这一变化，地温的升高在一定深度内导致了冻土的退化趋势。

楚玛尔河地温观测场资料对比(1985,1997)(℃)　　表 1-29

时间(年) \ 深度(m)	0	0.5	1.0	1.5	2.0	2.5	3.0	4.0
1984.9.25	5.3	3.0	2.6	1.6	0.4	-0.5	-1.0	-1.5
1997.9.14	14.58	4.08	2.81	2.66	1.96	0.98	0.03	-0.46
时间(年) \ 深度(m)	5.0	7.0	8.0	9.0	9.5	10.0	12.0	13.0
1984.9.25	-1.9	-2.4	-2.4	-2.3	-2.2	-2.2	-2.0	-1.9
1997.9.14	-1.01	-0.94	-1.01	-1.04	—	-1.07	-1.04	-0.99

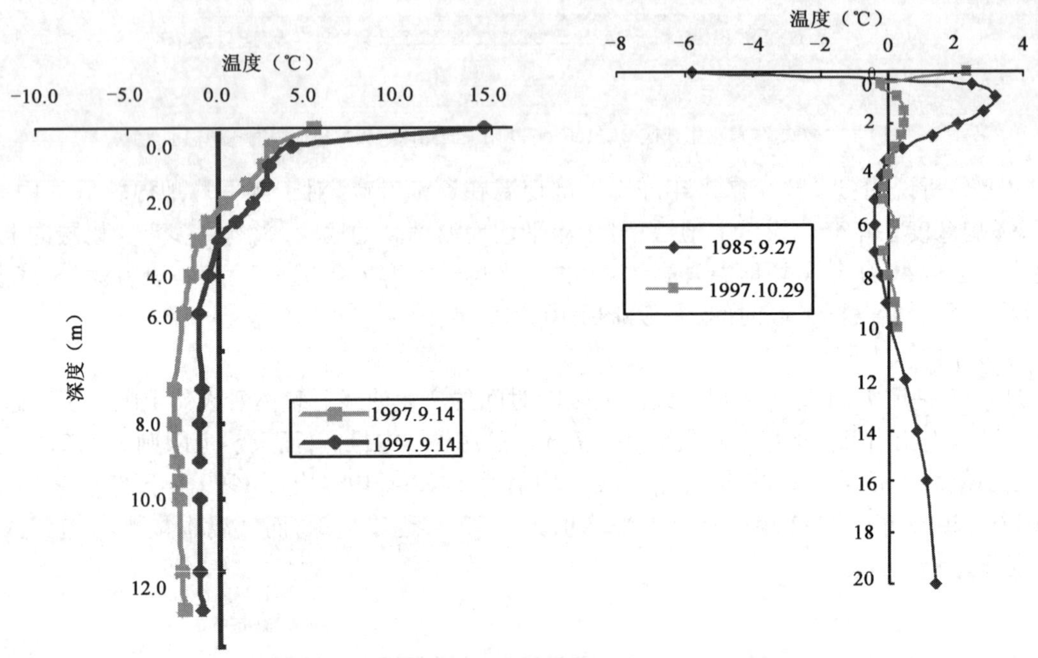

图 1-17　楚玛尔河地温场(左)和温泉地温场(右)1985 年和 1997 年测温资料对比图

乌丽地温观测场 1984~1986 年 9 月份平均和 1997~1999 年 9 月份平均的观测资料(表 1-30 和图 1-18)可以看出,多年冻土的天然上限近 10 年所发生的变化。1984~1986 年天然上限埋深比 1997~1999 年天然上限埋深要浅,13 年间变化约为 0.5m。而同期浅层地温变化(3~10m)大约为 0.3~0.7℃。对应的地温曲线明显的揭示了这一变化。表 1-31 为温泉地温观测场资料对比。

乌丽地温观测场资料对比(℃)　　表 1-30

深度(m)	0	0.5	1	1.5	2	2.5	3	3.5	4	4.5	5
1984~1986 年	8.9	3.5	3.0	2.0	0.7	-0.4	-0.9	-1.2	-1.4	-1.4	-1.3
1997~1999 年	3.9	5.8	4.7	3.1	1.2	-0.4	-0.9	-0.9	-0.9	-1.0	-1.0
深度(m)	6	7	8	9	9.5	10	10.5	11	12	14	20
1984~1986 年	-1.2	-1.2	-1.2	-1.1	-1.1	-1.1	-1.1	-1.1	-1.0	-0.9	-0.7
1997~1999 年	—	-1.0	—	-1.0	-1.0	-1.0	-1.0	-1.0	-0.9	-0.9	-0.6

温泉地温观测场资料对比(℃)　　表 1-31

深度	0	0.5	1.0	1.5	2.0	2.5	3.0	3.5	4.0	4.5
1985.9.27	-5.8	0.9	3.2	2.8	2.1	1.3	0.4	-0.1	-0.2	-0.3
1997.10.29	2.32	-0.19	0.31	0.46	0.49	0.39	0.18	0.05	-0.03	—
深度	5.0	6.0	7.0	8.0	9.0	10.0	12.0	14.0	16.0	20.0
1985.9.27	-0.4	-0.3	-0.4	-0.2	-0.1	0.1	0.5	0.8	1.1	1.4
1997.10.29	-0.16	—	-0.11	0	—	0.28	—	—	—	—

对比雁石坪地温观测场1985年7月、1986年8月、1997年8月、1998年7月平均的观测资料(表1-32和图1-19),可以看出:1997年、1998年地温较1985年和1986年要高,尤其是在0~3m深度,发生剧烈变化;1998年地表处的温度比1985年要高8.9℃,3m处高1.2℃。3.5m以下,温度变化不大,在0.5℃。

雁石坪地温曲线对比(℃)　　表 1-32

深度(m)	0	0.5	1	1.5	2	2.5	3	3.5	4	7	8
1985.7.26	13.5	7.4	4.3	1.5	-0.1	-0.3	-0.4	-0.4	-0.5	-0.6	-0.5
1986.8.27	13.7	7.7	5.8	3.9	1.9	0.1	-0.2	-0.3	-0.4	-0.5	-0.5
1997.8.17	12.3	7.2	6.0	4.3	2.5	0.6	0.2	0.2	0.1	0.1	—
1998.7.1	22.6	28.0	14.7	7.3	4.3	3.0	0.8	-0.4	-0.6	-0.6	—
深度(m)	8.5	9	10	12	13	14	16	18	19	20	25
1985.7.26	—	-0.5	-0.4	-0.3	—	-0.3	-0.2	-0.1	—	-0.1	-0.2
1986.8.27	—	-0.5	-0.5	-0.4	—	-0.3	-0.3	-0.2	—	-0.1	0.2
1997.8.17	0.1	—	0.2	—	0.2	0.3	0.2	—	0.4	—	0.8
1998.7.1	-0.6	—	-0.5	—	-0.5	-0.6	-0.4	—	0.2	—	0.3

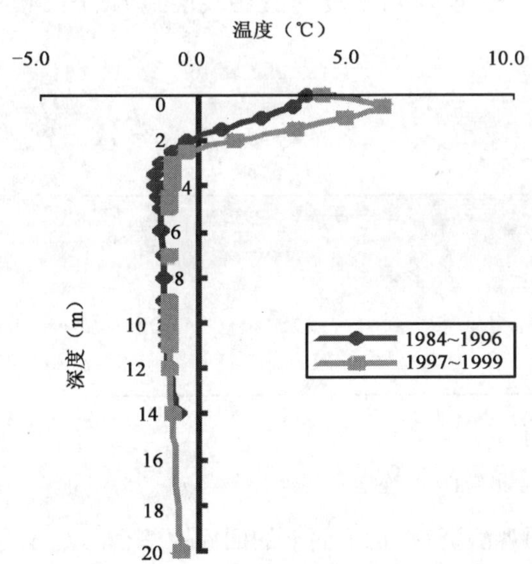

图1-18　乌丽地温场不同深度年平均地温曲线变化

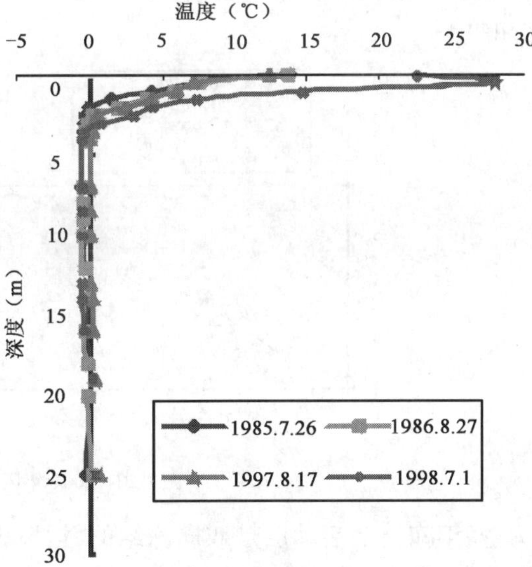

图1-19　雁石坪地温曲线的年际变化

原来观测资料下限在10m左右,现在冻土下限已经移到8m处。而对应的浅层地温(5m左右深度)十几年时间里上升了约0.24℃。天然上限埋深根据85年观测资料在3.4m处,97年观测资料上限在3.8m左右,下降了0.4m左右。

从图1-19和表1-32还可以看出,多年冻土下限位置1985年在9.5~10m左右,1997年下限已经上移至8m深处,12年内下限变化了15m以上,而且从图1-19中还可以看出,3~8m深度的地温升高的趋势和幅度很明显,估计该钻孔内的多年冻土已经融化完,说明了地温升高所带来的严重后果。

对青藏铁路冻土区不同冻土环境条件下地温场变化趋势和变化状态的分析提示我们,冻土区工程设计除了应该考虑气温变化所改变的年平均地温以外,还需要考虑不同地层地温变化,多年冻土上限变化,这些变化对设计原则确定,桥梁桩基承载力计算,冷却型路基结构应用范围等一系列冻土工程应用的原则性问题都具有参考价值。

冻土区典型地段地温变化研究表明,多年冻土地温越低热惰性越强,冻土的热稳定性越好,抵御温度变化的能力越强,由此可见,通过冷却地基稳定冻土的技术思想是科学的可行的。

1.3.3 地温变化与气温的关联性

区域环境气温是冻土热稳定性能量来源,冻土地温是冻土热稳定性的能量标志。青藏铁路典型地段观测数据说明,年平均地温的变化尽管比气温的变化有一定的滞后,最终还是随着气温的变化缓慢的发生地温的变化,这种变化先是表现在浅层土体,逐渐深入,随后影响到多年冻土年变化层的温度最终影响多年冻土的年平均地温。

多年冻土是大气与地面间热交换形成的地质体,气温变化的地带性使多年冻土在空间分布上具有高度和纬度地带性规律。岩性、水分状况和地中热流等局部性因素则引起了相同气温条件下多年冻土的区域分异特征。多年冻土地温场的初始条件不同,未来的气候变化对其影响结果也将不同。

(1)地温和气温在冻融循环过程的关联性

高原冻土区有寒季和暖季之分,一个完整的冻融循环包括寒季转暖季,暖季转寒季,在这种转换中,多年冻土的季节融化层从暖季开始由地表向下逐层融化(一般从4月末或5月初开始至9月底),到10月初达到最大融化季节,然后开始冻结,在整个过程中浅层地温的年际变化如图1-20所示。

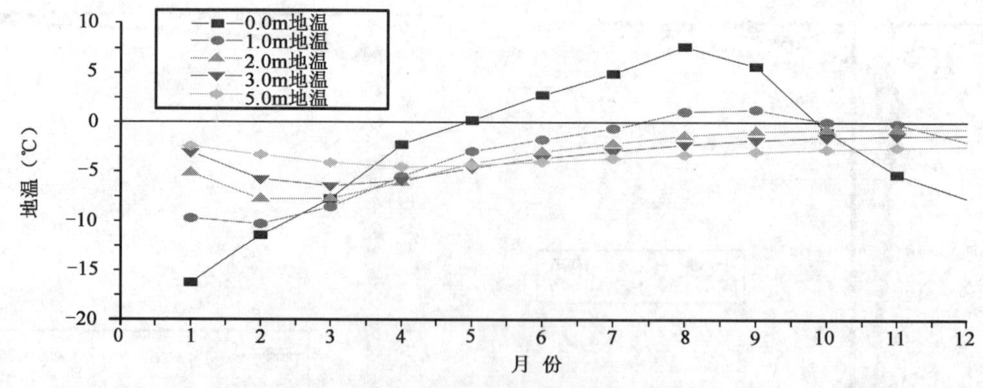

图1-20 2001年风火山浅层地温的年际变化

多年冻土上活动层是双向冻结的,据风火山的观测资料,自下而上的回冻占整个冻结厚度的20%~23%,零点幕存在的时间达20~30d,图1-20中1.0m地温曲线在10~11月份时段处于零温状态。融化季节(4～10月份)地温是浅层高于深层,热流方向向下,呈吸热状态。冻结季节则相反。

根据清水河地区气象站实测气温和浅层(地表以下0.5m)地温观测数据绘制图1-21,图中浅色线条代表浅层地温变化曲线,深色线条代表气温变化曲线。图中显示在冻结期内所有地温均高于同期气温,有些冷却地基的工程结构的工作条件就是同时期地温要高于气温,有的工程结构工作条件是上层土体温度低于下层土体温度,图1-20和图1-21所显示的气温和地温之间的关联特点,尤其是地温对于气温的滞后保证了这些特殊冻土工程结构的启动工作和持续工作的条件。

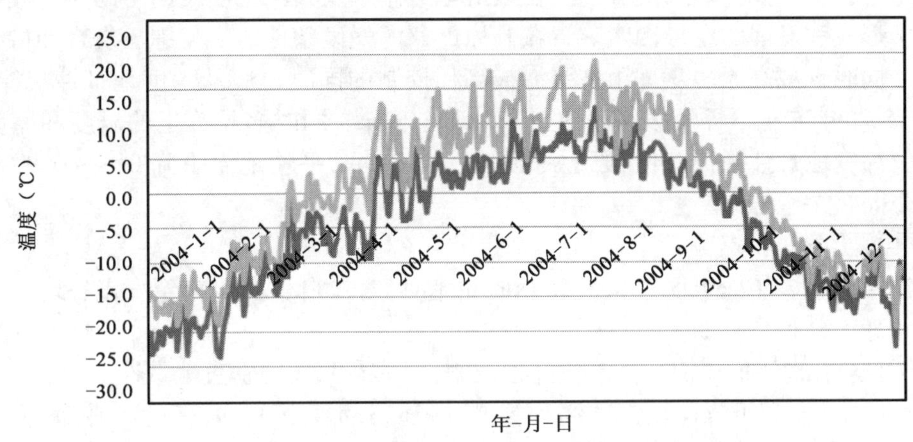

图1-21 清水河高温冻土区气温和地温差值发展变化进程

(2)地温和气温在多年变化中的关联性

图1-22(据中铁西北科学研究院)是近30年风火山年平均气温与年平均地温的关系图,短期的气温变化对年平均地温影响不明显,持续的升温或降温则会滞后一段时间影响到年平均地温的变化,而且近30年观测数据显示气温与地温变化规律较为一致,总的趋势是向升温方向发展。

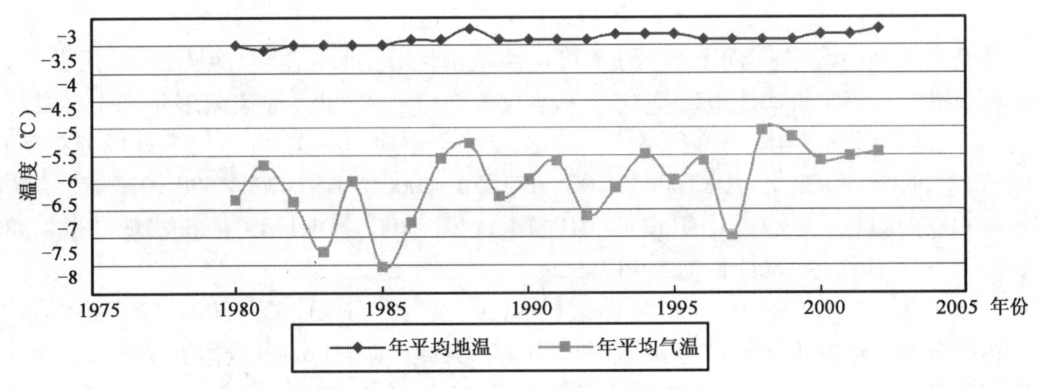

图1-22 风火山观测站年平均气温与年平均地温分析图

利用地温和气温在冻融循环过程中的关联特点和地温变化的滞后特点,可以应用冷却型的路基结构增加多年冻土的冷储量,提高热惰性,延长其对气温变化的滞后时间,减缓了多年冻土的退化,这就可以利用特殊冻土工程结构保证线路稳定性。

1.4 多年冻土分布

多年冻土的地温分区和平面分布、典型地段多年冻土上限分布特征、不同工程分类多年冻土的分布特征都是青藏铁路冻土环境的重要组成部分。

1.4.1 铁路沿线多年冻土分布

青藏高原多年冻土是地质历史的产物，在高原地质构造及地貌形成演化、岩性、地表水、地下水、植被、雪盖等多种地质、自然地理因素共同作用下展现其发生、发展及演变过程。不同周期的气候波动是多年冻土发生、发展及历史演变的动力，而其他地质地理因素及自然条件在不同区域的组合，则决定着多年冻土发生、发展的地域差别及其冻土演变的空间分布规律。气候是控制冻土形成和发展的主导因素。青藏高原严寒的气候条件是多年冻土发育和持续存在的基本条件。同时青藏高原多年冻土在受海拔高程控制的同时也服从纬度地带性规律，纬度每向南推移1°，多年冻土下界海拔高程约上升100~130m。同时多年冻土的温度和厚度亦同时服从高程及纬度地带性规律，自高原上海拔每升高100m，平均地温下降0.8~0.9℃，冻土层厚度增大20m左右。

1）多年冻土分布特点

青藏铁路通过多年冻土区总长约554km，北起西大滩断陷盆地，南至安多谷地。青藏铁路沿线的多年冻土分布具有如下特点：

（1）多年冻土的分布和特征受海拔高程控制，即具有明显的垂直地带性。

（2）多年冻土分布下界除受海拔高程控制外，还与纬度有关：据有关资料，海拔高程升高100m，多年冻土的年平均地温下降0.6~0.9℃；纬度每降低1°，多年冻土下界上升80~100m。

（3）多年冻土的厚度变化与海拔高程、纬度有如下关系：海拔高程上升100m，多年冻土层厚度增加15~20m；纬度降低1°，多年冻土层厚度减小10~20m。其厚度从多年冻土区边缘地带的5~25m变化至腹部地带的60~130m。

（4）多年冻土的年平均地温从边缘地带的0~-1.5℃变化至腹部地带的-1.0℃~-2.5℃，最低可达-4.0℃。

在西大滩断陷盆地（DK957+766~DK973+700）内，多年冻土与融区相间分布，冻土层厚5~20m。自DK972+550线路进入大片连续多年冻土区。

自昆仑山中高山区、楚玛尔河高平原、可可西里山区、北麓河盆地、风火山区、尺曲谷地至乌丽盆地（DK972+550~DK1202+500）全段内多年冻土主要为大片连续多年冻土。高纬高、高海拔、低气温是形成多年冻土的重要因素。多年冻土层厚10~120m。局部地段分布岛状融区。融区有：DK1004+970~DK1006+100、DK1070+000~DK1072+500、DK1083+108~DK1083+600、DK1124+820~DK1124+910、DK1149+300~DK1149+800、DK1186+380~DK1187+170，共计6段，累计长度5.117km。

自乌丽山区、沱沱河盆地至开心岭山区（DK1202+500~DK1262+800），全段内多年冻土与融区相间分布。线路通过地区以岛状融区为主，累计长度35km，占全段约70%。该段内一方面广布卵石土、碎石土、角砾土、圆砾土等粗颗粒土，具有良好的渗透性；另一方面植被稀疏，地表水体分布较多，这些因素不利于多年冻土的发育和发展，多年冻土层厚10~30m。

通天河盆地（DK1262+800~DK1282+800）内主要为大片连续多年冻土，仅在DK1280+500~DK1282+889段分布融区。该段内主要为粉质黏土、粉土等细颗粒土，有利于多年冻土发育。多年冻土层厚20~40m。

布曲河谷地及温泉断陷盆地(DK1282+800~DK1394+800)内由于受布曲河河流及构造作用影响,岛状多年冻土与融区相间分布,沿线路里程长度相当。此外,该段内地层以卵石土、圆砾土及风化层为主,不利于多年冻土发育。多年冻土层厚5~40m。

唐古拉山区及山间盆地(DK1394+800~DK1513+753)内多年冻土分布特征可以分为三段:

(1)唐古拉山区(DK1394+800~DK1405+320),该段为大片连续多年冻土,但线路走行于布曲河上游两岸阶地及漫滩,受河流融区影响,线路经过处多年冻土为融区所分隔,呈断续分布。多年冻土层厚10~120m。

(2)唐古拉山间盆地(DK1405+320~DK1456+000),该段为大片连续多年冻土,局部分布岛状融区,融区沿线路仅长5.4km。多年冻土层厚50~120m。

(3)扎加藏布曲谷地至安多谷地(DK1456+000~DK1513+753),该段主要为大片连续多年冻土及岛状多年冻土,扎加藏布曲上游大片连续多年冻土受河流融区影响。沿线路呈断续分布状,安多谷地内由于靠近青藏高原多年冻土南界,主要表现为岛状多年冻土。此段内虽然海拔高程为4800~5000m,但因纬度低,年平均气温高,所以岛状多年冻土发育,且多年冻土层厚变小,一般为10~40m。

2)影响多年冻土分布的主要因素

(1)海拔高度与纬度

青藏高原多年冻土之所以能存在于全球多年冻土分布的南界以南,主要是由其较大的海拔高程决定的。高原多年冻土的这种分布模式与纬度、海拔有密切关系,多年冻土的下界高度随高度升高,纬度增加而有规律地降低,其厚度亦相应增加。

(2)地形

地形切割强烈的地区与地形切割微弱的地区的热交换条件明显不同。分水岭、斜坡和各地的换热条件也必然不一致。冻土中的地热梯度与地形部位也有关系。在山顶部位地热梯度值最小,而在谷底最大。相应地,冻土的温度和厚度也应有差异。

地形的影响常常通过坡向和坡度的影响明显表现出来。在青藏高原上,南坡的多年冻土年平均地温比北坡可高出1~2℃,如风火山地区北坡年平均地温为-3.0℃,南坡年平均地温为-0.98℃,南北坡多年冻土年平均地温可相差2℃左右。

(3)地表水体

铁路沿线多年冻土区湖泊星罗棋布。这些湖塘多为季节性,宽几十米至几百米不等。暖季水深约1~2m。常年积水的湖塘下存在贯通融区。尤其在高温冻土区,由于当地多年冻土厚度较小,地温接近0℃,所以湖塘下往往无多年冻土。

在一些冻土沼泽湿地地区,其良好的保温作用使得其下部多年冻上丨分发育,不但多年冻土厚度较大,而且含冰量较高。

多年冻土区流量较大的几条河流下均存在贯通融区,如沱沱河、通天河、布曲河等,一些流量较小的季节性河流虽不能形成贯通融区,但对多年冻土的上限影响较大,如清水河河床上限为5m,而河床两侧为3m,上限相差约2m。

(4)植被

植被在夏季能有效地遮挡和反射太阳的直接辐射,加上其根系持水,因而能减小融化深度。冬季植物枯萎则有利于土中热量的散失。所以,总体而言植被能起到防止升温的作用。

植被的这种能力与其种类、覆盖度和厚度因素有关。覆盖度大,厚度大者,其遮挡散热能力强,其下含冰量也较大。青藏高原上植被一般不太发育,根据其形状可分为丘状、斑状、片状和鳞状等。不同形状的植被其茂密程度、根系厚度均不同,遮挡散热作用也各异。铲除植被会导致季节融化深度的增大。在地下冰发育地段,则会引起热融现象。

在沱沱河盆地内,由于其南岸至开心岭北麓段植被较为发育,其下存在大片连续多年冻土。而其北岸至乌丽山南麓,植被稀疏,大部分地段逐渐沙化,表现为岛状多年冻土与融区的相间分布,充分显示出植被对多年冻土分异性的影响。

(5)岩性

土体岩性不同,土的热物理性质、表面换热条件、持水能力、渗透性质均不相同,因而冻土的发育程度也不一样。一般,同等条件下基岩中的多年冻土上限大于第四系松散层中多年冻土的上限。而松散层中,粗颗粒土中的多年冻土上限要大于细颗粒土中的多年冻土上限。例如,沱沱河特大桥附近的地质剖面揭示,两侧台地由于第四系松散层厚,上限较深甚至表现为融区,中间谷地内第四系松散层薄,上限较浅并伴有岛状多年冻土存在。

(6)地质构造

地质构造与地中热流域有密切的关系。古老的地质构造和相对稳定的地区,其地中热流值低;而较新的地质构造、构造活动强烈的地区其地中热流值高。

青藏铁路穿越不同的构造体系和构造带。这些构造体系和构造带在晚更新世时期继续活动,故区内活动断裂众多,水热活动强烈。一般在张性断裂带上,尤其在张性断裂与压性断裂交汇部分,构造裂隙极为发育,地下水的径流条件良好,往往有冷泉的成群分布,可提高多年冻土的温度,减少其厚度,甚至形成带状融合,如在西大滩、不冻泉、风火山和乌丽等处均可见到此种现象。而在构造体系的复合部位,断裂切割较深,可能有深循环的地下热水活动,溢出地表形成温泉。如温泉谷地两侧山脚,115 道班等处均有温泉群分布,形成融区。

构造活动造成高原隆升至巨大的海拔高程,造成山地与盆地、谷地交替的地貌景观,控制了沉积物的岩性和厚度,这些都间接地影响到多年冻土的分布特点。

1.4.2 融区分类和融区分布

融区是多年冻土地区的特殊地段,在青藏铁路多年冻土地区,由于受气候条件、地质构造、水文、地表覆盖等的制约和影响,融区的存在由于其成因不一,表现在平面分布的大小和垂直贯通的程度上也各不相同。它们的存在将影响铁路工程建筑物设计原则的确定。在气温和地温逐渐变化的条件下,融区在发育范围、贯通程度上将发生变化,因而,影响到路基的修筑及其运营中的稳定性。

青藏铁路沿线多年冻土的融区类型主要有三大类,而由于高原多年冻土发展历史的特殊性,其中构造融区的发生发展对多年冻土的演变起着特殊的作用。由于高原多年冻土区气温和地温条件的变化,河流和湖泊融区以及构造融区在水平方向上有扩大趋势,而在垂直方向上有加深趋势,或者有从非贯穿融区退化为贯穿融区的趋势。

根据融区产生的主要成因,青藏高原冻土融区主要有下列几种类型:

(1) 构造融区。这类融区的产生与构造断裂和岩浆活动有密切关系,在断层上盘发育的派生型张性和张扭性断裂,是地下水良好的储水和导水结构,水量丰富,为多年冻土层提供附加的热量,从而削减多年冻土层的厚度,往往形成构造融区,如不冻泉、乌丽、雁石坪、温泉等构造融区。构造融区地貌上的表现一种是地下热水沿断裂带上升至地表形成热泉,在泉口或断裂带附近造成地热的异常现象,或者由于地下潜流,对周围的冻土层产生热侵蚀作用,在温泉口或断裂带的较大范围形成融化区,如青藏公路沿线温泉断陷谷地的 103 ~ 104 道班一带的融区，捷布曲河谷地的113～116道班等地都有热泉出露；另一种是地下水沿构造断裂带活动产生热影响，这类泉水的温度较低，形成的融区比较小，稳定性较差，冬季有些可形成冰锥，如不冻泉、二道沟、乌丽等地区都有分布。

（2）河流融区。这类融区是由于地表水体热侵蚀作用结果。通常沿着河流呈条带状分布，其范围局限于河水的热侵蚀作用的大小（河水的流量、水温、流水期等）及地层岩性等。凡是流量较大的长年性河流都有贯穿性融区，如通天河、沱沱河、布曲河、捷布曲河等河谷地带。楚玛尔河、北麓河、扎加藏布曲河等，则存在着非贯穿融区。在河床范围内，有些可能存在季节冻结层，距主流越远，季节冻结层越厚，而消融过程则越长，随着各年份的气温变化，水流量亦产生变化，就有可能形成隔年冻层。由于这些因素各地不一，所以，即使是同一河流，在不同地段，融区的宽度和深度的变化也很大。

青藏公路沿线还存在着各类成因的湖泊，有构造成因的湖泊，也有积水湖泊等，它们具有一定的补给来源并长期积水，在水的保温、调温作用下就可能导致多年冻土融化，形成贯穿或非贯穿湖泊融区。分布特征与湖泊的平面形状甚为相似。融区的大小，除受湖泊水量的大小、水温控制，还取决于松散层的厚度和渗透性，以及湖底是否与断裂构造复合和断裂的性质等。雅兴错湖坐落在近南北向断裂带上，东西宽3～4km，南北长6～7km。其融区可达西岸以西3km和东岸以东数百米。

（3）渗透融区。在多年冻土地温较高（－1℃以上）的开阔阶地或平缓地带，常常受大气降水的入渗和地面强烈吸收太阳辐射作用而形成的。实际上它的分布比较广泛，如布曲河谷地，其延伸范围达数公里；沱沱河北岸到86道班间十余公里范围内，有相当面积被渗透融区所占据。青藏铁路沿线由北向南主要分布有不冻泉融区、楚玛尔河融区、北麓河盆地局部的非贯通融区、沱沱河阶地片状岛状融区、沱沱河融区、通天河盆地带状融区、布曲河谷地带状融区、温泉融区、安多河谷带状融区等。

近30年来，由于气温升高、降水增加，整个高原多年冻土融区范围已经扩大了近10%左右。青藏铁路沿线路方向片状多年冻土区内融区延长总长度约105.489km，占多年冻土区总长度的19%左右。融区的存在及其对周围冻土的影响是工程稳定的不利条件，融区分布和发展趋势以及在工程设计和修建中应该考虑的对策，是不可忽略的问题。

1.4.3 不良冻土现象

青藏铁路沿线不良冻土现象主要有：冻胀丘、冰锥、热融滑坍、融冻泥流、热融湖塘与热融洼地、冻土沼泽与冻土湿地。

（1）冻胀丘、冰锥

青藏铁路格尔木—拉萨段沿线冻胀丘的生成发育条件与地下水的类型有密切的关系。冻胀丘按补给水源可分为多年冻土层下承压水补给的冻胀丘和多年冻土层上水补给的冻胀丘两类，再按其生成和存在时间的长短，又可分为季节性冻胀丘和多年生冻胀丘。按物质成分，还可将其分为黏性土冻胀丘、粗颗粒土冻胀丘、泥类岩及碎石质冻胀丘。

由冻土层下水补给的冻胀丘，规模一般比较大，直径达数十米，高为几米至十几米，在暖季核部有泉水溢出，顶部裂隙发育。由冻土层上水补给的冻胀丘，规模一般比较小，直径多为数米，最大者10m左右，高度小于1m，暖季消失。多年生的冻胀丘主要分布于昆仑山区，另外，尺曲谷地斜坡地带也有多年生的冻胀丘发育。一年生的冻胀丘多分布于不冻泉河谷及滩地、楚玛尔、河高平原及沱沱河盆地。

冰锥俗称涎流冰，是指多次溢出地表冻结而形成的地面冰体。按其水的来源可分为河冰锥(图1-23)、湖冰锥和泉冰锥。绝大多数冰锥是季节性的。沿线冰锥主要分布于不冻泉河谷及滩地、开心岭北麓低山丘陵区、唐古拉山区以及安多谷地。

沿线的冻胀丘、冰锥分布较广,类型很多。总的分布特点是:大致以唐古拉山为界,南段比北段多;山岳丘陵地区比高平原地区多;河漫滩比阶地上多;山口附近比山坡上多。

(2)热融滑塌、融冻泥流

热融滑坍按发展阶段和对工程的危害程度,可分为活动的和稳定的两类。由于地面横坡不同或发展阶段不同,热融滑塌有许多不同形态。横坡小于3°的地方,很少发生滑塌(在有热融作用时,多发生沉陷);横坡为3°~5°的山坡上,常常形成圈椅形沉陷式滑塌;大于5°的横坡,可形成长条形牵引式滑塌。热融滑塌开始形成时呈新月形,以后逐渐向上发展,形成长条形、支岔形等。横坡大于16°的山坡上,热融滑塌现象比较少见了。

圈椅形沉陷式滑塌(图1-24)的形成条件是横坡不大,但坡脚遭受的破坏程度较严重,构成坎壁。形成初期,由于地下冰暴露,横坡小,坍陷的物质再次掩埋冰层。或者,下卧的冻土层含冰量较少,亦可能造成圈椅形沉陷式滑塌。其形态特征是外观为圈椅状,面积数十至数百平方米,滑塌体一般长25~30m,宽20~100m不等。从分布规律看,热融滑塌主要分布于丘陵山区,特别是地下冰发育的山区,如昆仑山山区DK978+260~DK978+390、DK978+593~DK978+722、DK979+140~DK979+200、DK979+366~DK979+462段热融滑塌则属此种类型。

图1-23　2001年3月青藏铁路修建前楚玛尔河冰锥

图1-24　2001年五道梁附近热融滑塌

融冻泥流是山坡上的草皮和表土沿冻土层面蠕动,这种不良地质现象主要发育于乱石沟岸坡,线路做了绕避,对工程没有影响。

(3)热融湖塘与热融洼地

热融湖塘与热融洼地(图1-25)主要发育于横坡小于3°的高平原地区,由于不同成因的负地形积水后破坏了多年冻土的热平衡,致使冻土或地下冰部分融化,加深负地形,当冻结层上水和大气降水的补给量大于蒸发量时,逐渐形成有水热融湖塘,当冻结层上水和大气降水的补给量小于蒸发量时,逐渐形成热融洼地。此成因的热融湖塘往往成群分布,规模较小,一般为圆形、椭圆形,直径数十米至数百米,深度小于2m。热融湖塘主要分布于楚玛尔河高平原、可可西里山区、通天河盆地、布曲河谷地、唐古拉山山间盆地。

(4)冻土沼泽与冻土湿地

冻土沼泽与冻土湿地主要分布于地形相对平坦,地表水流排泄不畅的高平原及山间谷地,由于暖季冻土层上冰融化形成湿地(图1-26),规模较大,一般为圆形、椭圆形,直径数十米至数百米。岩性以第四系松散层细颗粒土为主，植被茂盛。常有泥炭层存在，腐殖质含量高，且水分充足，往往形成冻土沼泽。在多年冻土区的沼泽化湿地段，冻融草丘发育，其大小高低不一，直径一般 50 ~ 70cm，高 30 ~ 60cm，草丘间往往有寒冻裂缝。其主要分布于风火山、开心岭、布曲河谷地、唐古拉山间盆地、安多谷地。

图 1-25　清水河附近的热融洼地形成湖塘

图 1-26　2001 年唐古拉山垭口附近湿地

1.4.4　多年冻土地温分区

年平均地温的高低反映了多年冻土的热稳定性，以及冻土抵抗外界影响的能力，因而，多年冻土年平均地温及其变化是评价冻土地区工程稳定性的重要指标，也是各类工程采用不同设计原则的依据。

根据青藏铁路沿线多年冻土区沿线多年冻土地温的分布和特征，及其气候、海波高程、纬度、地形、地貌、植被、水文及水文地质条件、人为活动等因素，进行多年冻土地温分区。青藏铁路沿线多年冻土地区年平均地温分区原则如下：依据多年冻土的年平均地温（T_{cp}）值，将青藏铁路沿线多年冻土区划分为四种类型：

当 $T_{cp} \geqslant -0.5℃$ 时，为高温极不稳定区，即Ⅰ区。

当 $-1.0℃ \leqslant T_{cp} < -0.5℃$ 时，为高温不稳定区，即Ⅱ区。

当 $-2.0℃ \leqslant T_{cp} < -1.0℃$ 时，为低温基本稳定区，即Ⅲ区。

当 $T_{cp} < -2.0℃$ 时，为低温稳定区，即Ⅳ区。

青藏铁路沿线多年冻土年平均地温测试分区成果表明，高温区主要分布于高平原和河谷盆地区，低温区主要分布在中高山区。

青藏铁路沿线多年冻土的年平均地温与所处的地貌单元等诸因素密切相关。根据地貌、地温多年冻土的分布呈现以下三类特征：

(1) 中高山低地温分布区，主要分布于昆仑山、可可西里山、风火山、乌丽山区、唐古拉山及头二九山等地区，该类地区多年冻土年平均地温较低，多属Ⅲ、Ⅳ区。

(2) 高平原和河谷盆地高地温分布区，主要分布于楚玛尔河高平原、北麓河盆地、沱沱河盆地、通天河盆地、布曲河谷地和扎加藏布盆地等地区，该类地区多年冻土年平均地温较高，多属Ⅰ、Ⅱ区。

(3) 连续多年冻土中的冻土岛及融区，主要分布于西大滩岛状多年冻土区、楚玛尔河高平原、沱沱河盆地、通天河盆地、布曲河谷地及安多谷地岛状多年冻土区等地区，该类地区多年冻土年平均地温最高。

按照青藏铁路开通运营线路里程计算，四种地温分区类型的多年冻土所占比例如下：

I 区：全长 197.43km，占总长 35.7%；

II 区：全长 87.118km，占总长 15.7%；

III 区：全长 113.981km，占总长 20.6%；

IV 区：全长 49.740km，占总长 9%。

另外，在多年冻土分布的区域内，各类融区长 105.489km，占冻土区线路总长的 19%。

由此可见，青藏铁路沿线多年冻土区年平均地温分区以高温极不稳定区（I 区）居多，低温基本稳定区（III 区）次之，其余依次是融区，高温不稳定区、低温稳定区（表 1-33）。

青藏铁路冻土区线路按照里程统计的多年冻土上限值区间 表 1-33

序号	地理位置	铁路里程	多年冻土上限(m)	地温分区
1	西大滩断陷盆地	DK965 +200 ~ DK973 +700	1.9 ~ 4.5	T_{cp}-I
2	昆仑山山区	DK973 +700 ~ DK975 +360	0.9 ~ 2.3	T_{cp}-IV
3	昆仑山山区	DK975 +360 ~ DK978 +040	1 ~ 2.4	T_{cp}-III
4	昆仑山山区	DK978 +040 ~ DK991 +014	1 ~ 2.4	T_{cp}-IV
5	昆仑山山区	DK991 +014 ~ DK992 +180	1.6 ~ 2.4	T_{cp}-IV
6	昆仑山山区	DK992 +180 ~ DK994 +085	2.0 ~ 3.0	T_{cp}-IV
7	昆仑山山区	DK994 +085 ~ DK994 +600	1.1 ~ 1.5	T_{cp}-IV
8	昆仑山山区	DK994 +600 ~ DK997 +300	1.6 ~ 2.8	T_{cp}-III
9	不冻泉	DK997 +300 ~ DK997 +800	2.4 ~ 3.6	T_{cp}-II
10	不冻泉	DK997 +800 ~ DK1002 +700	1.7 ~ 2.6	T_{cp}-I
11	不冻泉	DK1002 +700 ~ DK1004 +600	1.4 ~ 2.5	T_{cp}-III
12	不冻泉	DK1004 +600 ~ DK1004 +970	3.4 ~ 4.8	T_{cp}-I
13	楚玛尔河高平原	DK1004 +970 ~ DK1008 +150	2.0 ~ 3.4 ~ 4.8	T_{cp}-I
14	楚玛尔河高平原	DK1008 +150 ~ DK1017 +795	1.3 ~ 3.7	T_{cp}-II，III
15	楚玛尔河高平原	DK1017 +795 ~ DK1024 +400	1.3 ~ 3.7	T_{cp}-III
16	楚玛尔河高平原	DK1024 +400 ~ DK1027 +400	1.5 ~ 3.7	T_{cp}-II
17	楚玛尔河高平原	DK1027 +400 ~ DK1040 +984	2.0 ~ 3.0 ~ 4.5	T_{cp}-I
18	楚玛尔河高平原	DK1041 +250 ~ DK1042 +150	2.5 ~ 3.0	T_{cp}-II
19	楚玛尔河高平原	DK1047 +300 ~ DK1066 +665	1.9 ~ 2.5 ~ 3.5	T_{cp}-III
20	楚玛尔河高平原	DK1066 +665 ~ DK1067 +250	1.8 ~ 2.8	T_{cp}-II
21	楚玛尔河高平原	DK1067 +250 ~ DK1070 +000	2.8 ~ 4.1	T_{cp}-I
22	楚玛尔河高平原	DK1070 +000 ~ DK1072 +650	—	河流融区
23	边缘交界地区	DK1072 +650 ~ DK1073 +000	2.0 ~ 2.6	T_{cp}-I
24	边缘交界地区	DK1073 +000 ~ DK1075 +000	2.5 ~ 3.5	T_{cp}-II
25	可可西里山区	DK1075 +000 ~ DK1080 +000	1.3 ~ 2.3 ~ 2.8	T_{cp}-III
26	可可西里山区	DK1080 +000 ~ DK1083 +108	1.5 ~ 3.2	T_{cp}-IV
27	可可西里山区	DK1083 +108 ~ DK1083 +215	—	河流融区
28	可可西里山区	DK1083 +215 ~ DK1090 +000	1.5 ~ 3.2	T_{cp}-IV

续上表

序号	地 理 位 置	铁 路 里 程	多年冻土上限(m)	地温分区
29	可可西里山区	DK1090 + 000 ~ DK1099 + 400	1.7 ~ 3.5	T_{cp}-III
30	可可西里山区	DK1099 + 250 ~ DK1116 + 460	2.0 ~ 3.0	T_{cp}I, II, III
31	可可西里山区	DK1119 + 460 ~ DK1121 + 600	2.3 ~ 3.5	T_{cp}-III
32	交叉地区	DK1121 + 600 ~ DK1122 + 220	2.3 ~ 3.5	T_{cp}-I
33	交叉地区	DK1122 + 220 ~ DK1124 + 400	2.3 ~ 3.5	T_{cp}-III
34	北麓河盆地	DK1124 + 400 ~ DK1124 + 700	2.3 ~ 3.5	T_{cp}-II
35	北麓河盆地	DK1124 + 700 ~ DK1124 + 820	2.3 ~ 3.5	T_{cp}-I
36	北麓河盆地	DK1124 + 820 ~ DK1124 + 910	—	河流融区
37	北麓河盆地	DK1124 + 910 ~ K1128 + 270	2.3 ~ 3.5	T_{cp}-III
38	北麓河盆地	DK1128 + 270 ~ DK1128 + 800	2.3 ~ 3.5	T_{cp}-I
39	北麓河盆地	DK1128 + 800 ~ K1130 + 200	2.3 ~ 3.5	T_{cp}-II
40	北麓河盆地	DK1130 + 200 ~ DK1130 + 500	2.3 ~ 3.5	T_{cp}-I
41	北麓河盆地	DK1130 + 500 ~ K1130 + 700	1.8 ~ 2.6	T_{cp}-II
42	北麓河盆地	DK1131 + 700 ~ K1135 + 120	1.8 ~ 2.6	T_{cp}-I
43	北麓河盆地	DK1135 + 120 ~ K1136 + 894	1.8 ~ 2.6	T_{cp}-II
44	北麓河盆地	DK1136 + 894 ~ DK1137 + 035	2.0 ~ 2.5	T_{cp}-I
45	北麓河盆地	DK1137 + 035 ~ DK1137 + 780	2.0 ~ 2.5	T_{cp}-III
46	北麓河盆地	DK1137 + 780 ~ DK1138 + 280	2.0 ~ 2.5	T_{cp}-II
47	北麓河盆地	DK1138 + 280 ~ DK1138 + 392	2.0 ~ 2.5	T_{cp}-I
48	北麓河盆地	DK1138 + 392 ~ K1138 + 835	2.0 ~ 2.5	T_{cp}-II
49	北麓河盆地	DK1138 + 835 ~ DK1140 + 380	2.0 ~ 2.5	T_{cp}-I
50	北麓河盆地	DK1140 + 380 ~ K1143 + 400	2.0 ~ 2.5	T_{cp}-III
51	北麓河盆地	DK1143 + 400 ~ K1144 + 880	1.8 ~ 2.5	T_{cp}-II
52	风火山区	DK1144 + 880 ~ DK1147 + 500	1.8 ~ 2.5	T_{cp}-II
53	风火山区	DK1147 + 500 ~ DK1147 + 800	1.8 ~ 2.5	T_{cp}-I
54	风火山区	DK1147 + 800 ~ DK1149 + 300	1.8 ~ 2.5	T_{cp}-I
55	风火山区	DK1149 + 300 ~ DK1149 + 800	—	河流融区
56	风火山区	DK1149 + 800 ~ K1151 + 500	1.5 ~ 2.5	T_{cp}-II
57	风火山区	DK1151 + 500 ~ DK1152 + 800	1.5 ~ 2.5	T_{cp}-III
58	风火山区	DK1152 + 800 ~ DK1153 + 600	1.5 ~ 2.5	T_{cp}-I
59	风火山区	DK1153 + 600 ~ K1154 + 300	1.5 ~ 2.5	T_{cp}-III
60	风火山区	DK1154 + 300 ~ K1163 + 400	1.5 ~ 2.5	T_{cp}-IV
61	风火山区	DK1163 + 400 ~ K1165 + 500	1.8 ~ 2.5	T_{cp}-III
62	尺曲谷地	DK1165 + 500 ~ K1167 + 810	1.8 ~ 2.5	T_{cp}-IV
63	尺曲谷地	DK1167 + 810 ~ K1172 + 400	2.0 ~ 2.5	T_{cp}-III
64	尺曲谷地	DK1172 + 400 ~ K1173 + 837	2.0 ~ 5.5	T_{cp}-II
65	尺曲谷地	DK1173 + 837 ~ K1174 + 220	2.0 ~ 5.5	T_{cp}-III

续上表

序号	地 理 位 置	铁 路 里 程	多年冻土上限(m)	地温分区
66	尺曲谷地	DK1174 +220 ~ DK1174 +765	2.0 ~5.5	T_{cp}-I
67	尺曲谷地	DK1174 +765 ~ K1178 +000	2.0 ~5.5	T_{cp}-II
68	尺曲谷地	DK1178 +000 ~ DK1178 +500	2.0 ~5.5	T_{cp}-I
69	尺曲谷地	DK1178 +500 ~ K1181 +350	2.0 ~5.5	T_{cp}-II
70	尺曲谷地	DK1181 +350 ~ K1186 +380	2.0 ~5.5	T_{cp}-I
71	尺曲谷地	DK1186 +380 ~ DK1187 +170	—	河流融区
72	尺曲谷地	DK1187 +170 ~ K1191 +700	2.0 ~5.5	T_{cp}-II
73	尺曲谷地	DK1190 +700 ~ K1193 +300	2.5 ~3.5	T_{cp}-I
74	乌丽盆地	DK1193 +300 ~ K1195 +800	0.8 ~3.8	T_{cp}-I
75	乌丽盆地	DK1195 +800 ~ K1196 +540	2.0 ~2.7	T_{cp}-II
76	乌丽盆地	DK1196 +540 ~ K1202 +583	1.5 ~4.0	T_{cp}-I
77	乌丽盆地	DK1202 +583 ~ K1221 +920	2.0 ~4.7	T_{cp}-I
78	沱沱河盆地	DK1221 +920 ~ K1229 +476	1.5 ~5.7	T_{cp}-I
79	沱沱河盆地	DK1229 +476 ~ DK1238 +250	—	融区
80	沱沱河盆地	DK1238 +250 ~ DK1238 +390	2.9 ~6.3	T_{cp}-I
81	沱沱河盆地	DK1238 +390 ~ DK1238 +450	—	融区
82	沱沱河盆地	DK1238 +450 ~ K1241 +850	1.4 ~6.4	T_{cp}-I
83	沱沱河盆地	DK1241 +850 ~ K1245 +210	2.0 ~3.1	T_{cp}-II
84	开心岭山区	DK1245 +210 ~ DK1245 +320	—	融区
85	开心岭山区	DK1245 +320 ~ DK1245 +730	2.7 ~4.0	T_{cp}-II
86	开心岭山区	DK1245 +730 ~ DK1245 +815	—	融区
87	开心岭山区	DK1245 +815 ~ DK1245 +860	3.9	T_{cp}-II
88	开心岭山区	DK1245 +860 ~ DK1245 +930	—	融区
89	开心岭山区	DK1245 +930 ~ DK1245 +980	2.88	T_{cp}-II
90	开心岭山区	DK1245 +980 ~ DK1253 +990	—	融区
91	开心岭山区	DK1253 +990 ~ K1254 +720	2.5 ~5.5	T_{cp}-II
92	开心岭山区	DK1254 +720 ~ K1262 +700	1.0 ~4.4	T_{cp}-III
93	通天河盆地	DK1262 +700 ~ K1268 +050	1.3 ~5.3	T_{cp}-II
94	通天河盆地	DK1268 +050 ~ K1269 +850	2.6 ~5.0	T_{cp}-I
95	通天河盆地	DK1269 +850 ~ DK1274 +000	2.3 ~4.7	T_{cp}-II
96	通天河盆地	DK1274 +000 ~ K1277 +800	1.9 ~6.7	T_{cp}-III
97	通天河盆地	DK1277 +800 ~ K1280 +500	3.0 ~8.3	T_{cp}-I
98	通天河盆地	DK1280 +500 ~ DK1282 +889	—	融区
99	布曲河谷地	DK1282 +889 ~ K1309 +000	2.0 ~11	T_{cp}-I
100	布曲河谷地	DK1309 +000 ~ DK1310 +580	—	融区
101	布曲河谷地	DK1310 +580 ~ DK1312 +376	2.9 ~7.5	T_{cp}-I
102	布曲河谷地	DK1312 +376 ~ DK1313 +136	—	融区

续上表

序号	地 理 位 置	铁 路 里 程	多年冻土上限(m)	地温分区
103	布曲河谷地	DK1313 + 136 ~ DK1313 + 666	2.4 ~ 4.6	T_{cp}-I
104	布曲河谷地	DK1313 + 666 ~ DK1317 + 948	—	融区
105	布曲河谷地	DK1317 + 948 ~ K1318 + 618	2.5 ~ 7.0	T_{cp}-I
106	布曲河谷地	DK1318 + 618 ~ DK1319 + 340	—	融区
107	布曲河谷地	DK1319 + 340 ~ K1319 + 500	4.3 ~ 5.1	T_{cp}-I
108	布曲河谷地	DK1319 + 500 ~ DK1322 + 736	—	融区
109	布曲河谷地	DK1322 + 736 ~ DK1322 + 800	3.0 ~ 3.5	T_{cp}-I
110	布曲河谷地	DK1322 + 800 ~ DK1322 + 903	—	融区
111	布曲河谷地	DK1322 + 903 ~ DK1322 + 942	1.7 ~ 4.6	T_{cp}-I
112	布曲河谷地	DK1322 + 942 ~ DK1322 + 995	—	融区
113	布曲河谷地	DK1322 + 995 ~ K1324 + 181	1.7 ~ 3.0	T_{cp}-I
114	布曲河谷地	DK1324 + 181 ~ DK1324 + 596	—	融区
115	布曲河谷地	DK1324 + 596 ~ DK1325 + 570	1.7 ~ 3.0	T_{cp}-I
116	布曲河谷地	DK1325 + 570 ~ DK1326 + 180	—	融区
117	布曲河谷地	DK1326 + 180 ~ DK1326 + 848	2.6 ~ 3.5	T_{cp}-I
118	布曲河谷地	DK1326 + 848 ~ DK1327 + 374	—	融区
119	布曲河谷地	DK1327 + 374 ~ DK1327 + 474	4.0 ~ 4.5	T_{cp}-I
120	布曲河谷地	DK1327 + 474 ~ DK1337 + 100	—	融区
121	布曲河谷地	DK1337 + 100 ~ DK1337 + 830	2.35	T_{cp}-I
122	布曲河谷地	DK1337 + 830 ~ DK1341 + 740	—	河流融区
123	布曲河谷地	DK1341 + 740 ~ DK1341 + 860	3.2	T_{cp}-I
124	布曲河谷地	DK1341 + 860 ~ DK1343 + 130	—	河流融区
125	布曲河谷地	DK1343 + 130 ~ DK1344 + 150	3.2	T_{cp}-I
126	布曲河谷地	DK1344 + 150 ~ DK1345 + 200	—	河流融区
127	布曲河谷地	DK1345 + 200 ~ DK1346 + 152	2.5	T_{cp}-I
128	布曲河谷地	DK1346 + 152 ~ DK1348 + 560	—	河流融区
129	布曲河谷地	DK1348 + 560 ~ DK1348 + 815	3.2	T_{cp}-I
130	布曲河谷地	DK1348 + 815 ~ DK1349 + 390	—	河流融区
131	布曲河谷地	DK1349 + 390 ~ DK1349 + 530	3.2	T_{cp}-I
132	布曲河谷地	DK1349 + 530 ~ DK1350 + 220	—	河流融区
133	布曲河谷地	DK1350 + 220 ~ DK1350 + 350	2.5	T_{cp}-I
134	布曲河谷地	DK1350 + 350 ~ DK1351 + 090	—	河流融区
135	布曲河谷地	DK1351 + 090 ~ DK1351 + 390	2.5	T_{cp}-I
136	布曲河谷地	DK1351 + 390 ~ DK1352 + 560	—	河流融区
137	布曲河谷地	DK1352 + 560 ~ K1356 + 900	2 ~ 2 ~ 4.0	T_{cp}-II
138	布曲河谷地	DK1356 + 530 ~ DK1356 + 900	—	河流融区
139	布曲河谷地	DK1356 + 900 ~ DK1357 + 350	2.4	T_{cp}-I

续上表

序号	地 理 位 置	铁 路 里 程	多年冻土上限(m)	地温分区
140	布曲河谷地	DK1357 +350 ~ DK1300 +300	—	河流融区
141	布曲河谷地	DK1300 +300 ~ DK1360 +580	2.3	T_{cp}-I
142	布曲河谷地	DK1360 +580 ~ DK1360 +700	—	河流融区
143	布曲河谷地	DK1360 +700 ~ DK1360 +720	2.5 ~ 5.5	T_{cp}-I
144	温泉断陷盆地	DK1360 +720 ~ K1374 +530	2.5 ~ 5.5	T_{cp}-I
145	温泉断陷盆地	DK1374 +530 ~ DK1375 +940	—	河流融区
146	温泉断陷盆地	DK1375 +940 ~ DK1378 +850	3.2 ~ 4.4	T_{cp}-I
147	温泉断陷盆地	DK1378 +850 ~ DK1379 +140	—	河流融区
148	温泉断陷盆地	DK1379 +140 ~ DK1379 +550	3.4 ~ 3.6	T_{cp}-I
149	温泉断陷盆地	DK1379 +550 ~ DK1379 +650	—	融区
150	温泉断陷盆地	DK1379 +650 ~ DK1380 +400	3.7	T_{cp}-I
151	温泉断陷盆地	DK1380 +400 ~ DK1380 +960	—	融区
152	温泉断陷盆地	DK1380 +960 ~ DK1381 +650	3.5 ~ 5.0	T_{cp}-I
153	温泉断陷盆地	DK1381 +650 ~ DK1382 +400	—	融区
154	温泉断陷盆地	DK1382 +400 ~ DK1382 +950	3.0 ~ 4.0	T_{cp}-I
155	温泉断陷盆地	DK1382 +950 ~ DK1383 +300	—	融区
156	温泉断陷盆地	DK1383 +300 ~ DK1384 +050	4.0	T_{cp}-I
157	温泉断陷盆地	DK1384 +050 ~ DK1384 +200	—	融区
158	温泉断陷盆地	DK1384 +200 ~ DK1384 +550	3.0 ~ 4.0	T_{cp}-I
159	温泉断陷盆地	DK1384 +550 ~ DK1386 +180	—	融区
160	温泉断陷盆地	DK1386 +180 ~ DK1390 +430	4	T_{cp}-I
161	温泉断陷盆地	DK1390 +430 ~ DK1394 +500	—	融区
162	温泉断陷盆地	DK1394 +500 ~ DK1394 +710	2.2	T_{cp}-I
163	唐古拉山区及山间盆地	DK1394 +710 ~ DK1394 +960	—	融区
164	唐古拉山区及山间盆地	DK1394 +960 ~ DK1395 +800	2.4	T_{cp}-I
165	唐古拉山区及山间盆地	DK1395 +800 ~ DK1395 +846	—	融区
166	唐古拉山区及山间盆地	DK1395 +846 ~ DK1396 +100	1.9 ~ 3.5	T_{cp}-II
167	唐古拉山区及山间盆地	DK1396 +100 ~ DK1396 +450	—	融区
168	唐古拉山区及山间盆地	DK1396 +450 ~ DK1396 +900	1.9 ~ 3.5	T_{cp}-II
169	唐古拉山区及山间盆地	DK1396 +900 ~ DK1396 +990	—	融区
170	唐古拉山区及山间盆地	DK1396 +990 ~ DK1397 +910	1.9 ~ 3.5	T_{cp}-II
171	唐古拉山区及山间盆地	DK1397 +910 ~ DK1397 +950	—	融区
172	唐古拉山区及山间盆地	DK1397 +950 ~ DK1398 +940	1.9 ~ 3.5	T_{cp}-II
173	唐古拉山区及山间盆地	DK1398 +940 ~ DK1400 +200	—	融区
174	唐古拉山区及山间盆地	DK1400 +200 ~ DK1400 +900	3.2 ~ 4.6	T_{cp}-I
175	唐古拉山区及山间盆地	DK1400 +900 ~ DK1401 +460	—	融区
176	唐古拉山区及山间盆地	DK1401 +460 ~ DK1401 +750	3.5	T_{cp}-I

续上表

序号	地 理 位 置	铁 路 里 程	多年冻土上限(m)	地温分区
177	唐古拉山区及山间盆地	DK1401 +750 ~ DK1402 +300	—	融区
178	唐古拉山区及山间盆地	DK1402 +300 ~ DK1403 +515	4.5	T_{cp}-I
179	唐古拉山区及山间盆地	DK1403 +515 ~ DK1403 +700	—	融区
180	唐古拉山区及山间盆地	DK1403 +700 ~ DK1404 +610	1.8	T_{cp}-III
181	唐古拉山区及山间盆地	DK1404 +610 ~ DK1404 +650	—	融区
182	唐古拉山区及山间盆地	DK1404 +650 ~ DK1404 +810	1.8	T_{cp}-III
183	唐古拉山区及山间盆地	DK1404 +810 ~ DK1404 +320	—	融区
184	唐古拉山区及山间盆地	DK1405 +320 ~ K1407 +000	2 ~3.1	T_{cp}-III
185	唐古拉山区及山间盆地	DK1407 +000 ~ K1409 +900	2.4 ~2.8 ~4.0	T_{cp}-I
186	唐古拉山区及山间盆地	DK1409 +900 ~ K1416 +200	2 ~4	T_{cp}-III
187	唐古拉山区及山间盆地	DK1416 +200 ~ K1418 +000	2 ~4	T_{cp}-I
188	唐古拉山区及山间盆地	DK1418 +000 ~ K1419 +300	2 ~4	T_{cp}-III
189	唐古拉山区及山间盆地	DK1419 +300 ~ K1427 +500	2.4	T_{cp}-III
190	唐古拉山区及山间盆地	DK1427 +500 ~ DK1432 +600	1.5	T_{cp}-I
191	唐古拉山区及山间盆地	DK1432 +600 ~ K1446 +600	2.2	T_{cp}-IV
192	唐古拉山区及山间盆地	DK1446 +600 ~ K1452 +200	2.0	T_{cp}-II
193	唐古拉山区及山间盆地	DK1452 +200 ~ DK1464 +000	2.0 ~2.6	T_{cp}-II
194	唐古拉山南麓	DK1464 +000 ~ DK1498 +400	2.0	T_{cp}-I
195	唐古拉山南麓	DK1498 +400 ~ DK1505 +000	2.0	T_{cp}-I
196	唐古拉山南麓	DK1505 +000 ~ DK1510 +800	2.0	T_{cp}-I
197	唐古拉山南麓	DK1510 +800 ~ DK1512 +60	2.8	T_{cp}-I

1.4.5 多年冻土上限分布

多年冻土的最大季节融化深度,也即多年冻土层和季节融化层的界面——多年冻土上限是表征多年冻土工程地质条件的主要因素之一,也是冻土工程设计的主要参数。

影响多年冻土上限埋藏深度的局地因素有积雪、植被、地表性状、岩性含水量和局地地形地貌。青藏铁路沿线积雪特点是厚度不大,积存时间较短,雪盖可以减小季节融化深度,但是青藏铁路冻土区全年积雪效应不明显。植被具有减小地表温度年较差(在未考虑雪盖的情况下)和降低地表温度的作用,使季节融化深度大大减小。

季节冻结和融化与土的热物理性质关系极为密切。而土的热物理性质又取决于土的成份、密度、孔隙度及含水量等。在其他条件等同的情况下,粗粒土中的季节冻结和融化深度比细粒土中的大,其中以泥炭最小。在天然条件下,细粒土的含水量往往较大,尤其是泥炭层的含水量大,持水能力强,水的相变耗热多,故多年冻土上限埋深浅。

局部地形地貌对季节融化深度的影响比较复杂。海拔升高,年平均地温降低,地表年平均温度较差减小,季节融化深度随海拔升高而减小。但是,在含水量较小的高、中山顶部裸露的基岩或粗粒、碎块物质覆盖层中,季节融化深度比较大。

坡向和坡度直接影响到地面接受太阳辐射的强度。阳面陡坡比阴面陡坡获得的辐射热年总量大得多;阴阳坡地表条件的差别也都加大了阴阳坡的地温差异。地温高、温差大的阳坡的季节融化深度,当然也比北坡的大。

青藏铁路沿线多年冻土上限分布的总体规律是:昆仑山、风火山、乌丽山、唐古拉山等中高山山区多年冻土上限埋藏深度较浅,一般为 2 ~ 3m;楚玛尔河高平原、沱沱河盆地、通天河盆地、温泉断陷盆地、西大滩断陷谷地、布曲河谷地等平坦地区上限深度较深,一般为 2 ~ 5m。青藏铁路多年冻土区按照线路里程列出的多年冻土上限值的区间详见表 1-33。主要地貌单元多年冻土区上限概略见表 1-34。

主要地貌单元多年冻土区上限深度概略表 表 1-34

序号	代表里程	地貌单元	上限深度(m)
1	DK957 +766 ~ DK973 +700	西大滩断陷谷地	2.8 ~ 3.5
2	DK973 +700 ~ DK1005 +500	昆仑山区	1.5 ~ 2.5
3	DK1005 +500 ~ DK1072 +500	楚玛尔河高平原	2.0 ~ 5.0
4	DK1072 +500 ~ DK1124 +500	可可西里山区	2.0 ~ 3.0
5	DK1124 +500 ~ DK1145 +500	北麓河盆地	2.0 ~ 3.0
6	DK1145 +500 ~ DK1165 +500	风火山区	1.0 ~ 2.5
7	DK1165 +500 ~ DK1193 +200	尺曲谷地	2.0 ~ 4.0
8	DK1193 +200 ~ DK1202 +500	乌丽盆地	2.5 ~ 3.0
9	DK1202 +500 ~ DK1217 +700	乌丽山区	2.0 ~ 3.0
10	DK1217 +700 ~ DK1245 +000	沱沱河盆地	2.0 ~ 4.0
11	DK1245 +000 ~ DK1262 +800	开心岭山区	1.5 ~ 2.5
12	DK1262 +800 ~ DK1282 +800	通天河盆地	1.5 ~ 3.0
13	DK1282 +800 ~ DK1360 +800	布曲河谷地	2.0 ~ 5.0
14	DK1360 +800 ~ DK1394 +800	温泉断陷盆地	2.0 ~ 3.0
15	DK1394 +800 ~ DK1513 +753	唐古拉山区及山间盆地	1.5 ~ 3.5

1.4.6 多年冻土含冰量特征

根据总含水量,多年冻土可分为少冰冻土、多冰冻土、富冰冻土、饱冰冻土和含土冰层。少冰冻土及多冰冻土称之为低含冰量冻土,富冰冻土、饱冰冻土及含土冰层称之为高含冰量冻土。根据铁路工程的需要和为了突出重点,高含冰量冻土阐述的范围仅限于天然上限以下至 2 倍天然上限处或上限以下 8m 范围。

高含冰量冻土是形成热融滑塌、热融沉陷、热融湖塘等不良地质现象产生的基本条件,也是造成路基下沉、桥涵基础不均匀沉降、房屋变形开裂、隧道衬砌破裂等工程建筑物破坏的主要原因。尤其在高温多年冻土区,高含冰量冻土的发育对工程设置十分不利。

勘察成果表明,青藏铁路沿线高含冰量冻土十分发育,占到多年冻土区线路长度的 40.53%,占冻土地段的 50.83%,见表 1-35。

青藏铁路沿线各区段冻土工程地质特征统计表　　表 1-35

地貌单元	长度(km)	融区		高含冰量冻土		$T_{cp} \geq -1.0℃$		$T_{cp} < -1.0℃$	
		长度(km)	百分比(%)	长度(km)	百分比(%)	长度(km)	百分比(%)	长度(km)	百分比(%)
西大滩断陷谷地	14.08	6.72	47.73	1.78	12.6	7.36	52.27		
昆仑山区	30.83	0.53	1.7	18.90	62.8	6.32	21.9	23.99	79.1
楚玛尔河高平原	67	3.1	4.4	51.44	76.3	33.86	53	30.04	47
可可西里山区	52	0.11	0.2	38.98	75.1	9.75	18	42.14	81.2
北麓河盆地	20.99	0.09	0.4	3.28	15.7	12.78	61.1	8.13	38.9
风火山区	19.89	0.5	2.5	8.3	42.8	6.17	31.9	13.2	68.1
尺曲河河谷地	27.7	0.79	2.9	11.94	44.4	20.08	74.6	6.83	25.4
乌丽盆地	9.3	—	—	5.5	59.1	9.3	100	—	—
乌丽山区	15.19	13.51	88.9	1.18	70.3	1.68	100	—	—
沱沱河盆地	24.3	12.22	50.3	5.36	45.4	12.08	100	—	—
开心岭山区	17.21	8.28	48.1	5.5	65.6	1.55	17.3	7.39	82.7
通天河盆地	20.19	2.3	11.4	14.4	80.4	14.09	78.5	3.8	21.5
布曲河谷地	75.24	36.13	48.1	20.46	52.2	39.11	100	—	—
温泉断陷盆地	34	9.4	27.6	2.26	9.2	24.6	100	—	—
唐古拉山及山间盆地	118.51	17.05	14.39	32.19	27.16	76.6	75.5	24.86	24.5
合计	553.758	110.72	20.26	221.47	40.53	275.33	50.39	160.38	29.35

注:以上资料来源于铁道部第一勘察设计院。

青藏铁路沿线多年冻土特征受高度地带性和纬度地带性大气候背景控制明显,但多年冻土,尤其是高含冰量冻土的发育和分布特征是极其复杂的,受到诸多如坡向、坡度、植被、岩性、水文及水文地质条件等因素的强烈影响。具体表现出如下几个方面的突出特点:

(1)相似地貌单元,不同纬度地带,在其他条件相同时,年平均地温较低的高含冰量冻土相对较发育。

(2)同一地带,低山丘陵区高含冰量冻土,特别是含土冰层所占的比重最大,中高山区次之,而河谷平原地区最少。

(3)同一低山丘陵区,阳坡接受太阳辐射多,地温相对较高,蒸发较强烈,故阴坡较阳坡高含冰量冻土发育。

(4)同一坡向上,由于山坡自上而下松散堆积层由薄变厚,覆盖层粒度由粗变细,水分易在中下部汇集,故高含冰量冻土及其厚度有自上而下逐渐增多和增厚。坡度小,覆盖层厚,水分充足,植被易于生长,高含冰量冻土相对发育;反之,坡度大,覆盖层薄,排水条件好,高含冰量冻土相对不发育。

(5)河谷阶地区由于受河水的热影响,年平均地温较高,且以砂砾石为主,通常仅发育低含冰量冻土。只有当细颗粒土地段呈沼泽化,表层植被发育,土中有腐殖质存在时,才发育高含冰量冻土。

(6)高平原区年平均地温较河谷区低,且湖相沉积发育,故在细粒土地段高含冰量冻土发育。

1.5 冻土环境研究意义

冻土工程或者以冻土为地基土体传递荷载和变形(如冻土路基工程),或者以冻土为工程介质形成承载能力(如桥梁桩基),此时冻土工程以冻土作为其主要环境条件;当冻土和冻土工程作为综合工程体系时,以气候为主的自然地理、地质条件成为其主要环境条件。冻土传递荷载和变形的过程以及作为工程介质形成承载能力的过程由环境条件变化所决定,这个过程既是热学过程也是力学过程;冻土工程冷却地基的过程也是由环境条件所决定,这个过程主要是热学过程。因此,冻土工程的研究必须以环境条件作为研究前提和研究基础。

青藏铁路冻土区综合环境工程地质条件的研究和分析,主要通过对青藏铁路典型地段即:高山低温地区(风火山为代表)、大河盆地高温冻土区,高平原高温冻土区的气温变化,气温冻结指数及其变化,多年冻土地温及其变化等影响冻土工程冷却作用的具体能量基础条件及其区域地段差异进行的研究和分析进行。

通过对青藏铁路冻土区典型地段环境工程地质条件的研究和分析,得到以下几点启示:

(1)冻土工程结构冷却作用的能量基础条件主要包括三个主要方面:影响冻土工程冷却作用的散热环境(气温变化、气温冻结指数和过余冻结能力变化);吸热环境(冻土地温变化);影响冻土工程冷却功能启动的环境条件(温度差)。

(2)冻结指数显示冻土工程结构可能输导的冷源强度和可累积度,区域冻结指数越大,冻土工程累积工作时间越长,气温升高的趋势不可避免。冻结指数的减少量主要减少的是温度值,负温持续时间减少并不剧烈,冻土工程结构仍然可以持续发挥作用,输导冷量,抵御气温升高对冻土的不利影响。

(3)青藏铁路经过的多年冻土区历史气候变化说明,气温冻结指数和融化指数随时间的变化趋势基本都是冻结指数减少、融化指数增加,其结果是过余冻结指数和冻结数的减少,对多年冻土的稳定和发展不利。但年变化幅度不大,呈缓慢渐进态势,因此对冻土工程结构应用和冷却作用发挥影响较小。

(4)典型地段气候资料显示,区域过余冻结指数逐年平稳递减,年均递减率较小(11.3℃·d),对冻土工程结构散热作用的发挥影响较小;但是除了分析对比冻结指数和过余冻结能力的变化对冻土工程作用的影响,还要注意冻结期变化。

(5)大片连续多年冻土区的冻结数均在2.0以上,即冻结指数为融化指数的两倍。风火山地区冻结数达6.1,而边缘地区安多仅2.2;但是都从能量来源上保证了冻土工程冷却效果的发挥。

(6)低温冻土区多年冻土由于地温较低,含冰量较高,冻土热惰性大,对环境升温的反应不敏感,这种特性启示我们只要采用冷却地基类型的工程结构,增加地基多年冻土的冷储量,提高其热惰性,可以抵御未来气温升高给多年冻土热稳定性带来的不利影响,减缓多年冻土的退化。

第2章 青藏铁路冻土工程次生环境

青藏铁路冻土工程的存在和长期安全可靠运行的环境除了天然冻土环境以外,工程建成以后的次生环境也是重要的环境条件。

冻土区人为工程活动和天然地质作用是冻土环境工程地质学的要素,传统地质学观点认为,冻土区的冻土现象是内外冰缘地质作用造成并控制着其发育过程。但是,冻土区进行的青藏铁路建设这样大规模的工程活动,强大冲击了冻土表面和冻土环境,这种人类活动的强度和速率都可以同天然冰缘地质作用相比拟。正如前苏联学者 B·N 维纳茨基指出的,“地球上出现了新的地质现象,人类已经成为强大的地质力量”。

青藏铁路冻土区工程建设是大规模的人为地质作用,这种“强大地质力量”的反馈是指冻土地质环境遭受干扰后的环境反应,环境反应分良性和恶性两种。良性反应表现为冻土环境地质问题向着工程稳定安全的方向发展,例如,防治高温高含冰量地区冻土的退化采取的“以桥代路”工程结构措施;恶性反应就是工程技术产生的环境地质问题,对多年冻土原生环境造成了破坏,如次生不良冻土现象的出现和多年冻土上限的下移。环境反应的性质主要取决于特定的地质环境与人类工程——经济活动的相容性。

人类工程活动与冻土互相作用是一种复杂的系统行为和过程,由于青藏高原冻土区属低纬度高海拔冻土区,地温相对较高,且变化非常复杂,生态环境异常脆弱,使得高原冻土环境对人类工程活动反应十分敏感。

人类工程活动与冻土的互相作用、互相影响,将使青藏铁路沿线的冻土环境、工程环境、沙漠化过程、经济活动发生深刻的变化。这些变化统称为冻土工程的次生环境,冻土工程的次生环境主要包括多年冻土上限变化和多年冻土退化、冻土工程水热环境变化。

2.1 多年冻土退化和工程活动

冻土区大规模的工程建设活动对多年冻土环境的扰动和破坏将引起多年冻土的加速退化,青藏公路建设过程和长期运行过程中沿线多年冻土的变化充分说明,工程活动控制不当将会导致冻土环境的恶化,最终影响到工程本身的稳定和运行。

1972 年交通部(现交通运输部)开始对青藏公路进行改建,将原有的砂砾石路面改成黑色路面,并对公路纵横断面按高等级公路进行改造。在改建过程中,由于采用大规模机械化施工,就地取土,将公路两侧的植被大面积铲除,导致多年冻土上限大幅度下降。加上黑色路面的强吸热作用,使多年冻土出现严重衰退甚至部分消失。

青藏公路沿线多年冻土的变化表现在:由于气候变暖及人类工程活动的影响,青藏公路沿线路基底部多年冻土的南北界发生了较大变化,北界(西大滩)由 1963 年的 K2883 退至 1995 年的 K2886,南移 3km;南界(安多)由 K3423 退至 K3408,北移 16km;岛状多年冻土区的南界由 K3512 退至 K3503,北移 9km。近几十年来,青藏高原的气温呈上升趋势,多年冻土的年平均温度亦上升,与 1975 年相比,全线升高 0.1 ~ 0.3℃。黑色路面路基下的多年冻土人为上限为 4 ~ 7m,比天然上限下降 3 ~ 4m,最大下降达 6.5m(年平均地温在 0 ~ 0.5℃ 的高温冻土区)。王绍令(1996 年)在《冻土退化与青藏高原冻土环境问题探讨》一文中介绍:青藏公路在多年冻土区内的 65% ~ 70% 路段,路基下已为不衔接多年冻土,这些路段路基下人为上限埋深一般 4.5 ~ 7.0m,人为上限仍在逐年加深,路基内已形成常年不冻的融化核(青藏公路冻土工程地质勘察与黑色路面下冻土变化研究简介,刘永智,1995 年)。

图 2-1 是多年冻土处于退化过程的例子,通过图中地温曲线可以看出,多年冻土地温变化首先是上部多年冻土温度逐步升高,多年冻土地温梯度逐渐向 0℃ 温度线逼近,最后土体温度转为正温,多年冻土全部退化。多年冻土地温梯度由正梯度逐渐过渡到负梯度,多年冻土下限埋深减小,然后逐渐向零梯度过渡,最后成为融土。在多年冻土的退化过程中,一方面表现在多年冻土热状态变化,另一方面反映出多年冻土厚度减小,多年冻土上限埋深逐渐增大。

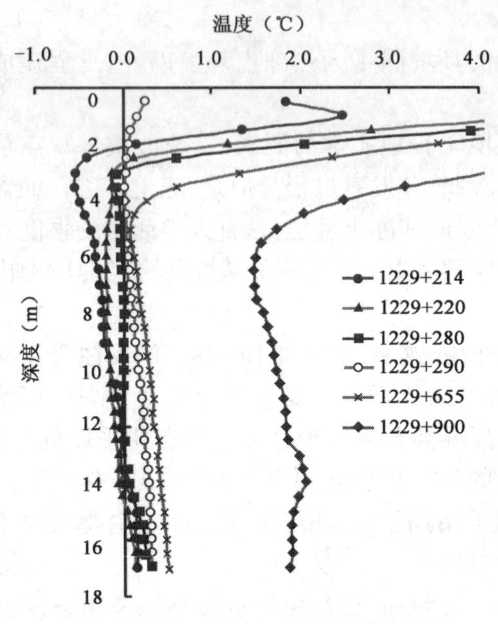

图 2-1 同一地段多年冻土的热状态变化

上述的图例说明人类工程活动如果控制不适当,可能严重破坏了工程建筑物周围的冻土环境,致使多年冻土上限下降,年平均地温升高。以往研究和调查工作证明,西大滩天然状态下原始地表的多年冻土上限为 3.45m,而人为扰动后的地表下为 5.8m。五道梁天然地面为 1.8 ~ 2.5m,人为扰动地面为 2.8 ~ 3.6m,风火山冻土站天然地面为 1.4 ~ 1.7m,人为扰动地面为 2.2 ~ 2.8m。

青藏铁路的修建借鉴青藏公路的经验教训,逐渐认识到对局部多年冻土的热扰动有可能成为影响大范围多年冻土退化的诱因,为了保护多年冻土的生存状态,使工程建筑物稳定可靠,必须按照多年冻土自身的特点进行工程活动的控制。

铁路建设工程活动对区域多年冻土和局部多年冻土的影响通过以下方式:

(1)路基填土造成的大量取土场地,取土的过程实际上是破坏多年冻土的季节融化层的过程,大面积的取土和连片取土造成区域多年冻土退化;隧道开挖及路堑开挖的弃土占用场地。

(2)桥梁和其他圬工需要的大量砂石料以及片石气冷路基需要的大量片石,一般来源于河床和河流阶地,片石来源于植被覆盖的山区。

(3)沿条带状线路并行或交叉的施工便道。

(4)混凝土拌和及构件制作场地,施工人员生活场地。

对于上述四种主要影响方式的对策有以下原则性措施:

(1)遵循"分段、集中"取土的原则,统一规划取土场地和弃土场地的位置,位置选择原则是距离路基 200m 以上,选择丘陵、坡地、植被稀疏的低含冰量冻土区域或河流滩地融区;避免在融冻泥流和热融滑塌等冻融侵蚀发育的地带,富冰、饱冰、含土冰层地带,横坡明显的坡地边缘地带、植被发育良好的地带、冻土沼泽湿地设置取土场。尽量减少场地密度，取土后要求及时平整，并设置必要的排水顺坡及出水口，应避免形成人为的积水坑避免诱使热融沉陷或热融湖塘产生。必要时采取覆盖等环境保护恢复措施，取土场的设置对多年冻土环境的影响相对较小，因而对多年冻土退化影响也降到最低。

(2)当路堑挖方、隧道弃渣为高含冰量冻土时，不能作为路基或保温护道填料，并在路基下侧远离路基的地方合理选择弃土(渣)场，间隔堆放，使冻土融化后能顺利排泄，以免影响路基稳定。

(3)为了尽量减少施工对多年冻土的热扰动，取(弃)土都选用合适的机械设备(挖掘机配自卸汽车)，不能使用推上机和铲运机作为运输机械。

2.2 冻土工程水热环境变化

青藏铁路冻土工程修建以后，由于路基、桥涵等结构物对冻土生存环境的改变，形成一系列的过程产生环境，其中最主要的是对地表水和层上水的影响带来的冻土工程水热环境变化。

2.2.1 次生冻土环境

冻土路基是一种连续的条带状冷生结构物，它的修筑带来的阻隔作用，改变了线路两侧地表水的径流和排泄条件，也改变了冻土层上水的紊流环境。

当地面横向坡度较为明显时，路基的阻挡使上游方向地表水向路基坡脚汇集并形成冲刷作用，如果纵向排泄不畅，沿路基坡脚形成积水，路基的阻隔作用还使上游方向冻土层上水紊流向路基坡脚加强，使坡脚处形成富水带，这些积水带来的热量对路基基底多年冻土形成侧向热侵蚀(图 2-2)，不利于路基稳定；寒季积水成冰过程对路基坡脚的冻胀作用破坏坡脚形态，暖季形成坡脚沉陷，寒季对基底冻胀过程的水分迁移补给作用会加剧冻胀过程和冻胀结果。

当地面横向坡度不明显，近似于平坦状态时，这种阻挡和阻隔主要表现为对层上水紊流状态的影响。使线路附近冻土层上水向路基坡脚处富集，同样可以形成对路基基底多年冻土的侧向热侵蚀作用和冻胀加剧作用。

图 2-2 线路阻隔形成对路基侧向热侵蚀

为防止地表水和层上水向路基坡脚富集而修建的路基附属建筑挡水埝，作为一个条带状建筑，它起到路基本体同样的作用，极易在路基和挡水埝之间加剧汇水热融过程，对路基稳定性不利，但是在地面横坡较大地段，它的作用利大于弊。

为使横向地表水排泄畅通而设置的涵洞和小桥，由于建筑物本体的通风作用导致基底多年冻土上限较周围多年冻土上限有所提升，因此也会对冻土层上水的紊流产生阻挡。

所有对地表水和层上水的阻挡造成的汇水现象，暖季都会形成对多年冻土的侧向热侵蚀，寒季则易形成冰锥、冻胀丘、冰幔等不良工程次生环境。

表 2-1 是青藏铁路建设初期冻土工程修建以前线路经过地段的不良冻土现象调查表(由于所调查的病害时间不一样，表中里程是初测里程或定测里程)，表 2-2 是冻土区路基全面施工以后 2003 年冬季对冻土工程次生环境的调查表。

修建以前的不良冻土现象调查目的主要是为了线路设计尽量绕避，建设过程中的次生不良冻土现象调查是为了工程建设尽量避免，通车运营阶段的调查则是为了防治不良冻土现象造成影响线路运营的病害。

青藏铁路多年冻土区病害调查数据整理　　表 2-1

序号	起 止 里 程	冻土病害情况描述	与路基平面关系
1	CK975 +846	冻胀丘	路基右侧 211m
2	CK990 +968 ~ CK991 +096	冻土湿地	—
3	CK991 +254 ~ CK991 +428	冻土湿地	—
4	CK991 +828 ~ CK991 +996	冻土湿地	—
5	CK992 +100 ~ CK992 + +280	冻土湿地	—
6	CK993 +650	冰锥群	路基左侧 98m
7	CK996 +300	冰幔	路基左侧
8	CK998 +138 ~ CK998 +230	冰锥群	—
9	昆仑山垭口、公路 62 道班处	开敞型多年冻胀丘	线路下方 200m
10	DK1050 +335 ~ DK1050 +365	热融湖塘	离路基坡脚 1m
11	DK1091 +000	泉冰锥	线路上方 20m
12	CK1001 +823 ~ CK1002 +100	冻土湿地	路基右侧
13	CK1002 +152 ~ CK1002 +400	冻胀丘群	路基右侧
14	CK1119 +500 ~ CK1119 +660	热融湖塘	—
15	DK1123 +610	泉冰锥	—
16	DK1130 +593	冰锥、冰幔	—
17	CK1134 +200	冰锥群	路基左侧 180m
18	DK1138 +776	冰锥	垂直于线路
19	DK1140 +085	冰锥、冰幔	—
20	DK1140 +288	冰锥	垂直于线路
21	DK1142 +000 ~ DK1142 +350	厚层地下冰	—
22	DK1145 +550	泉冰锥、河冰锥	下路下方
23	DK1145 +430	积冰	与路基平行
24	DK1149 +997	冰锥	与线路垂直
25	DK1164 +400	冰幔	线路上方
26	DK1172 +304	冰塞涵洞	—
27	CK1175 +952 ~ CK1176 +536	冰锥群	—
28	CK1176 +618 ~ CK1176 +992	冰锥群	—
29	CK1177 +086 ~ CK1177 +428	冰锥群	—
30	DK1178 +800	冰锥、冰幔	—
31	DK1178 +000 ~ DK1178 +050	冰锥、冰幔	—
32	DK1181 +800 ~ 1182 +420	有冻胀丘及积冰现象；泉眼涌水量 20m^3/h，雨后水量增大	—
33	CK1198 +318 ~ CK1198 +394	冰锥	路基右侧 17m
34	DK1199 +900	热融湖塘	—
35	DK1202 +648	地表出现冰丘，隆起 1.5m	地层为断层泥，泉水发育，寒季易形成冰锥

续上表

序号	起 止 里 程	冻土病害情况描述	与路基平面关系
36	DK1210 +670	涵内积冰，厚度60cm	融区、持力层为碎砾石
37	DK1206 +257	涵内积冰	融区、持力层为角砾土
38	CK1224 +000 ~ CK1224 +800	冻土湿地	—
39	DK1229 +280	冰锥、冰幔	—
40	CK1245 +428 ~ CK1245 +496	冰锥	—
41	CK1246 +204 ~ CK1246 +542	冰锥群	—
42	CK1246 +590 ~ CK1246 +692	冰锥	—
43	DK1277 +366 ~ DK1277 +965	涵内积冰，冰厚10 ~20cm	6.27m
44	DK1251 +249	涵内有积冰	与路基垂直斜交
45	DK1269 +600	热融湖塘	—
46	CK1290 +096 ~ CK1290 +104	冰幔	—
47	CK1290 +204 ~ CK1290 +212	冰幔	—
48	CK1293 +418 ~ CK1293 +534	泉冰锥	—
49	CK1294 +676 ~ CK1294 +786	泉冰锥	—
50	DK1308 +250	热融湖塘	—
51	DK1310 +480 ~ DK1310 +580	地下水出露、汇集	平行
52	DK1319 +360 ~ DK1319 +370	地下水冒出，形成冰锥	距线路中心150m
53	CK1323 +386 ~ CK1323 +400	冰幔	—
54	CK1323 +316 ~ CK1323 +458	泉冰锥	—
55	CK1342 +948 ~ CK1343 +810	冰幔	—
56	CK1345 +748 ~ CK1345 −766	冰幔	—
57	CK1349 +464 ~ CK1349 +488	冰幔	—
58	CK1368 +740 ~ CK1368 +852	冻胀丘群	—
59	DK1370 +420 ~ DK1371 +180	冰幔及冻土湿地	—
60	DK1375 +375 ~ DK1375 +890	河滩湿地	—
61	ICK1436 +849 ~ ICK1436 +916	冰幔	—
62	ICK1437 +520 ~ ICK1437 +710	泉冰锥	—
63	ICK1445 +070 ~ ICK1446 +330	冰幔	—
64	ICK1447 +520 ~ ICK1447 +850	冰幔	—
65	CK1515 +485 ~ CK1515 +610	冰幔	—
66	CK1516 +575 ~ CK1516 +650	泉冰锥	—

2003 年冬季冻土工程次生环境调查 表 2-2

序号	类别	里程/结构形式	距路基距离(m)	不良冻土现象	说明
1	次生不良冻土现象	DK1020 +548 1-3m 矩涵	0	热融沉陷	降雨在涵洞入口形成积水,为涵洞地基的融沉提供了热源,加之洞顶填土荷载增加致使涵洞下沉
2		DK1091 +000 路基	20(线路上方)	泉冰锥	位于路基右侧
3		DK1094 +718 1-1.5m 矩涵	0	涵洞出口积冰	施工中上下游没有很好的顺通、完善,造成涵洞前后轻微积水结冰
4		DK1123 +610 路基	2.5(线路上方)	泉冰锥	2002 年 9 月出现,为路基修筑后改变地下水运移条件所形成
5		DK1130 +593 涵洞	0(线路上、下方)	热融湖塘、冰幔	涵洞尚未施工,因排水不畅,涵洞左右两侧热融湖塘连通,形成大面积冰幔
6		DK1142 +000 ~ DK1142 +350 路基	0	厚层地下冰融化引起热融沉陷	厚层地下冰厚度达 0.6 ~3.9m,产状近水平,从原地面向下 1.8 ~2.5m 处出现连续分布的厚层地下冰,该段路基为路堤;基底开挖后铺设 XPS 保温板和粗颗粒土换填保温处理
7		DK1136 +050 ~ DK1136 +520 路基	0	厚层地下冰融化引起热融滑塌	开挖基底后发现厚层地下冰,最厚达 0.6m,其产状为 SW55°∠25°,倾向为 SE35°;左侧堑顶有一条贯通的纵向裂缝,长 200m,宽 200mm;左侧堑坡上有两条裂缝,长 20m,宽 10 ~25mm;右侧堑顶的纵向裂缝有 6 条,最大长 20 m,最宽 350 ~400mm;如不及时采取措施,暖季坡面会大面积塌滑
8		DK1139 +284 小桥	0(线路上、下方)	冰锥、冰幔	该处为小桥,桥的两侧发育有冰锥、冰幔
9		DK1172 +304 涵洞	0(线路上、下方)		涵洞内及出入口已被冰堵死,涵洞进水口两侧积冰
10		DK1181 +420 涵洞	0	热融湖塘、冰塞涵洞	涵洞左洞口处有一热融湖塘,涵洞内及出入口已被冰堵死,涵洞进水口外两侧积冰
11		DK1181 +700 中桥	0(线路上、下方)	冰锥、冰幔	桥梁钻孔灌注桩的施工已完成,受施工影响,线路左侧(上游)积冰严重,长约 300m,最宽处 50m
12		DK1181 +740 ~ DK1182 +050 路基	0(线路上、下方)	冰幔、片石过水渗冰	片石气冷路基左侧形成冰幔,积冰从片石层中渗出,又在右侧坡脚形成冰幔,已改桥
13		DK1182 +260D ~ K1182 +600 路基	0(线路上、下方)	冰锥冰幔片石渗冰	片石气冷路基左侧有大面积冰锥、冰幔,积冰从片石层中渗出,又在右侧坡脚形成冰幔,准备涵改桥
14		DK1202 +666 大桥	0	冰锥	2 ~3 号桥墩间出现冰锥,补给水源为冻土层下水
15		DK1207 +650 桥	0(线路上方)	冰幔	该冰幔规模较大,且位于桥的右侧
16		DK1221 +667 1-1.5m 矩涵	0	冰锥	该涵基础已预制,但基坑在开挖后产生了冰锥,直径约 6m,高约 1.0m,该涵准备改为小桥
17		DK1229 +290 1-1.5m 圆涵	0	冰锥、冰幔	因打测温孔时打出承压水,且此处涵洞排水不畅,因而在涵洞两侧形成冰锥及冰幔

续上表

序号	类别	里程/结构形式	距路基距离(m)	不良冻土现象	说　明
18	次生不良冻土现象	DK1370 +600　涵洞	0 (线路上、下方)	冰幔	该段路基两侧的冰幔比较发育
19		DK1412 +400 ~ DK1412 +500 路基	0	冰幔	上方10 ~15m处有泉眼出露,形成冰幔,地层为角砾土,下为富冰冻土,100m长路基准备改桥
20		DK1416 +500 ~ DK1416 +800 路基	0	冰幔	冻土湿地,有泉眼形成的冰幔,层上水发育,地层为砾砂,为含土冰层及饱冰冻土,300m长路基准备改桥
21		DK1423 +000 ~ DK1423 +300 1-1.5m涵洞	0(线路下方)	冰幔	原设计1-1.5m涵洞,寒季下方有泉水形成的冰幔,准备改桥
22		DK1438 +350 ~ DK1438 +700 2小桥1涵洞	0(线路下方)	冰幔	原设计为2小桥1涵洞,寒季下方有泉水形成的冰幔,地层为角砾土,下为富冰冻土,局部为含土冰层,准备改为中桥
23		DK1554 +380 ~ DK1554 +430 1-1.5m涵洞	0(线路上方)	冰幔	原设计为1-1.5m涵洞,线路上方泉水出露形成冰幔,准备涵改桥
24		DK1555 +230 ~ DK1555 +250 1-3m涵洞	0(线路上方)	冰幔	原设计为1-3m涵洞,线路上方有泉水形成的冰幔,准备涵改桥
25		DK1558 +950 ~ DK1559 +060 1-16m小桥	0	冰幔	河床宽阔,寒季有部分冰幔,表层为厚1 ~3m的细砂,中部为厚2 ~5m的卵石土,底部为中砂,原设计为1 ~16m小桥,准备改为中桥
26		DK1568 +865 ~ DK1569 +350 2小桥2涵洞	0	冰幔	寒季有部分冰幔,表层为厚1 ~3m的粉土,中部为厚5 ~10m的中砂,底部为卵石土,原设计为2小桥2涵洞,准备改为中大桥

调查表所列次生冻土现象的发生从本质上讲都是由于工程建设改变了天然条件下冻土层上水赋存条件,尤其是阻塞了层上水径流路径造成的。

路基挖方往往使含水层被截断,浅层地下水系统被破坏,地下水因不能流向下游,从而可能在堑坡上游出现地下水露头,诱发冰锥、冻胀丘等次生不良冻土现象产生。开挖高路堑时,当路基标高低于该区段的地下水位时,可能导致该区段地下水位下降,影响附近供水系统(水井和泉水)的地下补给量和流量。进入路堑中的地下水,如果不采取有效的工程措施给予排除也会造成次生冻土现象发生。

路堤填筑造成地表水径流的重新分布。一方面路基面和路堤排出大量的地表水,加上附近地形地表水径流的改变,会加强邻区地表的侵蚀作用;另一方面,路基面汇水积水和边坡排水会诱发和加重不良冻土现象。

冻土沼泽或沼泽化湿地地表水的存在及长期作用,维系着湿地的水热平衡,路基修筑时排除或截断(有时采取排除与截断地表水也很困难)地表水,破坏多年形成的热平衡状态,将会诱发新的不良冻土现象和病害。青藏铁路在通过冻土沼泽地段时,采取以渗水土填筑或抛填片石处理，虽然没有采用排除地表水的措施，但是减小了对地表水径流的改变，对维持冻土沼泽地段原来的水热平衡有利。

桥涵对其下的多年冻土产生的遮阳和通风作用，改变了多年冻土的水热平衡条件，使小桥涵中部多年冻土上限上升，而涵端和洞口多年冻土上限下移，致使涵洞墩、台身流水方向的冻胀融沉不均程度加剧，使小桥涵的两端和洞口产生开裂下沉等病害。涵洞的早期开裂沉降，使排入涵洞的水部分渗漏于铺砌层下，水中的潜热进入多年冻土层内，又使多年冻土上限下移，季节活动层增厚，使冻胀、融沉加剧。当小桥涵工程难于抵抗这种反复冻胀、融沉作用时，就加剧产生不同类型、不同程度的破坏。

以下列出的2005年现场调查的典型地段不良冻土现象形成就与上述原因有关。

(1)DK1091 +000

路基右侧泉冰幔。

(2)DK1130 +593

此处有一涵洞，约有15m长的路基横穿热融湖塘。

(3)DK1138 +776 日尔拉玛中桥

在桥的右侧上游侧泉水出露形成较大冰幔，横向距离约200m，纵向距离约80m，并有冰锥发育，冰锥最大开裂宽度约50cm，可见深度约40cm。

(4)DK1139 +510 日南中桥

桥左侧因地下水流出露结冰而形成较大的冰幔，横向距离约有150m，纵向约有100m，并发育多个小冰锥。

(5)DK1140 +297 1-8m 小桥

桥墩右侧上游有一泉眼，出水较多，在桥右侧结冰形成较大冰幔，横向约1000m，纵向约30m，并发育冰锥，冰锥最大开裂宽度约60cm，可见深度在40 ~ 80cm之间，冰锥高约1.5 ~ 2.0m。

(6)DK1177 +328 中桥

1号承台基坑积水结冰，承台右侧10m处有一冰锥，冰锥最大开裂宽度约7cm，半径约2.0m，可见深度约0.3m，冰锥高约1.5m左右，初步推断应为桥墩附近地下水流出结冰所致。

(7)DK1181 +740 ~ DK1182 +050 段片石路基

右侧的冰幔已完全消融，但片石间孔隙中仍充有积冰，融化深度有20 ~ 30cm，且表面附有一层泥皮，阻止了冰的融化，片石通风路基完全不能起到通风效果；左侧冰幔虽有所消融，但其厚度仍大于片石填料厚度，且在左路肩出现许多长度达200m的融沉裂缝，在左坡角有一以冰锥为分水岭的水流，沿路基的左坡面向两个方向流去，不断的冲刷路基。

(8)DK1182 +260 ~ +600 片石路基

附近水从左坡脚穿过片石从右坡脚流出。这对片石基础的稳定性、基底冻土的上限及基底的稳定性都有一定的影响，也就是对路基整体稳定性将构成威胁。该段水质含盐量高，天然地表面表现为白色的盐碱地，规模小。

(9)DK1182 以桥代路特大桥

左侧泉眼出水较多，水流结冰形成大面积冰幔，横向约100m，纵向约150m，并发育有冰锥，下游侧公路涵洞进口已基本冰塞。

(10)DK1183 +891 尺之 4-42m 中桥

桥左侧上游河流冰幔，在1号桥墩旁有冰锥发育，下游侧公路涵洞一半冰塞，水流经公路涵洞在其右侧结冰形成较大冰幔,并发育冰锥。

(11)DK1206 +856 8-32m 大桥

下游侧公路涵洞已完全冰塞,铁路右侧上游小河流水在公路和铁路之间结冰形成冰幔,横向约 250m,纵向约 150m,中间发育冰锥。

(12)DK1206 +750 小桥

小河流水结冰形成较大冰幔,横向约 400m,纵向约 150m。

(13)DK1208 +068 6-32m 大桥

铁路右侧与公路形成冰幔,并发育有冰锥,直径约 10m,高约 1.5 ~2.0m。

(14)DK1312 +300 4-32m 大桥

桥尾 30m 路桥过渡段路基左侧部分整体向下滑塌,左侧坡脚外约 10m 处,纵向长约 50m 的天然草皮被挤出,前缘隆起约 50cm。路基右侧坡脚有一条长 25m、宽约 50cm 的裂缝。

(15)DK1513 +650

左侧山坡上两泉眼泉水出露结冰,在山坡上形成较大冰幔。

(16)DK1528 +000

左侧山坡上泉眼泉水较发育,出水结冰在山坡上形成较大冰幔。

(17)DK1528 +100

左侧山坡上泉眼出水结冰,形成较大冰幔。

(18)DK1528 +932 2-32m 中桥

右侧下游形成冰幔。

(19)DK1615 +650 涵洞

模板已拼装,左侧上游河水在涵洞内及两侧积水结冰,在涵洞右侧形成冰幔。

(20)DK1616 +640 涵洞

左侧上游河水结冰,在涵洞右侧形成冰幔。

(21)DK1616 +780 涵洞

左侧上游河水结冰,在涵洞右侧形成冰幔。

(22)冰锥

分布于央尕尔布茸以桥代路西岸,为 DK1509 +000 ~ DK1510 +000 右侧 1200 ~1800 发育有泉冰锥,高 3m,长 50m,宽约 50m。

(23)冻胀丘

分布于央尕尔布茸以桥代路西岸,为 DK1509 +000 ~ DK1510 +000 右侧 1000 ~1500m 发育冻胀丘,由 3 个冻胀丘组成。

(24)冰幔

分布于 DK1412 +400 ~ +500、DK1416 +500 ~ +800 等段落。

表 2-3 是 2006 年的冻土工程次生环境调查资料。

2006 年冻土工程次生环境调查 表 2-3

序号	起止里程	冻土病害情况描述	平面分布	基底地质情况	工程设计情况
1	DK1050 +335 ~ +365	热融湖塘	离路基坡脚 1m	粉质黏土,含土冰层,细砂,上限下富冰冻土,T_{cp} – III	土质护道
2	DK1133 +780 ~ +870 两小桥间	两小桥之间右侧有一段 90m 长高路堤挡水,冰面有 150m 长,50m 宽	垂直于两小桥间路基	圆砾、圆砾土、多冰冻土	两小桥间为一般路堤

续上表

序号	起止里程	冻土病害情况描述	平面分布	基底地质情况	工程设计情况
3	DK1138 + 776 日尔拉玛中桥	该桥上下游均有冰锥	垂直于线路	泥岩夹砂岩夹泥灰岩,多冰冻土	3-32m 中桥
4	DK1139 +9871 1.5m 圆涵	上游有7个泉眼,出入口及管内均有50~70cm厚积冰	泉眼位于线路右侧	泥灰岩,坡积粉土,少冰冻土	排洪而设
5	DK1140 + 288 小桥	上、下游冰锥各一处,且挤压河道	垂直于线路	粉土、泥岩、饱冰冻土	1-16m 小桥
6	DK1142 +100 ~ +130	DK1142 +110 左侧坡脚外有3m ×4m融化水潭,水深20cm; DK1142 +100 ~ +130 右侧坡脚与挡水埝间有三处融化小水池,水深10cm	分布在路基两侧	低含冰量地段,T_{cp} - III地温区,冻土上限以上为粉土,以下为泥岩夹砂岩,富冰冻土	土护道及一般路基
7	DK1179 +965	该位置设计为1~8m小桥,在施工完毕的承台之间出现较大冻胀丘。预埋钢筋显露于冻胀丘之上,估计承台已经被顶起约1.5m			
8	DK1181 +800	该里程处左侧有冻胀丘及积冰现象。在2002年施工过程中DK1181 + 844.7 左侧距路基中心15m处发现泉眼20余处。泉眼涌水量20m³/h,雨后水量增大			DK1181 +786 设计为1~8m小桥
9	DK1182 +323	323 涵距入口5m处,有锥形冻胀丘,入口与冻胀丘之间无流水现象。出口外有8处积冰,面积约10m²。涵洞排水顺畅无堵塞现象。该位置处积冰应为地下水透过路基和涵洞基底流出			
10	DK1182 +420	该涵出入口被冰堵死			
11	DK1182 +450	在该里程左侧有积冰现象。在2002年施工中曾发现DK1182 + 457.9 左侧距路基中心13m处有泉眼多处,涌水量5m³/h,水流方向横贯路基			
12	DK1206 +193	涵内积冰,厚度达30cm,涵洞入口两节冻胀15mm,出口两节冻胀10mm变形	粉黏土,富冰冻土,融沉,地温 ≥ -0.5℃,上限1.7 ~ 5.1m	拼装涵洞	
13	DK1210 +975	涵内积冰,厚度达30cm,暂时未发现涵洞变形	融区、持力层为角砾土	拼装涵洞	
14	DK1202 +648	地表出现冰丘,隆起1.5m,位于距DK1202 + 666 大桥2号墩9m处,范围4000m²,在DK1202 + 666 大桥上、下游出现冰锥	融区,为跨越断层而设,地层为断层泥,泉水发育	钻孔桩基础	

续上表

序号	起止里程	冻土病害情况描述	平面分布	基底地质情况	工程设计情况
15	DK1206 +856	DK1206 +856 大桥处上游来水较大,公路涵洞被冰阻塞,大量水无法宣泄,出现冰漫	融区,粉黏土、砾石土、砂岩	钻孔桩基础	
16	DK1210 +670	涵内积冰,厚度60cm,暂时未发现涵洞变形	融区、持力层为碎砾石	拼装涵洞	
17	DK1206 +257	涵内积冰,厚度40cm,发现涵洞入口三节有冻胀现象,冻胀5mm	融区、持力层为角砾土	拼装涵洞	
18	DK1277 +366 涵	涵内有积冰,冰厚10~20cm	6.27m	富冰冻土	护道
19	DK1277 +965 涵	涵内有积冰,冰厚20~30cm	5.22m	富冰冻土	通风路基
20	DK1258 +240 涵	涵管基础发生冻胀2.1cm	与路基垂直相交	粉质黏土,季节融化层为1.8m,冻土上限1.71m	预制基础拼装
21	DK1258 +504 涵	涵管基础发生冻胀2.5cm	与路基垂直相交	粉质黏土,季节融化层为1.07m,冻土上限1.70m	预制基础拼装
22	DK1251 +249 涵	涵内有积冰,进口处1m厚,出口处10cm	与路基垂直斜交	角砾土、砂岩,冻土上限5m	预制基础拼装
23	DK1319 +360 ~ +370	地下水冒出,形成冰锥,底口直径10m,高度2m	线路前进方向的右边,距线路中心150m	地层为细砂、粉土、圆砾土、卵石土、泥岩;分布有富冰冻土、饱冰冻土	路基两侧各加宽0.6m;基底倾填片石,厚1.2m

2.2.2 冻土区工程活动和热融现象

冻土区工程建筑造成线路两侧水热环境的变化,尤其是地表水和层上水的富集带来的热量长时间的影响其下伏多年冻土,导致地下冰发育地段融化沉陷形成热融洼地,这种洼地有可能继续积水,周而复始形成热融湖塘。

工程取土所形成的取土坑破坏了天然的草皮保温层,引起多年冻层融化,导致冻土上限下降,在高温、高含冰量冻土地段取土深度超过季节融化层的2/3厚度,高含冰量冻土的融化极有可能产生热融湖塘,热融湖塘的产生往往可成为热融过程进一步发展的因素(因为水层厚度随时间增加,使地表年平均温度很快上升,融化深度将继续增加)。如果取土距线路很近,热融湖塘的形成和发展将严重危及铁路路基的稳定。

图2-3 2006年7月楚玛尔河地段沿路基上游侧积水现象

图2-3展示的是2006年7月楚玛尔河地段沿路基上游侧积水现象。这种积水和洼地长期存在都会对路基基底多年冻土形成连续热侵蚀,导致基底多年冻土上限下移,由于该

地区多年冻土是高含冰量多年冻土，这种下移会造成地下冰融化，路基发生较大沉降变形。

图 2-4 是 2002 年青藏铁路五道梁附近的热融湖塘和热融洼地。

图 2-4　2002 年青藏铁路五道梁附近的热融湖塘和热融洼地

多年冻土区铁路路基填筑后，原有地气之间相对平衡的热交换状态被打破。如果路堤高度过低，路堤天然建筑场地受堤体的压密排水，使天然土层的热阻减小和热储减小，下伏土层处于以吸热为主导趋势的非平衡热交换状态，导致下伏多年冻土年平均地温升高、季节融化层深度增加，冻土上限下降，多年冻土融化，而堤体增加的热阻和热储尚不足以补偿前者的减小，从而导致多年冻土基底产生融沉。

路堑边坡开挖时，如开挖季节不合理、开挖方式不适宜、防护措施不到位，有可能引发新的热融滑塌，严重破坏多年冻土环境，同时破坏局部地区的生态平衡。如热融滑塌在路基下方时可能使路基基底失稳、边坡坍塌。如果热融滑塌在路基上侧时，路基可能被掩埋。

桥涵基础开挖及浇灌过程由于裸露和混凝土水化热的产生，对周围及基底多年冻土产生较大热扰动，有些情况对多年冻土的热扰动甚至无法恢复。多年冻土区的桥台及涵洞基础主要采用明挖基础，明挖基础施工因开挖时间长，基坑周围多年冻土暴露时间也较长，对基底冻土的热扰动大，如果施工中施工时机（季节）把握不好，施工防护措施（如遮阳板等）不到位，极易改变原地层的水热交换条件。施工中热量介入及混凝土水化热的作用，使地温升高，基底冻土融化，人为上限下移，降低了地基的承载能力。

隧道工程的修建打破了围岩的原始热状况，隧道通过浅埋段时（尤其是埋深小于多年冻土的季节融化深度时），如果超前支护措施不到位，开挖后支护不及时，极易发生塌方，引起地表沉陷；为了防止突水、涌水事故发生，所采取的超前帷幕注浆、泄水洞等治水措施易引起对围岩多年冻土的热融作用，隧道洞身开挖后，由于气温等外界条件的影响，衬砌背后的多年冻土在一定深度范围内形成新的融化圈，导致与融化圈相邻的多年冻土将继续融化，并引起周边多年冻土地温升高、冻土环境退化；隧道破坏地表脆弱的植被系统，斜坡弃渣可能阻碍地表水的径流，在上坡侧雨季时可能产生季节性积水，严重者可能形成热融湖塘，如果弃在河滩边可能导致水土流失，淤塞河道。

2.2.3　冻土斜坡水热环境

冻土区斜坡地段，由于各方面因素制约，不可能都采用桥梁通过，采用路基结构以后形成特有的冻土斜坡水热环境，这种环境条件的变化主要表现在：斜坡上的冻土路基，由于地势的限制，路堤两侧边坡及天然地表在几何上表现为强烈的不对称，由此导致路堤两侧受太阳直接辐射的面积和与大气直接接触的面积均存在很大的差异，路基温度场呈强烈的不对称。

青藏铁路存在许多这种斜坡路堤，其路基温度场的不对称状态十分典型。根据过去的研究，路堤在上坡侧的冻土人为上限埋深小于路面中轴线上人为上限的埋深，而路堤在下坡侧的冻土人为上限埋深大于路面中轴线上人为上限的埋深。融化季节路堤下冻融分界面为一倾斜的滑动面，融化状态持续的时间较长，这很容易引起路堤滑动或突陷。坡向差异引起的地温场形态的不对称，在水热环境变化时沿冻融界面滑移的危险增加。

过去的研究工作表明，在年平均气温低于 -4.5℃的冻土区，若忽略气候持续变暖对地表及冻土地温的影响，则计算所得斜坡不对称路基温度场逐年变化很小，但当气候变暖时这种变化将加大，需要通过增加地基冷储量的方式（如使用遮阳棚路基结构、片石层路基结构和热棒路基结构等，并调整其结构设计参数）来抵御和防治。

冻土区斜坡地段采用路基结构以后，上游面坡脚积水和积水的能力增加，坡脚冻融变化深度增加，采用抗滑结构的支挡建筑基础传热变化对自身稳定性和路基边坡地温场的影响需要进行研究。

广义地讲地面横坡超过5°时，也会形成上述特殊的斜坡水热环境，由于如上所述的路基阻挡和阻隔作用，会在路基两侧形成一系列次生冻土环境，影响路基稳定性。

表2-4 给出的是修建在斜坡上的路基里程。

青藏铁路冻土区斜坡路基地段　　　　表2-4

序号	里程段落	连续里程	备注
1	DK909 +030 ~ DK909 +050	K903 +584.18 ~ K903 +604.18	1:3，+040 断面
2	DK979 +000 ~ DK979 +500	K971 +723.77 ~ K972 +223.77	1:3.2，+368.3 断面，粉土
3	DK997 +645 ~ DK998 +130	K989 +354.27 ~ K989 +839.27	1:2.7，+940 断面
4	DK1000 +210 ~ DK1000 +250	K991 +919.27 ~ K991 +959.27	1:3，+220 断面
5	DK1152 +830 ~ DK1152 +900	K1144 +471.87 ~ K1144 +541.87	1:3.4，+880 断面，表层粉土下伏砂岩夹泥岩
6	DK1153 +010 ~ DK1153 +048	K1144 +651.87 ~ K1144 +689.87	1:3.6，+040 断面
7	DK1156 +680 ~ DK1156 +833	K1148 +321.87 ~ K1148 +474.87	1:3.9，+820 断面，表层粉土下伏砂岩夹泥岩
8	DK1168 +300 ~ DK1168 +600	K1159 +941.87 ~ K1160 +241.87	1:2.8，+445 断面，页岩夹砂岩
9	DK1207 +080 ~ DK1207 +300	K1198 +746.37 ~ K1198 +966.37	1:3.8，+101 断面，角砾土
10	DK1320 +400 ~ DK1320 +700	K1308 +669.12 ~ K1308 +969.12	1:2.7，+492 断面
11	DK1320 +878 ~ DK1321 +060	K1309 +147.12 ~ K1309 +329.12	1:3.5，+960 断面
12	DK1327 +600 ~ DK1327 +700	K1315 +873.16 ~ K1315 +973.16	1:3.8
13	DK1338 +850 ~ DK1338 +982	K1324 +360.51 ~ K1324 +492.51	1:2.9，+920 断面
14	DK1345 +000 ~ DK1345 +100	K1330 +512.58 ~ K1330 +612.58	1:4，+020 断面
15	DK1347 +570 ~ DK1347 +640	K1333 +082.58 ~ K1333 +152.58	1:3.4，+590 断面，角砾土
16	DK1347 +690 ~ DK1347 +750	K1333 +202.58 ~ K1333 +262.58	1:3.7，+700 断面，角砾土
17	DK1349 +840 ~ DK1350 +058	K1335 +360.58 ~ K1335 +578.58	1:3.5，+933 断面

续上表

序号	里程段落	连续里程	备注
18	DK1358 +182 ~ DK1358 +321	K1343 +694.58 ~ K1343 +833.58	1:3.2, +220 断面,角砾土
19	DK1358 +430 ~ DK1358 +467	K1343 +942.58 ~ K1343 +979.58	1:3.7, +436 断面,角砾土
20	DK1358 +860 ~ DK1358 +935	K1344 +372.58 ~ K1344 +447.58	1:3.5, +900 断面,角砾土
21	DK1358 +970 ~ DK1358 +995	K1344 +482.58 ~ K1344 +507.58	1:3, +980 断面,角砾土
22	DK1397 +323 ~ DK1397 +707	K1382 +797.83 ~ K1383 +181.83	1:5,路基面发生裂缝
23	DK1412 +900 ~ DK1413 +100	K1398 +374.83 ~ K1398 +574.83	1:4,地面发生裂缝
24	DK1413 +010 ~ DK1413 +130	K1398 +484.83 ~ K1398 +604.83	1:3.9, +100 断面,表层粉土下卧泥岩
25	DK1418 +000 ~ DK1418 +130	K1403 +395.54 ~ K1403 +525.54	1:3, +080 断面,卵石土
26	DK1472 +635 ~ DK1472 +680	K1457 +096.81 ~ K1457 +141.81	1:2.1, +660 断面,泥灰岩
27	DK1490 +250 ~ DK1490 +290	K1474 +689.36 ~ K1474 +729.36	1:3.7, +250 断面,角砾土
28	DK1490 +470 ~ DK1490 +514	K1474 +909.36 ~ K1474 +953.36	1:3.6, +490 断面,碎石土
29	DK1491 +330 ~ DK1491 +365	K1475 +764.80 ~ K1475 +799.80	1:3, +359.97 断面,碎石土
30	DK1491 +410 ~ DK1491 +600	K1475 +844.80 ~ K1476 +034.80	1:3.2, +420 断面,碎石土
31	DK1527 +050 ~ DK1527 +400	K1498 +824.08 ~ K1499 +174.08	

冻土区斜坡路基的水热环境的特殊性和潜在的病害可能性逐渐引起青藏铁路运营部门和科学研究部门的重视,目前已经分别列题进行专项研究。

2.3 冻土工程影响下多年冻土上限变化

冻土工程的修建从根本上改变了原天然地表以下多年冻土的热交换条件,这种改变不仅是散热面性质的改变,还表现在传热结构对传热过程的改变,因而多年冻土的热状态发生质的变化,这种变化的结果最主要的是多年冻土上限发生改变,从而使冻土和冻土工程环境条件发生显著的变化。

2.3.1 土体冻融过程和路基基底多年冻土变化

1)天然状态土体冻融过程

天然状态下处于长年冻结的多年冻土层,其上表层由于受到太阳辐射热年际变化的作用,形成了寒、暖季的交替作用。暖季太阳的辐射能加热地表而形成一定融化厚度即季节融化层,该层寒季冻结与下伏多年冻土层衔接(隔年层及不衔接多年冻土除外),周而复始形成了季节冻融过程。地表性状的不同,接受太阳辐射导致地表以下土体温度变化过程和形成的温度场形态不同;土体中水分的存在,在季节冻融过程中导致体积发生变化,使土体本身产生冻胀和融沉变形。这样一个复杂的热学过程和最后导致的力学形态表现,就是我们一般所说的土体冷生过程即冻融过程。

青藏高原多年冻土区季节冻融发展过程一般是,寒季过后3月底4月初气温升高,但是仍然在0℃上下波动,冻土表层融冻交替,形成30~40cm厚的不稳定季节融化层;4月中下旬至5月上旬进入稳定融化阶段,9月下旬至10月上旬(部分地区在10月下旬至11月上旬)达到最大季节融化深度。与此同时地面又开始自上而下的冻结,与由最大融化深度处开始的自下而上的冻结逐渐汇合,10月下旬至11月下旬(或在12月至次年2月中旬)季节融化层全部冻透。

季节融化过程具有阶段性，一般分为五个阶段，即不稳定融化期（3 月下旬至 4 月末），缓慢稳定融化期（4 月末至 5 月下旬），迅速发展期（6 月上旬至 9 月上旬），动平衡期（9 月上旬至 10 月下旬），退化消失期（10 月下旬至 11 月中旬）。水分条件对以上不同阶段发展过程的延续时间起着至关重要的作用。季节冻结和季节融化过程中，冻融界面的移动，除了受气温、地表覆盖等地面条件影响以外，岩性、水分条件起重要作用。

天然条件下土体冻融过程是太阳辐射热主导的，地表性状和土体性质导向的复杂传热过程。在整个过程中，季节融化层以下的多年冻土都参与了吸热散热的热量周转活动，并在整个热交换过程中改变着自身的温度特征。

研究天然土体的冻融过程对研究路基和基底土体的冻融过程具有很重要的参考价值。天然条件下土体冻融过程研究的几个关键因素是浅层地表年平均温度，多年冻土上限位置变化（实际上就是土体冻结温度等温线位置变化），多年冻土上限（季节融化层底部）附近年平均温度变化，多年冻土年变化深度（一年或多年温度变化幅度近似等于零的深度）以及多年冻土年平均地温在整个冻融过程中是否发生变化等。

2）冻土路基填土和基底多年冻土冻融过程

冻土区修建路基以后，填土路堤形成一个横亘地面的条带状冷生结构物，路堤修筑时填土带给基底热量，路堤自重作为基底土体的附加应力，压缩了基底季节融化层，改变了它的结构，并且改变了它的物理、热物理性质，引起融化压缩变形。而不同路基坡面的水平热流对堤身的加热增加了堤身的热储，打破了原地层的热量年周转格局。

当填土所增加的热阻不足以抵消堤身的吸热效应时，就会引起基底多年冻土的融化，形成热融槽面，影响路基的稳定；当路堤高度足够时，填土所增加的热阻，也就是堤身土体消耗掉大量的热量，改善了基底的热状态。如果路堤高度低于当地气候的潜在冻结能力，就将在基底范围内季节融化层中形成与多年冻土衔接的新的冻土，称为冻土核。冻土核的形成，尤其是当冻土核升入堤身时，则有利于冻结层上水的排泄，保持路堤的稳定。

无论是形成融化槽或形成冻土核，经过一个以上的冻融循环形成其稳定的冻土上界，即路堤的人为上限。人为上限的形态决定了路堤稳定以后发生冻胀融沉变形的土体厚度，是决定路基变形总量的主要因素，这种土体厚度的不均匀性是产生路基横向不均匀变形的原因。图 2-5 表明不同时期路基土体冻融界面变化和最终形成人为上限形态。

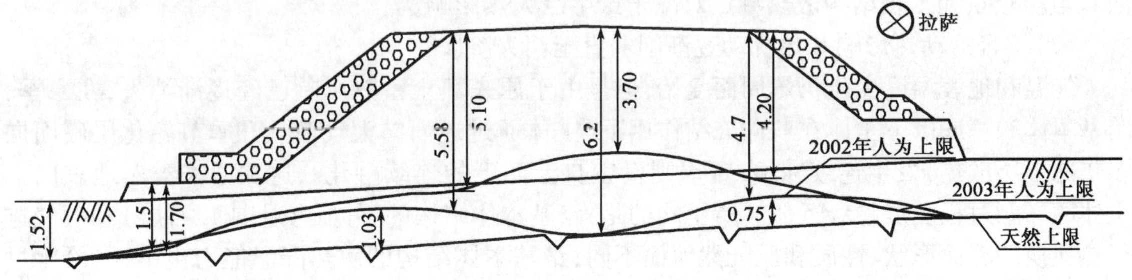

图 2-5 DK1026 + 190 断面不同时期人为上限变化图（尺寸单位：m）

从传热过程本质来讲，填方路堤使大气和土体的热交换界面上移，而且界面几何形态变得比较复杂，冻土不能直接通过地表和大气进行热交换，而是通过热量传递性能各不相同的路堤结构和大气进行热交换，同时由于新的热力平衡状态形成之前，路堤作为附加荷载作用之处在变化状态下的冻融界面以上土体和冻融界面以下冻土上，使得冻胀和融沉变形变化过程复杂化。

铁路路基施工通过人为工程活动、填土自身蓄热或挖方改变散热面，给路基土体冷生过程带来大量外界热量影响，填土和挖方也改变了天然岩性、水分和地表形态，从而使土体冷生过程发生很大改变。这种改变指的是土体冷生过程处在动态变化中时，参与冻融变化土体形态处在动态变化中，导致不同阶段发生冻融变化的土体厚度增加，另外，这种冷生过程最后表现的土体温度的差异，影响了路基基底下面一定范围内冻土的压缩变形和长期蠕变变形，因而使路基变形处于不稳定状态。不同阶段土体冻胀、融沉变形、冻土压缩变形、冻土长期蠕变变形。这四类变形在路基土体冷生过程不同阶段具有不同量级和热学上的特征。

冻土区线路修筑大体可以划分为三个阶段，即线路修筑阶段、线路趋于稳定阶段和线路稳定阶段（铁路长期运营阶段）。如果根据修筑线路路基前后土体冷生过程（冻融过程）发生发展和主要冷生特征（地温场形态），以及不同阶段路基土体传热特征来划分，这三个阶段可以对应工程热影响和热扰动阶段、工程热影响和热扰动削弱渐消失阶段和热平衡逐渐稳定阶段。各个不同阶段由于土体冷生作用不同，引起的路基变形特征也各不相同。

(1)工程活动热影响和热扰动阶段

寒季（日平均气温为负温季节）环境温度形成的冻结能力使冻土的冷生过程在冻结因素起主导作用情况下进行。路基本体从表面开始自上而下的冻结；路基基底原天然地面以下至冻土天然上限之间的土体，受填土路基结构其他组成部分（如片石层）蓄热影响和路基结构本身相对原天然地面散热能力的削弱，使自上而下（大气降温）和自下而上（下伏多年冻土的冷生作用）的双向冻结作用削弱，原天然地面以下至天然上限之间的土体不能全部冻结，而且由于填土热量不能及时消散，在某些地段会造成多年冻土上限下移，多年冻土发生局部暂时融化的现象。

暖季（日平均气温为正温季节）随环境温度变化地表平均温度上升，冻土的冷生过程在融化因素起主导作用下进行。已经冻结的路基本体和路基基底以下至天然上限之间冻结的土体，开始自上而下的融化；由于寒季自上而下的热量（散热形成的冷却作用）残余影响以及下伏多年冻土的热量影响（也是散热所致的过冷），在抵御了填土蓄热后，多年冻土的融化停止。部分地段第一个暖季末土体冻融界面有可能在原冻土天然上限左右。

工程施工对冻土的热影响表现在：改变原来冻土散热界面特征（指天然地面变为工程界面）、填土热量和工程结构散热特点对冻土产生巨大热影响。

(2)工程活动热影响和热扰动逐渐削弱直至消失阶段

气温和地表温度变化仍然周而复始，但是由于原来填土蓄热影响已经逐渐消失，在寒季，路基本体和基底以下土体在双向冻结作用下（土体通过地面向大气散热和季节融化层底面向多年冻土层散热）发生连续冻结；暖季则发生自上而下的连续融化。这和原来天然地表以下土体的冻融过程发展趋势近似。所不同的是，路基本体结构的不同（填土或片石层）和大气进行热交换的界面形状、性质和原天然地面不同，路基本体结构的散热降温能力也不同，冷生过程的结果也不同，导致最大融化季节时冻融界面上升位置和形态不同。

(3)冻土和冻土路基工程之间逐渐形成稳定的热力平衡过程

外来热扰动短暂影响已经消失，新的稳定的热力平衡过程逐渐形成，在工程表面和大气之间新的散热条件和工程结构传热条件下，大部分地段多年冻土上限稳步抬升，相当多地段观测数据表明，冻土上限已经接近或超过天然地面。

路基土体温度和多年冻土上限的变化是土体冻融过程的结果。影响土体季节融化的因素很多,这些因素积极参与大气与地面之间热交换,影响了地面和地中温度状况,从而决定了季节融化的特征。也就是说,各种因素对土体季节融化的影响,是通过季节融化层地面的年平均温度(或多年冻土年变化深度处的年平均温度)以及地面年平均温度较差变形出来。在其他因素相同条件下,季节融化深度在年平均地温等于0℃的地带达到最大值。随着年平均地温降低,季节融化深度减小,与此同时,深度随着地面年平均温度较差增大而加大。

3)冻融过程结果

天然条件下土体冻融过程是一个双向导热过程,在暖季,高于融化温度的大气和冻结土体之间发生热交换,土体开始融化,融化的土体不断地向还在冻结状态的土体传递大气带来的热量,使土体继续融化,这个热量在融化土体的同时,还向冻结部分包括多年冻土部分传递热量并使多年冻土部分温度升高,热量传递的最终结果是土体达到最大融化深度(即多年冻土上限)。在融化过程末期,大气温度开始低于土体冻结温度,土体在向大气层散热同时自上而下进入冻结状态,而季节融化层底部土体也开始向多年冻土层散热并自下而上逐步进入冻结状态,直至土体冻结部分衔接后,多年冻土和冻结土体继续向大气层散热并使包括多年冻土部分的土体温度降低。一般情况使多年冻土温度发生变化的深度不超过多年冻土的年变化深度。

路基土体发生的冻融过程与天然土体类似,只不过由于路基填土改变了原来天然地面的散热特征,路基特殊结构(如片石层的气冷作用)使融化过程中向多年冻土的散热受阻,冻结过程多年冻土向上的散热加速,从而在一定程度上改变了传热过程的方向和强度,使路基基底以下原最大季节融化深度减小,即所谓多年冻土上限抬升。

综上所述,路基基底以下多年冻土上限抬升,实际上是路基填土(或结构)和原天然地面以下土体组成的热传导综合体,在新的散热界面和内部新的传热介质条件下发生冻融过程的结果。新的多年冻土上限的稳定形成(路基人为上限形成)和天然条件类似,都是外界热源和内部介质(土体或新结构材质)热传导过程的结果。在整个热传导过程的不同阶段,多年冻土年变化深度以上土体由于参与了其中的散热和吸热过程,温度有可能升高或降低。

以上述理论衡量青藏铁路冻土区路基工程修建后多年冻土上限的变化及路基土体地温的变化,可以看出,多年冻土上限变化都是热量交换和热量平衡的结果。

2.3.2 冻土环境和冻土工程影响下多年冻土上限变化

冻土工程次生环境中最重要的是冻土工程人为上限的形成,它是冻土环境和冻土工程相互作用的结果。

冻土工程改变了多年冻土与大气环境之间进行热交换的表面条件和传热介质性质,工程结构本身还是一种传热中间体,因而冻土工程内部土体的季节融化层和原来下伏多年冻土季节融化层都发生变化。工程所在的气候分区和冻土地温条件是决定这种变化的主要因素。

根据青藏铁路冻土区气温地温之间关系,路基基底多年冻土的上限变化可以分为以下几种区域特征:

(1)年平均气温在-5.0℃以下,冻土年平均地温在-1.0℃以下的地区(典型代表地段:五道梁、风火山、昆仑山),即气温和冻土地温均低的地区。

这些地段环境温度较低(年平均气温都在-5℃以下),冻土地温也较低(为低温基本稳定型和低温稳定型多年冻土),气温冻结指数比融化指数大很多,气温的过余冻结能力使得路基土体冻融过程迅速达到相对稳定状态。这些条件决定了路基结构的效果,在采用了片石气冷等主动降低土体温度的工程措施以后,冷却地基冻土的效果特别明显,多年冻土上限普遍抬升,很多已经接近或超过地面。特征界面地温变化规律标志着上限抬升是在逐渐降低土体温度的基础上完成的,无论现在抬升幅度大小,这类地区地温场将在较短时间达到相对稳定状态。在未来气温升高的背景条件下,这些地段的路基稳定性仍然能够得到保证。表2-5是这类地区多年冻土上限变化情况。

表2-6是这类地区五道梁典型断面片石护道路基和碎石护坡路基抬升上限效果。从不同界面地温变化观测数据说明这些地区上限变化的同时,逐渐降低了土体温度,从发展趋势讲,地温场向着稳定状态发展。

气温、地温均低地区多年冻土上限抬升情况(m) 表2-5

里　程	路基高度	天然上限(距天然地面)	左路肩上限(距基面)	右路肩上限(距基面)	左路肩上限抬升	右路肩上限抬升	地区
DK0987+950	2.8	-1.64	-2.38	-1.71	2.06	2.73	昆仑山
DK0999+635	6.4	-2.33	-3.81	-3.27	4.92	5.46	不冻泉
DK1090+850	3.2	-1.85	-2.66	—	—	—	五道梁
DK1090+900	2.8	-1.85	-2.4	-2.75	2.25	1.9	五道梁
DK1090+920	2.8	-1.85	-1.78	-2.02	2.87	2.63	五道梁
DK1160+600	5.7	-1.4	-2.71	-3.125	4.39	3.97	风火山

气温、地温低的地区不同工程措施抬升多年冻土上限和降低土体温度对比(m) 表2-6

工程措施	年份(年)	DK1082+725(片石)		DK1082+375(碎石)		天然场地
		左路肩	右路肩	左路肩	右路肩	
浅层地温	2004	0.92	-1.83	0.22	-1.72	—
	2005	0.10	-2.37	—	—	—
基底地温	2004	-0.17	-1.37	-0.70	-1.86	—
	2005	-0.28	-1.67	—	—	—
抬升处地温	2004	-0.17	-1.16	-0.66	-1.90	—
	2005	-0.46	-1.74	—	—	—
原上限处地温	2004	-0.37	-1.25	-0.87	-1.77	-2.38
	2005	-0.73	-1.75	—	—	-2.72
上限抬升	2004	0.41	0.98	0.96	1.96	—
	2005	0.56	0.39	0.58	0.48	—

(2)年平均气温>5.0℃,冻土年平均地温<-1℃(气温高、地温较低地段,如北麓河、楚玛尔河部分地段、红梁河附近),即气温较高冻土地温较低的区域。

这些地段环境温度较高(年平均气温都在-5℃以上),但是由于天然冻土退化一般滞后于气温的变化,因此,部分地段冻土地温也较低(以低温基本稳定型多年冻土为主),在采用了片石气冷等主动降低土体温度的工程措施及多冰少冰地段采用一般填土和护道措施以后,冻土得到一定程度保护,多年冻土上限大都有所抬升,一般抬升位置在路基基底以下,由于这些地段多年冻土含冰量都较低,而且现在的季节融化层部分岩性较好,因而在目前阶段和将来多年冻土退化条件下,仍然能够保证路基的整体稳定性。

北麓河地区和楚玛尔河部分地段年平均气温在-3.8~4.2℃,但是部分地段冻土地温在-1.0~-1.5℃,是典型的气温高但是冻土地温较低的地段,天然条件下冻土应该是向着退化的方向发展，这些地段的路基工程在采取了一些保护冻土的特殊路基结构后，目前总的表现是多年冻土上限已经稳步抬升。地温较低的地段，片石气冷路基上限已经抬升到地面附近，从特殊界面地温变化看，土体温度呈现降低趋势，这类地段经过较长时间的热交换调整，地温场也会达到相对稳定状态。

表2-7列出的是北麓河地区不同工程措施和结构的路基不同部位冻土上限变化情况，以及特殊界面地温变化情况。施工均从2003年9月开始，护坡在原有土质路基基础上施工，片石在原有片石路基基础上加护道，普通路基是2002年冬季完工的。

北麓河地区不同工程措施上限变化情况(m) 表2-7

工程措施	DK1142+700(片石)		DK1142+990(碎石)		DK1142+530(普通)	
	左路肩	右路肩	左路肩	右路肩	左路肩	右路肩
浅层地温	0.99	-2.12	-0.39	-1.84	0.21	-2.28
基底地温	-0.08	-1.25	-0.09	-0.47	0.15	-0.42
原上限地温	-0.49	-1.01	-0.09	-0.36	-0.32	-0.59
上限抬升	1.0,0	1.0,0	2.0,0	2.0,0	0.5,0	0.3,0

楚玛尔河(DK1053+600)也是典型的地温较低(-1.2℃)、年平均气温较高(-4.2℃)地段，多年冻土上限目前已经抬升到接近地面(-0.50m)处。

总起来这类地区上限抬升幅度小于气温地温均低的地区，土体温度降低的程度和趋势都差于气温地温均低的地区。

(3)年平均气温>5.0℃以上，冻土年平均地温>-1℃(典型地段：乌丽、开心岭、沱沱河、通天河、布曲河盆地、唐古拉山南麓)，即气温和冻土地温均高的地区。

这些地段环境温度较高(年平均气温都在5℃以上，大多数在4℃左右)，冻土地温也较高(高温不稳定冻土)，但是一般在这些地段当含冰量高是都采取“以桥代路”和其他工程补强措施，采用路基结构的大多数是低含冰量地段，在采用了片石气冷等主动降低土体温度的工程措施和一般填土加护道措施以后，目前多年冻土多年冻土上限大都有较小幅度抬升，抬升位置均在路基基底以下，由于这些地段多年冻土含冰量都较低，而且现在的季节融化层部分岩性较好，因而在目前阶段和将来多年冻土退化条件下，仍然能够保证路基的整体稳定性。

大河盆地和融区边缘是典型的气温和冻土地温均高的地段，大部分地区2003年完工，经过2个冻融循环。表2-8是典型路基结构形式的观测数据。

开心岭地区不同工程措施上限抬升和地温对比(m) 表2-8

工程措	DK1262+390(片石)		DK1262+625(碎石)		DK1262+530(普通)	
	左路肩	右路肩	左路肩	右路肩	左路肩	右路肩
浅层地温	0.04	-0.55	-0.37	-0.52	-0.08	-0.70
基底地温	-0.63	-2.10	-0.20	-0.31	0.20	-0.12
原上限地温	-0.67	-1.43	-0.23	-0.41	-0.12	-0.19
上限抬升	0.70	1.10	0.20	0.70	0	0.20

数据和图表均说明在这些地段多年冻土上限抬升，片石气冷路基的抬升是在大幅度降低土体温度基础上实现的，碎石护坡这种结构形式在类似这种气温和地温都较高的地区，它的上限抬升的稳定程度还有待观察，因为几个关键地温数据表明，碎石层降低土体温度的效果目前还不太明显。

表2-9列出的气温和地温均偏高的地区的部分地段多年冻土上限不同程度的出现下降现象，当然土体温度就谈不上降低。但是由于这些地段多年冻土含冰量较低，季节融化层含水量较低，因而路基未出现较大变形。

气温、地温偏高地段多年冻土上限下降(m) 表2-9

里　程	路基高度	天然上限（距天然地面）	左路肩上限（距基面）	右路肩上限（距基面）	左路肩上限抬升	右路肩上限抬升	地区
DK1265+950	2.1	-2.35	-5	-4.43	-0.55	0.02	开心岭
DK1272+120	3.6	-2.73	-5.5	-5.6	-0.83	-0.93	开心岭
DK1373+980	3	-4.44	-8	-8	-0.56	-0.56	七里河

安多附近DK1495附近已经接近融区，钻探资料表明天然多年冻土上限在-18m，路堤高度2~3m，上限-16m，但是多年冻土厚度已经变薄，在3~5m左右。

表2-10是2004年开始布设的冻土工程长期工程系统典型地段观测断面上多年冻土上限变化和地温观测值。

长期观测断面2005年和2006年多年冻土上限和年平均地温 表2-10

序号	断面里程	地 貌 单 元	路基高度（m）	年平均地温（℃）	天然孔/涵洞左侧0.5m	左坡脚/涵洞左侧1.2m	左路肩/涵洞左侧2.4m	右路肩/涵洞右侧0.5m
1	K0954+185	西大滩	3.0	融区	/5.00	/3.20	/3.80	/7.70
2	K0959+830	西大滩	5.0	-0.08	3.10/3.13	—	3.48/3.40	3.01/2.96
3	K0972+580	昆仑山垭口	0.8	-3.45	/2.15	/1.06	/1.80	/2.23
4	K0977+730	昆仑山垭口	3.7	-2.72	0.97/0.99	—	3.63/3.59	2.71/2.49
5	K0979+660	不冻泉昆仑山之间	1.0	-3.17	/1.9	/2.2	/2.3	/1.9
6	K0986+709	昆仑山南坡	—	-0.23	4.12/4.14	—	4.01/5.05	—
7	K0991+340	不冻泉北山坡下	6.4	-0.50	/2.50	/2.60	/3.70	/3.70
8	K1001+750	不冻泉南丘陵区	5.0	-0.75	/2.28	—	/5.59	/4.53
9	K1006+750	巴拉大才曲特大桥	5.0	-3.13	/1.69	—	/5.29	/3.16
10	K1011+654	清水河	3.9	-1.03	2.26/2.40	—	4.06/3.97	3.62/3.53
11	K1026+102	清水河特大桥	—	-0.32	—	—	—	—
12	K1034+090	楚玛尔河高平原	6.1	-1.12	2.03/2.12	—	7.57/6.75	4.13/4.08
13	K1037+340	楚玛尔河高平原	4.2	-0.86	2.78/2.65	—	4.85/4.65	3.97/4.00
14	K1038+670	楚玛尔河高平原	4.5	-0.95	2.39/2.33	/2.63	6.00/6.00	4.81/4.82
15	K1044+740	楚玛尔河高平原	3.4	-1.12	2.98/3.17	—	7.96/7.48	5.00/4.61
16	K1045+350	楚玛尔河高平原	3.3	-1.50	2.80/2.90	—	3.30/3.30	3.70/3.80
17	K1052+810	楚玛尔河高平原	3.16	-0.98	2.45/2.70	—	4.59/4.59	3.86/4.88
18	K1058+750	楚玛尔河高平原	2.19	-0.69	2.98/3.05	—	4.38/4.49	4.13/4.15
19	K1068+758	五道梁	2.8	-0.50	4.80/4.90	5.25/	7.20/	5.00/
20	K1074+430	五道梁	2.25	-2.31	2.35/2.42	—	3.14/3.07	3.71/3.80

续上表

序号	断面里程	地貌单元	路基高度(m)	年平均地温(℃)	天然孔/涵洞左侧0.5m	左坡脚/涵洞左侧1.2m	左路肩/涵洞左侧2.4m	右路肩/涵洞右侧0.5m
21	K1076 +706	五道梁	1.8	-1.43	/2.23	—	2.19/2.26	2.61/2.73
22	K1079 +467	以桥代路特大桥	—	-1.38	—	—	—	—
23	K1082 +575	五道梁	2.8	-1.70	1.90/1.80	—	2.40/	2.80/2.90
24	K1087 +380	五道梁涵洞	—	—	—	2.41/2.34	2.21/2.26	1.55/
25	K1091 +613	可可西里山区	—	-2.13	2.04/2.11	—	1.94/1.99	2.21/2.34
26	K1093 +710	可可西里山区	4.0	-2.40	0.90/0.90	—	3.10/3.30	2.40/2.50
27	K1099 +119	可可西里涵洞	—	—	2.00/2.22	1.98/2.12	1.98/2.77	1.62/1.77
28	K1101 +795	可可西里	6.0	-1.80	—	—	3.90/	—
29	K1101 +860	红梁河(曲水)	3.5	-1.28	2.30/2.40	2.40/2.60	3.70/3.80	3.10/3.20
30	K1106 +780	北麓河盆地	3.2	-0.80	/2.04	/3.71	/6.50	/4.30
31	K1118 +240	北麓河盆地	路堑	-0.43	2.97/3.20	—	3.19/3.98	3.54/4.45
32	K1139 +771	风火山区	3.7	-0.69	2.93/2.96	—	4.50/4.46	3.56/3.59
33	K1144 +325	风火山区	2.5	-1.55	2.13/2.29	—	2.85/2.99	2.92/3.32
34	K1152 +225	风火山隧道南出口	6.5	-2.0	1.60/1.70	—	2.90/3.00	3.10/2.80
35	K1154 +590	风火山区涵洞	—	—	3.58/3.80	2.46/3.58	2.45/3.17	1.90/1.92
36	K1156 +650	风火山区	10.5	-0.20	/4.18	—	融化	融化
37	K1160 +625	尺曲谷地	2.8	-1.76	2.68/2.78	2.78/3.10	4.07/4.02	3.65/4.05
38	K1169 +941	尺曲谷地	5.9	-0.61	3.73/4.15	/3.50	12.67/13.36	5.55/5.90
39	K1172 +240	尺曲谷地	9.8	-0.34	3.21/2.98	2.85/2.41	5.12/4.44	4.864.21
40	K1183 +430	尺曲谷地	3.6	-0.19	—	—	9.80/	—
41	K1183 +450	尺曲谷地	3.6	-0.54	4.00/	—	4.90/	—
42	K1184 +160	尺曲谷地	3.4	-0.31	/7.85	/2.75	/4.35	/5.60
43	K1190 +650	尺曲谷地	—	融区	/2.81	/2.12	/2.67	/6.43
44	K1197 +900	以桥代路特大桥	—	融区				
45	K1201 +860	乌丽盆地	路堑	-0.15	7.50/6.84	3.88/4.30	4.46/4.88	6.67/6.80
46	K1203 +150	乌丽盆地	3.4	-0.33	2.09/2.40	/3.84	6.50/7.10	4.00/4.34
47	K1215 +560	沱沱河盆地	—	—	/1.94	/2.50	13.50/13.00	11.00/4.05
48	K1216 +165	沱沱河盆地	6.3	—	/2.46	/2.03	9.67/10.00	9.75/9.40
49	K1231 +260	沱沱河盆地	3.2	-0.60	2.70/4.00	2.82/3.67	4.88/5.50	3.95/3.99
50	K1243 +648	开心岭(30m路堤)	5.2	-1.22	2.44/2.21	3.14/3.19	8.05/6.63	6.63/4.30
51	K1250 +465	开心岭	4.9	-0.78	2.00/	1.87/	5.70/	4.48/
52	K1250 +570	开心岭	3.0	-0.87	—	2.28/	4.40/	3.99/

续上表

序号	断面里程	地貌单元	路基高度(m)	年平均地温(℃)	天然孔/涵洞左侧0.5m	左坡脚/涵洞左侧1.2m	左路肩/涵洞左侧2.4m	右路肩/涵洞右侧0.5m
53	K1250 +700	开心岭	3.3	-0.65	3.20/	2.20/	4.80/	3.70/
54	K1254 +020	通天河盆地	3.4	-0.67	2.30/	1.70/	5.20/	4.50/
55	K1262 +192	通天河盆地	3.6	-0.60	3.10/	—	4.90/	—
56	K1265 +636	通天河盆地涵洞	—	—	3.47/2.47	2.67/2.94	1.72/2.85	3.08/2.92
57	K1267 +120	通天河盆地	5.5	-0.30	3.08/2.67	3.07/2.98	6.89/7.14	7.33/6.54
58	K1286 +197	布曲河地	5.7	-0.33	2.40/	—	6.30/	4.70/
59	K1302 +650	布曲河地涵洞	—	融区	—	/2.50	/3.36	/4.00
60	K1312 +270	布曲河地	4.2	—	3.80/3.75	3.80/3.80	4.40/4.20	4.50/4.20
61	K1323 +060	布曲河地	—	-0.27	/2.33	—	/6.80	—
62	K1329 +855	布曲河地涵洞	—	融区	/3.80	/3.40	/3.40	/1.70
63	K1333 +584	布曲河地	—	融区	/2.00	/1.60	/3.70	/3.60
64	K1347 +012	温泉盆地	3.0	-0.40	3.10/	3.70/	5.30/	4.50/
65	K1350 +267	温泉盆地涵洞	—	融区	/1.40	/1.50	/1.60	/2.30
66	K1392 +250	唐古拉山	3.7	-1.24	3.00/	—	7.60/	7.90/
67	K1404 +750	唐古拉山垭口	路堑	-1.30	2.20/	—	2.20/	2.10/
68	K1431 +480	唐古拉山	4.4	融区	/3.80	/3.50	/5.90	/6.80
69	K1435 +377	唐古拉山	—	-0.40	/4.60	—	/8.00	/6.40
70	K1461 +397	唐古拉山间谷地	3.6	融区	/4.40	—	/5.30	/5.80
71	K1464 +133	唐古拉山间谷地	4.7	—	—	/8.00	/12.50	/13.50
72	K1478 +500	唐古拉山间谷地	—	-0.24	/4.90	/5.50	/13.30	/11.70
73	K1484 +275	唐古拉山南部	6.5	-0.20	—	—	—	—
74	K1485 +340	唐古拉山间谷地	7.0	-0.20	—	—	—	—
75	K1487 +944	唐古拉南山涵洞	—	融区	/2.70	/2.60	/2.50	/3.00
76	K1493 +587	央尕尔布茸大桥	—	—	—	—	—	—
77	K1496 +750	安多谷地	3.0	-0.20	—	—	—	—
78	K1497 +845	多普尔曲河谷	2.4	融区	/2.10	/1.80	/3.30	/3.10

2.4 冻土工程次生环境的启示

冻土工程次生环境主要指线路修建工程活动和线路工程完成以后冻土环境和工程环境的变化,这些变化的实质是多年冻土上限的变化。多年冻土上限的变化一方面是人为工程活动造成局部多年冻土退化甚至造成区域性多年冻土退化,另一方面则是冻土工程的修建带来的工程人为上限的变化。

线路修建工程活动可能造成局部热融现象及工程周围水热环境变化,这种变化一方面促进工程周围多年冻土的退化,另一方面还会对工程本体及其基底多年冻土造成侧向水热侵蚀,导致多年冻土退化,因此我们的工程活动原则应该是尽量减少对工程涉及的多年冻土的热扰动。

冻土工程结构本身的传热特征决定了最终工程效果会使多年冻土上限在工程一定使用期内抬升或者减缓了多年冻土上限的下降趋势,而由于工程结构的不同还会使多年冻土上限的变化在横向和纵向上都具有一定差异。

气候冻结能力较强的低温冻土区,多年冻土上限一般上升幅度较大;气候冻结能力较差的高温冻土区,多年冻土上限一般上升幅度较小。部分地段(气候条件、冻土条件、路基结构不同)多年冻土上限位置没有变化,天然上限附近冻土温度较高。

多年冻土上限的变化不均造成上限形态的不对称。土体冻结温度(0℃或稍低一些)等温线形态是最具工程意义的多年冻土地温等温线形态特征,它决定冻土区路基横向变形差异。其次是低于这个温度的等温线位置和形态,它决定运营期间路基长期变形发展。

冻土区铁路路基无论是东西走向或南北走向,即使路基的几何形状关于路堤中轴线对称,由于路基坡向不同造成受热不均,使路基两侧表面温度均存在一定的差异,导致路基温度场形态在冻融发展过程中和稳定状态下均表现出明显的不对称。这种不对称一是表现为路基人为上限形态的不对称,实质上是路堤两侧季节融化深度存在一定的差异;二是冻融发展过程明显的不同步,冻融发展过程中土体冻结温度(0℃或稍低一些)等温线位置和形态不对称,也就是坡向不同时冻融深度不同,发生冻胀、融沉变形的时间和大小不同。在其他条件相同情况下,环境温度较低的地区坡向对路基温度场的影响较环境温度高的地区更大。

研究以多年冻土上限变化为主要特征的冻土工程次生环境对冻土工程长期可靠性具有重大意义。

第3章 冻土环境和冻土工程研究方法

冻土环境研究的内容主要包括:影响冻土生存发育的大气环境特征,冻土生存的自身环境条件——地温、岩性、水分条件;冻土作为建筑环境、建筑介质和建筑对象时的热物理、力学特征。冻土工程研究的主要内容包括:工程结构形态,工程结构的传热学特征,冻土环境影响下的工程结构的传热效果,冻土环境变化条件下的工程结构长期效果和可靠性。

针对以上主要研究内容的研究方法有:以野外冻土环境调查、地质勘察、冻土环境要素观测为主的工程地质和定位观测研究方法;以野外原位测试、野外取样化验、室内冻土性质试验和室内冻土工程结构参数模型模拟试验为主的冻土性质试验室和试验场研究方法;以工程结构设计参数、传热效果的温度变化观测为主的野外实体工程研究方法。

野外实体工程研究方法按照建设阶段又分为:

(1)建设前的综合性实体工程研究;

(2)建设前期的验证性实体工程研究;

(3)运营期病害整治实体工程研究。

青藏铁路建设经历的特殊历史变迁,使得冻土研究有可能在各个阶段全面应用了各种研究方法,取得了可供青藏铁路建设不同阶段应用的研究成果。

3.1 工程地质和定位观测研究方法

冻土环境研究的基础方法是工程地质研究方法。工程地质方法研究冻土环境应该注意研究的目的性、阶段性,研究结论注意冻土环境的动态性。

青藏铁路冻土区工程建设证明,由于冻土工程地质条件空间分布的差异性,不同季节冻融过程的进程造成的冻土工程特征的时效性,多年冻土的热敏感性,需要在建设期甚至于未来运营的全过程都需要辅以工程勘察研究方法配合各个阶段的不同类型工作。

青藏铁路冻土环境工程地质研究方法分为两个层面:一是针对铁路建设和铁路运营各个阶段的工程地质研究,对多年冻土生存的自然地理地质条件,也就是冻土环境条件进行不同层次、不同深度和不同阶段的动态研究;二是针对冻土工程基础理论研究的工程地质认识研究。

工程地质研究方法均应以冻土环境地质条件调查测绘配合钻探、物探方法(地质雷达、浅层地震、电法)等综合手段进行冻土分布特征研究为宏观控制,以冻土环境典型指标试验观测为特征研究内容,二者统一规划相互补充。

工程地质方法调查研究冻土的环境现状,长期定位观测则通过变化的数据揭示冻土环境的发展趋势。

3.1.1 冻土环境的工程地质勘察

冻土生存环境条件指冻土区大气自然环境和地质地理环境。大气自然环境条件主要通过气温、降水和太阳辐射等影响冻土和改变冻土,相关的特征性数据通过已有和新建冻土定位观测站获得;地质地理环境包括冻土生存区域性地形地貌条件,冻土地温分区特征,冻土工程分类特征,冻土垂直剖面温度特征等,通过冻土平面分布特征勘察和调查、冻土地温和含冰量勘察、典型区域地温长期观测等方法进行研究。

冻土环境工程地质勘察的目的是认识冻土的存在状态和发展趋势,为冻土工程设计、施工及使用提供基础数据。

1)冻土分布调查

青藏铁路沿线冻土分布的地质勘察和调查需要了解:沿铁路两侧规定范围内多年冻土分布的南北界限;多年冻土的地温分区和分布;铁路沿线气候分区、地形地貌单元、水文地质条件、植被覆盖条件。

青藏铁路的冻土环境工程地质勘察工作分为两个阶段:第一阶段是20世纪70年代青藏铁路准备开工建设进行的全方位和不同线路方案的冻土分布研究(图3-1);第二阶段是进入2000年以后青藏铁路开工建设初期,在70年代工作成果基础上,结合青藏铁路建设新的技术要求,补充进行的冻土分布地质勘察和调查。

a)作者1976年在沱沱河以东无人区进行冻土分布调查

b)作者1976年参加青藏铁路东线方案冻土分布考察队的营地

图3-1 20世纪70年代冻土研究工作图片

鉴于冻土环境的复杂多变性和许多冻土问题的探索性给冻土工程地质勘察工作带来许多不确定性,建议冻土分布勘察工作组织地质勘察、工程设计和科学研究人员共同参加。

青藏铁路冻土区工程地质勘察工作第一阶段对铁路沿线冻土分布调查由科学研究人员和勘察设计人员共同组织进行的。勘察工作采用了如下步骤:

(1)区域地质调查。地形、地貌、冰缘地貌、植被调查辅以试坑、探槽化验和物探等初步手段,宏观确定多年冻土分布范围,主要目的是确定多年冻土存在范围,与地形、地貌、植被等的关系。

(2)区域地质勘察。在多年冻土北界、多年冻土南界、多年冻土腹部地区、气候类型不同的多年冻土地区、典型地貌单元多年冻土地区、河流湖塘融区等主要冻土分布区域,以物理勘探方法为先导,地质钻探、坑探和槽探结合布置勘探线,进行多年冻土分布界限,不同区域多年冻土上限、年平均地温、含冰量、多年冻土厚度等勘察和研究,填绘冻土分布特征的地质图件,并为室内冻土热学力学基本性质试验提供试样,为深入研究多年冻土提供基础手段。

冻土工程地质勘察需要查明和测定冻土物质成分,冻土的物理力学性质及其指标、参数。

特别需要重视多年冻土融区的勘察,因为融区是多年冻土区地下水补给、排泄的重要通道，为研究多年冻土区水文地质条件提供了方便，是多年冻土区供水的有效途径。

2）河流融区调查

路线调查：了解河谷地貌及冰缘地貌在河床两侧的发育程度、分布状况。

试坑揭露：了解多年冻土埋深及尖灭位置与地表水、地下水在河流横向上的相互转化关系。

分段测流：自河流进出山口处，分段进行同期测流（包括主要支流），查清地表水渗失或增大的地段，找出河流融区的上下游边界。

水文钻探、物探：验证测绘资料的准确性，查清多年冻土层厚度和融区含水层空间位置及其水质、水量等。

湖泊融区调查借助湖水测深、水质对比、湖水注水量和排出量统计等手段进行。

构造融区是多年冻土层下或深层热矿水的溢出通道，一般水量丰富，是在多年冻土区供水或寻找热矿水的有利地段，构造融区附近，冰丘、冰锥和泉华沉积等现象集中分布，通过地面测绘着重了解岩性和产状、接触关系、构造性质、范围和裂隙发育程度；调查泉水出露条件、泉口排列方向和泉水沉积特征及水质、水量和水温等；在构造线两侧进行短期地温观测，了解水温在水平方向的变化规律。安排一定量的勘探量了解构造融区范围及地下水补给来源和循环深度，了解水温在垂直方向的变化特征。

第二阶段冻土分布调查是青藏铁路立项建设开始初期，也就是预可研阶段，设计部门联合科学研究部门以及设计部门独立进行的冻土分布确定性勘察和调查。

在第一阶段工作成果基础上，基本确定线路走向，第二阶段工作主要是以物理勘探、钻探为主要研究手段，勘察区域、勘探线和工作量布置以满足实际工程设计需要沿线路走向进行。对控制多年冻土地质条件的主要因素（多年冻土年平均地温、冻土含水量、多年冻土上限和不良冻土现象）进行大范围的工程地质勘察分区、分类和调查，为宏观确定线路走向并初步确定工程类型提供冻土工程地质特征提供依据。

冻土环境的工程地质勘察针对冻土分布特征进行的各项调查和勘察主要服务于工程建设过程的各个阶段，并根据不同阶段的勘察精度要求调整勘察工作密度和精度。

3）冻土地温、含冰量勘察

温度和水分是冻土区别于其他岩土的根本性特征。冻土分布特征的调查和勘察工作确定工程建设范围内多年冻土的分布界限和分区分类特征以后，衔接进行的是冻土地温和含冰量的勘察。

冻土随环境变化而变化的特殊性，需要工程设计对这种变化留有一定安全储备，这种安全储备的理论基础来源于多年冻土地温的演变历史，冻土区铁路建设地温勘察工作应该包括历史地温和现在地温两个部分。

冻土地温和含冰量研究的工程意义是：在基本确定线路走向和初步确定工程类型后，需要深入开展多年冻土年平均地温、冻土含冰量和冻土上限分区、分类的工程地质核查，为调整线路走向，调整工程类型，确定工程处理措施提供详细数据。而在建设的可研阶段，需要对各类工程的详细工程地质勘察，确定直接影响具体工程的工点多年冻土年平均地温、冻土含冰量、多年冻土上限以及不良冻土现象的分布发育状况等控制因素进行系统分析研究，并为设计要求的1:2000线路工程地质平、纵断面图和各类工程1:200或1:500工点工程地质平面和断面图提供准确数据。

为冻土工程进行的多年冻土地温勘察必须遵照上述从全局到局部、从历史到现在的原则布置地温勘察点和面，目的是在不同阶段为不同目的提供多年冻土地温值和演变趋势，以使工程设计适应多年冻土这种变化，使铁路运营线路变化分析具有科学依据。

多年冻土根据含冰量状况分为：少冰冻土；多冰冻土；富冰冻土；饱冰冻土；含土冰层。冻土区工程结构类型的选择根据地温和含冰量组合条件确定。为地温观测进行的地质钻探都同时进行了冻土含冰量勘察。为工程目的而进行的青藏铁路多年冻土地温勘察包括几个部分：

（1）过去几十年科学研究人员研究冻土演变历史的地温观测，主要有中铁西北科学研究院的风火山地温观测场，20 世纪 80 年代沿青藏公路布置的地温观测场。

（2）中国科学院沿青藏公路布置的地温观测场。

（3）铁道第一勘察设计院预可研阶段布置的地温长期观测孔，和工程设计不同阶段的地温勘察。

（4）铁路运营阶段青藏铁路建设部门和科学研究部门联合布置的地温长期观测系统。

冻土地温含冰量研究的理论意义是：冻土的基本性质是随温度和含冰量而改变的，冻土的热稳定性随温度变化而变化，冻土热稳定性变化带来的工程上的变形则是由含冰量决定的。深入研究冻土热物理和力学性质的基础是冻土的温度和含冰量。

为科学研究同时也为补充工程应用而进行的冻土地温勘察有：

（1）科学研究部门在青藏铁路冻土区布置的地温观测深孔。

（2）在为工程目的进行的地温勘察工作基础上加密布置的地温勘察孔。

（3）因为所有地温勘察都是通过钻孔进行，在钻探的同时进行含冰量勘察工作。

4）多年冻土上限勘察

多年冻土季节融化层厚度及其变化是冻土工程基础设计的依据，也是各类冻土工程特殊结构应用效果判断的重要依据，因此青藏铁路冻土区多年冻土上限（最大季节融化深度）的勘察是冻土环境和冻土工程研究的关键数据和指标。多年冻土上限勘察一般和各类地质勘察手段（坑探、钻探、物探）联合进行，也可以以独立目的单独进行上限勘察。

多年冻土上限分布规律勘察时间应该在冻土区最大融化季节（大约在每年 10 月上旬）利用直接观测法确定最大季节融化深度，也就是多年冻土上限。

多年冻土上限直接勘察方法有以下几种：

*钎探法。*利用探钎测量融化界面的深度，将钢钎打入融土层中，直到多年冻土层的硬界面为止，然后再用套筒扳手拔出钢钎。利用钢钎探测砂土的融化界面，可以得到很好的结果。但当利用钢钎在未饱水的细颗粒土层中探测时，往往把冻土层的塑性冻结状态当成融化状态，这时所探测到的融化深度容易造成较大误差。

*挖探和钻探岩心判断法。*利用挖探法可以获得更准确的结果。这时，可以根据目测冻土层中有无冰夹层，土层胶结的程度及其颜色的变化（冻土的颜色往往比融土浅一些）来确定多年冻土上限。当含水量不大的粉质亚砂土和亚黏土冻结成整体状时，其冻结状态与融化状态之间的界限是足够清晰的。但在非常潮湿的重亚黏土和黏土层中，没有明显的冻结界面，只能确定析冰作用区。

多年冻土上限附近富冰带和弱冰带之间可以认为是多年冻土上限位置，对于细颗粒土多年冻土上限附近富冰带是连续的，上限以上的冰体是非连续的；季节融化层中冻结时的冻土构造一般是整体状、微薄层状或网状，到冻土上限时呈中层状冰构造；粗颗粒土多年冻土上限以上的砾石间一般是粒间接触,冰充填部分孔隙,在上限处的砾石多为冰包裹呈包裹状冻土构造;风化基岩及基岩冻土上限以上的裂隙中,部分被冰充填,较为干燥,上限处可明显见裂隙冰。

达尼林冻土器法。它是一种把硬质塑料套管固定安置在土中,塑料套管内插入盛着蒸馏水的橡皮管,根据橡皮管里水的冻结情况来判定土的冻结深度的方法。这个方法的特点是简便、直观,并能定时定位的进行观测。利用达尼林冻土器测定融化深度的精度是足够的。但是,用它测得的冻结深度往往偏大,这是由于橡皮管与硬质塑料套管之间的空隙中发生冷空气对流的结果。

钻探方法。钻探方法是利用观察岩芯冷生构造的方法来判断上限的埋藏深度。除了利用上述冷生构造法之外,还常常利用测温方法来间接的确定季节最大融化深度值,但是,利用这种方法不如利用上述直接测定法精确。这是因为测温法是以0℃的温度所在的深度来判定冻结和融化界面的,实际上土的冻结温度并不都是0℃。当地温在相当大的深度范围内出现零梯度时,那就很难根据0℃等温线来确定结晶界面的位置了。

融化速率图法。根据不同时期融化深度百分率判断和计算多年冻土上限。在融化季节的任何时间进行钻探,取得天然状态下某一时间的融化深度,通过融化速率图查出该时间融化深度占最大融化深度的百分率。

中铁西北科学研究院曾经用中字测水法测水判断多年冻土上限位置,取得了可以供工程应用的效果。

5)多年冻土区水文地质勘察

冻土区水文地质勘察是水热环境研究的基础,勘察对象是地表水、冻土层上水和融区水。地表水是冻土工程水热环境的主要影响因素,冻土层上水是次生冻土现象形成的关键因素,各类融区水是一些不良冻土现象存在的基础。

青藏铁路冻土区的地下水,一方面与一般地区地下水有共性,另一方面在高原特定的自然、地质环境条件下,又具有其特殊性。其特殊性取决于影1响高原区域水文地质条件的各种因素,其次是冻土区地下水的特点。

(1)影响高原区域水文地质条件的主要因素

①多年冻土层的存在,成为大面积、同一的隔水层。

②现代冰川与冻土的发育与分布,控制着不同地带的地下水的补给条件。

③强烈的构造运动控制着高原地下水分布与特点。

④各种成因类型的融区及分布,使冻土区地下水补给、排泄、径流又具有各自特点。

⑤山地与断陷盆地(谷地)的相间分布决定了高原地下水补给、径流、排泄条件和水化学演变的区域性和地区性。

(2)冻土区地下水分类及特点

①冻结层上水是较广泛分布的地下水类型。它的特点:相态不稳定,埋藏、分布条件随季节的变化而改变;承压或非承压状态随季节而变化;水量大小随所处的地形、气候、岩性条件而异;受雨水、雪水渗入补给外,个别地段还接受冻结层下水补给。

②冻结层下水存于与多年冻土层下限以下。其特点:相态稳定,处于液态;具有承压性;补给受冻土层的限制,由冰化雪水及大气降水,通过冰雪融区、河湖融区、构造融区给予补给,同时也是冻结层下水的排泄通道;水质一般较好,属于重碳酸—钙镁型;受地热和构造、岩浆活动影响,水温较高,可形成热泉、温泉等。

③冻结层间水存在于多年冻土层间,青藏高原冻土区很少有此类型水。

(3)融区水的特点

河流融区水主要分布于各大河的河床及其两侧,呈带状延展,含水层多由砂砾石组成,渗透性强,补给来源一般比较充沛,单位涌水量较大,1.3~4.0L/s。

湖泊融区水成片状展布于各湖泊的下部及周围,含水层由细颗粒的黏土、亚黏土和粉细砂或泥砾组成,单位涌水量较小,0.12L/s。

构造融区水分布于山区与山与或盆地衔接处的构造破碎带中,以上升泉的形式出露,流量较大,1~5L/s。灰岩和砂砾岩分布地带的构造复合部位或张性断裂带上,流量多为4~10L/s,最大的可达72L/s。粉砂岩和泥岩分布地带,断裂带上的泉水流量则仅0.5~2L/s,冻结易封冻,泉水多转化为冰丘、冰锥,个别流量较大,长时间溢出者可形成冰幔。

(4)水文地质条件调查和研究的内容

青藏铁路冻土区水文地质勘察需要在了解基础冻土地质情况下,调查和研究专门的水文地质条件,其中包括:

①地质构造轮廓、形式和各种地质构造现象特征及岩性,多年冻土和地下水之间的相互关系。

②连续多年冻土和岛状多年冻土区的范围,冻土层的厚度及其上下界限。

③冻土的结构类型及形成条件,冻结层形成历史与发展趋势。

④融冻作用和地貌成因、类型,冰缘现象的特征及其分布规律。

⑤与融化和冻结作用有关的冻土现象的特征。

⑥地下埋藏冰的形成及分布规律,进而掌握与其地貌、地层岩性等之间的关系。

⑦通过地质、地貌、水文和气象资料的分析,了解河、湖、塘形成过程及其与地下水的关系。

⑧判定地下水类型,分析各类地下水形成与分布规律,特别是冻结层下各种地下水的分布规律,并对其水量、水质作出评价。

⑨各种融区及现代冰川和冰雪特征,及其“三水”的转化关系。

⑩多年冻土分布与地植物之间的关系。

(5)多年冻土区水文地质调查和研究所用基本手段和基本方法

①冰缘地貌调查方法。了解各类冻土现象的外貌特征及其发育程度和分布范围,并结合航卫片解释来确定多年冻土下限。迹象追索与多年冻土有关的各种遗迹,进而了解其发展、变迁和演变过程。

②人工挖探方法。以坑探为主,重点了解冰缘地貌内部的岩性特征、冰晶形态、数量、冻土类型和季节融化深度及冻结层上水的赋存条件和富水性。高山沼泽、热融沉陷、热融滑塌、石流、石环等冻土现象同气候、岩性及冻土层上水活动等因素的相互作用在季节融化层中的反映。其中热融湖沼、冰丘等往往与构造及冻结层上水活动有密切关系,是多年冻土区地下水的重要标志。

6)冻土不良地质现象勘察

冰锥与冻胀丘分布区。冰锥与冻胀丘分布区的气温、季节冻结与季节融化深度、水文地质条件;成因、类型、规模、发育状况和变化规律;分布区的地形、地貌、植被、地质构造及水补给的条件;分布区的人类活动情况。

根据研究和工程建设需要取有代表性的土、水样进行有关物理、化学和力学性质试验,为制定防治措施提供依据。

厚层地下冰与高含冰量冻土分布区。厚层地下冰与高含冰量冻土分布区的气象、地形、地貌、植被和水文地质条件;成因、类型及其发展状况;围岩的性质及其形成年代;分布区的地下水特征;分布区的人类活动状况;根据地下冰的分布特征,取有代表性土、冰样进行试验,为确定设计原则和防治措施提供依据。

融冻泥流与热融滑塌分布区。融冻泥流与热融滑塌(融冻泥流系指土体在冻融作用下沿山坡蠕动的现象,有表层泥流和深层泥流,冻土区多发生表层泥流现象;热融滑塌指山坡上的厚层地下冰融化而形成的溯源滑坡现象)分布区的地貌特征、土的性质与颗粒成分、含水量;分布区的融化深度、地下冰或多年冻土的分布特征、分布范围;分布区的山坡倾斜度、地表水排泄条件和土的渗透性;分布区冻土融化后的流动性;分布区人类活动对其植被和地面的破坏程度。

热融湖塘与热融洼地分布区。热融湖塘与热融洼地(多年冻土或地下冰的局部融化沉陷所形成)勘察分布区的气象、地貌、地表覆盖物以及地表水与地下水的变化条件;分布区的季节融化深度,多年冻土或地下冰的分布规律;分布区的范围、湖内水位及其排泄和积聚条件;分布区的人类活动对地表植被的破坏情况;它们的发展趋势及其对工程的影响和评价。

冻土沼泽分布区。冻土沼泽(系指多年冻土区适宜的水热条件下形成的泥炭沼泽)勘察分布范围、地貌特征、植被以及水文地质条件;成因类型、泥炭厚度以及发育状况;季节融化深度、多年冻土地温以及地下水变化状况;分布区的气温、降水量、蒸发量、土壤湿度和温度等;利用冻土沼泽作为地基时,其承载力应通过现场载荷试验确定,并根据冻土沼泽的演变趋势,进行钻孔测温,为预报其稳定性提供依据。

3.1.2 冻土环境定位观测

冻土环境定位观测研究是研究冻土和冻土工程的基础性研究工作。青藏铁路沿线冻土环境定位观测研究站最为主要和重要的是风火山冻土定位观测站。另外连续观测时间较长的还有五道梁观测站,青藏铁路建设期间新建唐古拉山观测站、通天河、布强格、西大滩观测站、昆仑山观测站。

主要观测研究内容包括冻土气象观测(气温和降水、风力风速、相对湿度、蒸发量、气压等),太阳辐射、地表和浅层地温观测。其中最重要的是太阳辐射和气温,而长期不间断的观测数据是判断冻土发展趋势的基础。

3.1.2.1 青藏铁路沿线主要冻土定位观测站

青藏铁路冻土区冻土定位观测和研究始于20世纪60年代,1966年,铁道部西北科学研究所在青藏高原风火山大东沟西坡,建成了一座永久性房屋作为冻土野外定位站站址。并于当年8月,将1960年建于距新址6.5km的79道班的气象站,迁此陆续补充、完善了观测项目和设备,成为正式的冻土定位观测站。这是为青藏铁路多年冻土研究和未来铁路建设专门设立的定位观测站。以其为基地,多年来,展开了一系列冻土基本性质、力学和热学性质,气象和深层地温,工程防护效应等方面的观测与试验研究。该站一直坚持常年观测,至今已近半个世纪,仍然是世界多年冻土地区唯一的一座高海拔全年值守的冻土定位观测站。

冻土定位观测站是为研究多年冻土在人类活动的影响下冻土条件的变化和建筑场地的温度场及其长期稳定性而建立的。

(1)风火山冻土定位观测站

风火山冻土定位观测站位于青藏铁路通过的多年冻土地区腹部地区和厚层地下冰分布的

代表区域，是青藏铁路沿线功能和科研设备最为齐全的综合观测站（图3-2）。该站包括自动气象站、深孔地温观测场和冻土力学、冻土热学试验场，依托定位观测站修建了风火山试验路基（后面专门论述），自动气象站按照国家气象站的功能和要求建立。

图3-2　中铁西北科学研究院风火山观测站和观测场

风火山冻土定位观测站位于东经92°52′，北纬34°43′，海拔4745m，是青藏铁路通过的多年冻土腹部地区，属低温稳定冻土区。风火山地区大地构造属藏北台块，位于青藏高原腹部，为可可西里山脉的一部分，海拔一般在4700～5100m。地层为第三系内陆相沉积岩，紫红色中厚层～薄层砂岩与薄层页岩互层。砂岩岩性坚硬，泥质页岩近地表风化严重。地表至5m左右为第四纪覆盖层，一般为砂土、黏砂土，含量在5%～10%左右。该区年平均气压569.4mb（1999年），年平均气温－6.0℃，气温年较差为23.1℃，年降水量299.7mm，年蒸发量1470.0mm，相对湿度平均为57%，年日照时数2595.1h，年平均风速为4.1m/s，具有半干旱大陆性气候特征。

（2）通天河冻土气象站

位于通天河车站左侧（沿拉萨方向）约100m处，东经92°22′，北纬33°54′，海拔4603m。基本位于通天河盆地中部，该段为冲洪积平原，位置在铁路里程DK1262＋800～DK1282＋800之间，主要由河谷及其阶地组成，海拔高度4600～4700m，地形平坦，地势开阔，通天河蜿蜒漫流，盆地内局部分布沙地，植被稀疏。

（3）布强格冻土气象站

位于布强格车站右侧（沿拉萨方向）约200m处，东经91°52′，北纬33°15′，海拔4832m。基本位于布曲河谷地（DK1282＋800～DK1360＋800）中部，该段主要由布曲河谷、漫滩、一、二级阶地及雁石坪～温泉峡谷组成，海拔4700m左右，布曲河受南北高山控制，由南向北摆动，在山间谷地之中，地形起伏较大，河谷狭窄，三级阶地零星残存。

（4）唐古拉冻土气象站

位于唐古拉车站左侧（沿拉萨方向）约200m处，东经91°39′，北纬33°00′，海拔5065m，属唐古拉山山区。唐古拉山山区及山间盆地（DK1394 + 800 ~ DK1513 + 753）包括唐古拉山山区、唐古拉山山间盆地、扎加藏布曲谷地、安多谷地等。唐古拉山区主要是布曲河源头一带，河谷狭窄，山坡陡峻，基岩裸露，地形起伏较大，海拔 4800 ~ 5200m；唐古拉山山间盆地主要是垭口以南至土门一带，地势开阔，地形略有起伏，植被稀疏，海拔约 5000m 左右；扎加藏布曲谷地及安多谷地主要由河谷、山前洪积扇、低山丘陵组成，地形起伏较大，植被稀疏，海拔 4800 ~ 5000m。多年冻土南界位于 DK1513 +753，海拔 4800m。

青藏铁路冻土区的气象站都采用自动观测（风火山也已经改造为自动观测），观测要素为风速、风向、气压、气温、相对湿度、地表温度、浅层地温（5cm、10cm、15cm、20cm）、深层地温（40cm、80cm、160cm、320cm）、日照、太阳辐射（总辐射、散射辐射、反射辐射、净辐射）等 19 项。

目前在青藏铁路冻土区工程长期观测系统中布置的冻土自动气象站主要性能如下。

工作环境：温度 -50 ~ +50℃；湿度 100%；阵风 ≤75m/s；数据存储：整点数据可存储约 25 天；时钟精度：<0.03s/天，25℃（由中心计算机自动校时）；12Vdc 太阳能供电；可靠性：平均无故障时间 >5000h；防雷性能：雷击感应电压小于 5kV，雷击感应电流小于 1700A，响应时间小于 10^{-2}s。其他见表 3-1。

CAW600—SE 自动气象站主要精度指标 表 3-1

要素	测量范围	元件	分辨率	准确度	单位	输出范围
地温 0cm	-40 ~ +80	铂电阻	0.1	±0.3	℃	84.27 ~ 130.89Ω
地温 5cm	-40 ~ +60		0.1	±0.3		84.27 ~ 123.24Ω
地温 10cm	-40 ~ +60		0.1	±0.3		84.27 ~ 123.24Ω
地温 15cm	-40 ~ +60		0.1	±0.3		84.27 ~ 123.24Ω
地温 20cm	-40 ~ +60		0.1	±0.3		84.27 ~ 123.24Ω
地温 40cm	-40 ~ +60		0.1	±0.3		84.27 ~ 123.24Ω
地温 80cm	-40 ~ +60		0.1	±0.3		84.27 ~ 123.24Ω
地温 160cm	-40 ~ +60		0.1	±0.3		84.27 ~ 123.24Ω
地温 320cm	-40 ~ +60		0.1	±0.3		84.27 ~ 123.24Ω
气温 相对湿度	-50 ~ +50 0 ~ 100	铂电阻 湿敏电容	0.1 1	±0.2 ±3%（t>0℃） ±5%（t<0℃）	℃ RH%	80.31 ~ 119.40Ω 0 ~ 1V
风向	0 ~ 360	电压	2.5	±5	°	格雷码
风速	0 ~ 75	光电式	0.1	±（0.3 +0.03V）	m/s	高速计数
气压	450 ~ 1050	振筒式	0.1	±0.3	hPa	频率/电压（振筒）
日照	0 ~ 1.0	—	0.1	±0.1	小时	开关电平
总辐射	0 ~ 1400	热电堆	1	±5%	W/m²	0 ~ 20mV
反辐射	0 ~ 1400	热电堆	1	±5%	W/m²	0 ~ 20mV
散辐射	0 ~ 1400	热电堆	1	±5%	W/m²	0 ~ 20mV
净辐射	-200 ~ 1400	热电堆	1	±5%	W/m²	-2 ~ 20mV

青藏铁路建设后期，对冻土区工程的定位观测增加了风力观测场、水土流失观测点和风沙移动观测点，从工程和铁路运营需要方面丰富了冻土区定位观测的研究内容。

图 3-3a）和图 3-3b）是《青藏铁路冻土工程长期监测系统》建设项目分别在北麓河、西大滩和通天河建立的综合气象站。建立综合气象站目的是了解气象要素变化及地气相互作用过程

对多年冻土形成及演化的影响，进一步探索多年冻土变化、气象要素变化和地气相互作用过程对青藏铁路路基稳定性的影响及青藏铁路正常运营的机制。

自动气象站观测量包括：风向、风速、气温和湿度观测，气压和降雨（雪）和地表辐射温度，总辐射、反射辐射、地面长波辐射和大气长波辐射，两层土壤热通量及多层土壤温度和土壤湿度。

a)北麓河

b)西大滩

c)通天河

图 3-3　综合气象站

3.1.2.2　冻土定位观测研究意义

冻土定位观测是研究冻土的重要手段，由于冻土定位观测目标是对多年冻土生存环境进行长期不间断的观测，取得连续性数据，用以判断多年冻土的生存环境的变化及其对冻土本身的影响，进而对工程结构本身效果的影响。

青藏铁路的冻土定位观测站在开工建设以前以风火山观测站为代表，连续观测 40 余年，取得上千万个数据，定位观测研究工作提供的技术支持表现在：

提供来自多年冻土生存环境的实际工程数据而不是计算数据，揭示了气温升高的现实，揭示了气温变化对低温冻土区的影响也是明显的；

不间断的连续观测数据使研究和工程技术人员有可能提供统计分析得到在气温升高过程中气候冻结能力和融化能力发生的具体变化，为工程结构参数设计提供了数据支持；

以定位观测站为基地，提供了天然条件下的热学试验场和力学试验场，在定位观测站观测的冻土环境数据基础上对冻土的热学性质和力学性质进行系统分析并确定工程应用指标；

以低温观测站为基地提供了工程实体试验场，为冻土工程设计原则确定、工程结构设计参数选用、工程效果的验证及评价提供符合线路运行实际条件的试验数据；

青藏铁路冻土区新建的冻土气象站，是冻土工程长期观测系统的组成部分，也是单纯冻土环境气象要素观测的低温观测站，它的功能在于为铁路长期运行提供冻土环境要素的长期连续观测数据，为冻土区线路运行状况评价，冻土区线路病害整治提供基础数据。

青藏铁路冻土研究中，以风火山冻土定位观测站为中心的风火山冻土科研基地，具有极其重要的地位。它承担了冻土区筑路技术开拓性前瞻性和储备性的研究任务，起到了支撑青藏铁路多年冻土科研延续不断、积累渐进、系统深化的作用，这是任何阶段性的或局部性的研究工作所无可替代的。

冻土定位观测站使科技工作者获得了许多对后期深入研究有重要价值的发现、理念和思路。尽管科技的进步、人的认识的提高，给予现今多年冻土区土木工程防护措施研究在材料、工艺、计算方法、测试手段、机理分析等方面更多的发展空间，赋予了更为丰富的内涵，但是冻土定位观测研究是各个冻土学科交互融汇的试验场所。在今后青藏铁路的长期运营过程中，它将继续发挥对影响多年冻土区工程稳定性各因素变化发展的监测预警作用，为青藏铁路的安全、畅通运营做出技术支持。

3.1.3 不同设计阶段冻土工程地质勘察

冻土工程地质勘察的基本内容，可根据工程建设不同阶段的不同要求对以下具体问题进行精度不同的勘察：

(1)季节冻土、多年冻土、岛状多年冻土的分布规律及其特征，以及它们与地质—地理环境的变化关系。

(2)季节冻结、季节融化与多年冻层的厚度。

(3)多年冻土层的冻土构造类型，地下冰层的厚度、分布特征，及其与坚硬、松散岩(土)层地质构造、冻土现象变化的关系。

(4)多年冻土层的年平均地温、地温振幅为零的深度，及它们与冻土工程地质条件的关系。

(5)多年冻土层的物理、力学和热物理性质，设计参数及其随温度的变化关系。

(6)多年冻土区内的融区特征，以及它与冻土条件、地质—地理环境、水文地质条件、人类活动等关系，随时间的变化特征。

(7)多年冻土地区内地表水和地下水的贮运条件，它们与冻土层的相互作用。

(8)冻土区的冻土现象(不良地质现象)、特征和变化规律，及其对工程建筑的现象和危害。

(9)冻土环境与工程建筑物、经济开发区的相互作用与制约关系。

工程地质勘察中采用的设备：目前设计部门多年冻土地温勘察采用热敏电阻钻孔测温，多年冻土含冰量勘察采用钻孔全断面含水量、密度现场测试，多年冻土上限勘察多采用钻孔岩芯化验配合融化速率计算、最大融化季节勘探和地温测量相结合的综合判定方法进行。

工程建设不同阶段对工程地质研究有不同要求，但是冻土分布勘察和调查，多年冻土地温勘察和多年冻土含冰量勘察化验是不可缺少的主要内容。

3.1.3.1 预可研阶段冻土工程地质勘察要求

预可研阶段的勘察任务是要查明沿线的冻土区域条件，区域地质，水文地质条件，对线路通过地区的冻土工程地质条件作出评价；初步查明对线路起控制作用的冻土现象的性质、特征和范围，根据冻土工程地质条件，优选线路方案；为初测设计提供所需的工程地质资料。

(1)除区域地质条件和冻土条件外，预可研阶段冻土工程地质调查测绘还应包括下列内容：

①初步查明沿线富冰、饱冰和含土冰层的分布、成因和厚度。

②初步查明控制线路方案的重大路基工点、大桥、隧道、铁路区段站等的冻土工程地质条件。

③提供作为地基多年冻土的物理力学和热学参数。

④在沿线重大工程地段建立长期地温观测点。

⑤根据沿线地震基本烈度区划资料，结合沿线岩性、构造、地貌、水文地质和多年冻土条件，确定7度和7度以上的烈度分界线。

(2)预可研阶段冻土工程地质调查测绘采用的方法：

①充分利用卫片航片资料，通过判析，确定调查重点，实际核对修改、补充判析内容。

②冻土工程地质通过沿线各地质点的调查，应基本查明沿线区域地质和冻土工程地质条件。

③地质土的填绘应在野外实地进行，对线路方案和工程有影响的地质界线、地质点，应采用仪器测绘。

(3)路基冻土工程地质调查测绘,除查明一般冻土工程地质与水文地质条件外,应着重调查以下内容:

①沿线多年冻土上限的分布,季节融化层的成分和冻胀性,地面植被的覆盖程度。

②路基基底以下 2 ~ 3 倍上限深度范围内多年冻土特征,冻土的融沉性。

③沿线冻土现象的分布及其对路基工程的影响。

④从保护冻土地质环境角度出发,确定取土、弃土位置。

(4)桥涵冻土工程地质勘察测绘,与路基结合进行,但应侧重几点:河谷多年冻土的分布地带,若有融区存在,应查明其成因、分布范围、水文地质条件等;根据地基多年冻土的特征、水文地质条件以及工程建筑物修建时对多年冻土可能产生的影响,提出基础类型、埋深和施工方法的建议。

桥位冻土工程地质勘察,除查明冻土工程地质和水文地质条件,并满足非冻土地区勘察要求外,还应注意:河床下若为多年冻土,桥位应选择在稳定的少冰冻土或多冰冻土分布地段;勘探深度不宜小于地温变化深度,钻探取样及试验应满足有关要求。

(5)隧道工程地质勘察除查明冻土工程地质条件,以及满足非冻土地区勘察要求外,还应注意:查明隧道通过地段地下水的类型、补给、径流、排泄条件及动态特征;勘探孔深度应达到隧道道路建设计高程以下 2 ~ 3m,如冻土条件复杂时可适当加深。

3.1.3.2　可研阶段冻土工程地质调查测绘

在预可研资料的基础上详细查明采用方案的冻土工程地质条件和水文地质条件,具体确定线路位置,为各类工程建筑物的施工设计提供完整、详细的冻土工程地质资料。

按冻土工程地质调查的内容,实地调查,分段进行详细描述、复核、修改、补充详细的冻土工程地质图;对有比较价值的局部线路方案,提出评定方案的冻土工程地质资料及方案选择意见;受冻土工程地质条件控制的地段,应根据地质总横断面及其他定线原则综合确定线路位置;

冻土现象要求进行详细调查与勘探,阐明其成因、分布、范围、规模、发生发展规律及对路基和其他建筑物稳定性的影响,提出相应的工程措施意见。应根据预可研阶段所采用的取土方案进行路基取土调查,查明线路集中取土长的多年冻土特征,土石的物理力学性质,可供取土的数量。路基、桥梁、隧道、站场应按相关要求进行详细的调查勘探和试验,查明各类建筑物施工设计所需要阐明的冻土工程地质条件、水文地质条件、提供施工设计所需的岩、土物理力学参数。

3.1.3.3　可研阶段冻土工程地质分区评价方法

可研阶段应该预测工程建筑与运营期间冻土—工程—地质(水文地质)条件的相关关系,提出合理的治理建议与措施,还要对工程建设区域进行冻土工程地质分区评价。

冻土工程地质区划原则是应该反映冻土工程地质条件,而且应该考虑不同建筑项目的要求,提出冻土工程地质评价,以便为工程设计服务。

一般可按三级进行冻土工程地质分区,其内容如下:

第一级分区:阐明多年冻土、岛状多年冻土、季节冻土的分布区域、地带性特征、它们的形成条件和基本特征;

第二级分区;阐明区内地质、地貌、构造及冻结层的地带性规律,主要特征,取决于自然环境、气候、地理、地质、地貌、水文等条件;

第三级分区:反映自然条件,冻土工程地质条件及其物理力学特性指标和冻土现象。

3.2 冻土性质试验室和试验场研究

冻土的区域性特征通过冻土分布调查和勘察研究,冻土的热学特征和力学特征则是主要通过试验室进行试验研究,有的力学指标还需要通过现场原位试验进行研究。

通过试验室室内试验进行的项目有冻土热学参数和冻土力学基本参数,配合设计施工的室内测试项目见表3-2。

不同阶段冻融土室内分析测试项目　　表3-2

测试项目	设计前期勘探		设计阶段勘探		施工阶段勘探	
	土类					
	粗粒土	细粒土	粗粒+土	细粒土	粗粒土	细粒土
1. 颗粒成分	+	+	+	+	+	+
2. 总含水量	+	+	+	+	+	+
3. 液、塑限	–	+	–	+	–	+
4. 矿物颗粒比重	+	+	+	+	+	+
5. 天然密度	+	+	+	+	+	+
6. 未冻水含量	–	–	C	C	+	+
7. 盐渍度	–	+	–	+	+	+
8. 有机质含量	+	+	+	+	+	+
9. 矿物颗粒比热	C	C	C	C	+	+
10. 导热系数	C	C	C	C	+	+
11. 起始冻结温度	+	+	+	+	+	+
12. 冻胀敏感性	–	–	+	+	+	+
13. 渗透系数	–	–	+	+	+	+
14. 地下水化学成分	–	–	+	–	+	–
15. 法向冻胀力	C	C	C	C	+,C	+,C
16. 切向冻胀力	C	C	C	C	+,C	+,C
17. 水平冻胀力	C	C	C	C	+,C	+,C
18. 抗压强度	C	C	C	C	+,C	+,C
19. 抗剪强度	C	C	C	C	+,C	+,C
20. 融化系数、压缩系数	C	C	C	C	+,C	+,C

注:+-测定项目;– -不测项目;C-查表确定。

原位测试一般在野外通过试坑或平台等一定的工作面进行,有时还需要开挖至冻土冻融交界面进行试验。原位测试研究项目有载荷试验、桩基静载荷试验、融化压缩试验、冻胀力试验和冻融界面大面积剪切试验等,试验时尽量与工程实际的环境条件、受力过程、温度状态和施工情况一致。特别要注意温度场和水分场的一致性。

3.3 综合性实体试验工程研究方法

冻土区工程建设前期进行综合性实体试验工程的研究是确定设计原则、工程结构的主要途径。冻土区大型工程建设,尤其是铁路这种线性工程的工程建设,应用工程地质研究方法研究的是区域性的冻土问题对线路的影响，确定的是区域性冻土特征决定的线路走向，具体到线路工程的点，具体的工程结构物形式，具体的设计原则，就必须在工程建设开始以前通过适当规模的实体工程试验研究确定。

3.3.1 风火山试验路基

风火山试验路基是1976年为青藏铁路建设修建的，位于风火山北麓青藏公路1114km左侧，海拔约4760m，图3-4是试验路基建成后的全貌。

图3-4 风火山试验路基

试验路基长度为483m，分23段19个工点进行设计。设计中优先考虑采用当地材料外，还增加了六种当时的新型保温材料（硬质聚苯乙烯泡沫塑料制品、聚苯乙烯混凝土制品、酚醛树脂矿棉制品、水泥膨胀珍珠岩制品、沥青膨胀珍珠岩制品、加气水泥制品），用以处理厚层地下冰地段路基基底及边坡工程。

风火山试验路基各试验段工程结构和路基横断面形式如下。

（1）挖方路堑

DK0+050～DK0+138一段为挖方。挖方最大高度为5m，堑坡坡度采用1∶1.5，左侧设0.5m平台，分别以预制钢筋混凝土挡墙、铺设沥青膨胀珍珠岩、矿棉制品、加气水泥制品和换填当地细颗粒土、草皮等处理路堑基底和边坡工程。

DK0+400～DK0+510一段为挖方，挖方最大高度为4m，堑坡坡度分别采用1∶1和1∶1.25两种，不设平台。侧沟采用草皮、黏土、泥灰土防渗加固，该段挖方分别采用换填当地粗颗粒土、草皮、硬质聚苯乙烯泡沫制品、聚苯乙烯水泥板制品，水泥膨胀珍珠岩制品、加气水泥制品等材料处理基底及边坡工程。

DK0+821处一段挖方。边坡位于富冰冻土层内，基底为基岩风化层，故采取放缓边坡并设1～1.5m平台的处理措施。

（2）填方路堤

DK0+138～DK0+400一段为填方，填方最大高度为9m。沟心设1～2m钢筋混凝土矩涵一座，路堤边坡分别采用1∶1.5和1∶1.75两种，该段分别采用换填当地粗颗粒土、填筑当地细颗粒土、铺筑硬质聚苯乙烯泡沫制品、石灰土处理路基表层冻胀等。

（3）路基排水系统

根据青藏高原气候和自然条件特征，各种地表排水设施（如侧沟、填沟等）均浅而宽的原则，并考虑部分防渗加固措施。

路基排水系统除考虑侧沟、天沟、排水沟、取土坑外，还应在路堑上侧边坡坡顶外设置挡水埝。

排水系统的侧沟、天沟、排水沟、挡水埝均采用梯形断面，其尺寸为侧沟0.4m×0.4m，天沟及排水沟为0.4m×0.4m和0.4m×0.6m，挡水埝为0.8m×1.0m和0.6m×0.8m，取土坑按青藏高原多年冻土地区铁路勘测设计细则执行。

（4）保温层厚度确定

基底DK0+050～DK0+147及DK0+370～DK0+525采用安湖年慈经验公式和鲁克扬

诺夫公式计算气温法和实测资料综合确定。边坡均采用鲁克扬诺夫公式计算气温法和实测资料综合确定。安全系数采用1.2。

3.3.2 风火山试验路基研究成果

风火山实体试验路基于1975年6月开工至1976年10月竣工,历时一年四个月,跨越了暖季和寒季。全段设置了23个测试断面,开展了连续系统的观测试验,1980年提交并通过鉴定了十三项研究成果,为后续研究工作和设计、施工积累了经验、提供了大量技术依据。1997年试验路基经过整修,增加遮挡式路基、碎石护坡路基等新型路基结构,并继续进行观测试验研究,取得大量宝贵数据和研究成果,为后来青藏铁路建设奠定了坚实的技术基础。

3.3.2.1 厚层地下冰路堑的合理断面形式

地下冰路堑不仅有边坡稳定性问题、边坡及基底的冻土保护问题,还存在上侧山坡地表径流和冻土层上水的有效截排问题。在早期研究工作的基础上,经试验路基的设计、施工和观测研究,提出了如下合理断面,见图3-5。

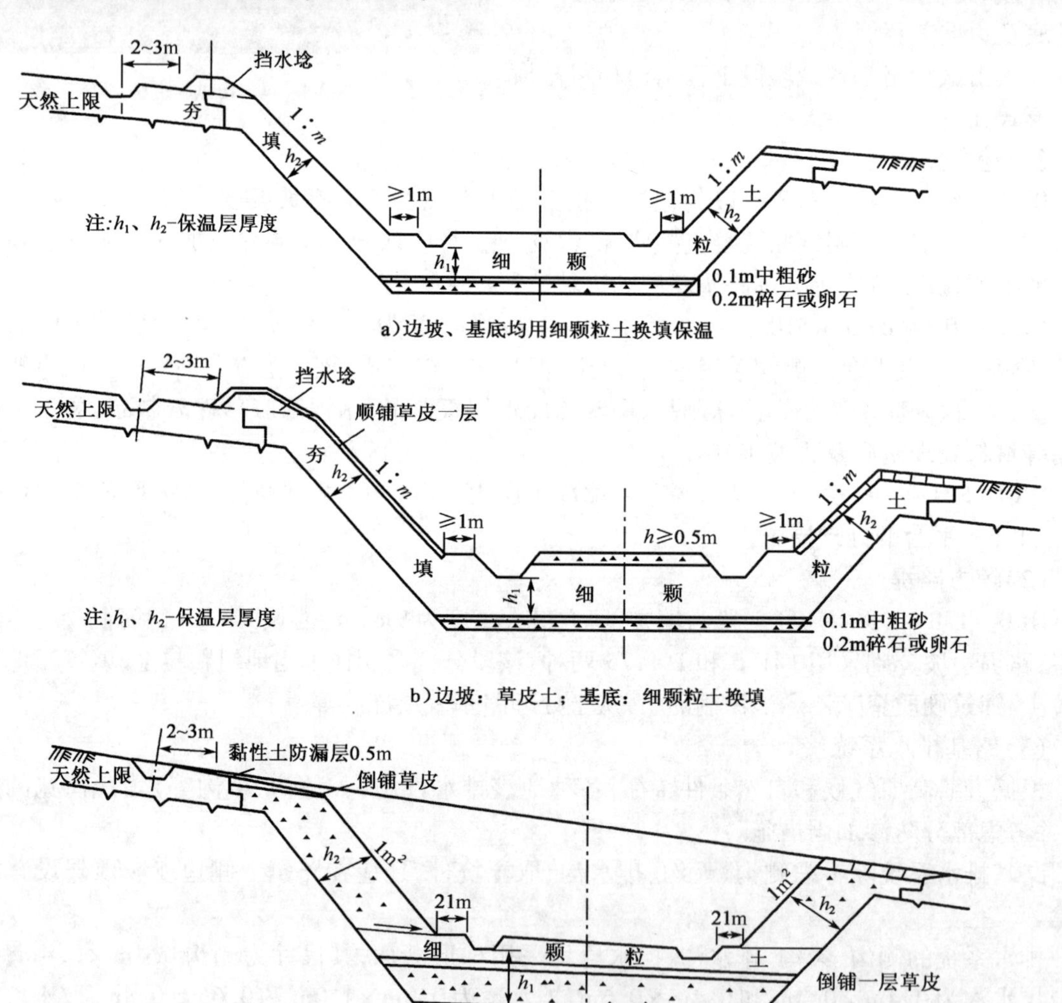

a)边坡、基底均用细颗粒土换填保温

b)边坡:草皮土;基底:细颗粒土换填

c)边坡、基底均用粗颗粒土换填保温

图 3-5

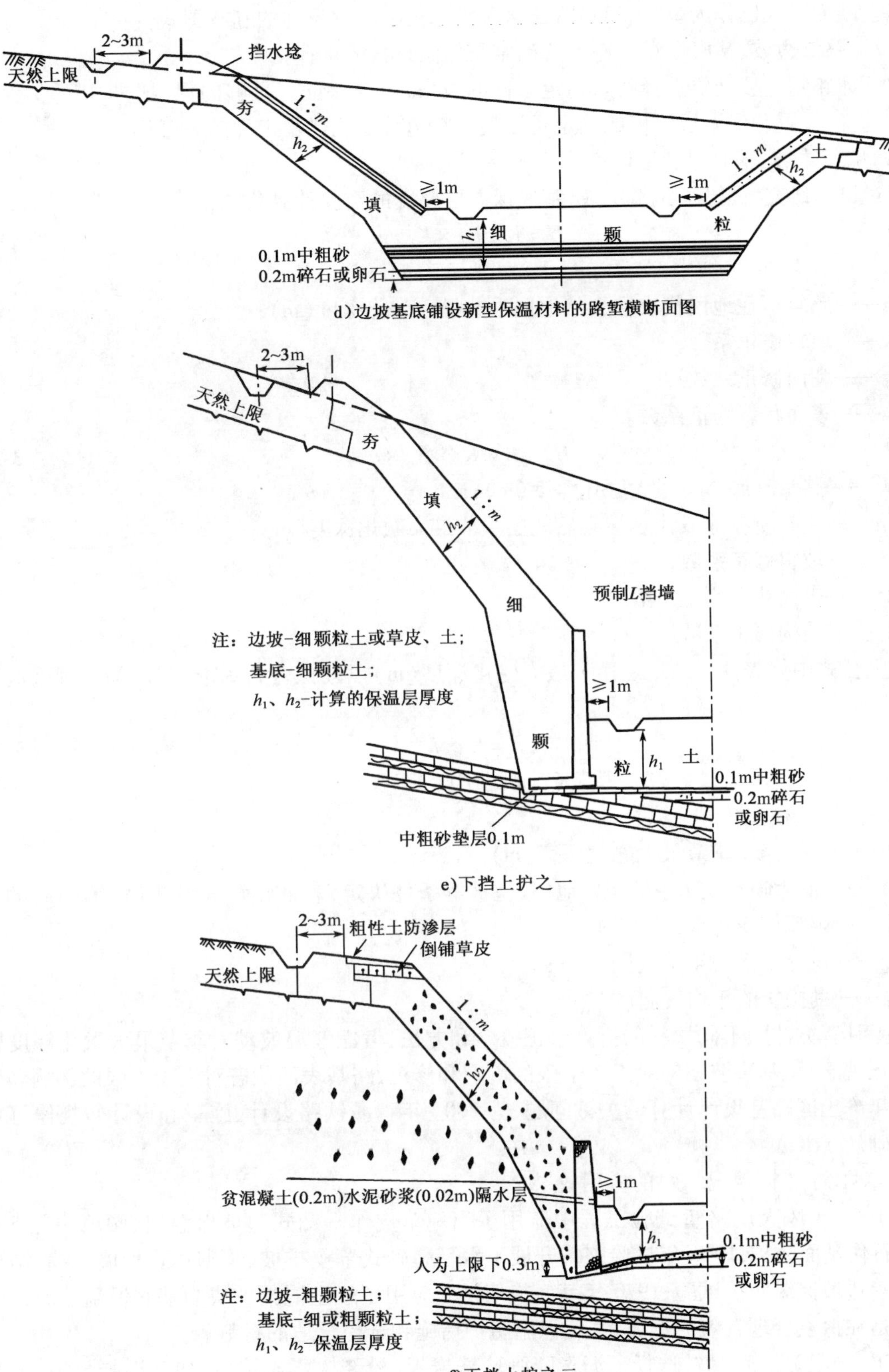

图 3-5　原层地下冰路堑的合理断面形式

以上断面形式已作为2001年青藏铁路多年冻土区路堑设计的基本图式。

3.3.2.2　路堑边坡、基底保温层厚度的确定与保温材料的选择

地下冰路堑边坡既要选择符合稳定条件的坡率，更要保证有足够的保温防护措施。保温材料的选择、设置和保温层厚度的确定是该类路堑边坡实现热稳定性的关键环节。

（1）路堑边坡、基底保温层厚度计算

通过试验研究，提出了路堑边坡、基底保温层厚度的经验计算公式：

$$H = K \times K_1 \times K_2 \times h \tag{3-1}$$

式中：H——计算点（边坡中部）季节最大融化深度（m）；

h——路堑所在地段代表性天然地层季节最大融化深度（m）；

K——填料修正系数；

K_1——朝向修正系数；

K_2——表面状态修正系数。

$$H_d = K \times K_2 \times K_d \times h \tag{3-2}$$

式中：H_d——路堑基底季节最大融化深度（m）；

h——路堑所在地段代表性天然地层季节最大融化深度（m）；

K——填料修正系数；

K_2——表面状态修正系数；

K_d——结构修正系数。

以上公式中代表性天然地层季节最大融化深度（m）以勘探资料为准，但应加上气温波动的修正，即：

$$h = K_t \times h_t \tag{3-3}$$

$$K_t = 1 + A(T_p - T_h) \tag{3-4}$$

式中：K_t——气温波动修正系数；

h_t——勘探当年季节最大融化深度（m）。

A——经验统计系数，由气温、地层、植被等条件决定，表征年均气温变化1℃引起的上限深度变化率（%/℃）；

T_p——设计频率的年均气温（℃）；

T_h——勘探年的年均气温（℃）。

以上计算方法中不同填料的折算修正概念和方法、考虑气温波动对季节最大融化深度影响的修正观念、路基边坡朝向对人为上限的影响和修正、路基表面状态对人为上限的影响和修正等多年冻土区路基设计计算的关键问题，为2001年青藏铁路设计、施工和设计暂规修订奠定了基础。

（2）对比了不同保温材料的应用效果

在1960年风火山路堑试验工程中应用了当地草皮作平铺式边坡保温层、倾填块径5～8cm碎石作基面防护；1966年试验路堑开展了水平叠砌式草皮护坡、浆砌片石护墙、空心结构护冰墙等边坡保温防护试验；1970年基底换填试验应用了轻型混凝土块为基底保温层。这些试验都是在探索合理有效的边坡、基底保温防护措施和选择合适的材料。

1976年试验路堑边坡，选择了沥青膨胀珍珠岩板、酚醛树脂矿棉板、加气混凝土板、聚苯乙烯泡沫塑料板、聚苯乙烯泡沫球混凝土板、水泥膨胀珍珠岩板六种工业保温材料，以及草皮、碎石砂黏土二种当地材料开展了边坡、基底保温防护试验。

就保温材料的主要热物理指标而言，六种工业材料的导热系数均小于0.1(W/m·K)，最小的硬质聚苯乙烯泡沫塑料板只为0.025~0.035(W/m·K)，远小于草皮层的和碎石沙粘土的0.4(W/m·K)和1.2(W/m·K)。都是良好的保温材料，這从竣工后对边坡季节最大融深的观测结果(表3-3和表3-4)就可以看出：

边坡季节最大融深表 表3-3

措　施	阳坡(m)	阴坡(m)	断　面
换填砂黏土	1.96	1.64	0+122.5
换填草皮+砂黏土	1.67	1.33	0+105
表层两层加气混凝土块	1.36	1.10	0+087
表层沥青珍珠岩板	1.27	—	0+079

基底季节最大融深表 表3-4

措　施	最大融深(m)	断　面
换填砂黏土	2.06	0+122.5 堑
基底矿棉板	1.86	0+087 堑
基底加气块	1.60	0+105 堑
基底2×0.02m	—	—
聚苯泡沫板	1.57	0+115 低堤

但经过施工过程和竣工后应用环境的考验，就暴露出了某些材料的缺陷：沥青膨胀珍珠岩板系灰黑色板材，吸热量大，抗折性差，在高原强紫外线与反复冻融条件下易脆化、脱皮、吸水而失效，是最早被剔除弃用的材料；酚醛树脂矿棉板保温性与聚苯板相近，边坡稳定性好，但吸水率大易聚冰，矿棉基料不便于施工，不理想；水泥膨胀珍珠岩板和聚苯乙烯泡沫球混凝土板自重大、抗弯拉强度差、表层易粉化，差异冻胀后坡面错台进水而减效；硬质聚苯乙烯泡沫塑料板和加气混凝土板是高原冻土区较适宜的保温材料，在使用过程中均未发生严重变形。但前者自重轻，要解决好坡面铺砌和板土固定问题；后者要解决防水问题。

比较而言推荐使用硬质泡沫塑料板做路基保温材料。虽然草皮保温边坡有边坡稳定性好、防层上水和防边坡冲刷能力强、保温性能较好、当地材料造价低等优点，但由于保护高原生态环境的要求而一般不予采用。

在2001年青藏铁路设计、施工中借鉴了前期试验研究成果，大量采用硬质泡沫塑料板如聚苯类、聚氨酯类的板材为路基保温材料。而在某段路堑边坡试用了泡沫玻璃板就出现了因表面状态改变、抗折性差影响正常使用的同类问题。

(3)工业保温材料边坡防护措施问题和建议

1977年竣工的试验路堑，经1977年7月30日至8月1日三天内61.8mm(相当于全年1/5的降水量)强降雨的考验，暴露出了边坡稳定性存在的坡面结构和路堑断面形式等方面的缺陷：

工业保温板坡面透气性差，蒸发量几近于零，若板后填土含水量高或有降水、层上水渗入，寒季在板上、下面温差的驱动下将发生强烈的水分迁移并在板下聚集结冰而发生鼓胀。暖季高含冰冻土融化，板下土体饱水稀化，板随着冻胀隆起但不能复位而形成吊板，冻融作用破坏了边坡的整体性甚至造成局部断板而失去保温效果，因此需结合断面形式的调整采取相应措施。

工业保温板与板下基土难以紧贴，缺乏黏贴力，当边坡较高时在自重作用下板面沿坡面的下滑力也较大，因而该类路堑的边坡应放缓，在坡脚要留平台并做疏干处理，坡顶应设置截排上侧山坡地表径流和冻土层上水的截排水系统。该试验路堑边坡坡率为 1∶1.25 和 1∶1.5 过陡，侧沟平台太小且未做坡脚疏干处理，上侧山坡坡顶换填接缝有的未作防渗漏包角处理，个别地段挡水埝夯填密实度不够，保温板下坡面夯实不均匀、不够平整，遇到集中暴雨时雨水从上侧山坡自换填界面、保温板接头等处渗入浸湿基土，引起基土下沉、保温板整体下错，堑顶产生裂缝加速了降水的入渗，个别坡面因不均匀下滑引起板块挤压变形，造成保温板边坡多处破坏。基于上述问题，中铁西北科学研究院于 1995 年、1998 年两次对该路堑进行了整改维修，基本维持了坡面的完整。为此提出了铺设工业保温材料的路堑合理断面参考图（图 3-6）。

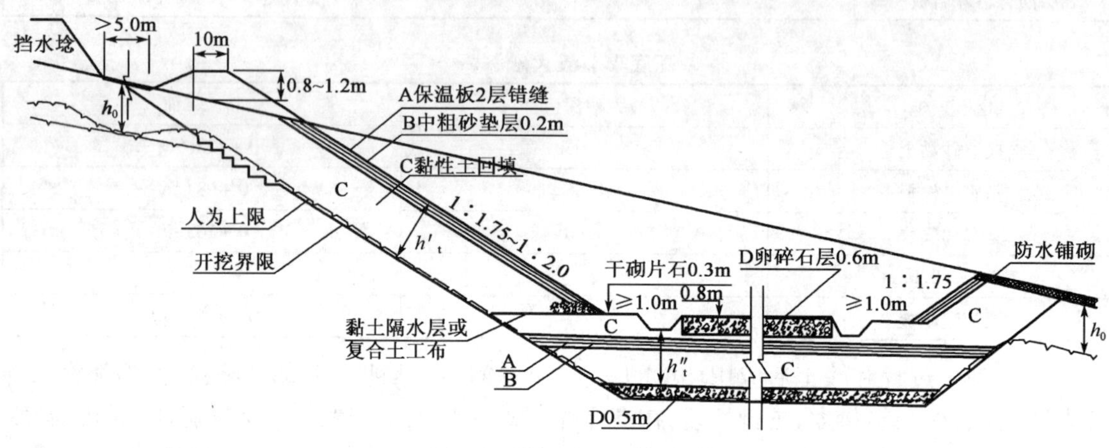

图 3-6 路堑合理横断面图

3.3.2.3 路基边坡的支挡结构

在高原冻土区为减小水平冻胀力的影响，也为了减轻劳动强度和提高施工质量，路基一般不采用重力式挡墙，而建议采用预制拼装化的轻型、柔性挡墙。

为此 1976 年风火山路基试验工程在路堑两侧进行了预制钢筋混凝土 L 形反压式挡墙的设计、施工和观测试验。图 3-7 为该挡墙的设计图、图 3-8 为竣工后的照片。

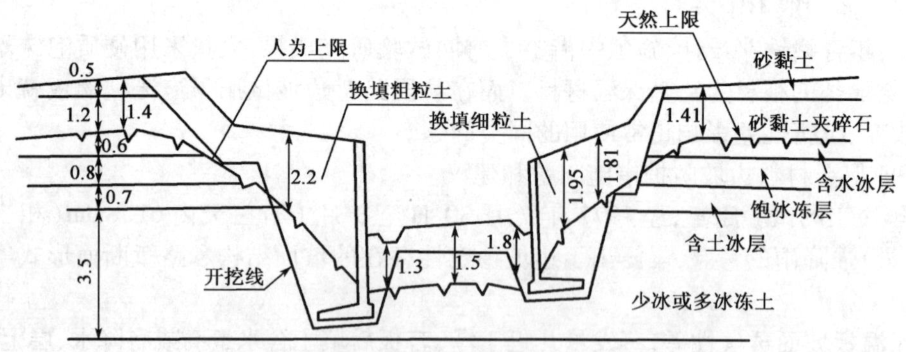

图 3-7 风火山试验路基 L 形挡墙断面（尺寸单位：m）

注：本图为 1977 年观测资料，该断面基底采用夯填黏土或黏砂土、边坡铺草皮一层

挡墙 1976 年 9 月竣工后，连续三年进行土压力冻胀力和墙体变位观测，揭示了挡墙的冻胀力和变位的发展变化特征：

竣工初期,由于回填料带入了热量使开挖面产生局部热融以及土体的自重压密,墙顶产生后倾位移。随着上层土冻结,土体放热降温冷却收缩,土压力减小,墙体继续后倾。在土压力减至最小值而冻胀力出现之前(10 月上旬),向后变位达到最大值(10 月 10 日墙顶变位 3mm);11 月初下沉量达最大值(10mm)。在稳定冻结出现后,水平冻胀力产生,墙体逐渐复位,至 10 月 26 日回到原位置。随着冻深的增加和土温的进一步降低,水平冻胀力稳步上升,墙体逐渐前倾。从 12 月中旬开始冻胀 ~ 位移曲线趋于平缓,12 月中旬墙顶的最大冻胀位移为 21.5mm(黏性土回填)和 42.1mm(砾石土回填,墙后有地面水渗入),以后未再有大的增长,说明 L 形挡墙具有一定的柔性,它通过墙体变位(在钢筋混凝土结构弹性变形范围以内)消除了大部分水平冻胀力,使水平冻胀力的增长与松弛达到基本平衡。挡墙背所受的土压力和水平冻胀力不同时发生,其分布是上部小、下部大,一般细颗粒填料回填(最大水平冻胀力发生在中下部)大于粗颗粒回填(最大发生在下部)。根据墙体变位计算的最大水平冻胀力:砂黏土回填的为 0.9kg/cm²(细粒土一般取值 1.0 ~ 1.5kg/cm²);砾石土回填的为 0.76 kg/cm²(粗粒土一般取 0.5 ~ 1.0 kg/cm²)。挡墙竣工至今已 30 年,仍保持自身及边坡的稳定。

图 3-8　1998 年拍摄的 1977 年竣工的 L 形挡墙

3.3.2.4　路堤人为上限形态和上、下临界高度

青藏铁路多年冻土区的路基,本着宁填少挖的设计原则,主要以路堤方式通过。经过 1960 ~ 1975 年十余年的调查、解剖和试验工程观测研究,对路堤结构、路堤填土对基底多年冻土的影响、路堤人为上限的形态有了一定的认识。1975 年风火山试验路基设置了从零断面到高路堤的连续纵断面,为更深入、系统地研究路堤的水热输运过程和形态特征创造了条件。结合以往工作,总结归纳了以下成果:

1)多年冻土区路堤的人为上限形态

在多年冻土区,路堤作为条形覆盖物,隔断了基底天然地表与大气的水热交换,改变了基底土层的物理、热物理性质,包括表面换热条件、表面形态和几何尺寸、填土与基底土性的差别及基底土的压缩所引起的传热过程和量值变化等,这就可能引起基底原天然上限位置的变化,在新的热平衡条件下所形成的路堤季节最大融化深度,就是路堤的人为上限。

路堤的人为上限在新的热平衡状态形成过程中,随着路堤填料类型、填土高度、路堤走向、冻土条件、气候特征等因素而形成不同的形态,如图 3-9 和图 3-10 所示。

2)路堤土体的水热变化特征

路堤的断面形态有利于堤体水分的疏干,但人为上限面是一隔水顶板,既易于承接渗于堤中的降水,在冻结过程中又成为水分迁移的第二个冷面,因此在冻结过程中路堤的表层和上限附近往往水分比较富集。如图 3-11 和图 3-12 所示。

由于路堤具有一定的几何形状,存在坡面水平热流的影响。当能分辨出朝向的阴阳坡时,

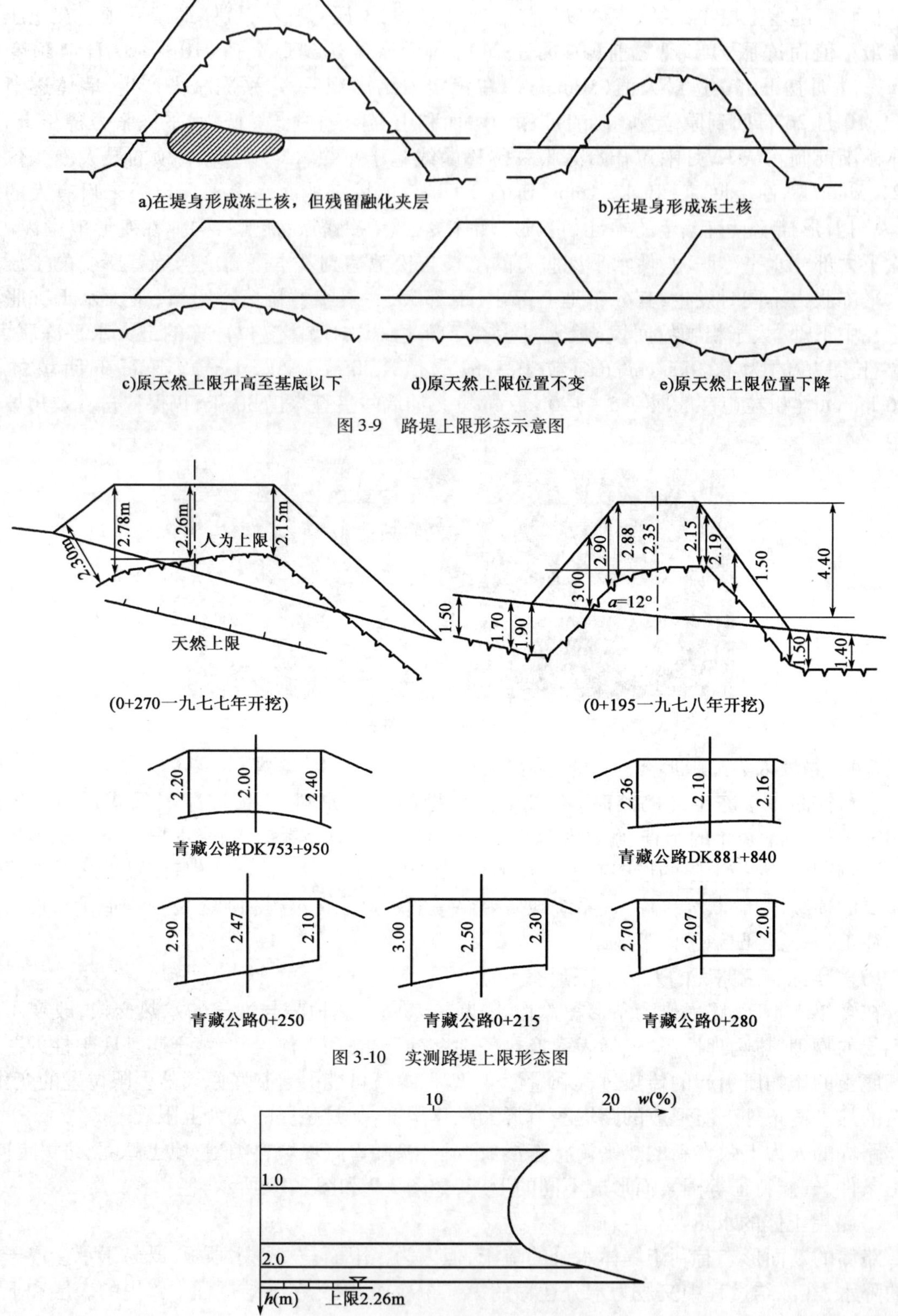

图 3-9　路堤上限形态示意图

图 3-10　实测路堤上限形态图

图 3-11　含水量沿路堤中心分布曲线

在年周期内，由于阳坡吸收的太阳辐射热总是大于阴坡，因此在水平方向温度梯度的驱动下，阳坡的热量将向阴坡输运，其结果是均衡了堤中温度。阳坡水平热流的加热作用，在一定程度上是造成堤身温度高于天然地层的一个重要原因。这种水平热流对堤身的加热作用，随着路堤高度的增加、坡长的加大而更为明显。阴阳坡面受热程度的差别，形成了路堤不对称不等量的人为上限形态，见图3-13和表3-5。

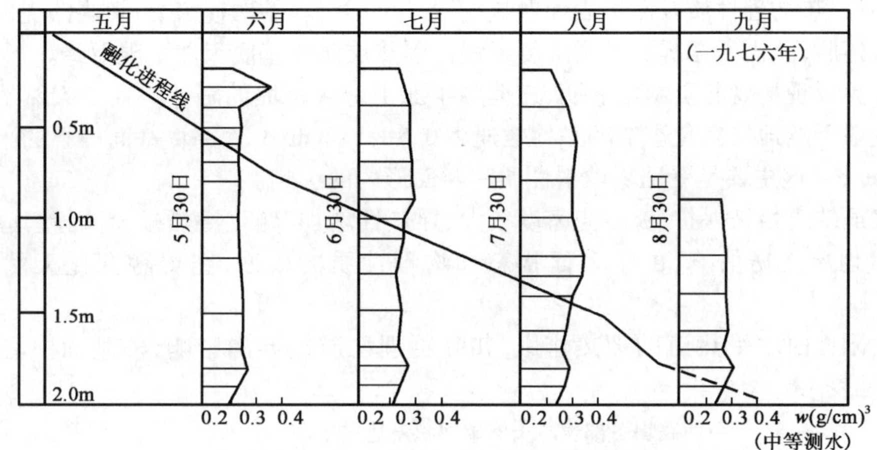

图3-12　基面中心融深与含水量分布关系图

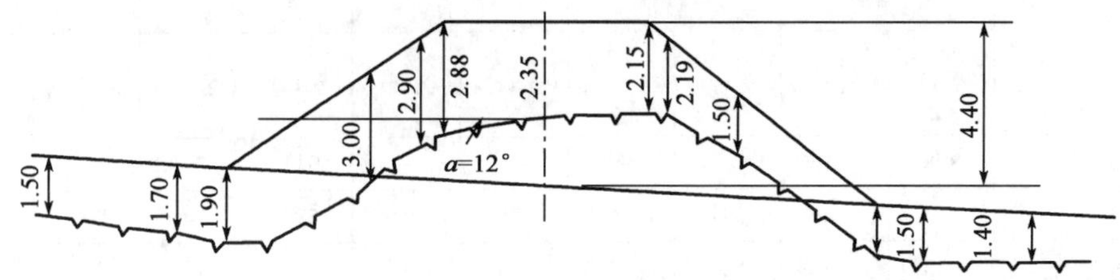

图3-13　路堤人为上限形态图(尺寸单位:m)

路堤走向与阳、阴坡路肩融深比对照表　　表3-5

断　　面	路堤走向	路堤中心高(m)	阴坡坡长(m)	阳坡坡长(m)	阳、阴坡路肩融深比	上限状态
青藏公路881+840	S10°E	1.6	3.4	2.2	1.09	人字形
青藏公路753+950	N12°W	1.7	4.3	3.0	1.09	人字形
青藏公路0+280B	N72°15′E	2.4	6.7	2.9	1.25	一面坡
青藏公路0+270		2.5	8.0	2.8	1.30	
青藏公路0+250		4.0	11.8	5.8	1.38	
青藏公路0+195		4.4	8.2	7.5	1.34	
青藏公路0+215		5.8	12.1	10.5	1.30	

3)多年冻土地区路堤的临界高度

冻土区路基筑堤后将改变原天然地层的热平衡条件和水文条件，这就有可能引起天然上限位置的变化。而这种变化，又与路堤高度、坡向及施工季节等因素引起的受热程度差异关系密切:当路堤过低时，区域气候的融化能力有可能使基底天然上限下降而影响路堤稳定;当暖季填筑的高路堤，填料带入堤身的热量则完全有可能消耗掉区域气候的过余冻结能力，使路堤在填筑后无法、或在一段时间内无法形成衔接的冻土核。因此，从热力稳定的条件出发，该区按保护冻土原则设计的路堤存在上、下两个临界高度。

由于路堤是青藏高原多年冻土地区道路的主要断面形式，而路堤填筑高度的确定又直接影响到路基的稳定，因而，从1960年代开始，就受到冻土工程技术人员的重视。

(1)路堤的下临界高度

路堤的下临界高度，就是保持基底天然上限不变的填土高度，它依赖于路堤及其下基底天然地层的物理、热物理性质及路堤表面融化指数。可用路堤的融速来衡量：当路堤的融速大于天然地层融速时，就需考虑提高路堤高度或铺设隔热层防止基底天然上限下降。

理论计算及现场观测资料均表明，连续多年冻土地区路堤的融速均大于天然地层。如风火山北坡一般天然地层融化季节的平均融速为0.8~1.2cm/d，而路堤基面中心的平均融速为1.4~1.7cm/d。这主要是受路堤填料性质和断面形式的影响。

路堤表面缺乏植被保护、夯填土密度较大、导热性增加、融化潜热减少，因此其融速、融深均大于天然地层。据估算，由于表面状态和物理性质的改变，路堤融深比天然地层约增大20%。

路堤朝阳坡面水平热流的加热作用，扣除物理性质差异的影响，使基面中心融深增大10%以上，见表3-6。

路堤各部位与天然地层积温比较表(1978年)　　表3-6

1978年	天然地层				路堤					
	观测值		换算值		阳肩		基面中心		阴肩	
积温 / 深度(m)	$(\sum t)_T$	$(\sum t\tau)_M$	$(\sum t\tau)_T$	$(\sum t\tau)_M$	$(\sum t\tau)_T$	$(\sum t\tau)_M$	$(\sum t\tau)_T$	$(\sum t\tau)_M$	$(\sum t\tau)_T$	$(\sum t\tau)_M$
0.0	878	-2160	—	—	—	—	911	-2280	—	—
0.5	513	-1662	784	-2427	780	-1023	584	-1405	509	-1890
1.0	123	-1359	180	-1740	434	-783	313	-1085	263	-1616
1.5	0	-1359	0	-1658	194	-665	96	-902	68	-1402
2.0	—	-1350	—	—	38	-542	0	-800	0	-1244
3.0	—	-1311	—	—	—	-477	—	-726	—	-1119
0.5m—上限各深度积温和(℃·d)	636	-4180	964	-5825	1446	-3013	993	-4192	840	-6152
0.5m—上限过余冻结指数(℃·d)	-3544		-4861		-1567		-3199		-5312	
天然地层与路堤积温比例关系	—		1.00	1.00	1.50	0.52	1.03	0.72	0.87	1.06
中心、阳肩与阴肩积温比例关系	—		—	—	1.45	0.49	1.18	0.68	1.00	1.00
路堤过余冻结指数比较	—		—		0.3		0.6		1.0	

确定路堤下临界高度的方法主要有：统计法、折算法、半解析计算法等。实现的途径为：根据冻土路基热平衡原理导出相应的计算公式进行热工计算，如斯蒂芬方程及其修正式；通过室内模型试验建立计算参数和计算公式；通过对已建工程的调查、解剖、观测分析，建立地区性经验计算公式。

从青藏公路昆仑山到唐古拉山的调查及风火山试验路堤的观测、解剖资料，得到路堤高度与路基面中心融深及天然上限变化的关系如表3-7，从而整理出的经验公式如下：

对于路堤的人为上限：

$$H_t = 1.9 + 0.092H(H < 7\text{m}) \tag{3-5}$$

式中：H_t——路堤基面中心人为上限(m)；

H——路堤中心高度(m)。

对于基底天然上限变化：

$$d = 0.997H - 0.54 \tag{3-6}$$

式中：d——基底天然上限升、降值(m)。

以上两式所统计的天然上限范围为1.30～1.95m，众值为1.4～1.6m(黏性土)。

考虑到阳坡水平热流的影响，求出的H_t值应乘以1.2～1.3的系数。因此当基底的压缩沉降在施工过程中已完成，当地黏性土地层天然上限为1.3～1.9m时，当地土填筑的路堤的下临界高度为0.65～0.70m。

路堤高度与融深及天然上限深度调查结果一览表 表3-7

序号	断面	中心高度 H	实际填土高 H_0	天然上限 h_0	基面中心人为上限 h_T	天然上限升降高度 $\delta = H_0 + h_0 - h_T$	附注
1	0+142	0	换填	1.35	2.10,2.20	-0.75,-0.85	由于风火山试验路基填筑时同时由侧面、纵向运土，填筑后又经过刷坡，因此实际填土高度比整修后路基中心高度大，因而计算δ时，采用H_0值，计算h_T时，采用H值
2	0+390	0.15	换填	1.30	1.90,2.00	-0.45,-0.55	
3	0+370	0.35	0.60	1.40	1.80	0.20	
4	0+333	0.90	1.13	1.40	1.87,1.98	0.66,0.56	
5	0+314B	1.20	2.04	1.55	1.86,1.98	1.73,1.63	
6	782+400	1.25	1.25	1.65	1.85	1.05	
7	0+295B	1.50	3.40	1.40	2.00	2.80	
8	781+000	1.65	1.40,1.55	1.40,1.55	1.90,2.00	1.05,1.15	
9	972+100	1.75	1.75	1.45	2.10	1.10	
10	0+172	2.50	2.74	1.50	2.25,2.30	1.99,1.94	
11	756+200	2.35	2.35	1.90,1.85	2.30,2.20	1.95	
12	0+280B	2.40	4.45	1.60	2.07	3.98	
13	781+800	2.50	2.50	1.40,1.50	1.80,2.05	2.10,1.95	
14	0+270	2.52	4.82	1.60	2.26	4.16	
15	68道班	2.85	2.85	1.75,1.85	2.20,2.05	2.40,2.65	
16	782+500	2.85	285	1.45	2.00	2.30	
17	0+186	3.70	3.88	1.50	2.20	3.18	
18	0+250	4.30	7.30	1.95	2.47	6.78	
19	0+195	4.40	4.79	1.60	2.35	4.04	
20	0+215	4.79	7.20	1.80	2.50	6.50	

(2)路堤的上临界高度

路堤的上临界高度，是指竣工后堤身与基底天然上限在第一个寒季冻结衔接的最大填筑高度。路堤的最大填筑高度由区域冻结能力控制，与施工季节、施工工艺关系密切。寒季填筑路堤使用天然填料，填高不限，主要考虑力学稳定；暖季施工则要考虑填料带入堤身热量的散逸速度，防止在堤身或基底出现融化夹层而影响路堤的稳定。决定路堤上临界高度的因素包括：当地气候过余冻结能力的大小。过余冻结指数大的地区上临界高度也大。

(3)施工季节的选择

如上所述，寒季采用冷填料施工的路堤填高原则上不受限制，只是要测算阳坡水平热流的加热作用对路堤上限形态的影响程度。而暖季施工的路堤由于填料带入堤身的热量消耗了一部分过余冻结能力，影响了堤身和基底的温度分布。路堤高度越大则断面面积越大，带入堤身的热量就越多，暖季中后期填筑的路堤就比早期填筑的带入堤身的热量多。以上两种情况都需要更长的地温平衡稳定时间。

在寒季，路堤的冻结是从上下两个方向进行的。在自基面往下冻结和从多年冻土上限面往上回冻的过程中，基底附近的土层散热条件最差。因此高路堤往往在该处形成高温冻土夹层、甚至是融化夹层。表3-8和表3-9就反映了这些特点。

不同高度路堤地温冻结和回冻特性比较表 表3-8

断面	中心填高(m)	堤身1~3m平均温度(℃)	基面中心平均冻结速度(cm/d)	自上而下冻结特征			自下而上冻结特征(1975年11月15日起算)		
				寒季冻深(m)	冻结衔接起止时间(月、日)	冻结衔接历时(d)	回冻高度(m)	回冻历时(d)	回冻速度(cm/d)
0+260A	5.4	2.0	3.0	4.5	10月3日至 次年3月2日	150	2.30	107	2.15
0+295A	4.6	1.6	3.3	4.0	10月3日至 次年2月3日	123	1.90	80	2.04
0+314A	3.0	1.2	3.5	3.5	10月3日至 次年1月12日	101	1.10	58	1.55
天然地层	0	—	3.0	1.1	10月3日至 11月11日	39	0.32	39	0.82

填土高度与高温冻土区消失时间比较表 表3-9

断　面	中心填土高(m)	填筑日期	4~6m高温冻土区消失日期	散热时间
0+215	7.2	1976年6~7月	路堤中心　1978年5月 阳肩　1979年3月	29个月
0+280A	5.4	1975年7~9月	中心　— 阳肩　1977年7月	22个月
0+295A	4.6	1975年7~9月	中心　1976年12月	15个月
0+186	3.9	1976年6~7月	中心　1977年4月	10个月
0+314A	3.0	1975年7~9月	中心　1976年2月	5个月

注：高温冻土区指温度≤-0.5℃的冻土区。

表3-10则反映了即使都在暖季施工，暖季早期和晚期对路堤热状态的影响也有很大差别，暖季早期填筑的路堤即使堤高大于暖季晚期填筑的路堤，堤中蓄热量及其对冻结过程的影响仍然较小。

风火山高路堤观测研究表明：若按上下零度等温线衔接的要求确定路堤的上临界高度，黏性土作填料在暖季晚期填筑的路堤上临界高度为7.0m左右；在暖季早期填筑的，则可控制在8.0m。

施工季节对基底天然上限影响程度比较表 表 3-10

断面	路堤中心填土高(m)	填筑与完工日期	填筑期平均气温(℃)	填料平均温度(℃)	填筑当年平均冻速(cm/d)	上下冻结衔接历时(d)	对基底多年冻土上限影响
0+280A	5.4	7~9月	4.4	6.5	3.0	150	天然上限下降0.25m
0+215	7.2	6~7月	2.0	4.2	5.1	130	天然上限上升1.0m

(4)路堤临界高度的年平均气温临界值

根据青藏高原多年冻土区的气候特点和路堤的表面热特性研究得出,路堤的临界高度与年平均气温有关,存在年平均气温的临界值。

路堤表面(包括路堤顶面和路堤边坡表面)的温度状况,是决定基底下地温场特点的主要因素。路堤表面温度是辐射平衡量、表面蒸发过程、表面与大气间湍流热交换过程以及表面与地中热交换过程等的函数。从辐射平衡方程和表面热量平衡方程可以看出:决定路堤表面温度状况的主要是辐射平衡量。辐射平衡量越大,路堤表面的温度将越高,而蒸发过程和湍流热交换对路堤表面的温度又将起到调节和控制的作用。

融化季节或冻结季节路堤表面的平均温度通过引入 n 系数的概念来计算。n 系数指路堤表面的积温与空气积温之比,根据气象观测资料,可计算出融化期或冻结期空气的积温,即空气的融化指数和冻结指数。如果已知 n 系数,即可计算出路堤表面的平均温度。所以 n 系数也是路堤表面温度的另一种表示方法,n 系数越大,表面温度越高。

路堤表面温度受诸多因素的影响,变化较大,故 n 系数亦变化较大。据风火山、五道梁和沱沱河三气象站的观测资料计算,对于细颗粒土表面,冻结期 n 系数变化在 0.68~0.91 之间,平均 0.78,融化期 n 系数变化在 1.90~3.90 之间,平均 2.60(表 3-11)。

细颗粒土表面的 n 系数值 表 3-11

气象站名	冻结期 n_f	平均 $\bar{n}_f$	融化期 n_t	平均 $\bar{n}_t$	$\frac{n_t}{n_f}$	平　均	备　注
风火山站	0.74~0.91	0.82	2.00~3.90	2.85	2.33~4.59	3.50	1976年~1995年统计
五道梁站	0.68~0.81	0.74	1.90~3.40	2.73	2.50~4.59	3.70	1981年~1995年统计
沱沱河站	0.70~0.90	0.79	2.01~2.43	2.23	2.23~3.26	2.83	1981年~1995年统计
平均	—	0.78	—	2.60	—	—	—

不论表面材料如何,融化期的 n 系数总是大于冻结期的 n 系数,且融化期 n 系数大于 1,而冻结期 n 系数小于 1。也即融化期表面的融化指数大于空气的融化指数,冻结期表面的冻结指数小于空气的冻结指数。

据中国科学院兰州冰川冻土研究所资料,黏性土、砂砾石土和沥青表面融化期的 n 系数如表 3-12,而边坡的 n_t 系数较之同类材料水平表面的 n_t 系数大 0.4 倍,即边坡的 n_t 系数为水平表面 n_t 系数的 1.4 倍。

不同材料表面的 n 系数 表 3-12

表 面 材 料	融化期 n_t	备　注
黏 砂 土	2.5	青藏高原资料
砂砾石土	3.0	青藏高原资料
沥青	4.5	青藏高原资料

综上所述,表面的融化指数较之气温融化指数要大 2 ~ 5 倍,甚至更高。而表面的冻结指数较之气温冻结指数要小,一般为气温冻结指数的 0.6 ~ 0.9。

在青藏高原多年冻土区,对于一定表面特性的路堤,只有年平均气温低于某一特定值时,路堤临界高度才存在。年平均气温临界值随表面的 n 系数而变化,即不同表面有不同的年平均气温临界值。

在青藏高原多年冻土区,路堤临界高度是与一定的年平均气温对应的。在路堤设计中,应根据设计地区的年平均气温值和路堤的表面特性来考虑路堤临界高度问题。路堤的上下临界高度都与气温的冻结能力相关,气温过余冻结指数是存在路堤临界高度的前提条件。青藏铁路多年冻土地区气温的融化指数随年平均气温的升高而增加,而冻结指数和过余冻结指数均随年平均气温的升高而降低(表 3-13)。因此,路基临界高度对应于一个年平均气温临界值,该气温值的过余冻结指数已低到不能维持堆土的冻结衔接(从理论上分析,此时的地表冻结指数等于融化指数),年平均气温高于临界气温值的地区,不存在路堤的临界高度,路堤不能冻结衔接。

年平均气温与冻融指数关系表 表 3-13

地　点	年平均气温(℃)	融化指数(℃ · d)	冻结指数(℃)	过余冻结指数(℃)
风火山	-6.0	420	-2635	-2215
五道梁	-5.4	507	-2489	-1982
土门	-5.2	529	-2406	-1877
清水河	-4.8	646	-2378	-1732
沱沱河	-4.2	780	-2295	-1515
安多	-2.8	885	-1906	-1021
那曲	-1.2	1140	-1670	-530
格尔木	5.3	2733	-923	1810

3.3.2.5 路基排水系统

风火山试验路基以路堑横断面的排水系统为主要试验研究对象。路基的浸湿水源主要有大气降水和冻土层上水。

大气降水除了将冲刷坡面外,其下渗部分与路基体内融化过程中因重力作用汇集于冻融界面的水流共同形成的冻结层上水,将威胁到路基的稳定。因此在风火山试验路堑段在上侧山坡堑顶设置了挡水埝和埝外天沟组成的截排设施,利用挡水埝下的冻土核及天沟下的局部上限下降所形成的相对高差截排地表水和冻结层上水,示意断面如图 3-14 系列图。

表 3-14 为 1977 年 ~ 1982 年对设置的挡水埝的各项参数测试值,说明埝高大于 0.8m、顶宽大于 0.6m 的挡水埝可以形成冻土核起到截排层上水的作用。

图 3-15 为建议的路堑排水断面,其中图 3-15a) 为标准断面,由天沟 a、挡水埝 b、包角式堑顶 c 三部分组成;图 3-15b) 由包角式堑顶代替挡水埝,用于层上水较小的地段;图 3-15c) 用挡水板 d 代替天沟,减少对坡堑顶地表的破坏。

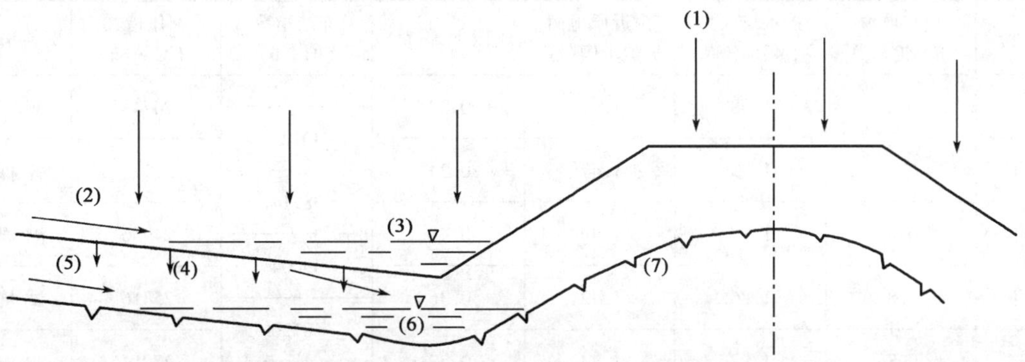

(1)-大气降水；(2)-地表径流；(3)-坡脚滞水；(4)-入渗水；(5)-冻结层上水；(6)-冻结层上滞水；(7)-冻融界面

a)路堤浸湿水源示意图

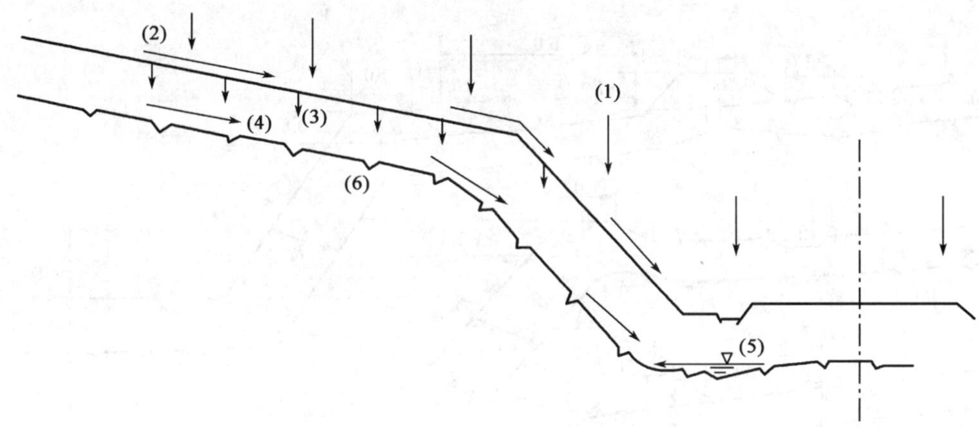

(1)-大气降水；(2)-地表径流；(3)-入渗水；(4)-冻结层上水；(5)-冻结层上滞水；(6)-冻融界面

b)路堑浸湿水源示意图

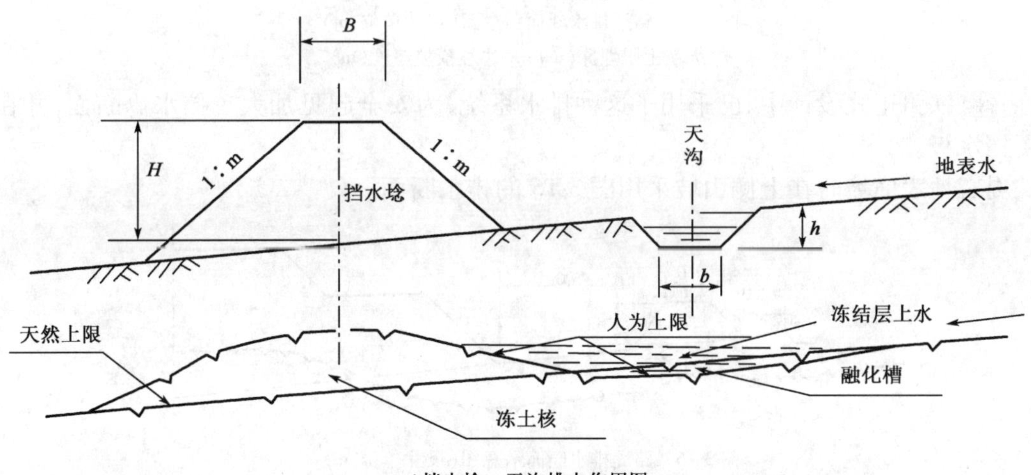

c)挡水埝、天沟排水作用图

图 3-14　风火山试验路面路堑断面图

实测的各类参数表 表 3-14

备　份	挡水埝填筑高度(m)	挡水埝人为上限实测值	附近原地面天然上限(m)	上限上升(m)	冻结指数(℃·h)	融化指数(℃·h)	资料来源
1977 年	0.8	1.98	1.41	0.23	39122	24747	测温
1978 年	0.8	1.93	1.47	0.34	38714	28213	钎探
1979 年	0.8	1.80	1.40	0.40	39604	24956	测温
1980 年	0.8	1.86	1.42	0.36	38720	25816	试坑
1981 年	0.8	1.87	1.44	0.37	39605	27014	测温
1982 年	0.8	1.81	1.41	0.40		24916	测温

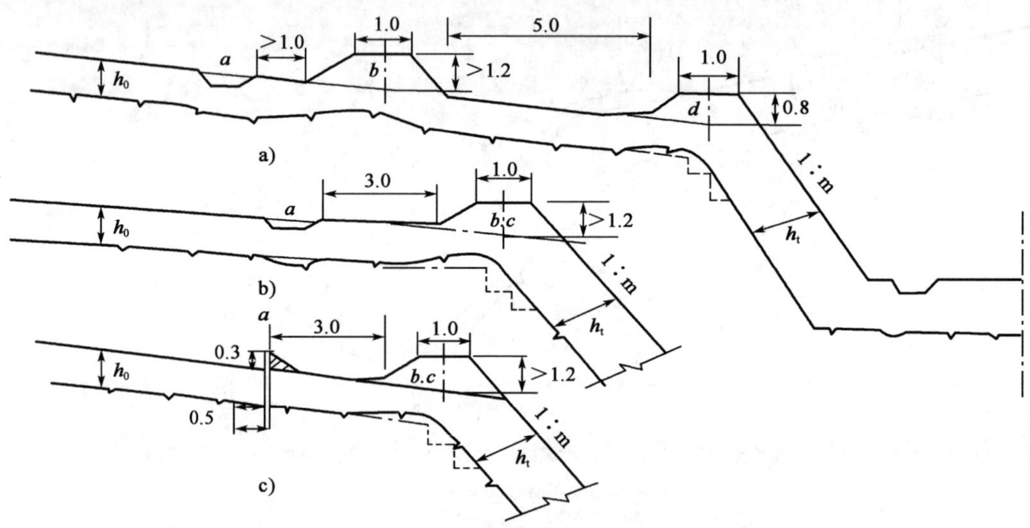

图 3-15　路堑排水断面示意图(尺寸单位:m)

h_0-天然上限埋深(m);h_t-边坡模填厚度(m)

在青藏铁路正式设计中,已采用了这种排水系统,为安全起见加大了挡水埝断面,并在埝下设置挡水板。

路堤有地表横坡时在上侧山坡采用图 3-16 的排水断面。

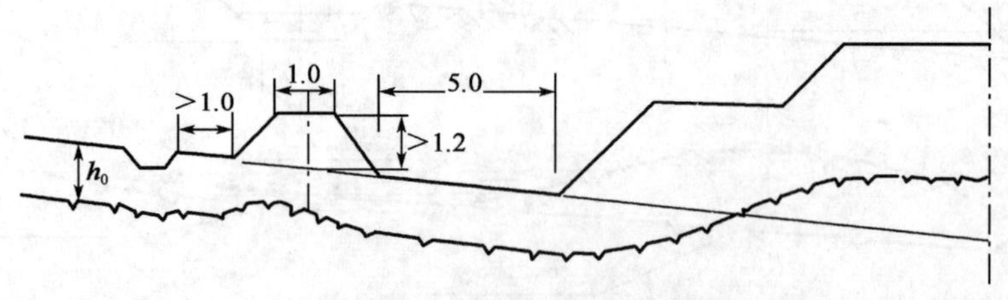

图 3-16　路堤排水断面示意图(尺寸单位:m)

3.3.2.6　过渡段路处理

风火山试验路基设置了从路堑-零断面-低路堤-中、高路堤的试验纵断面,采用了不同的基底处理措施,研究路基纵断面的连接过渡,从路堑到路堤最小设计高度称为填挖过渡段。

在高含冰量多年冻土地区，路堑基底、零断面、低路堤都属于热稳定敏感断面，前二者需要基底换填，它们和低路堤的连接有一个从换填到不换填的过渡，即在路堤填筑高度达到路堤最小设计高度要求以前的地段，仍然要考虑基底换填问题，其纵断面的连接过渡按图3-17a）要求办理。半填半挖地段也有相同要求，按图3-17b）办理，这样才能保证基底的热稳定，完成过渡段顺接。

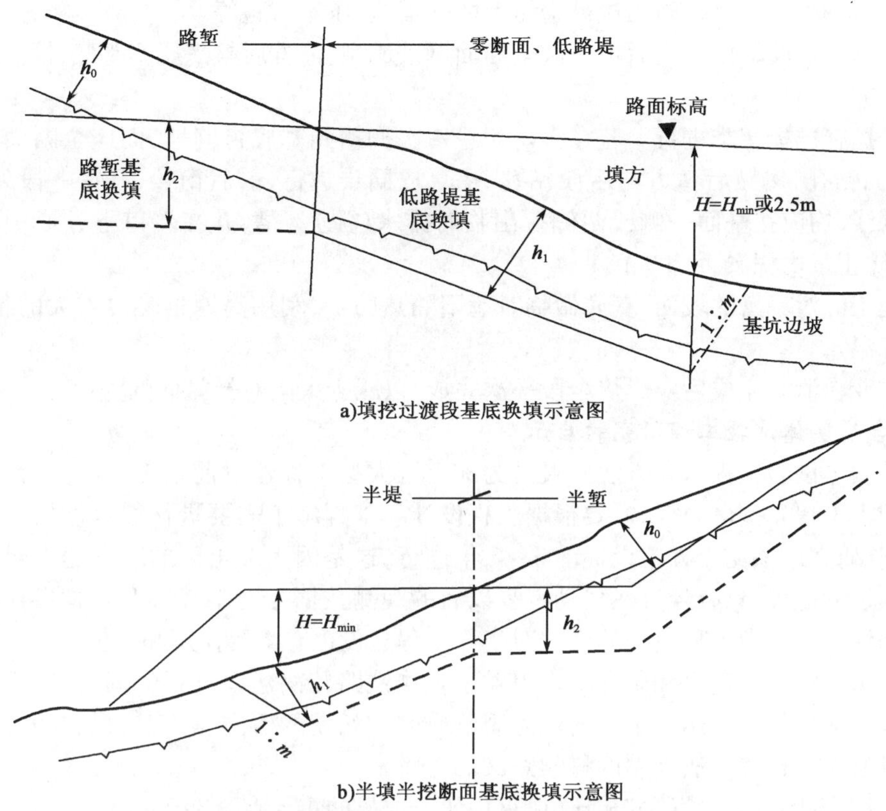

图3-17　填挖过渡段、半填半挖断面的基底换填示意图

3.3.2.7　路基的施工季节和施工工艺

多年冻土区路基施工季节的选择往往影响到路基的稳定。路堑宜在寒季开挖，以防止边坡、基底多年冻土暴露融化影响整个施工作业的进行。

1960年风火山试验路基开挖路堑，在当年7～10月的暖季施工，60m长度范围内试行"日晒融化分层开挖法"施工，由于边坡、基底暴露的冰层融化，边坡土体坍塌被基底融冰水浸泡，形成0.3～0.4m的烂泥且愈积愈厚而无法施工而被迫放弃，余下的40m改用爆破施工才得以成型。

1976年风火山试验路堑开挖于7～8月进行，虽采用钻爆法施工，但在钻爆前用推土机推掉草皮及其下约0.8m季节融化层，使边坡和基底高含冰冻土暴露，在挖近基底标高时，又因材料供应问题搁置了一个月，融冰引起边坡土层坍塌，虽采取了坡面覆盖隔热措施延缓融冰速度，但仍形成了1.2～1.5m厚的稀泥，推土机也陷在泥塘中，由中科院冰川冻土所的三桥车将其拽出。为加设横向槽口排淤清方整坡中断正常施工25天，超挖量达10%。可见施工季节的选择和施工工艺的安排对保证施工进度和工程质量是十分重要的。

通过以往的施工经验，总结了高含冰量多年冻土区施工的一些注意事项，如：

路基宜在寒季施工，尤其是路堑。路堤尽量安排在暖末寒初填筑，减少填料带入的热量。工期允许时采用两阶段施工法：在当年暖季后期预填3m以下的堤基，利用寒季的过余冻结能力增加基底的冷储量，翌年春融开始加高，并尽量在六月中旬前填完。

对于具有开挖换填作业的路基：

认真做好开工准备工作。包括开挖换填段落顺序、运输便道、排淤弃渣、供料系统、防雨雪及隔热材料、钻爆机具器材、施工机械增压及防冻措施、压实试验等。

小深度基础换填移放草皮后可一次全断面爆破成型，清方后整平压实基底，铺卵碎石垫层再分层回填夯实。

深大开挖宜选择寒季进行。若在暖季切忌一次掏槽到基底再刷坡，而应全断面分段分层开挖：原地面钻孔，爆破后清方与后段钻孔、揭草皮同步进行、前后衔接，开挖一段处理一段。无论开挖深浅，均应在基面一侧或两侧拉出临时排水(泥)沟槽，并在端口下方或中段设横向排淤锁口，防止堑内积淤。

暖季施工应对暴露的坡面、基底做临时遮阳隔热防护，利用高原早晚温差大的特点，昼盖夜开以利降温。

回填作业在清方完成后应尽快全段一次完成，以减少太阳对暴露面的直射。

3.3.3 综合性实体试验工程研究的启示

综合性实体试验工程研究方法一般是为冻土区大型工程建设前期工作服务，欲建设冻土工程的区域无工程先例可遵循，需要根据工程设计和工程施工需要进行综合性的实体工程试验，这种试验研究应该比工程建设提前3～5年进行，这是因为冻土区的工程建设对冻土都有一个热扰动恢复过程，只有经过热扰动恢复以后的观测数据才对工程实践具指导作用，当然，其中热扰动恢复过程中工程效果的变化对指导工程建设也有重要作用和价值。

风火山试验路基的建设和研究工作得益于青藏铁路几次建设过程的周折，因而在青藏铁路开工建设之前进行了长达几十年的试验观测研究和长期的研究积累，使得它的研究过程和研究结果具有无可替代无法复制的科学意义。

与一般综合性实体试验研究相比，风火山研究成果的重要意义在于：

以真实的、长期的观测数据记录了而不是理论预测了40年来冻土区典型地段气候的变迁，以最为稳定的低温冻土区气温和多年冻土地温的变化揭示了气温升高的趋势和气温升高会给不同冻土区的多年冻土温度带来的变化，证明必须采用“冷却地基”的方法修建青藏铁路才能抵御气温升高给冻土工程稳定性带来的负面影响。

因为青藏铁路建设前期过程的周折，使得风火山作为中国冻土研究最全面、最久远、最典型和最综合的试验基地，曾经进行了所有青藏铁路冻土区建设采用的工程结构和工程措施的启蒙性和开创性的实体试验研究，这为青藏铁路开工建设后在正式运营线路进行的验证性试验工程研究奠定了坚实的技术基础。

风火山试验工程采用的有些结构和措施有些不再在冻土区工程上应用，但是对已经存在了几十年的试验路基的观测研究还在继续进行，它的示范效应表现在警示作用上，而冻土区任何长期连续的以工程实际数据为特点的科学研究工作都应该延续下去，这是比任何先进的计算手段得到的结果更准确的科学的结果。

综合性试验工程研究的长期性、连续性是其独一无二的优势，但是真正发挥这种优势，将观测结果转化为科学结论需要重视资料分析整理工作。这需要建立各类观测数据的数据库，编制查询和数据整理软件，建立数据分析的专家系统，根据青藏铁路冻土区工程的变化和运营需要提供趋势性的工程结论，使风火山为代表的综合性试验工程继续发挥基础性作用。

3.4 验证性运营线路试验工程研究方法

冻土技术研究和其他学科的研究一样，随着研究工具的改进，学科的发展，对冻土认识的进一步深化，尤其是对冻土环境和冻土工程之间关系的认识的深化，已经获得的研究成果都带有一定局限性，因此当正式的工程建设开始以后，有必要在以往研究结论基础上对一些确定性的工程结构、工程措施、工程设计原则进行验证。

青藏铁路冻土工程设计和施工需要解决的主要问题包括：融沉、冻胀，次生不良冻土现象以及过渡段、裂缝防治、坡面防护、斜坡路基稳定等线路工程经过区域和确定性设计面临的冻土工程特殊问题。

青藏铁路建设以前的科学研究工作，尤其是以风火山定位观测站和试验路基为代表的研究工作得出的研究成果，尽管为后来的青藏铁路正式开工建设奠定了坚实的技术基础，但是，大规模的冻土工程建设需要先期开展验证性的试验工程，而最重要的是试验工程在正式线路上开展研究工作，分期分批的取得试验研究结论以指导冻土区工程全面进行。

3.4.1 验证性试验工程研究目的

青藏铁路开工建设准备过程通过对国内外既有多年冻土铁路工程的考察、研究得知，既有多年冻土铁路病害比较严重，行车速度普遍较低，对铁路运输效率和安全有很大影响。根据以往研究成果采用的设计原则和工程结构、工程措施的运营实体线路工程效果，需要通过验证性试验工程研究得出相应的施工技术、施工工艺，以及施工组织设计也需要通过实体线路工程试验进行配套研究。

青藏铁路冻土区线路设计速度是100km/h，相对其他冻土区国家的建设标准高，对多年冻土工程的安全可靠性要求相对要高。青藏铁路冻土区工程设计和施工的关键技术解决途径：一是对既有的冻土研究成果总结消化改进，包括对东北地区的冻土铁路和青藏公路工程实践的借鉴，对秘鲁高原铁路、俄罗斯和加拿大冻土铁路、挪威寒区铁路建设经验的兼收并蓄式的吸收；二是在国内外既有冻土研究成果消化吸收基础上，先期进行冻土试验工程建设，在多年冻土区典型地段先行开展冻土试验工程研究，根据典型地区试验段不同的冻土环境条件，选定设计原则，采用相应的工程措施，通过多个冻融循环连续测试，检验冻土工程措施的可靠性和适应性，经验证完善后在后续冻土工程中推广应用。

这种和工程建设同步进行的冻土试验工程研究方法，可以随时根据对冻土和冻土工程的认识的深化，应用分期分批的试验研究结论推广应用，提高青藏铁路冻土区工程的设计和施工水平。

3.4.2 验证性试验工程设置原则

青藏铁路冻土区工程开工建设以前所得到的工程实体研究结论，基本是以风火山试验基地的研究为基础，如前所述，风火山试验工程的作用无可替代，但是它的局限性在于：

低温冻土区试验结果揭示的趋势性规律不能作为独立工程结构在高温冻土区实际工程效果的设计参数；低温冻土区各类工程结构的应用效果不能完全代替线路经过的各类冻土环境条件下应用效果，低温冻土区设计参数的选择和高温冻土区具有明显差别。

进入21世纪以来科研人员对气温升高趋势下冻土工程结构的选择有了新的认识，即应该采用“冷却地基”的思想和选用冷却地基的主动型工程结构和工程措施解决冻土工程中普遍存在的技术难题，而这些在过去的研究中还没有占据主导地位，因此以往类似的研究成果还不足。

基于以上认识,验证性试验工程设置原则主要注意试验工程选址、试验工程类型和主要研究内容。

验证性冻土工程试验段的设置原则:

(1)试验段冻土环境条件的典型性。在调查和勘察的基础上,选择能够反映高原多年冻土主要冻土环境特点,在全线具有典型性和代表性的地段,作为验证性冻土工程试验段。

(2)针对冻土区典型冻土环境条件下有可能发生的问题,采用的工程结构和工程措施在试验段都要进行设计和研究。这种验证性试验工程研究重点验证普遍采用的工程措施的可靠性和适应性,为全线冻土工程提供示范,针对设计、施工中的关键技术开展研究,为完善设计、改进施工技术服务。

(3)从科学研究的角度出发,试验段研究项目应该具有系统性,现场试验应该体现实用性和可靠性,充分发挥试验段的现场试验条件,对各种新结构、新材料和新工艺进行系统的研究试验,通过现场测试取得有关设计参数,为全面推广应用提供科学依据。

(4)和冻土区工程建设同步进行的试验段测试工作应该坚持一定的长期连续观测研究。只有长期连续的观测研究资料才能为准确评价工程措施应用效果和可靠性提供科学依据,这种验证性试验工程应该与长期运营结合,和后续冻土工程长期观测形态研究结合。为工程长期使用和养护维修提供必需的技术支持,通过长期测试,积累资料,掌握冻土环境和冻土工程的动态变化。

根据上述设置原则,青藏铁路建设期间验证性试验研究选取厚层地下冰地段(北麓河段)、细粒土高温冻土地段(清水河段,图3-18)、融区和多年冻土过渡地段(沱沱河段)、岛状冻土和深季节冻土段(安多段)四处路桥工程试验段和昆仑山、风火山隧道工程试验段作为建设期间验证性冻土工程试验段。

图3-18 2002年的清水河试验段

3.4.3 验证性试验工程研究内容

验证性试验工程研究内容基于以下冻土环境和冻土工程之间的变化关系:

路基修筑后改变了地表层的水热交换条件,引起基底土层压缩,或破坏了地表土,天然上限的深度将随之发生变化,在一定的气温环境条件下,存在能保证多年冻土天然上限位置不变的路基填土临界高度。当路堤高度小于临界高度时,上限将下降,路基随之发生融沉,路基的修筑改变了地表和地下水的径流条件,若地表排水措施采取不当则会造成路基积水,水体的热作用将使地下冰融化而导致路基下沉甚至发生突然沉陷。

冻土区路基表层的冻胀取决于冻结条件、土质条件、土中外来水分及补给来源，以及外荷作用。当温度和外荷一定时，可通过控制路基不良土质和外来水分消除路基的冻胀。路堤与路堑，路堤与桥梁，多年冻土的路基与融区的路基，高含冰量冻土区的路基与多冰冻土区的路基，在其交界处，因地质条件、结构形式的不同，路基产生差异沉降，刚度变化大，因此存在过渡的问题。

冻土区的土方开挖、填土及其他对地质环境的扰动，不可避免地遇到冻土斜坡稳定性问题，特别是在高含冰量、高温多年冻土的斜坡地段，微弱的工程热扰动就可能会引起冻土区斜坡稳定性的变化，冻土区边坡开挖及斜坡稳定性是工程活动必须解决的关键问题之一。

在冻土沼泽湿地段，路基变形是不连续和局部性的，造成沼泽地区路堤长期沉陷和位移的原因是路堤下面地基土液化并被挤出地面。

青藏高原气温变化强烈，气温年际变化影响下路堤及路堑边坡表层在寒季发生冻胀，夏季发生融沉。伴随着冻胀和融沉，将引起边坡表层土的强度下降，有可能造成表层流坍甚至整个边坡滑塌。

多年冻土区挡土墙墙背形成新的季节融化层，每年的冻融循环导致挡土墙墙背交替出现土压力、冻胀力，多年冻土区挡土墙的设计需要考虑寒季挡土墙承受冻胀力及适应冻胀变形和快速施工的问题。

冻土区路基工程变形及其衍生现象发生机理与土体冷生过程（冻融过程）密切相关。冻土区修筑路基大体可以划分为三个阶段——路基修筑阶段、路基趋于稳定阶段和路基稳定阶段（铁路长期运营阶段）。如果根据修筑路基前后土体冷生过程发生发展和主要冷生特征（地温场形态），以及不同阶段路基土体传热特征来划分，这三个阶段可以对应工程热影响和热扰动阶段、工程热影响和热扰动削弱渐消失阶段和热平衡逐渐稳定阶段。各个不同阶段由于土体冷生作用不同，引起的路基变形特征也各不相同。在土体冷生过程这三个阶段中伴随着路基变形的发生、发展和稳定，由于各种工程环境变化，还衍生了一些工程裂缝等工程现象，给冻土区路基稳定带来一定影响。

多年冻土路基的修建会导致新的不良冻土现象的形成，即次生不良冻土现象，从而对铁路工程产生种种危害。铁路在修建过程中和修建后产生的次生不良冻土现象其形成、发生发展规律及整治措施是实体线路运行需要研究解决的问题。

冻土路基的冻胀和融沉病害都直接地或间接地和水的影响有关，必须对路基有害的地面水和冻结层上水采取拦截或引排措施，以最短路径排入附近桥涵或沟渠中。

多年冻土地区路基工程特殊施工组织和工艺也是需要认真解决的重要问题。

这些特殊的冻土工程问题，除了前期阶段进行的综合性实体试验工程解决基础性问题以外，必须通过在运营线路上进行验证性试验工程进行研究。

3.4.3.1 不同区域冻土工程试验段研究方向

清水河试验工程主要研究内容是高温不稳定冻土区细颗粒高含冰量冻土强融沉性和强冻胀性问题。

清水河试验段位于楚玛尔河高平原，全长约3km，海拔4550～4600m。天然地面轻微起伏，沿西偏北～东偏南冲洪积方向地势逐渐降低，地表冲沟发育。该地年平均气温为－4.3℃，极端最高气温23.1℃，极端最低气温－46.1℃。多年冻土年平均地温在0～－1.5℃，厚度大于60m，天然上限为2.2～2.9m。地表植被覆盖率5%～30%，高含冰量冻土发育。钻孔资料揭示地层岩性主要为第四系全新统冲、洪积砾砂和风积细砂，厚 1 ~ 2m，砾砂厚 0.3 ~ 0.5m。下伏地层主要为上第三系泥岩、泥灰岩及砂岩。

北麓河冻土工程试验段为研究高温极不稳定区厚层地下冰地段的工程措施问题而设（图 3-19）。

北麓河试验段位于北麓河冲、洪积高平原，试验段全长 3.9km，海拔 4600 ~ 4700m。该地年平均气温为 -3.8℃，极端最高气温 23.2℃，极端最低气温 -37.7℃。该试验段属厚层地下冰地段，地下冰分布极为广泛。根据钻探资料显示，冻土上限以下 0 ~ 3m 范围内分布有含土冰层，冻土上限深度一般为 2m，个别地段为 2.5m 左右。冻土年平均地温为 -0.5 ~ -1.0℃。地层岩性主要为上第三系泥岩、泥灰岩及第四系全新统黏土、粉砂。试验段除路堤工程外还有两处冻土路堑工程。

沱沱河冻土工程试验段为研究融区和多年冻土过渡地段的工程措施，解决冻融过渡段的多年冻土极易受天然因素或人为活动的影响而变化的规律而设置（图 3-20）。

图 3-19　北麓河试验段

图 3-20　沱沱河植被再植试验

沱沱河试验段位于沱沱河盆地冲洪积平原，全长 1.5km，海拔 4500 ~ 4600m，多年冻土处于极不稳定状态。该段地形开阔，风积半固定沙丘及半固定沙地较为发育，零星有沼泽出露。该地年平均气温 -4.0℃，极端最高气温 24.7℃，极端最低气温 -45.2℃，最热月平均 7.6℃，最冷月平均 -16.2℃，年平均气温较差 23.8℃。为多年冻土和融区过渡地带，主要表现在岛状多年冻土与融区交错分布，多年冻土年平均地温 0 ~ -0.5℃，天然上限 2.5 ~ 3m。

图 3-21　安多试验段

安多冻土工程试验段设置是为了研究深季节冻土区路基的冻胀问题和深季节冻土区的工程技术问题而设置（图 3-21）。

安多冻土工程试验段位于唐古拉山南麓，分为不相连的 5 段，总长 4.24km，海拔 4700 ~ 4800m。唐南段降水量相对较大，深季节冻土分布广，季节性冻结深度较大，个别深度达到 5.0m 左右，基底活动层具有较强的冻胀性土层。多年冻土沼泽化湿地及斜坡湿地发育，地表水与地下水顺坡向流动，可能会造成路基沿地面及冻土天然上限附近界面滑动的趋势，严重影响铁路路基的整体稳定性，需要对多年冻土区沼泽化湿地软弱地基处理及斜坡地段路基稳定性进行试验研究。

昆仑山和风火山隧道试验工程针对多年冻土隧道建设的技术难题,依托昆仑山和风火山隧道工程开展试验研究。

昆仑山隧道长1686m,轨面标高4642.66~4665.91m,是世界上最长的多年冻土隧道。隧道地处昆仑山北麓低、中高山区,地形起伏较大,山坡陡峻,坡面破碎,植被稀少,以寒冻风化地貌为主。年平均气温约-5.2℃,极端最高气温23.6℃,极端最低气温-27.7℃。根据国家地震局提供的资料,昆仑山区地震基本烈度为8度。山体为三叠系板岩夹片岩,山坡分布有坡积角砾土、碎石土,洪积碎石土。隧道洞身通过板岩夹片岩,以板岩为主,局部夹片岩。岩体板理、片理发育,节理、裂隙发育。隧道进口山坡为阴坡,冻土上限为2.7m,出口山坡为阳坡,冻土上限为2.1~3m。隧道埋深3~106m,根据勘测资料推测多年冻土下限为100~110m,年平均地温-1.81~-2.65℃,属多年冻土低温稳定区或低温基本稳定区。地表水主要为隧道所穿沟床的季节性流水,地下水主要为冻结层上水及基岩裂隙水,推测隧道正常涌水量为222.55m^3/d,最大涌水量为445.10m^3/d。

风火山隧道长1338m,轨面标高4889.67~4905.40m,是世界上海拔最高的隧道。风火山隧道地处中高山区,隧道通过部位山顶最高海拔4996m,地形起伏较大,地表冲沟发育。年平均气温-6.11℃,极端最高气温23.2℃,极端最低气温-37.7℃,地震基本烈度为7度。风火山隧道主要地层为第四系全新统洪积、坡积粉质黏土,下伏下第三系砂岩、泥岩,基本以砂岩为主,夹泥岩层,节理裂隙较发育。风火山隧道最大埋深约100m,根据青藏公路资料,风火山地区下限深度大于110m,隧道洞身全部位于冻岩之中,年平均地温-2.6~-3.75℃,属低温稳定冻土区。进出口端多年冻土上限1.2~1.5m,出口端多年冻土上限1.45~1.8m。地表水主要为山体表层冲沟中的季节性流水,主要为大气降水补给,水质较好;地下水主要为暖季分布的冻结层上水,含水层主要为基岩风化层;基岩中地下水不发育。

3.4.3.2 主要工程结构和工程措施效果的验证性研究

试验工程包含以下三大项九大类项目的试验研究。

(1)路基工程课题——路基合理高度和沉降变形预测;路基新结构;边坡防护和支挡新结构;新工艺、新材料;环境保护新技术。

(2)桥涵工程课题——不同桩基结构形式和施工工艺(包括试桩试验方法);涵洞新结构(拼装式)试验。

(3)隧道工程课题——隧道冻融圈研究(形成机理、对结构影响、铺砌保温材料对冻融圈的影响);高原冻土区隧道施工关键技术研究(衬砌隔热、低温早强混凝土技术、支护技术、通风技术、施工机械)。

配合以上研究项目进行冻土地温场(路基、桩基、隧道围岩冻融圈等)变化、路基沉降变形、各种结构物应力和变形以及有关的气温气象观测。

(1)片石气冷路堤试验研究

在路堤本体下部一定范围填筑片石层,通过地温及变形监测来分析探讨这种路堤结构的适用性及其特点,提出片石气冷路堤结构的设计参数及其施工方法。主要研究内容:研究通风路堤的结构形式;观测路堤变形和人为上限的变化情况,分析片石层对基底的降温效果;总结倾填片石通风路基的施工工艺;研究片石通风路堤的适用范围及特点。

(2)片(碎)石护坡试验研究

在路堤两侧边坡上设置一定厚度的片石层或碎石层,通过地温及变形监测,分析探讨护坡结构在保护基底多年冻土的效果,提出片碎石护坡在多年冻土区路基中的适用条件、范围和工程特点等,总结片碎石护坡的施工工艺。主要研究内容:分析片石护坡对路基基底下多年冻土上限的影响,分析论证片石护坡在保护路基基底下伏多年冻土稳定性方面的实际效果;分析碎石、抛石护坡的保温对比效果;探讨碎石与抛片石护坡的施工工艺。

(3)热棒试验研究

在路基的适宜部位按照一定的方式插设一定规格的热棒,利用热棒的"二极管"特性,采集大气中的冷量,达到主动冷却多年冻土地基的目的。通过现场温度及变形监测来分析探讨热棒的适用范围及特点,分析热棒的制冷影响范围及热棒冷却地基的效果,提出热棒的施工方法及施工质量控制办法。主要研究内容:研究热棒路基人为上限的变化特点和制冷影响范围;研究热棒路基的地温场特点,现场观测路基变形特征;研究热棒的合理配置方式及施工工艺。

(4)通风管试验研究

在路堤(一般情况下填土高度不小于6m)本体中埋设不同材料、不同管径、不同设置方式的通风管,通过现场温度及变形监测分析,评价通风管路堤结构冷却地基多年冻土的有效性及适用性,提出或探讨通风管路堤结构的设计参数及其施工方法。主要研究内容:分析通风管路堤结构的工程效果及其影响因素;研究一定通风管长度和长径比条件的降温效果;研究通风管路堤的设计和计算参数;总结提出通风管路堤的施工工艺。

(5)路基合理高度试验研究

多年冻土区路基临界高度是指按保护多年冻土设计原则设计的保持基底多年冻土天然上限位置不变的路基最小填土高度。在一定的气温环境条件下,存在能保证多年冻土天然上限位置不变的临界高度。为合理确定青藏铁路路基临界高度,进行了多年冻土区铁路路基合理高度的试验研究。主要研究内容:不同高度路堤下多年冻土地基地温场分布和人为上限形成过程研究;路基沉降变形预测及计算方法研究;道渣层下冻土路基热状况研究;影响路堤最小合理高度的各项因素分析研究;提出高原冻土区的路基最小合理高度的建议值。

(6)隔热保温材料应用研究

在路基内铺设隔热保温材料,阻止外部热量进入下部土层,从而起到保护多年冻土的作用。作为被动保护冻土的一项工程措施,隔热材料可以起到延缓冻土融化速度,降低冻胀变形对路基稳定性影响的作用。通过研究验证隔热保温措施的可靠性和适应性,为后续工程应用提供依据。主要研究内容:针对不同保温材料、不同埋置深度,通过路基及路基下多年冻土地温温度场、路基及保温板顶底部水分变化等观测,验证工程措施合理性,重点解决保温材料保护多年冻土的作用效果;针对反复冻融和工程作用下本试验段采用的保温材料在反复冻融作用下的耐久性问题,研究反复冻融作用及不同荷载下保温材料的导热性能、吸水性能、强度变化;针对保温材料施工工艺和质量检测评价,指导青藏铁路类似工程设计和施工。

(7)多年冻土区沼泽化湿地及斜坡湿地路基处理试验研究

青藏铁路安多段分布大范围的冻土沼泽化湿地及斜坡湿地,严重影响铁路路基的稳定性。通过研究冻土沼泽化湿地及斜坡湿地路基稳定性受冻土融化深度和地温分布的影响,提出提高路基稳定性和冻结层上水的处理方法,确保沼泽化湿地及斜坡湿地路基的安全稳定。主要研究内容:研究提出冻土湿地地基处理工程措施;对冻土湿地地基处理措施的路基热稳定状态及沉降变形情况进行现场观测分析,对地基处理效果进行检验分析,提出改进完善建议;提出冻土湿地地基处理的施工工艺和质量控制指标。

(8)多年冻土路基人为上限变化特点及对工程稳定性影响的研究

为掌握多年冻土路基人为上限的变化特点及对工程稳定性的影响,通过对青藏铁路多年冻土路基的大量现场测试,探讨影响路基人为上限的主要因素、变化特点及其与稳定性的关系,对冻土路基工程措施的实际应用效果进行分析评价,从而为多年冻土路基稳定性预测提供依据。主要研究内容:分析影响多年冻土路基人为上限的主要因素,研究气温、年平均地温、填料类别、路基高度等因素对路基人为上限的影响特点;研究主要工程措施人为上限形成过程、形态特点及其变化规律,提出冻土路基人为上限形态分类;通过对典型路堤的人为上限数值模拟,分析冻土区主要路基结构的人为上限与稳定性关系,对冻土区既有路基工程措施的应用效果和有关参数进行了分析评价,提出完善建议。

(9)多年冻土区钻孔灌注桩应用技术研究

高温不稳定和高温极不稳定冻土区,多年冻土易受热扰动影响而退化,如何合理确定钻孔灌注桩的承载力,确保桥梁桩基安全,是多年冻土区钻孔灌注桩设计需要解决的难题。通过现场载荷试验,确定冻土桩基承载力、冻结力和冻拔力的计算参数,掌握了桩基施工对地温的影响过程及其回冻规律。确定了多年冻土区钻孔灌注桩旋挖钻干法成孔施工工艺,为多年冻土区推广采用钻孔灌注桩提供了可靠的技术保证。主要研究内容:通过采用与实际工程相同的施工方法、成桩工艺、相同几何尺寸的钻孔灌注桩进行桩基的现场静载试验,确定多年冻土区桩基的竖向极限承载力 P_u、桩顶竖向位移、水平承载力 H_{cr}、水平位移等;通过对桩土界面、桩侧、基准测温孔的地温观测,掌握对于不同施工方法的钻孔灌注桩的回冻规律;测定桩侧冻结强度的分布规律,测定桩侧不同土层冻结强度的极限值,桩端阻力随荷载变化的规律及其极限值;确定桩侧冻土的地基比例系数 m 值;研究钻孔机具的性能、钻进效率、成桩工艺、桩体混凝土灌注工艺。

(10)洞内外气温变化对围岩冻融圈的影响研究

为掌握隧道建成后洞内外气温变化对围岩冻融圈的影响,保证隧道结构的安全,通过对洞内外气温、围岩地温及气象要素的观测分析,提出青藏铁路多年冻土隧道洞内、外气温变化对围岩冻融圈的影响特性,对隧道隔热层的使用效果进行评价,为隧道的长期安全营运提供技术依据。主要研究内容:建设现场气象站,测试气压、气温、湿度、风速、风向、辐射等气象要素;研究隧道贯通前后及建成后对洞内气温和围岩地温场的影响;采集昆仑山和风火山隧道围岩岩样,通过实验测定岩样的含水量、含冰量、体积热容量和热传导系数;分析气候变暖的条件下对隧道围岩冻融范围的影响;对隧道贯通前后和运营过程中的洞内气温和围岩温度分布进行空间分析计算,预测隧道围岩地温场的发展变化规律。

(11)隧道衬砌结构防冻胀技术研究

为防止多年冻上的冻融交替作用对隧道衬砌结构的不利影响,多年冻土隧道必须采取可靠的防冻胀工程措施防止冻害的发生。在大量试验研究的基础上,针对多年冻土隧道的特殊环境和隧道冻融圈热稳定条件,研究提出了“一次衬砌 + 防水层 + 隔热防胀保温层 + 防水层 + 二次衬砌”的衬砌结构,经过现场测试验证,起到了保护冻土、减小冻胀力、有效控制冻融圈的良好效果,保证了围岩及结构的稳定。主要研究内容:研究隧道围岩冻胀机理及冻胀力的影响因素,分析围岩冻胀力对隧道衬砌结构的影响特点;通过现场测试研究冻融作用对隧道衬砌结构的影响,分析冻胀力的变化规律及其分布特征;合理确定保温材料的物理力学性能和设计参数,模拟隧道运营情况,最大限度地确保隧道围岩冻土温度场的稳定性;研究隔热保温衬砌结构的施工艺。

通过青藏铁路多年冻土试验工程的系统攻关和工程实践，在理论研究、现场试验、勘察设计和科学施工等方面进行了积极探索，取得了丰硕成果，为大规模冻土工程建设积累了丰富经验，确保了冻土工程的安全可靠。

3.4.4 试验工程研究成果的示范和指导作用

验证性运营线路上的试验工程研究的主要作用有以下几点：

(1)验证冻土工程设计原则。

(2)验证工程结构和工程措施预期效果。

(3)探索新结构、新措施的施工关键技术。

(4)探索新材料、新工艺实用效果。

(5)改进既有研究成果的适应性和可靠性。

(6)开阔研究思路，丰富提高充实现有的冻土工程研究理论、手段、方法。

青藏铁路冻土区验证性试验工程的研究成果在以上几个方面都具有示范和指导作用。具体指导作用表现在：

(1)应用冷却地基新思路指导设计，应用冷却型新结构以主动冷却降温的方法减少冻土路基工程的冻胀和融沉变形问题。

全面掌握了青藏铁路沿线多年冻土的分布及特征，考虑了全球气温升高的因素，提出了多年冻土稳定性评价的地温分区和工程分类，为线路方案确定和各类工程设计提供基础地质资料。

在清水河、北麓河、沱沱河、安多路基试验工程建设和运行过程中，连续观测各类工程措施地温、变形、水分的变化，研究控制和减少多年冻土路基工程冻胀和融沉变形的主要方法，研究得出片石气冷、碎石护坡、通风管、热棒为主体的主动降温措施的工作机理，提出综合防止冻土路基融沉、冻胀、纵向裂缝的结构措施。

与线路建设开通同步进行多个冻融循环的观测，验证了冻土工程措施冷却地基土体降低基底多年冻土地温的效果，研究证明冷却型路基结构保证多年冻土路基稳定的效果，提出适合高原冻土特点的以片石气冷和碎石护坡等主动降温措施为主体的成套路基工程措施。确定了多年冻土区路基各项工程措施设计的关键参数，明确了路基合理高度，隔热保温层的适用范围，为青藏铁路多年冻土区路基工程设计、施工提供了科学依据。

通过试验研究验证了冷却路基的方法，从传热的基本形式即辐射、对流和传导三个方面调控。可以通过改变路堤的结构和材料以调控辐射、调控对流和调控传导，达到冷却路基的目的。

试验工程研究过程是主动降温、冷却地基、保护冻土新的设计思想形成过程，这个过程的特点主要是实现了冻土工程设计由静态到动态、由被动到主动、由单一到综合的转变。

验证性试验工程研究在借鉴国内外研究成果，应用青藏铁路冻土研究的最新成果基础上，编制完善了青藏铁路多年冻土区勘察、设计、施工暂行规定，为勘测设计和施工提供了规范性依据，为青藏铁路多年冻土路基工程设计施工提供了可靠的技术支撑。

(2)冻土区线路工程“以桥代路”工程结构的设计思想提出和实施。

青藏铁路高温高含冰量冻土区工程结构选择是关键性问题，气温升高趋势对高温冻土的影响和所发生变化的不可逆性，使工程热扰动对基底多年冻土的扰动难以恢复，路基工程难以保证基底多年冻土的热稳定性，通过试验工程创造性的提出在高温高含冰量冻土区采用“以桥代路”结构通过解决了以往被困扰和难以解决的技术难题(图3-22)。

试验工程研究解决了“以桥代路”和其他跨河桥梁工程在高原冻土区的设计和施工面临的结构耐久性问题,研究成果被现行铁路混凝土耐久性设计暂行规定采纳,推动了铁路工程耐久性设计技术的发展和应用。

图3-22　清水河“以桥代路”特大桥

综合考虑未来气温升高对桩基承载力的影响,通过试验工程研究提出了多年冻土区桩基础同时按融化、冻结两种状态进行设计的新思路。通过现场试验研究,确定了冻结强度和冻拔力的计算参数及桩基承载力,研究了桩基施工对地温的影响过程及其回冻规律,为钻孔灌注桩设计提供了可靠依据。

通过多种桩基成孔方法的实践和研究,选定对冻土热扰动小、有利于环境保护的旋挖钻机干法成孔施工技术,并制订了冻土成孔、灌注和检测工艺细则,为多年冻土区桥梁大规模采用钻孔灌注桩基础提供了可靠的技术保证。

整个试验工程中桥梁基础和耐久性问题的系统研究,保证了“以桥代路” 设计思想的实现,为减少冻土病害、确保运营安全、野生动物迁徙提供了保证。

研究冻土层地震反应对桥梁结构的影响,提出了相应的技术措施,基本解决了多年冻土区高烈度地震桥梁抗震设计难题。通过研究形成了高原、高寒、多年冻土区的桥涵设计施工成套技术,为青藏铁路建设和桥梁技术进步做出了重要贡献。

(3)冻土区隧道以围岩地温场和冻融圈特性研究为基础,针对多年冻土隧道工程技术难题,通过现场测试、室内模型试验及理论分析,揭示了多年冻土隧道洞内外气温及围岩地温的分布特征,提出了多年冻土隧道洞内、外气温变化对围岩冻融圈的影响特性。

针对多年冻土隧道冻融圈热稳定性等问题,研究提出了 “一次衬砌 + 防水层 + 隔热保温层 + 防水层 + 二次衬砌”的防冻胀结构,在昆仑山、风火山隧道是以工程和全隧道设计施工中达到保护冻土、减小冻胀力、有效控制冻融圈范围,保证围岩及结构稳定为目的。

研究了隧道隔热层能够减缓和阻止暖季围岩冻土的融化,对气温变化具有明显的衰减作用。现场工程研究证明多年冻土隧道隔热保温和防排水措施的综合应用,为围岩的回冻创造了良好条件,有效防止了围岩的冻融作用,保证了衬砌结构的安全稳定。

试验研究提出的隧道施工温度场控制的指标,为施工中冻土围岩的稳定和混凝土施工质量提供了保证条件;隧道通风、温度控制、供氧和便携呼吸器相结合的系统方案,保证了施工人员的健康和施工安全。

通过验证性和开创性的系统研究,形成了高原、高寒、多年冻土隧道的施工综合配套技术,保证了青藏铁路昆仑山、风火山隧道的顺利建成。

先期进行的冻土试验工程和同步开展的试验观测研究对深化冻土工程的认识,提高青藏铁路的设计和施工技术水平发挥了重要作用,取得的创新性成果,丰富了多年冻土的理论和实践,体现了当代冻土区铁路工程建设的先进水平。

3.5 运营线路病害整治试验工程研究方法

冻土区工程从建设到运营是一个完整的变化过程,这个过程变化的实质就是冻土工程的修建改变了原始的冻土环境条件,冻土环境条件又继续影响冻土工程的功能的发挥,周而复始,循环多变,冻土区线路运营期间线路变化和病害整治研究是冻土工程研究这个系统工程中最后一个链条环节。

冻土区线路病害整治方法的研究主要采用在运营线路的典型地段设置实体工程观测试验段的方法进行。

冻土区工程"冷却地基"的设计思想和设计理论,除了对工程实践中出现的有害或潜在有害的工程现象提出工程应对措施外,还应该对整治这些路基病害或潜在病害的主要工程措施的应用条件、应用效果进行工程验证,并结合工程验证、试验观测对长期整治效果进行研究预测。

在冻土区工程设计理论中,利用特殊路基结构达到降低土体温度、保护多年冻土、抵御未来气温升高是保护冻土在冻结状态的主要途径,采用横向不对称几何尺寸的特殊路基结构平衡阴阳坡带来的温度场和变形差异是整治路基病害的主要设计方法。

运营线路病害整治试验工程研究方法对这些整治方法采用的工程结构和工程措施的可行性和可靠性通过典型地区的实体工程试验和理论计算给出必要的回答。

这种研究方法应该考虑线路运行条件下整治病害的特殊性,即一般条件下除非改线,任何工程措施的实施不能妨碍行车,不能触及线路本体的完整。因此病害整治措施的选择将受到一定局限。

3.5.1 运营线路病害整治试验工程选址

运营期间冻土区线路病害发生的基本原因都是因为气温升高的变化趋势带来的冻土退化引发的一系列显现发生和隐性发生的地温场变化和变形。根据青藏铁路冻土区工程建设和研究的基础,这些有害变化极易发生的区域可以划分为三类,试验工程也相应的取在这三类地段,即:环境气温低,冻土地温也低的高含冰量区域,而且建设中没有采取任何特殊工程措施的地段;环境气温高、工程措施需要补强的低温冻土地段;环境气温高,冻土地温高的地段。

在已经开通运营的青藏铁路冻土区线路中,这三类地段是最容易发生病害的潜在地段,这是因为环境气温低、多年冻土地温低的地段虽然是比较稳定的地段,但是由于建设期间各方面条件的限制尚有相当地段只是采用填土路基结构,这种结构抵御未来冻土退化的效果极其有限,是未来病害潜在发生区域;环境气温高、目前冻土地温尚低的地段,是不稳定地段,区域环境气温条件已经不具备形成和稳定低温冻土的条件,环境气温已经不能为低温冻土的生存提供能量来源,冻土处于退化趋势中,如果原有工程措施不够安全,这种地段很容易成为病害发生地段;环境气温和冻土地温都比较高的地段,冻土已经明显处在退化过程中,多年冻土上限在逐渐下移,温度在逐渐升高,原有工程措施已经不能抵御冻土的退化,这是未来病害最容易发生的地段。

基于以上分析,运营线路病害整治试验观测选择在青藏铁路冻土区最典型的三个区域:

——年平均气温 -5.6℃,冻土年平均地温 -2℃的五道梁地区试验段;

——年平均气温 -3.8℃,冻土年平均地温 -1.2℃的北麓河地区试验段;

——年平均气温 -4.2℃,冻土年平均地温 -0.5℃的开心岭地区试验段。

在以上三个试验段分别进行了以不对称几何形态为主要参数设计的整治病害技术研究。

五道梁试验段，北麓河试验段，开心岭试验段在地形地貌、气候条件和冻土特征方面对比见表3-15。表3-16和表3-17列出对于路基病害整治特殊工程措施的长期效果有直接影响的一些气候要素数据。

运营线路病害整治试验段冻土环境条件 表3-15

试验段位置	地形地貌	地层岩性	气候和平均气温	冻土年平均地温(℃)
五道梁 DK1082+350~DK1082+500, DK1082+600~DK1082+850	湖相沉积高平原，地势开阔呈波浪起伏，山脊平缓，植被稀疏，海拔4500~4700m	棕红色细砂，灰白、灰绿色砾砂，灰白、灰绿色砂岩，灰白灰绿色泥灰岩，泉华堆积物	年平均气温为-5.6℃，1月平均气温为-16.9℃，7月平均气温为5.4℃，年平均气温较差为22.3℃，日平均气温小于等于0℃的天数为243天。年平均降水量为264.8mm，年最大积雪深度为14cm	含土冰层为主，年平均地温-2.3~-2.4℃
北麓河 DK1141+955~DK1142+990	北麓河冲、洪积高平原地貌。地势开阔，地形略有起伏，地表植被发育较好，覆盖率一般为10%~50%	砾砂：中密，潮湿粉砂：松散，潮湿饱和黏土：硬塑状砂岩：灰绿色，成岩性较差，强—全风化泥岩：棕红色强—全风化	干旱气候区，寒冷干旱，四季不明，空气稀薄，气压较低，一年内冻结期长达7~8个月，蒸发量远大于降水量。根据北麓河自动气象站资料，年平均气温为-3.8℃	含土冰层为主，年平均地温-1.41~-1.68℃
开心岭 DK1262+370~DK1262+700	地形平坦开阔，地势略有起伏，沟梁相间，山脊陡峻，山前洪积平原，海拔高度4500~4700m。植被覆盖率在10%~60%	地层主要为第四系(Q)冲、洪积及风积砂黏土、黏砂土、砾砂及风积细砂，下覆地层为新第三系上新世(N_2)不同风化程度的泥岩、砂岩、泥灰岩	高原亚寒带半干旱气候区，年平均降水量234mm。气温日较差较大，其地面温度一年中均明显高于大气温度。最冷月为1月，最暖月出现在7月。全年无绝对无霜期。相对湿度平均53%。年平均气温-4.3℃	含土冰层为主，年平均地温-0.78℃(北) -0.87℃(中) -0.65℃(南)

试验段之一沱沱河气温冻结指数和融化指数表 表3-16

年　份	各年气温函数	冻结指数(℃·d)	融化指数(℃·d)	n系数
2002	$T(t)=-3.0+13.0\sin(2\pi(t-112)/365)$	-2098.3	1003.3	2.09
2003	$T(t)=-3.0+12.5\sin(2\pi(t-115)/365)$	-2041.8	946.8	2.16
2004	$T(t)=-3.0+12.0\sin(2\pi(t-110)/366)$	-1990.9	892.9	2.23
2005	$T(t)=-2.5+11.5\sin(2\pi(t-120)/365)$	-1824.1	911.6	2.00

多年冻土区主要台站气温年较差一览表 表3-17

站　名	海拔(m)	纬度	平均气温年较差(℃)	年较差最高(值/出现年)	年较差最低(值/出现年)
安多	4800	32°21′	23.7	28.9/1998	20.4/1976
风火山	4750	34°43′	23.1	26.4/1978	19.9/1965
五道梁	4612	35°13′	23.1	28.5/1956	20.8/1979
沱沱河	4533	34°13′	25.3	29.4/1999	21.7/1957
那曲	4507	31°29′	23.1	29.6/1966	19.6/1994
清水河	4415	33°48′	25.0	28.6/1989	22.0/1990
格尔木	2807	36°25′	28.2	33.3/1956	24.6/1990

三个试验段虽然位于高原不同地形地貌单元，但是地层岩性基本上表现了类似的沉积规律。多年冻土均为高含冰量冻土，含土冰层均在上限附近。北麓河黏性土为主，其他以砂类土为主。

3.5.2　试验目的和试验设计原则

试验段设计和试验研究目的是针对冻土区线路经常发生的病害表现、病害起因、发展趋势与影响因素进行工程结构和工程措施补强设计，并进行补强效果长期观测。

冻土区线路工程经常出现的病害形式就是变形差异引起的工程裂缝，从造成这种差异的根本原因——地温场形态的不对称出发，利用几何尺寸不对称的片石气冷路基结构削弱甚至于消除这种温度场形态的不对称，从而达到防治这类病害的目的。

路基坡脚沉降变形是造成沿坡面纵向裂缝进而使路基失稳的原因之一，抬高坡脚附近多年冻土上限可以达到消除路基坡脚沉降变形，从而消除这种病害的目的。采用不同几何尺寸的片石护道除了改变地温场不对称形态以外，还可以抬高坡脚多年冻土上限，坡脚处设置热棒、坡面设置遮阳板都可以起到同样作用。

在相同环境条件下（同一试验段区域），对比片石气冷路基、碎石护坡、热棒、遮阳板等不同工程结构的工程效果，对比设计参数（片石粒径、几何尺寸）对工程效果的影响，观测几何尺寸不对称的结构对消除地温场不对称形态的作用；在不同环境条件下（不同试验段）对比同一种工程结构的工程效果，最终对病害整治主要技术——片石气冷路基、碎石护坡路基、遮阳板护坡路基、热棒路基等保护冻土和消除路基病害的工程效果、机理和长期效果进行观测、分析和研究。这类试验工程设计方法一般有：

（1）试验工程设计参数选取

研究均在通车运营的冻土区线路上进行。青藏铁路运营线路病害整治试验段选址主要结合2003年即将开始的补强设计进行。碎石护坡试验主要在现有的设置土护道并且需要进行补强的地段，片石气冷路基选择在已有片石气冷路基结构进行片石护道加宽试验，片石粒径影响效果的试验主要通过加宽的片石护道（原有片石层粒径不可改变）。

环境气温低冻土地温也低的五道梁试验段，进行了阴阳破碎石层厚度不同的碎石护坡、片石粒径不同的片石护道试验，片石粒径相同护道宽度不同的片石护道试验。

图3-23　开心岭试验段

环境气温高冻土地温低的北麓河试验段进行了不同片石粒径、不同护道宽度形态的片石护道试验，片石粒径相同护道宽度不同的片石护道试验，阴阳破碎石层厚度不同的碎石护坡试验，热棒埋设间距和遮阳板试验。

环境气温高冻土地温高的开心岭试验段，进行阴阳破碎石层厚度不同的碎石护坡试验，片石粒径相同护道宽度不同的片石护道试验，热棒埋设间距试验（图3-23）。

（2）工程类比试验研究

每个试验段都设计了对比试验段。

冻土区路基病害的起因在于路基地温场变化。不同结构路基由于传热机理不同，对多年冻土的保护效果不同，未来气温升高条件下抵御冻土退化的能力各不相同。不同路基结构设计参数不同(几何尺寸对称性,几何间距等),对路基地温场形态的影响也不同,横向和纵向路基变形存在不同程度差异,因而造成路基稳定性和平顺性不能够满足铁路运营要求,形成路基病害。

治理路基病害最主要的措施是保护冻土,通过路基基底多年冻土抵御退化的能力,消除路基地温场形态上的不对称。比较设计参数不同的路基结构这些能力的区别,是科学、经济、合理地进行冻土区路基施工和病害整治的基础。

试验进行不同环境条件下、主要路基结构典型设计参数试验,以地温观测为主,结合变形观测,进行平行比较和交叉比较,评价不同路基结构的工程效果。

三个试验段的设计概况见表3-18~表3-20。

五道梁试验段工程设计概况 表3-18

试验段里程	工程措施	设计参数	冻土特征	长度
DK1082+350~DK1082+400	碎石护坡	阴坡厚0.6m,阳坡厚1.0m	上限1.6m,-2.3℃	50m
DK1082+375	—	观测断面	—	—
DK1082+400~DK1082+450	碎石护坡	阴坡厚0.8m,阳坡厚1.3m	上限1.59m,-2.4℃	50m
DK1082+42	—	观测断面	—	—
DK1082+450~DK1082+500	碎石护坡	阴坡厚1.0m,阳坡厚1.6m	上限3.4m,-2.3℃	50m
DK1082+47	—	观测断面	—	—
DK1082+600~DK1082+650	片石护道	粒径10cm,宽4.0~6.0m	上限2.4m,-2.4℃	50m
DK1082+625	—	—	—	—
DK1082+650~DK1082+700	片石护道	粒径20cm,宽阴坡4.0m阳坡6.0m	上限2.12m,-2.4℃	50m
DK1082+670	—	—	—	—
DK1082+700~DK1082+750	片石护道	粒径30cm,宽阴坡4.0m阳坡6.0m	上限2.2m,-2.4℃	50m
DK1082+725	—	—	—	—
DK1082+800~DK1082+850	片石护道	粒径10cm,宽阴坡3.0m阳坡5.0m	上限2.6m,-2.4℃	50m
DK1082+825	—	—	—	—
DK1082+750~DK1082+800	对比断面	土护道宽3.0~5.0m	上限2.1m,-2.4℃	50m
DK1082+775	—	—	—	—
DK1082+600	—	天然地温	—	—

北麓河试验段工程设计概况 表3-19

试验段里程	工程措施	设计参数	冻土特征	长度
DK1141+930~DK1141+980	热棒	热棒纵向间距2.4m	—	—
DK1141+955	—	观测断面	—	—
DK1141+980~DK1142+030	热棒	纵向间距3.2m	—	—
DK1142+000	—	观测断面	—	—
DK1142+450~DK1142+510	遮阳板	—	—	—
DK1142+480	—	监测断面	—	—
DK1142+640~DK1142+680	—	粒径10cm,阳坡宽6m,阴坡宽4m	—	50m
DK1142+660	—	监测断面	—	—
DK1142+680~DK1142+720	—	粒径30cm,阳坡宽6m,阴坡宽4m	—	50m

续上表

试验段里程	工程措施	设计参数	冻土特征	长度
DK1142 +700	—	监测断面	—	—
DK1142 +920 ~ DK1142 +970	碎石护坡	粒径 10cm，阴坡宽 0.6m，阳坡宽 1.3m	—	50m
DK1142 +945	—	监测断面	—	—
DK1142 +970 ~ DK1143 +020	碎石护坡	粒径 10cm，阴坡宽 0.8m，阳坡宽 1.6m	—	50m
DK1142 +990	—	监测断面	—	—
DK1142 +510 ~ DK1142 +550	土质路基	对比断面	—	50m
DK1142 +530	—	监测断面	—	—

开心岭试验段工程设计概况

表 3-20

试验段里程	工程措施	设计参数	冻土特征	长度
DK1262 +370 ~ DK1262 +410	片石护道	粒径 20cm，阳坡宽 6m，阴坡宽 4m	—	50m
DK1262 +390	——	观测断面	—	—
DK1262 +410 ~ DK1262 +450	片石护道	粒径 20cm，阳坡宽 5m，阴坡宽 3m	—	50m
DK1262 +430	—	观测断面	—	—
DK1262 +450 ~ DK1262 +480	热棒	左侧热棒间距 3.2m，右侧 2.8m	—	50m
DK1262 +465	—	观测断面	—	—
DK1262 +480 ~ DK1262 +510	热棒	左侧热棒间距 2.8m，右侧 2.4m	—	50m
DK1262 +495	—	观测断面	—	—
DK1262 +510 ~ DK1262 +550	—	对比断面	—	50m
DK1262 +530	—	观测断面	—	—
DK1262 +550 ~ DK1262 +600	碎石护坡	阴坡厚 0.6m，阳坡厚 1.2m	—	50m
DK1262 +575	—	观测断面	—	—
DK1262 +600 ~ DK1262 +650	碎石护坡	阴坡厚 1.0m，阳坡厚 1.6m	—	50m
DK1262 +625	—	观测断面	—	—
DK1262 +650 ~ DK1262 +700	碎石护坡	阴坡厚 0.8m，阳坡厚 1.4m	—	50m
DK1262 +675	—	观测断面	—	—

3.5.3 试验观测

在对气候变化响应的条件下，冻土环境和冻土路基结构之间相互影响的传热过程，是通过不同传热阶段的路基土体温度和基底多年冻土层温度直接反映的。在气温变化条件下通过对不同层面土体温度研究，可以研究多年冻土上限变化、多年冻土温度状况的变化、年平均地温的变化过程以及多年冻土的厚度变化等，据此研究判断多年冻土稳定状态，从而对各类冻土路基结构保护多年冻土的功效和整治路基病害的功效作出科学的客观的判断。

试验研究测试项目包括以下内容。

地温观测。天然地面、坡脚、路肩、中心深孔、边坡中心；测温孔 + 热敏电阻 + 数采仪。

沉降观测。路肩；监测点（地表）+ 基准桩 + 电子数字水准仪。

地温观测测点布置天然对比孔，在试验段不受路基影响的天然地面处，路堤坡脚外侧 20m，分别布置孔深 16m 的测温孔，测温孔内的热敏电阻传感器按 0.5m 间隔等距离布置。每一种试验设 1 个天然测温孔。

路堤测温孔布置是在每个监测断面的左路堤坡脚（或护道坡顶）、左路堤坡中（或坡脚）、左路肩、路堤中心、右路肩、右路堤坡中（或坡脚）、右路堤坡脚（或护道坡顶）等7个位置布置测温孔观测点进行地温观测。抛碎石护坡、热棒和遮阳板路基根据其特殊性可适当增设一些特殊断面。

路堤测温孔深度。每个测温孔深入原地面以下2～3倍以上的冻土天然上限。

路堤测温孔内传感器布置。热敏电阻传感器在原天然上限下1m以上按0.5m间隔等距离布置；以下按1m间隔等距离布置。

3.5.4 数据分析原理

通过对保证多年冻土存在和发展能量标志的数据的分析，以及数值模拟方法模拟路基基底多年冻土的能量平衡过程，来研究和分析不同路基结构下多年冻土的演变过程，对多年冻土热状况的变化趋势进行预测，对潜在路基病害作出预测，并通过不同路基结构进行提前整治。

运营线路病害整治试验段研究应该对以下数据进行观测分析。

1）气温为主的气候要素观测

表3-21列出的是试验段参考气象站年平均气温的年际变化。

试验段部分参考气象台站年平均气温的年际变化 表3-21

站 名	60年代(℃)	70年代(℃)	80年代(℃)	90年代(℃)	40a平均值(℃)	增温率(℃/a)
五道梁	-5.87	-5.40	-5.51	-5.19	-5.49	0.017
风火山		-6.46	-6.27	-5.81	-6.1	0.022
沱沱河	-4.39	-4.01	-4.53	-3.93	-4.2	0.012

尽管试验研究3年中气温变化和气候因素变化不明显，但是预测预报工作需要了解过去长尺度气温变化年限的变化趋势，给预测预报提供基础数据。

2）天然条件地温场观测项目

在同一环境条件（地形地貌、区域气候等）下的天然地温场特征温度和特征指标，是各类路基结构工程效果判别的对比标尺。

天然地面温度。环境气温通过地表向多年冻土层传递热量的效果体现，它是多年冻土存在的能量标志。通过观测地表温度主要分析以下几个特征：

地表温度发展进程（时间－温度统计表和时间－温度曲线）；

融化进程曲线；

年平均地表温度（冻融年度全过程所有观测值代数和的平均值）；

冻结指数（冻融年度观测的每一负温度与延续时间的乘积）；

融化指数（冻融年度观测的每一正温度与延续时间的乘积）；

过余冻结能力（冻结指数－融化指数）。

天然条件最大季节融化深度（多年冻土天然上限）。大气层温度带来的热量，通过不同性质的地表散热面与多年冻土进行热交换，年际热交换的结果在暖季使土体融化到最大深度，这个深度就是多年冻土的最大季节融化深度，也就是多年冻土上限。

在土体含盐量不大时，冻融全过程观测到的0℃点不断下移，出现0℃温度的最大深度值，就是多年冻土上限位置。因此，连续观测0℃点的深度，是确定多年冻土上限的主要手段。

季节融化层底面（最大季节融化深度处）温度特征。季节融化层底面的年平均温度是划分土季节融化类型的主要指标。

土的季节融化层底面的年平均温度是判别季节融化类型(过渡和稳定)的主要条件,也是下部多年冻土生存状态的一个主要判别条件。根据季节融化层底面的年平均温度土的季节融化稳定程度划分为过渡型(0～-1℃)、半过渡型(-1～-2℃)、长期稳定型(-2～-5℃)和稳定型(-5～-10℃),而且季节融化层底面温度与年平均气温线有一定吻合,在青藏高原季节融化层底面温度0℃线相当于年平均气温-3.6℃线,与大片多年冻土的南界和下界吻合。这一点对青藏铁路路基工程稳定性判别很重要。

根据以往的研究成果,在青藏高原黏性土地面下,只有当年平均气温小于或等于-2.6～-2.8℃时,地面年平均温度才能低于0℃;在砂砾石地面下,只有当年平均气温小于或等于-3.7～-3.8℃时,地面年平均温度才能低于0℃。而只有当地面年平均温度低于0℃,才能形成和保存多年冻土。

季节融化层传热特征对多年冻土和修建路基工程以后的多年冻土稳定性的主要影响因素。

季节融化层底面温度特征主要分析以下几方面内容:季节融化层底面温度发展进程(时间-温度);季节融化层底面温度年平均值(冻融全过程所有观测值代数和的平均值);季节融化层底面冻结指数(冻融年度观测的每一负温度与延续时间的乘积);融化指数(冻融年度观测的每一正温度与延续时间的乘积);过余冻结能力(冻结指数-融化指数)。

冻土年变化深度(温度变化振幅接近0的深度)。冻土年变化深度是冻土热稳定性的重要标志,也是多年冻土演变的主要标志。通过观测和分析以下内容可以判断多年冻土的热稳定性。年平均地温(温度变化振幅接近0的深度处的地温)曲线:任一时刻测得的数值画出深度-温度曲线,所有测点全年平均值画出深度-各点年平均温度曲线,计算曲线任意一段的地温梯度(下面测点温度-上面测点温度)/两点间距离(m),并判断下面一点属于散热状态(地温梯度为正值)、吸热状态(地温梯度为负值)、过渡状态(地温梯度为0)。

3)路基地温场观测项目

路基地温场观测内容从本质上与天然条件下一致,只不过它的表面性状与天然地面不同,表面以下土体或结构的传热特征与天然土体不同。为了研究路基结构传热效果,还必须观测和分析一些路基特殊结构面上的温度变化特征。路基地温场观测内容包括以下方面。

左右路肩表面温度。通过观测左右路肩表面温度,分析以下内容:左右路肩地表温度发展进程(时间-温度统计表和时间-温度曲线);左右路肩年平均地表温度(冻融年度全过程所有观测值代数和的平均值);左右路肩地表冻结指数(冻融年度观测的每一负温度与延续时间的乘积);左右路肩地表融化指数(冻融年度观测的每一正温度与延续时间的乘积);左右路肩地表过余冻结能力(冻结指数-融化指数)。

路基土体最大季节融化深度(路基工程人为上限)。这是路基工程效果的最主要衡量标准,通过冻融全过程观测到的0℃点下移位置,判断出现0℃温度的最大深度值,就是路基工程人为上限位置。

路基土体季节融化层底面温度(最大季节融化深度处)。分析意义同天然地温场。季节融化层底面温度发展进程(时间-温度);季节融化层底面温度年平均值(冻融全过程所有观测值代数和的平均值);季节融化层底面冻结指数(冻融年度观测的每一负温度与延续时间的乘积);融化指数(冻融年度观测的每一正温度与延续时间的乘积);过余冻结能力(冻结指数-融化指数)。

路基下多年冻土年变化深度(温度变化振幅接近0的深度)。路基下多年冻土年平均地温(温度变化振幅接近0的深度处的地温)。

地温曲线。任一时刻测得的数值划出深度－温度曲线,所有测点全年平均值画出深度－各点年平均温度曲线。

计算曲线任意一段的地温梯度。(下面测点温度－上面测点温度)/两点间距离(m),并判断下面一点属于散热状态(地温梯度为正值)、吸热状态(地温梯度为负值)还是过渡状态(地温梯度为0)。

路基下原天然地面温度或路基结构变化面(片石层底面和顶面)温度。温度发展进程(时间－温度);温度年平均值(冻融全过程所有观测值代数和的平均值);冻结指数(冻融年度观测的每一负温度与延续时间的乘积);融化指数(冻融年度观测的每一正温度与延续时间的乘积);过余冻结能力(冻结指数－融化指数)。

路基结构变化面(片石层底面和顶面)温度对比。对比指标同上。

路基坡脚地表温度。温度发展进程(时间－温度);温度年平均值(冻融全过程所有观测值代数和的平均值);冻结指数(冻融年度观测的每一负温度与延续时间的乘积)。

融化指数(冻融年度观测的每一正温度与延续时间的乘积)。过余冻结能力(冻结指数－融化指数)。

路基坡脚最大季节融化深度。

路基坡脚季节融化层底面(最大季节融化深度处)温度。温度发展进程(时间－温度)温度年平均值(冻融全过程所有观测值代数和的平均值);冻结指数(冻融年度观测的每一负温度与延续时间的乘积);融化指数(冻融年度观测的每一正温度与延续时间的乘积);过余冻结能力(冻结指数－融化指数)。

通过观测分析以上内容,研究在气温变化条件下,造成冻土和冻土路基工程之间新的传热过程的能量来源的变化,研究分析在一些决定多年冻土生存发展的特征界面的温度变化特征,路基工程结构传热结果对多年冻土影响,最终判断冻土区路基工程的可靠性,判断几个主要工程措施对路基病害的抑制作用效果。

3.5.5 主要工程措施作用机理试验研究

冻土区路基病害整治主要是抑制多年冻土温度升高、多年冻土上限下移,因而采用冷却路基的思路,通过调控对流、辐射和传导来有效地降低多年冻土的温度,抬高或稳定多年冻土上限,抑制路基的融沉变形。病害整治措施试验研究对各类片石气冷路基结构冷却路基的工程效果进行了对比分析研究,为青藏铁路多年冻土区路基病害整治打下基础。对于这些片石气冷路基结构的工作机理进行深入研究将为病害整治的针对性设计提供科学依据。

片石气冷结构的片石层作为大孔隙多孔介质,其热质迁移是一个非常复杂的过程。自然界中在年平均气温为正温的地区,块石堆下部可发现多年冻土。在多年冻土区,块石堆下冻土的年平均地温比周围多年冻土的地温要低5～6℃,这一现象可以用Balch效应来解释。多年冻土区工程设计中,就是受这一自然现象的启发来解决多年冻土区路基稳定性问题。

上述试验段工程实体试验证明,片石层和碎石层结构都是较好的冷却路基结构,采用这样的设计是降低多年冻土温度设计思路的关键技术,但这些结构冷却路基的作用机理并不十分清楚。在这之前,大多数研究人员和设计人员基本上都认为块石路基结构的冷却机理为空气对流效应,数值模拟研究将其作为多孔介质热对流作用机理来处理。块碎石护坡结构通过“烟囱”效应来降低多年冻土温度,“U”形块石路基结构具有综合冷却效应。

冷却路基结构类型、冷却路基的作用机理以及开放和封闭条件下冷却路基作用机理的差异、块石路基上覆填土高度对冷却效应的影响等问题是目前青藏铁路冻土区路基工程设计施工和今后长期运营过程的病害整治迫切需要研究的关键技术。

图 3-24 是北麓河线路外病害整治机理试验段分布图。该试验段共分为 8 种工程措施开展试验研究：

图 3-24 北麓河运营线路外病害整治机理试验段

(1)块石护坡加厚(块石护坡厚度 120cm)。

(2)开放系统的块石护坡(块石护坡厚度为 80cm)。

(3)封闭系统的块石护坡(块石护坡厚度为 80cm)。

(4)"U"形块石路基结构(路基基底为块石；路基边坡为块石护坡,厚度为 80cm)。

(5)开放状态下块石路基结构。

(6)封闭状态下路基结构。

(7)碎石护坡(碎石护坡厚度为 80cm)。

(8)普通路基对比试验段。

其中(1)~(3)和(7)分别可以用以对比护坡厚度差异、粒径差异、开放和封闭状态差异,(4)和(5)主要对比开放和封闭条件下冷却效应的差异和分别确定开放和封闭状态的冷却效应机理的试验,(6)主要分析和探讨块石路基和块石护坡综合差异的冷却机理。

机理试验路基高度为 3.7m,路堤基底宽度为 18.6m,采用 1∶1.5 设计坡率,路堤顶面宽为 7.6m。块石路基结构采用无级配块石,粒径约为 20~30cm,其中分别含有 10cm 粒径和 40cm 粒径的块石。块石结构层厚度为 1.2m,路堤基底宽度为 18.6m,采用 1∶1.5 设计坡率,块石结构层上部铺设 2.5m 厚粗颗粒土,用彩条布将上部填土与块石结构层隔离。路堤顶面宽为 7.6m,与青藏铁路实体工程基本一致。

所谓封闭状态为块石结构层的阴坡和阳坡侧用 20cm 厚的填土覆盖,以阻止其产生通风作用;块石护坡结构采用粒径约为 20~30cm 无级配块石,随意堆砌在路基边坡上。所谓封闭是将块石护坡结构层两侧表面加铺 20cm 厚填土,隔断风进入块石护坡结构层。"U"形块石路基结构基底和护坡的块石类型、粒径铺设厚度等参数指标分别与块石路基和块石护坡完全一致。碎石护坡采用的粒径为 8~10cm 的碎石随意堆砌在路基边坡;普通路基高度为 3.7m,路堤基底宽度为 18.6m,采用 1∶1.5 设计坡率,路堤顶面宽为 7.6m,与青藏铁路实体工程一致。

试验观测设计对每一种工程措施试验段长度为 30cm,监测断面设置在每一试验段的中部。监测断面分别在路基基底下部的路基中心、左右路肩各布设测温孔,路基中心孔监测深度为 15m,而路肩下部测温深度为 10m。在各种工程措施中分别布设了测温探头,探头布设以尽可能地揭示其温度场分布状态为原则。

块石路基,包括开放和封闭条件块石路基结构以及"U"形块石路基结构,在片石层内布设了 5 层温度探头,层与层探头间距 30cm,每层探头间的间距为 50cm。

块石、碎石护坡结构,包括厚度分别为 80cm 和 120cm 两种结构,形式上有开放式和封闭式两种块石护坡结构,如开放式不同厚度的护坡试验段,另外还包括碎石护坡段。其探头布设基本一样,在左右护坡层中布设了 7 层温度探头,层与层之间的间距为 30cm,在护坡层内每层探头间的间距为 20cm,土体中为 50cm。

病害整治措施工作机理的研究将冷却地基路基结构研究提高到新的水平上,使我们有可能从更深层面上去了解冷却地基的过程的本质、控制影响因素、不同设计参数在冷却过程中的作用等。

3.5.6 试验研究成果评价和推广

随着青藏铁路建设的进展和研究工作的深入,使运营线路病害整治试验段研究通过对天然地面以下土体和路基填土土体冷生过程的对比研究,系统提出了冻土区路基变形机理,明确了土体冷生过程和路基变形之间的关系,即:填土路堤冷生过程不同阶段发生冻胀融沉变形的土层厚度不同,因而冻土区路基施工以后不同阶段路基变形总量和路基横向变形差异不同。这种冷生过程的结果主要表现在以下四类地温场形态特征上,它是影响路基变形和长期稳定性的关键因素:

(1)土体冻结温度等温线位置(冻土工程人为上限位置,决定了发生季节冻胀融化土层的厚度,决定了冻结季节或融化季节路基冻胀融沉变形总量大小)。

(2)土体冻结温度等温线形态(冻土工程人为上限形态,决定了阴阳坡变形差异)。

(3)冻融交界面附近冻土温度变化(冻土长期压缩变形受温度控制,决定了路基长期蠕变变形)。

(4)沿深度的瞬时地温曲线和年平均地温变化曲线类型(路基结构保护冻土长期效果和抵御未来气温升高能力的体现,冻土稳定趋势和变形长期发展趋势的决定性因素)。

路基病害分为路基变形病害、地温场变化引起的病害、不良冻土环境引发的路基工程病害和工程环境变化引发的路基工程病害四大类。地温场变化观测分析是病害预警的重要途径。

冻土区路基病害整治从根本上讲是对路基地温场的控制,从表现上是对路基有害工程变形的抑制。冻土区路基病害整治技术应该包括施工期预防性技术、潜在期控制技术和显现期整治技术。整治的关键技术在于:控制发生冻融循环变化的土层厚度,从而控制路基阶段变形量,缩短路基稳定过程;调控冷生过程最终结果,使路基地温场形态对称,从而减少变形差异;使路基人为上限尽量抬升,控制多次冻融循环过程中路基变形总量,降低冻土温度,减小路基长期变形。

根据控制特殊结构路基土体冻融过程和冷生过程最终结果的条件,整治冻土区路基病害的工程措施适应性分区为气温地温低的地段、气温高地温低地段和气温高地温高地段。试验证明,不同地段适用不同病害整治措施。

不同工程结构适用分区所进行的试验观测和研究表明,决定片石气冷路基气冷效果的主要参数是片石层厚度和片石粒径,试验条件下的最佳粒径是20~30cm,片石层厚度不能小于1.0m。碎石护坡降温效果的主要影响因素是碎石层厚度(保证热开关效应)、覆盖碎石层的路基高度(保证"烟囱效应")。试验条件下最佳碎石层厚度(指沿路基顶面方向宽度)阴坡80cm,阳坡160cm。路基高度大的地段(4m高)效果优于路基高度小(3m高)的地段。

理论计算和现场试验研究证明,设计和施工阶段工程措施,从抬升多年冻土上限效果的排序:片石层+片石护坡复合路基结构—片石层路基—片石护坡路基;从校正地温场形态(上限形态)效果排序:片石护坡路基—片石层+片石护坡复合路基结构—片石层路基;从抵御气温升高保证路基稳定性能力排序:片石层+片石护坡复合路基结构—片石层路基—片石护坡路基;运营期间整治病害施工条件和效果排序:片石护坡路基—片石护道(片石层基础上加宽或一般路基加护道)。

不同地段开放系统和封闭系统片石层降温效果试验观测,以及北麓河机理试验段试验观

测结果的分析表明,片石气冷结构和碎石护坡作用机理有以下几点:

(1)开放状态下块石路基结构温度场具有非常明显的通风作用,这种过程与区域的风速和风向有密切的关系。片石层内两种空气密度差导致了片石层内形成了空气自由对流效应。

(2)寒季主导风向与路基体平行,开放状态的通风作用强烈。暖季风速和风向均不利于通风作用的产生时,片石层内以接触式热传导为主。

(3)开放状态下片石气冷路基结构冷却路基的作用机理是冬季以通风作用为主的强迫对流效应和较弱的块石层侧向空气自由对流的复合过程,这一复合过程主要与风速和风向有关。

(4)块碎石护坡的冷却机理是“烟囱效应”和“热屏蔽效应”的组合作用过程,这一组合作用过程表现为“热屏蔽效应”和“烟囱效应”的昼夜、季节性的交替组合过程。开放状态下这种过程较为显著,当块石护坡厚度大于1.2m时,这种过程被强化;封闭状态下这一过程被削弱,阴阳坡温度效应被加强。

病害整治试验段研究的成果更接近线路运行实际情况,研究成果更容易在冻土区病害预警和预防整治中推广应用。

3.6 冻土工程长期观测研究方法

冻土环境和冻土工程的研究依靠工程地质研究方法提供了建设区域冻土基本分布状况,冻土分布的温度特征,冻土分布的含冰量特征,多年冻土的上限分布特征。

冻土环境和冻土工程的研究通过不同时期实体工程试验研究得出以冷却地基为主导思想的设计原则,不同设计原则和不同工程结构的应用效果,各类工程结构设计参数,新材料新工艺施工关键技术,运营期间线路工程病害预警和整治措施等。

作为一个系统工程,冻土环境和冻土工程的研究还有一个新的不可缺少的环节,也是重要的研究方法之一,就是冻土工程长期观测研究。

青藏铁路修建后冻土条件不可避免要发生变化,冻土变化的根源来自太阳辐射影响的气温变化,工程的介入改变了冻土环境,冻土加剧变化,影响到工程的稳定性。

冻土工程长期观测系统的建立和观测研究就是围绕这一复杂变化过程的主要影响因素气温,针对冻土变化体现形式—地温和工程表现形式—工程建筑物变形进行建设和观测。

长期系统观测研究的核心是冻土区典型地段的气温变化规律、修筑铁路前后冻土温度特征的变化,施工过程和运营期随着冻土温度特征变化的工程建筑物变形规律。这些正是冻土环境和冻土工程变化的主要因素和参数。

冻土工程长期观测研究需要解决的关键技术问题是:

(1)冻土区典型地段和典型工程建筑物观测断面确定。

(2)冻土环境要素、环境温度和太阳辐射观测场地。

(3)冻土区各类工程建筑物变形观测网络。

(4)数据采集和数据传输。

(5)数据集中处理。

长期观测系统建设的功能是以冻土环境条件、冻土工程特征数据为基础,建立冻土区空间数据库,在对太阳辐射(气温)—冻土—工程建筑物相互作用研究的基础上,提出冻土和工程建筑物相互作用对工程稳定性影响的预测预报模式,组成依靠长期观测系统的数字路基平台,及时分析监测数据,提出病害发生预警。

3.6.1 冻土工程长期观测典型场地设置原则

科学的监测手段是建立在对客观事务的普遍性了解和典型性的提取,通过能够涵盖事物普遍性的典型代表进行的。因此,建立冻土区工程长期观测系统必须在对冻土区工程所分布的区域典型地形地貌、冻土特征、工程结构类别进行全局性了解的基础上,在典型地段、典型结构、不同气候条件地段综合考虑布置观测断面。

要重视监测断面的现场调查与核对,监测断面的选取应以多年冻土区典型冻土地段工程、重点病害工点、工程地质条件复杂的潜在病害工点为重点;

长期监测断面结合已有冻土试验工程既有观测断面纳入长期监测的断面;

为提高测试资料的可靠性,测试断面布设后先采用人工观测1年,取得初始数据后,经过进一步分析确认后安装数据自动采集和传输设备,自动监测设备必须适应青藏高原使用环境,具有一定防盗措施;

长期观测系统使用的测试仪器设备应以保证测试数据的可靠性及测试精度为原则,对于在青藏高原尚无使用经验的新仪器和新设备,必须经过现场验证再推广使用;

对于无线自动传输及光纤光栅传输等新设备和新手段试验后应用;

数字路基平台需要预留与青藏铁路运营信息系统的接口。

长期观测系统典型观测断面的布置原则:

(1)涵盖青藏铁路冻土区主要气候分区、主要地形地貌单元和冻土地温分区。

(2)包括冻土区主要路基结构和工程措施、桥梁涵洞主要结构。

(3)根据研究和设计以及建设实践认为的病害发生潜在地段。

(4)冻土地质条件、区域地形地貌复杂地段的路基。

(5)试验工程中主要监测断面。

(6)自动监测设备必须满足测试精度、长期可靠性、青藏高原环境适应性要求,数据自动采集和传输设备经一定时间人工验证后再埋设。

(7)数字路基平台要与青藏铁路信息系统兼容。

3.6.2 冻土工程长期观测断面布置

根据布设原则布置自动气象站、路基、桥梁、涵洞地温、变形监测断面,所有观测断面皆用GPS定位,数据自动采集并通过青藏铁路GSM-R专用网络进行无线传输,并根据数字路基平台规定格式,将观测数据导入相应数据库,通过数字路基平台相应软件进行分析。2006年建成的青藏铁路冻土工程长期观测系统包括以下观测项目和内容。

1)冻土环境自动观测站

新建北麓河、清水河、沱沱河、西大滩、开心岭、布强格、唐古拉气象站;已有气象站资源利用:风火山冻土气象站、五道梁气象站、沱沱河气象站、安多气象站;已有天然地温观测场资源:风火山地温观测场、中科院地温观测场。

自动气象站观测内容:气温、风速、风向、气压、降水量、相对湿度、蒸发量、地面温度、太阳辐射、浅层地温。

2)地温观测站78处

路基稳定性地温观测站66处、桥梁基础稳定性地温观测站4处、涵洞基础稳定性地温观测站8处。

(1)路基观测站观测内容

天然条件地温场观测。观测断面区域天然条件下活动层的动态,天然地面温度(地表温度发展过程、年平均地表温度),天然条件季节最大融化深度,季节融化层底面温度变化和年平均温度,冻土年变化深度和年平均地温,天然条件地温曲线。

路基地温场观测。左右路肩表面温度(表面温度发展过程、年平均地表温度),路肩下最大季节融化深度,季节融化层底面温度变化和年平均温度,路基左侧坡脚最大季节融化深度,季节融化层底面温度变化;路基下原天然季节融化层温度,路基下冻土年变化深度和年平均地温,路基结构变化面温度变化和年平均温度(如片石层顶面和底面),人为上限形成过程及其变化动态,路基下地温曲线。

路基坡脚8m孔浅层地温自动观测。

(2)桥梁观测站

天然条件地温场观测。天然地面温度(地表温度发展过程、年平均地表温度),天然条件季节最大融化深度,季节融化层底面温度变化和年平均温度,冻土年变化深度和年平均地温,天然条件地温曲线。

桥梁桩基周围地温场观测。距桥梁桩基不同距离地表温度(地表温度发展过程、年平均地表温度),地面下最大季节融化深度,季节融化层底面温度变化和年平均温度,地面下冻土年变化深度和年平均地温,地表下土体地温曲线。

涵洞观测断面

涵洞外侧基础地温场观测。地面温度(地表温度发展过程、年平均地表温度),季节最大融化深度,季节融化层底面温度变化和年平均温度。

3)路基变形观测66处

变形观测目的根据融化期间和冻结期间变形累计值结合地温观测结果判断工程稳定状态,为病害预警提供依据。

桥梁变形观测。在桥梁两端和中心桥墩设立观测点,桥外20m天然地面设立水准点。

涵洞变形观测。涵洞路基左右路肩、涵洞出入口帽石和中间2点设立观测点,涵洞外20m设立水准点。

路基变形观测。设立水准基点和路基坡脚、左右路肩4个变形观测点,每个月测变形。

4)数字路基平台

包括冻土和冻土工程基础信息,青藏铁路沿线空间数据库(数字化地形图、变形数据、地温数据、气象数据),青藏铁路沿线各种工程数据库,冻土热稳定性分析决策支持系统,综合评价和决策支持软件。

5)观测控制和数据处理中心。

3.6.3 冻土工程长期观测系统技术要求

冻土工程长期观测研究对系统数据采集和处理都应该根据运行线路工作状态变化、病害预警等具体要求进行设置和数据采集及处理。

1)观测站技术要求

路基、桥梁、涵洞观测断面所有孔均下测温管,直径50mm(标准管径),壁厚3mm,特别注意管底焊死密封,管接头螺纹严格密贴,进行防渗漏处理,保证整个管内不能进水。

为防止意外损坏,现场观测仪器埋设在地面以下一定深度,为此,钻探期间,在离开地面10cm以下测温管应该设置接头管箍,然后上面套长度30cm的短管和盖帽,埋设引线时把短管卸开,另外装三通接头,便于埋设仪器和测温传感器时引线。

路基天然地面孔、左路肩孔(或右路肩孔),桥梁断面的一个测温孔、涵洞断面一个测温孔

进行地质编录,编录内容包括:

(1)场地条件:植被覆盖度、生态环境类型,地形地貌特点(坡度、坡向),第四纪类型,周围有无热源(如:热融湖塘、湖泊、河流等),场地有无人为破坏情况。

(2)钻探部分:钻孔名称,钻孔深度,施钻时间,钻孔方法,钻孔持续时间,初见水位。

(3)GPS 地理位置定位:纬度,经度,海拔高度。

(4)铁路信息(根据钻探资料描述):钻孔距铁路的距离,工程措施,路基几何尺寸,路基填料。

冻土环境观测的要素——太阳辐射、气温、降水等技术要求按照国家气象站要求。

地温观测位置和温度传感器布置:每个地温观测断面共布设测温孔 4 个,总计 68m。左路肩孔 20.0m,右路肩孔 20.0m,天然地面孔 20.0m,左坡脚孔 8m。天然地面孔应选在路基坡脚 20m 以外,未经扰动、无人为干扰的天然地面。

测点温度传感器间距布置如下:20m 孔 36 个点,15m 以上间距 0.5m,以下间距 1.0m,8m 孔每 0.5m 设 1 个点。每个观测断面布设测温探头点共计 125 个。

桥梁地温监测孔和探头:每个观测断面共布设测温孔 3 个,每个孔深 25m,测温孔总深度为 75m。探头测点间距(m):0.0,0.5,1.0,1.5,2.0,2.5,3.0,3.5,4.0,4.5,5.0,6.0,7.0,8.0,9.0,10.0,12.0,14.0,16.0,18.0,20.0,22.5,25.0 计 23 个点,另外,根据具体场地多年冻土地温资料,在上限深度 1m 范围内,将测点按照每 20cm 的间距布置,即增加 3 个测点,每个观测孔 26 个测点,共计 108 个探头测点。

涵洞地温观测:每座涵洞观测断面布设测温孔 6 个,每个孔深 8m。测点间距(m)布置为:0.0,0.5,1.0,1.5,2.0,2.5,3.0,3.5,4.0,4.5,5.0,5.5,6.0,6.5,7.0,7.5,8.0,计 17 个点。每个观测断面布设测温点共计 102 个。

变形监测水准点和变形监测点布置:

(1)路基变形监测——在路基地温监测断面里程的左右路肩和左右坡脚部位设立变形监测点,相应部位 20m 以外天然地面处设立水准点。

(2)桥梁变形监测——在桥梁两端和中心桥墩设立观测点,桥外 20m 天然地面设立水准点。

(3)涵洞变形观测——涵洞路基左右路肩、涵洞出入口帽石和中间 2 点设立观测点,涵洞外 20m 设立水准点。

2)数据采集和无线传输技术要求

考虑自动数据采集系统的蓄电池寿命,调整仪器工作状态采集频率为温度观测每月 6 次,人工变形观测每月一次。无线传输在现场运行 2 个月后,将数据上报时间更改为每月的 26 ~ 27 日上报一次,以便节约电池电量。

自动采集:每月 1、6、11、16、21、26 日的下午 2 点进行自动采集地温数据和仪器工作状态数据,并将采集到的数据自动保存在仪器存储器中。

自动传输:在每个采集日,自动将采集到的数据按照时间顺序发送到监测中心。

时间顺序按照每测试断面 10 分钟的间隔依次排列,即 14 点 10 分发送第一断面数据、14 点 20 分发送第二断面数据,以此类推。如果在采集日不能与监测中心链接成功,应在下一个采集日将未发送的数据重新发送,直至发送成功。监测中心应在每采集日的下午 2 点 ~6 点开机并保持与 GSM—R 网络正常链接并应保证不掉线。

远程召测:根据需要,可进行临时性的人工远程招测。在监测中心可以选择测试断面并设置招测时间。远程招测应在现场站自动发送数据之前在监测中心进行提前设置并保存在数据库,待现场站自动开机时自动将远程招测设置发送给现场站。现场站收到招测命令后,在规定的招测时间内进行数据采集并自动将采集到的数据同时发送给监测中心。此时监测中心应开机与 GSM-R 网络保持链接。

远程提取现场数据:如果由于 GSM—R 网络不工作或监测中心断电等原因导致采集数据不能自动发送,可以通过人工干预的方式进行远程提取现场数据。具体方式同远程招测设置。即:选择测试断面、设置发送数据时间、保存在数据库、待现场站与监测中心建立链接时自动将远程提取数据命令发送给现场站,现场站在规定的时间内开机并自动将数据发送给监测中心。注意:此时段监测中心必须开机并保持与网络链接。

远程设置:在监测中心可对现场站的采集时间和数据发送时间进行设置。具体方法同远程招测或远程提取现场数据的设置相似。

3)数据采集设备技术要求

现场采集终端能够在环境温度 -40 ~ +60℃、相对湿度 0 ~95% 的条件下正常工作;机箱按照防潮防水外壳设计,达到 IP66 工业防护等级。可以将现场采集终端埋入地下 0.5 ~1.5m 的地方长期工作;数据采集箱内应该设置温度、湿度、电池电量监测和非正常工作状态的报警装置,主监测中心可以对数据采集箱内工作环境进行监测和报警;各类仪器设备元器件均应有系统精度标定证书和有关产品证书。

(1)数据采集

①温度测试采集范围及精度

传感器类型:热敏电阻温度传感器,为两线输入型;测温探头(热敏电阻)标定完进行几个环节处理:根据现场实际距离确定导线长度、焊接、绝缘处理、薄壁铝管套装和环氧树脂灌封、运输保护。现场注意保证热敏电阻位置准确。

温度测量范围:-20 ~ +30℃(对应电阻范围为 500 ~7000Ω);

电阻测试精度:全量程范围(500 ~7000Ω)保证测试误差小于 0.1% 。

②现场信号采集模块的数据采集

数据采集格式与数字路基空间数据库格式兼容;

采集通道:126 路热敏电阻模拟输入通道,通道应有 10% 的预留;

采样周期:采样间隔和采样时刻可调;

测试仪器能按照规定的时间实现自动测量和数据存储功能。

③数据存储与下载

为防止数据丢失,现场信号采集模块能存储三个月的采集数据;现场信号采集模块具有在测试现场与笔记本电脑相连直接下载采集数据的功能;能够依靠更换数据存储卡或利用抄表器的方法在室内完成数据的下载。

为了现场安装调试的方便,能够利用带有无线上网卡的笔记本电脑来操作和控制现场采集终端的数据采集,并接收现场采集终端发送的采集数据。

(2)数据自动远程传输

数据采集仪能实现利用 GSM - R 网络将现场的采集数据自动传输到主监测中心,并具有自动传送、实时传送、系统预约、系统状态信息发送的功能。

自动传送:在规定的时间内自动采集数据和发送数据,其他时间处于休眠状态。

实时传送:在接到主监测中心的实时采集指令后开始采集并发送数据。此模式只有在主监测中心需要实时数据时使用。

系统预约:由于大部分时间系统处于关机状态,现场采集终端只有在固定的几个时段才可以与主监测中心取得联系。因此,具有系统预约功能,由主监测中心提出预约时间,预约时间到,则现场采集终端自动恢复与监测中心的联系。

系统状态信息发送:每隔一定时间将现场采集终端的状态信息发送到监测中心。状态信息应包括:采集模块工作是否正常、传输模块是否工作正常、电源模块电量消耗情况等,以及仪器箱的温度、湿度、是否进水等。

各个监测分站数据传输后期处理软件的数据格式必须与主监测中心数据处理软件及数字路基平台兼容。

(3)主监测中心功能

主监测中心能够实现数据的自动接收;实现电阻信号与温度的自动转换;具有修改系统参数的功能,控制系统的采集时间间隔和传输时间;根据需要进行实时采集与传输;自动诊断现场采集终端的工作状态;实现多台现场采集终端的数据接收、数据转换、数据分析处理工作;

实现温度采集结果的自动分析处理功能,控制现场采集终端进行系统的自校准;大屏幕显示,具备多台监测站联动和集成功能;主监测中心能够以适宜的不影响现场监测的方式接入青藏铁路西宁信息处理中心。

3.6.4 冻土地温远程监测关键技术

长期监测系统集先进成熟的计算机技术、通信技术、数据采集技术及传感器技术于一体,通过高精度的数据采集器、安全可靠的传输装置和功能齐全的数据分析软件,实现长达550km的青藏铁路多年冻土路基的多断面多测点的地温自动采集、信号自动传输、数据自动分析处理的功能。长期地温自动监测系统由现场监测站(简称测站)、监测中心站(简称中心站)两大部分组成。现场监测站自动采集地温数据,并通过无线网络自动传输给监测中心,在中心完成数据的整理/存储/检索/分析。系统组成如图3-25所示。

图3-25　长期地温自动监测系统结构组成示意图

(1)远程地温监测仪技术规格

远程地温监测仪是整个地温长期自动监测系统的核心,担负着地温数据自动采集和自动发送任务。远程地温监测仪应具备测试精度高、功耗低、长期稳定性好、高低温适应性强、自动化程度高、数据存储和发送安全可靠等特点,并能够同时测量144路热敏电阻温度传感器的传感信号。监测仪平时处于休眠状态。在此状态下,除 MSP430 外其余芯片全部断电,系统电流小于 1μA。当设定的工作时间到或有外部异常事件发生(如进水或现场站舱门被打开时),430 启动系统电源,并将事件状态发送给主处理器。

主处理器根据事件不同,进行以下的处理:若为测量事件,则启动测试流程:控制继电器板轮流切换传感器,并对传感器的电压进行放大、滤波和模数转换,保存为完整的记录后,设置下次开机时间,通知 430 下电。若为上报事件,则启动上报流程:控制 GSM 通信模块采用短消息将待发的记录发送给指定的监测中心号码。发送完成后,设置下次开机时间,通知 430 下电。若为异常事件,则启动异常处理流程:首先采集地温数据,做标记为异常情况测试,立刻启动发送过程。

远程数据传输技术主要采用 GSM-R 网络的 GPRS 方式进行远程数据传输。如图 3-26,系统由 6 部分组成:远程测控设备、无线 DTU、GSM－R 传输网络、GGSN 网关、内部数据网、远程测控中心。

图 3-26　利用 GSM-R 网络 GPRS 功能进行远程测量与控制的结构图

远程测控中心:提供各种测控系统的远程访问及数据汇总分析。远程测控中心将实现注册中心功能(记录各个无线 DTU 和数据中心的 IP 和 GSM－R 号码的软件)、数据中心功能(提供一套程序,实现数据转换,转换为原始数据提供给应用程序。有 TCP 连接和虚拟串口两种)、网管功能(对无线 DTU 进行配置管理的程序)以及远程测控功能(提供不同测控系统的特殊应用功能,如数据汇总分析等)。

电源技术:为了保证现场监测站在二年内连续工作,采用目前电池中比能量最高的一种电池(500 wh/kg,1000wh/L),并使用十块电池组成供电电池组。

数据存储技术:为了保存 3 年的测试数据,数据存储器采用大容量工业级 flash 芯片。允许在重编程非易失性存储器时接收数据。

抗干扰技术:青藏高原多雨多雷电,为了防止检测装置被雷电击坏,设计了防雷设备。包括仪器保护箱防雷、天线防雷、传感器防雷、串口通讯防雷等。

以上多重防雷措施,确保了监测仪在多雷电环境下的安全可靠工作。

(2)远程地温监测系统总成关键技术

现场监测站由测温电缆、监测站保护外桶、天线总成(标志桩)、远程地温监测仪、专用电池组等几部分组成。监测仪监测地温传感器的阻值变化,并采用青藏铁路 GSM-R 专用通信网络的 GPRS 方式自动发送给监测中心的监测计算机。典型的现场示意图如图 3-27 所示。

(3)现场监测站功能

能够对多个测孔多达 144 个温度监测点的热敏电阻温度传感器实现定时自动地温采集,测温精度达到 ±0.01℃;能够保存 3 年的测量数据;内置无线数据发送模块可以将测量数据自动传递给监测中心站；防伪标志桩内设置隐蔽数据接口，可实现监测数据的现场人工下载。

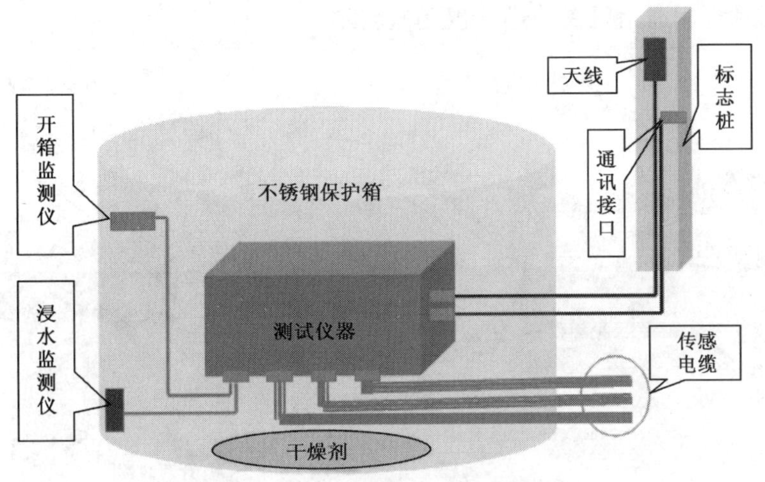

图 3-27　RTM 远程地温现场监测站示意图

自动采集和传送：在规定的时间内自动采集数据和发送数据，其他时间处于休眠状态；系统状态信息发送：每隔一定时间将现场采集终端的状态信息发送到监测中心。状态信息应包括采集模块工作是否正常、传输模块是否工作正常、电源模块电量消耗情况等等。

现场监测站（图 3-28）的主要技术特点：高精度：温度测试误差小于 ±0.02℃，电阻测试误差小于 ±0.05%；低功耗：采用电池供电，一组电池可使用二年（正常测量频度）；高安全：采用埋地安装，露出地面部分仅为伪装成标志桩的天线，防止人为破坏；高可靠：IP68 机箱、射频避雷器、继电器断开电缆、开箱检测、进水检测。

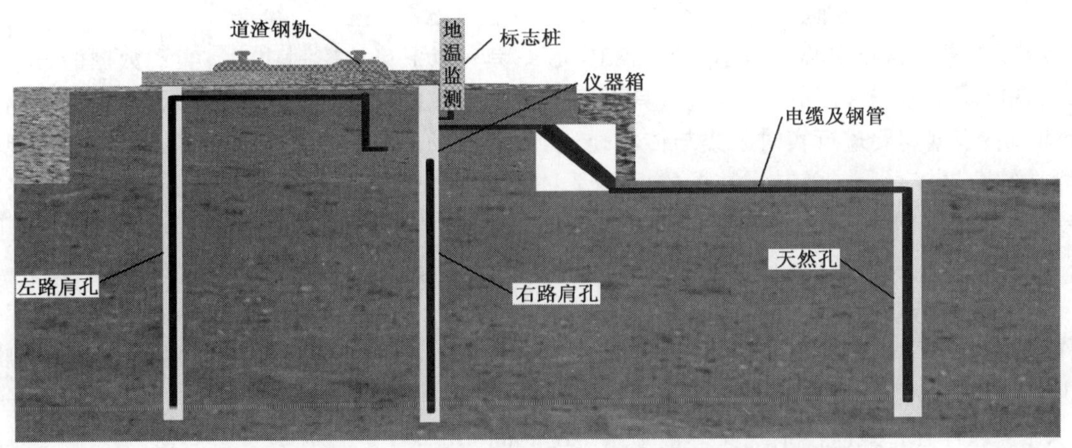

图 3-28　地温监测现场站的现场安装示意图

（4）主监测中心控制技术

远程地温监测中心站接收来自现场测站的数据，完成数据的解析、存储、分析等功能。监测中心站包括远程无线通信网关、收发及解析服务器、现场监测站管理软件、数据库服务器、监测中心数据分析软件等几部分组成。其系统组成如图 3-29 所示。

远程地温监测中心站信息处理过程包括数据接收及控制命令发送、数据解析及站管理配置、地温数据存储和分析等步骤。信息处理流程如图 3-30 所示。

现场监测站管理完成对现场监测站的配置及状态管理。包括现场站通信地址、测量及上报时间、测温电缆计算参数配置、召测命令设置等。站管理软件对现场监测站的配置信息通过收发解析服务器和远程通信网关传递给现场监测站。

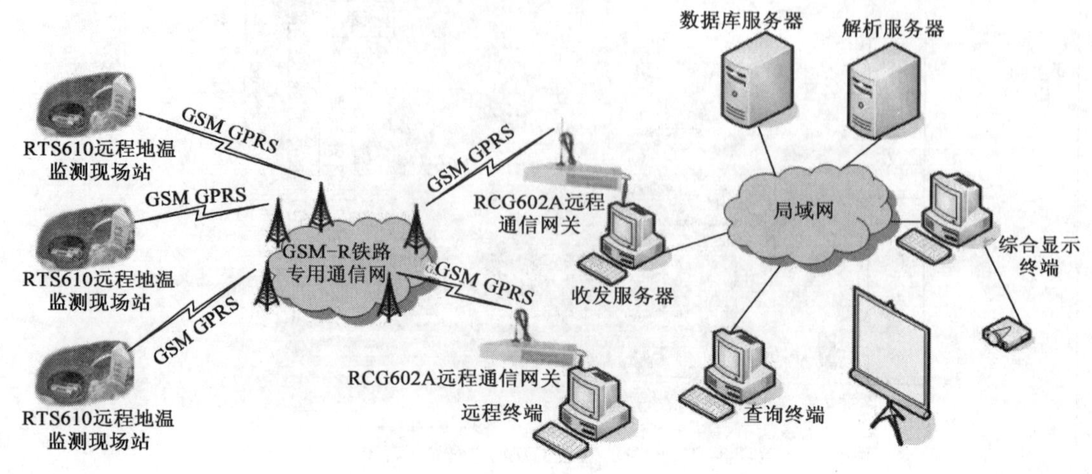

图 3-29　远程地温监测系统监测中心站组成示意图

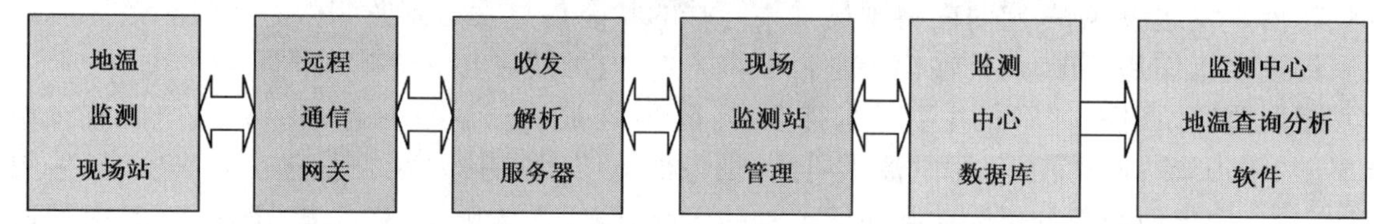

图 3-30　远程地温监测系统信息处理过程示意图

(5)监测中心站功能

设置于青藏铁路中心站格尔木的监测中心站具有以下自动控制功能。实现数据的自动接收;实现电阻信号与温度的自动转换;具有修改系统参数的功能,控制系统的采集时间间隔和传输时间;根据需要进行实时采集与传输;自动诊断现场采集终端的工作状态;实现多台现场监测站的数据接受、数据转换、数据分析处理工作;实现温度采集结果的自动分析处理功能;控制现场采集终端进行系统的自校准。

接收现场站发回的地温监测数据,并对地温数据进行存储、查询、分析、统计等。

监测中心站数据库功能包括查询、操纵、定义和控制 4 个方面,通过 SQL 语言对数据库的操作创建数据库对象、操纵对象、往数据库表中填充数据、在数据表中更新已存在的数据、删除数据、执行数据库查询、控制数据库访问权限和数据库总体管理。

对于远程分布式监控系统保持整个系统的时间同步。

远程信息收发部分实现监测中心站与现场监测站之间的远程信息通信,包括测站上报的地温监测数据和仪器状态监测数据,以及对现场监测站的控制命令发布。

现场站控制是整个地温监测系统中的重要环节之一,完成现场监测站的配置及状态管理。现场站管理系统能够生成现场测站的配置信息,供收发解析软件将所接收的信息解析为不同断面、不同测孔、不同深度的地温数据。现场站管理软件能够将现场监测站发回的设备运行状态进行有效整理和存储,给现场站维护提供有用信息。另外,召测等对测站直接操作的特殊功能均由站管理负责。

3.6.5 冻土区工程长期观测系统控制和数据处理

对地温监测数据进行分析，是建立远程地温监测系统的目标。以往这项工作由人工完成，分析及计算过程非常繁琐，且难以避免分析过程中人为因素的影响，从而导致结果有效性降低。观测系统地温分析方法采用软件自动实现。

分析软件可以自动完成诸如最大季节融化深度、最大季节融化层底面年平均温度、冻土年变化深度、路基结构变化面（片石层底面和顶面）温度、冻结指数、融化指数、过余冻结能力等分析功能，并能够以直观的图形方式显示时间 - 地温曲线、深度 - 地温曲线、冻融过程分析图等。

监测中心站数据库中保存有所有监测断面的地温监测数据，对这些数据进行有效的查询、统计、分析和报表输出，是地温监测中心站的重要职能。因此，监测中心站具有地温数据自动分析处理的功能。

按照监测系统建设的统一要求，监测中心站保存的地温监测数据将通过局域网自动发送给主监测中心计算机，所有监测断面的地温监测数据将通过中心计算机的数据分析软件进行有效的查询、统计、分析和报表输出。

监测中心地温分析软件主要包括查询功能、分析功能和报表输出功能。其中查询功能包括数据查询和曲线绘制，能够指定断面、指定时间段、指定测孔、指定深度查询温度数据，也可以按指定查询范围绘制时间—地温曲线、深度—地温曲线。中心软件的分析功能包括年平均地表温度、冻结指数、融化指数、过余冻结能力、最大季节融化深度（即多年冻土上限位置）等，并能够绘制出冻融过程分析图。报表功能包括年统计报表、月统计报表、各种分析报表等。

监测中心站数据分析软件与主监测中心数据分析软件的功能完全相同。

地温监测系统由 5 个远程地温监测子系统组成。各监测子系统接收所属监测断面的现场数据，并转换为统一的数据格式，通过局域网写入网络数据库，由监控中心分析软件完成地温监测数据的查询、统计、分析和报表输出。整个地温监测系统的逻辑结构如图 3-31 所示。

3.6.6 数字路基平台

青藏铁路冻土工程长期观测系统建立了数字路基平台，将冻土区路基工程各种信息进行数字化、形象化的管理，依据长期观测系统提供的数据经过数字路基平台，智能化的进行工程状态信息发布和病害预警。

数字路基平台正在不断完善、补充过程，主要包括以下几个组成部分：

1）冻土基础信息数据库

（1）青藏铁路沿线基础数据库，数字化 1∶50000 地形图；数据库要素包括等高线、高程点、公路、河流、湖泊、居民地、地形、地貌、湿地和植被。

（2）青藏铁路沿线路基变形监测空间数据库（2002 年建立的施工期间路基变形和长期监测期间路基变形）。

（3）青藏铁路沿线冻土路基温度场监测空间数据库。

（4）青藏铁路沿线冻土基础数据库，主要包括过去各个研究单位研究工作和长期监测系统、地质验证工作的钻孔资料、冻土测温数据。

（5）青藏铁路沿线气象要素数据库。

2）冻土工程基础数据库

青藏铁路沿线各种工程数据库资料。

3)青藏铁路数字路基及数值仿真平台软件

通过监测系统实时的采集监测数据,实时计算和图形化以下特征数据:

(1)气温(日平均气温、旬平均气温、月平均气温、年平均气温、任何时段平均气温)。

(2)太阳辐射要素任何时段平均值,降水量和蒸发量。

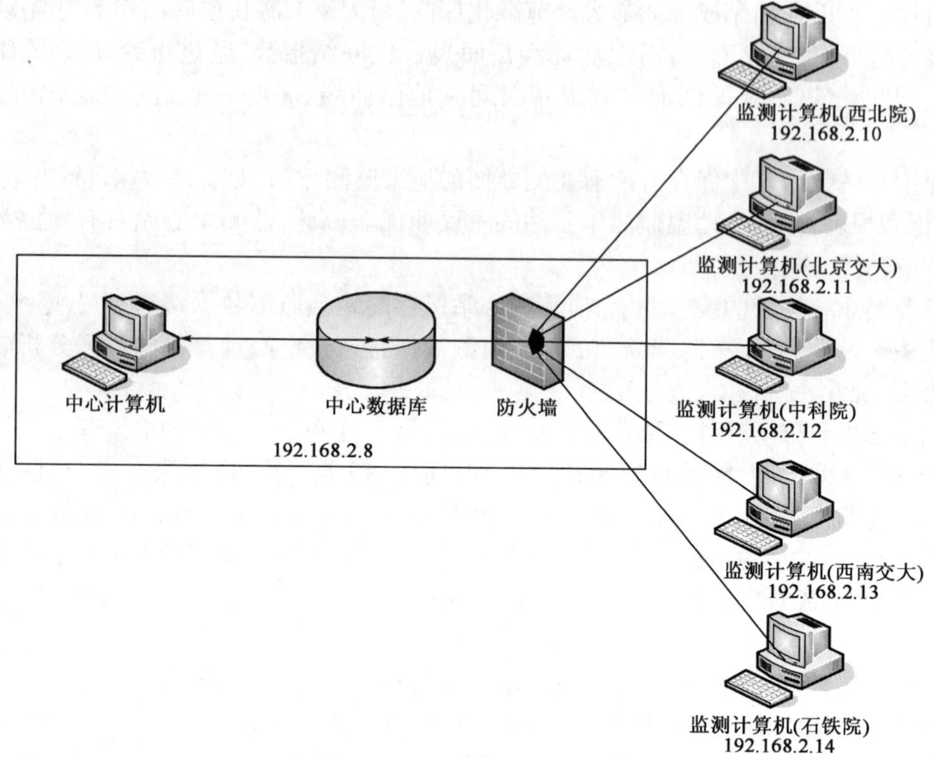

图 3-31 青藏铁路地温监测中心网络结构图

(3)气象站浅层地温的变化过程。

(4)监测断面天然地面地温特征值(年平均地表温度及变化过程自动拟合曲线、最大季节融化深度底面年平均温度及变化过程自动拟合曲线)。

(5)地温特征值年平均温度及变化过程自动拟合曲线(路基表面、路基特征面、路基底面、原天然最大季节融化深度底面),天然地表以下和路基表面以下地温曲线和年平均地温、年变化深度,工程结构物变形特征(变形发展过程曲线、变形比较图示)。

4)路基病害分析预测系统

路基病害分析预测系统是冻土区工程长期观测系统的重要组成部分,主要以存储、管理、查询和分析与铁路建设有关的工程、地质、冻土、环境和气象等信息为目标。以青藏铁路全线地理信息系统为基础,结合长期监测体系,构建青藏铁路冻土路基长期监测系统数字路基平台,集成冻土数值预测模型和冻土学专家知识库,具有对路基状态进行监测、预警和预测的能力。

在基础技术工作(基础数据库)完成基础上,建立主要路基结构工程效果预测、预报数学模型:多孔介质模型(片石层、碎石护坡、片石层碎石护坡复合模型);仿真模型(片石层、碎石护坡、片石层碎石护坡复合模型);热棒路基地温场计算和模拟;热棒+保温板复合路基地温场计算模拟;一般路基温度场的数值模拟和预测。另外还有气候变化影响下多年冻土变化预测模型;气候变化影响下上述路基结构地温场计算和模拟。根据监测数据作为边界条件和初始条件计算和模拟块石路基下多年冻土温度场的变化和趋势预测,块石路基内对流、传热和冷却路基分析。

利用青藏铁路沿线工程状态下多年冻土变化和路基变形的监测数据,综合青藏铁路 GIS 空间数据库,给出冻土区路基工程阶段状态下冻土工程地质的综合评价。

根据数字路基平台分析,由地温场特征和变形特征分别给出短期和中长期工程稳定性评价。

3.7 冻土环境和冻土工程的数值模拟研究

冻土环境和冻土工程的变化是以热学过程主导,力学过程为具体表现的一个复杂的物理和地质过程,反映这个变化过程的最直接和可靠的数据资料应该由实验观测得到。

冻土环境和冻土工程研究大多以观测和试验为基础研究内容,观测结果反映了冻土环境或者冻土工程变化的现状,长期观测结果的累积能够反映的也是过去时间段冻土环境和冻土工程发生的变化。但是冻土区铁路工程设计和工程长期运行使用不仅要求提供过去和现在的基础数据,还需要提供未来相当长一段时间可能发生的变化数据和变化趋势。

冻土环境和冻土工程研究一般通过三种方法进行研究以满足设计和铁路运营要求。这就是冻土环境勘察和观测、冻土工程试验和观测和理论分析和数值模拟三类研究方法。对于设计和安全运营至关重要的冻土环境和冻土工程长期变化趋势必须在前两种研究基础上应用第三种研究方法才能解决。

采用实体和实物进行实验研究是极其昂贵的,多数情况下周期较长,有些条件下甚至是不可能实现的;而模型实验或者实体工程试验并不是总能模拟或包括研究对象各方面特征,观测和调查在许多情况下存在着相当大的困难,测量仪表本身也存在一定误差,观测和试验研究的效率和效能不高,必须与其他方法相结合。

理论分析通过求解基于实际的物理模型和实验结果建立的数学模型。尽管数学模型解析解的结果具有普遍意义,但由于实际问题中只有很少一部分方程组可以获得解析解,而得到的解析式往往含有无穷级数、特殊函数以及关于特征值的超越方程,应用价值不高。

伴随电子计算机的出现和飞速发展以及计算方法的不断改进而产生的数值模拟方法是研究冻土环境和冻土工程长期变化问题的重要手段和工具,它是一种对科学的定量化起重要作用的科学方法。从某种意义上说,在特定参数下采用计算机进行一次数值模拟相当于进行了一次完整的冻土环境和冻土工程变化过程的科学试验。

在冻土问题研究中,数值模拟方法是一种能近似计算与分析实际问题的有效方法,用数值方法求解主要有固定步长法、变时间步长法、自变量变换法、焓法和显热容法,数值方法应用多数采用有限差分法和有限元法。有限差分法在处理复杂形状体(复杂边界)和强非线性问题时存在诸如边界条件处理困难、解的稳定性差和收敛速度慢的弊病,相比而言,有限元法虽然应用较少,但是它对处理复杂边界条件和强非线性问题有不可比拟的优势,尤其是 Galerkin 方法。优化模型,加强数学模型与实际观测值的进一步联系,提高精度,使计算更准确,是应该值得重视的问题。

在物理过程可以用确定的数学模型描述的前提下,数值模拟方法比实验研究有明显的优点:具有模拟真实条件和理想条件的能力;成本低;速度快;获得的资料完备,因而数值模拟方法在冻土环境和冻土工程研究中是一种具有应用前途和应用成效的方法。强调数值模拟研究的可行性、必要性和重要性并不意味着这是可以代替实验观测的研究方法，对冻土工程而言，实验研究，尤其是现场的实验观测是必不可少的环节，是数值模拟的基础和前提。

有关数值模拟理论和具体计算方法的著述很多，计算实例也多不胜数，本书不作赘述。作者根据多年指导研究生的经历和体会，结合青藏铁路冻土环境和冻土工程研究的具体情况，对应用数值模拟方法研究冻土环境和冻土工程提出一些值得注意的问题和体会与读者共享。

1)物理模型

物理模型建立的基础是研究对象所代表的群体之一，在与研究对象保持高度一致前提下，需要具有普遍性和典型性。

例如研究热棒路基地温场变化时，首先了解路基埋设热棒后所发生的物理过程，然后分析这个物理过程可能影响的有效范围，然后在已经存在的实体路基断面中选取典型断面，建立研究的物理模型。

热棒路基土体的冻结过程可以归结为热棒和土体冻结的耦合传热，当环境温度低于土体温度时，热棒开始工作，热棒出露在地面以上的冷凝段，受环境冷空气的对流换热作用，使热棒内工质由饱和蒸汽向外放出热量后冷凝成液体。冷凝液回流至埋入地下的热棒蒸发段，由于蒸发段壁温低于周围土体的温度，土体中的热量以热传导方式传给热棒蒸发段，蒸发段工质吸热汽化成饱和蒸汽，饱和蒸汽上升到地面上的热棒冷凝段，完成工质的循环，这一循环将地下的热量散发到地面上，如此循环，使土体热量不断散出，土体温度逐渐降低，形成新的温度场。

上述物理过程发生和影响范围在路基表面以下一定深度和周围一定距离的土层内，因此实体路基断面是研究建立物理模型的基础。

研究冻土区实体路基温度场变化时，为了计算的方便和可能，在尽可能忽略一些次要影响条件的前提下，必须根据实际情况对物理模型设计的工程介质做适当假设使物理模型简化，使计算和分析简化。如对路基土体一般需要假设：

(1)土体是一种具有各向同性的多孔介质；

(2)土体非冻结区内的水分流动是层流且为不可压缩；

(3)土中的不稳定热传输视为稳定状态连续不断的更替；

(4)密度导致的相变可以被忽略，对于冻结和融化状态，只考虑通过热传导进行的热传输机制；

(5)土体或多孔介质的颗粒是刚性的，且冻结过程中水变成冰导致的体积变化可忽略；

(6)不考虑地基基础中土体热转换；

(7)土中热传输仅通过传导方式进行。

2)数学模型

卓有成效地模拟一个物理过程的能力来自于对过程本质特征的认识以及用以定量地分析这一过程的方法。

冻土和冻土工程周围土体发生的热量交换主要通过导热和一定条件下流体的对流换热方式实现。天然条件下当地表温度相同时，冻土热状况决定于土体的热物理性质和地中热流；同时土体内水分的液相—固相转换发生的相变吸热或放热现象，使通过地面传入下伏地层的热量主要消耗于冻土活动层的相变过程，减弱了热量向地层深处传播的能力。冻土工程结构的存在改变了这种传热过程的上界面性状，改变了传热过程的一致性和连续性。

上述热量在地层内的传播过程及土体相变过程在一定条件下均可由数学物理方程定解问题描述,而这类定解问题借助计算理论和计工具可以求得数值解,关键在于冻土路基热状况的动态模拟的基础是适合研究对象的计算模型的建立。

在冻土环境和冻土工程数值模拟中经常应用的数学模型可以分为两种情况,一是冻土和冻土工程结构内传热过程是连续和相对均匀的,这种过程的数学描述有以下几种:

(1)一维土体温度场的数学表述

$$\frac{\partial i}{\partial t} = \frac{\partial^2 u}{\partial r^2} + \frac{1}{r}\frac{\partial u}{\partial r} \tag{3-7}$$

式中:i——单位体积土的焓;

u——积分变量;

r——当前土体的半径;

t——时间。

用下述表达式将积分变量 i 、u 与土温联系起来:

$$i = \begin{cases} C_M(\theta - \theta_{\min}) & \theta \leqslant \theta_\Phi \\ C_M(\theta - \theta_{\min}) + Q_\Phi + C_T(\theta - \theta_\Phi) & \theta > \theta_\Phi \end{cases} \tag{3-8}$$

$$u = \begin{cases} \lambda_M(\theta - \theta_{\min}) & \theta \leqslant \theta_\Phi \\ \lambda_M(\theta - \theta_{\min}) + \lambda_T(\theta - \theta_\Phi) & \theta > \theta_\Phi \end{cases} \tag{3-9}$$

式中:$\theta_{\min}$——开始计算时所设定的最小可能温度;

θ_Φ——相变温度;

C_T、C_M——分别为融土和冻土的容积比热;

λ_T、λ_M——分别为融土和冻土的导热系数;

Q_Φ——相变热。

(2)二维土体温度场的数学描述:

动量方程:

z 方向

$$\frac{\rho_w}{\varepsilon}\frac{\partial u_z}{\partial \tau} + \frac{\rho_w}{\varepsilon^2}(u_z\frac{\partial u_z}{\partial z} + u_r\frac{\partial u_z}{\partial r}) = \frac{\mu_w}{\varepsilon}(\frac{\partial^2 u_z}{\partial z^2} + \frac{\partial^2 u_z}{\partial r^2}) - \frac{\partial p}{\partial z} + \rho_l g + s_1 \tag{3-10}$$

r 方向

$$\frac{\rho_w}{\varepsilon}\frac{\partial u_r}{\partial \tau} + \frac{\rho_w}{\varepsilon^2}(u_z\frac{\partial u_r}{\partial z} + u_r\frac{\partial u_r}{r}) = \frac{\mu_w}{\varepsilon}(\frac{\partial^2 u_r}{\partial z^2} + \frac{\partial^2 u_r}{\partial r^2}) - \frac{\partial p}{\partial r} + s_2 \tag{3-11}$$

式中:ρ,μ——分别为密度和动力黏度;

下标 w——孔隙水;

p,ε——分别为压力和孔隙率;

s_1、s_2——渗流场的源或者汇。

$$p = p'_0 + \rho_0\beta(T_{amb} - T_0)gr \tag{3-12}$$

式中:p'_0——任意的参考压力(一般设置为0);

T_{amb} ——随时间而变化的大气温度。

青藏高原大气周期性变化规律一般可以表示为下式：

$$T_{amb} = g(t) + 12.2\sin(\frac{2\pi t}{8760} - \frac{3\pi}{5}) \tag{3-13}$$

$$g(t) = At$$

式中：$g(t)$ ——气候变暖对大气温度的影响；

A—— 取0.02 ℃/a（按未来50年青藏高原气温升高1℃考虑）或者 A 取0.052 ℃/a（按未来50年青藏高原气温升高2.6℃考虑）；

t ——时间(h)。

能量方程：

$$\rho c \frac{\partial T}{\partial \tau} + \rho_w c_w (u_z \frac{\partial T}{\partial z} + u_r \frac{\partial T}{\partial r}) = \lambda (\frac{\partial^2 T}{\partial z^2} + \frac{\partial^2 T}{\partial r^2}) + s_3 \tag{3-14}$$

式中：c 、λ ——分别为土体的比热和导热系数，对于考虑土体相变的问题，它们是温度的函数，即 $c(T) = f(T)$ ，$\lambda(T) = g(T)$ ；

T——温度；

τ ——时间；

s_3 ——系统的源。

连续性方程：

在融化和冻结的相变界面 ξ 上，必须满足连续性条件和能量守恒条件：

$$\lambda_f \frac{\partial T}{\partial \xi} - \lambda_t \frac{\partial T}{\partial \xi} = L\rho w_0 \frac{\partial \xi}{\partial T} \tag{3-15}$$

$$T_f(\xi(t), t) = T_u(\xi(t), t) = T_m \tag{3-16}$$

式中：L ——水的相变潜热；

w_0 ——初始含水量；

T_m ——土体冻结锋面处的温度。

(3)三维土体温度场的数学描述

连续性方程：

$$\frac{\partial u}{\partial x} + \frac{\partial v}{\partial y} + \frac{\partial w}{\partial z} = 0 \tag{3-17}$$

动量方程：

z 方向

$$\frac{\rho_w}{\varepsilon}\frac{\partial w}{\partial \tau} + \frac{\rho_w}{\varepsilon^2}(u\frac{\partial w}{\partial x} + v\frac{\partial w}{\partial y} + w\frac{\partial w}{\partial z}) = -\frac{\partial p}{\partial z} + \frac{\mu_w}{\varepsilon}(\frac{\partial^2 w}{\partial x^2} + \frac{\partial^2 w}{\partial y^2} + \frac{\partial^2 w}{\partial z^2}) + \rho g \beta (T - T_c) + s_1 \tag{3-18}$$

y 方向

$$\frac{\rho_w}{\varepsilon}\frac{\partial v}{\partial \tau} + \frac{\rho_w}{\varepsilon^2}(u\frac{\partial v}{\partial x} + v\frac{\partial v}{\partial y} + w\frac{\partial v}{\partial z}) = -\frac{\partial p}{\partial y} + \frac{\mu_w}{\varepsilon}(\frac{\partial^2 v}{\partial x^2} + \frac{\partial^2 v}{\partial y^2} + \frac{\partial^2 v}{\partial z^2}) + s_2 \tag{3-19}$$

x 方向

$$\frac{\rho_w}{\varepsilon}\frac{\partial u}{\partial \tau}+\frac{\rho_w}{\varepsilon^2}\left(u\frac{\partial u}{\partial x}+v\frac{\partial u}{\partial y}+w\frac{\partial u}{\partial z}\right)$$
$$=-\frac{\partial p}{\partial x}+\frac{\mu_w}{\varepsilon}\left(\frac{\partial^2 u}{\partial x^2}+\frac{\partial^2 u}{\partial y^2}+\frac{\partial^2 u}{\partial z^2}\right)+s_3 \tag{3-20}$$

式中：ρ,μ——分别为密度和动力黏度；

w——孔隙水；

p,ε——分别为压力和孔隙率；

s_1、s_2、s_3——渗流场的源或者汇。

能量方程：

$$\rho c\frac{\partial T}{\partial \tau}+\rho_w c_w\left(u\frac{\partial T}{\partial x}+v\frac{\partial T}{\partial y}+w\frac{\partial T}{\partial z}\right)=\lambda\left(\frac{\partial^2 T}{\partial x^2}+\frac{\partial^2 T}{\partial y^2}+\frac{\partial^2 T}{\partial z^2}\right)+s \tag{3-21}$$

式中：c、λ——分别为土体的比热和导热系数，对于考虑土体相变的问题，它们是温度的函数，即 $c(T)=f(T)$，$\lambda(T)=g(T)$；

T——温度；

τ——时间。

连续性方程：

在融化和冻结的相变界面 ξ 上，必须满足连续性条件和能量守恒条件：

$$\lambda_f\frac{\partial T}{\partial \xi}-\lambda_t\frac{\partial T}{\partial \xi}=L\rho w_0\frac{\partial \xi}{\partial T} \tag{3-22}$$

$$T_f(\xi(t),t)=T_u(\xi(t),t)=T_m \tag{3-23}$$

式中：L——水的相变潜热；

w_0——初始含水量；

T_m——土体冻结面处的温度。

第二种情况是研究对象内部结构发生变异，介质不连续，例如片石气冷路基温度场的数学描述。由于冻土路基中片石层的存在，改变了传热过程的连续性和一致性，片石层作为多孔介质其内部发生的热对流是非稳态、非等温的渗流过程，其数学描述为连续性方程、动量方程和能量方程。

计算所作假设是考虑流体的不可压缩性，其密度 ρ 是温度的函数，除了在动量中包含由流体热膨胀系数 β 所表示的浮力外，固体介质和流体的所有特性均保持不变。

(4)多孔介质传热的数学描述

连续性方程：

$$\frac{\partial u}{\partial x}+\frac{\partial v}{\partial y}=0 \tag{3-24}$$

式中：u、v——分别为空气在 x 和 y 方向上的速度。

动量方程：

$$u=-\frac{k}{\mu}\cdot\frac{\partial p^*}{\partial x} \tag{3-25}$$

$$v=-\frac{k}{\mu}\left[\frac{\partial p^*}{\partial y}+\rho_\alpha g\right] \tag{3-26}$$

$$\rho_\alpha=\rho_0[1-\beta(T-T_0)] \tag{3-27}$$

式中：k ——多孔介质的渗透系数，

μ ——空气的动力黏性系数；

β ——空气的热膨胀系数；

ρ_0、T_0 ——分别为空气密度和温度的参考值；

p^* ——空气压力。

能量方程：

$$C^* \frac{\partial T}{\partial t} = \frac{\partial}{\partial x}\left(\lambda^* \frac{\partial T}{\partial x}\right) + \frac{\partial}{\partial y}\left(\lambda^* \frac{\partial T}{\partial y}\right) - C_a\rho_a\left(u\frac{\partial T}{\partial x} + v\frac{\partial T}{\partial y}\right) \tag{3-28}$$

式中：C_a ——空气的比热。

冻土环境和冻土工程研究对象的数学描述基本上有以上几种情况。

应用以上数学模型时需要根据冻土工程不同类型对一些特殊传热界面、特殊热源进行处理，如热棒插入土体的处理方式，片石护坡和片石层路基的不同处理方式。

3）计算条件

计算条件分为初始条件和边界条件以及介质热物理参数。

冻土环境和冻土工程的试验观测数据是形成数值模拟计算条件的基础，试验观测周期和观测数据数量，是形成精确和真实计算条件的基础。

原则上讲，任何一个界面只要观测数据足够，能够形成表达边界条件的数学表达式，这个界面都可以作为计算的边界条件。在冻土工程结构及其周围土体不均匀或者特殊结构层（如片石层等）的工作机理比较复杂时，理论上讲可以进行简化处理，可以以片石层底部作为计算初始界面，片石层底部温度变化作为计算边界条件和初始条件，这种处理方法的优点在于可以应用简单的数学模型进行温度场计算，缺点是片石层以上温度场不易进行计算和处理。

4）计算结果的分析和对计算过程的调整

研究者对研究对象内部发生的物理过程规律和过程本质认识不同，在计算过程中对计算方法和计算条件的调整也各异，最终对计算结果的分析认识也不同。因此对事物本质认识的差异决定计算结果的准确性和实用性。

当计算过程中出现违背一般规律的结果时，应该根据实际观测数据和客观规律及时调整计算参数和计算条件。例如当计算路基地温场变化趋势时，任何时间冻融界面的形态都具有一定的不对称性，路基中心冻融界面高于路基坡脚处，当计算中出现违反这一规律的结果时就要及时调整。

工程实践经验丰富，对现场观测试验比较了解的计算研究人员和一个缺乏实际经验的研究人员对同样计算结果的认识和分析也大相径庭。

为了充分发挥数值模拟研究的引导作用，计算研究人员应该充分重视对现场调查和试验观测过程及结果的了解和掌握，这是数值模拟研究成败的决定性因素。

第4章 冷却地基思想和青藏铁路冻土工程

冻土是温度敏感性岩土介质,温度的敏感性是通过冻土中水分的变化表现的。除温度、水分外,影响其稳定性的因素还包括岩性、地热以及工程作用。这些因素中,只有工程的影响是人为因素,也是维持和调控地温的主动因素。

以青藏高原风火山冻土定位观测站和试验路基工程的科学研究为代表,长达数十年的研究历程逐渐形成了用冷却地基的方式修筑冻土工程的思路。这种思路主要体现在:冻土环境是逐渐变化的影响冻土工程的动态条件,受此影响,冻土工程的工程效果也是处在动态变化过程中,以被动的保护措施抵御冻土环境变化,不能有效的控制冻土的状态。利用冻土环境的变化,通过特殊的冻土工程结构进行自然能量传递和转换,调控冻土地温,是顺应冻土环境变化,达到工程目的的科学有效的途径。

青藏高原多年冻土区修建铁路的工程活动,作为大规模的人类工程活动的实质,是在改变着多年冻土的生存环境,研究冻土、改造冻土和利用冻土的最终结果是要这种生存环境的改变向着有利于冻土生存,有利于建筑物的稳定的方向发展。这是冻土区路基工程设计和施工的原则和主导思想,也是"冷却地基"思想形成的基础。

4.1 青藏铁路冻土工程设计思想

从冷却地基的思想出发,影响地温的工程措施可以划分为被动措施和主动措施两大类,前者主要指维持地温的原始状况或减缓冻土的退化,后者是积极主动地改造冻土的热状况,使其向有利于工程稳定性的方向发展。

被动工程措施的出发点在于,克服或延缓冻土的变化给工程稳定带来的不确定性变化。被动工程措施主要通过以下方式来维持地温的原始状态或减缓冻土的退化:

(1)改变土体表面传热条件。主要措施是将路基表面或边坡面喷涂浅色涂料,路基面铺设白色碎石等,以改善路基土体与大气间的辐射传热条件。

(2)改变路基土体与大气、路基土体与多年冻土的热传导性质,在路基土体不同部位铺设保温隔热层。

(3)改变路基填土高度,即确定一个"临界"路基高度,保护其下冻土不致退化。

主动性工程措施则通过对自然能源的利用和转换冷却地基冻土,保护多年冻土,它是通过提高冻土的热惰性、降低冻土的热敏感性等方式达到保护冻土的工程目的:

(1)调控对流方式

调控对流方式主要是指改造路基局部结构形式,形成对流换热新条件,这种对流换热结果可以有效的降低路基底部温度，达到冷却路基下面多年冻土的效果。

调控对流的方法主要有在路基中、底部铺设通风管的方法，路基不同部位（路基基底、路基边坡、路基护道）铺设片石或碎石层的方法。

（2）调控辐射条件

调控辐射条件主要指对辐射源进行有效遮挡，降低太阳辐射对地温的影响，使多年冻土存在的能量条件地表温度降低，局部降低地层温度，使冻土工程下部冻土退化趋势有所减缓。

调控辐射的方法主要有遮阳棚遮挡路基本体、遮阳板遮挡局部边坡等结构形式。

（3）调控传导环境

调控传导环境主要指通过新型传热材料改变原有土体中热传导环境和条件，使热传导效果向着降低局部土层温度的方向发展，减缓多年冻土的退化。

热棒是利用汽液两相转换，通过对流循环换热来实现热量传输的装置，它是一种高效传热装置，它所起的作用本质上可以认为是对热传导环境的改变。

冻土工程措施中利用潜热和采用热半导体材料调控热传导环境，也是目前保护冻土的新型材料和新型结构形式。

（4）人工冻结和新能源技术应用

任何一种冻土工程措施，都必须通过能量的积累才能最终达到理想的符合设计目的的工程效果。对突发性的工程病害的控制和整治，最有效的莫过于人工冻结技术的采用。青藏高原自然风能和光能的优势存在，使人工冻结技术的推广应用成为可能。

人工冻结技术一般依赖一定电能作为冻结的能量基础，在青藏铁路冻土区，电能并不是随处可取，但是如果能够利用风能或者光伏发电作为冻结技术的能量来源，这种技术将成为新能源技术应用的典范得到广泛应用。风能转换为电能，光能转换为电能的技术已经比较成熟，如果将这种转换变为冻结技术能量来源，人工冻结技术将会在冻土区工程中得到广泛应用。

4.1.1　国内外冻土工程设计思想

俄罗斯是世界上最早注意到在冻土上开展工程建设必须切实重视建筑条件和建筑环境的国家。1904～1914 年间修建和运营的阿穆尔和外贝加尔铁路所遇到的大量的冻土问题，推动了俄罗斯的冻土研究工作。1912 年 H. C. 鲍格达诺夫第一次著文讨论了冻土区建设的冻土条件问题。1927 年 M. I. 苏姆金发表的《苏联境内的多年冻土》专著标志着冻土成为一门独立的学科。1928 年由国立冶金工厂设计院出版了第一部关于冻土上建筑物基础计算的著作。当时冻土区的建筑基本上遵循保护冻土的设计原则，而且大多是针对房屋地基与基础的，H. A. 崔托维奇出版的专著《冻土地基与基础》（1958 年），比较系统的阐明了冻土区建筑物地基与基础的设计原则（方法）："目前由下属三种主要建筑方法：①保持地基土为冻结状态的方法。②考虑地基土逐渐融化的方法（结构设计法）。③施工前预先融化的方法"。同时还对以上三种设计原则的应用范围作了说明，这种设计原则的分类虽然主要是针对建筑物地基和基础的，但其设计思想具有普遍意义。

1974 年，前苏联出版的《北方公路路基》一书，比较系统的阐述了多年冻土地区的路基设计原则："公路的主要部分——路基用土层修筑，土层在一年期间由于自然因素的影响，而首先是由于气温的变化而改变其性质"。因此，路基在运营时期的稳定性，主要取决于地基土的状态（冻结或融化）、土的种类和含水量。目前，可按下列原则之一将季节融化层用作路基基底：

第 I 原则——保证多年冻土上限上升至路堤基底，并在公路运营的整个时期使冻层保持在这一位置。

第 II 原则——控制地基土的融化深度。当土融化所产生的变形不致超过允许变形时,按这一原则设计。

第 III 原则——保证路基下面的土融化和疏干,在高温冻土区,含水量小于液限的易疏干的沉陷土中,按这一原则设计。

在加拿大的筑路工程中,与融化的原则比较起来,偏重保持地基土冻结状态的原则。当然在公路运营期间,保持地基土冻结状态,对保证路基稳定性而言,将形成最有利的条件。

1990 年苏联发布了建筑规程 $CH_{И}П$. 2. 02. 04 – 88《多年冻土上的地基与基础》中。对利用多年冻土作为建筑物地基时,规定了两类利用原则:

原则 I:在建筑物施工和整个运营期间都保持地基中多年冻土处于冻结状态。

原则 II:地基中多年冻土允许在施工及工程运营期间融化或施工前预融化。

线性建筑物允许在路线的不同地段采用不同的多年冻土地基原则进行设计。在这种情况下,应预先考虑在从一种地段到另一地段的过渡中,线性建筑结构对地基不均匀变形的适应性。该规程实际上是将过去的"第 II"、"第 III"原则合并成原则 II,本质上是一样的。苏联在西西伯利亚的铁路建设中,基本上就是沿用了以上的原则指导路基设计。例如 1974 年动工、1985 年正式交付运营的贝阿干线,基本上是按第 I 原则(保护冻土)设计和施工的。1984 ~ 1995 年修建阿穆尔—雅库茨克干线时,仍然遵循过去的设计原则和规定,于是也留下了路基稳定性方面的隐患。

美国陆军部寒区研究与工程实验室(CRREL)从二战开始,为解决阿拉斯加等寒区的道路、机场及其他军事设施的建筑问题,开展调研积累多年冻土区特殊工程的设计标准与施工准则的素材。1980 年 8 月发表的专题报告《深季节冻土地区和多年冻土地区基础设计与施工》中,将设计原则分为:基础支承条件受融化不利影响和不受融化的有害影响两大类。前者又分三个亚类:保持既有热沉;容许由建筑物和设施引起的热沉变化;建筑前改变基础条件(包括预融或预固结、换填)。该设计原则和俄罗斯所制定的设计原则是一致的。

从 20 世纪 80 年代后期开始,众多研究机构和学者开始重视由于"温室效应"引起的全球气候变暖的发展趋势及其对多年冻土生存环境的影响。根据一些研究人员的评价,20 世纪末和 21 世纪初,每 10 年年平均气温升高 0.3 ~ 0.4℃,到 21 世纪中后期,年平均气温将比现在升高 2 ~ 4℃。尽管报道的内容,尤其是预测值不尽相同,有的甚至是相互矛盾的,但对气候变暖的总趋势是认同的。因此,工程冻土科技人员的当务之急,就是要研究这一趋势对冻土区建筑物的影响,包括设计原则的适应问题,并提出相应对策。俄罗斯学者指出:"多年冻土年平均温度的上升和多年冻土的融化,影响建筑物稳定性。按多年冻土第 I 类原则建造的建筑物最令人担心……因此,目前就必须重点加强建筑物基础的设计工作,并制订使冻土热状态稳定的措施"。"要评价采用多年冻土上第 II 类建筑原则的可能性,这一类原则允许多年冻土在建筑前或建筑物的运营过程中融化"。为此他们开展了一系列的调查、监测和试验研究,尤其是 S. S. 维阿洛夫等所作的"当前气温升高 2℃和 4℃的条件下西西伯利亚地区多年冻土地带界限变化"等方面的预测,以及为此研究而采用的减少气候变暖对冻土区工程稳定性影响的措施,都值得借鉴。

国内冻土区路基工程设计原则研究是随着冻土地区人为活动和经济开发而逐渐深入的。

人民铁道出版社 1958 年出版的,经铁道部第三勘测设计院潘君牧主编的《多年冻土的工程地质和铁路建设》一书,是对解放后执行第一个五年计划期间,东北大兴安岭多年冻土地区铁路建设的总结。该书并未单独列出设计原则，但在路基设计中基本上是遵循“保护冻土”的指导思想，同时认为如果符合某些条件，也可以采用允许融化的设计原则。例如在“路基”一节中指出：多年冻土上填筑路堤或开挖路堑，都会引起冻层的变化，设计路基断面时，首先应该考虑到多年冻土上限的升降。路堤采用保护多年冻土原则，不破坏地表植被，尽可能用渗水土填筑；路堑基底宜换填砂砾碎石并排除积水以保持基底稳定；填挖交界处的零断面及其前后的低填浅挖路基，应挖除苔草泥炭，换填粗粒土作为路基面，同时需设横向截水暗沟把水引出。即使地下冰地段路堑，如基底为砂砾石，则埋藏冰化成水后迅速渗出，沉陷逐渐缩小，就不必要也不可能保存埋藏水。

从1960年开始的青藏高原多年冻土地区铁路建设的前期研究工作至1973年编制完成的《青藏高原多年冻土地区铁路勘测设计细则》(初稿)，基本上是贯穿了“保护冻土原则”，只是当路堑边坡上部埋藏有小于0.6m厚的富冰冻土而其下部是少冰冻土时，才建议在富冰冻土埋藏位置以下设置2～3m宽的平台，并将其上部边坡放缓任由富冰冻土融化固结自稳。

1975～1978年青藏线高原冻土区科研会战中，按照这两类原则设计了风火山483m地下冰地段路基，并施工建成实体试验工程。其中460m按“保护冻土原则”设计和施工，23m按“允许融化法”设计和施工，检验设计原则对该类地层的适应性，经过多年监测，积累了一批很有价值的数据。

风火山试验路基工程等研究工作，总结了以往的研究成果与实践经验，明确了高原冻土区路基设计的两类原则：

(1)保持冻结法(即换填保温，建成保温法)。它一般适用于含冰量较大的连续多年冻土发育的腹部地带。

(2)融化法(即局部融化或限制融化速度)。它一般适用于多年冻土层厚度薄、温度高且不稳定的多年冻土边缘地带。

1954年底建成通车的青藏公路，于1956年进行了砂石路面的第一期改建；1972年进行了铺设沥青路面的第二期改建。从第二期改建工程开始，交通部以公路第一设计院为核心组织了三期科研攻关，1978年科研组提出的《改建设计和施工总结》基本上是沿用“保护冻土”原则，提出了“按保护多年冻土要求的路基高度建议值”。1991年科研组根据二、三期科研攻关成果，经上报批准发布的《青藏公路整治工程设计暂行规定》中提出了“路基设计应遵循保护冻土、控制融化速率及综合治理的设计原则”。在对以上设计原则的说明中指出：多年冻土地区路基设计应遵循保护冻土的原则，尽量避免零填、浅挖，在此前提下根据高原多年冻土的特性，确定路基设计高度。

但随着青藏公路沥青路面的修建和人类活动的影响，使路面下卧多年冻土发生了根本变化。因此在青藏公路整治工程中，根据不同的冻土条件，分别采用以下的设计原则：

(1)保护冻土的设计原则。主要用于多年冻土地温较低、含冰量高、冻土人为上限较浅的路段，由路基临界填土高度再加安全高度的方法确定路基设计高度。

(2)控制融化速率的设计原则。主要用于多年冻土地温较高，沥青路面下多年冻土与季节活动层之间寒季存在不冻夹层的路段，其路基高度按满足路面设计使用年限内允许变形量的方法设计。

(3)综合治理的原则。根据冻土类型、地形、地貌和坡脚积水情况，采用设置隔热保温层、防水保温护道、港纤维水泥混凝土路面、加强排水等综合治理措施进行设计。

吴紫汪、朱林楠对青藏公路改建工程路基的设计原则总结如下(1998)。

青藏公路二期改建工程中,根据冻土条件的变化,正确选择和调整了路基的设计原则,满足了改建工程的需要,而且还节约了工程投资。

方法(1)和方法(2)产生冷却效果(如果措施的力度足够大),从而起到消除热融沉的目的;方法(3)采用增加热阻抗的方式来减缓融化速度,使其在能够控制的范围之内。已经采用的改变地表条件的技术主要包括抬高路堤高度、使用遮阳棚、将沥青路面粉刷成浅色来增加反射率(Reckard,1985)、利用雪盖阻止热量向地基传送以及去除路基边坡的雪(Zarling&Braley,1986)。冬季增加地基散热能力的技术主要有通风管、抛石护坡与碎块石互层通风、热管(桩)、空气通风环流系统(冷泵)等,这些技术可以使土体在建筑物基础整个运营期内保持冻结状态,因此它们是主动保护多年冻土的措施。当应用于野外时,这些技术都要受到使用效率、费用、维护难易程度或者安全因素等的种种限制。因此,主动地温调控技术作为保护冻土路基的措施虽然是可行的方法,但只能不同程度地在寒区工程建设中使用。

国内外大量的工程实践已证明,增加热阻的措施,能够延缓多年冻土的融化,但是不能从根本上改善路基的热状况。提升路堤高度或铺设保温材料均可有效地保护多年冻土,即使多年冻土上限抬升。但是在高温多年冻土区,抬高路堤不但不能使冻土上限上升,反而形成融化盘,若过高地抬高路堤,由于吸热面的增大和阴阳坡的作用,又会造成融化盘的不对称,进而导致路基的不均匀沉降。若铺设保温材料,则由于它既可在夏季阻挡上部热量的传入,又可在冬季阻挡上部冷量传入和下部的热量传出,长期运行会在路基中形成热量累积,致使多年冻土上限下降。因此,抬高路堤高度或铺设保温材料保护冻土路基均是被动保护多年冻土的方法,它无法抵御上述多年冻土的变化,造成路基稳定性发生变化,尤其在全球气温升高的大趋势下更是如此。通过改变路堤结构和材料以调控辐射、调控对流和调控传导,达到冷却路基的目的。

4.1.2 冷却地基为主导的设计原则形成

认识冻土问题包括两方面的内容:一是对冻土作为客观存在的自然地质体,它本身的地质学特点,冻土生存的自然地理条件,也即冻土环境的特点及变化的认识。二是对冻土工程修建过程和修建以后冻土的变化特点,工程的变化特点以及二者互相影响的过程特点的评价。

青藏铁路对冻土的认识,是从冻土温度、水分两大基本特征出发,对冻土的平面分布形态和垂直剖面分布特点进行了科学的、工程的分类,全面、准确的认识了青藏铁路的多年冻土,为冻土路基工程的实施奠定了科学基础。这些实际上是我们对冻土区工程地质条件的认识。不同区域地理地质条件决定了冻土不同的地温分区和含冰量分类,不同建设阶段的冻土地质勘察工作,为我们准确认识冻土的特征奠定了基础。

随着青藏铁路冻土区工程建设的深入和发展,我们对冻土问题的认识也在不断深化和提高,设计思想、施工技术经过了几个阶段和层次的转折和建设实践的检验,逐渐形成一条明确的技术思路,科学研究、工程设计、施工建设在技术思想上保持了一致性。逐渐形成共识和自始至终遵循的技术路线是:冷却地基土体,减少传入地基土体的热量,以保护冻土的热稳定性为核心,达到保护路基工程和其他铁路工程结构物稳定的目的。

从冻土学理论的角度说,冻土路基工程稳定性问题的关键和核心是冻土的热稳定性问题。就是说在冻土区修建铁路的工程活动将破坏冻土的天然热平衡状态,削弱和破坏了冻土的热稳定性,从而影响到路基的稳定性;从工程建设的角度说,技术难题在于:逐年变化的气温条件,使冻土本身的热稳定性逐渐削弱,我们从保护冻土,使其稳定在冻结状态的设计思想出发,采取一定的工程结构形式和工程措施,在施工中采取相应的保护性措施,力求达到保护冻土热稳定性从而保证路基稳定的目标。

以上述冷却地基土体为指导思想，以全球性的气温变化为背景，我们确立了科学的设计思想和先进的设计理念，提出了解决冻土问题的有效的工程措施和工程结构。这是我们对冻土区路基稳定性进行综合评价的基础。

对于青藏铁路冻土区工程建设过程对多年冻土本身工程性质的影响，多年冻土外部环境变化及其对冻土的影响，铁路工程修建后冻土和工程结构物的相互影响认识的不断深化，决定了对冻土区路基工程在设计思想和设计理念不断更新和提高，主要体现在动态设计理念、综合措施治理和以冷却地基土体为主的路基结构选用。这些是保证冻土区路基稳定性的科学基础。

40 年来我国科学技术人员在区域冻土、冻土物理和力学、冻土工程领域内的研究成果以及工作方法，为青藏铁路建设奠定了坚实的技术基础。青藏铁路建设的设计、勘察工作应用 40 年来，科研人员对于铁路、公路区域冻土地质勘察的研究和实践成果，指导了青藏铁路的区域冻土普查和地质勘察工作，利用大量科学技术新成果丰富了勘察手段，提出了铁路经过地区多年冻土的平面分布特征，即岛状多年冻土、大片分布多年冻土、多年冻土区域内的各类融区、不良冻土地质现象的分布情况；借鉴过去科学研究和公路工程实践对冻土的地温分区标准，结合工程的实际特点和可执行性，提出了青藏铁路冻土区地温分区的科学标准，把多年冻土分为高温极不稳定区、高温不稳定区、低温基本稳定区和低温稳定区四个不同地温分区；根据工程建设的特点，针对铁路线路运行对工程结构物变形范围的要求，依据冻土含冰量的特征，把多年冻土分为低含冰量和高含冰量（富冰、饱冰、含土冰层、厚层地下冰）冻土。这是认识冻土、解决冻土问题的基础。

设计和施工的紧密结合，在设计和工程实践中不断深化对冻土的认识，促使我们的设计工作实现了从静态设计到动态设计的转变。

密切注视国内国际对全球性气候变化的研究动态，紧密结合青藏铁路冻土区气温变化的响应过程的研究实践，深入研究冻土对气候变化的响应特点，在设计工作中逐步实现工程结构和工程措施从单一到综合的转变。

在总结过去研究成果和两年来工程实践基础上，结合冻土试验工程的阶段研究成果，贯彻"冷却地基土体、减少传入冻土的热量"技术路线，在工程结构和工程措施的选取中，实现从被动措施向主动措施的转变。

青藏铁路建设过程中，几个特殊阶段工程设计主导思想的变化，体现了以冷却地基为主的设计原则的形成和贯彻。

1)2001 年年初的预科研阶段

主要依据过去 40 年对青藏高原多年冻土的认识和对 70 年代初期提出的设计暂规的理解，提出了预科研阶段的冻土区铁路的设计方案。这一阶段的设计方案集中体现了过去 40 年对冻土的基本认识和冻土区筑路技术的认识。由于过去 40 年的研究和工程实践，主要集中在以低温冻土区风火山为野外试验基地，以公路几次改建为工程实践检验，以以往的室内试验和理论研究为基础，当应用在青藏铁路建设时，在部分问题认识上尚存在一定局限性。主要表现在：路基工程主要依据路基最小临界高度和保温层调节路基高度，或者依据保温层作为保护冻土的主要手段；涵洞基础主要依据保温换填；桥梁桩基础设计主要是依据不同温度下的冻结力；预科研的设计方案路基工程基本是以路基合理高度、保温隔热层路基为主；而路基高度也是依据风火山试验路基的研究成果，具有一定局限性。结构措施基本上体现了一种被动防御的设计思想。

2)2002 年 3 月初步设计阶段

2001 年先期进行的试验段工程和相应的科学试验观测,是大规模的野外实体试验,无论从规模、种类还是试验目的、实验手段、参加人员等方面,都达到了一个新的水平。预期的研究成果,主要是以验证设计思想,验证工程结构和措施的正确性为主要目的。2002 年年初得到的初步观测数据,从方向上没有偏离预期目的,但是从实际应用上还不能给我们确切的回答。

2001 年的地质勘察工作和勘察暂规的制定及颁布,基本上还是以过去的研究成果和经验积累为基础,但是对青藏高原多年冻土的认识深度已经开始从局部扩大到全局,而且对冻土本身的温度、水分特征及其对工程稳定性的影响有了深刻的认识和条例上的表述。这突出表现在对冻土区进行以温度特征为标志的地温分区,以含水率为标志的冻土工程分类,针对不同区段的冻土,以上述两类特征为主要依据,以保护冻土为主要目标,分别采取不同的设计原则和工程结构、工程措施。但是在当时,仍然没有突破以填土高度为基础,作为保护冻土的主要手段。当时试验段测试观测研究仅获得一些初步数据,但是这些数据显示了片石层结构能起到保护冻土的作用,另外考虑了施工工艺和施工季节的角度(施工技术细则对超过 5m 的路堤施工时间的限制),所以当时在初步设计中在不冻泉—楚玛尔河段大量采用了片石层结构路基,根据试验的段的一些初步测试研究成果,结合过去的研究,涵洞地基采取了综合措施处理,桩基承载力注重了地温的动态变化和冻结力的动态变化。

2002 年年初,全球性的气温变化和青藏高原冻土区气候变化趋势的研究成果,引起青藏铁路建设者和决策者的高度注意,包括中国科学院在内的冻土专家一致认为,气候变化及冻土的相应过程应当给予足够重视,同时,中国科学院创新工程重大课题“青藏铁路工程与多年冻土相互作用及其环境效应”正式启动。但是当时的讨论认为,原有的设计暂规已经考虑了气温升高的因素在内,路基填土高度安全系数的放宽可以起到抵御气温升高的作用,因此没有在主动保护冻土的结构措施方面有更大的举措,只是考虑象楚玛尔河高平原地区,由于年平均气温较高,冻土的年平均地温也较高,从安全的角度考虑,采用“以桥代路”的结构更妥当。

3)2002 年 8 月后开始的大规模的设计补强和初步设计审查阶段

由于过去研究和工程实践条件的局限,我们对青藏铁路多年冻土认识还不够准确和深入,尤其对铁路工程修建后工程结构和冻土之间的相互作用认识还不够深刻,因此整个青藏铁路建设过程都体现了一种探索性。设计思想也随着时间的深化和认识的提高而不断改进,坚持设计和施工的紧密结合,在设计和工程实践中不断深化对冻土的认识,实现设计工作从静态设计到动态设计的转变,是整个设计工作的一个特点。

2002 年 8 月份开始,地表水的侵蚀作用对路基的危害和试验段路基出现的一些变形裂缝和工程裂缝,2002 年冬天到 2003 年暖季已经施工完毕的路基上出现的形态各异的裂缝,以及次生工程现象和次生冻土现象,促使我们对原设计思路所采取的结构措施进行深入反思。在初步清晰了裂缝种类、起因和发展趋势以后,对路基工程设计实现了从主动到被动、从单一到综合的全面转变,在 2002 年末进行的初步设计审查中片石层结构路基结构的大量使用、综合补强措施的全面采用、以桥代路、甚至以后出现的路改桥这样一些重大举措都体现了这一设计思想和理念的转变。

不同设计阶段设计思想的演变和改进最终体现了冷却地基思想的主导作用。

4.1.3 冻土分异性变化和动态设计思想

冻土环境的长期变化趋势造成冻土性质的变化方向,冻土环境的局地差异造成冻土性质平面分布上的分异性变化,冻土工程的动态设计理念实际就是指对冻土性质变化趋势和冻土性质分异性变化的适应性。

青藏铁路建设过程中,由于冻土环境和冻土冷生过程的特殊性使冻土区路基工程出现不同程度的裂缝,一种是由于冷生作用主导产生的寒冻裂缝。目前青藏铁路冻土区路基工程中出现的寒冻裂缝主要分布在路堤边坡中上部位。尤其是在路基顶面与边坡交界处的边坡坡面上,由于双向不等量的吸热散热和水分条件变化较为频繁和剧烈,成为寒冻裂缝发育的部位。少量的路基顶面寒冻裂缝的发生则主要因为填土的黏聚力较小所致。第二种是路基变形主导产生的裂缝,路基坡向和几何尺寸的不对称使基底地温场呈现不对称,而且还造成不同坡向路基本体和基底土体内冻融过程的不同步,致使路基横向上发生融化的土体厚度不同,沿深度方向上土体的含水量不同(冻融过程水分重分布,以及在不同深度铺设不同材料造成的上下含水量的差异),沿深度方向土体温度不同,因而在横向上各个部位融沉变形不同,当土体黏聚力不够时,这种变形力拉开土体沿纵向伸展形成纵向裂缝。

从裂缝形态及解剖和变形观测综合分析,绝大部分裂缝产生的初始原因都是寒冻风化造成的,单纯由于路基变形原因形成的裂缝占少数,但是寒冻裂缝在路基变形的影响下会加速发展,在低路基地段甚至会形成贯通基底的裂缝,同样会影响路基稳定。

对以上问题的分析和研究,导致在设计中广泛采用几何尺寸不对称的碎石护坡。一方面使路基基底地温场趋于对称,从而减小横向变形的差异,另一方面改善路基坡面条件,抑制寒冻裂缝发生。

从铁路运营角度,路基变形是控制轨道平顺度、轨面高差的基础,路基变形应该作为衡量冻土区各类结构和措施设计思想和理念的正确性的重要标准。

研究冻土区路基的变形和裂缝发生发展规律,首先应该了解修筑路基以后冻土区路基工程实体内填土和天然土体的冻融过程发展规律,在此基础上分析研究路基变形组成部分及其发展规律,根据地质资料和观测结果分析计算,判断路基变形总量和差异变形总量以及由于变形不同步造成的阶段性差异变形量是否在允许范围内,从而对工程结构形式和工程措施以及施工工艺的合理性和可靠性作出科学的推断。

冻土区路基修筑后的第一个冻结期和融化初期,日平均气温在由正温逐渐转为负温,地表平均温度逐渐降到0以下过程中,路基本体开始自上而下发生冻结;路基基底以下至天然上限之间的土体,由于填土和片石层隔绝(相对原天然地面而言)冷量和本身热量下传的作用,没有发生冻结或者冻结滞后,有些地段多年冻土发生局部融化。在日平均气温由负温向正温逐渐转化,地表平均温度逐渐回升到0以上时,路基本体开始自上而下的融化;路基基底以下至天然上限之间的土体,由于自上而下的冷量在克服了填土蓄热后的影响,逐渐冻结,多年冻土的融化趋于停止,已经融化的上限附近的冻土,由于含冰量较大,融化后再冻结需要克服潜热影响,部分地段还不能完全冻结。

冻土区路基修筑后的第一个冻结期和融化初期,在冻结发生之前,路基本体由于自重应力的作用产生压密变形,部分土体(主要是路基本体)冻结过程中发生冻胀变形,片石层路基的片石层自重和上覆土层作用压密调整结构发生微小变形,路基基底至原冻土天然上限之间土层融化下沉、融化压缩变形,施工完毕后,由于填土热量和片石层暖季施工热量使多年冻土融化部分产生融化下沉、融化压缩变形。然后是路基本体由冻结状态向融化状态转化过程中发生融化压缩变形,路基基底至原冻土天然上限之间土层以及多年冻土融化部分发生没有完成的融化压缩变形,路基基底至原冻土天然上限之间土层以及多年冻土融化部分开始冻结时发生不同程度的冻胀变形。

高含冰量多年冻土上限发生变化的地段,在年平均气温较高地区(楚玛尔河、沱沱河、通天河等盆地区域),暖季填土热量和片石层施工季节在施工完毕后基本都影响到多年冻土层,有可能使多年冻土层发生不同程度的融化,这种融化是否能在冻结期内全部冻结还要看区域冻结能力大小,如果过余冻结能力不足,则有可能造成长时间存在融化夹层,路基变形不能稳定。一般多年冻土向上的冻结速度和能力都逊于自上而下的冻结速度和能力。

观测数据结合冻土学理论进行分析,根据变形结果,研究判断工程结构的可靠性,提出了在设计上需要进行补强或改进的地段,设计和施工需紧密结合,在设计和工程实践中不断深化对冻土的认识,促使设计工作实现从静态设计到动态设计的转变,密切注视全球性气候变化的研究动态,紧密结合青藏铁路冻土区气温变化的响应过程的研究实践,深入研究冻土对气候变化的响应特点,在设计工作逐步实现工程结构和工程措施从单一到综合的转变;贯彻"冷却地基土体、减少传入冻土的热量"技术路线,在工程结构和工程措施的选取中,实现从被动措施向主动措施的转变。

动态设计理念在青藏铁路冻土工程建设中主要体现在:根据冻土的分异性变化实时调整设计方案,根据现场试验和前期工程效果反馈实时调整工程措施,根据对冻土环境动态变化认识的深入实时调整和补强原有设计。

动态设计理念指导下的三方面调整,主要是从被动防护措施到主动冷却地基措施的调整,从单纯一种防护措施(被动,主动)到综合措施(被动叠加主动,主动冷却复合措施)的调整,而最主要的是从路基结构到"以桥代路"结构形式的调整。

青藏铁路根据未来气温升高趋势下冻土环境的变化特点,对于以多年冻土为地基的工程建筑物,采用了以下几种不同传热特征的工程结构形式:

"以桥代路"桥梁灌注桩基础;

(1)拼装式涵洞的插入桩基础。

(2)填土路基结构。

(3)保温板路基结构。

(4)片石气冷路基结构。

(5)通风式路基结构。

(6)遮挡式路基结构。

(7)热棒制冷式路基结构。

其中,根据试验段观测数据分析结果,保温板路基对多年冻土的长期保护效果不能满足工程要求,已经在原有基础上增加了片石护坡进行补强。

青藏铁路建设过程重点对高含冰量冻土地段路基、桥间短路基、低路堤、高含冰量路基之间的多冰地段路基采用热棒、片石气冷、碎石护坡等进行加强和补强处理,竣工资料显示,最终冻土区路基采用冷却地基型结构的数量分别为:

(1)热棒路基:30km。

(2)片石气冷路基:142km。

(3)片石、碎石护坡:156km。

(4)多冰地段设片石护道:6km。

(5)开裂及细颗粒土地段采用土护道和片石护坡处理:43.8km。

(6)采用"以桥代路"工程结构的地段达到120km之多。

4.2 冷却地基型冻土路基结构

冷却地基型冻土路基结构在青藏铁路冻土区路基工程中占有主导地位,已经采用和进行了实体工程试验的结构形式主要有:

(1)片石气冷型路基结构。

(2)通风式路基结构。

(3)热棒制冷型路基结构。

(4)遮挡式路基结构。

每一种结构根据工程目的的差异在路基不同位置和不同形式进行结构组合,衍生出不同的路基工程形式。

合理应用青藏高原风能、太阳能的新型能源冷却地基结构将会逐渐走进人们的视野,引起足够的重视。

4.2.1 *片石气冷路基结构*

片石气冷路基结构指片石气冷路堤、片石护道、片石碎石护坡,以及由它们混合组成的复合结构路基。

4.2.1.1 片石层传热特点和冷却地基过程

片石气冷路基结构的核心是片石层,片石层铺设在路基不同部位时形成不同的片石气冷路基结构。片石层本身的传热特点和气冷过程是决定片石气冷路基冷却地基冻土效果的决定性因素。

1)片石层传热特点

抛填堆积而成的片石层由于片石块之间空隙的存在形成一种特殊的多孔介质工程体,片石层这种多孔介质的传热方式除了接触式热传导以外,最重要的是存在对流传热。片石层的接触式热传导的导热系数不到3w/m·k;空气对流的换算导热系数高达120w/m·k,所以片石层最终的传热效果主要由空隙中空气的对流传热决定。片石层的热传输特性如图4-1所示。

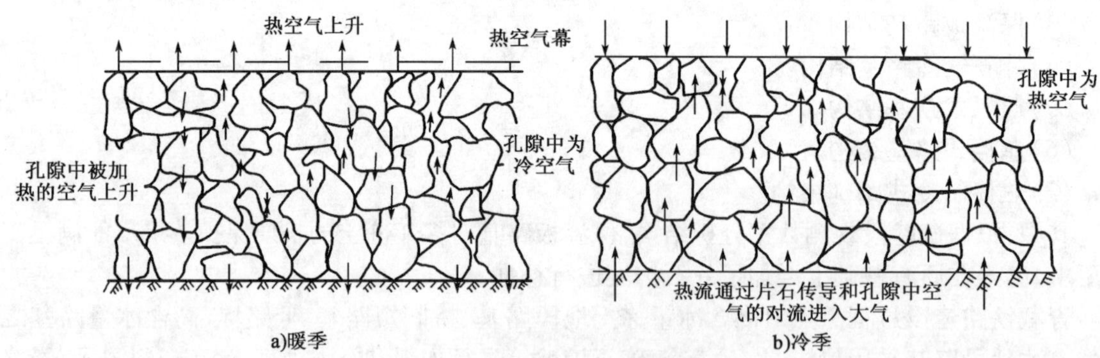

图4-1 片石层的热传输特性

青藏铁路冻土区气候特点是一年无四季之分,只是根据环境温度是正温还是负温分为暖季和寒季,暖季环境气温高于路基本体内部温度,片石层上部温度高于下部温度,热量主要通过片石接触热传导传入路基,片石层内部空隙热空气的上升趋势阻挡外部热量的进入,使片石层的有效导热系数变小，片石层具有一定保温隔热效果。寒季环境气温低于路基本体温度，片石层上部温度低于下部温度，片石层空隙内的空气发生对流换热，同时块石之间以及块石和空气之间还存在接触热传导，热量能较好地从路基和基底散发出来，寒季多风使得片石层中发生强制对流更有利于路基散热，从而降低路基及基底的地温。

设置边坡上的片石层遮挡了太阳对路基坡面的直接辐射，遮阳作用十分明显。片石层的这两种功能可以有效的提高路堤下地基的蓄冷量，增加了冻土的热惰性，降低了多年冻土地温，保护了多年冻土。

片石之间存在的不连续界面造成热流在传递方向上的不连续。从热传导角度看，片石层的导热系数是由岩石、空气的导热系数和热传输过程决定的。如果片石层中空气静止不动，则片石层的导热系数应介于组成片石层岩石的导热系数和空气导热系数之间。

2）片石层路基气冷过程

片石层作为路基本体一部分时，路基结构形式如图 4-2 所示。它是通过改变路堤结构而改变传热方式，使传入堤中的热量，不仅只通过土颗粒接触的导热传热，还通过人为地制造堤中介质间的空隙而形成以对流传热为主的传热机制，利用高原冻土区负积温远大于正积温的气候特征，改变路堤中的温度场，达到降低基底温度，保护多年冻土的目的。

寒季片石层顶面和底面的冻结指数相差较小，冷量能够有效地传入路基基底，降低基底地温，抬升多年冻土上限，保护基底下多年冻土。暖季，片石层顶面的融化指数比片石层底面大好多倍，片石层的存在有效地减少了热量传入路基基底。暖季蓄热量的减少和寒季冷储量的增加，其综合效应反映了片石气冷路堤结构对降低路堤堤身和基底温度、保护多年冻土稳定的优势。

片石层内温度场的分析结果表明，开放状态下片石路基结构温度场具有非常明显的通风作用，这种过程与区域的风速和风向有密切的关系。青藏高原冻土区寒季风速较大，以东西向为主导风向，与大多数地区路基走向基本垂直，适宜的风速和风向条件对开放状态下片石路基形成强烈的通风作用。当风速较小时，片石结构层通风作用减弱，在靠近阴坡形成自由对流边界层。此时片石结构层外部降温，片石层表面与片石结构层之间平行方向形成了较大温差，片石层空气的密度差增大；而且片石层顶部温度低于底部温度，也产生了较大温差。这两种空气密度差导致了片石层内空气自由对流效应强烈。暖季的主导风向大多数情况下与路基平行，不利于通风作用的产生，以热传导过程为主。

在开放状态下，片石气冷路基结构冷却路基的作用机理是，冬季以通风作用为主的强迫对流效应和较弱的块石层侧向空气自由对流的复合过程，这一复合过程主要与风速和风向有关。当风速大时，片石层内产生强迫通风效应；但风速小时，在阴坡侧块石层内一定厚度内产生自由对流效应。暖季的风速和风向条件决定了片石层主要以接触式热传导过程为主，片石层粒间空隙的存在使路基内部产生一定的隔热作用。

封闭条件下由于阻断了风的影响，片石路基结构弱化了强迫对流过程；同时由于片石路基上部填土的影响，片石层顶、底板温差不足以驱动自由对流过程。因此，封闭状态下片石层内部主要以热传导过程为主，片石层内的空隙起到了一定的隔热保温的作用。

3）片石（碎石）护坡的冷却过程

作为护坡的片石层具有明显热屏蔽效应，由试验观测数据可以看出，片石护坡层内温度等值线较密，这说明片石护坡层内沿路基边坡的法线方向上温度梯度较大，片石层内空隙引起了一定的隔热作用。实际上这一过程一年四季均会发生，只是每季节发生的时段不一致，夏季、秋季一般发生在中午 9:00 至 15:00,冬季发生在午夜 00:00 至 6:00,春季发生的时段不太确定。从热屏蔽作用发生的时间来看,夏季和秋季发生热屏蔽效应主要在气温最高的时段,对保护路基下部的多年冻土是有利的。冬季发生热屏蔽作用主要是在气温最低的时段,这不利于片石护坡发挥冷却作用。

从这一点上讲,片石护坡具有较强的热屏蔽作用。图 4-1 给出了片石护坡典型烟囱效应的温度场特征。从图 4-1 可以看出,当片石护坡层外部降温时,片石层外部表面温度明显要低于片石护坡内部的温度,在冷热空气的密度差的驱动下,外部冷空气向片石层内部渗透,片石护坡层内部热空气为了补充因为片石层冷却进入片石层后空气密度差,热空气向片石层外部迁移,形成了较为明显的烟囱效应。从烟囱效应表现特征来看,驱动烟囱效应要求满足片石外部表面温度要低于片石层内部温度,在具有足够冷热空气的密度差后才能够驱动烟囱效应。因此烟囱效应一般发生在秋季、冬季和春季,春季和秋季发生的时段一般是 18:00 ~ 24:00 左右,而冬季不明确。

因此,片石护坡的冷却机理主要为“烟囱效应”和“热屏蔽效应”的组合作用过程,与片石层边界层效应的影响非常明显,这一组合作用过程表现为“热屏蔽效应”和“烟囱效应”的昼夜、季节性的交替组合过程。开放状态下这种过程较为显著,当片石护坡厚度大于 1.2m 时,这种过程被强化;封闭状态下这一过程被削弱,阴阳坡温度效应反而被加强。

4)片石层传热影响因素

从片石层的热传输特性和边坡上片石层的热防护功能可以看出,影响片石层热传输特性的因素主要有以下几个方面。

(1)块石表面反射率。块石表面反射率越大,太阳有效辐射越小,从而传入地中的热量少,有利于保护冻土路基的热稳定性。

(2)片石层孔隙率。片石层的热工特性主要取决于孔隙率的大小。为保持片石层的热开关效应,片石层需要一定的孔隙率以保证冷季空气能发生对流,孔隙率越大,对流换热越强烈。对于单一球形颗粒多孔介质,全部按正立方体排列的极松散状态孔隙率达到最大,全部按斜方六面体排列的极紧密状态孔隙率达到最小,而随机摆放孔隙率介于这两者之间。对于一般单一粒径的多孔介质材料,其孔隙率与颗粒排列的方式和密实程度有关。而非单一粒径多孔介质的孔隙率还与粒径级配有关,因为小颗粒可以占据大颗粒之间的孔隙,从而使所组成的多孔介质孔隙率减小。现场实体工程中使用的片石层作为非单一粒径的多孔介质,其孔隙率与颗粒排列的方式、密实程度以及块石的粒径级配相关。但是由于同等粒径的块石其排列效果(形成的孔隙率效果)是随机而变的,因此现场试验结果只能是在特定条件下粒径大小对块石护坡路基工程效果的影响。

(3)片石层厚度。片石层厚度也是影响片石层热传输特性的一个重要因素。根据青藏高原风火山碎石路基试验资料的计算结果,随着碎石层厚度的增加,暖季 N 系数逐渐减小,说明通过碎石层的热量逐渐减少;同时随着碎石层厚度的增加,冷季 N 系数却变化更小,说明在一定厚度范围内碎石层厚度的增减,对碎石层在冷季的热传输过程影响很小。

4.2.1.2 片石气冷路基结构类型

前苏联在 20 世纪 30 年代就曾将片石通风路堤结构作为一种排水建筑物(称“渗水路堤”),应用于多年冻土地区等级较低的铁路线的沼泽湿地地带,在某些地段用以代替小桥涵进行应用。70 年代后对其应用范围不再硬性限制铁路等级,而是根据具体的自然条件和实际工程效果决定应用范围,一般还可以和涵洞结合进行使用。俄罗斯西伯利亚贝—阿干线采用的大片石作为路基填料来维持冻土上限的热平衡，保持冻土上限位置或促使上限上升，取得了良好的效果。美国、加拿大等国家也在多年冻土区进行了片石通风路基的相关试验研究，对其应用推广和发展起到了积极的作用。

我国科研单位也曾进行过块片石通风路基的试验研究。1960 年，铁道部青藏铁路工程局高原科学技术研究所（中铁西北科学研究院的前身）为解决青藏铁路多年冻土区的筑路问题，在风火山进行了碎石路基工程试验。路基顶面宽度 7.4m，长 40m；碎石层厚度平均 1.23m；碎石为风火山紫色铁质胶结细砂岩，块径 5～8cm。试验工程目的是研究厚层地下冰地段路堑边坡及基底处理方法，为设计提供依据。由于青藏铁路在 1960 年底暂停修建以及科研机构变动等原因，试验观测推迟于 1962 年 10 月开始至 1964 年 9 月结束。观测资料表明，倾填碎石层在保护多年冻土方面具有明显的工程效果，观测表明，倾填碎石层在暖季能有效减少热量传入地基，有明显的热屏蔽效应，而在寒季能显著提高冷量的传入和储存，对多年冻土可起到很好的保护作用。

1973 年，中科院寒区旱区研究所在青海省祁连山北麓热水地区修筑了片石通风试验路堤。试验路堤于同年 5 月动工修筑，7 月下旬竣工。试验路堤东西长 11m，南北宽 7.5m，堤高 2.7m，路堤底部用 0.5m 厚的亚黏土直接覆盖在草皮上，主体为直径大于 30cm 的块片石状砂岩干砌而成，堤顶铺盖一层 0.15m 厚的小砾石。同时在该试验地还有进行了碎石亚黏土对比试验路堤。通过对碎石亚黏土试验路堤地温观测资料对比结果表明，片石通风试验路堤在保护多年冻土方面具有明显的优越性。

1999 年，中铁西北科学研究院在风火山冻土试验路基修建了碎石护坡试验工程，通过观测资料分析，碎石护坡对保护多年冻土边坡的稳定性起到了很好的作用。

多年冻土区建筑物地基土温度状态的控制关键在于提高地基土散热能力加大冷能的储存，最有效的方法减小年平均气温和土温之差。调控辐射、调控对流和调控传导均可有效地调控路基温度场。从传热机理和工程目的出发，片石层可以从以下几个方面达到设计要求和使用功效：

（1）改变路基表面条件，降低地表年平均温度，改变多年冻土存在的能量基础。

（2）寒季提高从路基地基结构中的散热能力，增加多年冻土冷能的存储。

（3）在路基薄弱部位改善传热条件，局部提高冷能传输和储存，减少多年冻土与上部环境之间传热效果的不对称性。

根据片石层的气冷工作原理，结合冻土区工程特点和工程目的效果，片石气冷路基结构可以通过以下片石气冷单一结构和复合结构实现工程目的，如图 4-2 所示。

1）片石层气冷路基结构

在路基填筑前先填筑 30cm 厚的砾砂垫层，并沿路基中心向两侧填筑成 4% 的横坡。其上沿路基填土路堤设计尺寸填筑厚度为 1.5m 的片石，片石的块径为 20～30cm，按照要求进行碾压压实（图 4-2a），在片石层顶部填筑一层圆砾石垫层，厚度为 30cm，垫层上铺设一层防渗土工布。路基本体用粗颗粒土填筑。这种不设置护道的片石层气冷路基结构是冻土区最基本的片石气冷路基结构形式。这种片石层气冷路基结构中的片石层与路基边坡一致，外观整齐，但是真正应用到路基工程上有很多缺陷，片石层在路基边坡的裸露部分容易被填土充塞影响气冷效果，因此在青藏铁路冻土区路基工程建设初期采用后很快进行了修改，将片石层向路基两侧延伸称为片石护道（图 4-2b）。

2）有片石护道的片石层气冷路基结构

路基坡脚是冻土区路基的薄弱部位，坡脚部位接受坡面和地面两个方向的传热，最大季节融化深度比天然条件下要大，比一般填土路基下最大季节融化深度也要打，这不利于路基本体的稳定。低温冻土区经常采用土护道措施克服这一弊端。

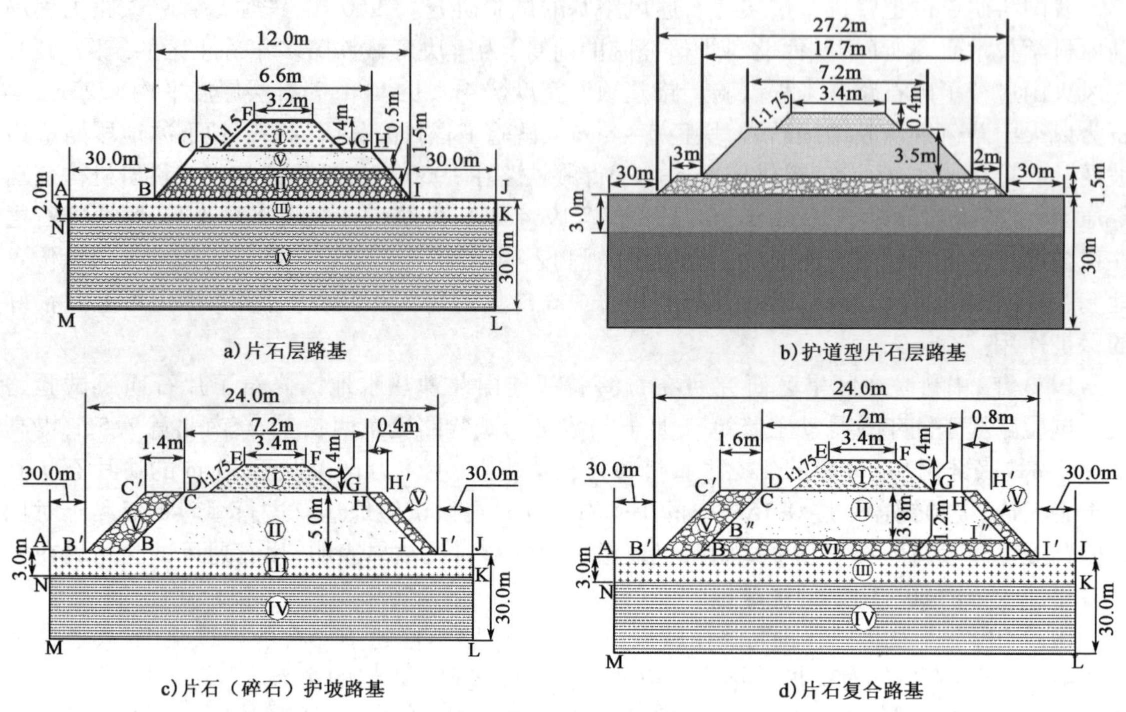

图4-2 片石层气冷路基结构的不同类型（尺寸单位：m）

在填土路堤增设片石护道或者将一般片石层气冷路基向两侧增加片石层的宽度，增加片石层护道（图4-2b)），可以有效的克服路基坡脚二维导热对路基稳定的不利影响。片石层护道由于其上没有填土覆盖层，开敞的片石层的气冷作用将更好的得到发挥，对路基坡脚的冷却作用效果更好。

调节路基两侧片石护道的宽度可以使路基两侧坡脚的融化深度和融化进程趋于平衡，进而可以调节路基本体内和基底多年冻土冻融界面形态趋于平缓，减小路基横向变形的差异，使片石气冷作用既能够起到保护多年冻土的作用，还可以达到减小路基变形差异，保证线路平顺的效果。

3）片石（碎石）护坡气冷路基结构

是指在路基的边坡上铺设一定厚度的片（碎）石层，用来保护路基基底下多年冻土的一种工程措施（图4-2c)）。铺设在路基边坡上的片（碎）石层的热防护功能主要表现在以下两个方面：

（1）热开关效应

片（碎）石层因本身的结构而具有热开关效应。暖季，片（碎）石层中的热量传输以热传导方式为主，有效导热系数小，因此通过片（碎）石层后到达原路基坡面的热量非常有限，此时的片（碎）石层作为一种隔热材料，能大大减少热量通过坡面传入路基。寒季，片（碎）石层中的热量传输以对流方式为主，有效导热系数大，因此外界的“冷量”能够很好地通过片（碎）石层到达原路基坡面，进而传入路基和基底。

(2)遮挡作用

边坡上的片(碎)石层,遮断了太阳对原路基坡面的直接辐射,从而减少热量传入路基,尤其在太阳辐射极强的青藏高原,这种作用是相当明显的。

综上所述,片(碎)石层暖季能减少热量传入路基,寒季能增加"冷量"传入路基,从而降低多年冻土地温,达到保护多年冻土的目的,因此片(碎)石护坡是保护多年冻土的一种有效的主动工程措施。

路基填筑前先进行原地表碾压,在原地面压实符合设计要求后开始填筑路基。路基填料以角砾土、砾砂土为主,干密度在1.7~2.2g/cm^{2}之间,最优含水量5.8%左右。填料每层虚铺厚度35~45cm,每层路基填料平铺后碾压4~6遍,片石护坡采用人工堆砌的方法严格控制片石层的粒径和厚度。片石厚度为0.8~1.2m,片石护坡阴阳坡面厚度不一。

片石护坡与碎(片)石路基比普通路基有两个改进的地方:首先,它在年循环整个过程中不依赖于改变材料的特性(例如含水量)来增加路基的稳定,避免了几何形状的复杂、热融沉、非渗透薄膜以及吸收水分的能力。第二,由于它依靠自然通风,而不是可变的热传导来提高冬季路基外的热传输能力,它通常在降低多年冻土的年平均温度上更为有效。众所周知,在多孔材料中的对流可以使得热传输能力比只有热传导大好几倍。路基的渗透性主要由粒径和孔隙率控制。

4)片石护坡和片石层组合气冷路基结构

路基横断面的折线形态决定了冻土区路基在不同变化点附近传热的多维复杂过程,克服这些变化点附近的不对称、不均匀传热造成的路基冻融过程的不同步,冻融界面形态的不对称,必须通过不对称路基结构来实现。

在路基两侧坡面铺设宽度不一致(垂直于坡面厚度不同)的片石护坡,路基底部铺设护道宽度不同的片石层,形成一种片石气冷复合结构(图4-2d)),可以有效的削弱路基冻融过程的不同步,冻融界面形态的不对称现象,使路基稳定性和变形均匀性提高。

上述片石气冷路基结构作为降低多年冻土地温、保护多年冻土的一种主动工程措施,在青藏铁路建设中被大量采用。针对多年冻土路基片石气冷措施的实际工程效果、结构设计参数等问题,在青藏铁路建设期间开展了大量的现场试验和理论研究。

4.2.1.3 片石气冷路基应用效果

根据冻土工程的设计原则和冻土路基工程最终的工程目的,采用片石气冷路基结构最终应该达到以下几个方面的应用效果:

(1)有效保护路基基底多年冻土。

(2)明显提高冻土路基的热稳定性。

(3)完整的冻融过程中路基变形总量和冻融过程不同阶段路基变形差异能够保证线路在设计速度条件下平顺运行。

片石气冷路基结构应该达到的工程效果,需要通过关键技术指标的观测数据验证:

(1)片石层底部温度变化。

(2)基底多年冻土的变化。

(3)路基横断面不同部位冻融界面的变化。

任何一种旨在通过冷却地基土体来保护多年冻土的结构形式,都应该在工程效果上具有长期可靠性,这种长期可靠性应该有这种结构冷却功能的持续性指标和理论预测作为依据。

青藏铁路冻土区不同冻土环境条件下工程观测数据的分析研究证明了片石气冷路基结构的应用效果，对一些关键位置的积温分析说明片石气冷路基结构的能量来源和持续性保证，建立在已有数据基础上的数值计算研究证明了这些路基结构长期工程效果的有效性和可靠性。

1）典型冻土环境条件下的冷却效果

片石气冷路基结构在青藏铁路各类冻土环境条件下都具有明显的冷却冻土效果，就其应用的冻土环境条件而言，主要分为低温冻土区和高温冻土区两类。大片分布的低温冻土区的环境温度年平均值一般都比较低，一般年平均气温在 -5℃以下；高温冻土区的环境温度年平均值一般都比较高，一般年平均气温在 -5℃以上。

低温冻土区的年平均气温和风力风速条件均有利于片石层冷却作用的发挥，片石气冷作用效果较高温冻土区更为显著；高温冻土区虽然年平均气温较高，但是风力风速条件以及片石层上部和下部温度差异仍然可以很好的满足片石层气冷作用的发生条件，因此也具有比较明显的冷却效果。

（1）清水河地区

清水河地区属于高温冻土区，年平均气温较高为 -4.2℃，片石层路基的冷却效果表现在路基基底负积温增加，最大融化深度减小，年平均地温降低。另外观测表明，一般路基施工完成后，在路基基底存在高温夹层，需要 3～5 年才能消失。经过三个冻融循环后，高温夹层范围已经减小，片石层路基基底高温夹层范围明显小于未铺设片石层的对比段路基，这也证明了片石层路基的冷却效果得到发挥。

从表 4-1 清水河试验段 DK1025 +575 和 DK1025 +625 断面路肩孔年平均温度数据分析片石层气冷路基不同位置温度变化，这些温度变化证明了降低土体温度的冷却效果。

DK1025 +575 和 DK1025 +625 断面路肩孔年平均温度统计表（℃） 表 4-1

断　面	位　置	时　间	4.6m	6.1m	6.3m	7.8m
DK1025 +575（片石层气冷路基结构）	左侧路肩（3 号）	2002 年年均温	-0.97	-0.76	-0.68	-0.18
		2003 年年均温	0.59	0.10	0.06	-0.07
		2004 年年均温	0.38	-0.02	-0.04	-0.11
		均温	0.00	-0.23	-0.22	-0.12
	右侧路肩（5 号）	2002 年年均温	-2.06	-1.16	-1.02	-0.21
		2003 年年均温	-1.00	-0.71	-0.67	-0.20
		2004 年年均温	-1.41	-1.05	-0.96	-0.49
		均温	-1.49	-0.97	-0.88	-0.30
DK1025 +625（填土对比路基结构）	左侧路肩（3 号）	2002 年年均温	0.10	0.03	0.02	-0.10
		2003 年年均温	0.98	0.48	0.41	-0.02
		2004 年年均温	1.13	0.58	0.52	0.05
		均温	0.74	0.36	0.32	-0.02
	右侧路肩（5 号）	2002 年年均温	-1.08	-0.41	-0.33	-0.07
		2003 年年均温	-0.15	-0.09	-0.08	-0.09
		2004 年年均温	-0.31	-0.12	-0.12	-0.15
		均温	-0.51	-0.20	-0.18	-0.10

左、右侧路肩下片石层顶面(4.6m)平均温度，左、右侧路肩下片石层底面(6.1m)平均温度，以及左、右侧路基基底(6.3m)平均温度都明显低于对比段相应深度处的地温；路基基底下1.5m处(原天然多年冻土上限附近)左侧平均温度为 -0.12℃，而对比段相应深度处平均温度为 -0.02℃。左、右侧路基基底下1.5m处温度也都低于对比段相应深度处的地温。

同时，从表4-1还可以看出片石层气冷路基不同深度处地温的降低趋势，也就是冷却地基土体取得明显的工程效果。

路基不同深度处积温的计算值可以看出该深度一年内冻结能力和融化能力的对比，也说明铺设片石层以后路基不同深度冻融能力的变化，这种变化如果是冻结能力(负积温)增加，融化能力减小，二者之间能够维持一定差值，对下伏多年冻土的冷却和保护效果可以持续。

从表4-2清水河试验段DK1025+575和DK1025+625断面路肩孔积温统计值可以看出：片石层路基各个不同部位的积温值比对比段相应位置的积温值都要小。

DK1025+575和DK1025+625断面路肩孔积温统计表(℃·d) 表4-2

断面	位置	时间	4.6m	6.1m	6.3m	7.8m
DK1025+575	左侧路肩(3号)	2002年积温	-343.71	-280.58	-248.91	-67.06
		2003年积温	214.24	34.23	19.98	-25.81
		2004年积温	139.29	-9.31	-15.74	-40.18
		总积温	9.82	-255.67	-244.67	-133.05
	右侧路肩(5号)	2002年积温	-743.68	-427.60	-375.68	-79.32
		2003年积温	-355.74	-255.21	-241.73	-74.24
		2004年积温	-509.81	-377.19	-347.70	-181.04
		总积温	-1609.23	-1060.00	-965.11	-334.59
DK1025+625	左侧路肩(3号)	2002年积温	47.57	11.63	8.28	-35.72
		2003年积温	355.14	168.24	145.83	-7.81
		2004年积温	404.05	204.43	181.54	14.94
		总积温	806.76	384.29	335.65	-28.59
	右侧路肩(5号)	2002年积温	-372.04	-150.44	-123.56	-28.37
		2003年积温	-57.69	-33.54	-32.58	-33.92
		2004年积温	-110.97	-43.96	-45.08	-55.75
		总积温	-540.70	-227.94	-201.21	-118.04

尤其是右侧路肩下路基基底的积温为 -965.11℃·d，而对比段相应深度处的积温(6.3m积温)为 -201.21℃·d，二者比值为4.80。右侧路基基底负积温值明显大于对比段相应深度处的负积温值。

片石层护坡路基结构应用效果可以从清水河片石护坡试验路基观测数据得出：

片石厚度为1.2m的片石层护坡路基降低土体温度效果明显，与对比段路基相同深度温度相比，暖季路基阳侧降低地温1.9℃，阴侧降低地温1.26℃；寒季路基阳侧降低地温1.65℃，阴侧降低地温0.47℃。片石厚度为0.8m的片石层护坡路基暖季阳侧降低地温1.65℃，阴侧降低地温1.22℃；寒季路基阳侧降低地温1.06℃，阴侧降低地温0.07℃。

片石护坡路基不同深度处地温的积温值与一般路基相比，阳侧路肩下2.6m处第二观测年份（2004年）的积温，1.2m厚度片石护坡路基为-438℃·d，0.8m厚度片石护坡路基为-243℃·d，一般路基同样位置处积温为339℃·d，阴侧路肩下2.2m处第二观测年份（2004年）的积温，1.2m厚度片石护坡路基为-793℃·d，0.8m厚度片石护坡路基为-739℃·d，一般路基为-519℃·d。

青藏铁路典型的年平均气温较高的高温冻土区楚玛尔河高平原（清水河）片石层路基结构应用效果从降低温度实际效果和冷却地基的持续性能量来源（积温）分析都是明显的和可信的。

（2）北麓河地区

北麓河地区冻土环境与清水河地区相比有一定差异，北麓河年平均气温比清水河地区略高，最新观测数值年平均气温-3.8℃，片石层气冷路基试验观测段的多年冻土年平均地温-0.82℃。

表4-3~表4-8分别列出北麓河片石层气冷路基和片石碎石护坡路基以及片石护道路基的温度观测分析计算数值。这些数值同样从降低温度实际数值和不同深度地温积温计算值证明了各类不同结构路基冷却地基土体的工程效果和持续能力来源（积温）。

北麓河地区片石碎石护坡路基中心不同位置积温值（℃·d） 表4-3

断　面	年　份	积温类型	路基表面下	基底	基底下2.0m
DK1141+374中心孔	2003年	正积温	1178.46	0	0
		负积温	-1122.67	-81.67	-120.85
		总积温	55.80	-81.67	-120.85
	2004年	正积温	405.93	0	0
		负积温	-883.86	-90.44	-159.44
		总积温	-477.93	-90.44	-159.44
断　面	年　份	积温类型	路基表面下	基底下0.3m	基底下2.3m
DK1141+324中心孔	2003年	正积温	1152.01	0	0
		负积温	-1192.12	-98.18	-160.91
		总积温	-40.11	-98.18	-160.91
	2003年	正积温	240.91	0	0
		负积温	-730.56	-42.50	-110.70
		总积温	-489.65	-42.50	-110.70
断　面	年　份	积温类型	路基表面下	基底下0.29m	基底下2.29m
DK1140+882中心孔	2003年	正积温	1031.76	1.07	0
		负积温	-846.22	-20.08	-141.06
		总积温	196.87	-19.01	-141.06
	2003年	正积温	312.05	0	0
		负积温	-642.76	35.64	-171.76
		总积温	-330.71	-35.64	-171.06

北麓河地区片石碎石护坡路基中心不同位置平均温度对比(℃) 表4-4

年份	断面	路基表面下0.3m	路基基底	原天然冻土上限附近
2003年	DK1141+374	0.33	-0.22	-0.33
	DK1141+324	0.06	-0.27	-0.44
	DK1140+882	0.47	-0.06	-0.33
2004年	DK1141+374	-1.30	-0.25	-0.44
	DK1141+324	-2.28*	-0.20*	-0.52*
	DK1140+882	-0.82	-0.08	-0.42

北麓河地区片石碎石护坡路基中心不同位置积温对比(℃·d) 表4-5

年份	断面	路基表面下0.3m	路基基底	原天然冻土上限附近
2003年	DK1141+374	55.80	-81.67	-120.85
	DK1141+324	-40.11	-98.18	-160.91
	DK1140+882	126.09	-19.12	-119.49
2004年	DK1141+374	-477.93	-90.44	-159.44
	DK1141+324	-489.65*	-42.50*	-110.70*
	DK1140+882	-294.35	-30.16	-152.86

片石护道片碎石层下不同深度地温平均值(℃) 表4-6

护道	年度	0.2m		0.7m	
		片石层	碎石层	片石层	碎石层
左护道	2003	-1.01	-0.31	-1.04	-0.26
	2004	-1.44	-0.61*	-1.36	-0.19*
右护道	2003	-1.96	-1.22	-1.75	-1.13
	2004	-2.36	-1.36	-2.12	-1.23

片石护道片碎石层下不同深度积温值(℃·d) 表4-7

护道	年度	0.2m		0.7m	
		片石层	碎石层	片石层	碎石层
左护道	2003	-383.86	-114.49	-386.92	-96.87
	2004	-513.64	-125.55*	-489.19	-36.37*
右护道	2003	-713.11	-444.10	-638.58	-409.37
	2004	-848.26	-486.87	-759.62	-441.49

片石路堤片石层底面年平均温度(℃)　　表 4-8

位置 \ 年变化 \ 观测地段类型	DK1142 +530 普通填土路基对比段			DK1142 +660 碎石护道加宽路基			DK1142 +700 片石护道加宽路基		
	2004 年	2005 年	变化量	2004 年	2005 年	变化量	2004 年	2005 年	变化量
左路肩	0.30	0.40	+0.10	-0.06	-0.05	+0.01	-0.13	-0.05	+0.08
中心	-0.25	-0.35	-0.10	-0.63	-0.94	-0.31	-0.66	-0.99	-0.33
右路肩	-0.54	-0.76	-0.22	-1.26	-1.60	-0.34	-1.46	-1.65	-0.19

观测数据说明:

片石护坡(DK1141 +374)和碎石护坡(DK1141 +324)路基中心不同深度处的平均温度均低于普通路基(DK1140 +882)。片石护坡(DK1141 +374)和碎石护坡(DK1141 +324)路基中心不同深度处的积温均低于普通路基(DK1140 +882)。片石护坡(DK1141 +374)和碎石护坡(DK1141 +324)路基人为多年冻土上限整体上较普通路基(DK1140 +882)有利于冻土路基的稳定。路基中心原冻土上限附近处于吸热状态,随时间发展吸热呈现减小的趋势。

不论是片碎石护坡路基还是普通路基,路基左右两侧温度边界均存在差异,表现为右侧温度低于左侧温度,该特征是导致路基内部温度场不对称的一个重要原因。片碎石护坡路基左右两侧冷季温度差别较大,暖季差别较小;普通路基左右两侧冷季温度差别较小,暖季温度差别较大。

片石路基片石层底面年平均温度均低于普通路基相同位置的温度,片石路基上限抬升量值要大于普通路基,片石路基左右路肩最大融化深度的差值要小于普通路基,起到调节路基因阴阳坡温度场的不对称形态而带来的变形差异的效果。

片石护坡和碎石护坡路基中心不同深度处的平均温度、积温均低于普通路基。片石护坡和碎石护坡路基人为多年冻土上限,整体上较普通路基有利于冻土路基的稳定。路基中心原冻土上限附近处于吸热状态,随时间发展吸热呈现减小的趋势。

暖季碎石层较片石层具有较好的隔热作用,寒季片石层较碎石层具有较好的降温作用。片石层下地温低于碎石层下地温,片石层下积温(负积温)低于碎石层下积温(负积温)。片石护道下地温明显低于碎石护道下地温,片石护道下人为冻土上限抬升幅度也大于碎石护道。综合两个多周期地温数据来看,片石层较碎石层有利于保护多年冻土。

(3)开心岭地区

开心岭地区冻土环境是高温冻土区中最不利于多年冻土生存的,该地区年平均气温 -4.0℃左右,但是气温冻结数小于其他高温冻土区,片石层气冷路基结构在该地区的应用效果说明,即使冻土环境条件恶劣,不利于多年冻土生存和不利于冷却地基路基结构发挥其功效,但是从已有的试验数据分析,仍然可以看出片石层气冷路基的冷却效果和可持续性。表 4-9 为碎石基基底积温计算成果,表 4-10 为碎石护坡和对比断面路基底的年平均地温。

积温计算结果表明,DK1262 +575 断面和 DK1262 +675 断面右路肩积温代数和小于 0,表明该部位在一个计算热量周期后总体表现为"蓄冷",而其他各部位积温代数和大于 0,表明同期这些部位热量周转的结果为“蓄热”，热量向路基内传递，没有起到冷却作用。DK1262 +625断面各部位积温代数和小于0，表明基底有蓄冷能力，这种路基结构形式起到冷却地基的作用。

碎石路基基底积温计算成果　　表4-9

断面里程	区　域	积温(℃·d)		
		左路肩基底	路基中心基底	右路肩基底
DK1262 +575（碎石护坡阳1.2m，阴0.6m厚）	负积温	-247.62	-389.02	-257.16
	正积温	150.19	297.65	200.73
	负积温	-142.06	-204.25	-239.70
DK1262 +625（碎石护坡阳1.6m，阴1.0m厚）	负积温	-168.82	-227.49	-207.07
	正积温	85.64	121.56	107.52
	负积温	-133.75	-134.21	-180.52
DK1262 +675（碎石护坡阳1.4m，阴0.8m厚）	负积温	-134.58	-264.23	-137.27
	正积温	79.55	202.46	52.39
	负积温	-72.87	-144.35	-106.80

碎石护坡和对比断面路基底的年平均地温(℃)　　表4-10

位置 \ 里程 / 年份	DK1262 +575		DK1262 +625		DK1262 +675		DK1262 +530	
	2004年	2005年	2004年	2005年	2004年	2005年	2004年	2005年
左路肩	-0.21	-0.08	-0.17	-0.20	-0.09	-0.12	0.14	0.20
中心	-0.23	-0.13	-0.27	-0.21	-0.19	-0.13	-0.22	-0.13
右路肩	-0.10	-0.24	-0.24	-0.31	-0.19	-0.27	-0.12	-0.12

片石路基断面基底2005年的年平均地温比普通路基底低0.5～1℃，证明片石路基的降温效果，采用片石护道加宽的片石路基能够抬升路基下多年冻土上限，保护多年冻土路基的稳定，并且较宽的片石护道工程效果更为明显。

普通路基原天然上限的温度基本保持在原有的水平，而两个片石路基断面原天然上限处地温降低了，其中DK1262 +390断面温度降低的幅度较大；护道部位的地温显著低于路基中心。护道下冻土冷储量的增加是明显的。

由于片石层路基的几何尺寸采用不对称方式布置，阳坡护道宽度大于阴坡，阳坡碎石护坡层厚度大于阴坡，路基左侧融深虽然大于右侧，但是路基的阴阳坡差别已经不明显。

图4-3～图4-6分别为片石碎石护坡路基最大融化深度时的冻融交界面图，表4-11数据揭示了片石碎石护坡路基断面和普通路基对比断面在最大融化季节时冻融交界面的埋藏深度（自现有表面算起）。2005年碎石路基的最大融深比2004年有一定的减小，而普通路基冻融交界面位置的抬升值较小。

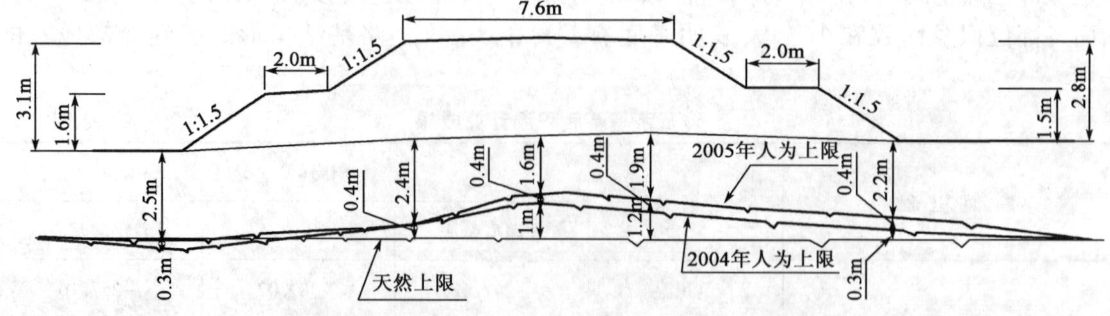

图 4-3　DK1262 + 530 断面最大融深的变化(尺寸单位:m)

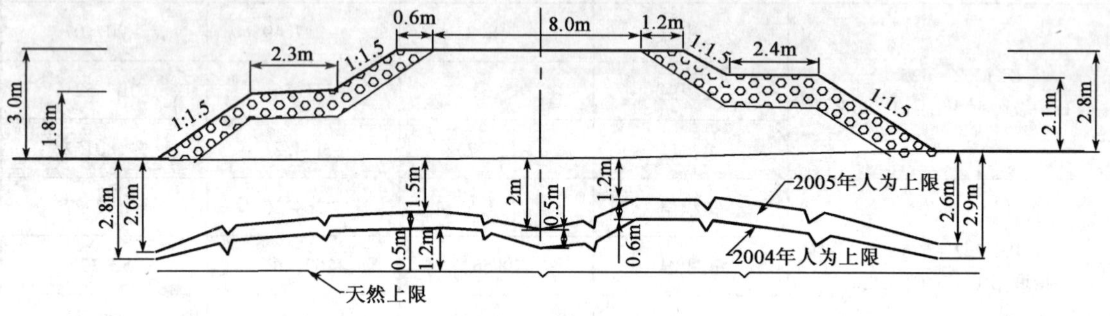

图 4-4　DK1262 + 575 断面最大融深的变化(尺寸单位:m)

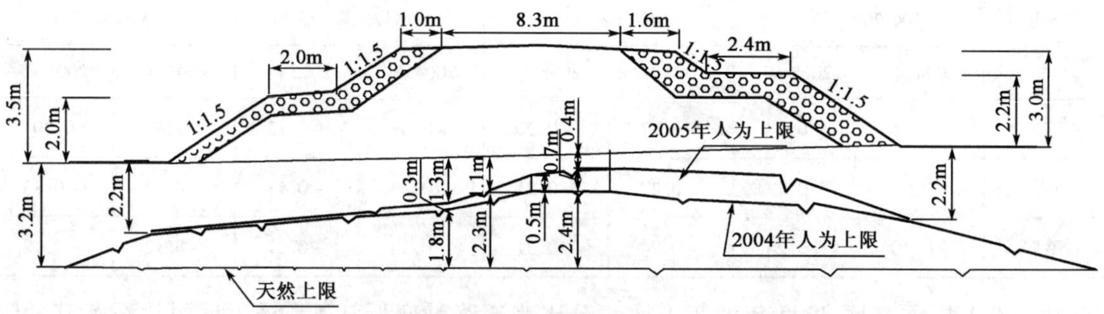

图 4-5　DK1262 + 625 断面最大融深的变化(尺寸单位:m)

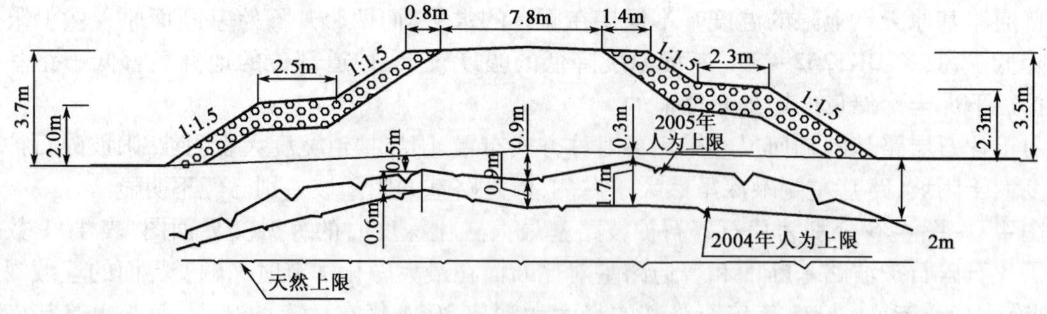

图 4-6　DK1262 + 675 断面最大融深的变化(尺寸单位:m)

最大融化季节冻融交界面(上限)的位置(埋藏深度)(m) 表4-11

位置	年份	DK1262+530	DK1262+575	DK1262+625	DK1262+675
天然地面孔	2004年	2.5	—	3.1	—
	2005年	2.5	—	3.2	—
	抬升值	0	—	-0.1	—
左坡脚	2004年	2.8	2.8	2.2	2.8
	2005年	2.6	2.6	2.2	2.7
	抬升值	0.2	0.2	0	0.1
左路肩	2004年	5.2	5	5	5.2
	2005年	5.2	4.5	4.8	4.5
	抬升值	0	0.5	0.2	0.7
中心	2004年	4.7	5.6	4.5	5.2
	2005年	4.3	5.1	4	4.3
	抬升值	0.4	0.5	0.5	0.9
右路肩	2004年	4.9	4.8	4.4	4.2
	2005年	4.7	4.2	3.7	3.7
	抬升值	0.2	0.6	0.7	0.5
左坡脚	2004年	2.6	3	2.3	2
	2005年	2.2	2.6	2.3	2
	抬升值	0.4	0.4	0	0

图4-7、图4-8和图4-9显示开心岭片石层气冷路基DK1262+530、DK1262+390和DK1262+430基底冻土最大融化深度的变化,从最大融化季节的冻融交界面的位置和形态可以看到,各断面最大融化季节的冻融交界面的位置都有逐年上移的趋势,但片石路基冻融交界面位置上移的数值较大,最高处已到达基底。这也证明了片石路基对提高人为上限位置的有效性。最大融化季节的冻融交界面的最高点偏向右侧,中间冻融交界面抬升后形成的冻融面的形态是平缓的,有利于消除路基横向不均匀变形。

需要指出,尽管片石路基两侧地温和人为上限形态存在着差异,但是两侧片石层结构尺寸有进行调整的余地,通过调整片石层护道左、右侧宽度既能满足降低多年冻土温度、抬升人为上限位置的要求,又可以减小路基阴阳坡差异。

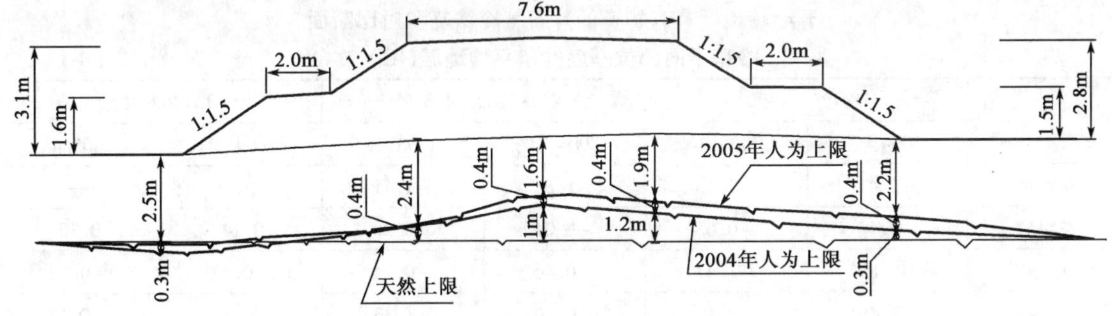

图4-7 DK1262+530断面最大融化季节的冻融交界面(尺寸单位:m)

图4-8和图4-9表示片石气冷路基(带阴阳坡宽度不同的片石护道)DK1262+390和DK1262+430断面最大融化季节的冻融交界面的位置和形态。不同设计参数的两个观测断面最大融化季节的冻融交界面的位置,也即多年冻土上限位置都有逐年上移的趋势,与图4-7普通路基对比断面相比,片石气冷路基多年冻土上限抬升的数值较大,最高处已到达基底。证明了片石路基对抬升多年冻土上限的工程效果。

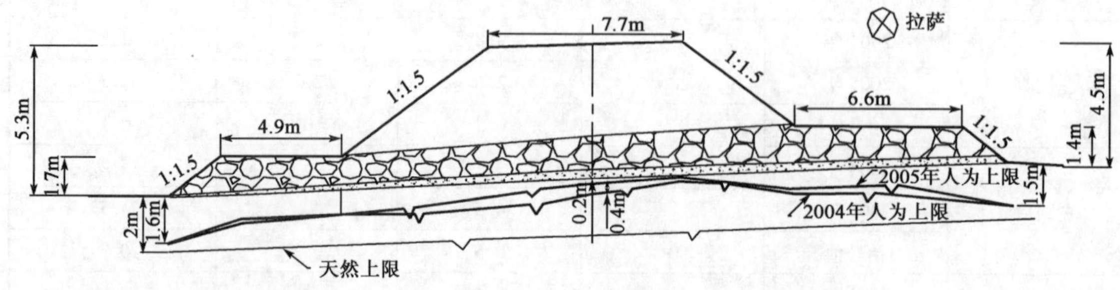

图4-8　DK1262+390断面最大融化季节的冻融交界面(尺寸单位:m)

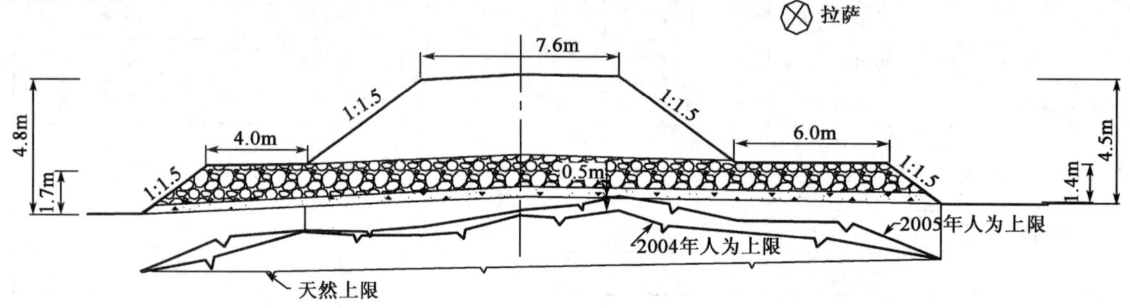

图4-9　DK1262+430断面最大融化季节的冻融交界面(尺寸单位:m)

从最大融化季节的冻融交界面的形态来看,片石路基冻融交界面的最高点偏向右侧,从路基变形分析的角度来说,中心冻融交界面抬升后形成的冻融面的坡度大小会影响路基的变形差异,而多年冻土上限抬升至地面以后,这种形态差异造成的路基横向变形差异可以忽略。

表4-12是开心岭地区片石路基和对比断面在路基基底的年平均地温比较数据。从表4-12可以看到,普通路基基底的温度升高了,而两个片石路基断面基底的温度除左护道外均下降了。片石路基断面基底2005的年平均地温比普通路基底低0.5~1℃,证明片石层路基的降温效果在开心岭地区仍然显著。

开心岭地区具有护道的片石气冷路基和对比断面

路基不同部位基底的年平均地温(℃)　　表4-12

位置 \ 里程 年份	DK1262+390		DK1262+430		DK1262+530	
	2004年	2005年	2004年	2005年	2004年	2005年
左护道	-2.41	-2.13	-1.64	-1.41	—	—
左路肩	-0.40	-0.63	-0.21	-0.28	0.14	0.20
中心	-0.89	-1.47	-0.46	-0.74	-0.22	-0.13
右路肩	-1.46	-2.10	-0.70	-1.33	-0.12	-0.12
右护道	-2.07	2.41	-1.94	-2.14	—	—

根据图 4-10 路基基底积温计算示意图计算的碎石护坡路基基底积温值列出表 4-13，从计算数据可以得出结论，即这种路基结构的积温值使片石气冷效果具有持续性。表 4-14 为碎石护坡和对比断面路基底的年均地温，表 4-15 为片石路基与对比断面基底温度比较。

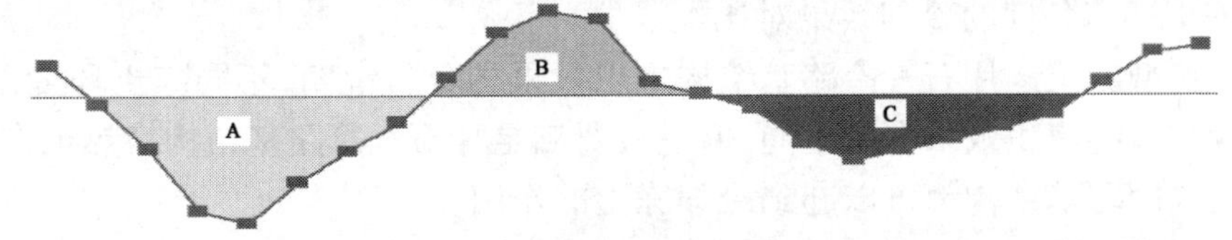

图 4-10　基底积温计算示意图

碎石护坡路基基底积温计算成果　　表 4-13

断面里程	区域	积温(℃·d)		
		左路肩基底	路基中心基底	右路肩基底
DK1262 + 625	A	-168.82	-227.49	-207.07
	B	85.64	121.56	107.52
	C	-133.75	-134.21	-180.52

碎石护坡和对比断面路基底的年均地温(℃)　　表 4-14

位置 \ 里程 年份	DK1262 + 625		DK1262 + 530	
	2004 年	2005 年	2004 年	2005 年
左路肩	-0.17	-0.20	0.14	0.20
中心	-0.27	-0.21	-0.22	-0.13
右路肩	-0.24	-0.31	-0.12	-0.12

片石路基与对比断面基底温度比较(℃)　　表 4-15

位置 \ 里程	DK1142 + 530	DK1142 + 660	DK1142 + 700
左路肩	0.15	-0.06	-0.08
中心	-0.17	-0.45	-0.48
右路肩	-0.42	-1.09	-1.25

观测数据证明，开心岭地区虽然冻土环境条件不利于多年冻土发育生存，但是开心岭地区是青藏铁路冻土区风力风速最强、刮风时间最长的地区，这对于一些冷却型的路基结构如片石层气冷路基，却十分利于其发挥对流换热功效，对多年冻土的冷却效果仍然十分明显。

(4)昆仑山垭口

昆仑山地区冻土环境条件远比开心岭、清水河和北麓河要更利于多年冻土的发育，有利于片石气冷路基结构发挥其对流换热功效。昆仑山地区年平均气温低于 -5.3℃，冻结数比其他三个地区要大(见前面有关数据)，大风时段和风力风速都有利于片石气冷路基的工作。

低温冻土区昆仑山垭口 DK0985 + 000 片石层路基观测数据同样可以从冷却的能量来源(积温)、冷却效果(温度变化)说明这种路基结构对多年冻土的冷却作用。

昆仑山垭口片石层路基左路肩路基高度 4.0m，左路肩片石层顶面距地面 2.9m，左路肩片石底面距地面 4.0m，右路肩路基高度：4.0m，右路肩片石层顶面距地面 2.8m，右路肩片石底面距地面 4.0m，多年冻土为高含冰量低温基本稳定冻土，天然上限 1.3 ~ 3.3m。

观测数据说明，天然条件下季节融化层底面冻结指数为 -223.45℃·d，过余冻结能力是

-215.80℃·d;该处年平均温度-0.57℃,而片石层路基右侧季节融化层底部冻结指数为-634.13℃·d,过余冻结能力是-2631.88℃·d,片石层底部冻结指数达到-764.09℃·d,过余冻结能力是为-730.17℃·d,底部年平均温度达到-1.71℃。

2)不同冻土环境条件的冷却效果对比

上述四个典型冻土区片石气冷路基结构应用效果的分析说明,不同冻土环境条件下片石气冷作用强度和最终累积效果有所不同,但是只要满足片石气冷路基结构换热工作条件,最终不同地区片石气冷路基结构都可以起到冷却冻土的作用。

表4-16列出了不同冻土环境条件下片石层结构路基发挥的冷却效果导致多年冻土上限提升的情况。年平均气温较低的低温冻土区(风火山)较年平均气温较高的高温冻土区(楚玛尔河、斜水河等)多年冻土上限提升更为明显,但是一些年平均气温较高的低温冻土地段与高温冻土区提升冻土上限效果类似,因为除了年平均气温,冻结数以外,空气流动(风力、风速和大风时段)对片石气冷路基结构的影响具有重要作用。

青藏铁路沿线片石层气冷路基典型地段多年冻土上限抬升情况 表4-16

地　　点	多年冻土年平均地温(℃)	多年冻土上限(m)	工程设计参数(m)		路基下人为多年冻土上限(m)	上限变化(m)
			填土高度	路基高度		
楚玛尔河	-1.48	2.60	2.1	3.1	4.90	+0.80
斜水河	-0.72	2.45	5.1	6.30	6.15	+2.60
可可西里	-2.64	1.60	2.4	3.60	3.40	+1.80
北麓河	-1.48	1.90	2.3	4.50	4.50	+1.90
风火山区	-2.23	1.50	5.35	6.55	6.45	+1.70
乌丽盆地	-0.50	2.80	2.5	3.7	4.60	+1.90
布曲河	-0.34	2.40	1.8	3.0	3.60	+1.80

根据环境气温、多年冻土地温对片石气冷作用的影响特征,片石气冷路基结构应用环境条件大致分为三类,即:气温地温均低的地区、气温高地温较低地区和气温地温均高的地区。不同区域环境温度和冻土温度的不同组合作用,使片石气冷作用对多年冻土上限的抬升和地温变化有所差异。不同冻土环境条件下多年冻土上限抬升的同时,土体温度降低的程度和发展趋势是有所不同的。表4-17为片石气冷路基原多年冻土上限处地温变化对比。

片石气冷路基原多年冻土上限处地温变化对比(℃) 表4-17

里程段	2004			2005			年度降低温度		
	左肩	右肩	中心	左肩	右肩	中心	左肩	右肩	中心
DK1082+625	-0.16	-1.17	—	-0.68	-1.99	—	0.52	0.82	—
DK1082+675	-0.36	-1.40	—	-0.66	-1.91	—	0.30	0.51	—
DK1082+725	-0.37	-1.25	—	-0.73	-1.75	—	0.36	0.50	—
DK1082+825	-0.06	-0.85	—	-0.10	-1.10	—	0.04	0.25	—
DK1082+775	-0.21	-1.0	—	-0.36	-1.85	—	0.15	0.85	—
DK1142+660	-0.41	-0.89	-0.59	—	—	—	—	—	—
DK1142+700	-0.49	-1.01	-0.61	—	—	—	—	—	—
DK1142+530	-0.32	-0.59	-0.49	—	—	—	—	—	—
DK1262+390	-0.54	-0.91	-0.55	-0.67	-1.43	-0.98	0.13	0.52	0.43
DK1262+430	-0.20	-0.32	-0.30	-0.28	-0.85	-0.50	0.08	0.53	0.20
DK1262+530	-0.08	-0.17	-0.07	-0.12	-0.19	-0.10	0.04	0.02	0.03

表4-18 为气温地温均低地区多年冻土上限抬升情况。表4-19 为气温、地温低的地区不同工程措施抬升多年冻土上限和降低土体温度对比。冻土环境温度较低(年平均气温都在 -5℃以下),冻土地温也较低(为低温基本稳定型和低温稳定型多年冻土),气温冻结指数比融化指数大很多,气温的过余冻结能力使得路基土体冻融过程迅速达到相对稳定状态。这些条件决定了路基结构的效果,在采用了片石气冷等主动降低土体温度的工程措施以后,保护冻土的效果特别明显,多年冻土上限普遍抬升,很多已经接近或超过地面。特征界面地温变化规律标志着上限抬升是在逐渐降低土体温度的基础上完成的,无论现在抬升幅度大小,这类地区地温场将在较短时间达到相对稳定状态。在未来气温升高的背景条件下,这些地段的路基稳定性仍然能够得到保证。

气温、地温均低地区多年冻土上限抬升情况(m) 表4-18

里　程	路基高度	天然上限(距天然地面)	左路肩上限(距基面)	右路肩上限(距基面)	左路肩上限抬升	右路肩上限抬升	地区
DK0987 +950	2.8	-1.64	-2.38	-1.71	2.06	2.73	昆仑山
DK0999 +635	6.4	-2.33	-3.81	-3.27	4.92	5.46	不冻泉
DK1090 +850	3.2	-1.85	-2.66	—	—	—	五道梁
DK1090 +900	2.8	-1.85	-2.4	-2.75	2.25	1.9	五道梁
DK1090 +920	2.8	-1.85	-1.78	-2.02	2.87	2.63	五道梁
DK1160 +600	5.7	-1.4	-2.71	-3.125	4.39	3.97	风火山

气温、地温低的地区不同工程措施抬升多年冻土上限和降低土体温度对比(℃) 表4-19

工程措施	年　份	DK1082 +725(片石)		DK1082 +375(碎石)		天然场地
		左路肩	右路肩	左路肩	右路肩	—
浅层地温	2004	0.92	-1.83	0.22	-1.72	—
	2005	0.10	-2.37			—
基底地温	2004	-0.17	-1.37	-0.70	-1.86	—
	2005	-0.28	-1.67			—
抬升处地温	2004	-0.17	-1.16	-0.66	-1.90	—
	2005	-0.46	-1.74			—
原上限处地温	2004	-0.37	-1.25	-0.87	-1.77	-2.38
	2005	-0.73	-1.75			-2.72
上限抬升	2004	0.41	0.98	0.96	1.96	—
	2005	0.56	0.39	0.58	0.48	—

气温较高冻土地温较低的区域,年平均气温大于5.0℃以上,冻土年平均地温小于 -1℃[气温高,地温较低地段,如北麓河(表4-20)、楚玛尔河部分地段、红梁河附近],这些地段环境温度较高,但是由于天然冻土退化一般滞后于气温的变化,因此部分地段冻土为低温基本稳定型多年冻土,片石气冷结构路基使多年冻土上限大都有所抬升,一般抬升位置在路基基底附近。从特殊界面地温变化看,土体温度呈现降低趋势,这类地段经过较长时间的热交换调整,地温场也会达到相对稳定状态。

气温和冻土地温均高的地区,年平均气温大于5.0℃以上,冻土年平均地温小于 -1℃(典型地段乌丽、开心岭(表4-21)、沱沱河、通天河和布曲河盆地、唐古拉山南麓),这些地段环境温度较高，冻土地温也较高(高温不稳定冻土)，片石气冷结构路基也使多年冻土上限有较小幅度抬升，抬升位置均在路基基底以下。大河盆地和融区边缘是典型的气温和冻土地温均高的地段观测数据说明片石气冷作用的效果。

北麓河地区不同工程措施上限抬升和地温对比(℃) 表 4-20

工程措施	DK1142 +700(片石)		DK1142 +990(碎石)		DK1142 +530(普通)	
	左路肩	右路肩	左路肩	右路肩	左路肩	右路肩
浅层地温	0.99	-2.12	-0.39	-1.84	0.21	-2.28
基底地温	-0.08	-1.25	-0.09	-0.47	0.15	-0.42
原上限地温	-0.49	-1.01	-0.09	-0.36	-0.32	-0.59
上限抬升	1.0,0	1.0,0	2.0,0	2.0,0	0.5,0	0.3,0

观测数据和研究分析表明，从降低土体温度、抬升多年冻土上限等数据可以看出，不同冻土环境条件下片石气冷结构都具有明显的冷却地基土体的效果，而不同位置尤其是一些特殊位置处地温的积温值可以说明这种冷却效果的可持续性。

开心岭地区不同工程措施上限抬升和地温对比(℃) 表 4-21

工程措施	DK1262 +390(片石)		DK1262 +625(碎石)		DK1262 +530(普通)	
	左路肩	右路肩	左路肩	右路肩	左路肩	右路肩
浅层地温	0.04	-0.55	-0.37	-0.52	-0.08	-0.70
基底地温	-0.63	-2.10	-0.20	-0.31	0.20	-0.12
原上限地温	-0.67	-1.43	-0.23	-0.41	-0.12	-0.19
上限抬升	0.70	1.10	0.20	0.70	0	0.20

3)路基结构参数不同的冷却效果

片石气冷路基结构主要设计参数有片石粒径和片石层或碎石层厚度。

片石孔隙率是片石层对流换热效果的主要因素，片石粒径大小和堆积方式的组合决定了片石层孔隙率大小，因而它是片石层对流换热效果，也就是片石气冷路基工程效果的主要影响因素。但是由于同等粒径的片石其排列效果(形成的孔隙率效果)是随机而变的，因此只能对比分析特定条件下粒径大小对片石气冷效果的影响。

(1)片石粒径影响。

2004 年开始在低温冻土区五道梁附近的 DK1082 +625，DK1082 +675，DK1082 +725 三处设置的片石护道均为阴面宽 4m，阳面 6m，片石层粒径分别为 10cm，20cm，30cm。表 4-22 分别从浅层地温、路基基底地温、上限抬升处地温、原上限处地温以及上限抬升幅度显示了不同片石粒径对片石气冷效果的影响。

不同片石粒径的片石气冷路基工程效果对比 表 4-22

工程措施	DK1082 +725(30)		DK1082 +675(20)		DK1082 +625(10)	
	左路肩	右路肩	左路肩	左路肩	右路肩	右路肩
浅层地温	0.92	-1.83	1.02	-1.14	0.45	-0.75
基底地温	-0.28	-1.67	0.05	-2.08	0.76	-2.13
上限抬升处	-0.46	-1.74	-0.58	-2.05	-0.92	-2.14
原上限地温	-0.73	-1.75	-0.66	-1.91	-0.68	-1.99
上限抬升	—	—	—	—	—	—

表4-22 所列数据仅就3个不同粒径的片石气冷粒径结构进行对比，片石粒径为30cm 和粒径为20cm 的地段在降低地温、保护冻土的地温指标变化的趋势上比较有规律性，片石粒径10cm 的地段由于其粒径较小，类似碎石护坡路基冷却效果。

在气温较五道梁高的北麓河地区设置片石粒径10cm 和30cm 的片石气冷路基试验段，冷却效果见表4-23 的观测数据。

不同片石粒径的片石气冷粒径工程效果对比 表4-23

工程措施	DK1142 +700(30)		DK1142 +660(10)		DK1142 +530(普通)	
	左路肩	右路肩	左路肩	右路肩	左路肩	右路肩
浅层地温	0.99	-2.12	0.14	-2.13	0.21	-2.28
路基底地温	-0.08	-1.25	-0.06	-1.09	0.15	-0.42
原上限地温	-0.49	-1.01	-0.41	-0.89	-0.32	-0.59
上限抬升	1.04,0.10	0.58,0.15	0.91,0	0.27,0.19	0.33,0.10	0.32,0.10

表4-23 的数据表明，片石粒径为30cm 的片石气冷路基，除了浅层地温因为路基土体表层传热效果的区别外，其他在一些关键影响因素上，从路基基底地温、原上限处地温和上限抬升幅度方面，都远远比对比段强，而和片石粒径为10cm 的试验段相比，所有指标都优于后者。

(2)碎石层厚度影响。

气温和地温都比较高的地段开心岭(年平均气温 -4.0℃，多年冻土年平均地温 -0.4℃)地区分别在 DK1262 +575、DK1262 +625 和 DK1262 +675 进行了不同厚度碎石边坡冷却效果试验，三个试验路段均铺设粒径10cm 的碎石层，对比断面 DK1262 +530，碎石层的水平宽度分别为(左边坡/右边坡)：60cm/120cm、100cm/160cm 和80cm/140cm，观测数据对比证明碎石层较厚的地段冷却效果较好。表4-24 为碎石路基和对比断面地表下0.5m 处的年平均地温，表4-25 为碎石护坡和对比断面路基底的年平均地温，表4-26 为片石路基和对比断面原天然上限处的年均地温。

碎石路基和对比断面地表下0.5m 处的年平均地温(℃) 表4-24

位置	DK1262 +575		DK1262 +625		DK1262 +675		DK1262 +530	
	2004 年	2005 年	2004 年	2005 年	2004 年	2005 年	2004 年	2005 年
左路肩	-0.11	-0.06	-0.96	-0.37	-0.79	-0.26	-0.28	-0.08
中心	-0.40	-0.06	-0.74	-0.42	-1.39	-0.59	-1.15	-0.35
右路肩	-1.12	-0.16	-0.83	-0.52	-0.58	-0.70	-1.06	-0.70

碎石护坡和对比断面路基底的年平均地温(℃) 表4-25

位置	DK1262 +575		DK1262 +625		DK1262 +675		DK1262 +530	
	2004 年	2005 年	2004 年	2005 年	2004 年	2005 年	2004 年	2005 年
左路肩	-0.21	-0.08	-0.17	-0.20	-0.09	-0.12	0.14	0.20
中心	-0.23	-0.13	-0.27	-0.21	-0.19	-0.13	-0.22	-0.13
右路肩	-0.10	-0.24	-0.24	-0.31	-0.19	-0.27	-0.12	-0.12

片石路基和对比断面原天然上限处的年均地温(℃)　　表 4-26

位置	DK1262 +575		DK1262 +625		DK1262 +675		DK1262 +530	
	2004 年	2005 年	2004 年	2005 年	2004 年	2005 年	2004 年	2005 年
左路肩	-0.12	-0.10	-0.16	-0.23	-0.31	-0.31	-0.08	-0.12
中心	-0.04	-0.02	-0.29	-0.30	-0.19	-0.19	-0.07	-0.10
右路肩	-0.17	-0.16	-0.39	-0.41	-0.36	-0.39	-0.17	-0.19

从表 4-24 可看出,对比断面两年的平均地温升高了,DK1262 +575 断面右路肩年均地温下降,而中心和右路肩均有上升,基本接近于对比段普通路基断面的情况;其他两个断面,中心年平均温度有所升高而路肩部位年平均温度下降,DK1262 +625 断面的年平均地温低于同期 DK1262 +675 断面,这表明三个碎石护坡路基断面中,DK1262 +575 断面的效果最差,DK1262 +625 断面的效果最好。

环境温度和冻土温度越低,路基基底温度也越低,越有利于基底路基土体温度,保护多年冻土。风力风速较强的地区片石层降温效果较风力风速较弱的地区要好。

4)片石气冷路基结构长期冷却效果

片石气冷路基结构长期应用效果可以通过建立在实际观测数据基础上的数值模拟计算得出趋势性的结论。

采用工程实体实物进行周期较长的实验研究,代价极其昂贵且有些条件下不可能实现,室内模型实验也不可能模拟实体的各方面特征,数据测量在许多情况下存在着相当大的困难,而测量仪表本身也存在着误差,且所得结果推广到实体时无一般规律可循,所以,实验研究必须与数值模拟方法相结合才能得到有关工程长期效果的结论。

通过求解基于实际的物理模型和实验结果建立的数学模型的解析解的结果具有普遍意义,但由于实际问题中只有很少一部分方程组可以获得解析解,而得到的解析式往往含有无穷级数、特殊函数以及关于特征值的超越方程,应用价值不高。相对而言,数值模拟方法有明显的优点。数值模拟方法是伴随计算机的飞速发展以及计算方法的不断改进而产生的分析问题的工具,这种方法逐渐上升为一种对科学的定量化起重要作用的、与实验研究和理论分析相并列的第三种研究问题的科学方法。从某种意义上说,在特定参数下采用计算机进行一次数值模拟相当于进行了一次实际试验。事实上,即使在进行实验研究时,人们也同样希望同时获得数值模拟求得的数值解,以补充资料和进行理论分析。因此,在完善片石气冷路基应用效果的研究时,预测分析长期应用效果采用数值模拟成为基本的和有力的工具。

考虑冻土区路基工程和冻土本身之间的作用是一个复杂的热学和力学过程,路基工程修建后一般需要 3 ~5 年才能进入稳定的变化期。而其后漫长的时间过程,将受缓慢变化的气候因素影响,冻土呈现缓慢的退化趋势,修建其上的路基工程与冻土成为一个热学整体,也将发生一些缓慢的变化。

因此,短期工程表现和观测数据还不能够回答一些有关片石气冷路基长期应用效果的问题,而设计、施工和运营管理都必须以这种长期效果作为目标,这就有必要根据实体工程观测数据和短期的工程表现,在已经建立的表征冻土区片石气冷路基结构数学模型基础上进行数值模拟分析,对片石气冷路基结构的长期效果变化过程进行预测预报,根据这种数值分析结果,判断影响这种长期效果变化的因素及其影响强度,从工程角度予以削弱和克服。

天然条件地温场现场观测和数值计算应该提供以下数据:天然条件下活动层的动态,天然地面温度（地表温度发展过程、年平均地表温度），天然条件季节最大融化深度，季节融化层底面温度变化和年平均温度，冻土年变化深度和年平均地温，天然条件地温曲线。

路基地温场现场观测和数值计算应该提供以下数据：左右路肩表面温度（表面温度发展过程、年平均地表温度），路肩下最大季节融化深度，季节融化层底面温度变化和年平均温度，路基下原天然季节融化层温度，路基下冻土年变化深度和年平均地温，路基结构变化面温度变化和年平均温度（如块石层顶面和底面），人为上限形成过程及其变化动态，路基下地温曲线。

分析这些关键参数，并根据这些参数和有关气象站气温观测数据，作为数值模拟计算的初始条件和边界条件，并将未来气温升高背景（按照50年升高2.6℃和1.5℃两种条件计算）在计算条件中考虑。

片石气冷路基结构的计算采用建立在多孔介质流体热对流理论上的计算模型。

根据多孔介质中流体热对流的连续性方程，动量方程和能量方程，应用伽辽金法导出了多孔介质对流换热的有限元公式，道渣铺层和片石可以看作为多孔介质。多孔介质中的热对流是非稳态的非等温渗流，其方程组为连续性方程、动量方程和能量方程。考虑流体是不可压缩的，但其密度ρ是等温的函数，为了简化分析，使用所谓的 Boussinesq 近似，即：除了在动量中包含由流体热膨胀系数β所表示的浮力外，固体介质和流体的所有特性均保持不变。

连续性方程：

$$\frac{\partial u}{\partial x} + \frac{\partial v}{\partial y} = 0 \tag{4-1}$$

式中：u——空气在x方向上的速度；

v——空气在y方向上的速度。

动量方程：

$$u = -\frac{k}{\mu} \cdot \frac{\partial p^*}{\partial x} \tag{4-2}$$

$$v = -\frac{k}{\mu}\left[\frac{\partial p^*}{\partial y} + \rho_\alpha g\right] \tag{4-3}$$

$$\rho_\alpha = \rho_0[1 - \beta(T - T_0)] \tag{4-4}$$

式中：k——多孔介质的渗透系数；

μ——空气的动力黏性系数；

β——空气的热膨胀系数；

ρ_0——空气的密度参考值；

T_0——空气的温度参考值；

p^*——空气压力。

能量方程：

$$C^* \frac{\partial T}{\partial t} = \frac{\partial}{\partial x}\left(\lambda^* \frac{\partial T}{\partial x}\right) + \frac{\partial}{\partial y}\left(\lambda^* \frac{\partial T}{\partial y}\right) - C_a\rho_a\left(u\frac{\partial T}{\partial x} + v\frac{\partial T}{\partial y}\right) \tag{4-5}$$

式中：C_a——空气的比热。

应用显热容法，假设相变发生在温度区间（$T_m \pm \Delta T^*$），当建立等效的体积比热时，应考虑温度间隔ΔT^*的效应，假设介质在正冻、未冻时的体积比热分别为C_f和C_u，热传导系数分别为λ_f和λ_u，而且它们都不取决于温度。因此在温度间隔$T_m - \Delta T^* \leqslant T \leqslant T_m + \Delta T^*$内，$C^*$和$\lambda^*$的表达式如下：

$$C^* = \begin{cases} C_f & T < (T_m - \Delta T^*) \\ \dfrac{L}{2\Delta T^*} + \dfrac{C_f + C_u}{2} & (T_m - \Delta T^*) \leqslant T \leqslant (T_m + \Delta T^*) \\ C_u & T > (T_m + \Delta T^*) \end{cases} \tag{4-6}$$

$$\lambda^* = \begin{cases} \lambda_f & T < (T_m - \Delta T^*) \\ \lambda_f + \dfrac{\lambda_u - \lambda_f}{2\Delta T^*}[T - (T_m - \Delta T^*)] & (T_m - \Delta T^*) \leqslant T \leqslant (T_m + \Delta T^*) \\ \lambda_u & T > (T_m + \Delta T^*) \end{cases} \tag{4-7}$$

引进不包含静态水压力分量的空气压力 P：

$$P = p^* + \rho_0 g y \tag{4-8}$$

则有：

$$p^* = P - \rho_0 g y \tag{4-9}$$

将式(4-9)代入式(4-2)可得：

$$u = -\frac{k}{\mu} \cdot \frac{\partial P}{\partial x} \tag{4-10}$$

$$v = -\frac{k}{\mu}\left[\frac{\partial P}{\partial y} - \beta\rho_0(T - T_0)g\right] \tag{4-11}$$

将式(4-10)、式(4-11)代入式(4-1)式可得：

$$\frac{\partial^2 P}{\partial x^2} + \frac{\partial^2 P}{\partial y^2} - \rho_0\beta g\frac{\partial T}{\partial y} \tag{4-12}$$

由于本问题是一个强非线形问题，无法获得解析解，我们只能获得其数值解。应用伽辽金方法，可得到如下有限元公式：

$$[M]\left\{\frac{\partial T}{\partial t}\right\} + [K]\{T\} = \{F\} \tag{4-13}$$

$$[G]\{P\} = \{H\} \tag{4-14}$$

$$K_{ij} = \sum\int_{\Omega^e}\lambda^*\left(\frac{\partial N_i}{\partial x}\cdot\frac{\partial N_j}{\partial x} + \frac{\partial N_i}{\partial y}\cdot\frac{\partial N_j}{\partial y}\right)d\Omega + \sum\int_{\Gamma_2^e}\alpha N_i N_j \mathrm{d}\Gamma + \sum\int_{\Omega^e}C_a\rho_a\left(u\frac{\partial N_j}{\partial x} + v\frac{\partial N_j}{\partial y}\right)N_i \mathrm{d}\Omega \tag{4-15}$$

$$M_{ij} = \sum\int_{\Omega^e}C^* N_i N_j d\Omega \tag{4-16}$$

$$F_i = \sum\int_{\Gamma_2^e}\alpha T_a N_i d\Gamma \tag{4-17}$$

$$G_{ij} = \sum\int_{\Omega^e}k\left(\frac{\partial N_i}{\partial x}\cdot\frac{\partial N_j}{\partial x} + \frac{\partial N_i}{\partial y}\cdot\frac{\partial N_j}{\partial y}\right)\mathrm{d}\Omega \tag{4-18}$$

$$H_i = -\sum\int_{\Omega^e}N_i\delta\frac{\partial T}{\partial y}\mathrm{d}\Omega + \oint kN_i\cdot\frac{\partial P}{\partial n}\cdot ds \tag{4-19}$$

$$\delta = k\rho_0\beta g \tag{4-20}$$

式中：N_i——单元的形函数；

N_j——单元的形函数。

应用 Crank-Nicolson 方法，对于每一个时间间隔 Δt，求解方程(4-13)和(4-14)，便得到本问题的数值解。

根据路基结构计算模型，计算域如图 4-11 所示，天然地表 AB 和 IJ 边的温度按下式变化（本文依据北麓河环境气温和冻土地温条件所决定）：

$$T_n = -1. + 12\sin\left(\frac{2\pi}{8760}t_h + \frac{7\pi}{12} + \alpha_0\right) \tag{4-21}$$

路堤斜坡 BCDE 和 FGHI 边的温度按如下正弦规律变化：

$$T_s = 1.2 + 13\sin\left(\frac{2\pi}{8760}t_h + \frac{7\pi}{12} + \alpha_0\right) \tag{4-22}$$

路基中路面 EF 的温度变化规律为：

$$T_p = 2.0 + 15\sin\left(\frac{2\pi}{8760}t_h + \frac{7\pi}{12} + \alpha_0\right) \tag{4-23}$$

地热通过 LK 边的热流密度为：

$$q = 0.06\text{W/m}^2$$

空气的流体边界条件为没有流体通过计算域的边界，即通过各边界的法向流速为零，由(4-11)式可得到边 BCDEFGHI 上的气压边界条件为

$$P_b = p_0^* + \rho_0\beta(T_b - T_0)gy \tag{4-24}$$

式中：p_0^*——初始压力和温度；

T_0——初始压力和温度；

T_b——边界 BCDEFGHI 上的温度，其值由(4-22)和(4-23)式确定。

在海拔 4000 多米青藏铁路冻土区，空气的定压比热 $C_a = 1.004\text{kJ/kg}\cdot℃$，热传导系数为 $\lambda = 2.0\times10^{-2}\text{W/m}\cdot℃$，密度为 $\rho_a = 0.641\text{kg/m}^3$。动力黏性系数为 $\mu = 1.75\times10^{-5}\text{kg/m}\cdot\text{s}$。

在图 4-11 所示抛石路基结构中，区域 I 为直径约 5cm 的道渣。区域 II 为直径约 10cm 片石，其热学参数为 $\lambda = 0.387\text{W/m}\cdot℃$，$C = 1.015\times10^6\text{J/m}^3\cdot℃$，渗透系数为 $k = 1.58\times10^{-6}\text{m}^2$。区域 III 为亚黏土，区域 IV 为弱风化基岩，区域 V 为碎石与砂砾。它们的热学参数见表 4-27，它们的空气渗透系数见表 4-28。

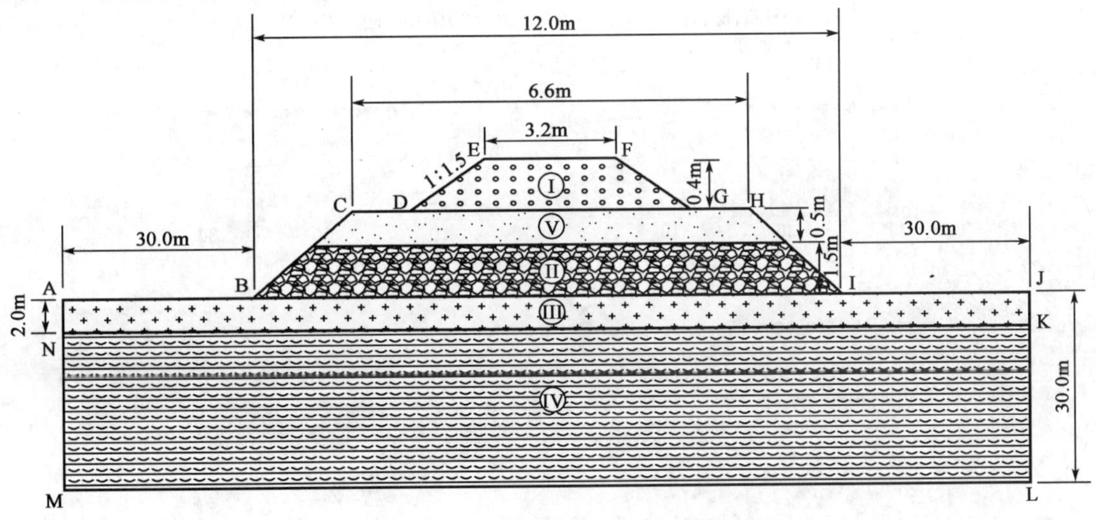

图 4-11　片石气冷路基典型结构计算图

对片石气冷路基结构的数值模拟计算表明，这种结构形式能够降低土体温度使多年冻土上限抬升以后，在相当长时间内，路基基底多年冻土上限位置能够维持，而且上限形态比较平缓，虽然阴阳坡表面温度存在差异，但由于片石在两侧的延伸长度不同，路基温度场基本呈对称状态（图 4-12a）~图 4-12d））。

路基结构中各介质的热力学参数 表 4-27

物理量	λ_f (W/m·℃)	C_f (J/m³·℃)	λ_u (W/m·℃)	C_u (J/m³·℃)	L(J/m³)
道渣	0.346	1.006×10^6	0.346	1.006×10^6	0.0
砂砾	1.980	1.913×10^6	1.919	2.227×10^6	20.4×10^6
亚黏土	1.351	1.879×10^6	1.125	2.357×10^6	60.3×10^6
弱风化岩	1.824	1.846×10^6	1.474	2.099×10^6	37.7×10^6

路基结构中各介质的空气渗透系数 表 4-28

介质名称	道渣	砂砾	亚黏土	弱风化岩
K(m²)	6.32×10^{-3}	3.0×10^{-3}	3.0×10^{-11}	3.0×10^{-11}

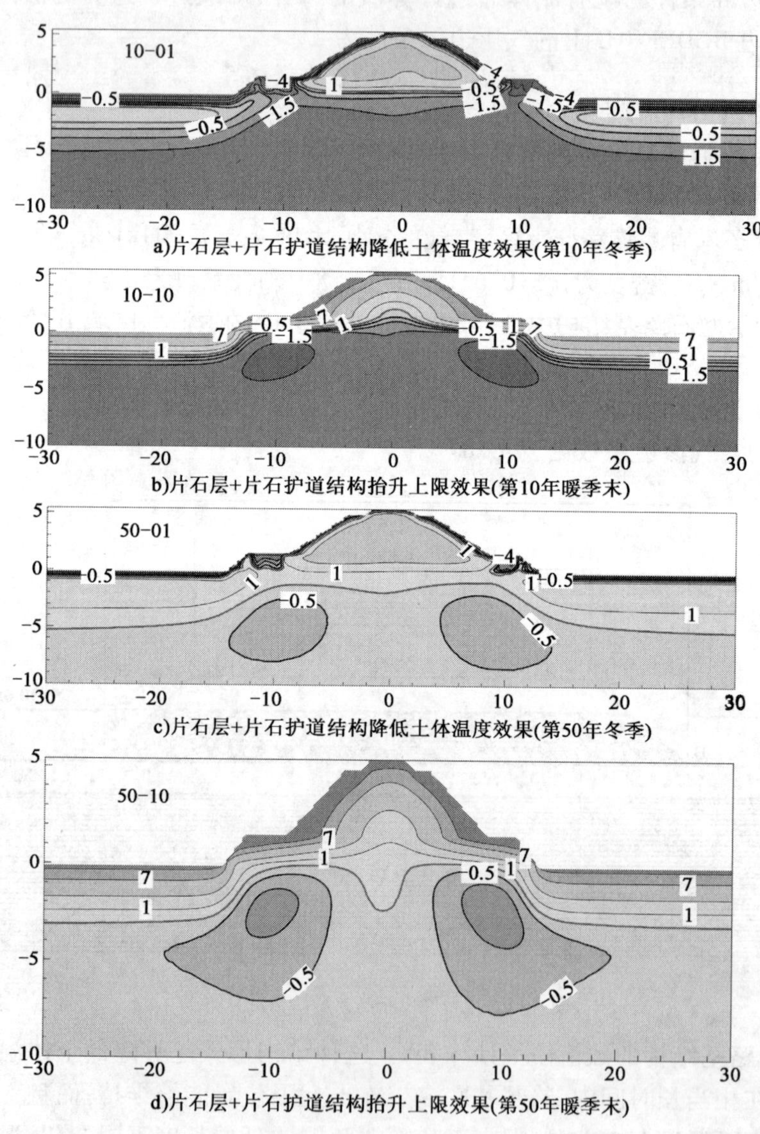

图 4-12 片石层 + 片石护道结构在不同条件下降低土体温度与抬升上限的效果图

天然地基及片石层以上各点平均温度随气候变暖基本呈直线上升。片石层下各点平均温度在最初一定时间段内,逐渐下降,而后开始抬升,显示了片石层的制冷作用。

片石层顶底面的高温差异明显,低温差异小,显示片石层的冷季制冷、热季隔热作用。片石路基下冻土强度明显高于天然地基。在最初至少 10 年范围内,即使气候变暖,其冻结强度也逐渐加强,年平均温度持续降低。

天然地基中冻土上限逐年下降,而片石路基下冻土上限至少在 30 年以内基本保持在原天然地面以上。片石路基的制冷效果虽然明显,深部冻土温度随气候变暖有可能逐年升高。但是由于地中冷储量在前 30 年内的积累,路基季节融化层不会发生突变,因而冻融变形也不会发生突变。

根据计算数据绘制了阴阳坡采用不同宽度片石护道路基其中心及坡脚多年冻土上限的变化,如图 4-13 所示。

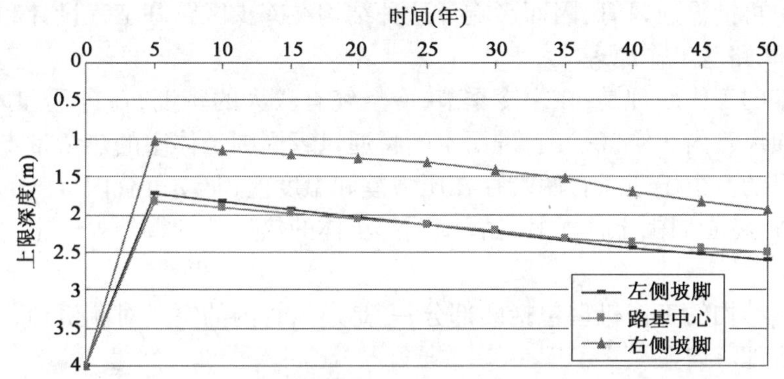

图 4-13 左侧护道宽度 5m、右侧宽度 3m 的片石护道路基下上限随时间变化

图 4-13 表明,对于这种片石护道路基,随着时间推移和气温逐年升高,在路堤完工后的第 5 年,路基中心位置、左侧坡脚及右侧坡脚下多年冻土上限深度分别为 1.83m、1.72m 及 1.03m,使得路基中心位置下冻土上限提升了 2.2m,左侧坡脚上限提升了 2.28m,右侧坡脚上限提升了 2.97m 左右;在 50 年后,路基中心位置、左侧坡脚及右侧坡脚下多年冻土上限深度分别为 2.51m、2.6m 及 1.93m,路基下多年冻土的最大融化深度在路基中心位置以 0.015m/年、在坡脚位置以 0.02m/年的速率增大。由于现场实测左右侧护道下温度变化较大,所以引起最大融化深度变化也相差比较大。

以上分别从多年冻土上限位置变化、多年冻土上限形态和路基本体及基底多年冻土冻融过程特征分析揭示了几何尺寸不对称的片石层路基结构在保护多年冻土,抬升多年冻土上限,降低土体温度,减缓上限形态的不对称等方面的中短期和长期工程效果。

工程问题当建立在工程实践基础上,有大量实践工程数据作支撑的话,计算过程从边界条件到初始条件都可以得到很好的校正,结果就会更接近实际。

对年平均气温不同的片石气冷路基的数值模拟研究表明:考虑未来 50 年青藏高原气温升高 2.6℃条件下,低温冻土区片石气冷结构能够抵御气候变暖带来的负面影响,对其下部多年冻土起到积极的保护作用;高温冻土区片石气冷结构可在 50 年内使多年冻土不致发生过大融化。

片石气冷路基结构的数值模拟计算结果和青藏铁路冻土区冻土环境典型地段不同片石气冷结构的观测数据综合分析说明,以片石层和碎石层作为冷却地基主要结构的片石气冷路基(包括护道),碎石护坡路基,经过 3 年冻融循环期间观测,在抬升多年冻土上限方面效果明显,在降低土体温度方面片石气冷路基优于碎石护坡路基,这种优势一是表现在目前效果,二是从降低土体温度的年际变化和变化趋势方面，证明了这种冷却型路基结构的效果。

按照抬升多年冻土上限幅度排列顺序是：片石层+片石护坡复合路基结构→片石层路基→片石护坡路基；按照校正地温场形态（上限形态）效果顺序：片石护坡路基→片石层+片石护坡复合路基结构→片石层路基；按照抵御气温升高保证路基稳定性能力：片石层+片石护坡复合路基结构→片石层路基→片石护坡路基；如果考虑整治病害时已有运行线路的不可改变则优选顺序：片石护坡路基→片石护道（片石层基础上加宽或→般路基加护道）。

4.2.2 通风式路基结构

通风式路基结构主要指在路基本体一定深度埋设贯通横断面的通风管的路基结构，这种路基结构在青藏铁路高温冻土区清水河试验段以及北麓河试验段进行了局部试验，虽然试验数据证明了通风式路基的冷却效果，但是由于施工过程中对通风管埋设时基底土层碾压的控制欠缺，导致后期路基裂缝比较严重；另外因为试验段施工与冻土区全面施工是并行进行，已经施工地段无法再铺设通风管，因而影响了这种结构在冻土区路基工程设计和施工中的应用。

4.2.2.1 通风式路基工作原理

通风式路基的工作原理是：在寒冷季节，冷空气有较大的密度，在自重和风的作用下将埋设在路基中的通风管内热空气挤出，进而不断将通风管周围土体中的热量带走，达到保护地基土冻结状态的目的。由于通风管两端存在压力差和温度差，驱动了管内空气的流动，加剧了管内对流换热过程，将管周围土体尤其是管壁下部土体的热量散到管外大气中，从而降低或冷却地基土体。

通风式路基结构的工作机理包括两部分：一是通风管内的空气对流机理，二是通风管壁与土体的热交换机理。

1）通风管对流机理

通风管内空气对流有两种形式：自然对流和强迫对流。

自然对流是由流体冷、热部分的密度差产生的浮升力而引起。当通风管外大气温度低于通风管内空气温度时，内外空气温度差造成的空气密度差产生自然对流，热空气带到管外，最终降低管周路基土体的温度。在融化状态时，路基土体为固、气两相体，因此空气在路基土体内流动，热空气上升，换热方式为自然对流，通风管自身密封性好时，管内热空气积聚在路基中心，自然对流停止；当通风管外大气温度高于通风管内空气温度时，通风管内的空气密度较外界大，对于通风管中间高两端低的埋设方式而言，空气下沉，通风管内的冷空气将沿管壁溢出，发生的自然对流不利于路基体内冷空气留存。

通风管内外产生压力差时发生强迫对流，这是主要的对流方式，也就是通风。强迫对流是外力迫使流体相对于壁面而产生的运动，当空气以一定的初速度穿越通风管时，空气流具有一定压力，空气流穿过通风管的这种流动方式就是一种强迫对流。空气流过通风管壁面时相互间产生的换热过程称为对流换热，这种过程既包括流体位移所产生的对流作用，同时也包括流体分子间的导热作用。它体现导热和对流的联合作用。流体的热物理性质对于对流换热有很大的影响。流体的密度ρ、动力黏度η、导热系数λ以及定压比热容C_p等都会影响流体中的速度分布及热量的传递，因而影响对流换热。

强迫对流时，整个流体有整齐的宏观运动，因而流体的流速对换热系数的大小产生很大的影响。而自然对流时，流体内部不存在整齐的宏观运动，因而浮升力的大小则是影响换热系数大小的主要因素。空气在通风管内的流动以自然对流方式进行时，流体的运动状态主要以层流方式为主，空气在通风管内的流动以强迫对流方式进行时，流体的运动状态主要以紊流方式为主，相对于层流运动方式而言，紊流换热系数要大的多。空气流动符合牛顿内摩擦定律，因此是牛顿流体。强迫对流放热系数为 20 ~ 100W/(m^2 · K)，空气自然对流放热系数为 1 ~ 10W/(m^2 · K)。强迫对流的放热系数是自然对流放热系数的 2 倍以上。

不同长径比的通风管对流换热不一样。由于空气在流动过程中受到管内壁粗糙度、雷诺数及弯管等的影响，其风压将沿程降低。为了保证空气以一定的初速度穿越通风管时，其前提条件是空气流的初始风压必须大于空气流穿越通风管时所损失的风压。

空气流穿越通风管的沿程损失系数，与空气在管内的流动状态，即层流或紊流有关。层流和紊流以临界速度为分界点，低于临界速度时空气流过通风管的方式为层流，高于临界速度时即为紊流。临界速度值取决于流体物性与流道的形状和大小。

层流和紊流因物理机制的不同，反映出不同的热转移规律。层流时，沿壁面法向方向的热量转移依靠导热；紊流时，最贴近壁面的一薄层具有层流性质，在这薄层之外，热量的转移除依靠导热机理外还同时依靠紊流扰动的对流机理。

2)通风管热量交换物理过程

路基体与基底之间的传热方式主要以热传导方式进行，遵循傅里叶定律和能量守恒定律。

傅里叶定律表达式为：

$$q = -\lambda A \frac{\Delta T}{\Delta X} \tag{4-25}$$

式中：q——在温度降低方向的能量；

A——横截面面积

$\Delta T/\Delta X$——温度梯度；

λ——材料的导热系数。

对于单元土体，按照能量守恒定律，在任一时间间隔内有以下热平衡关系：导入微元体的总热流量 + 微元体内热源的生成热 = 导出微元体的总热流量 + 微元体热力学能(即内能)的增量。因此，根据上述两个定律进行推导可以得出，对于地基土地温场随时间变化的规律可用如下三维非稳态导热微分方程表示为：

$$\frac{\partial}{\partial x}\left(\lambda \frac{\partial t}{\partial x}\right) + \frac{\partial}{\partial y}\left(\lambda \frac{\partial t}{\partial y}\right) + \frac{\partial}{\partial z}\left(\lambda \frac{\partial t}{\partial z}\right) + L = \rho c \frac{\partial t}{\partial \tau} \tag{4-26}$$

式(13)可简化为：

$$\frac{\partial t}{\partial \tau} = a\left(\frac{\partial^2 t}{\partial x^2} + \frac{\partial^2 t}{\partial y^2} + \frac{\partial^2 t}{\partial z^2}\right) + \frac{L}{\rho c} \tag{4-27}$$

式中：a——导温系数，$a = \lambda/(\rho c)$；

λ——导热系数；

x、y、z——空间坐标；

τ——时间坐标；

ρ——土体的密度

c——土体的比热；

L——水分相变的潜热。

通风管的内、外径分别为 d_1、d_2。假定通风管的内表面和外表面分别维持均匀不变的温度 t_1 和 t_2。先假定轴向的导热暂忽略，而温度仅沿半径方向发生变化。这样按圆柱体坐标来表示，温度场仅依 R 而变，因此是单向度的。设材料的导热系数等于常量。主要目的就是要确

定 $Q=f(t_1,t_2,r_1,r_2)$ 的具体关系。

想像在壁内划出一个半径为 R,厚度为 dr 的微元圆筒壁,根据导热的基本定律:

$$Q=-\lambda F\frac{dt}{dr}=-\lambda 2\pi rl\frac{dt}{dr}(W) \tag{4-28}$$

分离变数后,把上式积分得:

$$t=-\frac{Q}{2\pi\lambda l}\ln r+C \tag{4-29}$$

把边界条件代入,求得热量 Q 的计算公式:

$$Q=\frac{2\pi\lambda l}{\ln\frac{d_2}{d_1}}(t_1-t_2)(W) \tag{4-30}$$

由上式可以看出,每小时通过通风管的热量与导热系数 λ,管长 L 和温差 t_1-t_2 成正比,而和内外径比值的自然对数成反比。对于混凝土通风管,管壁的导热系数为 0.8~1.2w/(m·k),对于 upvc 管,管材材质为聚氯乙烯,经查表导热系数为 0.09w/(m·k)。而在现场埋设的为双层波纹 upvc 通风管,其导热系数还要比 0.09w/(m·k)低得多。

对于 40cm 的混凝土管,根据实测其内径为 0.4m,外径为 0.52m,管长为 12m,混凝土的导热系数为 1w/(m·k),通风管传入路基体的热量为:

$$Q=\frac{2\pi\lambda l}{\ln\frac{d_2}{d_1}}(t_1-t_2)=\frac{2\times3.142\times1\times12}{\ln\frac{0.52}{0.4}}\Delta t=287.42\Delta t(w) \tag{4-31}$$

对于 40cm 的 UPVC 管,根据实测其内径为 0.36m,外径为 0.40m,管长为 12m,UPVC(硬质聚氯乙烯)的导热系数为 0.09w/(m·k),通风管传入路基体的热量为:

$$Q=\frac{2\pi\lambda l}{\ln\frac{d_2}{d_1}}(t_1-t_2)=\frac{2\times3.142\times0.09\times12}{\ln\frac{0.4}{0.36}}\Delta t=64.41\Delta t(w) \tag{4-32}$$

从上述的计算可以看出,由于管材的不同,尽管混凝土通风管的导热系数为 UPVC 管的 10 倍,但在以目前清水河这种设计方法下,混凝土通风管的变温功率仅为 UPVC 管的 4.5 倍。

通过以上理论分析表明,在路基体中埋入通风管增加了路基体与空气的接触面,又避免了太阳的直接辐射,通过空气在管内的流动以湍流换热方式消耗了路基体中存在的热量,减少了路基体内热量的下传,可以起到保护下伏多年冻土维持冻结状态,这也是通风管路基能够有效地降低地温的理论基础。通风管与空气之间的热交换强度取决于通风管内空气流动特征,以强迫对流为主进行换热的通风管表面传热系数大,降温效果好。通风管与路基体的传热效果主要取决于通风管材料的导热系数及其他一些结构系数;路基体与地基土的传热效果主要取决于土体的导温系数等。

在青藏高原地区,气压平均为 5.80×10^4Pa,而在 1 个标准大气压下,气压为 1.01325×10^5Pa,青藏高原气压为标准气压的 0.57 倍,在等温情况下,高原的空气密度也为标准气压下密度的 0.57 倍,因此质量热容量也约为低海拔地区的一半,而青藏高原的年平均温度要较内地小,随着温度的降低,空气的运动黏性系数和动力黏度系数均降低。

在0℃、1 个标准大气压下,查表干空气的密度为 $\rho_1=1.293\text{kg/m}^3$,动力黏度系数 $\mu=1.72\times10^{-5}$kg/m·s,运动黏性系数 $\upsilon=1.33\times10^{-5}\text{m}^2/\text{s}$,在青藏高原同温度下,它的年平均气压为 5.85×10^4Pa,由于动力黏度与温度之间的关系很密切,而压力的影响相当小,根据上述数据计算在青藏高原地区空气的密度：

$$\rho = \rho_1\left(\frac{p}{p_1}\right) = 1.293 \times \frac{5.85 \times 10^4}{1.01325 \times 10^5} = 0.747\text{kg/m}^3 \tag{4-33}$$

在青藏高原地区，0℃空气的运动黏性系数为：

$$\upsilon = \frac{1.72 \times 10^{-5}}{0.747} = 2.30 \times 10^{-5}\text{m}^2/\text{s} \tag{4-34}$$

从以上的计算可以看出，在青藏高原地区空气的运动黏性系数要较低海拔地区大。干空气绝热上升的温度递减率称为干绝热递减率，在一般情况下，地球大气的干绝热递减率为1℃/100m，但在青藏高原，强烈的太阳辐射造成夏季高原近地层大气中巨大的温度垂直递减率。白天，特别是午后近地面1～2km高度气层内温度垂直递减率经常是超绝热的，并可持续数小时。曾观测到在厚度达1.5km的气层出现1.39℃/100m的温度垂直递减率。如此强大的温度垂直递减率必然伴随强对流活动，可形成高原上空深厚的混合层，使地面感热向中、高层输送（李国平，2002a）。

4.2.2.2 通风式路基应用设计

房屋建筑通风基础包括架空通风和管道通风两种。前者系指天然地面与建筑物一层地板底面保持一定通风高度的下部结构，后者将建筑物地板下用非冻胀性的砂砾料垫高，并在其中埋设通风管道，它可以利用冬季自然通风来保持地基土的冻结状态。

通风管应用在路基工程中是将其垂直于路基走向埋设在路堤填土底部（图4-14），通风管埋设方式有两种形式：一是将两端开口的直管水平铺设于路基土体中；二是基于“烟囱效应”而将通风管两端或一端延长不同的竖向段。考虑气温、风速、风向、降雨以及冻土特征等各种因素可以分别采用不同类型通风路基。青藏铁路冻土区通风式路基工程采用前一种方式埋设通风管。

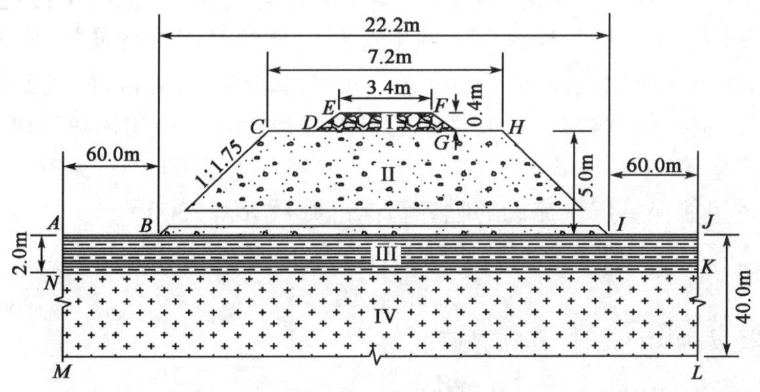

图4-14 通风式路基结构

通风式路基不同于其他保温措施的路基，是一种从调控对流角度积极保温（或降温）的路基结构，可将土体中的热量消散掉，而不是仅仅保持土体的原始温度状况；适用于高含冰量冻土地段；在施工过程中对路基基底天然冻土扰动较小，有利于恢复和保持地基土冻结状态；而且施工程序简单，使用期易于养护。

但是通风式路基也有其不足之处，除路基阴阳坡的影响外，通风管可能导致路基温度分布的不对称；融化期通风管的副作用需要认真考虑，中国科学院在青藏铁路北麓河通风式路基试验段为了抑制暖季通风管内不利于冷却地基土体的对流换热，特别设计了自动控制装置，起到很好的作用。

在通风管路基应用中所用的设计参数主要有：

通风管的间距、通风管的管径、通风管的长度、通风管的管材、通风管的埋设高度及通风管的埋设方式。

在设计中确定通风管埋设间距取决于通风管自身的对流换热系数、通风管管壁的导热系数及所埋设土体的热扩散率,是非常复杂的三维问题。

青藏铁路试验实测数据来推测,采用混凝土通风管,管内强迫对流效果好,路基填料为粗颗粒土,含水率5%左右,压实程度达到最佳状态,通风管间距可用到2m,通风管的长径比满足 $l/D<30$ 为宜,这样的设计参数可以保证通风管的强迫对流为主的换热过程发生。

通风管的管材应选用导热系数大的材料,以铸铁管和混凝土管较好;根据试验段实测资料,通风管埋设在路基中部,人为上限仍然抬升至路基本体中,为了避免通风管抗压强度不足对路基稳定构成威胁、微地形地貌对通风管通风效果及通风管管口堵塞的影响,通风管在路基中的埋设高度应在基床以下,地表面0.7m以上,并且应该根据微地貌特点避免埋设在地形上的息风区。在青藏高原地区,可以以强迫对流为主进行通风管设计,因此青藏高原地区使用通风管降低地温时可以采用水平埋设方式。

由于通风管的埋设间距计算问题非常复杂,土的离散性大,在计算中许多参数范围宽,成为制约提出合理埋设间距的一个瓶颈问题,但在应用中可以偏于安全一点设计,这方面尚需努力多积累数据进行完善。

以强迫对流设计方式为主的通风管适用于青藏高原的自然环境,但对于高纬度多年冻土是不适用的,以自然对流设计方式为主的通风管应充分考虑以单向传热为主,即在寒季及时把热量从路基中散发出去,暖季则把热量隔阻在路基体外。

对于高纬度多年冻土而言,其多年冻土的生存条件与高海拔多年冻土是不一样的,必须考虑暖季的不利热影响,最好在寒季能够把路基体中的热量传出来,把冷量传进去,在暖季能够把热量隔阻在路基体。单向传热通风管只发生有利的自然对流进行换热,限制了热空气在管内的强迫对流,因此当气温比埋设通风管处地温低时,自然对流进行,而气温较埋设通风管处地温高时,管内的冷空气依然存在,通风管中的自然对流停止。单向传热通风管可能利用自然能源制造成恒温房屋等。

一般工程管道里能保持层流流动的临界雷诺准则数 $R_e=2300$

青藏高原冻土区0℃条件下空气的运动黏性系数:

$$\gamma = 2.30 \times 10^{-5}\mathrm{m^2/s}$$

当通风管内径 d 为40cm时,其临界速度为:

$$v_{1j} = \frac{\gamma R_e}{d} = 0.132(\mathrm{m/s}) \tag{4-35}$$

当通风管内径为30cm时,其临界速度为:

$$v_{1j} = 0.176(\mathrm{m/s})$$

根据以上计算结果,冻土区应用的通风管内层流与紊流分界的临界速度非常小,空气流几乎不可能以层流方式流动,因此将通风管内强迫对流发生空气热交换问题按紊流考虑。

当空气以一定的速度 u 穿越通风管时,交换的热量 Q 可用下式表示:

$$Q = \rho u \frac{\pi d^2}{4} C_p \Delta t \tag{4-36}$$

当空气温度为0℃、1个标准大气压时,干燥空气的热容量 $C_p=1.005\mathrm{kJ/(kg \cdot K)}$,导热系数 $\lambda=2.44\times10^{-2}\mathrm{W/(m \cdot K)}$,$P_r=0.707$,青藏高原冻土区空气的密度为 $\rho=0.747\mathrm{kg/m^3}$,冻

土区平均风速为3～4m/s，在计算中取3m/s，$\Delta t=|t_w-t_f|$为固体壁面温度t_w与流体温度t_f之间温差的绝对值，计算直径40cm的混凝土和UPVC管，空气与通风管管壁交换的热量为：

$$R_e=\frac{vD}{\gamma}=\frac{3\times0.4}{2.30\times10^{-5}}=5.22\times10^4$$

$$Q=0.747\times3\times\frac{3.14\times0.4^2}{4}\times1005\times\Delta t=282.88\Delta tW$$

通风管强迫对流的合理长径比的理论分析

风力强度W(N/m^2)与风速v_∞(m/s)的关系可表示为：

$$W=\frac{\gamma}{2g}v_\infty^2 \tag{4-37}$$

式中：γ——空气的容重(N/m^3)；

g——重力加速度(m/s^2)。

当空气以强迫对流方式通过通风管时，管内的沿程降压差可表示为：

$$\Delta p=\rho\cdot f\cdot\frac{l}{D}\cdot\frac{v^2}{2} \tag{4-38}$$

式中：ρ——空气密度；

f——摩擦系数，也称为沿程损失阻力系数$f=f(R_e,\Delta/D)$，其中，R_e为雷诺系数，Δ为管内壁粗糙度；

D——通风管的直径；

l——通风管的长度；

v——管截面的平均速度。

当$W>\Delta P$时，空气才能在一定动力的驱使下穿过通风管，也即发生强迫对流，因此有：

$$\frac{\gamma}{2g}v_\infty^2>\rho\cdot f\cdot\frac{l}{D}\cdot\frac{v^2}{2} \tag{4-39}$$

$$\frac{l}{D}<\frac{\gamma}{g\cdot\rho\cdot f}\left(\frac{v_\infty}{v}\right)^2=\frac{1}{f}\left(\frac{v_\infty}{v}\right)^2 \tag{4-40}$$

一般情况下，$\frac{v_\infty}{v}=1+1.33\sqrt{f}$，代入(4-36)式得：

$$\frac{l}{D}<\frac{1}{f}(1+1.33\sqrt{f})^2=\frac{1}{f}+2.66\frac{\sqrt{f}}{f}+1.77 \tag{4-41}$$

根据式(4-37)可以看出，通风管内发生强迫对流的长径比条件只与通风管内壁的摩擦系数有关。空气流动为紊流的特征，在青藏高原地区，空气的运动黏性系数$\gamma=2.30\times10^{-5}$m^2/s，平均速度$v=5$m/s，通风管直径按0.4m的混凝土管进行计算：

$$R_e=\frac{vD}{\gamma}=\frac{5\times0.4}{2.30\times10^{-5}}=8.70\times10^4$$

混凝土管内壁的等效粗糙度Δ取值为3mm，$\Delta/D=0.0075$查莫迪图得：$f=0.04$。代入式(4-37)得：$l/D<40$。

综合考虑计算误差及一定的安全系数情况下，建议在设计中通风管强迫对流的合理长径比为：$l/D\leqslant30$。

以北麓河通风管路基试验段基本数据为基础进行的数值计算结果(2004，周成林，马巍等：影响通风管路基降温效果的参数研究)，对设计参数选用具有一定参考价值，计算认为：

在最冷月份,不同管间距都能起到冷却地基的效果,大管距的冷却效果较小;不同埋深都能起到冷却地基的效果,但浅埋深的冷却效果较小;不同管径都能起到冷却地基的效果,两种管径的冷却强度相近。

在最热月份,不同管距都有加热地基的不良效果,大管距对5m下的地基土的加热较强烈一些;不同埋深都有加热地基的不良效果,浅埋深对地基的加热程度较小,但是对于5m以下的地基土,加热程度大于其他几种埋深;两种管径(0.3m和0.4m)的地温曲线几乎一致,很难得出结论。

上述分析说明对于通风路基的使用,最好夏季关闭通风管,冬季开放通风管;建议采用小管距,大埋深的埋设方式。

4.2.2.3 通风式路基应用效果

通风式路基在青藏铁路冻土区路基工程中应用极少,仅在前期进行的试验工程中清水河、北麓河地区各进行了两段不同埋深位置的试验研究,试验结果揭示了通风管路基冷却地基土体的效果和可持续性。

1)通风式路基不同参数应用效果

青藏铁路清水河试验段曾经针对不同埋设高度、管径的通风管通风效果及挡水埝对路基风向的影响进行了烟流场试验和通风管管道风速测量。

试验证明,埋设在路基中部的通风管通风效果好于埋在路基底部的通风管的通风效果。埋在路基底部的通风管由于受挡水埝的阻挡,路基坡脚近地面处的风向只能与路基走向平行,使空气不可能在管内以强制对流方式通过,而只能以自然对流方式进行管壁与空气之间的热交换,试验采用的UPVC管管壁密封性好,对于试验段这种埋设方式,热空气密度小为上升气流,易在管内积聚,而冷空气密度大为下沉气流,易产生不利散热的自然对流,因此这种低埋设方式效果较差。

风洞试验证明,挡水埝的流场能量特点为:迎风侧近地表处与坡脚处为一滞流低速区,埝顶为一集流加速区,背风侧10倍挡水埝高度的长度范围内为一紊流减速区。因此,在挡水埝与路基之间,将不可能有垂直于路基前进方向的空气流动产生,埋设在地表面附近的通风管也不可能有空气强迫对流产生,而埋设在路基中部的通风管埋设高度要较挡水埝高,且长径比也合适,因此产生了强烈的强迫对流,散热效果好,有效地降低了地温。

清水河试验段DK1025+275、DK1026+290及DK1026+370三个断面分别安装了管道风速风向仪,通过对通风管管道风速风向仪采集的风速数据可以看出,埋设在路基中部的通风管通风效果明显优于埋设在地表面以上50cm处的通风管。图4-15为DK1025+275断面风速风向仪布置图。

埋设在地表附近的通风管在环境风速达到6m/s时,管内风速仍然不够明显,而埋设在路基中部通风管,即便旷野风速为1m/s时管内仍有较强的气流通过。从管材内壁的平整度来看,UPVC管较混凝土管要平整,通风效果要好,从管径比较来看,管径大的要较管径小的通风效果好。而通风管内的流场与其内壁的粗糙度、长度、管径等均有关系。

2)通风式路基冷却地基土体能力

路堤表面(包括路堤顶面和路堤边坡表面)的温度状况是决定路基表面下地温场特点的能量标志。路堤表面积温与辐射平衡量、表面蒸发过程、表面与大气间湍流热交换过程以及表面与地中热交换过程等紧密相关。通风管路基表面积温是影响基底地温变化的能量标志。

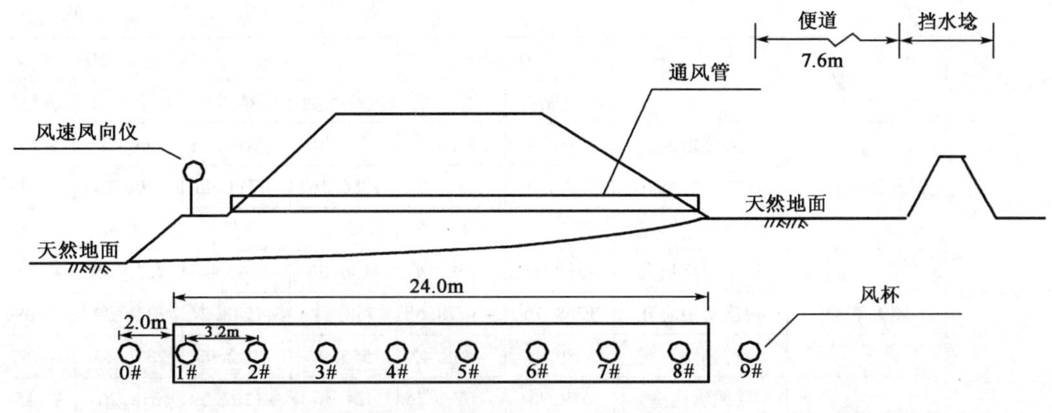

图 4-15 DK1025 +275 断面风速风向仪布置图

从上表 4-29 可以看出，修筑路基后，路基坡脚、路基表面的融化指数均大于天然地面孔，只有通风管内壁、外壁的融化指数小于天然地面孔；通风管内壁融化指数和冻结指数均小于通风管外壁的融化指数和冻结指数，DK1026 +370 断面和 DK1026 +290 断面通风管的内外壁融化指数与天然地面孔接近，而冻结指数为天然地面孔的 1.5 ~2 倍；融化指数仅为路基表面的中心孔和阴侧路肩位置处的 0.2 ~0.5 倍，而冻结指数与路基表面的中心孔和阴侧路肩位置处相当。而 DK1025 +275 断面通风管内壁的融化指数和冻结指数与天然地面孔的相当。

通风管路堤试验断面积温对比表 表 4-29

断面里程	位置	孔号	2002 年		2003 年		2004 年	
			融化指数	冻结指数	融化指数	冻结指数	融化指数	冻结指数
DK1025 +125	天然地表	1 号天然地面孔	780.46	-569.63	593.73	-433.11	567.14	-435.64
		2 号左侧坡脚孔	1007.55	-599.73	1007.25	-582.05	992.97	-632.42
		6 号右侧坡脚孔	4208.53	-596.01	3277.46	-130.64	4106.98	-697.51
	路基表面	3 号左侧路肩孔	1888.00	-1118.47	1141.63	-1336.76	1273.59	-959.84
		4 号路基中心孔	—	—	—	—	606.80	-1360.22
		5 号右侧路肩孔	1588.89	-1756.03	1117.74	-1573.21	1008.57	-1534.02
DK1025 +275	天然地表	1 号天然地面孔	682.37	-744.43	615.96	-618.42	602.92	-706.19
		2 号左侧坡脚孔	2626.26	-305.19	3165.04	-87.69	4019.35	-137.03
	路基表面	3 号左侧路肩孔	4408.61	-244.45	4935.74	-50.35	1918.75	-1015.41
		4 号路基中心孔	2462.70	-605.14	1023.15	-1141.30	4303.92	-96.74
		4 号路基中心孔	—	—	—	—	504.45	-1312.10
		5 号右侧路肩孔	3359.10	-579.27	2925.73	-481.22	2554.37	-922.99
	路基底部通风管	通风管内壁	—	—	—	—	639.46	-768.38
DK1026 +290	天然地表	1 号天然地面孔	779.34	-1035.13	638.85	-705.09	—	—
		2 号左侧坡脚孔	1190.67	-601.93	943.67	-390.66	1083.35	-580.82
		6 号右侧坡脚孔	691.94	-1405.14	583.33	-978.05	624.85	-1537.73
	路基表面	3 号左侧路肩孔	1317.00	-1483.49	1140.88	-880.46	—	—
		4 号路基中心孔	1255.96	-1705.12	870.34	-960.51	—	—
		5 号右侧路肩孔	2185.15	-1462.84	1090.33	-959.85	1132.88	-2104.05
	路基中部通风管	通风管内壁	430.25	-1355.33	—	—	—	—
		通风管外壁	705.55	-1731.19	—	—	469.35	-1510.15

续上表

断面里程	位置	孔号	2002年		2003年		2004年	
			融化指数	冻结指数	融化指数	冻结指数	融化指数	冻结指数
DK1026+370	天然地表	1#天然地面孔	663.28	-1103.55	629.79	-1064.18	669.22	-937.90
		2#左侧坡脚孔	1881.61	-669.26	1356.16	-711.45	1296.84	-773.81
		6#右侧坡脚孔	725.71	-1643.87	757.11	-1835.06	771.96	-1906.86
	路基表面	3#左侧路肩孔	4332.86	-59.19	4130.06	-6.08	4223.45	-55.31
		4#路基中心孔	1268.76	-1778.65	758.44	-1248.24	1336.39	-1089.59
		5#右侧路肩孔	3089.46	-448.42	2555.97	-722.98	2816.13	-797.87
	路基中部通风管	通风管内壁	679.96	-1611.36	424.36	-1207.59	318.20	-1151.15
		通风管外壁	875.03	-1677.90	626.24	-1231.36	431.83	-1172.06
DK1026+450	天然地表	1#天然地面孔	571.57	-975.44	500.78	-713.21	547.53	-963.76
		2#左侧坡脚孔	—	—	—	—	3154.02	-400.24
		6#右侧坡脚孔	929.65	-1804.38	1028.40	-976.67	1295.56	-1932.88
	路基表面	3#左侧路肩孔	1581.59	-1374.30	1102.11	-685.07	1371.94	-1051.83
		4#路基中心孔			1229.27	-1002.69	—	—
		5#右侧路肩孔	1793.27	-1606.83	1223.42	-796.14	1219.28	-1937.42
DK1026+525	天然地表	1#天然地面孔	470.69	-947.35	437.50	-886.02	379.65	-793.15
		2#左侧坡脚孔	1077.96	-242.65	1166.32	-399.23	312.27	-361.21
		6#右侧坡脚孔	—	—	—	—	2760.06	-1329.29
	路基表面	3#左侧路肩孔	3641.20	-202.12	3312.61	-83.25	3606.32	-163.17
		4#路基中心孔	—	—	1221.29	-1301.18	101.55	-854.00
		5#右侧路肩孔	2574.54	-794.37	1367.61	-1315.94	1333.52	-1643.12

路基坡脚的冻结指数与天然地面孔较为接近，而在路基表面部位由于空气活动强烈，其冻结指数要比天然地面孔大2~5倍。从路基整个断面分析可以看出，阳侧路肩孔、坡脚孔所获得的太阳辐射平衡量最大，融化指数为冻结指数的1~8倍，温度场呈明显的不对称性，为整个路基断面中最为薄弱的部位。

3）通风管路基与填土路基积温对比

埋设通风管的断面和填土路基对比断面的的路基表面、通风管内外壁及对比断面相同位置处的冻结指数和融化指数对比见表4-30。

埋设通风管的断面与对比断面表面积温 表4-30

断面里程	位置	2002年		2003年		2004年	
		融化指数	冻结指数	融化指数	冻结指数	融化指数	冻结指数
DK1026+370	路基表面	4332.86	-59.19	4130.06	-6.08	4223.45	-55.31
	通风管内壁	679.96	-1611.36	424.36	-1207.59	318.20	-1151.15
	通风管外壁	875.03	-1677.90	626.24	-1231.36	431.83	-1172.06
DK1026+525	路基表面	3641.20	-202.12	3312.61	-83.25	3606.32	-163.17
	通风管内壁(位置)	754.95	-458.14	844.78	-301.26	607.77	-181.61
	通风管外壁(位置)	968.80	-606.86	670.23	-187.44	786.14	-287.64

从表4-30可以看出，两个断面路基阳侧表面的融化指数是冻结指数的15～60倍，而DK1026+370断面（路基中部埋设通风管）通风管内外、壁冻结指数是融化指数的2～4倍；DK1026+525断面（对比断面）路基面以下2m处（相对于DK1026+370断面的通风管位置）的融化指数是冻结指数的1.5～3.5倍；这就说明，在路基体中埋入了通风管，不但有效地阻止了路基表面热量的下传，而且还作为路基体中的一个冷源，其冻结能力是融化能力的2～4倍。埋设通风管的DK1026+370断面明显的增加地温的冷储量。

路基中埋设通风管，可以调节管体周围的填土温度。表4-31是北麓河试验段观测数据，数据表明，整体上无论高位埋设还是低位埋设的通风管，都在当年将周边土体温度降低到了0℃以下。由管壁年平均温度可以看出，降温幅度随着埋设高度的降低、管径的增加而增加，且随着埋设高度的降低而减小，同时负积温与正积温间的差值在增加，管下0.5m处的土温体现了相同的变化趋势，这种温度特征有利于其下冻土的保护。与此同时，无特殊措施的一般填土路基相应高度的年平均地温为接近0℃，虽然负积温大于正积温，但差值很小，从温度和积温角度，普通高填方路堤虽然起到了一定的负温积累的作用，但效果缓慢或十分有限。

通风管外壁及管下0.5m处土体温度和积温状况 表4-31

断面	年份	年平均温度（℃）		管壁积温（℃·d）			管壁下0.5m处积温（℃·d）		
		管壁	管壁下0.5m	正积温	负积温	差值	正积温	负积温	差值
DK1140+015（ZBC30）	2003	-0.93	-0.08	876.25	-1216.92	-340.67	633.15	-721.52	-88.37
	2004	-2.08	-0.15	537.56	-1295.46	-757.90	252.54	-802.71	-550.18
DK1140+075（ZBC40）	2003	-1.01	-0.12	956.82	-1326.07	-369.25	579.20	-990.53	-411.33
	2004	-2.48	-0.19	517.03	-1422.52	-905.49	242.31	-941.06	-698.75
DK1140+882（DB-M）	2003	-0.24	-0.34	380.31	-467.85	-87.54	233.57	-358.92	-125.36
	2004	-0.46	-0.35	101.24	-269.05	-167.81	57.61	-185.29	-127.68
DK1141+237（XBC30）	2003	-1.20	-1.17	579.60	-1018.42	-438.82	210.89	-638.95	-428.06
	2004	-2.23	-1.89	380.27	-1195.60	-815.33	112.12	-803.48	-691.36
DK1141+284（XBC40）	2003	-1.38	-1.34	618.51	-1121.63	-503.11	190.02	-679.58	-489.56
	2004	-2.09	-1.82	545.64	-1309.78	-764.14	131.95	-794.50	-662.55
DK1140+882（DB-B）	2003	-0.17	-0.10	35.31	-95.62	-60.31	12.71	-48.84	-36.14
	2004	-0.11	-0.07	0.19	-38.59	-38.40	0.00	-25.75	-25.75

注：DB-M、DB-B：无特殊措施一般填土路基中部、下部与通风管相对应位。

表4-32北麓河通风管路基试验数据可以看出，路堤下原土体在经受了施工后一段时间的增温后普遍开始降温，对比三段不同路基，普通路基降温速率显著小于通风路基，而低位埋设的通风管路基降温速率由高于高位埋设的通风管路基。在同一路基内，路基右肩孔的

降温速率高于中心孔和左肩孔，且三者中左肩孔降温速率最低。积温所显示的特征与地温完全相同。

不同路基年平均地温及积温数据统计表　　表 4-32

断　面	孔　位	年份(深度)	平均温度(℃)		积温(℃·d)	
			0.5m	3.0m	0.5m	3.0m
DK1140 +882(DB)	左路肩孔	2003	-0.73	-0.46	-267.4	-167.4
		2004	-0.94	-0.41	-343.5	-149.6
	中心孔	2003	-0.05	-0.46	-18.2	-167.4
		2004	-0.09	-0.41	-32.1	-149.6
	右路肩孔	2003	-0.07	-0.42	-25.9	-155.0
		2004	-0.28	-0.49	-101.0	-178.5
DK1141 +075(ZBC40)	左路肩孔	2002	—	—	—	—
		2003	-0.25	-0.72	-91.8	-262.0
		2004	-0.29	-0.69	-104.1	-252.1
	中心孔	2002	-0.24	-0.69	-86.8	-252.3
		2003	-0.41	-0.65	-149.4	-238.5
		2004	-0.70	-0.75	-256.2	-275.1
	右路肩孔	2002	—	—	—	—
		2003	-0.55	-0.68	-201.3	-248.1
		2004	-0.99	-0.84	-361.0	-305.3
DK1141 +284(XBC40)	左路肩孔	2002	—	—	—	—
		2003	-0.76	-0.86	-279.2	-315.4
		2004	-0.94	-0.97	-343.5	-352.9
	中心孔	2002	-0.63	-0.72	-228.7	-262.4
		2003	-1.05	-0.92	-383.4	-335.4
		2004	-1.45	-1.22	-529.4	-445.4
	右路肩孔	2002	—	—	—	—
		2003	-1.16	-1.03	-424.6	-377.7
		2004	-1.59	-1.33	-581.4	-484.3

4)融化深度对比

试验路基最大季节融化深度的变化更明显的反映通风管的冷却降温作用对多年冻土上限的影响。表 4-33 是清水河通风管路基天然上限与路基人为上限对比。

通风管路基天然上限及人为上限对比　　表4-33

断面里程	孔　位	路基填高(m)	天然上限(m)		人为上限(m)(从原天然地面以下)		
			测温	勘探	2002年	2003年	2004年
DK1025+125	1号天然地面孔	—	1.95	2.00	1.98	1.90	1.93
	2号左侧坡脚孔	—	—	2.22	2.12	2.32	2.47
	3号左侧路肩孔	5.14	—	1.70	1.16	0.76	0.76
	4号路基中心孔	4.22	1.98	—	2.32	2.18	1.18
	5号右侧路肩孔	4.18	—	2.50	1.22	0.72	0.72
	6号右侧坡脚孔	—	—	2.60	3.41	3.61	3.81
DK1025+275	1号天然地面孔	—	2.29	1.80	2.38	2.39	2.40
	2号左侧坡脚孔	—	—	1.27	1.86	2.05	2.38
	3号左侧路肩孔	5.28	—	—	0.85	2.15	3.60
	4号路基中心孔	4.61	2.53	2.10	2.39	1.89	0.64
	5号右侧路肩孔	4.23	—	—	1.65	1.75	1.25
	6号右侧坡脚孔	—	—	3.65	—	—	3.25
DK1026+290	1号天然地面孔	—	1.68	—	—	1.75	1.70
	2号左侧坡脚孔	—	—	1.91	1.65	1.65	1.92
	3号左侧路肩孔	5.40	—	2.40	-0.20	-0.20	-0.5
	4号路基中心孔	4.81	1.42	—	0.62	0.19	-0.06
	5号右侧路肩孔	4.26	—	2.80	0.73	0.79	-0.04
	6号右侧坡脚孔	—	—	2.00	1.57	1.50	1.60
DK1026+370	1号天然地面孔	—	1.8	—	1.91	1.92	1.84
	2号左侧坡脚孔	—	—	2.00	2.26	1.50	1.70
	3号左侧路肩孔	6.91	—	—	-0.42	-1.05	-0.95
	4号路基中心孔	5.64	1.40	—	-1.15	-1.64	-1.89
	5号右侧路肩孔	4.84	—	—	0.21	-0.11	-0.24
	6号右侧坡脚孔	—	—	1.33	1.63	1.60	1.60
DK1026+450	1号天然地面孔	—	1.46	—	1.41	1.40	1.40
	2号左侧坡脚孔	—	—	1.88	—	1.75	1.75
	3号左侧路肩孔	5.60	—	2.45	0.54	0.30	0.40
	4号路基中心孔	5.07	1.46	—	1.31	0.40	0.23
	5号右侧路肩孔	4.22	—	2.15	1.49	1.00	0.92
	6号右侧坡脚孔	—	—	2.28	1.82	1.81	1.71
DK1026+525	1号天然地面孔	—	1.45	—	—	1.40	1.35
	2号左侧坡脚孔	—	—	1.42	1.61	2.04	2.24
	3号左侧路肩孔	4.89	—	—	1.09	0.51	1.21
	4号路基中心孔	4.55	1.44	—	1.45	0.95	0.95
	5号右侧路肩孔	3.83	—	—	1.59	1.27	1.52
	6号右侧坡脚孔	—	—	1.95	—	1.80	1.90

表4-33 的数据表明,2002 年埋设了通风管以后路基不同部位最大融化深度(人为上限)均比天然上限有所抬升,其中以 DK1026 +370 断面的人为上限抬升幅度最大。

路基右侧的施工便道离坡脚近,施工便道用粗颗粒土填筑,破坏了地表的原有植被,随着施工车辆来回行走,季节活动层被压密,导热系数加大而造成 DK1025 +125 断面路基右侧的人为上限比原天然上限有所降低。

尽管通风管路基没有在青藏铁路冻土区推广使用,但是它的冷却地基土体的效果是明显的,而且通风管路基降温速度快,降温效率高。低位埋设通风管的路堤在施工后一个冻融循环过程中就可将其周边土体温度降低到了 0℃以下,第二个冻融循环过程以后原天然地面以下的土体已经处于常年冻结状态,土体温度整体上呈现逐渐降低的趋势,降温速度和幅度随着埋设高度的降低、管径的增加而增加;同时负积温与正积温间的差值逐渐增加,冷却地基土体的能量来源是可持续的。

通风管路基由于受路堤环境温度、风速、通风管中温度分布等差异性的影响,通风路基不同部位降温幅度差异较大,路堤土体温度场不对称形态明显,这也是运行期出现变形裂缝的诱因之一。

数值计算表明,通风管可以有效地降低路基土体的温度,即使在气温逐渐升高的条件下,其下冻土仍处于降温过程。即使在融化季节也可以将冻土的 0℃线抬高约 1.8 ~1.9m,使其接近于原天然地面;同时冻结区的地温呈逐年降低趋势,即通风管具有良好的降温储冷效果。

4.2.3 热棒路基结构

热棒是一种高效传热元件,图 4-16 为其结构示意图。它通过热虹吸作用和管内工质的汽液转换过程发生的传热过程,将一端热量向另一端转移,达到冷却一端的效果。埋设在多年冻土内的热棒就是通过这种传热过程来冷却多年冻土地基,热棒几乎可以解决多年冻土工程中的所有地基因传热发生的工程问题。

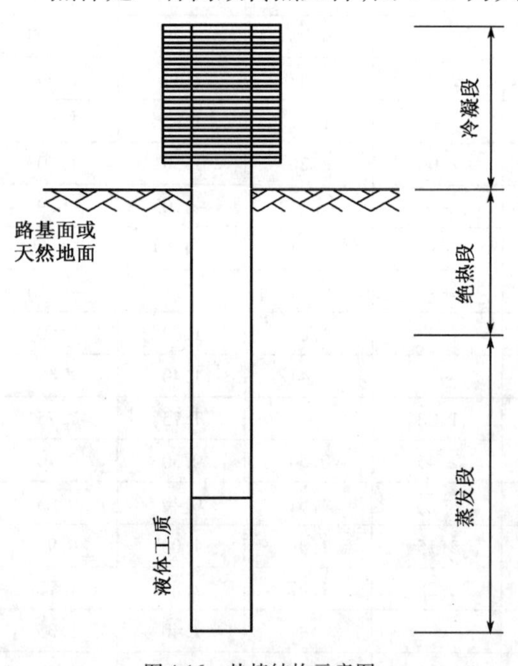

图 4-16 热棒结构示意图

消除融沉和冻胀破坏是确保多年冻土上建筑物安全使用的前提条件。

使用热棒制冷装置可以较好地解决上述问题。热棒制冷系统有以下用途:

(1)冷却地基多年冻土,延缓多年冻土退化过程,热棒制冷装置在寒季大量采集大气中的冷量冷却地基多年冻土,与天然状态相比,热棒地基多年冻土可以冷却到更低水平,因而地基储存的冷量足以补偿暖季热量的传入,从而可以延缓多年冻土的退化和融化。

(2)降低地基土体温度,提高冻土与基础的冻结强度,从而提高桩基等的承载能力和抗冻胀稳定性。冻结强度是冻土中桩基承载能力的来源。冻结强度是负温度的函数,负温度越低,冻结强度越大。采用热棒冷冻桩基,可使桩长范围内的年平均地温降低,从而提高桩与冻土间的冻结强度,提高桩基的承载能力和抗冻胀稳定性。

(3)提高冻土的抗剪强度和抗压强度,从而提高冻土地基承载能力和稳定性。

冻土的力学性质是负温度的函数，随温度的降低，冻土的力学强度增大。热棒冷冻地基后，持力层多年冻土的年平均地温降低，从而力学强度提高，地基承载力增大，蠕变速率减小，地基稳定性增加。

(4)减小或消除基础冻胀。

在基础旁埋上热棒后，基础周围活动层土体的冻结是从基础向外径向进行的，而不是从地表向下的垂直冻结，这就防止了水平方向冰透镜体的形成和聚集，这是因为土壤天然地面寒季冷却时，热流方向是自下而上，冻结过程是自上而下的垂直方向单向进行的。埋置热棒后土壤冻结时热流方向如图 4-17 中箭头所示，除了冷空气导致的自上而下的冻结过程，埋置热棒相当于增加了一个水平方向的冷源，也就是增加了一个水平方向(热棒的径向)的冷却冻结过程，将天然地面自上而下的单向冻结过程改变为垂直和水平方向的多向冻结过程。图 4-18 是根据青藏铁路某多年冻土地区土壤物性和气象条件模拟出的热棒在寒季工作 100d 时周围的等温线分布(温度单位为℃)，热棒埋入地下总长为 9m，地面至地下 3m 为绝热段，地下 3 ~ 9m 为蒸发段。从图中可见，在热棒蒸发段径向约 0 ~ 3m 的范围内，等温线是接近于垂直方向的，而未埋置热棒土壤冻结时等温线应该是接近于水平方向的，因此可减小甚至消除切向冻胀力，防止基础冻胀。

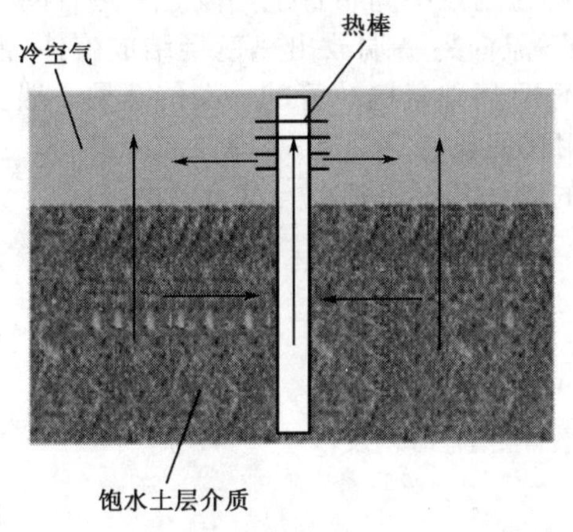

图 4-17　埋置热棒后土壤冻结时热流方向

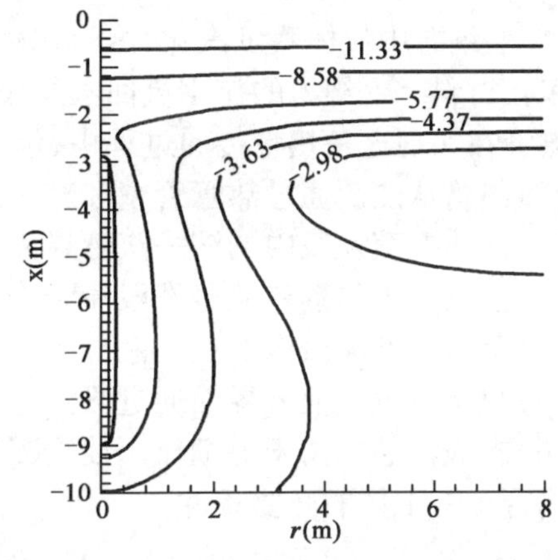

图 4-18　埋置热棒后土壤冻结等温线分(尺寸单位:m)

另外，由于热棒的超前(在活动层开始稳定冻结，冻胀力形成和发展前)冷冻作用，当切向冻胀力发展时，热棒已经降低了多年冻土的温度，增加了基础的抗冻胀能力。所以可用热棒来防止基础冻胀。

(5)冻结地基中已融化的多年冻土。

青藏高原多年冻土区的气温特征表明，高原寒季大气中有大量的冷量可用来冷冻地基，对某些已部分融化的多年冻土地基，为了提高地基基础的稳定，可用热棒冷冻地基，使融化的多年冻土重新冻结。

热棒路基指在路基不同位置、纵向一定间距埋设不同长度的热棒，通过热棒自身传热特征，逐渐降低路基土体和基底多年冻土温度，以保证冻土路基稳定的一种特殊路基结构形式。

这种路基结构形式充分利用热棒无源制冷、高效传热的特点，在青藏铁路冻土区特有的环境条件下，能够有效的降低路基土体和基底多年冻土温度，又兼具施工简便、造价合理，且既适合在不同建设阶段埋设，又适宜在运营阶段施工的优势，因此，热棒路基既是建设阶段优选的冷却地基的结构形式之一，也是设计补强和运营期病害整治采用的主要结构形式和工程措施。

4.2.3.1　热棒基本工作原理

热棒工作的过程包括管内汽液转换启动和冷却土体的传热过程启动，因此热棒的工作原理应该包括热棒内部传热机理和热棒与外部土体热交换机理两部分。图4-19为热棒工作原理示意图。

1）热棒内部传热原理

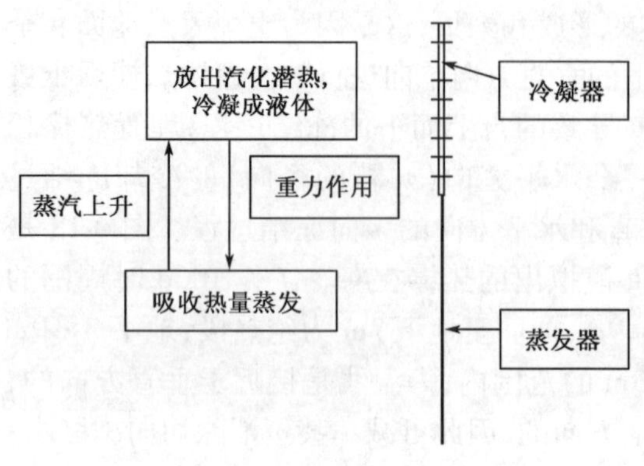

图4-19　热棒工作原理示意图

青藏铁路冻土区所用热棒是一种利用液汽相的转换对流循环来实现热量传输的系统，是无源冷却系统中热量传输效率最高的装置。热棒实际是一种两相闭式热虹吸管（Two-Phase Closed Thermosyphon），又称重力热管，简称热虹吸管。

一般热管都是由管壳、吸液芯、端盖组成。将管内抽成$1.3\times10^{-1}\sim1.3\times10^{-4}$Pa的负压后充溢适量的工作液体，使紧贴管内壁的吸液芯毛细多孔材料中充满液体后加以密封，管的一端为蒸发段（加热段），另一端为冷凝段（冷却段），根据应用需要在两段中间布置绝热段。当热管的一端受热时，毛细芯中液体蒸发汽化，蒸汽在微小的压差下流向另一端放出热量凝结成液体，液体再沿多孔材料靠毛细力的作用流回蒸发段，如此循环不已，热量由热管的一端传至另一端。

热管在实现这一热量传递过程中，包含了六个相互关联的主要过程，即：

（1）热量从热源通过热管管壁和充满工作液体的吸液芯传递到液—汽分界面。

（2）液体在蒸发段内的液—汽分界面上蒸发。

（3）蒸汽腔内的蒸汽从蒸发段流到冷凝段。

（4）蒸汽在冷凝段内的汽—液分界面上凝结。

（5）热量从汽—液分界面通过吸液芯、液体和管壁传给冷源。

（6）在吸液芯内由于毛细作用使冷凝后的工作液体回流到蒸发段。

热管正常工作的必要条件：

$$\Delta p_c \geqslant \Delta p_i + \Delta p_v + \Delta p_g$$

式中：Δp_c——毛细压头，是热管内部工作液体循环的推动力，用来克服以下三项；

Δp_i——冷凝液体从冷凝段流回蒸发段的压力降；

Δp_v——蒸汽从蒸发段流向冷凝段的压力降；

Δp_g——重力场对液体流动引起的压力降。

冻土区广泛使用的热棒是热管的一种，与普通热管所不同的是，热棒没有吸液芯，冷凝液从冷凝段返回到蒸发段不是靠吸液芯所产生的毛细力，工作液体回流动力是靠冷凝液自身的重力，因此热棒的工作具有一定的方向性，蒸发段必须置于冷凝段的下方，这样才能使冷凝液靠自身重力得以返回到蒸发段。

热棒内部没有吸液芯则简化了结构，制造方便，成本低廉，而且传热性能优良，工作可靠，热棒因为是靠自身内部工作液体相变来实现传热的，与普通热管相比具有以下基本特点：

（1）导热性能高

热棒内部主要靠工作液体的汽、液相变传热，因此具有很高的传热能力，相对于银、铜、铝，单位重量热棒可以多传递几个数量级的热量。当然，高导热性也是相对而言，温差仍然存在。并且热棒的传热能力受到各种因素限制，存在一些传热极限，热管轴向导热性强，径向并无太大改善。

(2)等温性能优良

热棒内腔蒸汽处于饱和状态,饱和蒸汽的压力决定于饱和温度,饱和蒸汽从蒸发段流向冷凝段所产生的压降很小,根据热力学 Clausuis-Clapeyron 方程式可知,温降亦很小,因而热棒具有优良的等温性。

(3)热流密度可变

热棒可以独立改变蒸发段或冷却段的加热面积,即以较小的加热面积输入热量,而以较大的冷却面积输出热量,或以较大的传热面积输入热量,而以较小的冷却面积输出热量。

(4)具有热二极管和热开关性能

所谓热二极管就是只允许热流向一个方向流动,而不允许向相反方向流动,热开关则是当热源温度高于某一温度时,热棒开始工作,反之则不工作。

(5)适应不同工程环境

从理论上讲,热棒形状可随热源和冷源条件而变化。也可做成分离式以适应长距离换热或冷热流体不能混合情况下的换热。不同的铁路建筑物可以根据使用条件来选择热棒形状。

青藏铁路冻土区应用的这种热棒是两相闭式热虹吸管(重力热管),按管壳与工作液体的组合方式它属于氨—碳钢管。

热棒内部传热机理的分析对冻土区工程中热管技术应用设计具有重要意义。

热棒内部传热过程包括两相流和相变传热,1981 年对竖直热虹吸管传热机理提出的传热模型,将热虹吸管的全部传热过程分成三个区域,并建立了相应的传热模型。主要机理在于:

在热虹吸管的冷凝段是饱和蒸汽的层流膜状凝结,遵循竖直平板层流膜状凝结理论(Nusselt);在热虹吸管的蒸发段的液池内,当热流密度较小时,进行的是自然对流蒸发,当热流密度较大时,是液池内的核态沸腾;在热虹吸管蒸发段液池以上部分,当热流密度较小时,进行的是冷凝液膜的层流膜状蒸发,当热流密度较大时,是冷凝液膜的核态沸腾。

2)热棒和冻土热交换机理

如图 4-20 所示,热棒是两端密封的管子,管中装有液体工质。管的上部(散热段)装有散热片,管的下部(蒸发段)埋入多年冻土中。

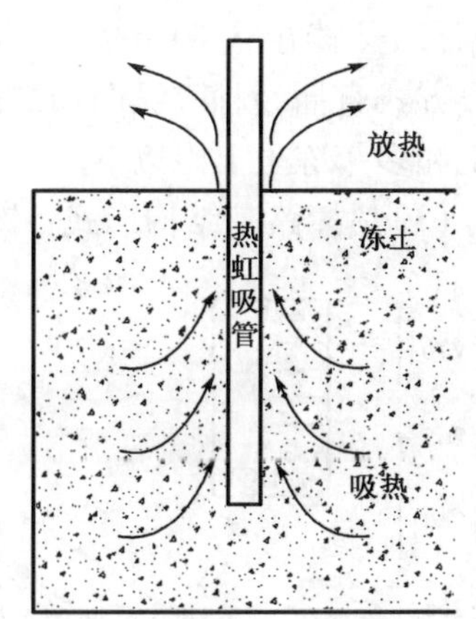

图 4-20　热棒冷却冻土地基原理示意图

寒季和暖季的部分时间段(夜晚或太阳落下之后),环境温度低于热棒蒸发段所在的周围冻土层温度,冻土层热量传入热棒,使其内部的工作介质汽化,在蒸汽压差的作用下向上部流动;在冷凝段,由于温度比较低,蒸汽遇冷凝结,凝结液在重力的作用下回到蒸发段,进行下一个循环。如此不断工作,将地下的热量带走。在温暖季节,空气温度高于多年冻土温度,液体工质蒸发的蒸汽到热棒上部(冷凝段)后,由于管壁温度较高,蒸汽不能冷凝,达到汽液相平衡后,液体停止蒸发,热棒停止工作(热管的单向传热特性),由于热棒内部没有吸液芯,工作介质不能循环,此时的热量依靠管壁的热传导。大气中的热量不会通过热棒传入多年冻土。如此热交换过程的不断循环,把地基多年冻土中的热量源源不断地传输到大气中。

热棒传热能力大、传热温差小、启动温度低、均温性能好、单向传热等特性适合在青藏铁路冻土区应用。

正是由于热棒的这种传热特点,使多年冻土层温度降低,减小了冻土路基变形。在冻土层,没有应用热棒时,其内部的冷冻和融化是完全依靠冻土本身的传导。这样在冬天冻土得不到充分的冷冻,低温冻土区冻土层的年平均地温温度只有 -2℃。而在放置热棒后,冻土层的冷冻过程就变成了二维的导热过程,其内部增加了一个长期作用的有一定热流密度,在管壁形成一定负温的温度的冷源,可以把从地面到地下 5~6m 的接近热棒管壁土层的温度大幅度降低,强化了冻土层的冷冻过程。而在夏天又不会增加融化过程,这样增加了冻土层的冷储量,增加了抵御环境气温温度升高而导致地温升高,冻土热稳定性降低的可能。

青藏铁路冻土区热棒采用化学分析纯级别的氨为工质且垂直放置,工作温度为 50℃时,蒸发段径向传热极限热流密度 $50kW/m^2$,轴向传热极限热流密度 $8.9MW/m^2$。单支管的最低传热能力,以 $\phi83 \times 5mm$ 元件为例,在工作温度为 -5℃时,其传热能力不低于 6kW,元件的实际传热能力介于极限传热能力和最低传热能力之间。

图 4-21 为热棒周围不同距离点的温度分布图。该图说明了热棒的冷却效果,表明了在距离热棒 x 方向不同距离的位置的冻土层的温度。图上距离热棒最近的点是 0.5m,直线为无穷远点的温度分布。横坐标 0 表示地面,10 表示地下 10m。从图上可以看出热棒引起的温度场变化的比较明显的作用区域在 4~5m 之间,而在此范围内的温度均有所降低。

4.2.3.2 热棒应用关键技术

热棒应用在冻土区路基中的工程预期效果和目的主要有。

(1)冷却地基抬升或稳定多年冻土上限,减小路基冻融变形。

(2)在冷却地基抬升稳定多年冻土上限前提下,削弱多年冻土上限形态和地温场形态的不对称性,减小路基不同部位的变形差异,消弱产生工程裂缝的影响因素。

热棒应用在冻土区路基工程中关键技术有以下几点:

(1)热棒本身合理长度:主要指结合应用区域冻土环境特征确定热棒蒸发段和冷凝段的传热量,进而合理确定二者长度。

(2)热棒在路基中的埋设位置和埋设方式:热棒埋设的平面位置:路肩,坡脚,护道坡脚,埋设方式直插,斜插;纵向和横向埋设间距;热棒埋设的垂直位置:蒸发段埋设在多年冻土上限以上和多年冻土上限以下。

(3)热棒路基结构形式:片石护坡路基 + 热棒,片石护道路基 + 热棒,土护道填土路基 + 热棒。热棒以直插埋设在坡脚和护道坡脚为主,路肩为辅。

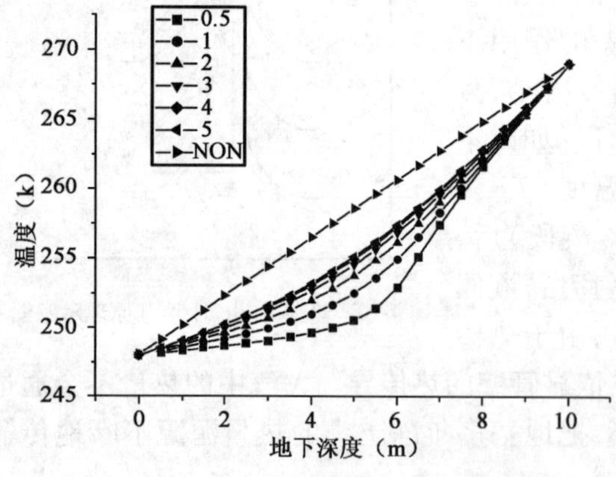

图 4-21 热棒周围不同距离点的温度分布

根据以上分析,热棒路基应用需要研究的主要问题有:热棒蒸发段和冷凝段传热量确定,热棒不同埋设位置对温度场的影响,热棒不同埋设间距对温度场影响等。

1)热棒蒸发段和冷凝段传热量

青藏铁路冻土区热棒埋设地区一般都是自然风力比较大的地理位置,铁路运营后火车的运行也会引起比较大的空气流动,所以热棒结构均采取水平圆翅片结构。由于热棒的传输性能受管径的影响较小,而主要考虑强度的影响,管径越小，承受的极限压力载荷越大，在蒸发段冻胀的情况下，承压目前未作考虑，出于比较保守的考虑都采用小管径热管。

目前应用的热棒蒸发段和冷凝段的结构各有两种：蒸发段的翅片采用矩形螺旋翅片和圆形开花翅片；冷凝段采用8m光管和在下部加两片对称的轴向直翅片。管径均为$\phi 83\times5$，长为12.0m、9.0m和7.0m。

（1）热棒蒸发段和冷凝段传热计算的基本条件：

①环境条件：大气温度$t_1=-10\sim-25$℃；风速$v=3m/s\sim6m/s$。

②冻土温度：$t_e=-2\sim-5$℃。

③冻土热物理性质：导热系数$\lambda=1.1W/m\cdot$℃，热容$C_p=1kJ/kg\cdot$℃，密度$=1500kg/m^3$，热扩散系数$\alpha=0.002m^2/h$，表面张力$\sigma=28.976-0.1033t+0.0014$。

④热棒结构参数：基管直径$d_0=89mm$；壁厚$s=6mm$，长度9m、7m（两种规格）。

翅片高度$h=25mm$；厚度$\delta=1.5mm$；翅间距10mm，长度1.4m。

绝热段长度1.8m，材料导热系数$\lambda_w=36.5W/m\cdot$℃。

（2）热棒冷凝段散热量计算

冷凝段传热方式主要是强制风冷和自然对流，对辐射产生的影响暂不考虑。空气定性温度取－10℃和－25℃分别进行计算。

①空气在温度为－10℃时的物性参数为：

密度$\rho_k=1.342kg/m^3$，热容$C_p=1.009kJ/kg\cdot$℃，导热系数$\lambda=2.36\times10^{-2}W/m\cdot$℃，黏度$\mu_k=16.7\times10^{-6}$ Pa·S，普朗特数$P_r=0.712$，风速$v_1=3m/s$、$v_2=6m/s$。

穿过热棒翅片段的最大质量流速：

$$G_{fmax1}=\rho_k\cdot v_1=1.342\times3=4.026kg/m^2\cdot s$$

$$G_{fmax2}=\rho_k\cdot v_2=1.342\times6=8.052kg/m^2\cdot s \tag{4-42}$$

管外流体的雷诺数：

$$R_{e1}=\frac{G_{fmax1}\cdot d_0}{M_f}=4.026\times89\times10^{-3}/16.7\times10^{-6}=21455.9$$

$$R_{e2}=\frac{G_{fmax2}\cdot d_0}{M_f}=8.052\times89\times10^{-3}/16.7\times10^{-6}=42911.8 \tag{4-43}$$

管外流体努谢尔数：

$$N_{uf1}=0.134R_{ef1}^{0.681}P_{rf}^{1/3}\left(\frac{s_f}{h_f}\right)^{0.2}\left(\frac{s_f}{\delta_f}\right)^{0.1134}$$

$$=0.134\times21455.9^{0.681}\times0.712^{1/3}\frac{(10-1.5)^{0.2}}{25}\frac{(10-1.5)^{0.1134}}{15}$$

$$=0.134\times890.8\times0.89295\times0.806\times1.217=104.55 \tag{4-44}$$

同理：

$$N_{uf2}=0.134R_{ef2}^{0.681}P_{rf}^{1/3}\left(\frac{s_f}{h_f}\right)^{0.2}\left(\frac{s_f}{\delta_f}\right)^{0.1134}=167.63$$

热棒冷侧换热系数：

$$\alpha_{f1}=\frac{N_{uf1}\lambda_f}{d_0}=\frac{104.55\times 2.36\times 10^{-2}}{89\times 10^{-3}}=27.72\text{W/m}\cdot ℃（风速 v=3\text{m/s}）$$

$$\alpha_{f2}=\frac{N_{uf2}\lambda_f}{d_0}=\frac{167.63\times 2.36\times 10^{-2}}{89\times 10^{-3}}=44.45\text{W/m}\cdot ℃（风速 v=6\text{m/s}）\quad (4\text{-}45)$$

计算翅片效率 η_f：

$$h_f\sqrt{\frac{2\alpha_{f1}}{\lambda_w\delta_f}}=0.025\sqrt{\frac{2\times 27.72}{36.5\times 0.0015}}=0.795$$

$$\frac{D_0}{d_0}=\frac{d_0+2h_f}{d_0}=\frac{139}{89}=1.561\quad (4\text{-}46)$$

查图得 $\eta_{f1}=0.8$。

$$h_f\sqrt{\frac{2\alpha_{f2}}{\lambda_w\delta_f}}=0.025\sqrt{\frac{2\times 44.45}{36.5\times 0.0015}}=1.007$$

$$\frac{D_0}{d_0}=\frac{d_0+2h_f}{d_0}=\frac{139}{89}=1.561$$

查图得 $\eta_{f2}=0.77$。

冷凝段换热面积 A_f：

热棒的翅片表面积 $A_{f1}=\left[2\times\frac{\pi}{4}(D_0^2-d_0^2)+\pi d_0\delta_f\right]\times L\times\frac{L_1}{S_1}=3.59\text{m}^2$

热棒翅片间管表面积

$$A_{fj}=\pi d_0\left(L-\frac{L_1}{S_1}\delta_f\right)=\pi\times 0.089\left(1.4-\frac{1.4}{0.01}\times 0.0015\right)=0.333\text{m}^2$$

当风速 $v_1=3\text{m/s}$ 时：

$$A_f=\eta_f\times A_{fc}+A_{fj}=0.8\times 3.59+0.333=3.20\text{m}^2$$

当风速 $v_1=6\text{m/s}$ 时：

$$A_f=\eta_f\times A_{fc}+A_{fj}=0.77\times 3.59+0.333=3.1\text{m}^2\quad (4\text{-}47)$$

污垢热阻及管壁热阻：

油漆污垢热阻 $r_y=0.005\text{m}^2\cdot ℃/\text{W}$

管壁热阻 $r_w=\frac{\delta_w}{\lambda_w}=\frac{0.006}{36.5}=0.00016\text{m}^2\cdot ℃/\text{W}$ (4-48)

冷凝段有效换热参数：

$$\frac{1}{\alpha_{e1}}=\frac{1}{\alpha_{f1}}+0.00516+\frac{1}{\alpha_H}（\alpha_H 取 3500，\alpha_{e1}=24.05\text{W/m}\cdot ℃）\quad (4\text{-}49)$$

同理：

$$\alpha_{e2}=\frac{1}{\alpha_{f2}}+0.00516+\frac{1}{\alpha_H}=35.72\text{W/m}\cdot ℃$$

冷凝段散热量 Q_c：

$$Q_{c1}=\alpha_{e1}A\Delta t_m=24.05\times 3.2\times 2=153.92\text{W}（风速 v=3\text{m/s}）$$

$$Q_{c2}=\alpha_{e2}A\Delta t_m=35.72\times 3.1\times 2=221.46\text{W}（风速 v=3\text{m/s}）\quad (4\text{-}50)$$

②空气在温度为 −25℃时的物性参数：

密度 $\rho_k=1.424\text{kg/m}^3$；热容 $C_p=1.011\text{kJ/kg}\cdot ℃$；导热系数 $\lambda=2.24\times 10^{-2}\text{W/m}\cdot ℃$ 黏度

$\mu_k = 15.95 \times 10^{-6}$Pa · S；普朗特数 $P_r = 0.7195$。

穿过热棒翅片段的最大质量流速：

$$G_{fmax1} = \rho_k v_1 = 1.424 \times 3 = 4.272\text{kg/m}^2 \cdot \text{s} \quad (\text{风速 } v_1 = 3\text{m/s})$$

$$G_{fmax2} = \rho_k v_2 = 1.424 \times 6 = 8.554\text{kg/m}^2 \cdot \text{s} \quad (\text{风速 } v_2 = 6\text{m/s}) \tag{4-51}$$

管外流体的雷诺数：

$$R_{e1} = \frac{G_{fmax1} \cdot d_0}{M_f} = \frac{4.272 \times 89 \times 10^{-3}}{15.95 \times 10^{-6}} = 23837.5 \tag{4-52}$$

$$R_{e2} = \frac{G_{fmax2} \cdot d_0}{M_f} = \frac{8.544 \times 89 \times 10^{-3}}{15.95 \times 10^{-6}} = 47675$$

$$N_{uf1} = 0.134 R_{ef1}^{0.681} P_{rf}^{1/3} \left(\frac{s_f}{h_f}\right)^{0.2} \left(\frac{s_f}{\delta_f}\right)^{0.1134}$$

$$= 0.314 \times 23837.5^{0.681} \times 0.7195^{1/3} \times \left(\frac{10-1.5}{25}\right)^{0.2} \left(\frac{10-1.5}{1.5}\right)^{0.1134}$$

$$= 0.134 \times 957 \times 0.896 \times 0.806 \times 1.217 = 112.71$$

$$N_{uf2} = 0.134 R_{ef2}^{0.681} P_{rf}^{1/3} \left(\frac{s_f}{h_f}\right)^{0.2} \left(\frac{s_f}{\delta_f}\right)^{0.1134}$$

$$= 0.134 \times 1534.3 \times 0.896 \times 0.806 \times 1.217 = 180.6$$

热棒冷侧换热参数：

$$\alpha_{f1} = \frac{N_{uf1} \cdot \lambda_f}{d_0} = \frac{112.71 \times 2.24 \times 10^{-2}}{89 \times 10^{-3}} = 28.37\text{W/m} \cdot ℃ (\text{风速 } v_1 = 3\text{m/s}) \tag{4-53}$$

$$\alpha_{f2} = \frac{N_{uf2} \cdot \lambda_f}{d_0} = \frac{180.6 \times 2.24 \times 10^{-2}}{89 \times 10^{-3}} = 45.45 (\text{风速 } v_1 = 6\text{m/s})$$

计算翅片效率 η_f：

$$h_f \sqrt{\frac{2 \cdot \alpha_{f1}}{\lambda_w \cdot \delta_f}} = 0.025 \sqrt{\frac{2 \times 28.37}{36.5 \times 0.0015}} = 0.805$$

$$\frac{D_0}{d_0} = \frac{d_0 + 2h_f}{d_0} = \frac{139}{89} = 1.561 \tag{4-54}$$

查图得 $\eta_{f1} = 0.8$。

$$h_f \sqrt{\frac{2 \cdot \alpha_{f2}}{\lambda_w \cdot \delta_f}} = 0.025 \sqrt{\frac{2 \times 45.45}{36.5 \times 0.0015}} = 1.02$$

$$\frac{D_0}{d_0} = \frac{d_0 + 2h_f}{d_0} = \frac{139}{89} = 1.561$$

查图得 $\eta_{f2} = 0.76$。

冷凝段换热面积 A_f：

热棒的翅片表面积 $$A_{f1} = \left(2 \times \frac{\pi}{4}(D_0^2 - d_0^2) + \pi d_0 \cdot \delta_f\right) \times L \times \frac{L_1}{S_1} = 3.59\text{m}^2 \tag{4-55}$$

热棒翅片间管表面积

$$A_{f2} = \pi d_0 \left(L - \frac{L_1}{S_1} \cdot \delta_f\right) = \pi \times 0.089 \left(1.4 - \frac{1.4}{0.01} \times 0.0015\right) = 0.333\text{m}^2$$

当风速 $v_1=3\text{m/s}$ 时：

$$A_f = \eta_f \times A_{fc} + A_{fj} = 0.8 \times 3.59 + 0.333 = 3.2\text{m}^2$$

当风速 $v_1=6\text{m/s}$ 时：

$$A_f = \eta_f \times A_{fc} + A_{fj} = 0.76 \times 3.59 + 0.333 = 3.06\text{m}^2$$

污垢热阻及管壁热阻：

油漆污垢热阻 r_y 取 $0.005\text{m}^2\cdot℃/\text{W}$；管壁热阻 $r_w=\dfrac{\delta_w}{\lambda_w}=\dfrac{0.006}{36.5}=0.00016\text{m}^2\cdot℃/\text{W}$

冷凝段有效换热参数：

$$\frac{1}{\alpha_{e1}} = \frac{1}{\alpha_{f1}} + 0.00516 + \frac{1}{\alpha_H} = \frac{1}{28.37} + 0.00516 + \frac{1}{\alpha_H};\alpha_{e1} = 24.5\text{W/m}\cdot℃ \quad (4\text{-}56)$$

$$\frac{1}{\alpha_{e2}} = \frac{1}{\alpha_{f2}} + 0.00516 + \frac{1}{\alpha_H} = \frac{1}{45.45} + 0.00516 + \frac{1}{\alpha_H};\alpha_{e2} = 36.36\text{W/m}\cdot℃$$

冷凝段散热量 Q_c：

$$Q_{c1} = \alpha_{e2}A\Delta t_m = 24.5 \times 3.2 \times 3 = 235.2\text{W} \quad (4\text{-}57)$$

$$Q_{c2} = \alpha_{e2}\text{A}\Delta t_m = 36.36 \times 3.06 \times 3 = 333.8\text{W}$$

蒸发段传热量计算：

蒸发段的传热主要是热棒管壁与冻土之间的热传导。热棒 7m 长规格，埋在地下 4m，传热计算按 3.6m；热棒 9m 长规格，埋在地下 6m，因为是斜插，传热计算按 3.6m。

冻土温度为 $-2℃$，环境温度为 $-10℃$ 的计算：

$$Q_{h1} = \frac{t_0 - t_s}{1/(2\pi\lambda L)\ln(4L/d_0)} = (-8-(-2))/\left(\frac{1}{2\pi \times 1.1 \times 3.6}\ln(4 \times 3.6/0.089)\right) = 29.34\text{W} \quad (4\text{-}58)$$

冻土温度为 $-2℃$，环境温度为 $-25℃$ 的计算：

$$Q_{h2} = \frac{t_0 - t_s}{1/(2\pi\lambda L)\ln(4L/d_0)} = (-22-(-2))/\left(\frac{1}{2\pi \times 1.1 \times 3.6}\ln(4 \times 3.6/0.089)\right) = 97.8\text{W}$$

冻土温度为 $-5℃$，环境温度为 $-10℃$ 的计算：

$$Q_{h1} = \frac{t_0 - t_s}{1/(2\pi\lambda L)\ln(4L/d_0)} = (-8-(-5))/\left(\frac{1}{2\pi \times 1.1 \times 3.6}\ln(4 \times 3.6/0.089)\right) = 14.67\text{W}$$

冻土温度为 $-5℃$，环境温度为 $-25℃$ 的计算：

$$Q_{h2} = \frac{t_0 - t_s}{1/(2\pi\lambda)\ln(4L/d_0)} = (-22-(-5))/\left(\frac{1}{2\pi \times 1.1 \times 3.6}\ln(4 \times 3.6/0.089)\right) = 83.13\text{W}$$

热棒在环境温度（即大气温度）为 $-10 \sim -25℃$，风速为 $3 \sim 6\text{m/s}$，冻土温度为 $-2 \sim -5℃$ 的条件范围内工作，热棒冷凝段的散热量为 153.92 ~ 333.8W，蒸发段的吸热量为 14.67 ~ 83.13W。随着工作时间的延长，热棒的工作温度接近大气温度，吸热量增大，但还是小于散热量，说明热棒冷凝段长度设计是合理的。

2）热棒埋设合理间距

热棒埋设间距的确定和热棒有效制冷影响范围的判定密切相关。

热棒埋入土体工作时，其冻结半径 r 的大小与热棒规格、气温冻结指数和融土的热物理性质有关。可用下面超越方程求解：

$$\sum T_{\mathrm{f}} = \frac{l}{24}\left[\pi z R_{\mathrm{f}}(r^2 - r_0^2) + \frac{r^2}{4\lambda_{\mathrm{s}}}\left(\ln\frac{r^2}{r_0^2} - 1\right) + \frac{r_0^2}{4\lambda_{\mathrm{s}}}\right] \tag{4-59}$$

式中：$\sum T_{\mathrm{f}}$——计算地点的冻结指数(℃·d)；

l——融土的体积潜热($\mathrm{W/m^3}$)；

r_0——热棒蒸发段外半径(m)；

λ_{s}——土体导热系数(W/m·h·℃)；

R_{f}——冷凝器的放热热阻(h·℃/W)；

r——冻结半径(m)；

z——蒸发段长度(m)。

另外，热棒传热影响范围与热棒蒸发段表面温度较差、温度波动周期和冻土的热物理性质有关。中铁西北科学研究院报告中建议用以下经验公式计算：

$$L = k\sqrt{\frac{\lambda_{\mathrm{f}} T}{\pi C_{\mathrm{f}}}\ln\frac{A_0}{A_1}} \tag{4-60}$$

式中：L——热棒传热影响范围(m)；

k——修正系数，可取 $k = 0.20 \sim 0.25$；

λ_{f}——热棒蒸发段周围冻土的平均导热系数(W/m·h·℃)；

T——热棒蒸发段温度波动周期(h)；

C_{f}——热棒蒸发段周围冻土的平均热容量($\mathrm{W/m^3}$·℃)；

A_0——计算期热棒蒸发段的温度差(℃)；

A_1——计算期热棒传热影响范围边界的温度差，可取 $A_1 = 0.1 \sim 0.2$℃。

以青藏铁路清水河热棒试验段为例，热棒传热影响范围计算如下：

设：地基多年冻土为黏性土（干容重为 $1500\mathrm{kg/m^3}$，含水量为 25 %），$A_0 = 16$℃；$A_1 = 0.1$℃；$T = 2952\mathrm{h}$（10 月 1 日 ~1 月 31 日）；$\lambda_{\mathrm{f}} = 1.36$W/m·℃；$C_{\mathrm{f}} = 532.7\mathrm{W/m^3}$·℃；$k = 0.20$。

将上面资料代入公式计算得：$L = 7.86 \times 0.20 = 1.57\mathrm{m}$。即在清水河地区，每年 10 月 1 日至来年 1 月 31 日，热棒的传热影响范围半径约为 1.57m。

由于路堤热棒的制冷影响范围受填土高度等多种因素的影响，所以不确定性较大，建议在工程现场进行单支热棒冷却效果试验观测，以埋设于天然地面的热棒为依据进行分析，根据天然地面热棒周围径向温度与距热棒距离的关系确定热棒制冷有效范围。

从图 4-22 和图 4-23 可以看出，热棒周围冻土的温度随距热棒距离的增加而升高，且其温度梯度随寒季末的来临而逐渐减小。在距离热棒约 1.4m 处，温度梯度明显减小。图 4-22 和图 4-23 为天然地面热棒在 2002 ~2003 年以及 2003 ~2004 年寒季各个测温孔距热棒不同距离温度差值与时间的变化曲，从中可以看出，距离热棒越远，温度变化差值越小。距热棒 95cm 与距热棒 20cm 的温差最大值（2003 ~2004 年寒季）最大可达到 2.54℃；距热棒 145cm 与距热棒 95cm 的温差最大值（2003 ~2004 年寒季）最大为 0.75℃；距热棒 195cm 与距热棒 145cm 的温差最大值（2003 ~2004 年寒季）最大值为 0.26℃；距热棒 245cm 与距热棒 195cm 的温差最大值（2003 ~2004 年寒季）最大值为 0.18℃。如果采用梯度来表达的话，上述各个距离段的温度梯度分别为：3.39℃/m、1.5℃/m、0.52℃/m、0.36℃/m。可以看到，在距热棒 145cm 之后，平均温度的梯度较小，可以认为天然地面热棒影响范围为大于 1.45m 与前面计算结果近似。

3）热棒蒸发段埋设位置对地温场影响

热棒在垂直方向的埋设位置主要指蒸发段埋设位置，根据工程目的不同蒸发段埋设有两种，一种是埋设在多年冻土上限以上部位，另一种是埋设在多年冻土上限以下。

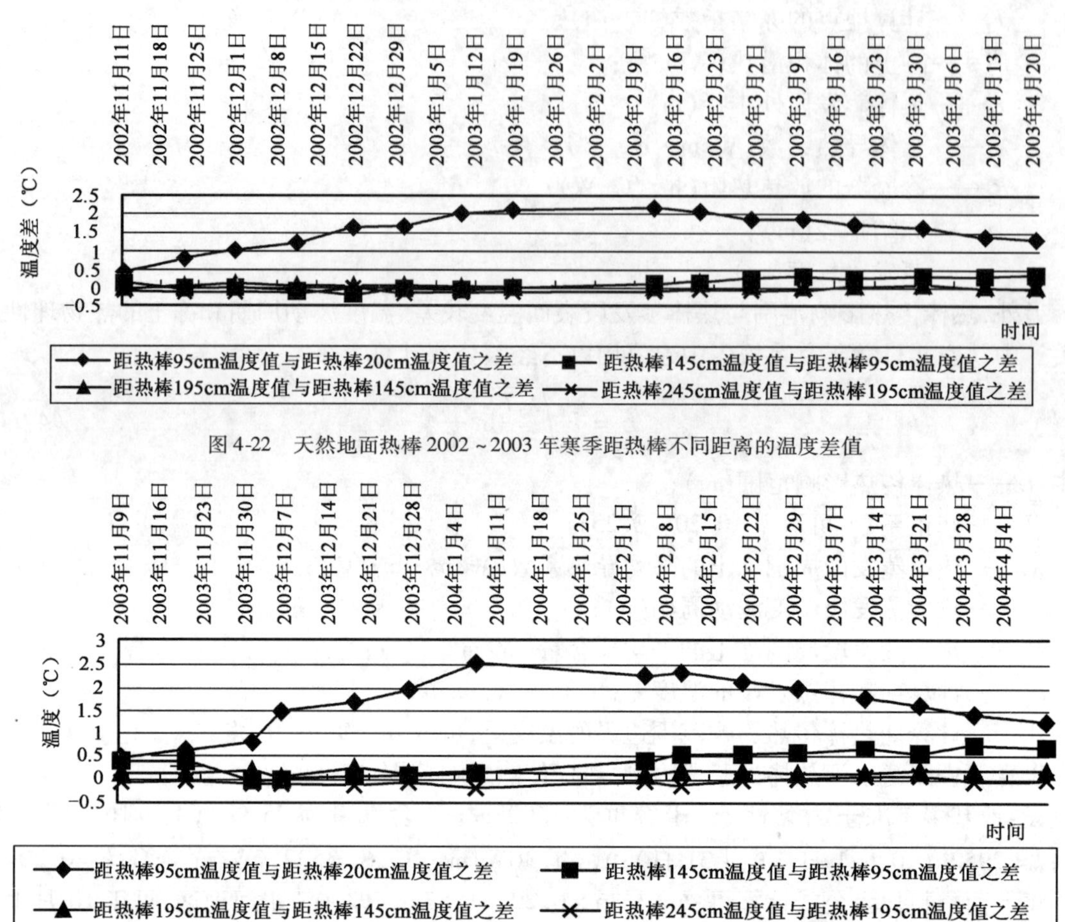

图 4-22　天然地面热棒 2002～2003 年寒季距热棒不同距离的温度差值

图 4-23　天然地面热棒 2003～2004 年寒季距热棒不同距离的温度差值

和其他冷却型路基结构设计参数的研究类似，热棒的埋设位置对比如果通过现场试验确定，对不同热棒路基结构参数试验研究和观测一般需要 3 年以上冻融循环进行研究，仍然不能够满足实际需要，而且实体实验并不是总能模拟实体的各方面特征，观测工作难度大并存在一定误差，研究效能不高，必须与数学方法结合进行研究。

热棒埋设位置对地温场影响的研究是通过基于实际的物理模型和实验结果建立的数学模型进行数值模拟方法进行的（数学模型见节 4.2.3.3）。从某种意义上说，在特定参数下采用计算机进行一次数值模拟相当于进行了一次试验。事实上，即使在进行实验研究时，人们也同样希望同时获得数值模拟求得的数值解，以补充资料和进行理论分析。

以下是通过数值模拟方法研究的热棒蒸发段埋设位置（图 4-24），热棒的横向、纵向埋设间距对于路基底温度场的影响，依据计算结果可以对路基热棒埋设位置提供科学的依据。

热棒埋设位置的选择一是为了更快更好的削弱路基施工对多年冻土的热扰动造成的土体温度升高，二是考虑热棒对改善地基温度场的不对称形态所起的作用。

图 4-25 和图 4-26 分别为绝热段埋设在季节融化区和蒸发段埋设在季节融化区热棒运行的第 1 年 12 月 15 日 $x=0$ 横断面地温分布图，图 4-27 为对应的季节融化区局部放大图，由图

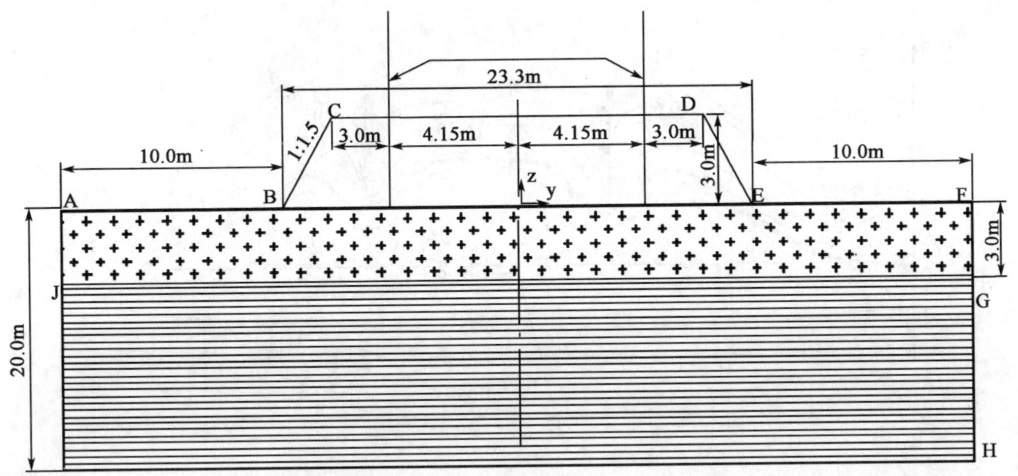

图 4-24　蒸发段埋设在融化盘区的多年冻土热棒路基横断面示意图

可知,在第 1 年 12 月 15 日,绝热段埋设在季节融化区时,季节融化区在横向上的坐标范围为 $y \in [-7.21, 6.35]$,蒸发段埋设在季节融化区时,季节融化区在横向上的坐标范围为 $y \in [-2.09, 2.11]$,同时从季节融化区局部放大图计算图可以明显看出:当热棒的蒸发段埋设在季节融化区时,季节融化区的面积明显缩小,同时季节融化区关于路基中心的对称性也得到了改善,由此可见,热棒蒸发段埋设在季节融化区域更有利于融化区域的削弱,同时还能适当减小其不对称性。

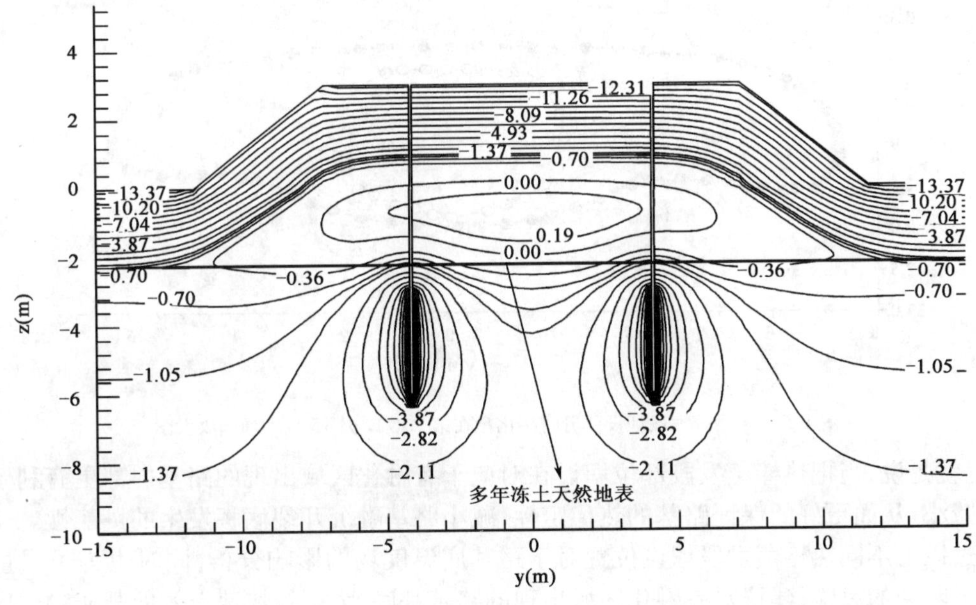

图 4-25　绝热段埋设在融化盘区热棒路基运行的第 1 年 12 月 15 日 $x=0$ 横断面地温分布

图 4-28,图 4-29 分别为绝热段埋设在季节融化区和蒸发段埋设在季节融化区热棒运行的第 2 年 11 月 15 日 $x=0$ 横断面地温分布图,图 4-30 为相应的融化区域局部放大图,绝热段埋设在季节融化区时融化区域的形式呈一整体连通状态,而蒸发段埋设在季节融化区时融化区域呈两个分离圈状,这是由于热棒蒸发段处于融化区域处降温导致融化区域被分割开来,同时从图 4-30 二者融化区域的面积来看,蒸发段埋设在季节融化区更有利于融化区域的加速削

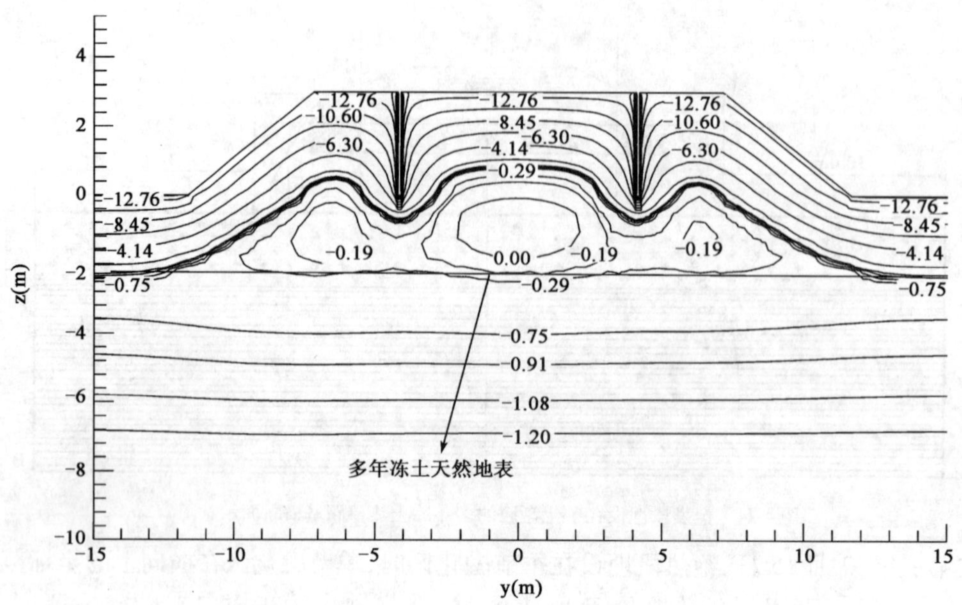

图 4-26　蒸发段埋设在融化盘区热棒路基运行的第 1 年 12 月 15 日 $x=0$ 横断面地温分布

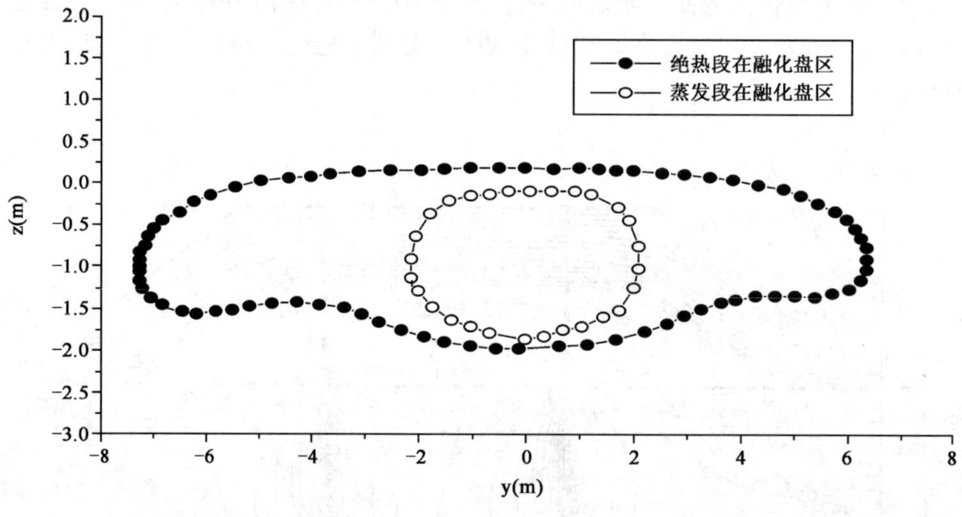

图 4-27　不同蒸发段埋设位置时融化盘在第 1 年 12 月 15 日的局部放大图

弱,这也就是说,当把热棒蒸发段部位埋设在对应于有融化区域出现的路基内部更有利于融化区域的减小,从而更好的保证路基的热稳定性,减小路基融沉开裂病害发生的可能性。

通过以上不同热棒蒸发段埋设位置对于路基底温度场的影响分析,同时也为了尽量避免路基融沉断裂的风险,建议对有融化区域出现的路基基底,为了较快速有效的削弱融化区域的存在,应将热棒蒸发段安装在路基基底融化区域。

4)热棒横向埋设位置对于路基底温度场影响分析

应用同样的数值模拟计算方法,研究了以路基中心对称埋设的热棒和非对称埋设热棒(在原有基础上均向阳坡一侧平移 2.5m)对路基温度场的影响。

利用同样的模型进行两种情况下路基地温场变化的数值模拟研究,热棒相关参数、路基土体物性和热棒纵向埋设间距均同上节,数学控制方程和单值性条件也相同。图 4-31 和 4-32 分

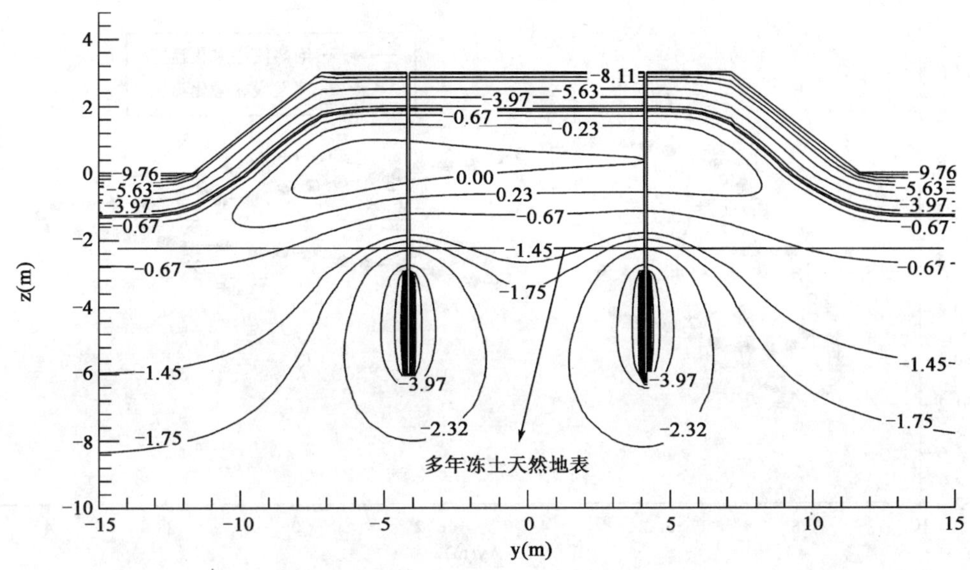

图 4-28　绝热段埋设在融化盘区热棒路基运行的第 2 年 11 月 15 日 $x=0$ 横断面地温分布

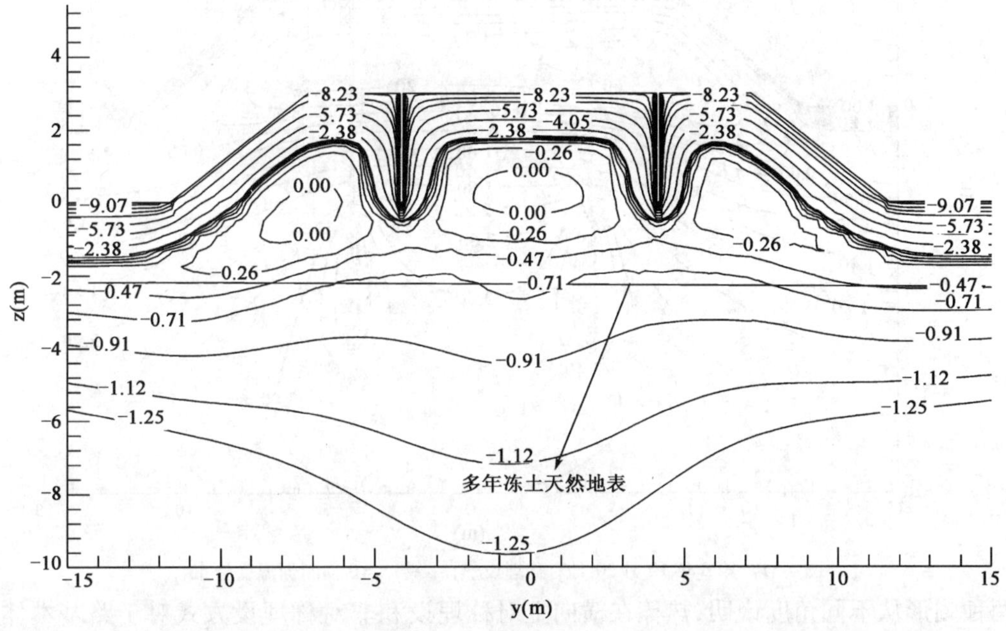

图 4-29　蒸发段埋设在融化盘区热棒路基运行的第 2 年 11 月 15 日 $x=0$ 横断面地温分布

别为第 5 年 10 月 20 日对称埋设热棒和向阳坡侧偏移 2.5m 的非对称埋设路基 x=0 横断面温度分布，从两图对比来看，可以发现：热棒在对称埋设和非对称埋设情况下对于路基本体内的温度分布几乎无影响，图 4-31 和图 4-32 两种情况下温度场的对称形态类似，这一点还可以从图 4-33 第 5 年 10 月 15 日至 11 月 10 日期间对称埋设热棒和向阳坡侧偏移 2.5m 的非对称埋设热棒路基 $x=0$ 横断面 $y=-7$ 线上地温沿路基高度分布对比图看出，从图 4-34 可以更加清楚的发现：在第 5 年 10 月 15 日至 11 月 10 日期间对称埋设热棒和向阳坡侧偏移 2.5m 的非对称埋设热棒路基 $x=0$ 横断面 $y=-7$ 线上地温分布曲线几乎吻合。

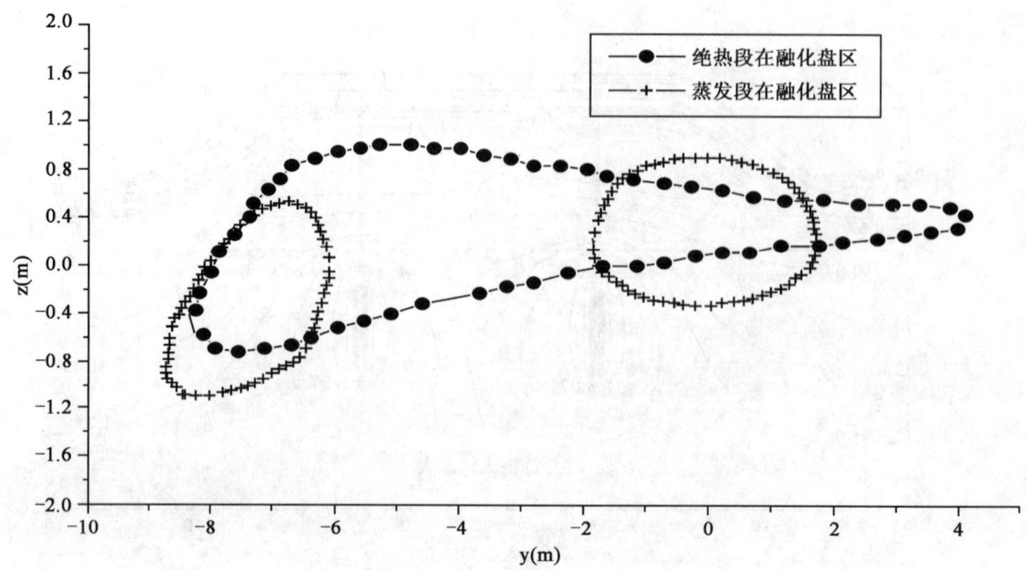

图 4-30　不同蒸发段埋设位置时融化盘在第 2 年 11 月 15 日的局部放大图

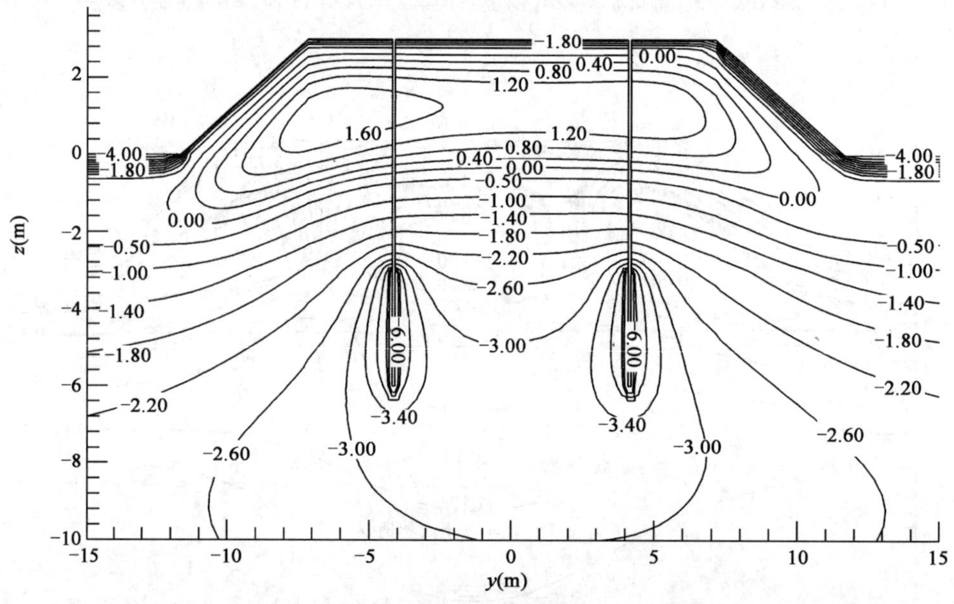

图 4-31　第 5 年 10 月 20 日对称埋设热棒路基 $x=0$ 横断面温度分布

两种图形从不同角度说明,热棒在横向上对称埋设和非对称埋设方式对于路基本体内温度场影响不明显,单纯通过调节热棒横向埋设间距对于路基体内融化区域的分布形态影响不明显,不能够由此来克服横断面上路基不均匀融沉变形和发生裂缝断裂的可能,单纯采用调节热棒横向埋设位置的方式来调节融化区域对称性的做法不可行。

图 4-33 为第 5 年 10 月 15 日至 11 月 10 日期间对称埋设热棒和向阳坡侧偏移 2.5m 的非对称埋设热棒路基 $x=0$ 横断面 $y=-7$ 线上地温沿路基高度分布对比图,很明显的,这三张不同时刻的地温曲线图都具有同一个特点:横向非对称埋设热棒在 $x=0$ 横断面 $y=-7$ 线上的地温分布除了在其蒸发段附近和对称分布热棒的有大的差别外,其余部分的地温分布基本无大的变化,这就说明将阳坡侧热棒向阳坡侧偏移只能较好的降低阳坡侧热棒蒸发段附近土体的温度,而对其他位置温度的降低作用不明显。

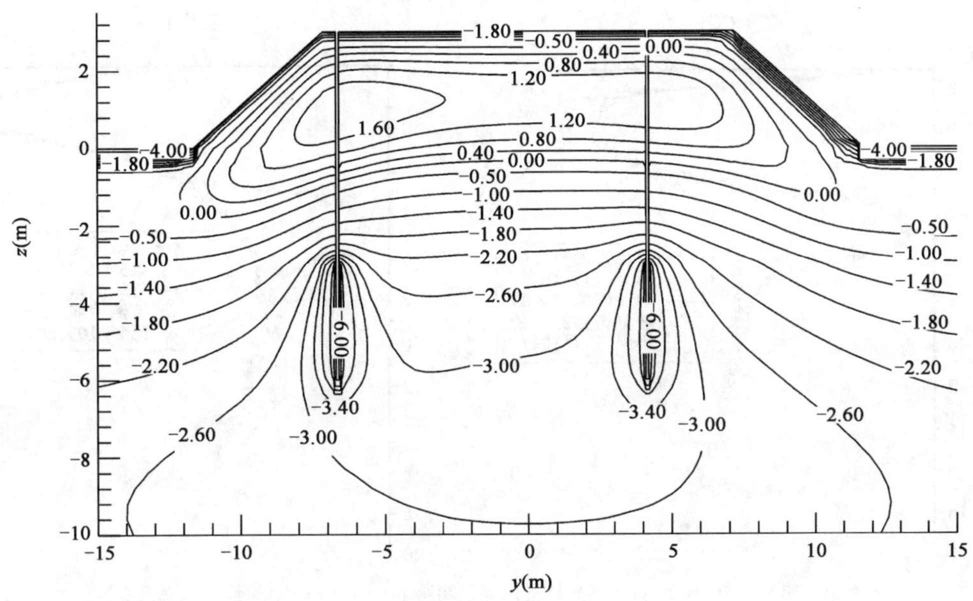

图 4-32　第 5 年 10 月 20 日向阳坡侧偏移 2.5m 的非对称埋设热棒路基 $x=0$ 横断面温度分布

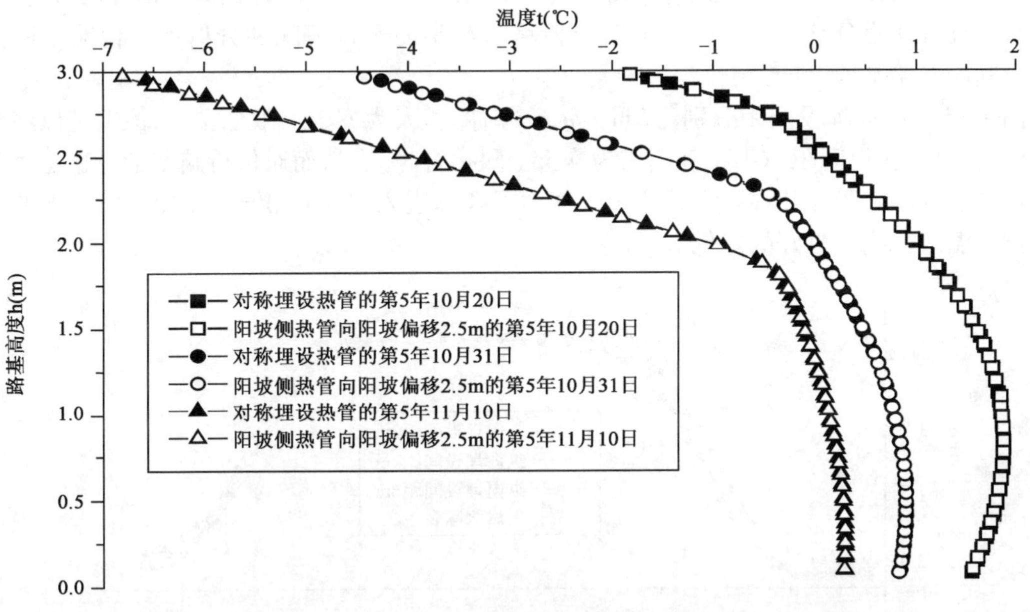

图 4-33　第 5 年 10 月 15 日至 11 月 10 日期间对称埋设热棒和向阳坡侧偏移 2.5m 的非对称埋设热棒路基 $x=0$ 横断面 $y=-7$ 线上地温沿路基高度分布对比图

综上所述，热棒蒸发段埋设在融化区域出现的部位可以更有效的使融化区域尽快冻结，两侧热棒的蒸发段均埋设在融化区域出现的部位，并将埋设在阳坡一侧的热棒向阳坡一侧方向适当偏移，可以有效调节地温场的不对称形态。

对于热棒横向埋设位置对温度场的影响分析为调节地温场形态提供了一个有效的方式，这也是热棒应用的一个重要的设计参数。根据工程设计目的可以选择热棒蒸发段埋设在不同位置去满足一定的工程设计的目的。

5）热棒纵向埋设间距对于路基基底温度场影响

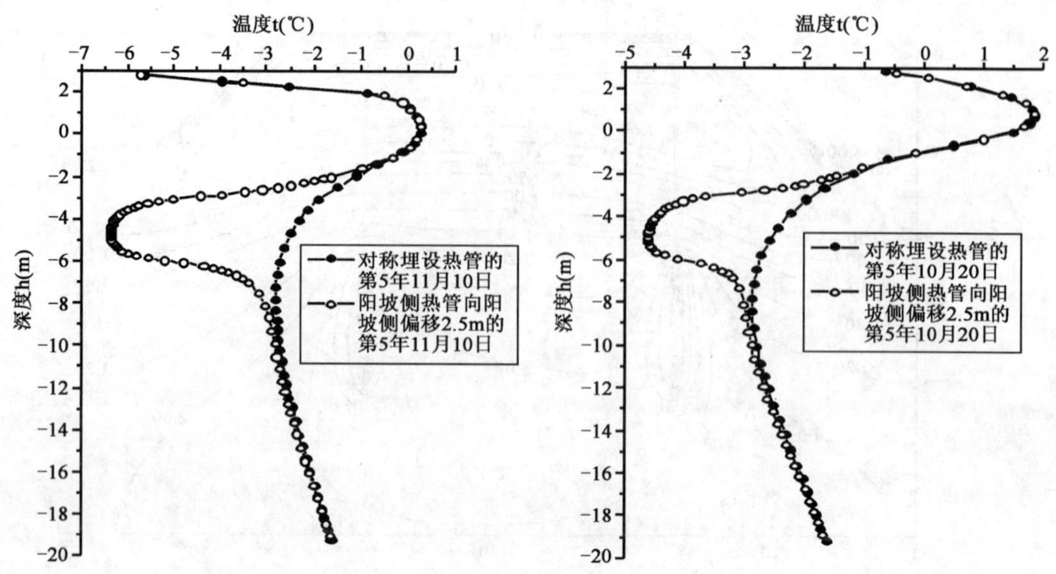

图 4-34　第 5 年 10 月 20 日不同热棒横向埋设间距下 $x=0$ 和 $y=-7$ 线上地温分布和第 5 年 11 月 10 日不同热棒横向埋设间距下 $x=0$ 横断面 $y=-7$ 线上地温分布

针对不同热棒纵向埋设间距对于路基底温度场的影响,应用同样数值模拟方法进行研究。热棒纵向埋设间距分别为 2m,4m,6m 时热棒路基 5 年的运行情况的分析可以说明不同的纵向埋设间距对路基地温场影响。

图 4-35 为纵向埋设间距分别为 2m,4m,6m 时路基人为冻土上限分布,从该图可以清楚地看到:热棒纵向埋设间距越小路基底人为冻土上限抬升越大,从而对保持路基的热稳定性越有利,因为热棒纵向埋设间距越小,就相当于加大了寒季进入单位体积土体的冷量,从而使得土体各点的温度得到了更好的降低。

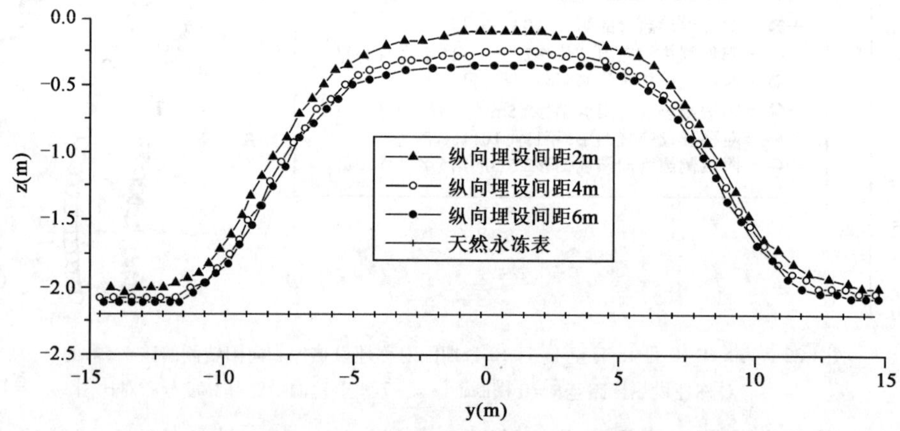

图 4-35　第 5 年 9 月 20 日不同纵向埋设间距下路基人为冻土上限分布

图 4-36 为第 5 年最大融化季节(10 月 20 日)不同热棒纵向间距下路基中心线上温度分布,同样的也可以发现:热棒纵向间距越小,中心线上地温沿深度分布曲线越向负温一侧偏移,其中偏移量最大的位置出现在蒸发段附近,这说明热棒蒸发段附近土体降温较大。

通过不同热棒纵向埋设间距对于路基底温度场的影响分析,得到以下结论:

(1)热棒纵向埋设间距越小,越有利于人为冻土上限的抬升,同时也越有利于土体温度的降低。

(2)为了更大的抬升人为冻土上限，尽量的减小融化区域的范围和存在时间，以保证不同时间冻土区路基的热稳定性。

但是，纵向间距的确定出了考虑对多年冻土作用效果，还要考虑工程造价。

对青藏铁路典型地段清水河地区热棒埋设20年以后多年冻土上限的变化情况进行的数值模拟计算结果绘制图4-37。图中分别绘出热棒间距1.5m、2.7m、4m、6.75m和不含热棒时，路基上限的变化图，三种不同的热棒间距都使得路基冻土上限有着不同程度的上升，随着热棒分布间距的扩大，对冻土上限的提高作用将降低，但同时其影响的范围将扩大，至于热棒分布间距的选择问题，将取决于需使冻土上限提升的位置，以及工程造价两方面同时考虑，在满足工程要求的基础上，兼顾工程造价确定合理的热棒分布间距。

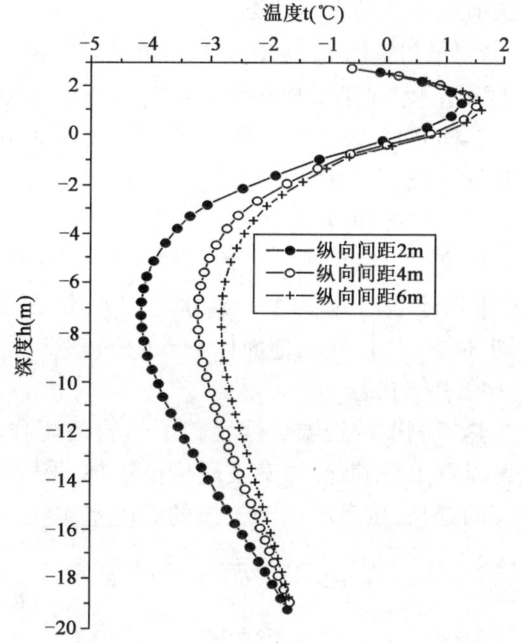

图4-36 第5年10月20日不同热棒纵向间距下路基中心线上温度分布

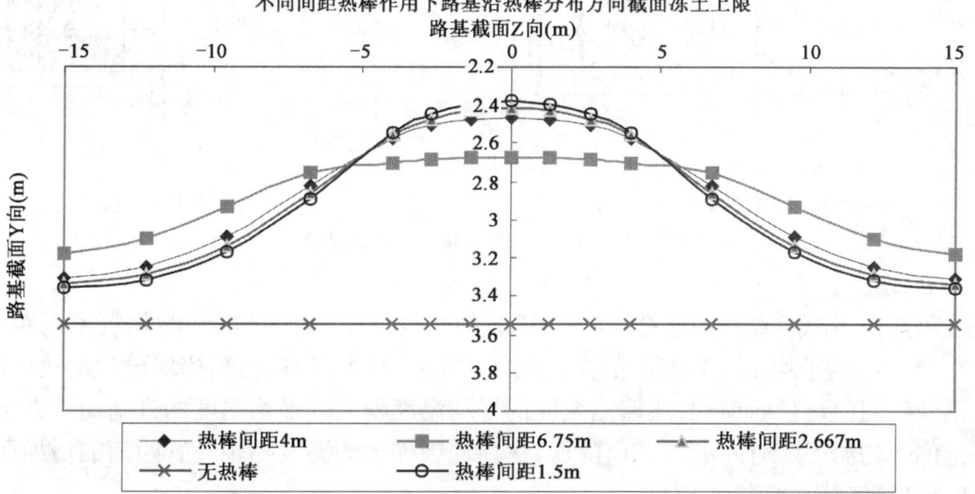

图4-37 运营20年后不同间距热棒及与不含热棒路基时冻土上限的变化图

4.2.3.3 热棒降温冷却效果

热棒基本工作原理决定了热棒应用的环境条件，其中热棒启动条件是决定热棒应用范围的关键；热棒应用关键技术研究是为了高效发挥热棒的冷却功能和满足工程设计目的。最终热棒的降温和冷却地基土体的效果需要通过以下几个方面证明：

(1)单支热棒在不同冻土环境条件下降温和冷却效果的实体试验研究。

(2)不同埋设方式的热棒路基结构降温和冷却地基土体的实体工程试验研究。

(3)冻土环境变化时(主要指环境气温升高趋势)典型热棒路基结构长期运行降温和冷却地基土体的数值模拟研究。

通过以上有关热棒降温冷却效果的研究，证明热棒路基的可行性，科学性和可靠性。

热棒冷却效果一般通过不同深度地温变化、负温度积温对比、多年冻土上限变化评价热棒冷却地基土体的实际效果。

在低温冻土区风火山(年平均气温 -6.24℃,试验地点冻土年平均地温 -2.2℃)和高温冻土区清水河(年平均气温 -4.2℃,试验地点冻土年平均地温 -1.4℃)在天然地面埋设单支低温热棒并布设 6 个测温孔(侧壁孔,距离 0.3m,0.8m,1.3m,1.8m 和 5.0m 各设一个孔)。试验热棒长 12m,埋入地下(蒸发段 + 绝热段)8m,地上冷凝段长度为 3.5m。长期观测数据证明了热棒的冷却效果。

风火山二月份平均气温 -14.6℃,三月份平均气温 -9.8℃,在地面以下 6~8m 段 2 月至 3 月平均地温约 -2.4℃。清水河二月份平均气温 -14.1℃,三月份平均气温 -8.7℃,四月份平均气温 -3.1℃,在地面以下 6~8m 段 3 月平均地温约 -1.4℃。

1)工作状态

热棒侧壁的地温数据反映了热管的工作状态。从图 4-38 热棒侧壁地温随深度的变化曲线可以看出:初期热棒蒸发段周围土体的温度处在变化过程中,地温曲线有波动的情况;随着时间的延长,蒸发段周围土体的温度基本接近,说明热棒在持续工作。

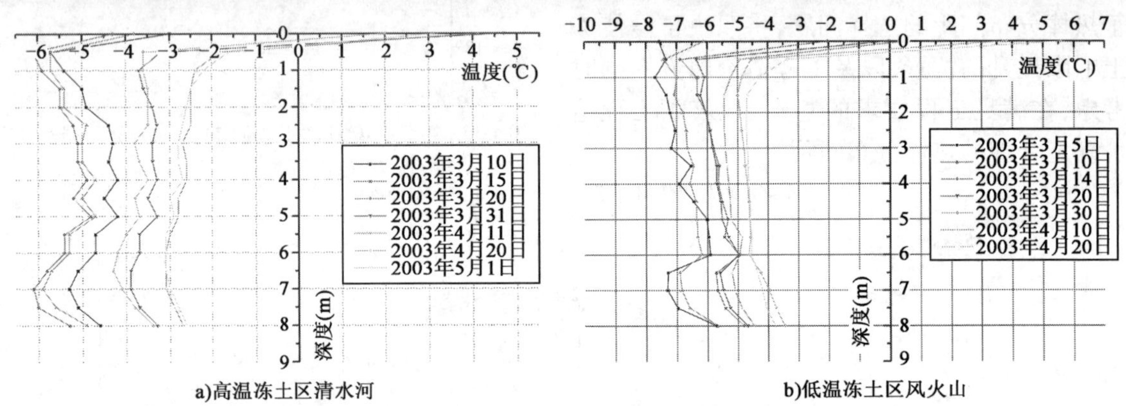

图 4-38　热管侧壁地温随深度的变化曲线

2)地温变化

通过距热棒不同距离的测温孔 3.0~8.0m 的平均温度(表 4-34)和距热管不同距离的测温孔 3.0~8.0m 的平均温度随时间的变化曲线(图 4-39)可以看出:热棒埋设初期热棒的传热影响范围随时间的延长而扩大,热棒蒸发段的平均温度随大气平均温度的升高而升高,而热棒周围冻土的平均温度随时间的延长而降低,热棒周围冻土的温度随距热管距离的增加而升高,且其温度梯度随时间的延长而减小。

2007 年风火山热棒侧壁测温孔 3.0~8.0m 的平均温度　　表 4-34

观测日期	测温孔编号				
	1	2	3	4	5
2007.3.5	-7.35	-6.97	-6.73	-6.57	-6.71
2007.3.10	-6.40	-6.23	-5.79	-5.36	-5.15
2007.3.14	-7.61	-7.28	-6.97	-6.45	-6.44
2007.3.20	-6.67	-6.25	-6.02	-5.42	-5.31
2007.3.30	-5.48	-5.24	-5.13	-4.37	-4.44
2007.4.10	-6.07	-5.85	-5.66	-5.09	-4.99
2007.4.20	-5.36	-4.99	-4.98	-4.42	-4.46

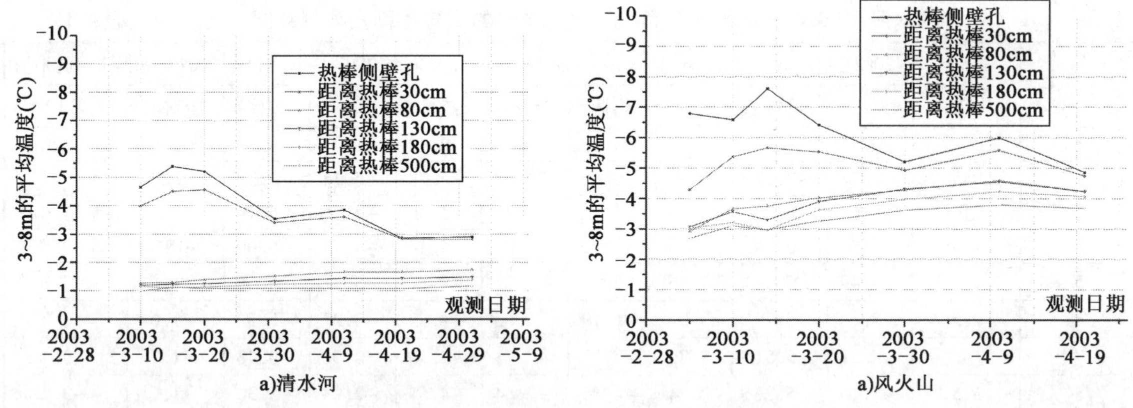

图 4-39　距热棒不同距离测孔 3 ~ 8m 深度平均温度随时间变化

根据江苏中圣集团公司与中铁西北科学研究院联合进行的低温热棒现场试验的多年观测数据整理的表 4-36,列出风火山、清水河地区天然地面热棒试验离热管 0.3m 的 1 号观测孔历史数据对比。

由于热棒的传热影响范围一般不大于 5.0m,因此表中用天然地面距热棒 5.0m 的测温孔作为对比孔来评价降温效果。

2003 年度和 2007 年度距热棒不同距离的测温孔土体温度平均值分别降低了 1.25℃ 和 1.60℃,说明了热棒的降温效果。延续至 2007 年的测温资料进一步说明热棒工作期间和累积降温效果(表 4-36)。

表 4-36 的数据可以看出低温热管累积导冷降温效果,从表 4-34 ~ 表 4-36 所列数据可以清楚地看到低温热管导冷降温的累积效果有如下特征:

(1)低温冻土区逐年降温幅度在 1.5 ~ 2.0℃,高温冻土区因为只有试验第二年 2004 年完整资料,降温幅度为 1.65℃。

(2)如前所述,低温热棒启动靠气温和地温的差值(地温:气温不小于 0.2℃)和差值持续时间,不能够单纯考虑年平均气温和年平均地温,但是风火山冻结指数远远大于清水河,因而热棒持续工作时间大于清水河,因而同样的热棒风火山降温累积效果优于清水河。

(3)风火山连续 5 年(2003 ~ 2007 年)热棒降温效果观测说明说明在气温升高趋势下,只要冻结指数大于融化指数,热棒启动工作就有可能。降温效果就可以持续。

2007 年风火山距热棒不同距离的测温孔 3.0 ~ 8.0m 的平均温度　　表 4-35

观测日期	距热棒的距离						
	侧壁	30cm 1 号孔	80cm 2 号孔	130cm 3 号孔	180cm 4 号孔	230cm 5 号孔	天然地面 500cm 5 号孔
2007.3.5	-6.97	-4.22	-3.73	-3.23	-3.20	-3.03	-2.69
2007.3.10	-6.23	-5.05	-4.40	-3.74	-3.60	-3.45	-3.10
2007.3.14	-7.28	-5.43	-4.45	-3.46	-3.36	-3.29	-2.97
2007.3.20	-6.25	-5.41	-4.80	-4.19	-4.09	-3.98	-3.26
2007.3.30	-5.24	-5.05	-4.76	-4.46	-4.55	-4.38	-3.61
2007.4.10	-5.85	-5.33	-4.98	-4.63	-4.72	-4.57	-3.79
2007.4.20	-4.99	-4.99	-4.83	-4.66	-4.65	-4.49	-3.68

清水河、风火山天然地面热管离热管 **0.3m** 的 1 号观测孔观测数据对比　　表 4-36

点号	深度(m)	2004(风火山)		2005(风火山)		2006(风火山)		2007(风火山)		2004 清水河 1 号孔地温	
		天然	热棒	天然	热棒	天然	热棒	天然	热棒	天然	热棒
1	0	-0.46	-2.60	-1.78	-3.98	0.08	-2.12	1.40	-1.06	12.7	10.5
2	0.5	-6.74	-7.27	-5.97	-6.66	-4.88	-5.78	-5.74	-6.38	1.2	-0.1
3	1	-5.69	-6.93	-5.03	-6.17	-4.27	-5.40	-4.79	-6.14	0.0	-1.0
4	1.5	-4.86	-6.49	-4.13	-5.70	-3.63	-5.11	-4.13	-6.00	-0.9	-2.0
5	2	-4.49	-6.04	-3.36	-5.32	-3.07	-4.88	-3.51	-5.66	-1.4	-2.8
6	2.5	-3.62	-5.79	-3.06	-5.19	-2.86	-4.82	-3.22	-5.59	-1.6	-3.3
7	3	-3.31	-5.51	-2.86	-5.02	-2.73	-4.70	-3.06	-5.48	-1.7	-3.4
8	3.5	-3.10	-5.27	-2.74	-4.85	-2.64	-4.57	-2.94	-5.30	-1.7	-3.6
9	4	-2.91	-5.08	-2.63	-4.71	-2.57	-4.46	-2.85	-5.18	-1.8	-3.6
10	4.5	-2.80	-4.89	-2.57	-4.57	-2.54	-4.36	-2.77	-5.06	-1.8	-3.6
11	5	-2.71	-4.70	-2.53	-4.44	-2.52	-4.25	-2.74	-4.93	-1.8	-3.6
12	5.5	-2.67	-4.55	-2.52	-4.32	-2.53	-4.17	-2.72	-4.83	-1.8	-3.6
13	6	-2.64	-4.44	-2.53	-4.22	-2.53	-4.07	-2.69	-4.72	-1.8	-3.7
14	6.5	-2.64	-4.32	-2.55	-4.12	-2.55	-3.97	-2.70	-4.60	-1.8	-3.7
15	7	-2.63	-4.21	-2.55	-4.02	-2.55	-3.87	-2.68	-4.47	-1.8	-3.6
16	7.5	-2.64	-4.08	-2.55	-3.91	-2.57	-3.75	-2.68	-4.31	-1.8	-3.4
17	8	-2.65	-3.80	-2.57	-3.64	-2.61	-3.54	-2.69	-4.01	-1.7	-3.0
18	8.5	-2.65	-3.47	-2.58	-3.37	-2.62	-3.29	-2.68	-3.68	-1.7	-3.3
平均		-3.29	-4.97	-3.03	-4.68	-2.76	-4.28	-2.96	-4.86	-0.62	-2.27
降温		1.68		1.65		1.48		1.9		1.65	

表 4-37 是根据清水河和风火山热棒不同距离测孔的测温数据列出的。表中数据还说明随着距离增加(离开热棒距离),热管降温效果逐渐减弱。

清水河、风火山热管不同距离测孔温度观测数据表　　表 4-37

点号	深度(m)	2004(清水河)		2004 清水河 1 号孔地温		2007(风火山)		2007(风火山)		2007(风火山)	
		天然	3 号热棒 130cm	天然	热棒	天然	2 号热棒 80cm	天然	3 号热棒 130cm	天然	4 号热棒 180cm
1	0	12.7	11.6	12.7	10.5	1.40	0.61	1.40	2.04	1.40	1.33
2	0.5	1.2	0.5	1.2	-0.1	-5.74	-6.20	-5.74	-6.03	-5.74	-5.41
3	1	0.0	0.0	0.0	-1.0	-4.79	-5.74	-4.79	-5.43	-4.79	-4.50
4	1.5	-0.9	-1.0	-0.9	-2.0	-4.13	-5.30	-4.13	-5.04	-4.13	-4.02
5	2	-1.4	-1.7	-1.4	-2.8	-3.51	-5.07	-3.51	-4.52	-3.51	-3.64
6	2.5	-1.6	-2.0	-1.6	-3.3	-3.22	-4.77	-3.22	-4.34	-3.22	-3.50
7	3	-1.7	-2.1	-1.7	-3.4	-3.06	-4.63	-3.06	-4.21	-3.06	-3.43
8	3.5	-1.7	-2.2	-1.7	-3.6	-2.94	-4.51	-2.94	-4.12	-2.94	-3.35
9	4	-1.8	-2.2	-1.8	-3.6	-2.85	-4.41	-2.85	-4.05	-2.85	-3.28
10	4.5	-1.8	-2.2	-1.8	-3.6	-2.77	-4.37	-2.77	-3.96	-2.77	-3.25
11	5	-1.8	-2.2	-1.8	-3.6	-2.74	-4.28	-2.74	-3.90	-2.74	-3.22
12	5.5	-1.8	-2.3	-1.8	-3.6	-2.72	-4.18	-2.72	-3.76	-2.72	-3.19
13	6	-1.8	-2.2	-1.8	-3.7	-2.69	-4.07	-2.69	-3.73	-2.69	-3.15
14	6.5	-1.8	-2.2	-1.8	-3.7	-2.70	-3.95	-2.70	-3.67	-2.70	-3.12

续上表

点号	深度(m)	2004(清水河)		2004 清水河1号孔地温		2007(风火山)		2007(风火山)		2007(风火山)	
		天然	3号热棒 130cm	天然	热棒	天然	2号热棒 80cm	天然	3号热棒 130cm	天然	4号热棒 180cm
15	7	-1.8	-2.2	-1.8	-3.6	-2.68	-3.84	-2.68	-3.58	-2.68	-3.07
16	7.5	-1.8	-2.1	-1.8	-3.4	-2.68	-3.70	-2.68	-3.49	-2.68	-3.04
17	8	-1.7	-1.9	-1.7	-3.0	-2.69	-3.55	-2.69	-3.37	-2.69	-3.00
18	8.5	-1.7	-1.9	-1.7	-3.3	-2.68	-3.38	-2.68	-3.25	-2.68	-2.95
平均		-0.62	-1.02	-0.62	-2.27	-2.96	-4.14	-2.96	-3.80	-2.96	-3.19
降温		0.40		1.65		1.18		0.84		0.23	

表4-38是根据实际条件计算得出的长期运行条件下热棒传冷量的变化。这个变化规律与实际观测数据显示的规律相符。可见热管的传冷量在整个寒季的工作时间内是先随运行时间而增大,当到达一峰值传冷量时,热管的传冷量就又随运行时间而降低,这和冻土区气温变化由暖季向寒季变化,到最冷季节开始向暖季转换的规律相符。

低温冻土区典型地段天然地面热棒传冷量随运行时间的变化 表4-38

时间(h)	303	1033	1763	2493	3223	3953	4683	4925
传冷量(W)	40.94	125.32	190.29	220.07	205.10	147.19	64.03	34.81

热棒的传冷量是与大气温度随时间的变化密切相关的,随着气温的不断降低,即寒季的逐渐来临传冷量也相应的增大,当外界大气温度到达某一温度值时,传冷量开始达到峰值,随后由于气温的回升,即暖季的来临,传冷量又开始逐渐降低,当外界大气温度完全升高到高于热棒蒸发段附近土体温度时,热棒即停止工作。

根据热棒长期运行期间地温场分布随时间的变化的动态特征可以说明热棒长期冷却效果,也说明在多年冻土地区应用热棒冷却地基土体的累积降温和冷却能力。

不同冻土环境条件(高温冻土区和低温冻土区)热棒蒸发段土体温度和冷凝段环境温度条件对热棒启动工作和持续工作的影响不同,风力风速条件对热棒功效发挥的影响也不同,但是现场试验说明:

(1)热棒周围土体温度变化和延伸变化范围说明在青藏铁路典型高温冻土区和低温冻土区热棒都能启动工作和持续工作。

(2)热棒周围土体平均温度都得到有效的降低,并且逐年累积降低土体温度。

柴木铁路试验断面热棒运行期间的地温分布分别如图4-40系列图所示,由该系列图可以看出热棒对土体降温的影响范围在热棒工作期间是逐渐向左右上下扩大的,热棒刚开始工作不久时,热棒对土体的降温主要沿径向方向,从图4-40系列图热棒对土体降温的径向影响范围逐渐扩大,当热棒运行到347d时,沿热棒径向的地表5m范围内土体温度已较315d降低了约1.0℃,当运行到369d时,径向影响范围进一步扩大到地表以下6.5m,同时-2℃等温圈也在不断向上和向下部扩大,到热棒运行至400d时,-2℃等温圈已经沿热棒底部向下移动到了地表以下6.8m,到423d时,-2℃等温圈还在进一步沿左右上下扩大,到492d时,热棒下部温度(7~8m范围)也较315d降低了约-0.4℃,热棒的传冷作用使下部和左右的温度得到了有效降低,对于抵抗暖季土体的融化起到巨大作用。

以上试验和计算资料分析说明，热棒工作期间使不同深度土体温度都有所降低，实际上使土体的冷量储备增加，因而在热棒非工作期间，温度并不会回升到原来状态，这种现象正是我们采用热棒冷却地基的原因。

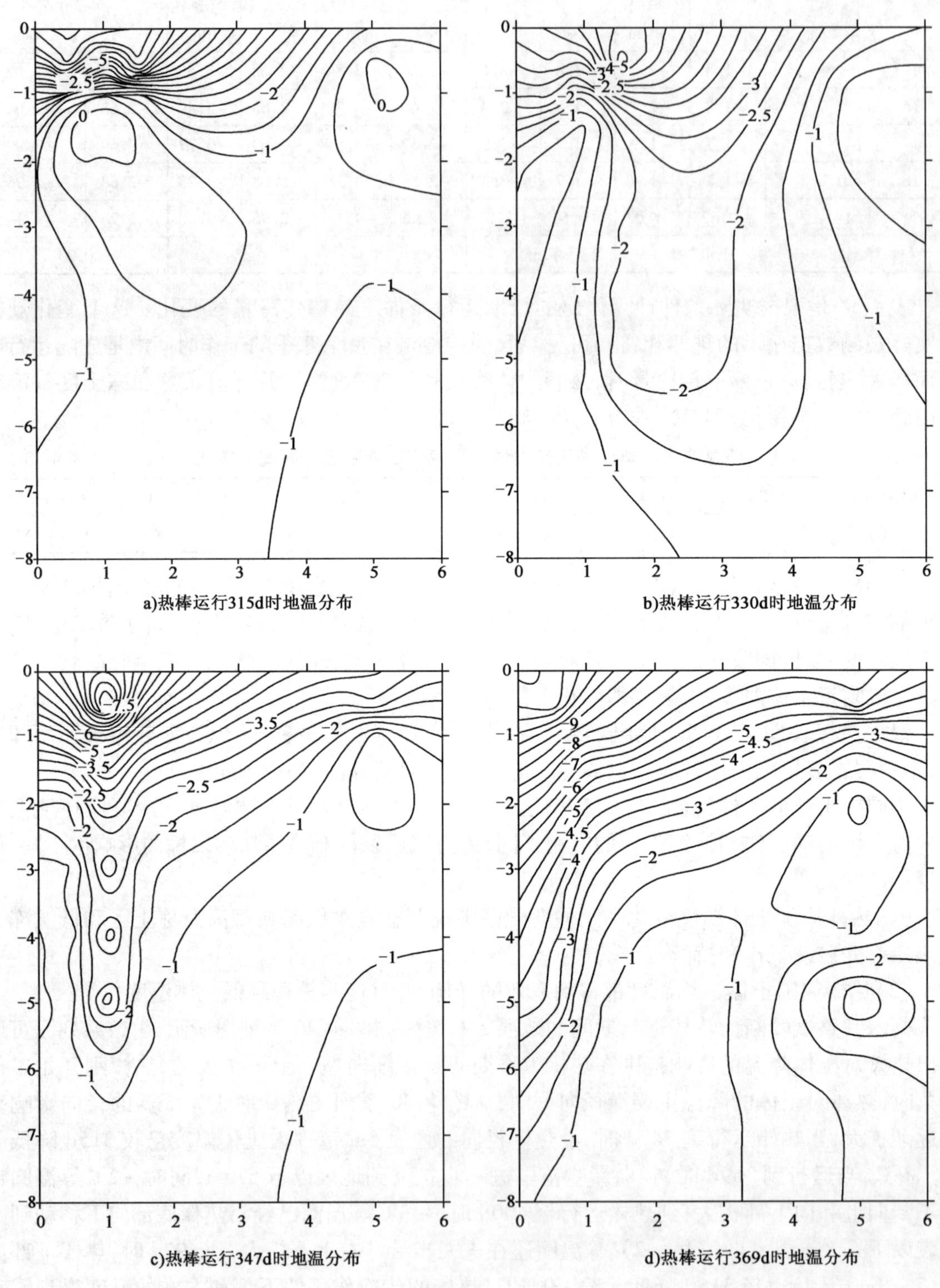

a)热棒运行315d时地温分布

b)热棒运行330d时地温分布

c)热棒运行347d时地温分布

d)热棒运行369d时地温分布

图　4-40

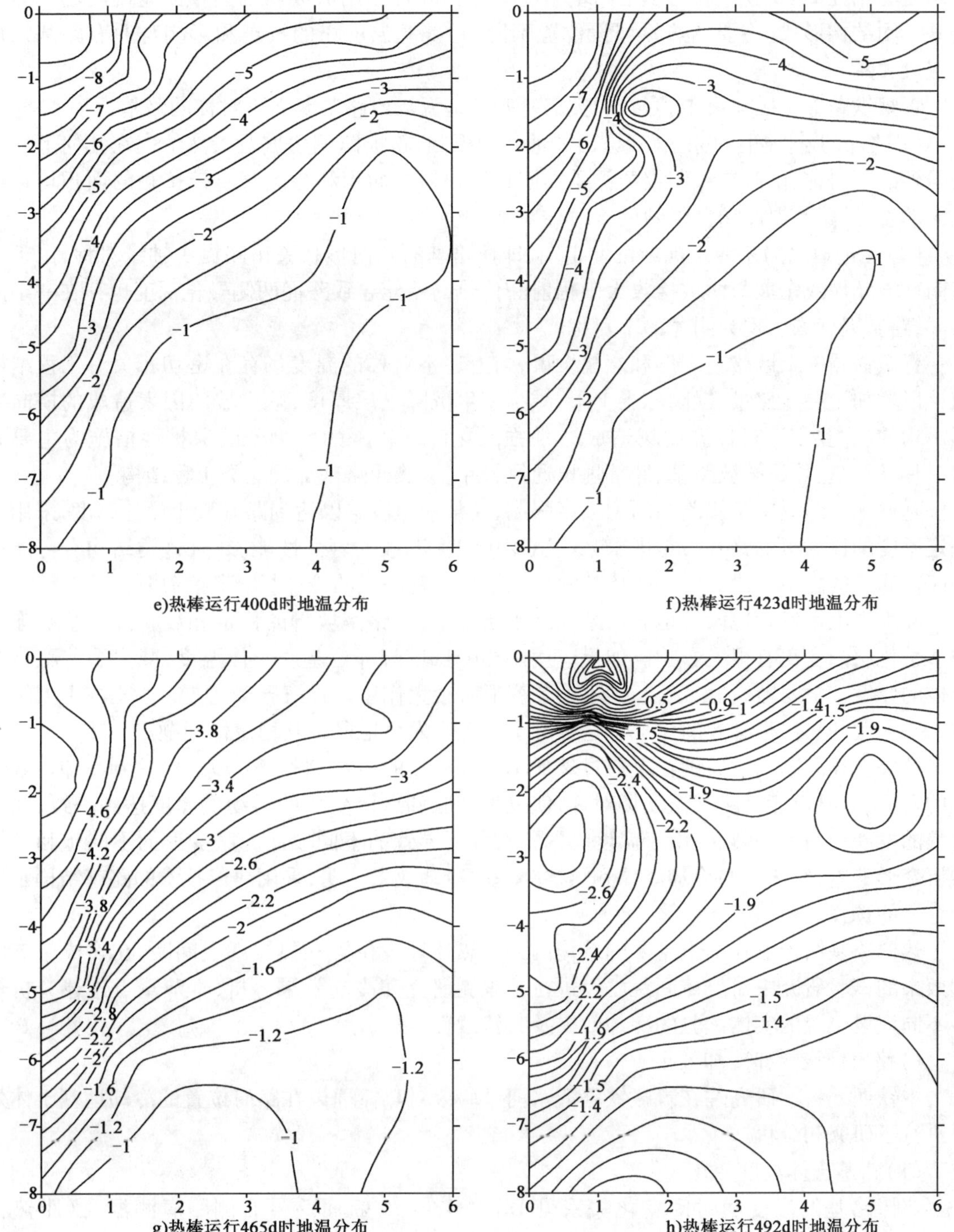

e)热棒运行400d时地温分布

f)热棒运行423d时地温分布

g)热棒运行465d时地温分布

h)热棒运行492d时地温分布

图4-40 柴木铁路试验断面热棒运行期间的地温分布

热棒周而复始的进行这种工作循环的结果是冷却效果的累积，最终逐渐降低了土体温度，从冻土区路基工程稳定性来讲，这种降低恰恰是抵御未来气温升高影响的一种安全储备。

4.2.3.4 热棒路基冷却效果

热棒路基的冷却效果与热棒单支冷却效果的不同在于热棒在平面上形成热棒群，热棒单支温度场相互交圈和影响，与填土路基温度场互相耦合作用形成新的热棒路基温度场。热棒路基不同结构形式（主要指热棒埋设位置不同）对路基温度场的校正和影响与原有路基特征有很大关系。

青藏铁路冻土区建设中，存在两类路基基底地温场或路基断面不对称的路基：

（1）修筑于斜坡上的冻土路基，由于地势的限制，路堤两侧边坡及天然地表在几何上表现为强烈的不对称，由此导致路堤两侧受太阳直接辐射的面积和与大气直接接触的面积均存在很大的差异，路基温度场呈强烈的不对称。

（2）无论道路为东西走向或南北走向，即使路基的几何形状关于路堤中轴线对称，由于路基南坡与北坡或东坡与西坡接收太阳辐射和传热的差异导致路堤两侧融化深度也存在一定的差异，路基温度场表现为明显的不对称。

青藏铁路冻土区路基变形和裂缝发展，与上述不对称的温度场存在密切相关。工程结构应该以增加土层冷储量、提高冻土上限，减少发生沉降土层厚度，减少坡向因素造成的横向变形不均匀（主要由不对称温度场造成），加强融化深度较深的坡脚处的保护性措施为主要方向。片石路基、片石护坡路基、底部埋设通风管路基、热棒路基都是这类工程结构。

越岭地段路堤由于线路纵断面坡度限制，在某些地段难以达到路基最小设计高度，采用了一定厚度的保温板的路基。考虑未来气温变化和保温板的寿命性能影响，这类结构有可能成为路基病害的隐患地段。应用热棒技术可以增加地基冻土的冷储量，消除隐患。

冻土层上水发育地段的地表水系和冻土层上水，对路基坡脚的稳定和坡脚部位基底冻土季节融化层的变化有很大影响。如果应用热棒降低坡脚部位基底土体温度，减少季节融化层土体的厚度，对保持路基稳定，减少不均匀变形有很大作用。青海省柴达尔—木里冻土沼泽湿地路基采用的热棒很有效的保证了这种冻土层上水发育地段路基稳定性问题。

解决上述问题场的关键在于通过外加不对称冷量的输入，平衡温度场，既达到冷却地基土体的目的，同时也能使路基温度场对称，使发生冻胀和融沉变形的活动层厚度达到一致，冻融过程的发展均衡，从而减少由于温度场的不对称所导致的不同坡向冻胀变形的不同步和最终融沉变形的差异，热棒的冷却效果和热棒路基的冷却效果证明，采用热棒技术的路基结构是比较合适的选择。

热棒路基结构形式中最主要的结构因素是热棒埋设位置和热棒埋设间距，在热棒单支冷却效果的试验研究中对热棒间距已经进行了观测研究和冷却效果分析，本节重点论述分析热棒不同埋设位置的实体试验的冷却效果及其持续性。

1）路肩埋设热棒冷却效果

中铁西北科学研究院在青藏铁路清水河试验段对热棒埋设在路肩位置的冷却地基土体效果进行了研究和分析。

（1）路基土体温度变化

热棒路基的温度随时间变化关系见 DK1024 + 425 断面 5 号右侧路肩测温孔（距热棒 180cm）和 DK1024 + 445 断面 3 号左侧路肩测温孔（距热棒 130cm）路基面以下 6.7 ~ 7.7m 的温度随时间的变化图（图 4-41）。

从图 4-41 可以看出，热棒周围土体的温度随热棒工作时间的延长而逐渐降低。从 2001 年 12 月至 2004 年 12 月，距热棒 1.8m 的 DK1024 + 425 断面 5 号右侧路肩孔路基面下 6.7 ~ 7.7m 的平均温度降低了约 0.8 ~ 1.0℃，距热棒 1.3m 的 DK1024 + 445 断面 3 号左侧路肩孔路基面下 6.7 ~ 7.7m 的平均温度降低了约 0.4 ~ 0.5℃。从整体上来看，2004 年度地温要低于

2003 年度，而 2003 年度地温要低于 2002 年度，呈下降趋势。

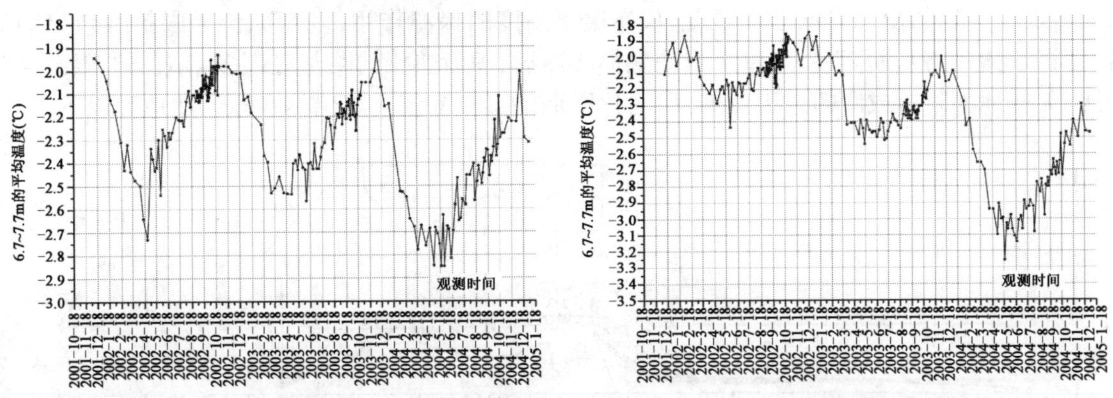

图 4-41　DK1024 +445 断面左右路肩孔(距热棒 130cm)6.7 ~ 7.7m 平均地温随时间的变化曲线

(2)最大融化深度变化

热棒埋设在路肩部位以后，随着土体温度的降低，土体蓄冷效果最终表现在路基基底多年冻土上限的变化，也就是最大季节融化深度的变化上面。

表 4-39 中是清水河试验段路肩埋设热棒的地段连续 3 年最大融化深度变化与相同位置天然上限变化的对比数据。表中还列出天然地面热棒埋设后多年冻土上限的位置变化。

天然地面孔最大融化深度与各孔最大融化深度的差值　　表 4-39

断面位置	计算年度	1 号天然孔最大融化深度	相对 1 号孔各测温孔最大融化深度的上升高度(m)					
			2 号左坡脚孔	3 号左路肩孔	4 号中心孔	5 号右路肩孔	6 号右坡脚孔	平均
DK1024 +425	2002	2.42	0.47	1.46	1.05	1.35	0.72	1.01
	2003	2.33	0.19	1.95	1.93	1.65	0.65	1.27
	2004	2.32	0.12	2.05	2.50	1.89	0.60	1.43
DK1024 +445	2002	2.42	0.75	1.45	—	1.85	0.77	1.21
	2003	2.33	0.41	1.73	1.53	2.21	0.78	1.33
	2004	2.32	0.18	1.87	1.77	2.42	0.70	1.39
DK1025 +087.5	2002	2.25	0.08	0.43	0.32	0.27	0.34	0.29
	2003	2.25	0.04	0.33	0.32	0.48	0.44	0.32
	2004	2.25	-0.08	0.23	0.52	0.52	0.44	0.33
断面位置	计算年度	地表侧壁	1 号孔距热棒 20cm	2 号孔距热棒 95cm	3 号孔距热棒 145cm	4 号孔距热棒 195cm	5 号孔距热棒 245cm	平均
天然地面热棒	2002	0.36	0.47	0.51	0.32	0.27	0.24	0.36
	2003	0.22	0.69	0.43	0.40	0.38	0.35	0.40
	2004	0.52	0.76	0.71	0.49	0.49	0.40	0.56

注：表中，正值表示路基面(天然地面)以下，负值表示路基面(天然地面)以上。

数据明显说明热棒的埋设对多年冻土上限的抬升效果，无论是路基路肩部位埋设的热棒还是天然地面单支热棒的埋设都在降低土体温度基础上，使多年冻土上限出现明显抬升。

从试验路基横断面最大季节融化深度 2002 ~ 2004 年的逐年变化曲线也可以看出，在整个路基横断面上多年冻土上限抬升的效果(图 4-42)，DK1025 +087.5 是设在试验断面附近填土路基对比观测断面,对比断面由于没有埋设热棒,只靠填土高度对多年冻土进行被动保温防护,不能给予新的冷源降低土体温度,仅靠填土高度的保温作用,多年冻土上限抬升效果明显比埋设热棒的路基断面差,经过3个冻融循环以后,埋设热棒的路基底部多年冻土上限已经抬升到天然地面附近或者超过天然地面,对比断面的多年冻土上限仍然在原天然地面以下。

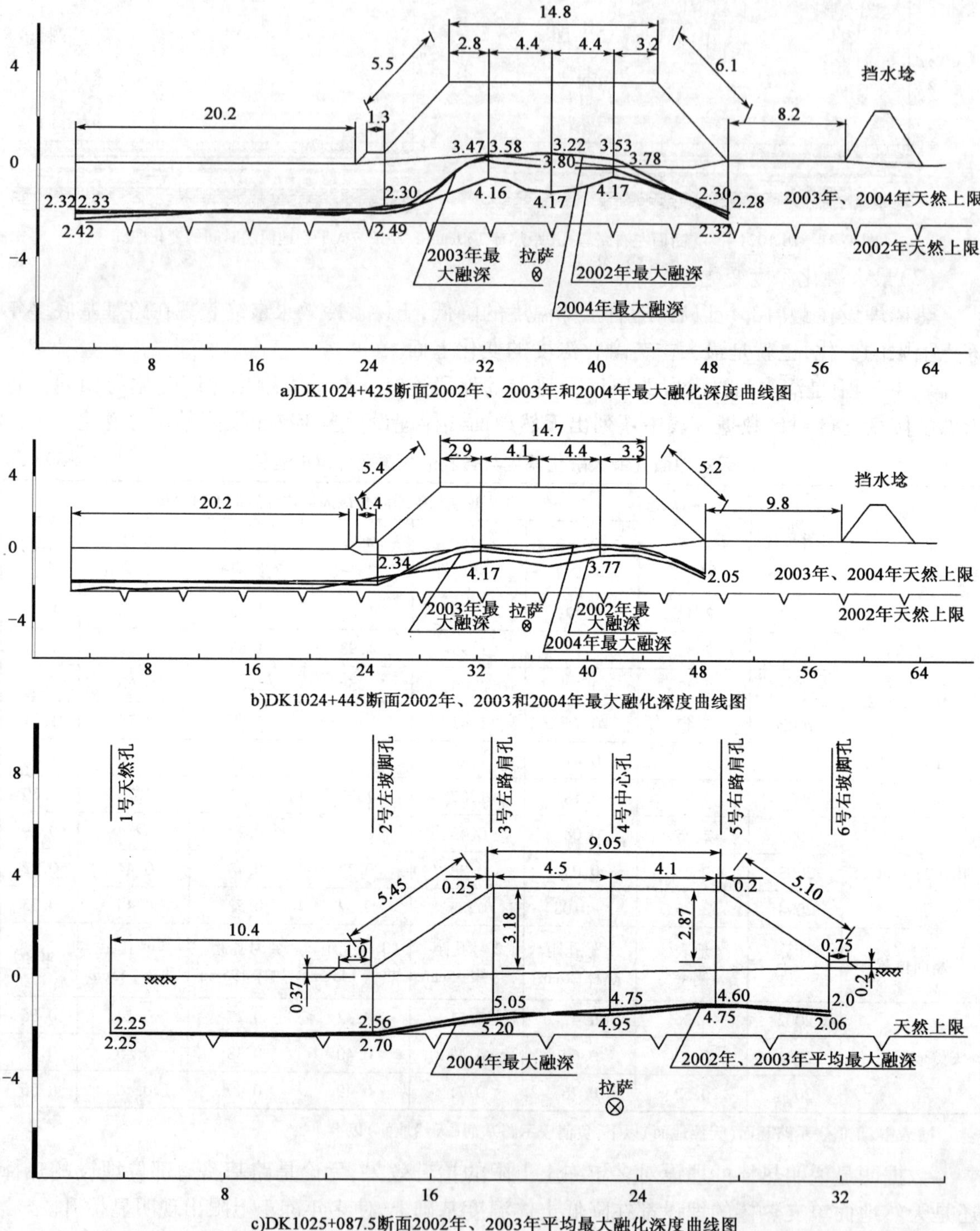

图4-42 试验路基横断面2002~2004年最大季节融化深度曲线图(尺寸单位:m)

(3)降低土体温度累积效果

热棒冷却地基土体效果随着冻融循环年际变化的累积作用,降低土体温度,增加土体冷量储存的效果逐渐明显。表4-40是埋设热棒断面和对比断面沿热棒以及天然地面热棒传热集中的深度年平均温度的平均值。试验观测数据中DK1024+425断面、DK1024+445断面和对比断面DK1025+087.5的观测周期基本相同,都是从2001年12月12日~2004年12月31日,而天然地面热棒观测周期从2002年5月30日开始计算,天然地面孔的深度从原天然地面算起,其余孔的深度从路基面算起。

热棒埋设路肩时不同深度左右侧路肩孔2001年12月~2004年12月平均温度平均值(℃) 表4-40

测温深度(m)	天然孔	DK1024+425	DK1024+445	DK1025+087.5	天然地面热棒			
					1号	3号	4号	5号
4.0	-1.40	-1.46	-1.48	-0.08	-2.48	-0.97	-0.80	-0.80
5.0	-1.53	-1.73	-1.87	-0.17	-2.59	-1.26	-1.10	-1.11
6.0	-1.58	-2.07	-2.19	-0.36	-2.54	-1.36	-1.21	-1.24
7.0	-1.61	-2.26	-2.40	-0.55	-2.50	-1.45	-1.31	-1.34
8.0	-1.61	-2.32	-2.42	-0.82	-2.35	-1.47	-1.34	-1.38

对试验热棒路基左侧路肩热棒侧壁孔、右侧路肩热棒侧壁孔和天然地面热棒侧壁孔不同深度截止到2004年12月温度的平均值列在表4-41中,试验热棒路基左右侧路肩热棒侧壁孔2001年12月开始观测,天然地面热棒侧壁孔2002年5月开始观测

热棒侧壁孔不同深度观测期内温度的平均值(根据月平均温度计算)(℃) 表4-41

测温深度(m)	左侧路肩热棒侧壁孔	右侧路肩热棒侧壁孔	天然地面热棒侧壁孔
4.0	-3.98	-4.80	-3.92
5.0	-4.09	-5.21	-3.88
6.0	-4.18	-5.36	-3.99
7.0	-3.94	-5.15	-3.92
8.0	-3.31	-4.37	-3.56

从表4-39~表4-41可以看出:由于热棒的冷却作用使路堤面4.0m以下各深度处观测期内的平均地温与天然地面孔相比均有所降低。其中DK1024+425断面7.0m深度处平均降低0.65℃,8.0m深度处平均也降低了0.71℃;DK1024+445断面7.0m深度处平均降低0.79℃;8.0m深度处平均也降低了0.81℃,降温累积效果十分明显。

(4)持续冷却能力分析

任何一种路基结构对多年冻土的保护作用,除了短时观测的温度变化、多年冻土上限变化以外,还要以及其冷却效果的持续性,这是通过冷却效果的持续能力分析确定的,冷却持续能力的能量来源是土体内负积温的变化,这种负积温的变化首先来自热棒侧壁负积温的变化。

表4-42是根据连续3年温度观测数据计算的路基不同深度处2002年、2003年和2004年的积温对比,表中天然地面孔的深度是从原天然地面算起,其余孔的深度从路基面算起。

①热棒侧壁孔积温变化

a.随着热棒启动冷却降温作用渐进发挥,左右侧热棒侧壁孔正积温随着深度增加而逐渐减小,至路基中部以下一定深度处变为0;与热棒路基断面左右侧路肩孔相比,同一深度处热棒侧壁孔的正积温要小很多,而且正积温变为0的深度也要浅很多。

b.左右侧热棒侧壁孔各深度处的年度总积温均为负积温。随着深度的增加,负积温的绝

对值逐渐增大，至原天然上限附近达到最大值。从表 4-42 还可以看出，基底以下（为热棒的蒸发段）各深度的年度负积温的绝对值要远远大于填土部分，说明热棒启动工作正常，冷却降温的源头热棒内部工质气化吸热过程正常，热棒壁降温效果明显。左右侧热棒侧壁孔各深度处的正积温逐年减小，2002 年最大，2004 年最小；各深度处的负负积温的差值更大一些。

路基不同深度处 2002 年、2003 年和 2004 年的积温对比 表 4-42

断面	孔位	深度（m）	2002 年积温（℃·d）			2003 年积温（℃·d）			2004 年积温（℃·d）		
			正积温	负积温	积温	正积温	负积温	积温	正积温	负积温	积温
路基左侧热棒侧壁孔		0.5	768.0	-875.9	-107.9	479.5	-694.7	-215.2	439.33	-800.89	-361.55
		1.6	330.5	-728.9	-398.4	144.1	-671.2	-527.1	112.99	-848.83	-735.84
		3.2	0.2	-1315.2	-1315.0	—	-954.4	-954.4	—	-1455.99	-1455.99
		5.6	—	-1580.8	-1580.8	—	-1507.9	-1507.9	—	-1613.53	-1613.53
		7.6	—	-1401.4	-1401.4	—	-923.6	-923.6	—	-1377.16	-1377.16
路基右侧热棒侧壁孔		0.5	592.4	-964.4	-372.0	335.1	-784.4	-449.3	296.88	-1013.27	-716.39
		1.6	180.2	-858.0	-677.8	47.1	-784.7	-737.6	32.70	-1053.23	-1020.53
		3.2	—	-1639.3	-1639.3	—	-1159.5	-1159.5	—	-1745.95	-1745.95
		5.6	—	-1968.6	-1968.6	—	-1305.8	-1305.8	—	-1956.79	-1956.79
		7.6	—	-1868.9	-1868.9	—	-1183.6	-1183.6	—	-1701.73	-1701.73
DK1024 + 425	左侧路肩孔	0.5	1392.7	-1267.6	+125.1	901.3	-776.3	+125.0	930.62	-989.62	-59.00
		1.6	806.4	-736.4	+70.0	422.8	-616.6	-193.8	446.37	-661.44	-215.08
		3.2	161.8	-306.4	-144.6	20.5	-455.7	-435.3	12.98	-604.91	-591.93
		5.6	—	-466.6	-466.6	—	-559.8	-559.8	—	-871.17	-871.17
		7.6	—	-747.8	-747.8	—	-614.3	-614.3	—	-890.00	-890.00
	右侧路肩孔	0.5	1254.0	-1537.4	-283.4	953.9	-913.6	+40.3	958.89	-1352.70	-366.81
		1.6	721.8	-948.4	-226.6	473.1	-785.9	-312.8	425.6	-977.95	-552.36
		3.2	140.8	-432.2	-291.4	35.7	-608.4	-572.7	10.15	-767.73	-757.58
		5.6	—	-539.7	-539.7	—	-575.1	-575.1	—	-952.49	-952.49
		7.6	—	-801.4	-801.4	—	-624.0	-624.0	—	-976.41	-976.41
DK1024 + 445	左侧路肩孔	0.5	1239.4	-1415.9	-176.5	948.0	-791.5	+156.5	975.24	-1130.00	-154.75
		1.6	718.3	-759.9	-41.6	445.2	-602.4	-157.2	433.50	-676.14	-242.64
		3.2	164.9	-304.9	-140.0	42.5	-380.3	-337.8	30.80	-486.01	-455.21
		5.6	—	-571.7	-571.7	—	-514.6	-514.6	—	-785.34	-785.34
		7.6	—	-842.1	-842.1	—	-637.1	-637.1	—	-903.36	-903.36
	右侧路肩孔	0.5	1141.8	-1534.8	-393.0	899.6	-896.9	+2.7	835.16	-1327.31	-492.15
		1.6	625.2	-859.0	-233.8	377.2	-780.5	-403.3	317.75	-976.13	-658.38
		3.2	58.5	-345.9	-287.4	6.1	-671.1	-665.0	0.70	-932.16	-931.46
		5.6	—	-611.2	-611.2	—	-694.1	-694.1	—	-1077.84	-1077.84
		7.6	—	-831.3	-831.3	—	-671.8	-671.8	—	-1040.27	-1040.27
热棒路基左侧天然地面孔		2.4	—	-489.8	-489.8	—	-383.7	-383.7	4.60	-402.37	-397.77
		4.4	—	-568.6	-568.6	—	-368.0	-368.0	—	-495.86	-495.86

续上表

断面	孔位	深度(m)	2002年积温(℃·d)			2003年积温(℃·d)			2004年积温(℃·d)		
			正积温	负积温	积温	正积温	负积温	积温	正积温	负积温	积温
对比断面一路基合理高度课题DK1025+087.5	左侧路肩孔	0.5	1537.3	-1073.1	+464.2	1414.4	-555.9	+858.5	1421.35	-776.69	+644.66
		1.5	933.2	-562.8	+370.4	812.5	-389.9	+422.6	897.33	-436.51	+460.82
		3.02	326.6	-140.8	+185.8	221.9	-55.8	+166.1	294.34	-40.57	+253.77
		5.27	0.1	-71.6	-71.5	—	-32.57	-32.57	1.07	-35.04	-33.97
		7.27	—	-274.8	-274.8	—	-159.0	-159.0	—	-190.17	-190.17
	右侧路肩孔	0.5	1238.8	-1843.3	-604.5	1085.4	-984.1	+101.3	1075.30	-1584.02	-508.72
		1.5	680.8	-1171.0	-490.2	617.8	-779.9	-162.1	622.42	-1016.67	-394.25
		3.02	177.7	-298.0	-120.3	118.7	-215.6	-96.9	116.63	-248.01	-131.38
		5.27	0.48	-57.1	-56.6	—	-79.58	-79.58	—	-165.97	-165.97
		7.27	—	-230.6	-230.6	—	-157.8	-157.8	—	-225.79	-225.79
	天然孔	2.25	—	-416.3	-416.3	—	-406.3	-406.3	—	-450.94	-450.94
		4.25	—	-469.6	-469.6	—	-356.1	-356.1	—	-441.68	-441.68

c. 热棒侧壁各深度处年度总积温均为负积温，路基面下0.5m和路基中部负积温的绝对值逐年增大，热棒路基冷却效果逐年累积增加。路基两侧埋设在路肩的热棒连续冷却降温作用最终导致左右路肩各深度负积温差异性变大，路基地温场会出现不对称形态。

②路基不同深度处的积温分析

a. 热棒路基的正积温随着深度增加而逐渐减小，至基底以下一定深度处变为0。

b. 热棒蒸发段埋设深度以上（从路基表面至基底）负积温的绝对值逐渐减小，热棒蒸发段埋设深度以下（路基基底以下）负积温的绝对值逐渐减小，对比断面DK1025+087.5的情况与热棒路基基本类似，只不过负积温的最小值出现在原天然上限附近。

c. 热棒蒸发段埋设位置以下（基底到原天然上限处）负积温的绝对值逐年增大；但左右侧路肩热棒蒸发段埋设位置以下差异性明显；热棒路基基底以下各深度处2002年、2003年和2004年的负积温的绝对值要远远大于对比断面DK1025+087.5，一般要大400~700℃·d左右，基底以下为热棒的蒸发段，因此可以看出热棒降低地温的效果明显。

d. 天然地面孔正积温为0的深度比试验路基要浅，左侧路肩孔（阳坡）负积温的绝对值开始大于正积温的绝对值的深度基本在1.0m以上；右侧路肩孔（阴坡）负积温的绝对值开始大于正积温的绝对值的深度基本在0.1m左右。均优于天然地面条件下出现的位置，证明热棒作用效果明显。

③路基左右侧路肩孔积温分析

热棒路基填土部分（路基面以下至3.2m范围内）正负积温的总趋势是：左侧路肩的正积温大于右侧路肩孔，而负积温的绝对值又小于右侧路肩孔；如DK1024+425断面2002年路基中部（路基面以下1.6m）左侧路肩孔的正积温为806.4℃·d，负积温为-736.4℃·d；而右侧路肩孔正积温为为721.8℃·d，负积温为-948.4℃·d。

热棒路基原天然上限处和天然上限以下2.0m深度处的正积温均为0，负积温右侧路肩孔大于左侧路肩孔，但和填土部分相比，负积温的差异性已不明显。

路肩热棒埋设方式的冷却降温效果明显，可持续性有能量来源的保证，但是热棒埋设在路基左右侧的路肩处时，由于冻土环境条件（多年冻土地温、左右侧地表附近温度）差异造成的热棒启动条件和散热冷凝效果差异，是冷却降温的能量来源不同，冷却降温效果和持续性不同，这有可能造成路基地温场形态的不对称或加剧原有的不对称形态，对消除路基横向变形差异不利，这可以通过前节所述的调节热棒在垂直方向的埋设位置和平面位置消除或减缓这种不对称。

2）坡脚和护道坡脚埋设热棒冷却效果

路肩热棒的缺陷可以通过坡脚和护道坡脚埋设热棒的工程措施进行纠正。

路基坡脚本身就是水热环境侵蚀的关键部位，由于本身二维传热特征造成的局部热融特征，使坡脚部位成为冻土区路基稳定性的薄弱部位，必须应用包括热棒在内的工程措施进行补强处理，以保证路基稳定，同时坡脚的处理还有利于消除路基地温场的不对称形态，进而消除或削弱变形差异。

埋设在坡脚和护道坡脚的热棒对路基填土和基地多年冻土的冷却积温效果可以通过路基地温场变化、特殊位置地温变化和积温分析进行研究和判断。

（1）路基土体温度变化

图4-43是青藏铁路开心岭附近DK1262+465和DK1262+495坡脚埋设热棒的路基横断面等温线图。图示等温线是热棒路基断面工作前后和热棒壁降到最低时间的等温线图。

对比2004年热棒埋设前的路基等温线，热棒埋设后，从热棒停止连续工作后的2005年3月30日的等温线来看，地温场特别是坡脚和护道下卧冻土温度明显降低。随着热棒周围冷量不断地向四周扩散，到2005年10月第二个采冷期前，相对于2004年同期，2005年10月2日路基中心部位的地温也有所降低。说明埋设在坡脚和护道的热棒对路基中心部位下卧冻土也有一定的冷冻作用。

比较两个热棒路基断面的地温场，等温线分布形态基本相同，但DK1262+495地温略低一点。热棒工作停止后的4月份，路基右侧地温比左侧低，经过一个暖季的热平衡后，左右两侧基本相当。

（2）原天然上限处地温变化

多年冻土上限处地温及其变化可以说是多年冻土生存发展的重要的能量判别标志。热棒的降温冷却作用对该处温度变化，进而对多年冻土的生存和发展具有直接影响。

图4-44系列图是热棒路基断面和对比断面原天然上限位置温度变化进程图。天然上限位置2.5m（根据DK1262+530断面天然孔资料）。

比较2004年和2005年原天然上限处地温，两个坡脚和护道埋设热棒的路基路肩部位温度变化说明降温效果明显，其中以右路肩孔显示的降温幅度较大（右路肩测温孔距离热棒较近），第二个热棒工作季（寒季）比第一个热棒工作季（寒季）输入到原多年冻土活动层中的冷量增加。相比之下，对比段的普通路基该处温度降低就不明显。

表4-43是坡脚和护道坡脚埋设热棒的路基和对比段路基原天然上限处的年平均地温对比，热棒的降温效果在离热棒较近的右路肩部位最明显。

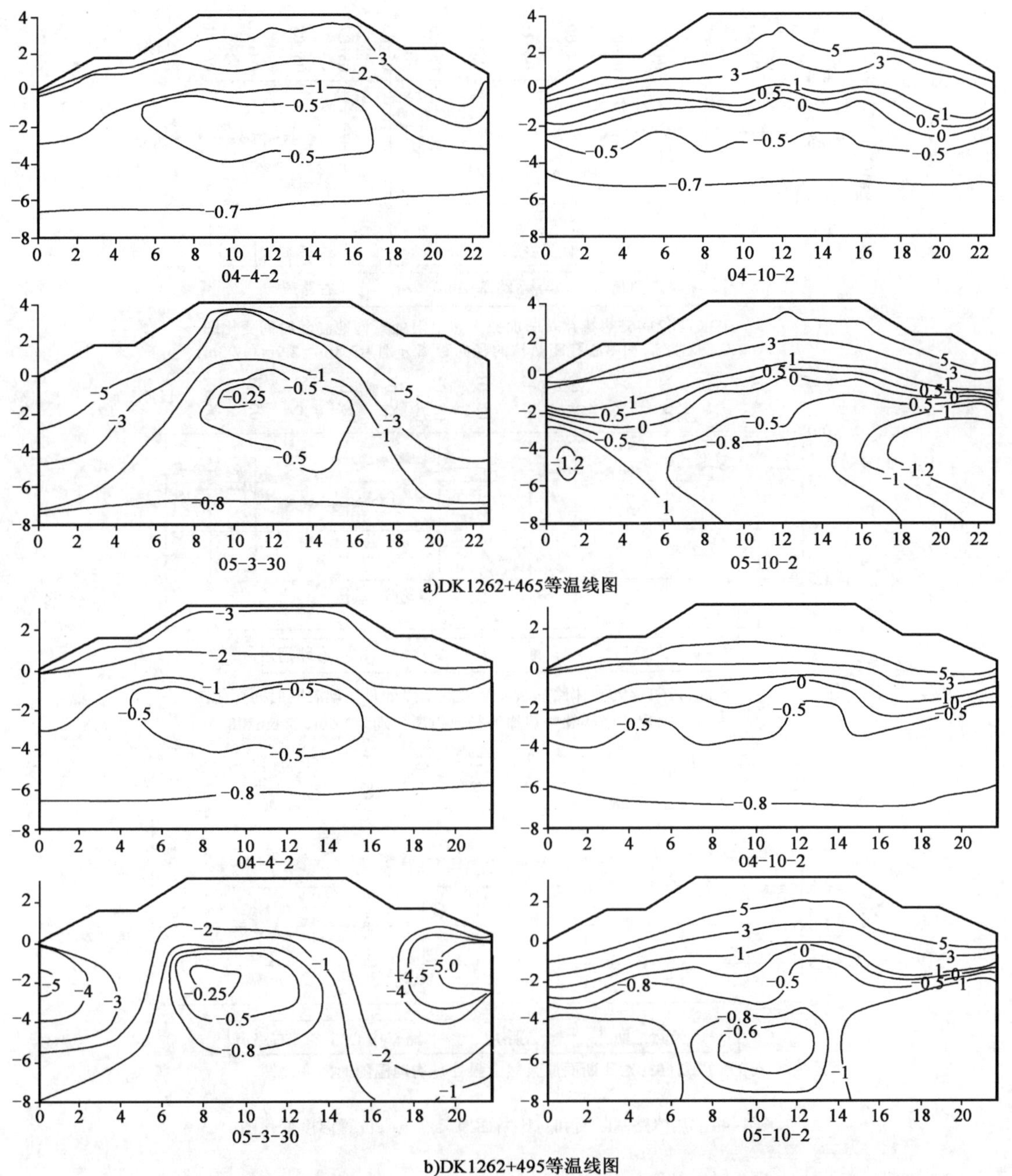

图 4-43　青藏铁路开心岭附近 DK1262 +465 和 DK1262 +495 坡脚埋设热棒的路基横断面等温线图

热棒路基和对比段原天然上限处的年平均地温(℃)　　表 4-43

位置 \ 里程 年份	DK1262 +465		DK1262 +495		DK1262 +530	
	2004 年	2005 年	2004 年	2005 年	2004 年	2005 年
左路肩	-0.38	-0.37	-0.29	-0.46	-0.05	-0.06
中心	-0.36	-0.32	-0.25	-0.27	-0.09	-0.06
右路肩	-0.34	-0.69	-0.30	-0.95	-0.15	-0.16

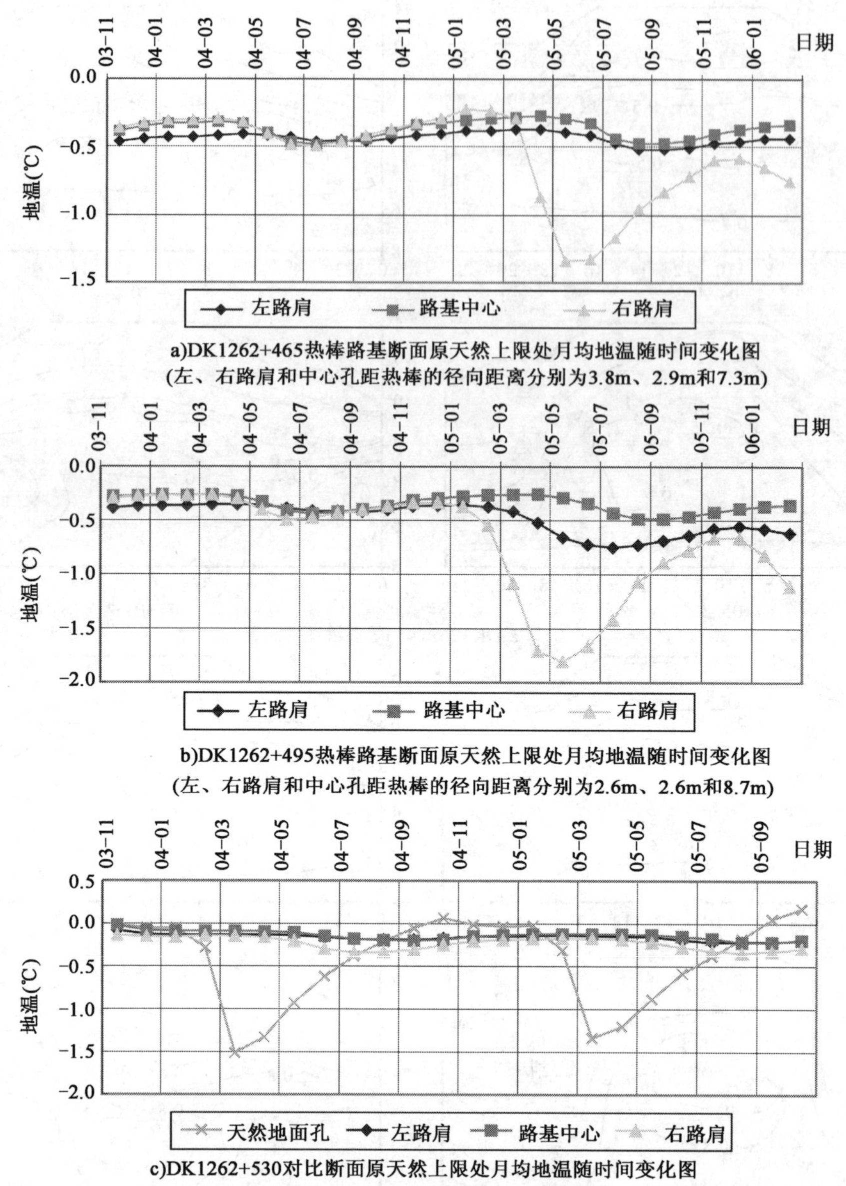

a)DK1262+465热棒路基断面原天然上限处月均地温随时间变化图
(左、右路肩和中心孔距热棒的径向距离分别为3.8m、2.9m和7.3m)

b)DK1262+495热棒路基断面原天然上限处月均地温随时间变化图
(左、右路肩和中心孔距热棒的径向距离分别为2.6m、2.6m和8.7m)

c)DK1262+530对比断面原天然上限处月均地温随时间变化图

图4-44　热棒路基断面和对比断面原天然上限位置温度变化图

(3)最大季节融化深度的变化

图4-45系列图分别为热棒路基测试断面和对比断面最大季节融化深度年际变化图。

表4-44是埋设热棒的路基和对比段普通路基最大季节融化深度(自现有表面算起)年际变化数据计算。

从路肩热棒总体效果上看,热棒路基和普通路基季节融化深度2005年比2004年都有所抬升,抬升幅度在0.2~0.7m,且两个埋设热棒路基断面的抬升幅度都比普通路基大,说明热棒对路基的加速降温作用,这对于路基热稳定性是有利的。

不同路基结构最大季节融化深度线的形态具有不同特点,普通路基右侧人为上限埋深比左侧浅,其左右侧的差异比较明显,左侧人为上限相对较陡。相比之下,热棒路基因受坡脚和护道处热棒的冷冻作用,季节融化深度的形态比较平缓,这有助于消除路基横向的不均匀变形。

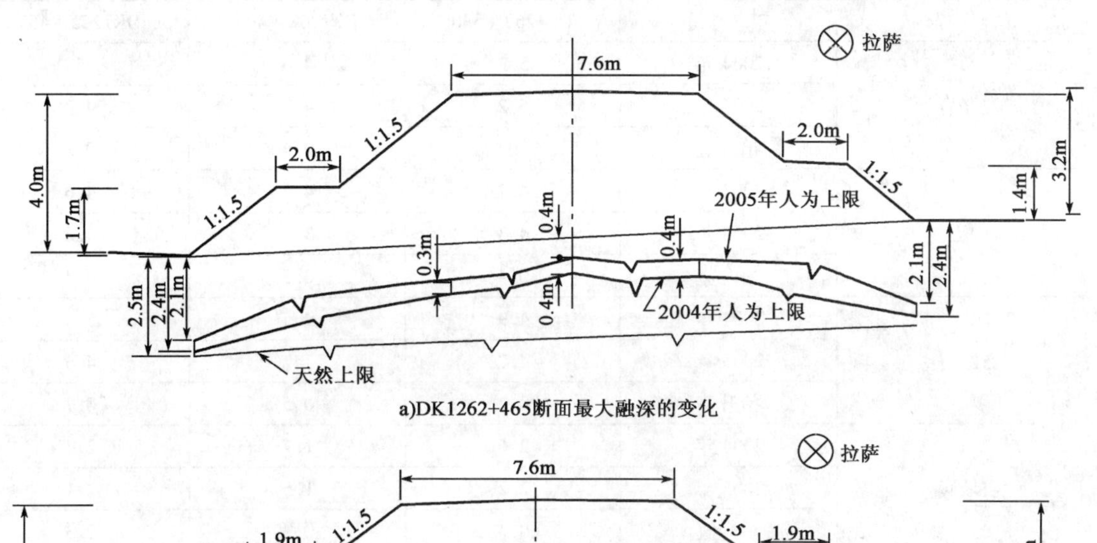

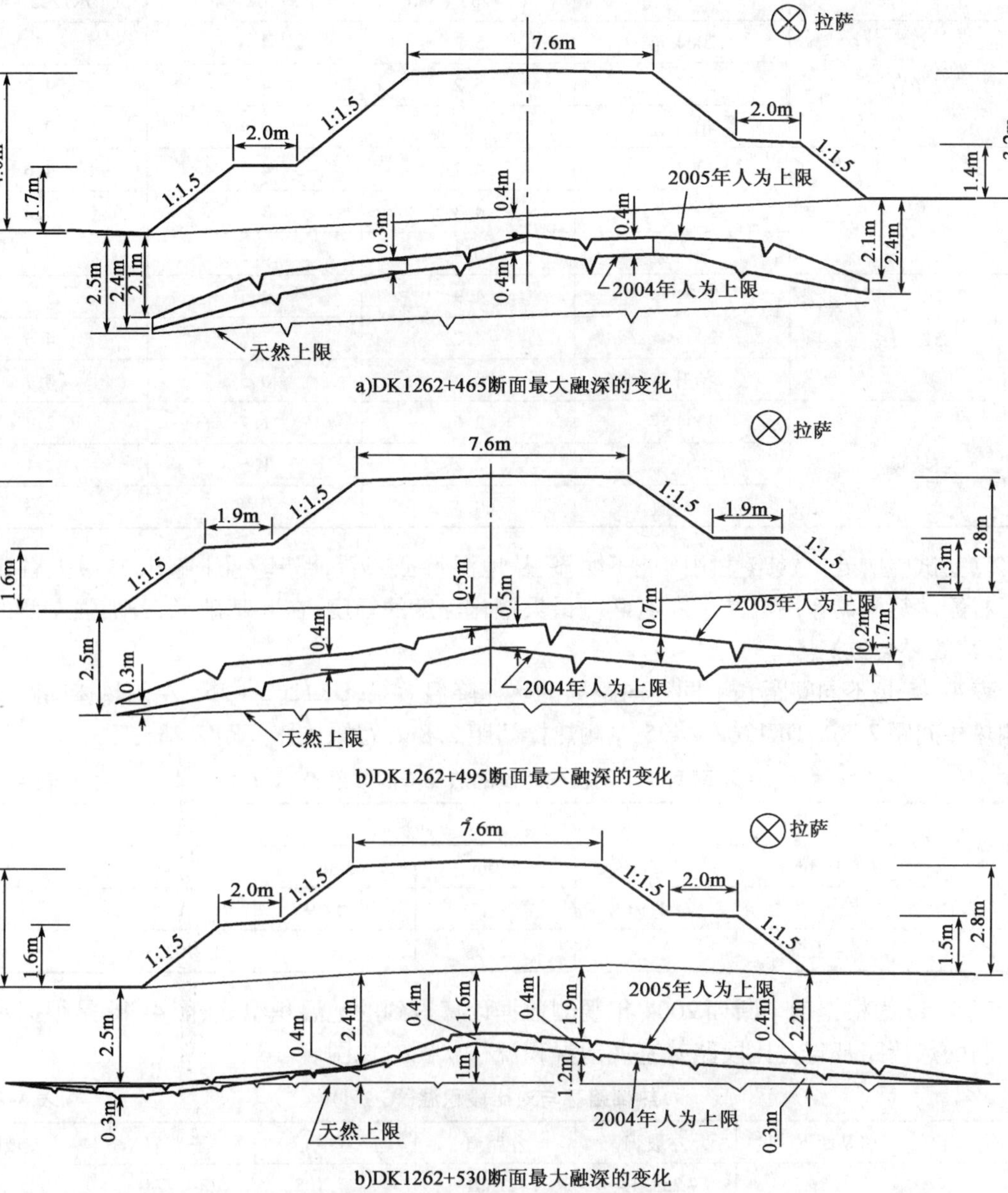

a)DK1262+465断面最大融深的变化

b)DK1262+495断面最大融深的变化

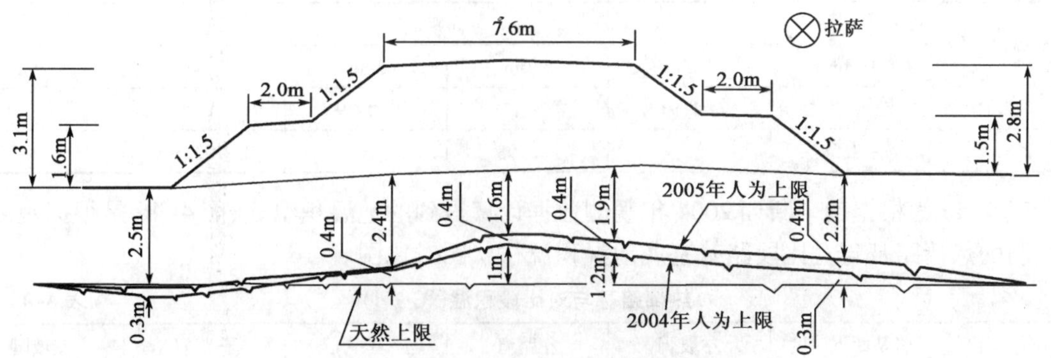

b)DK1262+530断面最大融深的变化

图 4-45 热棒路基测试断面和对比断面最大季节融化深度年际变化图

热棒路基和普通路基的季节融化深度(m) 表 4-44

位 置	年 份	DK1262 +530	DK1262 +495	DK1262 +465
天然地面孔	2004 年	2.5	—	—
	2005 年	2.5	—	—
	抬升值	0	—	—
左坡脚	2004 年	2.8	2.5	2.4
	2005 年	2.6	2.2	2.1
	抬升值	0.2	0.3	0.3

续上表

位　置	年　份	DK1262 +530	DK1262 +495	DK1262 +465
左路肩	2004 年	5.2	4.6	5
	2005 年	5.2	4.2	4.7
	抬升值	0	0.4	0.3
中心	2004 年	4.7	4.2	4.6
	2005 年	4.3	3.7	4.2
	抬升值	0.4	0.5	0.4
右路肩	2004 年	4.9	4.5	5.3
	2005 年	4.7	4	4.6
	抬升值	0.2	0.5	0.7
右坡脚	2004 年	2.6	1.7	2.4
	2005 年	2.2	1.5	2.1
	抬升值	0.4	0.2	0.3

以上试验所处位置路基阴阳坡不明显，从地温特征来看，路基左侧偏阳，其最大融化深度大于右侧。热棒的作用消减了左右两侧最大融化深度的幅度，在此基础上，若加强左侧的热棒作用，其效果会更好。

表4-45是不同间距和不同径向距离的热棒降温效果，DK1262 +465 左侧热棒间距3.2m，右侧热棒间距2.8m；DK1262 +495 左侧热棒间距2.8m，右侧热棒间距2.4m；

不同间距不同径向距离的热棒降温效果表（℃）　　表4-45

热棒纵向间距	径向距离					
	0.3m	1.5m	1.6m	2.3m	2.6m	2.9m
3.2m		-1.91		-0.39		
2.8m	-3.58		-2.98		-0.28	-0.15

表4-46为根据三个断面2004年观测数据计算得到的地温积温表，图4-46是根据观测资料绘制的热棒路基与对比段路基基底地温积温柱状图对比图。

热棒路基与对比段积温（℃·d）　　表4-46

断　面	路基面下深度	左坡脚	左路肩	路基中心	右路肩	左坡脚
DK1262 +465	3m	-258.140	72.801	-27.108	14.774	-257.051
	5m	-321.210	-77.087	-114.359	-108.729	-284.835
DK1262 +495	3m	-275.378	58.425	-69.333	-67.981	-255.868
	5m	-317.792	-70.799	-100.038	-105.050	-285.507
DK1262 +530	3m	-127.636	68.200	-47.263	-37.589	-165.148
	5m	-195.524	-15.826	-29.449	-57.778	-228.747

图4-46积温对比图和表4-45积温计算数据表明，热棒路基DK1262 +465断面和DK1262 +495断面的负积温绝对值明显大于对比段DK1262 +530断面的负积温绝对值。

无论热棒埋设位置如何，热棒的功效都是十分明显的，但是由于前述冻土环境条件的差异及由此造成的热棒工作效果的差异，对路基温度场变化影响比较明显，应该充分利用这种差异对路基进行设计,达到理想的工程效果。

对单支热棒和热棒埋设位置不同的路基结构,以及埋设间距不同的各类热棒路基工程的试验研究和观测分析,证明用热棒这种高效传热元件冷却路基基底多年冻土是可行的,热棒对多年冻土的保护作用体现在降低土体温度,抬升多年冻土上限。这种冷却效果在不同冻土环境条件下有一定差异,这种差异的存在有时可以被用来克服路基在地温场形态上的不对称,克服变形差异,保证路基稳定。

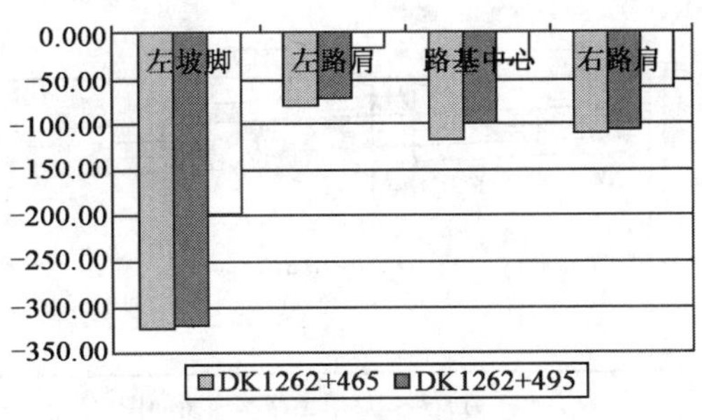

图 4-46　热棒路基与对比段路基基底积温柱状图

4.2.3.5　热棒路基长期冷却效果

现场试验结果证明了热棒和热棒路基的降温冷却效果,而且从能量来源和能量积累的角度证明热棒路基长期应用的可行性和可靠性。评价冻土区任何一种工程结构或工程措施的长期效果,从科学的严谨性和工程的可靠性出发,还需要以现有的实体工程试验观测数据作为理论预测数值模拟方法的基础和计算的条件,建立理论预测数学模型,用数值模拟方法预测未来最不利条件下(气温升高)热棒路基的长期冷却效果。

建立在以上各节试验研究基础上的热棒路基长期冷却效果预测包括以下内容:

(1)用数值模拟方法研究多年冻土区填土路堤(在年平均气温为 -5.3℃情况下),考虑未来 50 年气温升高 2.6℃时普通路基的地温场变化。

(2)用数值模拟方法研究多年冻土区填土路堤在坡脚铺设热棒时(在年平均气温为 -5.3℃情况下),考虑未来 50 年气温升高 2.6℃时热棒路基的地温场变化规律,并对填土路基和加热棒后路基的热稳定性进行分析比较。通过对比分析给出温度场的变化规律。

通过路基修建后 1 年、3 年、5 年、10 年、30 年、50 年的以下几种计算图示分析路基稳定性和可靠性:

(1)在不同年份冻融季节路基不同部位温度变化。

(2)不同年份横断面地温等值线图(比较直观的看出横断面地温场差异和发展趋势,对路基变形可以进行推测)。

(3)不同年份左右坡脚和路基中心最大融化深度变化(根据计算结果绘出不同结构路基最大融化深度变化线)。

通过以上计算图示从降温冷却、多年冻土上限变化长期趋势判断热棒路基典型结构形式的长期冷却地基土体效果,对热棒路基给出完整严谨的科学评价。

1)物理模型

本节计算依据 2007 ~ 2010 年作者为青海省柴木地方铁路承担的热棒路基研究课题的试验断面,图 4-47 是根据实体试验工程建立的物理模型,图中左图是根据热棒实际埋设位置(路基阳坡一侧坡脚,阳坡护道坡脚,路基阴坡一侧坡脚埋设热棒)建立的计算断面图。

2)数学模型

建立多年冻土区天然地面耦合热棒的相变传热模型,在耦合边界条件的处理上,通过忽略热棒内部热阻,得到耦合边界处的等价第三类边界条件。利用该模型研究了热棒对于冻土路基的冷却效果,同时该模型模拟值和现场实验值的对比分析表明,该模型具有工程可靠性。

冻土的导热系数和比热随其温度的变化而变化,而且由于冻土含有的自由水,在冻土融化、融土冻结时会放出、吸收很大的相变潜热,这个相变潜热相对于导致温度变化的热量是非

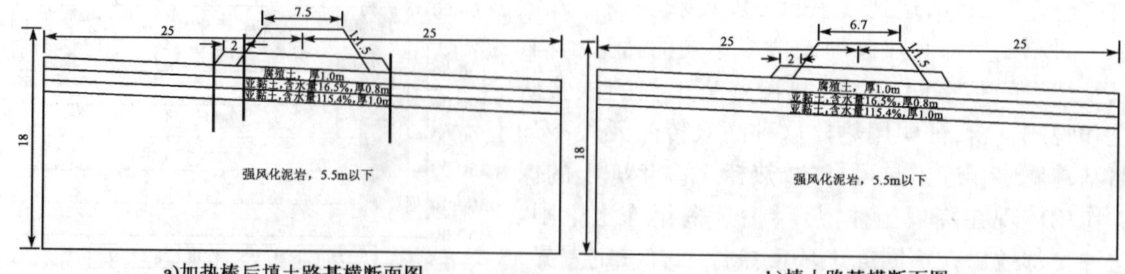

a)加热棒后填土路基横断面图　　　b)填土路基横断面图

图4-47　根据实体试验工程建立的物理模型

常显著的，而且是不可忽略的。

(1)路基断面的热传导方程(设导热系数各向不变)。

在 Ω_f 内，$T=T_f$ 且：

$$C_f\frac{\partial T_f}{\partial t}=\frac{\partial}{\partial x}\left(\lambda_f\frac{\partial T_f}{\partial x}\right)+\frac{\partial}{\partial y}\left(\lambda_f\frac{\partial T_f}{\partial y}\right) \tag{4-61}$$

在 Ω_u 内，$T=T_u$ 且：

$$C_u\frac{\partial T_u}{\partial t}=\frac{\partial}{\partial x}\left(\lambda_u\frac{\partial T_u}{\partial x}\right)+\frac{\partial}{\partial y}\left(\lambda_u\frac{\partial T_u}{\partial y}\right) \tag{4-62}$$

式中：下角 f,u——分别表示冻、融状态，带“u”者为融区 Ω_u 内的相应物理量；

Ω_f——正冻区；

T_f——Ω_f 内冻土的温度；

C_f——Ω_f 内冻土的容积热容量；

λ_f——Ω_f 内冻土的导热系数。

在移动的相变界面 $S(t)$ 上，必须满足的温度连续性条件和能量守衡条件是：

$$T_u(S(t))=T_f(S(t))=T_m \tag{4-63}$$

$$\lambda_f\frac{\partial T_f}{\partial n}-\lambda_u\frac{\partial T_u}{\partial n}=L\rho_d(W-W_u)\frac{dS(t)}{dt} \tag{4-64}$$

式中：T_m——冻结温度；

L——水的相变潜热，$L=334.56\text{kJ/kg}$；

W_u——未冻水含量；

ρ_d——土的干容重。

在计算相变传热问题过程中采用显热容法来模拟冻土的相变计算。显热容法在目前具有很大的实用和适应性。许多非纯物质的相变不是严格在某一特定的温度下发生，而是在它的一个小的温度范围内发生，这些物质的相变潜热可看作是在这个小的温度范围内有一个很大的显热容。假设相变时发生在 T_m 附近的一个温度范围内($T_m\pm\Delta T$)，所构造的热容 C 和导热系数 λ 的表达式分别为：

$$C=\begin{cases}C_f & T<T_m-\Delta T\\[2ex] \dfrac{L}{2\Delta T}+\dfrac{C_f+C_u}{2} & T_m-\Delta T\leqslant T\leqslant T_m+\Delta T\\[2ex] C_u & T>T_m+\Delta T\end{cases} \tag{4-65}$$

$$\lambda=\begin{cases}\lambda_f & T<T_m-\Delta T\\ \lambda_f+\dfrac{\lambda_u-\lambda_f}{2\Delta T}[T-(T_m-\Delta T)] & T_m-\Delta T\leqslant T\leqslant T_m+\Delta T\\ \lambda_u & T>T_m+\Delta T\end{cases} \tag{4-66}$$

于是式(4-65)和(4-66)就简化成：

$$C\frac{\partial T}{\partial t}=\frac{\partial}{\partial x}\left(\lambda\frac{\partial T}{\partial x}\right)+\frac{\partial}{\partial y}\left(\lambda\frac{\partial T}{\partial y}\right) \tag{4-67}$$

(2)计算有限元方程。

由于冻土的比热和导热系数随温度的变化而变化，加上两相界面的位置也不是固定的，因此，界面的能量守恒条件是非线性的。所以该问题在数学上是一个强非线性问题，无法获得解析解，这里用有限元方法求解。

从微分方程式(4-67)出发，用离散伽辽金方法推导三维热传导问题有限元公式，便得到路基的整体热平衡方程：

$$[K]\{T\}_t+[M]\frac{\mathrm{d}}{\mathrm{d}t}\{T\}_t=\{p\}_t \tag{4-68}$$

式中：$[K]$——温度刚度矩阵；

$[M]$——非稳态变温矩阵；

$\{T\}$——未知温度值的列向量；

$\{p\}$——与边界条件有关的温度荷载列向量；

t——表示这些列向量都取同一个 t 时刻的值。

且有：

$$[K]=\sum\left[\int_{\Omega_e}\lambda\left(\frac{\partial}{\partial x}[N]^{\mathrm{T}}\frac{\partial}{\partial x}[N]+\frac{\partial}{\partial y}[N]^{\mathrm{T}}\frac{\partial}{\partial y}[N]\right)\mathrm{d}\Omega+\int_{S_e}h[N]^{\mathrm{T}}[N]\mathrm{d}s\right] \tag{4-69}$$

$$[M]=\sum\int_{\Omega_E}C[N]^{\mathrm{T}}[N]\mathrm{d}\Omega \tag{4-70}$$

$$\{p\}_t=\sum\int_{\Omega_E}[N]^{\mathrm{T}}Q_\theta\mathrm{d}\Omega+\int_{S_e}hT_\alpha[N]^{\mathrm{T}}\mathrm{d}s \tag{4-71}$$

对于式(4-71)，在时间域内采用精度较高的 Crank-Nicolson 差分格式可得：

$$\left([K]+\frac{2[M]}{\Delta t}\right)\{T\}_t=(\{p\}_t-\{p\}_{t-\Delta t})+\left(\frac{2[M]}{\Delta t}-[K]\right)\{T\}_{t-\Delta t} \tag{4-72}$$

考虑 C 和 λ 与温度有关，采用合适的时间步长 Δt 和迭代求解精度求解式(4-72)，即可求得本问题的解。

3)边界条件

依据附面层原理，考虑未来 50 年气温升高 2.6℃。上边界可用如下的随时间变化的第一类边界条件表示：

$$T=T_\alpha+v\cdot t \tag{4-73}$$

式中：v——v 取 6.01852×10^{-6}℃/h；

T_α——由式(4-70)~式(4-72)决定。

侧面固定边界由于离热棒影响区域足够远，因此可取为绝热边界条件，即：

$$\frac{\partial T}{\partial n} = 0 \tag{4-74}$$

底面固定边界上的边界条件为(温度梯度)：

$$\frac{\partial T}{\partial n} = 0.018℃/\mathrm{m} \tag{4-75}$$

热棒蒸发段为热棒与冻土的耦合边界，对于该耦合边界的处理，可进行如下的数学变换，变换所采用的示意图如图4-48，蒸汽流动热阻和热棒蒸发段与土体的接触热阻，则由土体经热棒传向大气的热量为：

$$Q = \frac{T_s - T_a}{R_a + R_c + R_{w,c} + R_e + R_{w,e}} \tag{4-76}$$

式中：T_s——热棒与土壤接触处的温度；

R_a——大气与热棒冷凝段外部的对流换热热阻；

$R_{w,c}$——热棒冷凝段管壁的导热热阻；

R_c——蒸汽的冷凝换热热阻；

R_e——蒸发热阻；

$R_{w,e}$——蒸发段管壁的导热热阻。

将式(4-76)变换可以得到如下关系式：

$$Q = \left\{\frac{1}{A_e \cdot [R_a + R_c + R_{w,c} + R_e + R_{w,e}]}\right\} \cdot (T_s - T_a) \cdot A_e \tag{4-77}$$

式中：A_e——土体与热棒蒸发段的换热面积。

大量的工程实践和文献研究都表明：热棒内部蒸发冷凝传热和薄壁金属导热，与空气对流传热热阻和土壤导热热阻相比要小许多，因此忽略热棒的热阻而仅计算空气与冷凝段对流换热热阻和土壤导热热阻是可以满足工程应用要求的。因此，式(4-77)又可以进一步简化为：

$$Q = \left(\frac{1}{A_e \cdot R_a}\right) \cdot (T_s - T_a) \cdot A_e \tag{4-78}$$

若引入等价的对流换热系数 $h_{equ} = \dfrac{1}{A_e \cdot R_a}$，则式(4-78)可写为：

$$Q = h_{equ} \cdot A_e \cdot (T_s - T_a) \tag{4-79}$$

式中各参数含义同上。

在这样的等价变换下，热棒蒸发段与土体的耦合边界即可变成如下的第三类边界条件：

$$-\lambda_{soil} \cdot \frac{\partial T}{\partial n}\bigg|_W = h_{equ} \cdot (T - T_a) \tag{4-80}$$

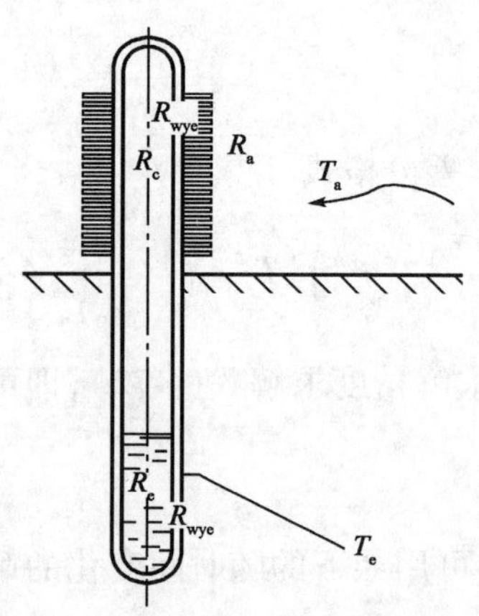

图4-48　热棒蒸发段与土体耦合边界条件推导示意图

式中：λ_{soil}——土体的导热系数(W/m·K)。

计算方法的处理需要强调和说明的是，热棒蒸发段和冻土耦合边界条件的处理目前在数值模拟中一直都是一个难点，这是因为蒸发段和冻土耦合处的边界条件从严格意义上来讲是不属于传热学中三类边界条件中的任何一种，同时热棒管内又是复杂的气液两相流，要求解土体温度场情况就必须先知道蒸发段和冻土交界处的边界条件。

求解蒸发段和冻土交界面的边界条件，就必须：

(1)先假设一个热棒冷凝段外壁温度。

(2)通过这个假设的冷凝段外壁温和某时刻的大气温度来求得通过热棒传出的热量。

(3)再利用该传热量和热棒内部的传热系数关联式来求得热棒蒸发段和土体交界处的温度边界条件。

(4)紧接着再利用该交界面处的第一类温度边界条件和其他各边的已知边界条件以及初始条件边界，同时结合计算区域的相变模型来数值求解土体温度场。

(5)最后将数值求解的通过交界面的传冷量和前面假设冷凝段壁温而求解的传冷量进行比较；若它们二者的差值大于某一给定的已知小量，则要重新假设冷凝段壁温，然后重复步骤(2)~(5)，不断重复该过程直到获得收敛的解为止。

对冻土耦合热棒问题的算法存在两个层次上的迭代，第一个迭代是外部的关于热量平衡的迭代，第二个迭代是在每一个假设壁温下的内部土体相变温度场的迭代求解，上面的两个层次上的迭代均是在每个时间步的开始时刻上完成，如果加上时间上的步进就更为该问题增加了计算的耗时数。而且在计算中若严格考虑热棒的内部热阻影响，那么从程序编制的复杂性和可推广性而言还有如下的问题：对于天然地面耦合热棒问题，利用变异的 simple 算法，在二维柱坐标下的相应计算程序的编制难度不大，但若要将该问题二维情况下的变异 simple 算法推广于三维的多年冻土路基耦合热棒问题的求解，则仅网格划分这一部分就具有相当的难度，那么对于该工程问题的求解和优化，从计算时间和方便性而言是不划算的。

根据工程实际情况，通过忽略热棒内部热阻，并经过以上的合理数学变换得到的热棒蒸发段和土体耦合边界处的等价第三类边界条件，为该类问题的工程求解及优化和向三维路基耦合热棒问题的推广提供了方便。

4)计算条件

采用实体工程试验的地温观测数据整理拟合并作为计算边界条件，以使计算边界条件更接近现场实际情况，根据实测结果计算整理的不同路基断面边界条件分别如下：

(1)DK99+100 路基断面地表温度为：

$$\left.\begin{array}{ll}\text{天然地表温度：} & T_\alpha = 1.62 + 1.73\sin(2\pi(\mathrm{I}+2160)/8640) \\ \text{左坡脚温度：} & T_\alpha = 1.8 + 2.8\sin(2\pi(\mathrm{I}+2160)/8640) \\ \text{左路肩温度：} & T_\alpha = -1.246 + 11.44\sin(2\pi(\mathrm{I}+2160)/8640) \\ \text{右路肩温度：} & T_\alpha = -1.409 + 11.43\sin(2\pi(\mathrm{I}+2160)/8640) \\ \text{右坡脚温度：} & T_\alpha = -1.613 + 3.87\sin(2\pi(\mathrm{I}+2160)/8640)\end{array}\right\} \tag{4-81}$$

(2)DK99+200 路基断面地表温度为：

$$\left.\begin{array}{ll}\text{天然地表温度：} & T_\alpha = -0.155 + 5.825\sin(2\pi(\mathrm{I}+2160)/8640) \\ \text{左坡脚温度：} & T_\alpha = -2.335 + 4.335\sin(2\pi(\mathrm{I}+2160)/8640) \\ \text{左路肩温度：} & T_\alpha = -1.465 + 10.965\sin(2\pi(\mathrm{I}+2160)/8640) \\ \text{右路肩温度：} & T_\alpha = -0.465 + 10.175\sin(2\pi(\mathrm{I}+2160)/8640)\end{array}\right\} \tag{4-82}$$

右坡脚温度：　　$T_\alpha = -2.165 + 4.905\sin(2\pi(\mathrm{I}+2160)/8640)$

(3)DK99 +355 路基断面地表温度为：

$$
\left.\begin{aligned}
&\text{天然地表温度：} && T_\alpha = -1.208 + 4.048\sin(2\pi(\mathrm{I}+2160)/8640)\\
&\text{左坡脚温度：} && T_\alpha = -0.31 + 3.928\sin(2\pi(\mathrm{I}+2160)/8640)\\
&\text{左路肩温度：} && T_\alpha = -0.518 + 7.89\sin(2\pi(\mathrm{I}+2160)/8640)\\
&\text{右路肩温度：} && T_\alpha = -2.58 + 9.49\sin(2\pi(\mathrm{I}+2160)/8640)\\
&\text{右坡脚温度：} && T_\alpha = -1.288 + 4.65\sin(2\pi(\mathrm{I}+2160)/8640)
\end{aligned}\right\} \quad (4\text{-}83)
$$

5)计算结果分析(热棒长期冷却效果分析)

根据计算结果对热棒路基不同部位温度和温度差进行对比分析，可以看出热棒路基长期使用条件下这些部位温度变化及冷却效果。对 3 个计算断面的路基温度场结果进行的整理分析，沿用的温差对比方法，此处温差为第 2 年 3 月的计算结果减去第 1 年 3 月的计算结果。

由数值计算得出路肩及坡脚的温差结果如图 4-49 所示，图中 DK99 +355 为没有热棒的计算断面曲线，其余断面均埋设了热棒。

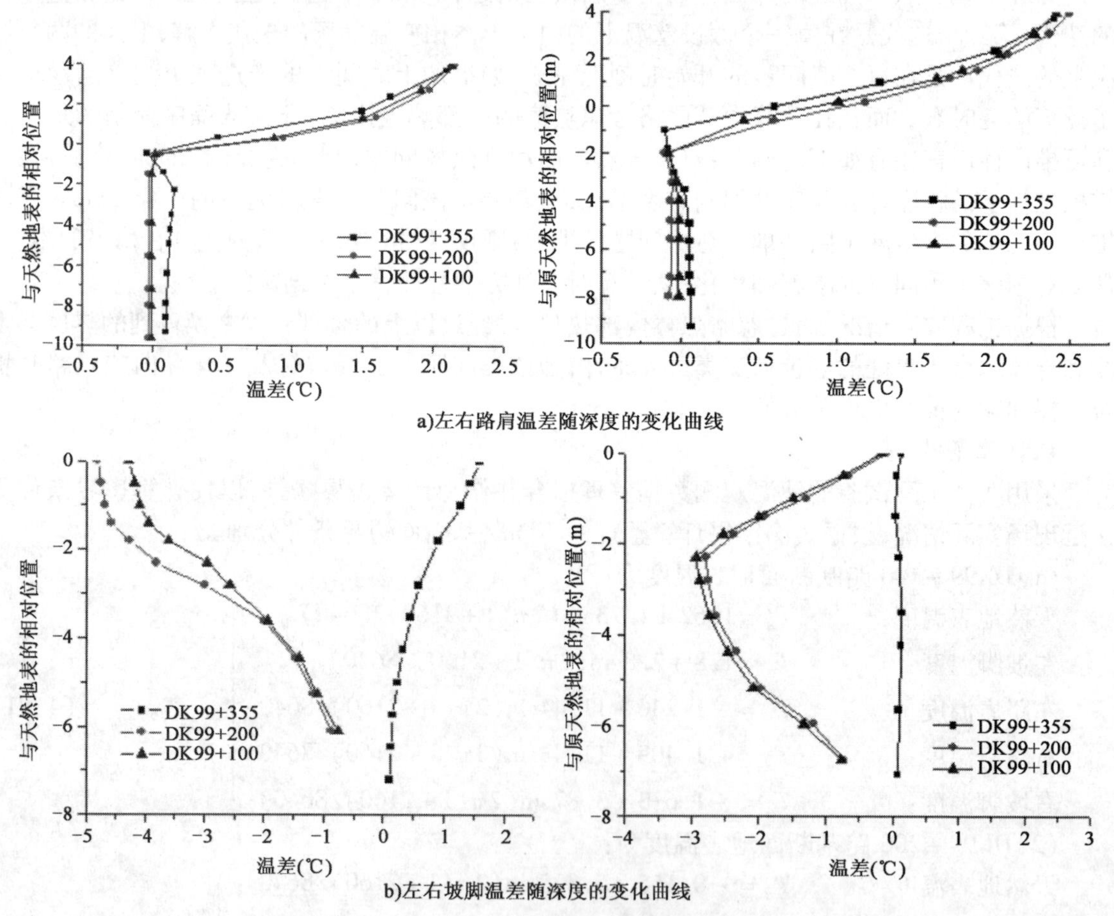

图 4-49　左右路肩及坡脚温差随深度的变化曲线

由试验得出路肩及坡脚温差对比结果。由图 4-49a)可得，路基填土及原天然地表下约 0.5m厚度的表土层温度比去年同期有所升高；两种路基断面在原天然地表以下 0.5 ~2.0m 范围内均出现厚度不同的降温土层；较深层位的土体温度则表现为不同的发展趋势，埋设热棒断面下的地温略有下降，没有热棒断面土体略有升温。由图可以看出，无热棒路基浅层土体地温显著上升，热棒路基在热棒所观测深度范围内显著下降；图4-49b）可以看到路基左侧（阳坡）坡脚降温幅度大于右侧（阴坡）降温幅度。由以上结果可以看出，计算结果与试验研究得出的基本结果一致，这说明本节计算采用的模型及分析方法正确可行。

根据图4-50，无热棒路基左坡脚10m处，冻土温度逐年升高，到第30年地面5.4m以下的地温接近0℃。全球变暖导致路基到30年以后冻土将退化，夏季地温均在0℃以上。有热棒路基边缘有10m处距离左坡两排热棒较远，基本和无热棒路基地温相同，说明所取计算模型足够大。

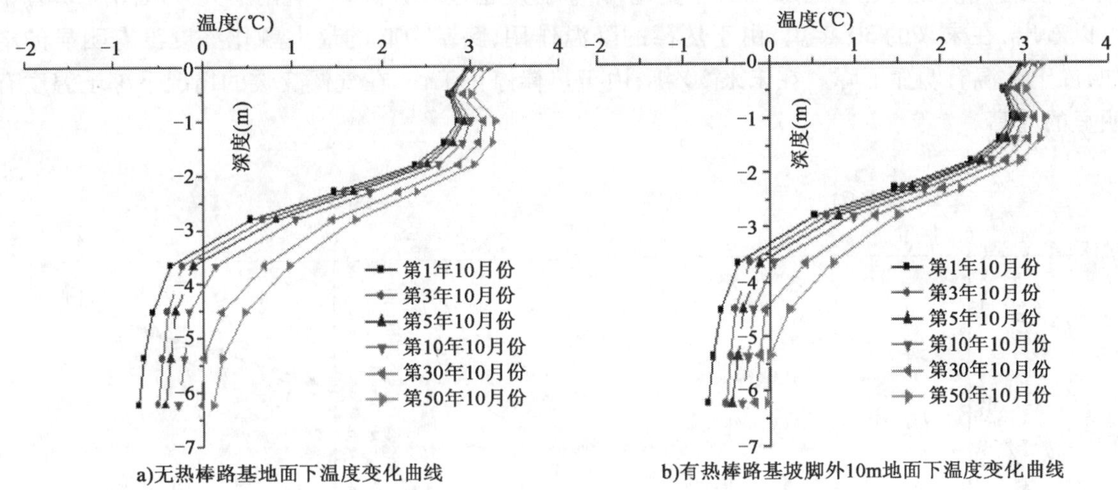

图4-50　验证模型计算边界图

（1）最大融化季节路基不同部位冷却降温效果。

从图4-51a）中可以看出，在无热棒作用下的左坡脚的冻土的最大融化深度在未来30年没有明显的变化，维持在2.3m左右，由于柴木地区气温偏低，冻土地温也由－1.3℃升高至－0.5℃左右，冻土温度随着气候变暖逐年升高。随时间推移，冻土将会面临退化的危险。

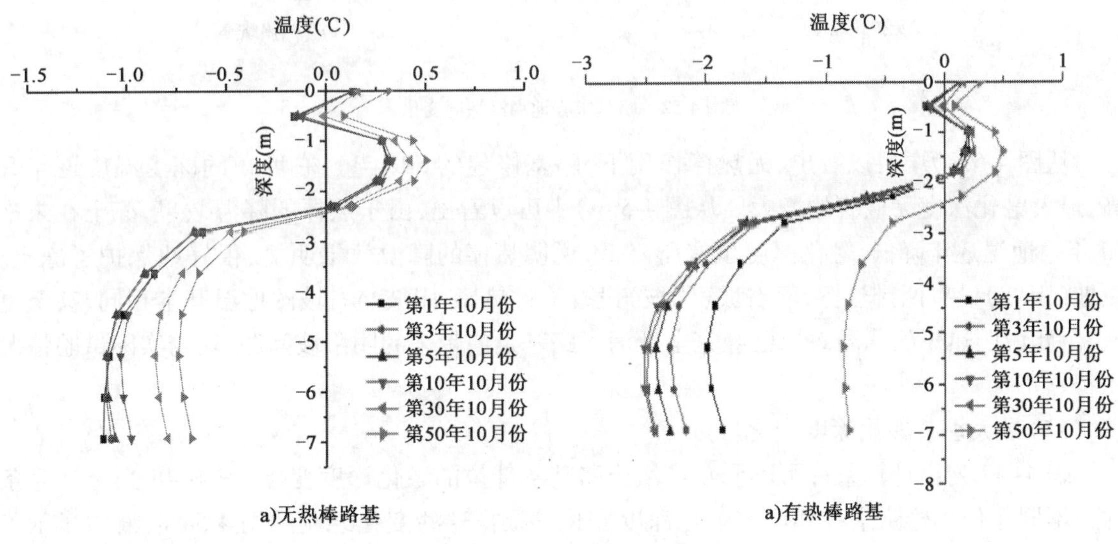

图4-51　路基左侧坡脚地温沿深度变化

从图 4-51b）中可以看出，在热棒的作用下左坡角的冻土温度不但没有升高，反而降低了，最大降温幅度为 1.5℃。在未来 30 年内冻土的最大融化深度没有明显变化，维持在 3m 左右。在未来 30 年后冻土地温有明显升高，融化深度也增大了 0.5m。

计算结果可以说明在未来 50 年，热棒对冻土路基起到了很好的降温效果，但如果 30 年以后热棒失效停止工作，地温有所回升（见曲线中第 50 年曲线，热棒一般寿命为 30 年，计算条件第 31 年开始均按无热棒），但仍较无热棒路基地温低。说明热棒的降温效果好，冻土退化的危险在热棒的作用下将被解决。

从图 4-52a）图中可以看出，在未来的 50 年里，无热棒路基中心的最大融化深度（距路基顶面）随着气候变暖逐年增加无明显变化，路基温度也逐年升高，但变化不大。从图 4-52b）中可以看出，在未来的 30 年里，由于热棒的降温作用，路基中心的最大融化深度没有明显的增加，冻土地温有明显下降。在未来 50 年，由于热棒停止工作，在气候变暖的情况下冻土温度有明显的增高。

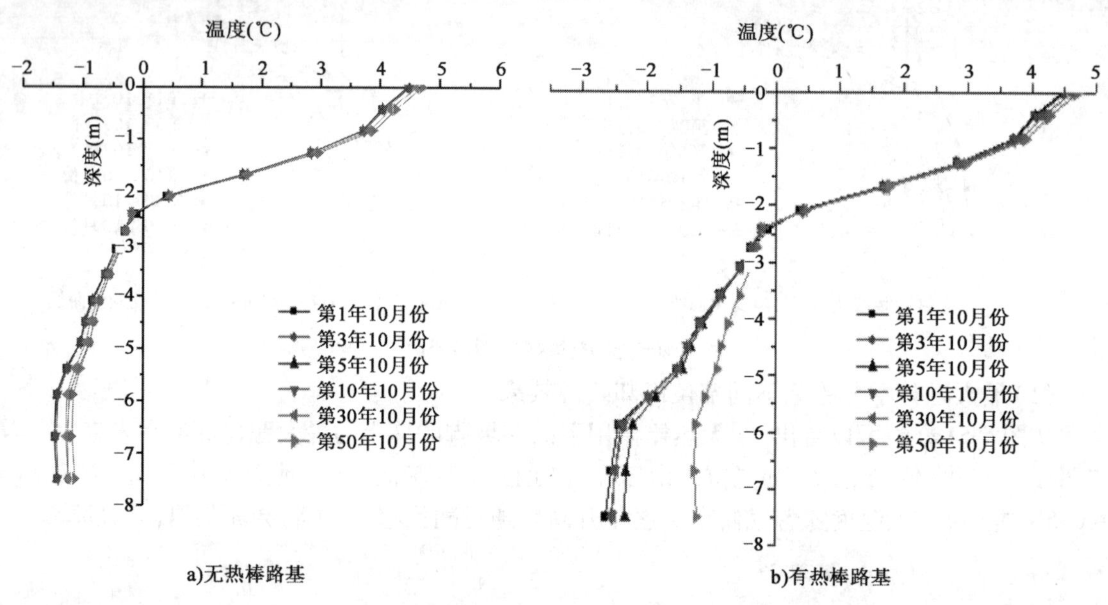

图 4-52　路基中心地温沿深度变化

从图 4-53a）中可以看出，无热棒作用下，路基修建的 50 年里，右坡角的冻土温度逐年升高，最大融化深度无显著的增大。从图 4-53b）中可以看出，由于热棒的降温效果，冻土在未来 30 年内地温逐年降低，融化深度也有所降低，说明热棒的降温效果明显，很好地保护了冻土。左坡（阳坡）设有两排热棒，而右坡（阴坡）设有一排热棒，阳坡与右坡的地温基本相同，甚至更低，由此说明热棒的降温效果已经完全抵消了路基走向带来的阴阳坡问题，这与实际试验情况相符。

（2）最大季节融化深度变化。

表 4- 47 列出计算条件下不同年份填土路基各部位的融化深度变化，表 4- 48 列出计算条件下不同年份热棒路基各部位的融化深度变化。根据这些变化绘制的图 4-54 清晰的显示了埋设热棒以后 50 年内路基不同部位最大季节融化深度的变化趋势。

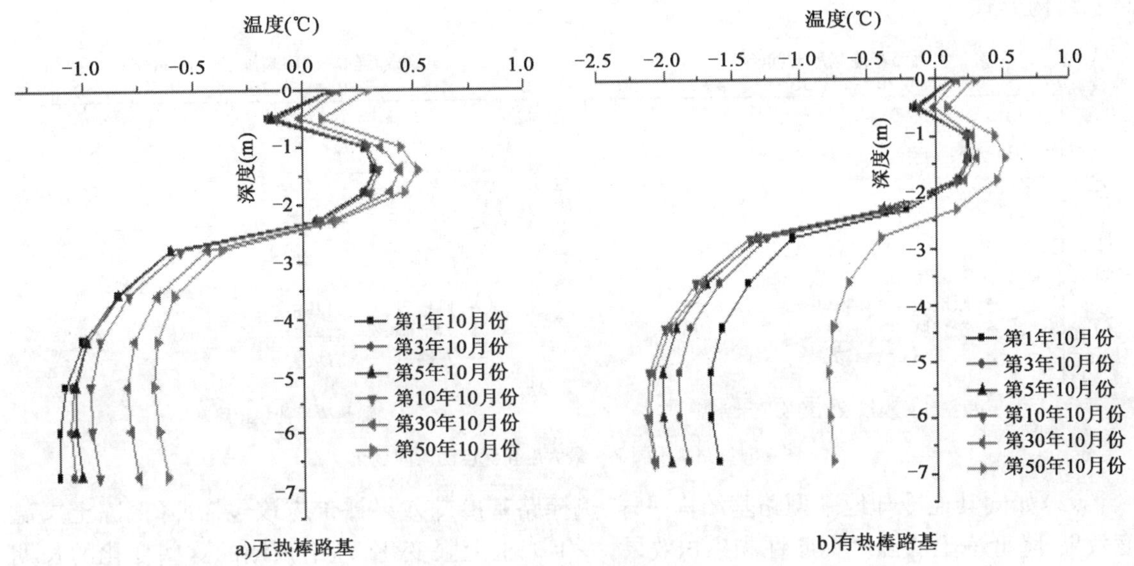

图 4-53　右坡脚地温沿深度变化

填土路基各部位的融化深度　　表 4-47

日　期	原地表(m)	左坡脚(m)	左肩(阳坡)	路基中心(m)	右肩(阴坡)	右坡脚(m)
第 1 年 10 月份	3.260	2.301	3.101	2.290	2.988	2.316
第 3 年 10 月份	3.451	2.368	3.116	2.307	3.075	2.382
第 5 年 10 月份	3.509	3.394	3.245	2.314	3.183	2.403
第 10 年 10 月份	3.982	2.411	3.429	2.323	3.336	2.479
第 30 年 10 月份	5.269	2.429	3.457	2.377	3.390	2.833
第 50 年 10 月份	10.573	2.489	3.599	2.428	3.468	2.915

注:路基中心融化深度是从路基顶面算起,其余部位均是从天然地面算起。

加热棒后的填土路基各部位的融化深度　　表 4-48

年　份	原地表(m)	左坡脚(m)	左肩(阳坡)	路基中心(m)	右肩(阴坡)	右坡脚(m)
第 1 年 10 月份	3.260	1.894	3.059	2.228	2.667	1.907
第 3 年 10 月份	3.425	1.916	3.104	2.291	2.916	1.932
第 5 年 10 月份	3.509	1.954	3.115	2.297	3.010	1.985
第 10 年 10 月份	3.798	1.984	3.334	2.305	3.167	2.004
第 30 年 10 月份	4.475	2.010	3.395	2.314	3.288	2.093
第 50 年 10 月份	5.380	2.367	3.571	2.335	3.314	2.488

注:路基中心融化深度是从路基顶面算起,其余部位均是从天然地面算起。

从以上图表中可见,柴木地区典型断面填土路基在施工完成后 50 年内各部位的融化深度逐渐增加(人为上限逐渐降低)。而且在同一时期,加热棒后的填土路基的融化深度均小于填土路基的融化深度,这说明热棒结构路基可以抵消气候变暖的影响,可以保证路基的稳定性。

综上所述,热棒路基应用关键技术和冷却效果主要包括以下几个方面的内容:

(1)热棒是一种特殊的高效传热元件,除了制作过程需要从工艺上保证它的传热性能以外,工程应用需要根据冻土环境条件确定合理的构造尺寸,根据工程目的确定埋设位置和热棒路基结构形式。

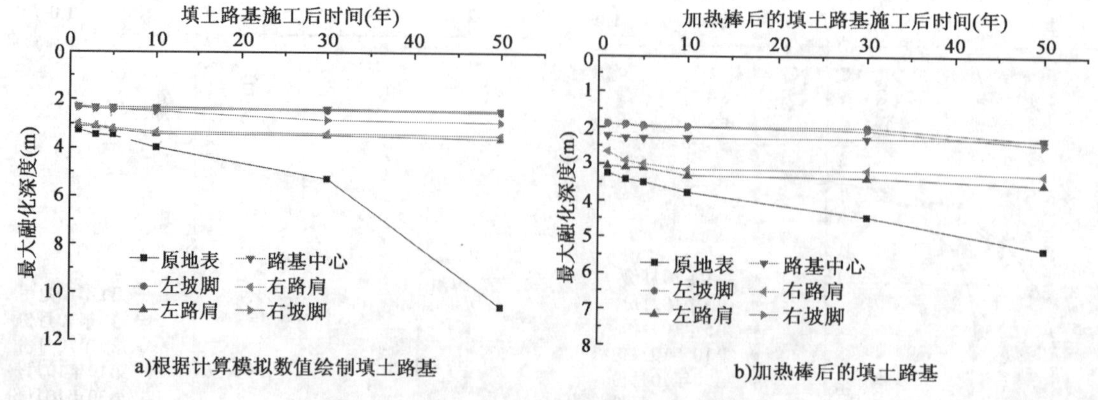

图4-54 路基不同部位最大融化深度随时间变化

(2)如同其他冷却地基型路基结构一样,热棒路基冷却效果评价应该包括:降低冻土层温度效果,降低冻土层温度程序性和累积效果,多年冻土上限变化,理论预测的这些变化的长期效果。并且结合冻土环境变化综合评价其应用效果。

(3)热棒的散热导冷作用逐年累积,这表现在不同深度地温有逐渐降低趋势,不同部位土体温度的负积温值明显大于天然条件负积温值,这是降低土体温度的来源。和其他冷却地基的结构一样,热棒结构发挥作用也是需要一定时间的能量累积过程,才能逐步发挥保护冻土的作用。

(4)热棒路基类型主要有:路肩热棒。是以增加地基土体冷量储存,抬高路肩部位基底多年冻土上限为目的;坡脚和护道坡脚热棒。是以增加地基土体冷量储存,抬高坡脚部位基底多年冻土上限为目的;斜插热棒。是以增加地基土体冷量储存,抬高坡脚和路肩部位基底多年冻土上限为目的。尽管不同形式的热棒路基结构都能够增加地基土体冷储量和抬高相应部位多年冻土上限,但是根据路基变形资料和地温场资料分析,坡脚和护道坡脚热棒路基结构在减少路基横向变形差异、抑止纵向裂缝发生的效果更好。这是因为埋设在左右坡脚和两侧护道的热棒可以有效的减小路基横向地温场的差异,人为使上限形态平顺,有利于减缓路基横向不均匀变形。

(5)室内试验研究证明:饱和土壤埋置热管后的冻结过程是将自上而下的单向冻结改为垂直和水平方向的多向冻结,从而抑制了冰透镜生成。这一点可以说明:热棒控制融沉冻胀的机理是通过在寒季增大土壤冻结速率并改变土壤冻结热流方向,将天然地面自上而下的单向冻结改变为垂直和水平方向(热棒径向)的多向冻结,从而抑制了冰透镜的形成,达到控制冻胀的目的,因此使得暖季也可以减少融沉。

尽管热棒是一种冷却效果无可置疑的传热元件,但是具体应用到工程上的结构形式需要根据工程目的效果和热棒的一些技术参数灵活设计和施工。

热棒自身的作用无论如何都不会改变整个自然界庞大的地温场状态,也不可能抗拒自然界温度变化的巨大威力,热棒和热棒工程结构形式所起到的作用是局部增加地基土体在某个时间段的冷量储备,增加地基土体在某一段时间的热惰性,减缓温度升高导致突发性灾难的可能。

4.2.4 遮挡式路基结构

气温是多年冻土变化的能量来源,气温受太阳辐射的直接影响,而气温对多年冻土的影响,是以地表温度作为其能量标志和量度的,如果能够阻断太阳的直接辐射,降低了地表温度,也就从能量来源上减少了对多年冻土的热扰动。遮挡式路基结构正是出于这种考虑而提出并开始在冻土工程中应用的。

4.2.4.1 遮挡式路基结构工作原理

路基作为连续条形冷生结构建筑,没有连续热源,太阳辐射热是影响路基地温场(主要是多年冻土年变化层以上)的唯一能量来源。如果采用一定的措施对太阳直接辐射予以遮蔽,就可以减少从路基表面传入地中的热量,防止或减少基底的热融影响。遮挡式路基结构就是利用遮蔽反射原理,阻止太阳光的直接辐射,减少对多年冻土层的热扰动,提高冻土层的热稳定性,同时减小多年冻土区活动层的厚度,降低冻土的热融敏感性,从而保持路基结构在一定的变温幅度内能够保持稳定。

遮挡式路基结构从传热理论上讲,是通过调控辐射为主控制路基温度场的一种工程结构形式,遮挡式路基结构的工作原理本质上通过调控辐射、调控热传导和调控热对流三种方式调控地温场,以求达到冷却地基土体保护冻土的目的。当一种结构仅仅是力图通过阻隔或削弱某种热传导方式来改善地基土体地温场状态,这种结构应该是一种被动冷却地基的结构方式;当一种结构可以通过改变热传导条件的方式来改变地基土体温度场状态,尤其从影响传热效果的根本条件上去调控达到冷却地基土体目的,这种结构应该是一种主动冷却地基的结构方式。

从工作原理上讲,遮挡式路基结构是一种应用前途广泛的主动冷却地基的结构形式。

遮阳棚的主要优点是它既能遮蔽太阳对路面和路基边坡的辐射,又能有效地防止夏季降水渗入路基和冬季降雪覆盖路面,并且能够保证路基的整个横断面利用年平均负温的外部空气进行自然和均匀的通风。在修筑遮阳棚的地方,只要注意遮阳棚顶散水的排泄路径,可以有效消除路堤变形的主要根源——路堤基底多年冻土层退化融蚀,进而消除路堤产生的变形。

当列车通过搭建有遮阳棚的线路时,受大气自由和强制通风的影响,会增大涡流热交换和路面的蒸发,对土体起到冷却作用。

遮阳棚对路堤堤身和基底土的冷却作用,类似于多年冻土地基上的房屋和建筑物地下室利用室外空气自然通风对地基实施冷却作用。为了提高遮阳棚对太阳辐射的反射率,增加遮阳棚防辐射效果,在遮阳棚外表面涂上具有高反射性质的涂料油漆,例如涂上白色或银白色油漆材料,效果会更佳。

遮阳棚的另一优点是它能有效地防止夏季降水渗入路基和冬季降雪覆盖路面,防止了外来水热侵蚀。

在多年冻土区采用遮阳棚不但造价上相对比较便宜,而且技术上的优点也是十分明显的,因为在遮阳棚下面能可靠地保证路堤及整个基底处于多年冻结状态,而采用气液热装置的有效半径只有1.5m,只能冷却路堤坡脚的边缘地带,而不能消除基底正中部分冻土融化的危险。这一结论在前苏联别尔卡基—托模特—雅库茨克的新建铁路线上和外贝加尔的铁路上进行的遮阳棚实地效果试验中,得到充分印证。

我国第一次进行遮挡式路基结构的实体试验是在1997年,当时作者和研究课题组成员与俄罗斯学者 B·Γ·康德拉季耶夫合作在青藏高原风火山试验路基的浅路堑地段进行了全断面整体式和局部边坡遮阳板试验,试验观测一直持续近十年,取得明显的预期效果。

青藏铁路建设后期作者主持的病害整治技术储备课题与中国科学院在北麓河试验段进行了路堤边坡遮阳板试验,以及中国科学院在青藏公路路堤边坡进行的遮阳板试验都也取得明显效果。

4.2.4.2　遮挡式路基结构应用形式

遮挡式路基结构分为路基全断面遮挡和局部遮挡两大类，前者主要用于路堑，后者则可以广泛应用于各类边坡和护坡热融防护。

俄罗斯学者 B·Г·康德拉季耶夫最早提出并设计的防融蚀遮阳棚结构，就是遮蔽防护措施的典型代表。这种结构既可用于路堤，也可用于路堑，使其免受直接的太阳辐射和雨雪水的影响，而且在风向适宜、尤其当列车通过时，棚内路基受到大气自由和强制的通风，会增大涡流热交换和路面的蒸发作用，增加了对路基土体的冷却作用。

B·Г·康德拉季耶夫提出三种模式：圆形、多边形和单一形，认为采用遮阳棚的优越性在于能有效地保护路堤、边坡和邻近的区域。为了提高遮阳棚对太阳辐射的反射率，增加遮阳棚的防辐射效果，在遮阳棚外表面涂上具有高反射性质的涂料油漆，例如涂上白色或银白色的油漆材料，效果会更佳。本书作者曾经于 1997 年开始和 B·Г·康德拉季耶夫进行了遮挡式路堑结构试验，将其提出的遮阳棚构造形式分为边坡遮挡和路基本体遮挡两种形式，并在风火山冻土试验路基的地下冰路堑段开展了两种简易式遮阳棚试验（图 4-55）。

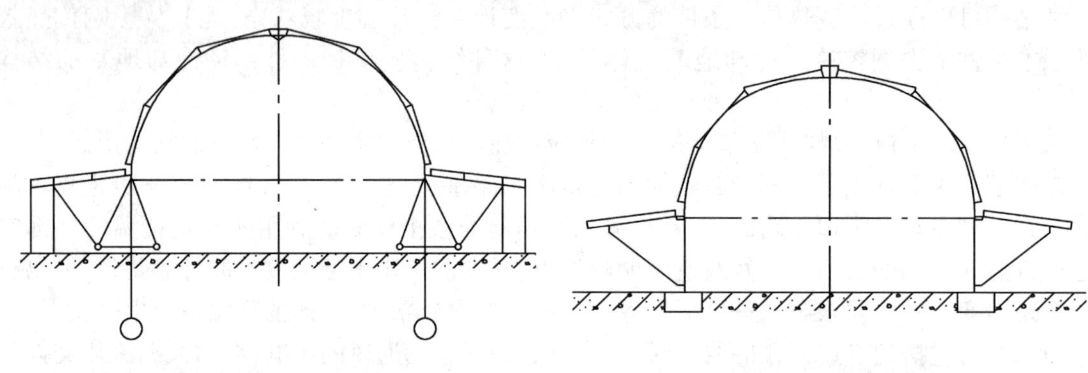

图 4-55　遮阳棚两方案的横断面示意图

青藏铁路和青藏公路目前已经在实体工程上应用的遮挡式路基结构形式有以下几种：

（1）全断面路基基床遮挡：对路堑基床部分进行全断面遮挡，这种遮挡方式特别注意遮阳棚顶面散水的排泄方向需要和路基侧沟排水结合，还要注意与路堑边坡交接位置的遮挡，避免造成局部热传导的集中效应形成局部热融不均衡。全断面遮挡对遮阳棚结构强度要求较高，主要考虑列车行驶气流涡旋对棚顶的作用力和自然风力通过遮阳棚产生的作用力。

（2）路基边坡局部遮挡：对路堑或路堤的边坡进行局部遮挡，这种遮挡方式需要注意路堑边坡坡顶的延伸遮挡和遮阳棚棚顶散水的排泄方向，对路堤遮阳板需要注意路肩部位的延伸遮挡和坡脚部位的延伸遮挡以及遮阳棚散水在坡脚的排泄。

所有遮挡方式都应该遵循一个原则：避免遮挡对路基横断面变坡点附近热传导造成的局部集中，避免局部热融对路基稳定性影响。

4.2.4.3　遮挡式路基结构应用效果

我国在遮挡式路基结构应用和研究主要有：

（1）中铁西北科学研究院 1997 年与俄罗斯学者 B·Г·康德拉季耶夫开始在青藏高原风火山试验路基的不同地段进行的全断面路堑遮挡式路基结构试验，路基边坡局部遮阳板试验。

（2）中铁西北科学研究院 1997 年与中国科学院寒旱所冻土工程国家重点实验室合作开

展的遮挡式路堑不同结构形式的室内模型模拟试验。

(3)青藏铁路建设总指挥部与有关科研单位2005年开始在青藏铁路北麓河地段开展的路堤边坡遮阳板实体工程试验。

(4)青藏铁路公司2003年在唐古拉山地区修筑的路堑基床遮阳棚工程。

通过早期开展的试验奠定了遮挡式路基结构的应用基础,实体工程应用取得的宝贵经验为大面积推广提供了可能。

1)风火山试验路基(遮挡式路基结构)试验

1997年开始在风火山试验路基进行的遮挡式路基结构试验结果同样证明这种结构冷却地基土体的显著效果。

路基基床遮阳棚部分在DK0+480~DK0+495段进行试验,为满足铁路限界要求,设计高度6.40m,设计宽度6.60m,试验总长度15.00m,采用钢柱加屋架结构形式。共设计6排,间距3.00m。钢柱采用$\phi108\delta6$的钢管,设计埋深3.8m(上限以下2.3m)。接长时用圆形法兰连接;屋架结构采用4号$\delta3$的角钢焊接而成,柱子和屋架部分的连接采用正方形的法兰连接。一段固定,另一端活动,以便于安装和适应高原环境温度的变化。顶面和侧面均采用角钢、扁钢和铁皮组成的复合结构覆盖。顶面的复合结构焊接在屋架上,侧面的复合结构则用U形卡连接在柱子上(图4-56)。

边坡遮阳棚护坡分两段进行试验。一段在DK0+080~DK0+095段右侧路堑边坡,选取中间7.8m作为试验段;第二段在DK0+464.5~DK0+480段左侧边坡,同样选取中间的7.8m进行试验。设计高度离坡面50cm。支柱和横梁均采用$4\phi\delta3$的角钢,柱子埋深50cm,坡面同样采用角钢、扁钢和铁皮组成的复合结构覆盖,并焊接在横梁上。边坡坡面遮掩棚应折弯后延伸超过堑顶1.00m。

遮挡结构的强度和稳定性设计满足抗冻胀、抗弯、抵抗10级以上风,遮阳棚所使用的铁皮刷白色油漆增加反射,由于风火山试验路基工程已完工多年,基地多年冻土的新的热平衡已经形成,试验工作施工应尽量避免对其的破坏;凡破坏部分,竣工后必须按原样恢复。

试验观测项目包括:

(1)路堑遮挡棚顶至地面温度变化观测(遮挡太阳及太阳辐射效果监测)垂挂在棚顶至地面热点偶。

(2)地表以上百叶箱温度观测(遮挡太阳辐射后对气温影响监测)。

(3)路堑中心和边坡中心遮挡结构内外地面温度(含0~-0.2m处地温)观测。

(4)路堑中心孔另加新钻孔(5m)或利用原来孔并制作新热点偶,路堑边坡中心新钻孔及新制作热点偶;结构外用路基上相对应孔以及天然地面孔进行对比观测。

(5)路堑中心和边坡中心遮挡结构内外地面最高最低温度观测对比。

(6)钻孔内不同岩层含水量、容重测试以及导热系数测试用土样采取。

由于在边坡铺设遮阳棚的效果与铺设抛石的效果差不多,对路面中心线下面的路基中冻土上限的影响不是很大,和天然地面的地温相比较,多年冻土上限在最大融深时间(2000年9月30日)抬升只有15cm左右。

DK0+472断面边坡遮阳棚紧靠DK0+487断面的路堑遮阳棚,温度观测以后者为主,对前者完整地进行了为期1个月(2001年1月份)遮阳棚内外地表平均温度的对比观测,对比曲线如图4-57。由图4-57可以发现棚内地面平均温度比棚外低出6~15℃,尽管如此,对路堑中心下面的多年冻土上限影响不大,上限抬升并不明显,也仅仅对边坡上的冻土有一些保护作

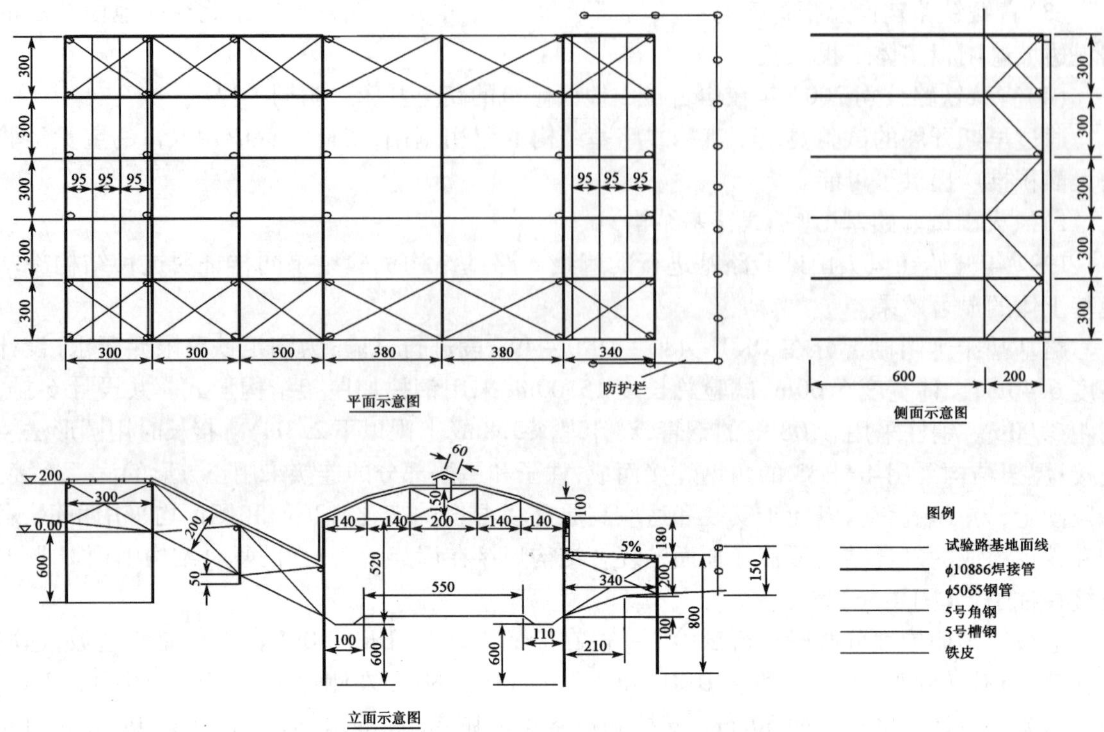

a)1997年开始进行的风火山试验路基遮阳棚结构图(尺寸单位：cm)

b)风火山试验路基遮阳棚（左）和遮阳板边坡（右）

图 4-56　风火山试验路基遮阳棚与遮阳板结构图

用,与抛石护坡极为相似。

国内外研究多的遮阳棚类型还是多为架设在路面上空的遮阳棚,类似于图 4-56b)所示的 DK0 +487 断面的遮阳棚。为了观测遮阳棚对路基下面冻土温度场的影响,设置了 5 个地温观测孔,还在远离遮阳棚的天然地面设置了一个地温对比观测 6 号孔,遮阳棚沿试验路堑走向为东北—西南走向,1 号孔在阳面,5 号孔在阴面。

2000 年 6 月底加固遮阳棚以后从 7 月 16 日开始观测,图 4-58b)为刚完工后半年内(从 2000 年 7 月 16 日 ~2000 年 12 月 31 日)的遮阳棚内外地表平均温度观测结果对比,可以看出:遮阳棚内地表平均温度比遮阳棚外地表平均温度低出 8℃左右,图 4-58c)为修筑好遮阳棚后观测到的1年内(从2000年7月16日～2001年8月28日)的遮阳棚内外地表平均温度观测结果对比。从图4-58c)可以看出,遮阳棚对路基下多年冻土不论在高温季节还是低温季节都有很好的保护作用。遮阳棚里面地表均温比棚外最少低出5℃左右,最多低出15～20℃左右,且在低温季节(冬季)二者相差较少,在高温季节(夏季)二者相差较大,但棚内地表年均低温始终保持在0℃左右。这表明在日照强烈的高温多年冻土区,采用遮阳棚对路基地下多年冻土的保护就目前来说具有独一无二的作用。图4-58b)和图4-58c)只是针对地表温度情况而言,而图4-59和图4-60分别为DK0+487断面修筑遮阳棚前后一年最大融深时(1999-9-23、2000-9-30和2001-9-30)的地温对比图,图4-61为天然孔(地温对比孔)的三年的地温曲线。各个测温孔在加盖遮阳棚后所测得的冻土上限比加盖前均有抬升,其中在遮阳棚内的2号、3号和4号测温孔冻土上限抬升剧烈,远离遮阳棚的6号天然孔上限抬升不明显,甚至下降,各个测温孔上限变化数值如表4-49所示。

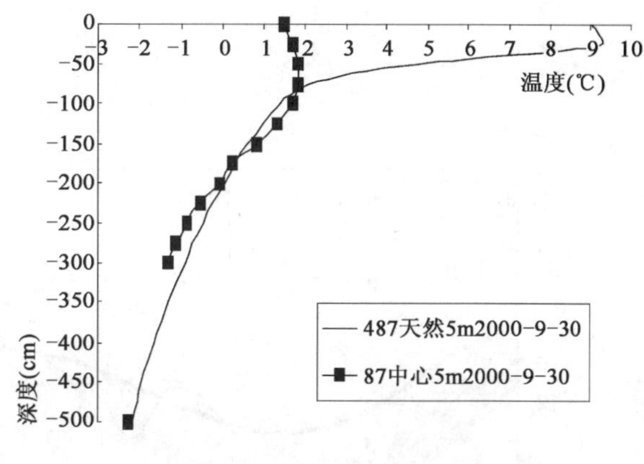

图4-57 DK0+87断面中心5m孔与DK0+487天然孔地温对比

根据以上所说图和表4-49,可以得知,由于2号、3号和4号孔位于遮阳棚内,因此冻土上限抬升巨大,2号孔靠阳面,抬升稍少一些,有110cm左右;4号孔靠阴面,冻土上限抬升稍多一些,有128cm左右;路堑中心孔抬升最多,达140cm左右,整个路堑路基下多年冻土上限平均抬升了126cm左右,这一结果和室内模型试验结果相一致。1号、5号和6号孔位于遮阳棚外,1号孔和5号孔主要受大气的影响,冻土上限随气温变化而变化,由于它们分别紧靠遮阳棚的阳面和阴面,所以部分受到遮阳棚的影响,它们多年冻土上限也分别抬升了11cm和37cm左右;6号孔为远离遮阳棚的天然孔,只受大气影响,随着气温的升高,冻土上限也随之下降,其下降值11.42cm,设置该孔目的是为了进行地温对比。

DK0+487断面各个测温孔多年冻土上限及其加遮阳棚后的抬升数值 表4-49

名　称	1号孔	2号孔	3号孔	4号孔	5号孔	6号孔
1999-9-23融深(cm)	185.78	235.00	237.32	235.59	235.34	214.20
2001-9-30融深(cm)	175.00	125.00	97.17	107.80	198.50	225.62
上限抬升值(cm)	10.78	110.00	140.15	127.79	36.84	-11.42

总的来说,遮阳棚对路基底下冻土的降温效果远比抛石护坡好,对路基下冻土的保护起着至关重要的作用。遮阳棚对路基土的降温效果明显,从观测看,棚内地表均温比棚外低出8～15℃,最大达24℃,使得多年冻土上限抬升剧烈,能够完全保证路基的稳定。遮阳棚对路基底下土降温在高温季节明显,相比较之下,低温季节效果稍差一些,但均比抛石护坡效果好。遮阳棚遮挡路面这一措施特别适合在高温多年冻土区以及太阳辐射较强烈的冻土区采用,能够有效地保护冻土。

2)遮挡式结构室内试验

针对风火山遮阳棚试验路基冻土环境条件和工程条件,中铁西北科学研究院和中国科学院冻土工程国家重点试验室合作进行了室内模型模拟试验。

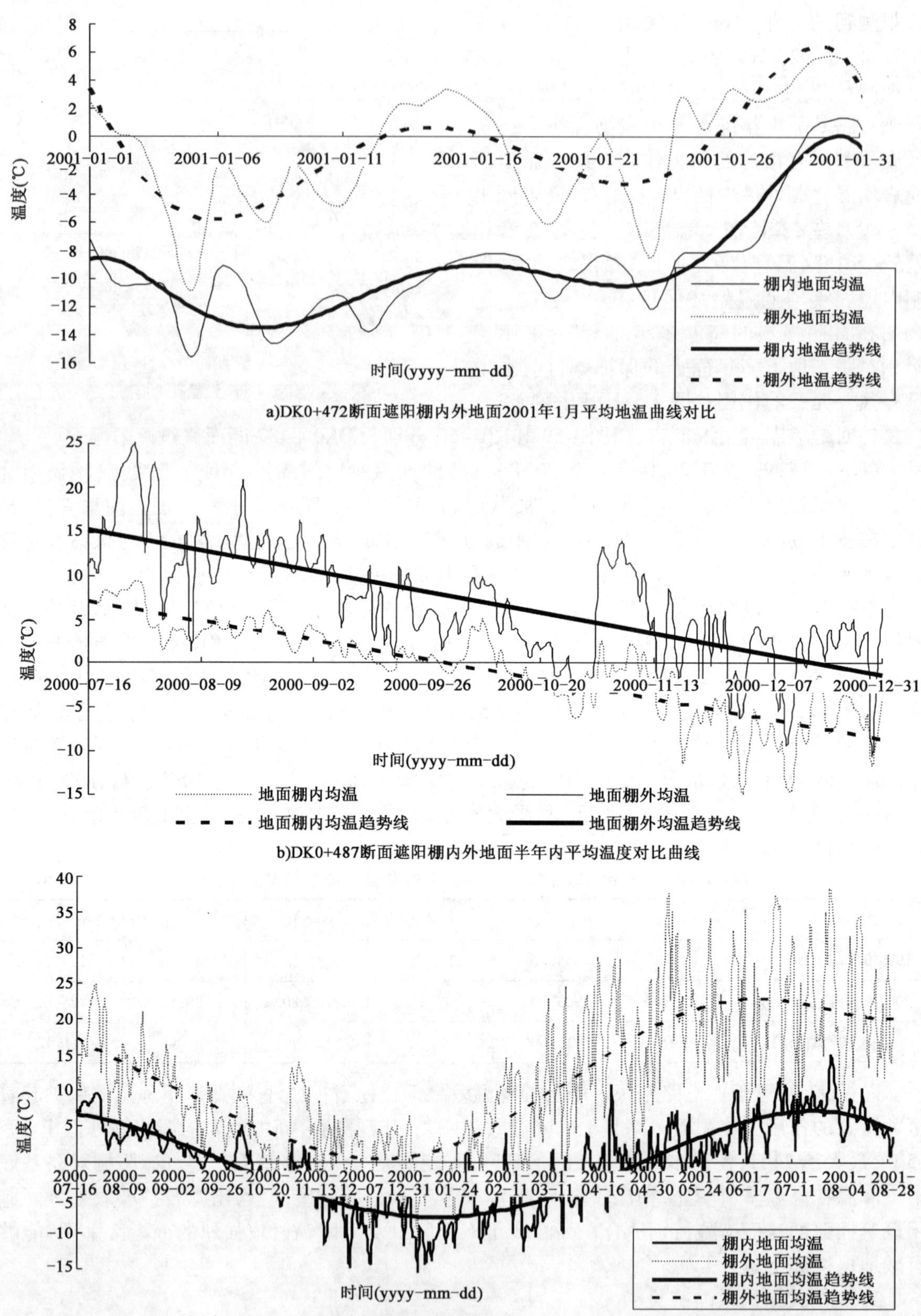

a)DK0+472断面遮阳棚内外地面2001年1月平均地温曲线对比

b)DK0+487断面遮阳棚内外地面半年内平均温度对比曲线

c)DK0+487断面遮阳棚内外地面1年内平均温度对比曲线

图4-58 不同断面处遮阳棚内外地面不同时期内平均温度对比曲线

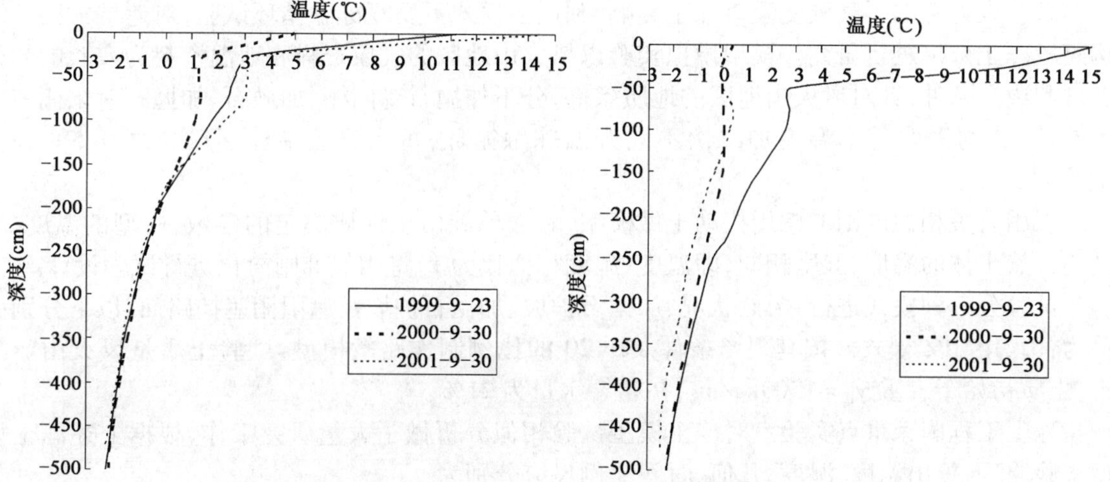

图 4-59　1 号孔和 2 号加遮阳棚前后 1 年地温曲线

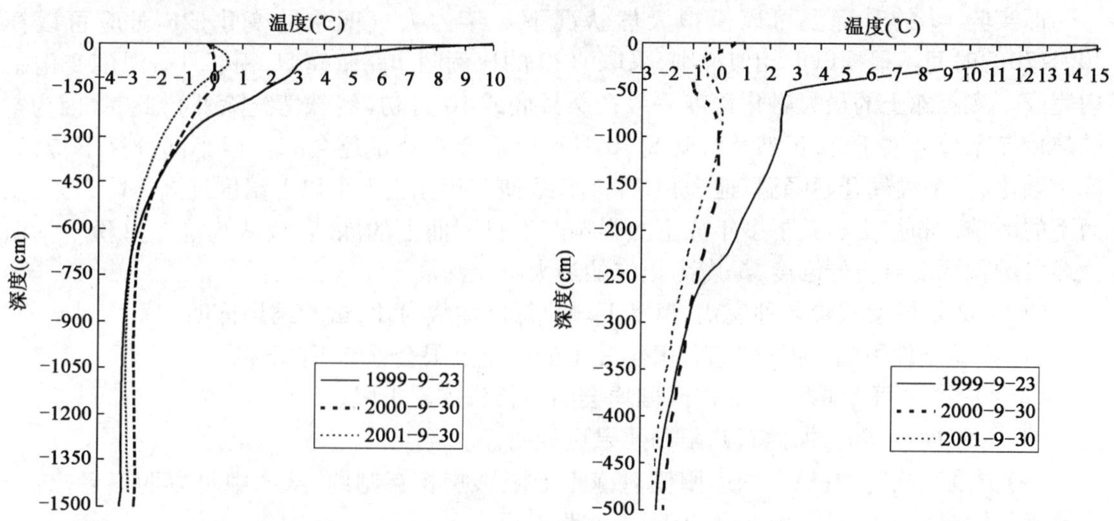

图 4-60　3 号孔 4 号孔加遮阳棚前后 1 年地温曲线

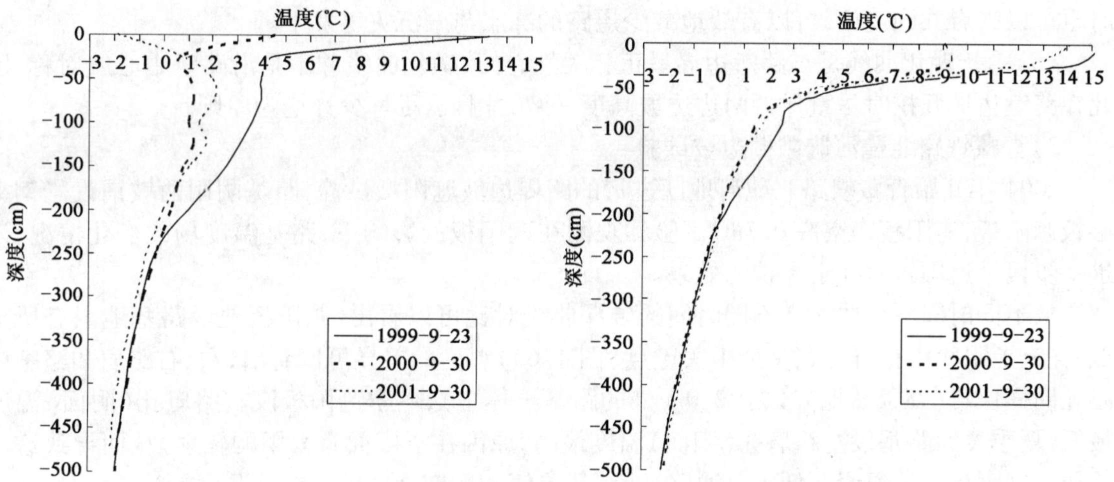

图 4-61　5 号孔和 6 号孔(天然)试验期地温曲线

试验设计考虑了气候变暖对冻土影响，利用多模式下反复冻融循环试验，对遮挡式路基结构路堑冻土效果进行研究。模型模拟实验以风火山地区的气象资料和地温资料为实验的初始条件和边界条件，针对风火山地区的地质条件，分不加抛石遮阳棚、加抛石、加抛石遮阳棚三种不同情况，均采取基本温度加二次不同升温冻融循环，每次温控指标逐级提高 0.5℃进行试验。

引用有关相似准则考虑用扰动土做模型，略去单纯由土性质决定的参数，模型的温度、湿度与天然土体的温度、湿度相同，即温度、湿度相似比为1，将相似准则简化进行试验设计。

试验分三种模式进行：天然状况、加抛石护坡、加抛石护坡及遮阳棚遮挡路面，以下分别简称为：BJ、JP、JPZ 模式。按其现场条件及1:20 的比例制作路堑模型，试验土质是风火山亚黏土，土质初始干容重 $\gamma_d = 1500\text{kg/m}^3$，初始含水量为21%。

冻土工程国家重点实验室对冻土模型试验相似分析做了大量研究工作，根据上述冻土模型实验原理，提出温度、湿度、几何、时间比例尺应分别为：

$$C_T = 1, C_\theta = 1, C_l = 19.1, C_t = C_l^2 = 19.1^2 = 365$$

即实验 1d 的升降温可以模拟天然状况下一年内大气四季的变化，2h 对应可以模拟 30.417d的时间。根据以上相似准则，采取1:20 的比例制作路堑模型，相邻月份温度变化在2h内完成。多年冻土的最大融化深度一般在 9 月底或 10 月初（特殊情况除外），此时，因为空气的热传导系数远大于土，虽然 9 月底或 10 月初以后土中热量还会有一很小部分往下传，导致冻土融化，但是大气开始降温，地表很快冻结，致使多年冻土上限以上温度逐渐下降，形成从上而下的冻结，同时，由于其下多年冻土的影响产生自下而上的冻结，故认为取该月份平均温度为最大融化深度对应的温度，深度为相应的最大融化深度。

图 4-62 是模型试验各种模式、温度下融化深度曲线对比，试验结果证明：

(1)天然条件下随着温度升高，多年冻土的冻土上限会逐渐下降。

(2)同一温度下，加抛石、加遮阳棚均会明显抬升冻土上限。

(3)在温度较高时，加抛石遮阳棚效果更为明显。

(4)温度升高与加抛石、加遮阳棚对冻土上限影响相互制约，从图中可以明显看出：加抛石及遮阳棚对冻土上限影响加剧，有利于道路工程。

(5)在夏季气温较高的高温多年冻土地区，从经济角度出发，采用遮阳棚保护路面，必要时也可以二者共同使用，可以有效地减少道路的冻胀与融沉灾害发生。

(6)由于融化曲线是与路堑边界呈正相关性，导致融化曲线并不是沿路堑中心线对称，因此在路堑边坡开挖时尽量保持两边边坡高度一致，并且以尽量少开挖为原则。

3)青藏铁路北麓河遮阳棚边坡试验

2004 年开始青藏铁路北麓河地区进行的路堤边坡遮阳板试验，路基阴阳两坡铺设彩钢夹心板遮阳板，遮阳板净空高 0.7m，试验和观测在遮阳板的影响下，路基温度场的变化情况，以进一步揭示遮阳板对冻土保护的效果。

从不同时间冻融曲线和不同时间的融深曲线对比可以看出，遮阳板地段路基地温有所降低，冻土上限相应抬升。路基体中关键点（图 4-63）温度的差异可以看出，左、右路肩和路基中心孔同样位置（在天然地表以上 2.0m 处的路基土体中），冬季遮阳板段右路肩孔（阴面）温度最低，夏季普通路基段左路肩孔（阳面）温度最高，原因在于阳面有太阳的辐射，从而导致这一差异。遮阳板段地温明显低于普通路基段，其差值一般在 2～3℃，夏季温度差达 4℃左右，遮挡效果明显。

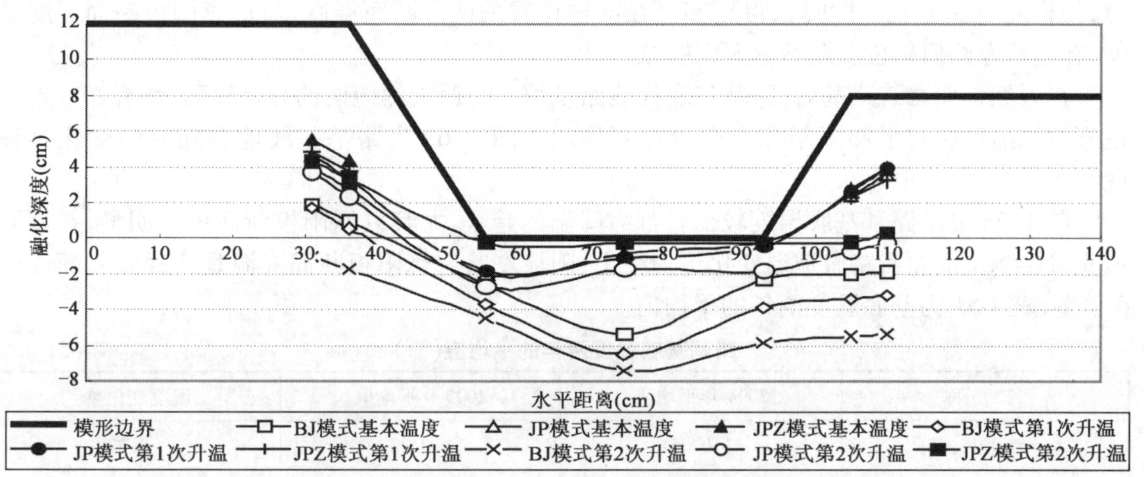

图 4-62　各种模式、温度下融化深度曲线对比图

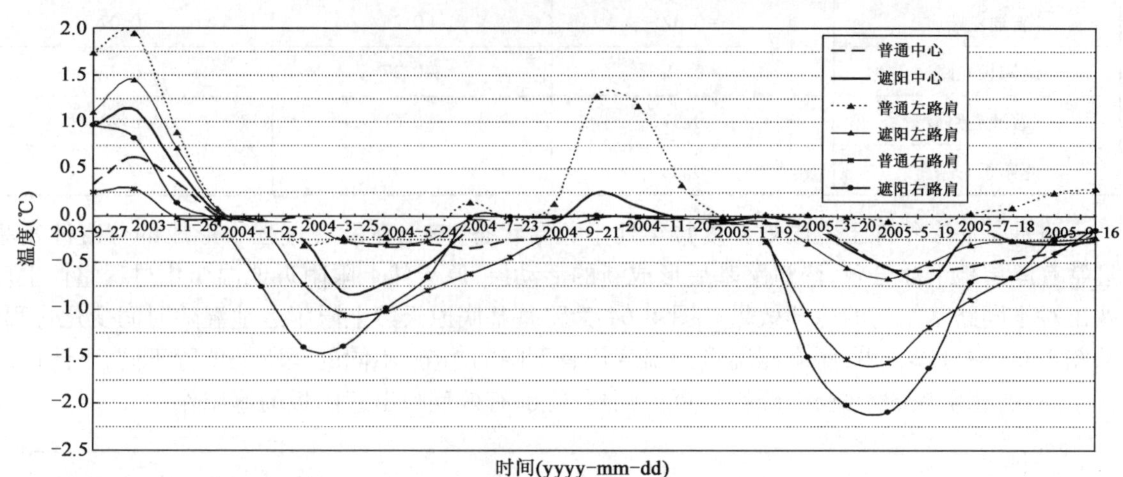

图 4-63　路基基底地温随时间变化过程曲线

根据路基表面浅层地温资料,求得路基表面浅层年平均温度见表 4-50。

路基表面浅层年平均温度(℃)　　表 4-50

名　称	2004 年平均值	2005 年平均值	温度变化量
普通中心	-0.94	-0.68	+0.26
遮阳板中心	-0.74	-0.81	-0.06
普通左路肩	+0.76	+0.08	-0.68
遮阳板左路肩	-0.52	-1.28	-0.76
普通右路肩	-1.67	-2.10	-0.43
遮阳板右路肩	-2.68	-3.17	-0.49

从表 4-50 中可以明显看出,设置遮阳板的路基表面温度明显低于普通路基表面温度。普通路基中心表面温度两年内升温 0.26℃,遮阳板断面中心反而降低了 0.06℃;同样,尽管由于路基散热,导致普通路基左右路肩孔都有降温趋势,但由于加盖了遮阳板,阻隔了太阳的热辐

射,使得左右路肩孔温度降低得更多。在同样位置的两个断面温度比较,遮阳板断面温度更低,在阳坡左路肩部位温差达1.3℃左右。

在天然地面修筑路基后,路基基底代表路基填土与原天然地面的一个界面,该界面处地温过程对原活动层及下部多年冻土有着重要作用。图4-63为路基基底地温随时间变化过程曲线。

图4-63显示路基基底温度较低且都有降温的趋势,尤其以遮阳板断面更为明显,在遮阳板直接影响下的左右路肩地温变化更为突出,阳坡左路肩遮阳板断面降温是普通路基断面的6倍多,表4-51为基底温度两年的平均值。

路基基底温度两年的平均值(℃) 表4-51

名　　称	2004年平均值	2005年平均值	温度变化量
普通中心	-0.05	-0.28	-0.23
遮阳板中心	0.00	-0.19	-0.18
普通左路肩	+0.32	+0.25	-0.07
遮阳板左路肩	+0.18	-0.27	-0.45
普通右路肩	-0.37	-0.61	-0.23
遮阳板右路肩	-0.28	-0.72	-0.44

路基基底多年冻土上限处温度常年处于负温状态,冻土在发展过程中形成的分凝冰富集且常有厚层地下冰分布,修筑路基后形成新的活动层,原天然上限附近地温变化过程整体上反映出对不同路基结构的冷却效果。图4-64为路基基底原天然上限附近地温随时间变化过程。从图4-64中可以看出,所有测温点的温度均有下降的趋势,不同的是所处位置不同,下降的幅度不同,有遮阳板的影响,下降幅度更为剧烈,能够有效反映出遮阳板的遮阳作用。

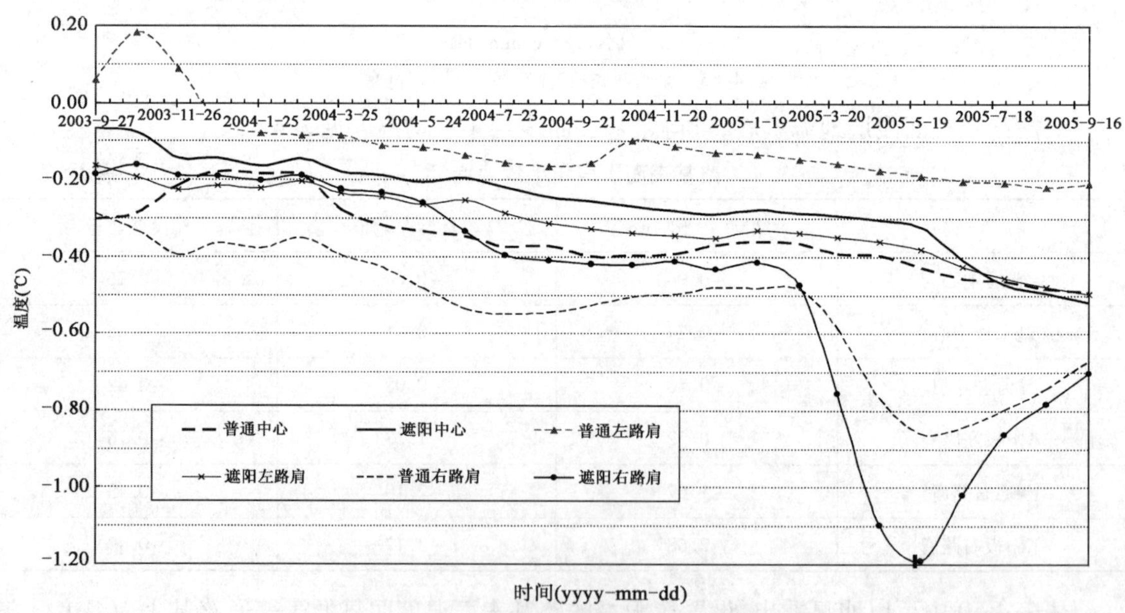

图4-64　路基下原天然上限附近地温随时间变化过程

根据测温资料,求得路基下原冻土上限附近年平均温度见表4-52。

路基下原冻土上限附近年平均温度(℃)　　表 4-52

名　　称	2004 年平均值	2005 年平均值	温度变化量
普通中心	-0.28	-0.41	-0.13
遮阳板中心	-0.16	-0.34	-0.18
普通左路肩	-0.06	-0.17	-0.11
遮阳板左路肩	-0.24	-0.38	-0.15
普通右路肩	-0.42	-0.64	-0.21
遮阳板右路肩	-0.25	-0.69	-0.44

4)路基基底地温曲线分析

根据地温观测资料,我们把测温孔在深度上分别计算出两年来的平均值,图 4-65 为 2004 年和 2005 年平均温度曲线。

结合天然孔以及中心孔的冻融过程线,我们分别找出这两年来最大冻结和最大融深时间,分别比较这两个时间点的断面温度情况,以此比较路基边坡在加盖遮阳板后的影响效果。根据地温观测数据,两年里最大冻结时间分别为 2004 年 3 月 27 日和 2005 年 5 月 7 日,最大融深时间分别为 2003 年 10 月 27 日和 2004 年 11 月 7 日。图 22 ~ 图 29 分别为两个断面在这些时间点的温度曲线。图中粗红实线为 0℃ 等温线,细红虚线为原天然地表,细黄实线为 -0.5℃ 等温线。

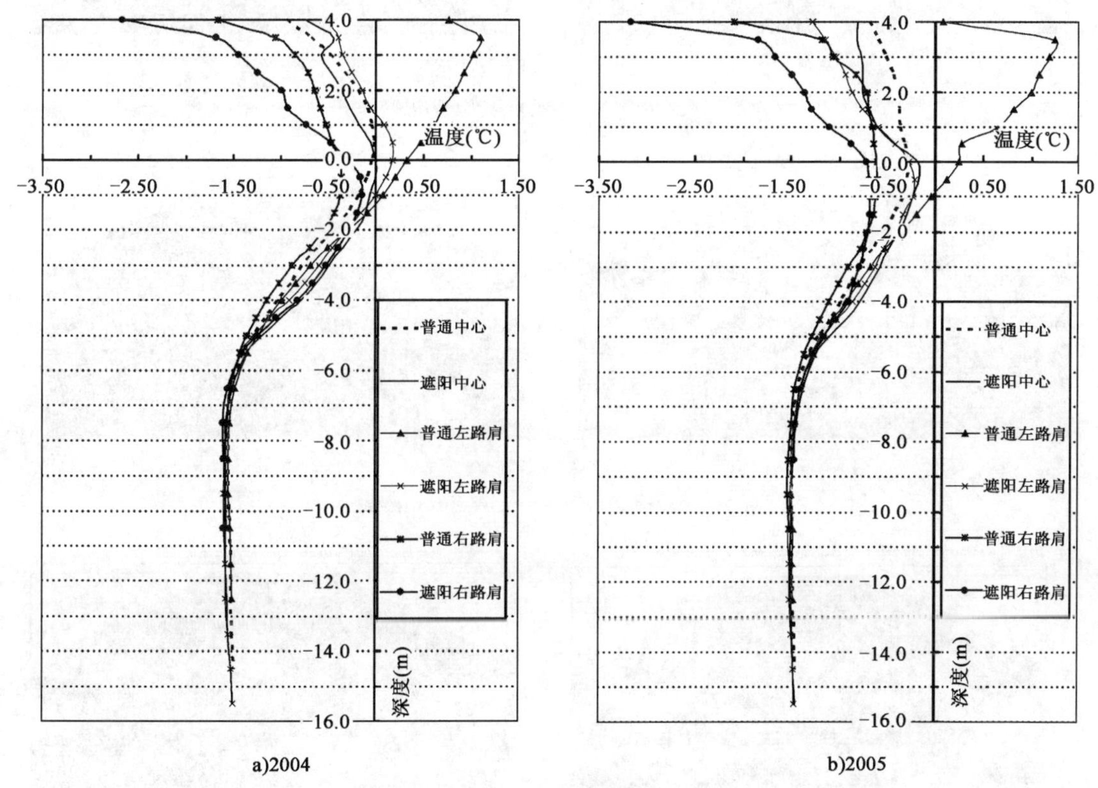

图 4-65　2004 年和 2005 年地温平均温度曲线

比较两年来平均温度值,可以发现随着气温的变化,在普通路基阳坡部位(左路肩)地温也随着升高,可以看出在路基土体中左路肩孔部位温度两年来升高了 0.3℃左右,而加盖了遮阳板的左路肩孔平均温度不但没有升高,温度反而有下降的趋势,从平均值来看,遮阳板断面左路肩全年处于负温状态,有利于路基土体冻土的发展。从各个测温孔平均值来看,加盖遮阳板后或多或少都有下降的趋势,相比较而言,中心孔受遮阳板影响较小,因此下降趋势也相对较小,但比较普通路基断面而言,温度下降趋势还是非常明显的。

在最大冻结时间 2004 年 3 月 27 日时,由于遮阳板刚刚铺设好后进入冷季,遮阳板还没有显示出其优势,因此两个断面在这时的温度曲线差别不是很大,基本上是一致的(图 4-66a)),随着遮阳板经过一个暖季后,到最大融深季节 2004 年 11 月 7 日时,两个断面温度曲线明显不同(图 4-66b)),普通路基温度场表现出明显的不对称性,地表开始回冻,在路基土体大部分位置有一个高温区,温度在 1.0 ~ 1.5℃之间,而遮阳板断面温度曲线就比较均匀并且有很好的对对称性,路基土体中虽有高温区,但其温度还是比较低,只在 0 ~ 0.5℃范围内。其原因在与路基边坡受遮阳板的遮挡,有效地阻隔了太阳的辐射热进入路基土体,大大降低了路基土体的升温幅度,并且还有效地减少了路基阴阳坡的差异。

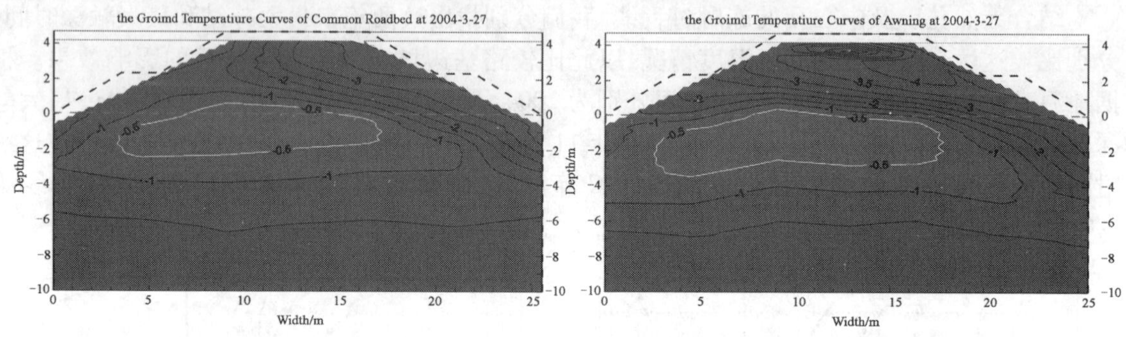

a)普通路基断面(左)和遮阳板护坡路基断面(右)2004年3月27日温度曲线对比

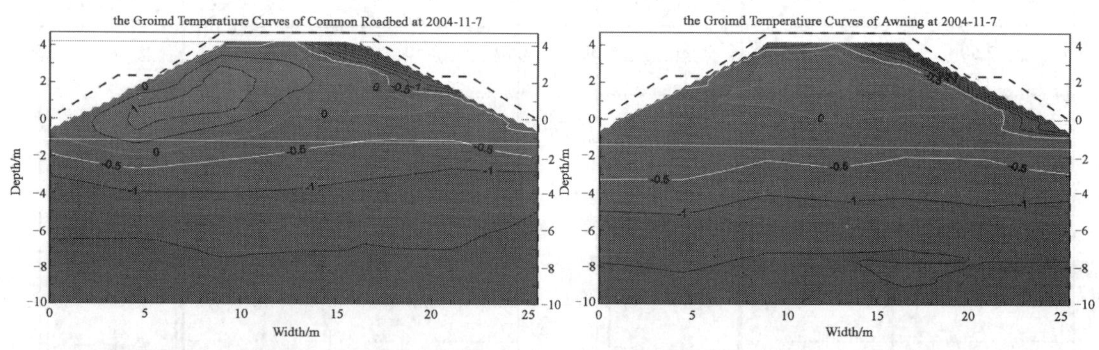

b)普通路基断面(左)和遮阳板护坡路基断面(右)2004年11月7日温度曲线对比

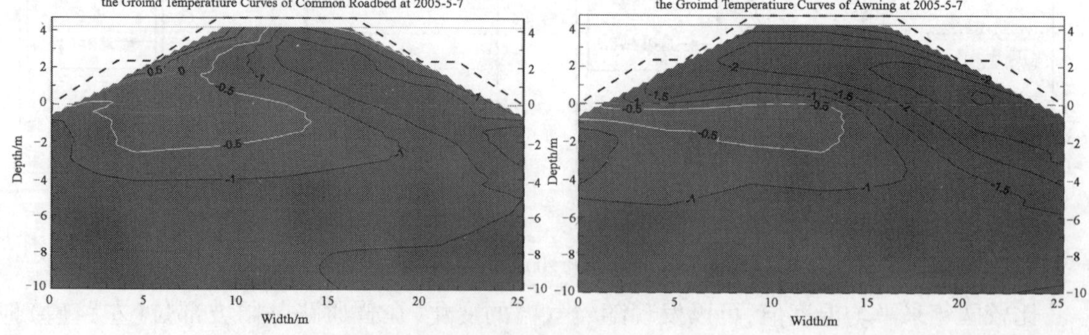

c)普通路基断面(左)和遮阳板护坡路基断面(右)2005年5月7日温度曲线对比

图 4-66　普通路基断面和遮阳板护坡路基断面在不同时间下温度曲线对比

再经过一个冷季，到最大冻结季节2005年5月7日时，两个断面之间温度差异较2004年3月27日明显的多。普通路基由于气温开始回暖，在阳坡位置的左路肩已经开始有融化现象，路基土体大部温度在-1.0～-1.5℃之间；而遮阳板路基断面由于受其作用，路基土体大部还处于较低的温度范围，保持在-2.0～-2.5℃之间(图4-66c))。

表4-53是经过三个冻融循环观测试验观测的路基不同部位最大融深和多年冻土上限变化数据，从表中数据可以看到遮阳棚的遮挡作用对多年冻土的冷却效果最终表现在上限提升的幅度。北麓河的试验进一步说明修筑遮阳棚对减少路基最大季节融化深度和对抬升多年冻土上限有非常显著的效果，遮阳棚夏季对太阳辐射的阻隔作用和冬季阻隔及通风复合作用，最终冷却地基土体，高温多年冻土区如果采用遮阳棚将会收到明显效果。

5)遮挡式路基结构长期冷却效果数值模拟研究

先后进行的遮挡式路基结构对冷却地基长期效果的数值模拟研究，从另一个方面证明这种结构形式的工程效果。

令锋(2002.3)在和中铁西北科学研究院的导师合作进行博士后研究过程中，曾对青藏铁路格尔木—拉萨段冻土路基热状况变化趋势进行了数值分析，数值分析结果证明修筑遮阳棚可以有效地降低路基下多年冻土地温度；还对减少风火山冻土路基最大季节融深有非常显著的效果，棚内外路基的最大季节融深之差可达0.90m左右；同时指出气候变暖对遮阳棚内的冻土路基最大季节融化深度影响很小，这样可以有效地减缓和减少因气候变暖而带来地路基冻土融化的问题。

路基土体各个测温孔最大融深及其上限抬升值 表4-53

孔位	2003融深(m)		2004融深(m)		2005融深(m)		04较03上限抬升(m)		05较03上限抬升(m)		05较04上限抬升(m)	
	普通	遮阳板	普通	遮阳板	普通	遮阳板	普通	遮阳板	普通	遮阳板	普通	遮阳板
左坡脚	-1.74	-2.68	-1.65	-2.39	-2.07	-1.73	0.09	0.29	-0.33	0.95	-0.42	0.66
左护道	-2.24	-2.8	-2.31	-1.37	-2.47	-0.77	-0.07	1.43	-0.23	2.03	-0.16	0.6
左路肩	-1.62	-1.41	-1.26	0.19	-1.13	0.95	0.36	1.6	0.49	2.36	0.13	0.76
中心孔	-0.42	-1.14	0.16	-0.4	0.53	1	0.58	0.74	0.95	2.14	0.37	1.4
右路肩	-0.32	-0.88	-0.02	0	0.08	0.47	0.3	0.88	0.4	1.35	0.1	0.47
右护道	-0.95	-1.92	-0.86	-0.86	-0.86	-0.5	0.09	1.06	0.09	1.42	0	0.36
右坡脚	-1.72	-2.1	-1.7	-2	-1.79	-1.33	0.02	0.1	-0.07	0.77	-0.09	0.67

计算结果表明，修筑遮阳棚后前三年可将冻土路基的最大季节融化深度由1.70m减小为0.90m(图4-67)。在路面温度年增长率为0.020℃/年条件下，遮阳棚内路基下第10年，30年，55年的最大季节融化深度分别为0.90m，0.97m，1.08m，而遮阳棚外路基下对应的第10年，30年，55年的最大季节融化深度分别为1.78m，1.88m，1.97m，棚外棚内路基对应的最大季节融化深度之差达0.90m(图4-67)，修筑遮阳棚对减小路基最大季节融化深度有非常显著的效果。

从图4-67中路面温度年增长率为0.02℃/年条件下，遮阳棚内外冻土路基下4.5m深处地温第30～32年变化过程线可以看到，遮阳棚外路基下4.5m深处每年最高与最低温度分别为-0.7℃和-2.4℃，而遮阳棚内相应的最高与最低温度分别为-2.0℃和-6.2℃，棚外棚内最高温度之差为1.3℃，最低温度之差为3.8℃。修筑遮阳棚可有效地降低路基下多年冻土的温度。为了进一步了解修筑遮阳棚对冻土路基下不同深度处地温的影响,图4-67b)分别给出了路面温度年增长率为0.02℃/年条件下遮阳棚棚外棚内冻土路基第30年温度包络线。可以看到,遮阳棚内路基下不同深度处温度均明显低于棚外路基下对应点的温度。为了考察气候变化条件下遮阳棚的效果,图4-67c)给出了路面温度年增长率分别为0.00,0.02℃,0.03℃和0.04℃/年条件下遮阳棚内冻土路基最大季节融化深度随时间的变化。若路面年平均温度保持不变,遮阳棚内路基下最大季节融化深度在道路50年运营期内相对稳定,取值为0.87m,但当路面温度分别以每年0.02℃,0.03℃和0.04℃增长时,遮阳棚内路基下最大季节融化深度将逐年增大,但融化速率小于0.8cm/年。气候变暖对风火山遮阳棚内冻土路基最大季节融化深度影响非常有限。

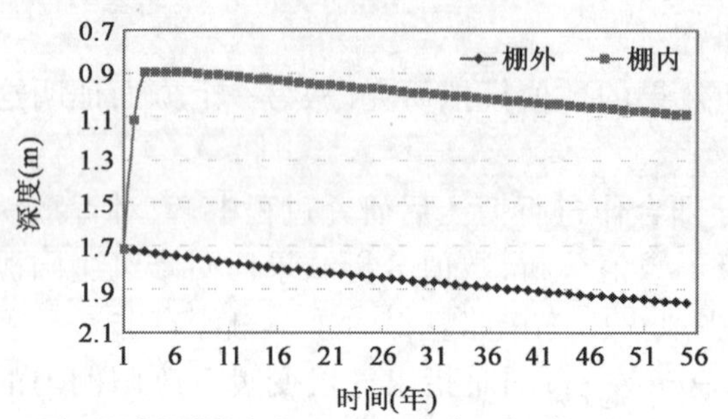

a)路面温度年增长率为0.02℃/年条件下遮阳棚内外冻土路基最大季节融化深度随时间变化过程线

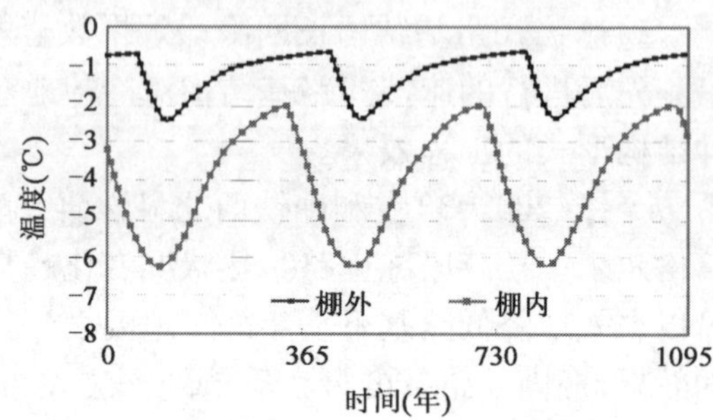

b)路面温度年增长率为0.02℃/年条件下遮阳棚内外冻土路基下4.5m深处地温第30-32年变化过程线

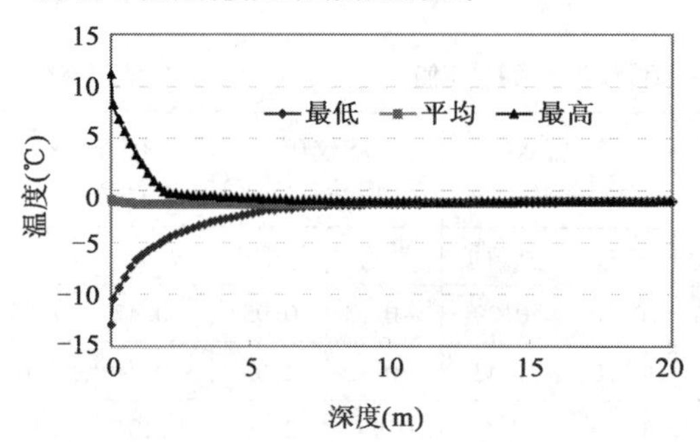

c)路面温度年增长率为0.02℃/年条件下遮阳棚内外冻土路基中心线上第30年地温变化包络线

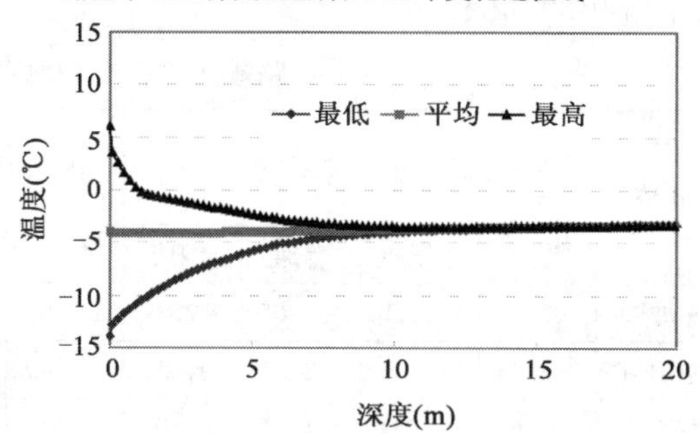

d)路面温度年增长率为0.02℃/年条件下遮阳棚内冻土路基中心线上第30年地温变化包络线

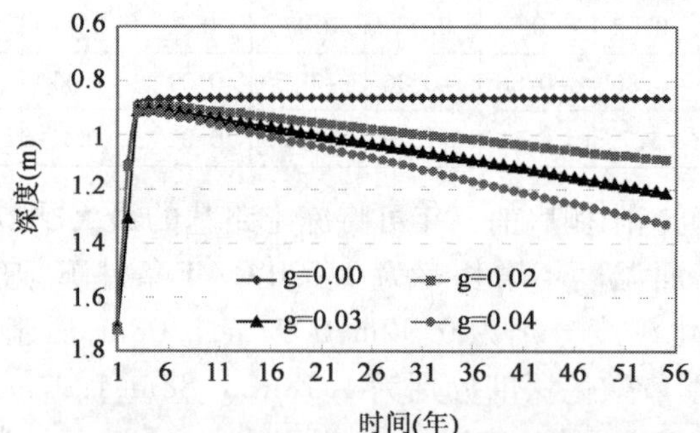

e)路面温度年增长率分别为0.00,0.02℃,0.03℃和0.04℃/年条件下遮阳棚内冻土路基最大季节融化深度随时间的变化

图4-67 遮阳棚内外、冻土路基中心线上地图文化以及路面温度年增长率一定条件下冻土路基最大季节融化深度随时间变化曲线

以北麓河地区气候条件和试验观测数据为计算条件进行的数值模拟表明,加盖遮阳棚能够明显抬升多年冻土上限,降低路基底下土体的温度,对保护多年冻土起到了积极的作用。从

模拟结果来看，在加盖遮阳棚后的第 1 年、第 2 年和第 5 年最大融深时(9 月份)多年冻土上限比天然情况下同时间的多年冻土上限分别抬升了 150cm、156cm 和 180cm，修筑遮阳棚对减少路基最大季节融化深度，降低路基地下土体的温度和抬升冻土上限都有非常显著的效果。在相同气温条件下，遮阳棚对路基底下土体具有良好的降温效果，与天然地面相比较，季节融化深度之差达 150cm 左右。

4.2.4.4　遮挡式路基结构应用范围

综上所述，不同形式的遮挡式路基结构冷却地基土体，保护多年冻土的效果是明确而且明显的。这种效果突出表现在对土体温度的改变，进而但对多年冻土上限的抬升上。

从遮挡式路基结构的工作原理和应用效果看，它的各类结构形式都可以在冻土区广泛推广应用，但是考虑已经开通运营线路的限界和运营安全以及在既有线路施工的局限性，遮挡式路基结构中全断面形式结构应用受到一定局限，局部遮阳板结构，如边坡遮阳板、桥台锥体护坡遮阳板等可以作为病害整治和工程补强工程的备用方案。

4.3　保温型冻土路基结构

多年冻土地区的保温层是保护多年冻土动态稳定、保持多年冻土处于冻结状态必需的一定厚度的覆盖层，多年冻土最原始也是最直观的保温层就是天然上限面以上的土层，也就是最大季节融化深度范围的土层。它是该地太阳辐射与地表热量平衡的产物，它的存在是多年冻土上限面以下多年冻土动态稳定的必要条件。

修筑路基工程以后，为了保持其边坡、基底多年冻土处于冻结状态仍然需要一定厚度的覆盖层，覆盖层可以是填土或工业材料以及它们的组合，这个覆盖层就是路基的保温层。保温型冻土路基结构就是指在路基本体内夹层铺设一层保温材料，利用保温材料的低热导性(热阻)阻隔其上部热量进入下部土层，减少外部热流对多年冻土的热侵蚀，最终能够在一定程度上保持多年冻土的冻结状态。这种方法不是从冷却多年冻土，增加多年冻土本身的冷储量入手，只是被动的保持和保护，因而是一种被动保护多年冻土的工程措施和工程结构。广义的讲，增加路基填土厚度对于基底多年冻土也同样起到一种保护作用，填土高度措施或者换填不同类型土质或改良土体导热性能，都属于这种被动保温型冻土路基结构。

4.3.1　保温型路基结构工作原理

对于冻土路基工程而言，表面热交换条件和季节融化层热学性质的改变引起路基内热量积累的变化导致多年冻土上限下降，铺设保温层目的是补偿这种热量积累造成的上限下降，保持多年冻土上限稳定、甚至抬升。图 4-68 是通常所绘表示多年冻土温度变化的地温曲线，经常用来说明多年冻土沿深度范围地温变化和不同时间温度变化幅度。从不同时间最高温度的包络线与深度轴交点(多年冻土上限位置)变化可以看出保温层的作用和保温效果。

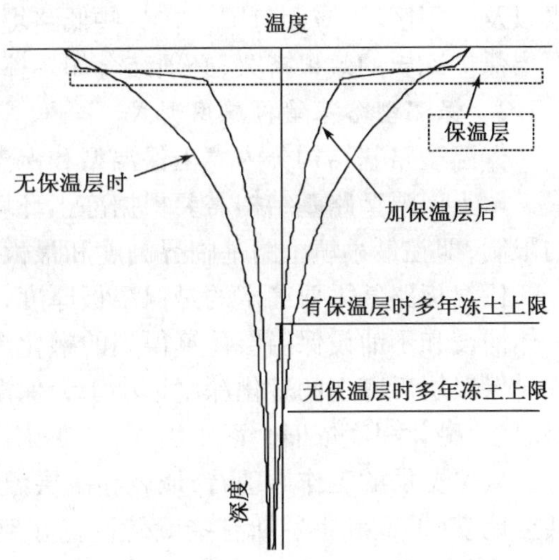

图 4-68　保温层保护多年冻土原理示意图

冻土学基本原理认为：地表年际温度变化近似正弦波曲线，在这样的温度变化边界条件控制下，地表以下土层温度也以相位随深度滞后，振幅随深度减小的周期性波动变化,多年冻土的地温变化可用不同深度土层最高温度和最低温度包络线之间的动态变化曲线表示。最高温度包络线等于冻结温度(通常为0℃)处的深度,即为多年冻土上限位置。

保温材料导热系数与土体导热系数数十倍的巨大差异在保温层上下部产生很大温差,这称之为保温层的热阻效应。热阻效应使保温层下部土体温度最高温度、最低温度年振幅减小,不同时间最高温度包络线与深度轴交点上移,也就是多年冻土的上限位置被抬高,最高温度包络线和最低温度包络线整体上移,处于原来包络线以内。这就是保温层保护多年冻土的基本原理和基本效果(图4-68)。

保温材料的导热系数越小,热阻效应越好,但是这种热阻效应既可以在暖季削弱上部热量向下传输也可以在寒季削弱多年冻土向外散热。增加保温层的结果是改变了多年冻土内部的热周转量,但是最终多年冻土热量平衡的趋势要看吸热和散热的差值来确定。目前来看,路基工程修筑以后土体内部热积累呈发展趋势,保温层只能削弱热积累的发展速率,延缓多年冻土的升温,但不能扭转热积累的发展趋势(图4-69)。另外保温层由于渗水系数较填土小很多,可以阻隔水分下渗对冻土的水热侵蚀,这是保温层的另外一个作用。

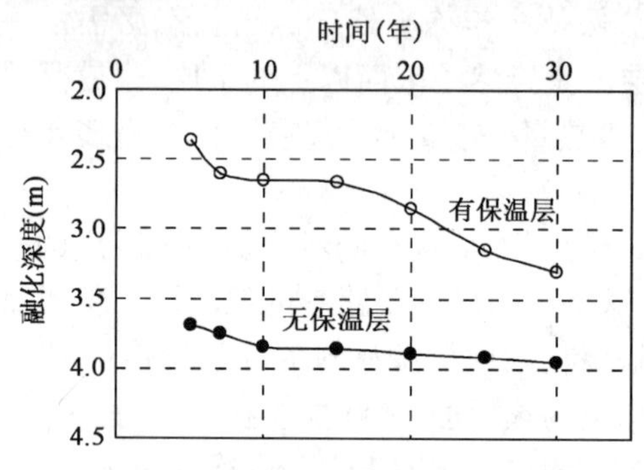

图4-69　有、无保温层冻土融化趋势比较

保温层的这种工作原理对于低温冻土和高温冻土都是一样的,低温冻土区保温层仍然在发挥作用并在一定程度上还有保护冻土的作用,但是并不能下结论认为保温层路基结构适合在低温冻土区使用。应该根据区域气候条件和冻土区线路条件结合其他工程措施综合应用。

保温层的工作原理说明保温层路基结构是一种被动防护热侵蚀的工程措施。同样道理路堤填土的保温作用对于保护多年冻土也是是被动的或适应性的。

对保温型路基结构的应用效果应该从保温层上下温度差、温度积累(积温)、保温层上下土体温度变化进行分析,最终还要看这些变化的累积效应,即多年冻土上限变化综合评价其效果以及应用区域、应用范围。在一些低路堤地段,如果铺设保温层而冻土环境条件又不能使保温层保护冻土的效果持久,必须结合如热棒等冷却冻土的主动工程措施综合应用。

4.3.2　保温型路基结构应用形式

保温型路基结构分为填土保温型和保温板保温型路基结构两类。

填土保温型路基结构需要根据冻土环境条件(气温、多年冻土地温和岩性)确定填土厚度的限制,即在最小填土路基临界高度和最大高度基础上确定填土路基的合理高度。

保温板路基需要确定的是保温板厚度,保温板埋设位置。根据气温年升温率0.02℃/年,土体铺设和不铺设保温层计算得到的融化深度发展趋势预测图(图4-69)可以明显看出,尽管铺设保温层后冻土的融化深度远小于无保温层时的融化深度,但是在升温背景下,即使铺设了保温层,融化深度依旧会逐年加深,其变化速率甚至比无保温层时更快。

从保温层的工作原理看,地表和浅层温度梯度高,保温层的热阻效应就越强,埋设在浅层甚至地表(北欧和俄罗斯有些就是设置在路基表面)效果应该越好。但是考虑路基表面承受行车荷载以及动荷载影响深度的强度要求,在满足受力条件下尽量浅埋保温层;但是路堤边坡侧向热流影响必须考虑,因此应该综合确定保温层合理埋深,充分发挥保温层性能。

保温层越厚工程造价越高，同时在动荷载作用下对线路平顺性影响也越大。计算表明，保温层的热阻效应并不是随其厚度的增加完全呈线形增加。中国科学院根据昆仑山公路路段的气候条件所计算的融化深度与保温层厚度的关系如图4-70所示。在保温层厚度较小时，保温层厚度增加时，融化深度的减小程度较大，当保温层厚度较大时，增加保温层厚度对融化深度的减小程度相对变弱了。结合造价考虑，一般选取10cm以内的保温层厚度比较适宜。

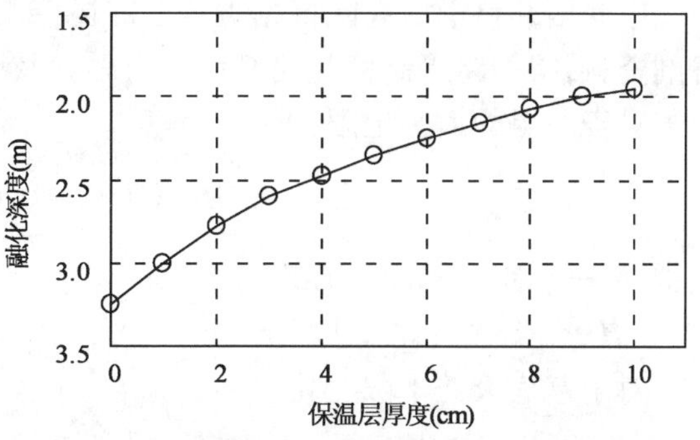

图4-70　保温层厚度与融化深度的关系（计算值）

4.3.2.1　合理填土高度控制的路基结构

铁路路基的修筑改变了原天然条件下多年冻土地层的散热条件（地表压实或植被铲除）和传热路径（填土高度），破坏了基底多年冻土和季节融化层与大气之间的热量平衡条件，最终引起天然上限位置和土层温度的变化。从传热学观点分析，这种变化本质上是传热热阻、散热界面的变化，因此这种变化与路堤高度、路基边坡朝向有关，更和路基所在冻土环境密切相关。

当路堤过低时，区域气候的融化能力有可能使基底天然上限位置下降而影响路堤的稳定；从等量热交换条件出发存在路基的最小临界高度；而在暖季填筑的高路堤，填料带入堤身的热量则有可能完全消耗掉区域气候的过余冻结能力，使路堤在填筑后无法、或在一段时间内无法形成衔接的冻土核。因此，从水—热稳定的条件出发，特定区域的路堤存在最大临界高度。

中铁西北科学研究院自20世纪60年代即开始对路基合理填筑高度的研究，先后进行了长达数十年的实体工程观测研究和青藏公路工程调查分析，所取得的研究结论和研究成果成为后来青藏铁路开工建设以后制定勘察设计暂规的依据。

中铁西北科学研究院的研究认为：

路堤的下临界高度，就是保持基底天然上限不变的填土高度，它依赖于路堤及其下基底天然地层的物理、热物理性质及路堤表面融化指数。可用路堤的融速来衡量：当路堤的融速大于天然地层融速时，就需考虑提高路堤高度或铺设隔热层防止基底天然上限下降。

理论计算及现场观测资料均表明，连续多年冻土地区路堤的融速均大于天然地层。如风火山北坡一般天然地层融化季节的平均融速为0.8～1.2cm/d；而路堤基面中心的平均融速为1.4～1.7cm/d。这土要是受路堤填料性质和断面形式的影响。

路堤表面缺乏植被保护、夯填土密度较大导热性增加融化潜热减少，因此其融速、融深均大于天然地层。据估算，由于表面状态和物理性质的改变，路堤融深比天然地层约增大20%。路堤朝阳坡面水平热流的加热作用，扣除物理性质差异的影响，使基面中心融深增大10%以上。

确定路堤下临界高度的方法主要有：统计法；折算法；半解析计算法等。实现的途径为：根据冻土路基热平衡原理导出相应的计算公式进行热工计算，如斯蒂芬方程及其修正式；通过室内模型试验建立计算参数和计算公式；通过对已建工程的调查、解剖、观测分折，建立地区性经验计算公式。

中铁西北科学研究院根据青藏公路昆仑山到唐古拉山的调查及风火山试验路堤的观测、解剖资料,得到路堤高度与路基面中心融深及天然上限变化的关系,经验公式如下:

对于路堤的人为上限:

$$H_t = 1.9 + 0.092H(H < 7\text{m}) \tag{4-84}$$

式中:H_t——路堤基面中心人为上限;

H——路堤中心高度(m)。

对于基底天然上限变化:

$$d = 0.997H - 0.54\text{m} \tag{4-85}$$

式中:d——基底天然上限升、降值(m)。

以上两式所统计的天然上限范围为1.30~1.95m,众值为1.4~1.6m(黏性土)。

考虑到阳坡水平热流的影响,求出的H_t值应乘以1.2~1.3的系数。因此当基底的压缩沉降在施工过程中已完成,当地黏性土地层天然上限为1.3~1.9m时,当地土填筑的路堤的下临界高度为0.65~0.70m。

路堤的上临界高度,是指竣工后堤身与基底天然上限在第一个寒季冻结衔接的最大填筑高度。这种最大填筑高度由区域冻结能力控制,与施工季节、施工工艺关系密切。寒季填筑路堤使用天然填料填高不限,主要考虑力学稳定;暖季施工则要考虑填料带入堤身热量的散逸速度,防止在堤身或基底出现融化夹层而影响路堤的稳定。

决定路堤上临界高度的因素包括:

(1)当地气候过余冻结能力的大小,过余冻结指数大的地区上临界高度也大。

(2)施工季节的选择。寒季采用冷填料施工的路堤填高原则上不受限制,只是要测算阳坡水平热流的加热作用对路堤上限形态的影响程度。而暖季施工的路堤由于填料带入堤身的热量消耗了一部分过余冻结能力,影响了堤身和基底的温度分布。路堤高度越大则断面积越大,带入堤身的热量就越多;暖季中后期填筑的路堤就比早期填筑的带入堤身的热量多。以上两种情况都需要更长的地温平衡稳定时间。

在寒季,路堤的冻结是从上下两个方向进行的。在自基面往下冻结和从多年冻土上限面往上回冻的过程中,基底附近的土层散热条件最差。因此高路堤往往在该处形成高温冻土夹层、甚至是融化夹层。

风火山高路堤观测研究表明:若按上下零度等温线衔接的要求确定路堤的上临界高度,黏性土作填料在暖季晚期填筑的路堤上临界高度为7.0m左右;在暖季早期填筑的,则可控制在8.0m。

中铁西北科学研究院还对路堤临界高度的年平均气温临界值进行了研究,认为:

路堤的表面温度及其对基底多年冻土的影响可以用n系数评判,n系数定义为路堤表面的积温与空气积温之比,根据气象观测资料,可计算出融化期或冻结期空气的积温,即空气的融化指数和冻结指数。如果已知n系数,即可计算出路堤表面的平均温度。n系数越大,表面温度越高。一定的年平均气温对应有一定的气温冻结指数和融化指数。

中铁西北科学研究院对风火山、五道梁和沱沱河三气象站的观测资料进行了计算,对于细颗粒土表面,冻结期n系数变化在0.68~0.91之间,平均0.78;融化期n系数变化在1.90~3.90之间,平均2.60(表4-54)。

细颗粒土表面的 n 系数值 表 4-54

气象站名	冻结期 n_f	平均 $\bar{n}_f$	融化期 n_t	平均 $\bar{n}_t$	$\frac{n_t}{n_f}$	平均	统计时间
风火山站	0.74~0.91	0.82	2.00~3.90	2.85	2.33~4.59	3.50	1976 年~1995 年统计
五道梁站	0.68~0.81	0.74	1.90~3.40	2.73	2.50~4.59	3.70	1981 年~1995 年统计
沱沱河站	0.70~0.90	0.79	2.01~2.43	2.23	2.23~3.26	2.83	1981 年~1995 年统计
平均	—	0.78	—	2.60	—	—	—

数据表明,融化期的 n 系数总是大于冻结期的 n 系数,且融化期 n 系数大于 1,而冻结期 n 系数小于 1。也就是说,融化期表面的融化指数大于空气的融化指数,冻结期表面的冻结指数小于空气的冻结指数。据中国科学院兰州冰川冻土研究所资料,黏性土、砂砾石土和沥青表面融化期的 n 系数如表 4-55,而边坡的 n_t 系数较之同类材料水平表面的 n_t 系数大 0.4 倍,即边坡的 n_t 系数为水平表面 n_t 系数的 1.4 倍。

不同材料表面的 n 系数 表 4-55

表面材料	融化期 n_t	备　注	表面材料	融化期 n_t	备　注
黏砂土	2.5	青藏高原资料	沥青	4.5	青藏高原资料
砂砾石土	3.0	青藏高原资料	—	—	—

以上数据可以看出,表面的融化指数较之气温融化指数要大 2~5 倍,甚至更高。而表面的冻结指数较之气温冻结指数要小,一般为气温冻结指数的 0.6~0.9。

研究还认为路堤临界高度与年平均气温临界值存在一定关系,年平均气温临界值随表面的 n 系数而变化,即不同表面有不同的年平均气温临界值。路堤临界高度不是在任何条件下都存在的。在青藏高原多年冻土区,只有满足一定条件的地段,填土下的多年冻土上限才能维持不变。也就是说,对于一定表面特性的路堤,只有年平均气温低于某一特定值时,路堤临界高度才存在。否则,临界高度是不存在的。

路堤临界高度是与一定的年平均气温对应的。在路堤设计中,应根据设计地区的年平均气温值和路堤的表面特性来考虑路堤临界高度问题。如前所述,路堤的上下临界高度都与气温的冻结能力相关,存在气温过余冻结指数是讨论临界高度的前提条件。青藏铁路多年冻土地区气温的融化指数随年平均气温的升高而增加,而冻结指数和过余冻结指数均随年平均气温的升高而降低(表 4-56)。因此,路基临界高度对应于一个年平均气温临界值,该气温值的过余冻结指数已低到不能维持堆土的冻结衔接(从理论上分析,此时的地表冻结指数等于融化指数),年平均气温高于临界气温值的地区,不存在路堤的临界高度,路堤不可能冻结衔接。

年平均气温与冻融指数关系表 表 4-56

地　点	年平均气温(℃)	融化指数(℃·d)	冻结指数(℃)	过余冻结指数(℃)
风火山	-6.0	420	-2635	-2215
五道梁	-5.4	507	-2489	-1982
土门	-5.2	529	-2406	-1877
清水河	-4.8	646	-2378	-1732
沱沱河	-4.2	780	-2295	-1515
安多	-2.8	885	-1906	-1021
那曲	-1.2	1140	-1670	-530
格尔木	5.3	2733	-923	1810

丁靖康对青藏高原多年冻土区路堤的临界高度进行了分析和讨论。提出在青藏高原多年冻土地区,由于各地的年平均气温不同,因而空气的融化指数和冻结指数也不相同。在同一地区,因路堤表面材料的特性不同,其融化指数和冻结指数也不一样。如果在某一地区,路堤表面的融化指数与冻结指数相等,则该地区路堤的融化深度与冻结深度也应相等。在这种情况下,路堤的临界高度等于融化深度与天然上限之差,该地区的年平均气温即为该路堤临界高度的年平均气温临界值。对一定表面特性的路堤,当某地区的年平均气温高于临界值时,则该地区不存在路堤的临界高度。只有在年平均气温低于临界值时,路堤的临界高度才存在。并且,随年平均气温降低,路堤的临界高度减小。同时,通过计算得出了细颗粒土路堤年平均气温的临界值约为-3.8℃。

张界明通过数值模拟计算给出不同年平均地温、年平均气温条件,路基下冻土上限变化与路堤高度的关系曲线,并根据下临界高度的定义,以设计使用年限内路基下冻土的人为上限与天然上限相比不致下降作为判定标准,根据上述关系曲线与 X 轴的交点得出不同年平均温度条件下路堤的下临界高度,见表 4-57;并根据上临界高度的定义,以路堤建成第一个寒季后是否存在融化夹层为判别标准,将图 4-71 中的曲线进行二次多项式回归,并计算其与 X 轴的交点得出不同年平均温度及不同路面条件下路堤的上临界高度,见表 4-58。

不同年平均温度条件下路堤的下临界高度(m) 表 4-57

年平均气温(℃)	-2.8	-3.0	-3.5	-4.0	-4.5	路基设计使用年限
年平均地温(℃)	-0.3	-0.5	-1.0	-1.5	-2.0	
下临界高度(m)	6.76	4.15	1.08	0.57	0.51	50 年

不同年平均温度条件下路堤的上临界高度(m) 表 4-58

年平均气温(℃)	-2.8	-3.0	-3.5	-4.0	-4.5
年平均地温(℃)	-0.3	-0.5	-1.0	-1.5	-2.0
上临界高度(m)	3.41	3.42	3.90	4.13	4.39

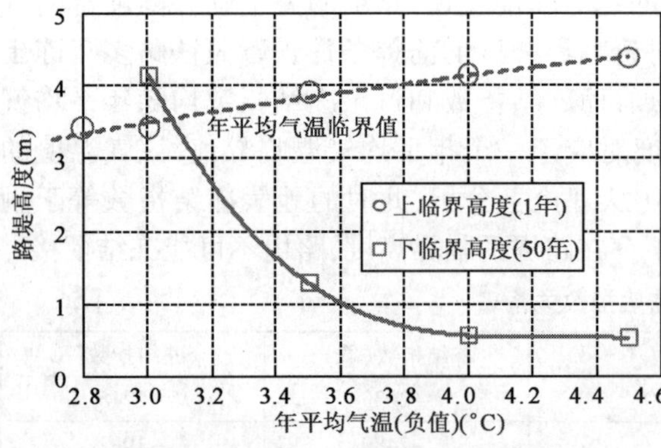

图 4-71 路堤上、下临界高度随年平均气温的变化关系

最新的研究结果表明,路堤临界高度的存在条件与当地的年平均气温密切相关。为确定路堤临界高度存在的年平均气温条件,分别以上、下临界高度随年平均气温变化的关系作为限制条件,其交点处对应的气温即为路堤临界高度存在的年平均气温临界值,如图 4-71 所示。由图中可见,砂砾路面的年平均气温临界值约为-3.1℃。

既往研究成果给出典型地区、不同类型填土填筑的路基上、下临界高度,根据填土性质、区域冻土环境条件,按照设计规范要求可以确定合理的路基填筑高度。

4.3.2.2 埋设位置不同的保温板路基

保温板在路基中的埋设位置有两种,一种埋在路基上部,离路基顶面距离根据线路运行要求不能小于 0.8m,另一种埋在路基底部,离开地表面 0.5m。

实体试验观测和模拟计算结果表明，当保温层埋设在路基基底以上位置时，保温层埋设位置越低，保温效果越好。因为保温板铺设位置越低，路基边坡热量传入越少。

青藏铁路清水河高温冻土路基工程试验段，采用两种新型保温材料（EPS 板和 PU 板），三种不同板厚（6cm、8cm 和 10cm），两种埋设位置（路基面下 80cm 和地基面上 50cm）。进行保温层路基现场试验研究。

4.3.2.3 半导体保温材料路基

正在研究一种变导热性能结构材料，即在路基设计中铺设热交换调控结构材料层，吸热过程中具有绝热材料的性能，阻止热量向下部多年冻土传输；散热过程中具有导热材料的特点，使其下部热量充分向上部释放。

从物理意义上讲，这种结构材料体现单向导热的性能，称之为热半导体保温材料，从工程意义上讲，所谓的热半导体保温结构材料并非一定要局限于寻求一种具有单向导热的材料，广义的讲它可以是一种利用路基与大气的热交换规律以及路基内部的热输运规律设计的一种热交换调控结构，使之成为一种具有单向导热性能的结构层。从实际应用的角度出发，该结构材料应具备造价低、便于施工安置、易维护、使用寿命长等特点。如果在造价允许的范围内成功地将这种结构层用于多年冻土区的道路工程，融化下沉问题将有望得到大幅度的解决。这将是目前和未来要着力研究的新型材料或新型结构形式，也是冻土工程面临的重要课题之一。

4.3.3 保温型路基结构应用效果

20 世纪 60 年代和 70 年代，对冻土路基最小临界高度和合理填筑高度的研究、保温层调节路基高度、保温层保护冻土工程措施的研究十分重视，这种思路反映在青藏铁路建设预科研设计方案中。开始是以路基合理高度、保温隔热层路基为主要工程措施。因此先期进行的试验工程中保温层路基结构试验占据很大比重。当时设计暂规考虑了气温升高的因素将路基填土高度安全系数放宽以抵御气温升高对基底多年冻土的影响，冷却地基、主动保护冻土的结构措施还没有全面推广，随着建设进程对多年冻土的认识的深入，冷却地基的主动型工程结构和措施越来越占据主导地位。

早期研究和工程实践以及青藏铁路建设前期进行的试验工程研究，对保温型路基结构的利弊，适用范围和加强措施，都给出了科学和实际的结论。

保温型路基结构长期工程效果和任何一种旨在保护冻土的工程措施的评价一样，都是通过以下几种途径和方法去评价：

（1）驱动一种工程措施作为多年冻土与大气环境之间进行热交换的能量来源分析。

（2）冷却或保温效果的标志性参数分析（不同深度和特殊位置地温变化）。

（3）多年冻土上限位置的变化。

（4）所有变化的持续性和长期效果。

4.3.3.1 填土路基合理高度应用效果

不同冻土环境条件下填土路基按照不低于最小临界高度填筑时的工程效果：

低温冻土区路基填筑后多年冻土上限都能够上升，经过 2 ~ 3 个年际冻融循环可以抬升至路基本体内，高温冻土区路基填筑后路基表层与天然地表冻结指数的差值明显地小于路基表层与天然地表融化指数的差值。

1）风火山试验路基应用效果

寒季采用冷填料施工的路堤填高原则上不受限制，只是要测算阳坡水平热流的加热作用对路堤上限形态的影响程度。而暖季施工的路堤由于填料带入堤身的热量消耗了一部分过余冻结能力,影响了堤身和基底的温度分布。路堤高度越大则断面积越大,带入堤身的热量就越多;暖季中后期填筑的路堤就比早期填筑的带入堤身的热量多。以上两种情况都需要更长的地温平衡稳定时间。

寒季,路堤的冻结从上下两个方向进行,在自基面往下冻结和从多年冻土上限面往上回冻的过程中,基底附近的土层散热条件最差。因此高路堤往往在该处形成高温冻土夹层、甚至是融化夹层。表4-59和表4-60就反映了这些特点。

不同高度路堤地温冻结和回冻特性比较表* 表4-59

断面	中心填高(m)	堤身1~3m平均温度(℃)	中心平均冻结速度(cm/d)	自上而下冻结特征			自下而上冻结特征(1975年11月15日起算)		
				寒季冻深(m)	冻结衔接起止时间	冻结衔接历时(d)	回冻高度(m)	回冻历时(d)	回冻速度(cm/d)
0+260A	5.4	2.0	3.0	4.5	10月3日至次年3月2日	150	2.30	107	2.15
0+295A	4.6	1.6	3.3	4.0	10月3日至次年2月3日	123	1.90	80	2.04
0+314A	3.0	1.2	3.5	3.5	10月3日至次年1月12日	101	1.10	58	1.55
天然地层	0		3.0	1.1	10月3日至11月11日	39	0.32	39	0.82

注:冻结衔接以0℃等温线为准。

填土高度与高温冻土区消失时间比较表 表4-60

断面	中心填土高(m)	填筑日期	4~6m高温冻土区消失日期	散热时间
0+215	7.2	1976年6~7月	路堤中心 1978年5月 阳肩 1979年3月	29个月
0+280A	5.4	1975年7~9月	阳肩 1977年7月	22个月
0+295A	4.6	1975年7~9月	中心 1976年12月	15个月
0+186	3.9	1976年6~7月	中心 1977年4月	10个月
0+314A	3.0	1975年7~9月	中心 1976年2月	5个月

而表4-61则反映了即使都在暖季施工,暖季早期和晚期对路堤热状态的影响也有很大差别,暖季早期填筑的路堤即使堤高大于暖季晚期填筑的路堤,堤中蓄热量及其对冻结过程的影响仍然较小。

施工季节对基底天然上限影响程度比较表 表4-61

断面	中心填土(m)	填筑与完工	填筑期气温(℃)	填料均温度(℃)	填筑当年平均冻速(cm/d)	上下冻结衔接历时(d)	对基底冻土上限影响
0+280A	5.4	7~9月	4.4	6.5	3.0	150	天然上限下降0.25m
0+215	7.2	6~7月	2.0	4.2	5.1	130	天然上限上升1.0m

2)青藏铁路试验工程应用效果

青藏铁路试验工程在正式线路上的北麓河地段进行了试验研究,在清水河地区线路外侧专门修建试验段对路基合理高度进行观测研究。

根据2个完整冻融循环的现场测温资料分析,北麓河试验段观测断面数据揭示了冻结指数和融化指数的一些差异,作为多年冻土生存能量来源的标志,路基表层与天然地表冻结指数的差值明显地小于路基表层与天然地表融化指数的差值,这将导致路基下多年冻土融化深度增加,也就是多年冻土具有退化的趋势。

通过对该试验段以及相邻试验段冻土上限资料的研究分析可以发现,路基下冻土上限的变化值与路堤高度呈非线性关系。由此说明,路堤高度太大或太小都会造成路基下多年冻土上限的下降。从已经获取的观测资料看来,该地区(年平均地温 -0.4 ~ -1.0℃)合理的路堤高度应为2.5 ~5.0m。

根据试验观测数据和冻土环境数据进行了数值计算,结果表明在相同的年平均温度条件下,路基下冻土的人为上限均随路堤高度的增大而上升,随路基运行时间的增长而下降。取路基的设计使用年限为50年时,年平均地温分别为 -0.5m、-1.0m、-1.5m及 -2.0℃条件下,相应的下临界高度分别为:4.15m、1.08m、0.57m及0.51m,上临界高度分别为:3.42m、3.90m、4.13m及4.39m,路堤临界高度存在的年平均气温临界值为 -3.1℃。

清水河高温多年冻土(细颗粒土)地段试验工程位于正线之外100m,平行于正线里程为DK1025 +000 ~ DK1025 +100的线路路基,试验段长度100m;试验段年平均气温 -4.2℃。多年冻土年平均地温不大于 -1.0℃(T_{cp}-II),为低温基本稳定多年冻土带。多年冻土厚度为30 ~60m,天然上限为2.1 ~3.0m。植被覆盖率5% ~30%。全段均为高含冰量冻土,地下冰的分布极不均匀,呈厚度不等的多层地下冰组构,延续深度可达10m以上,为高含冰多年冻土地带。

试验路堤高度:格尔木端为0.75m,拉萨端为2.75m。设计坡度20‰,路基面宽度9.0m。路堤填料为粗颗粒土。

试验结果表明:

(1)路堤中心孔的最大融化深度和天然地面孔最大融化深度的差值表明,随着路堤填土高度的增加,路堤下原天然上限抬升的高度也越大。

(2)而从最大融化深度资料、平均地温资料及冻结指数与融化指数资料的分析可以认为,路堤填土高度为1.0m左右时,在施工后多年冻土上限不会下降,试验条件下的路堤临界高度约为1.0m。

(3)多年冻土地区路堤的最小临界高度与建筑地段的年平均气温、填料性质、施工工艺有关。在确定路堤的最小设计高度时,还应考虑基底多年冻土特征、基底季节融化层的融化压缩沉降量、气温波动影响以及工程安全系数等。因此,考虑到上述因素的影响,本试验段的路堤最小合理设计高度约为1.5m左右。

3)青藏铁路冻土区填土低路堤地段工程效果

青藏铁路冻土区低路堤工程效果(低路堤稳定性)主要表现在以下几个方面:

(1)路堤填筑以后多年冻土上限形态变化(上限位置和形态控制发生冻融变形土层厚度即变形量和差异变形)。

(2)路堤填筑以后上限以下的温度状况(控制长期压缩变形和土体蓄冷能力,判断长期工程稳定性)。

(3)路基变形工程表现(对当前铁路运行平顺性影响)。

低温冻土区如风火山、五道梁地区、唐古拉山区,气温的过余冻结能力较强,超过路基合理设计高度的一般填土路堤对多年冻土的保护作用主要体现在上限的抬升方面。

五道梁地区(K1082 +575 路基高度仅为2.8m 的低路堤)典型断面观测结果可以看出,阳坡多年冻土上限已经明显抬升(图4-72a)),阴坡抬升更为明显(图4-72b))。该地区多年冻土的年平均地温 -2℃,区域年平均气温 -5.6℃,与唐古拉山区的中高山区条件类似,但是抬升多年冻土上限的效果却有很大差别。

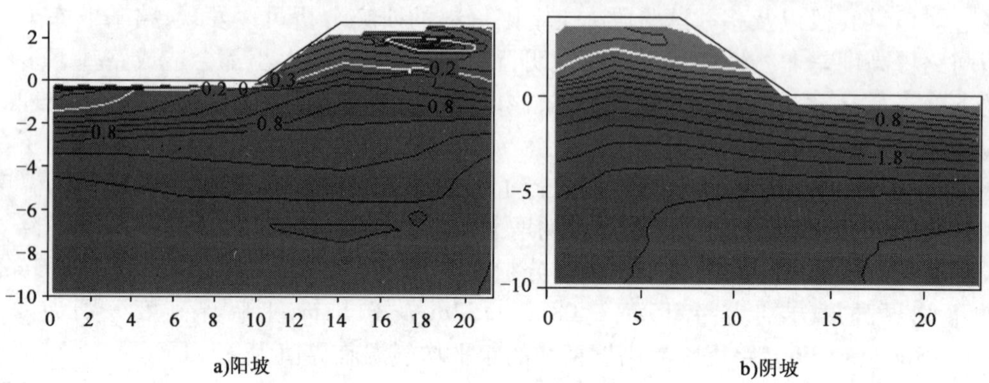

图4-72　与唐古拉山类似的五道梁地区低路堤抬升多年冻土上限效果图(白线)

图4-73是唐古拉山区的中高山地区低路堤抬升多年冻土上限的效果图。勘察资料表明,该段天然多年冻土上限为 -4.0m,路堤高度3m,多年冻土上限略有抬升(从 -4m 抬升至 -3m 左右)。究其原因,因为唐古拉山区接受印度洋的暖湿气流较多造成气温过余冻结能力较低而引起。

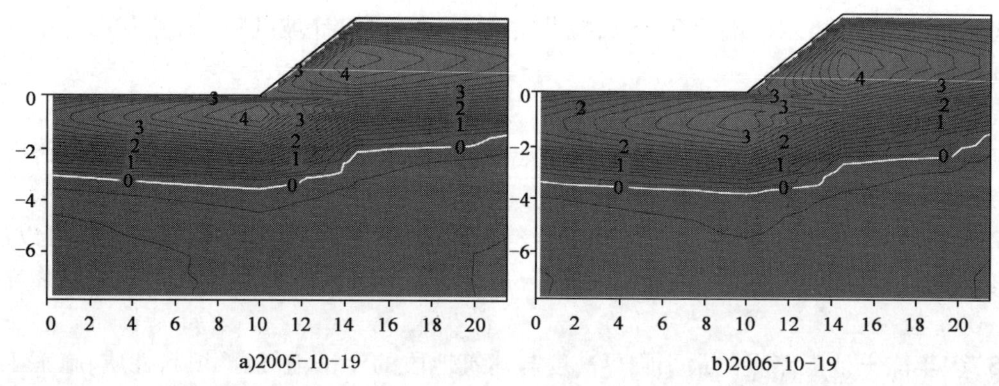

图4-73　唐古拉山区中高山地段(K1437 +012,路基高度3m)等温线图

唐古拉山区中高山地段另一典型观测断面也说明了低路堤抬升多年冻土上限的能力有限(图4-74),唐古拉山垭口以南,年平均气温虽然较低(-5.6℃左右),多年冻土地温较低(-1.6℃),但是由于唐古拉山南麓是印度洋暖湿气流迎风面,降水量较大,因此原多年冻土天然上限较深(-3m),修建低路堤以后抬升多年冻土上限幅度仅在1m左右。

判断低路堤工程效果和工程稳定性不能只看抬升多年冻土上限的效果,短期内多年冻土上限位置的抬升是减小了季节融化层厚度,使土体冻融过程中发生冻融变形的土体厚度减小。进而使路基变形减小。但是从长远考虑,还要分析地温场形态变化趋势,以此判断这种上限抬升的可靠性,路基长期运营期间变形的发展趋势。

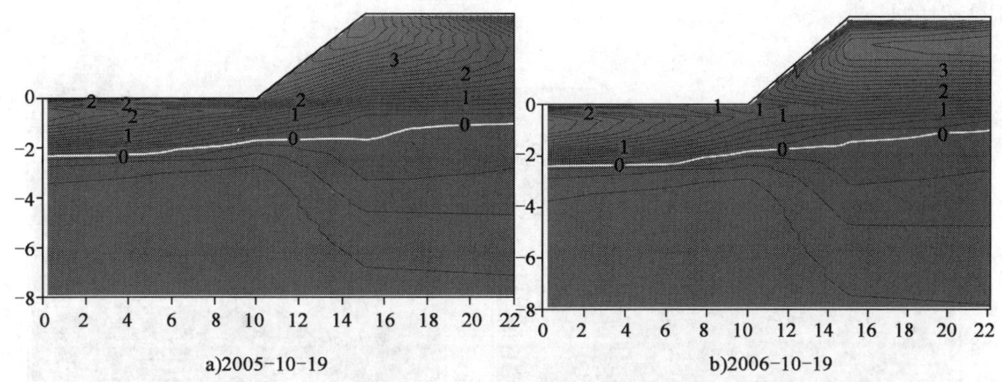

图 4-74　唐古拉山区中高山地段(K1447 +512,路基高度 3.6m)等温线图

图 4-72 和图 4-73 所示的地温场形态图可以看出,在白色 0℃线(由于该地段地下水含盐量极小,因此可以认为这就是冻结线)以下的负温等温线基本呈现下凹形态,且等温线间距加大,这说明低路堤修筑以后虽然抬升了多年冻土上限,但是由于地温梯度减小(等温线间距加大),负温等温线下凹,土体蓄冷能力削弱,不利于长期稳定的保持已经变化了的上限形态,不利于路堤的工程稳定性。

铁路里程分别为 DK1467 +856 ~ DK1490 +889 和 DK1490 +889 ~ DK1527 +850 的高温冻土区位于唐古拉山区的扎加藏布河断陷盆地区,海拔高程在 4800 ~ 5000m。这些地段年平均气温比中高山地段高,多年冻土地温也高(-0.5 ~ -1.0℃),区域过余冻结能力较差,低路堤修筑以后的稳定性和中高山地段有很大区别。

这类地区与青藏铁路典型的高温冻土区如楚玛尔河高平原地区、沱沱河盆地一样,气温的过余冻结能力较中高山地段弱,填土低路堤对多年冻土的保护作用非常弱,甚至出现多年冻土上限下移现象。由于铁路经过的唐古拉山区南麓受地形地貌和印度洋暖湿气流的影响,使得区域冻结能力和融化能力的差异减小,因而依赖过余冻结能力的作用抬升多年冻土上限的低路堤结构效果不明显。

图 4-75 是扎加藏布断陷盆地区冻土低路堤工程地温场变化图,该段铁路里程 K1480 +160,路基高度仅为 3.6m,修筑以前的多年冻土天然上限为 -4.0m,修建路堤后多年冻土上限位置略有下降,为 -4.3m;图 4-76 所示为扎加藏布断陷盆地区另一地段冻土低路堤工程地温场变化图,该段里程 K1485 +340,由于局部小气候影响,区域冻结能力稍有差异,路基高度 3.5m,原来多年冻土天然上限 -4.0m,修筑路堤以后上限稍有抬升,达到 -3.5m 左右),但是和唐古拉山中高山地区相比,差异还是比较大的。

判断低路堤工程效果和工程稳定性不能只看抬升多年冻土上限的效果,短期内多年冻土上限位置的抬升是减小了季节融化层厚度,使土体冻融过程中发生冻融变形的土体厚度减小,也使路基变形减小,但是判断上限抬升或维持某一位置的可靠性是判断路基长期运营期间变形发展趋势的重要依据。

图 4-75 所示的地温场形态图可以看出,白色 0℃线不仅下降,而且 0℃线以下的负温等温线间距加大,这说明低路堤修筑以后不止是改变了多年冻土上限位置,还使地温梯度减小,负温等温线下凹,土体蓄冷能力削弱,上限位置还有下降趋势,不利于路堤工程的长期稳定。

图 4-76 所示的该地段地温场形态图虽然可以看到白色 0℃线稍有抬升,但是 0℃线以下的负温等温线间距仍然加大,这说明低路堤修筑以后虽然多年冻土上限位置抬升,但由于地温梯度减小,负温等温线下凹,土体蓄冷能力削弱,上限位置缺乏维持现有状态的动力,因此不利

于路堤工程的长期稳定。

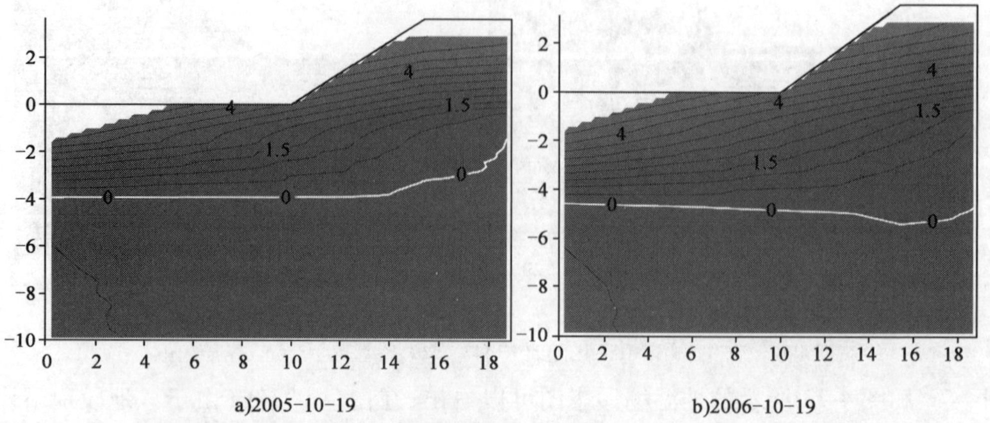

图 4-75　扎加藏布断陷盆地区冻土低路堤工程地温场变化图(K1480 + 160)

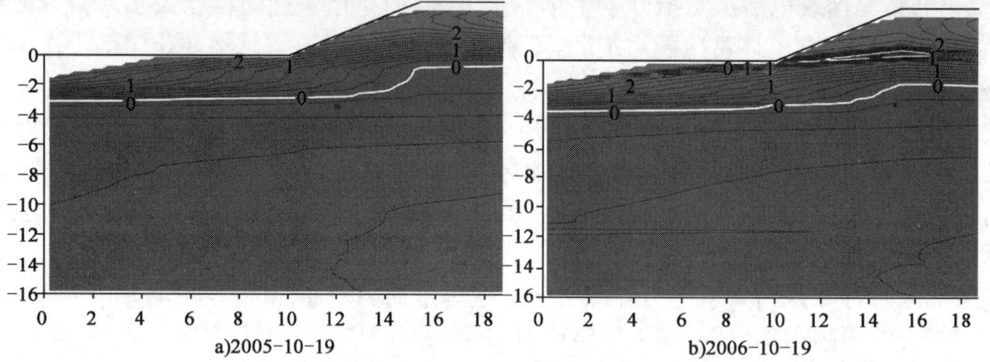

图 4-76　扎加藏布断陷盆地区冻土低路堤工程地温场变化图(K1485 + 340)

头二九中高山区地段接近多年冻土南部界限,年平均气温在 -3℃左右,安多 1966 年至 2002 年 37 年间,冻结指数达 -1855.7℃ · d,融化指数为 861.8℃ · d,冻结指数仅仅是融化指数的 2.15 倍。过余冻结能力比唐古拉山区中高山地段(唐古拉山区中高山地段冻结指数一般是融化指数的 3 倍左右)差很多,因此,天然条件下多年冻土的生存已经很不稳定,低路堤根本就不适于此地段,从以下普遍存在的 5 ~ 6m 路堤地温场观测数据可以看出(图 4-77 和图 4-78),该地区一般填土路堤都要进行工程补强。

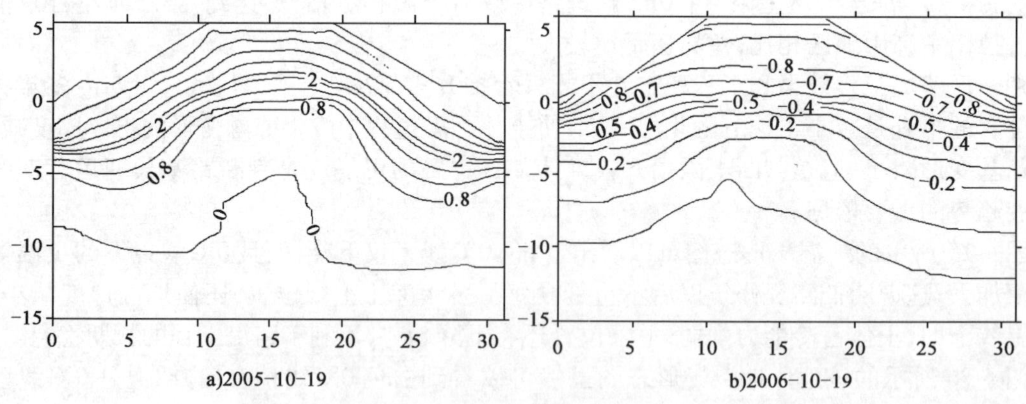

图 4-77　安多附近冻土低路堤工程地温场变化图(K1467 + 133)

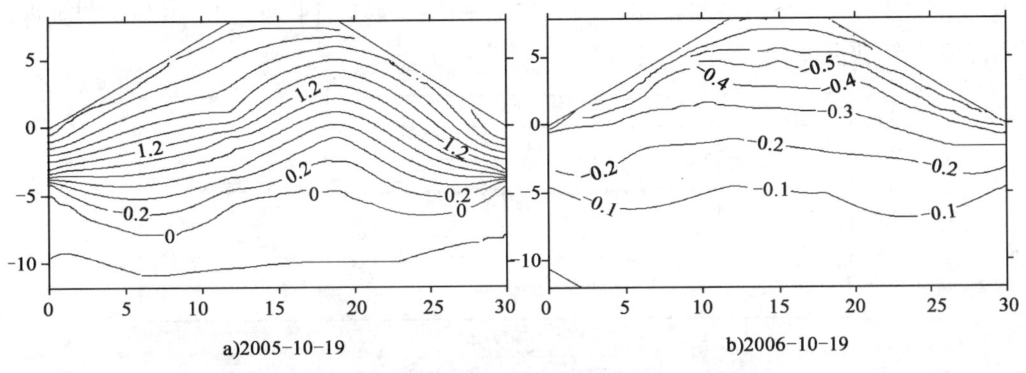

图 4-78　安多附近冻土低路堤工程地温场变化图（K1496 +500）

图4-77和图4-78还可以看出，在该地区路基结构无论是低路堤还是高路堤都不能对多年冻土起到保护作用，环境气温条件和冻土条件使被动保护多年冻土的方式失效，必须代之以能够主动降低土体温度（实际上是增加寒季土体蓄冷能力，暖季缓慢释放，使融化效果削弱）的路基结构，而在一些高温高含冰量地段必须采用"以桥代路"的形式通过。

但是从路基变形角度考虑这类地段路基的补强时，不应该只从地温场变化考虑，应该具体分析基底土体的岩性和含水量变化。

图4-79是该地段路堤工程效果最好的一段，由于局部地形地貌和气候因素影响，修筑路堤以后第三年才开始出现冻土退化趋势，这也说明唐古拉山区南部边缘地区气温和冻土条件的复杂性。该断面地处安多谷地，路基高度约2.5m，年平均地温 -0.19℃，属高温极不稳定多年冻土区。2005年天然孔最大融化深度为2.29m，2006年天然孔最大融化深度为2.32m，最大融化深度加深了0.03m；左路肩孔2005年最大融化深度为6.64m，2006年为6.42m，最大融化深度比2005年提升了0.22m；右路肩孔2005年最大融化深度为5.48m，2006年为5.17m，最大融化深度比2005年提升了0.31m。

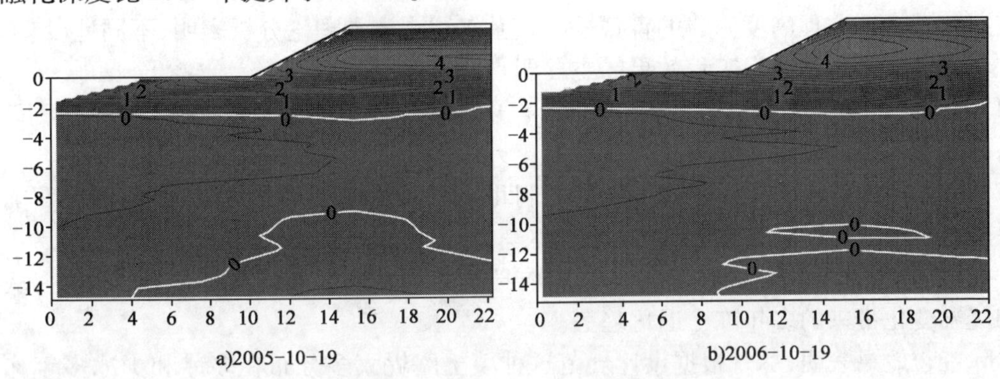

图 4-79　安多附近冻土低路堤工程地温场变化图（K1496 +750）

从图4-80所示的K1496 +750断面天然孔、左路肩和右路肩孔2005年和2006年最大融化季节地温曲线可以看出，天然孔上限和地温曲线两年变化不大，地温曲线形态呈放热型，多年冻土下限19m（根据地温梯度推算）。该断面多年冻土地温曲线形态虽然呈放热型，但年平均地温较低，仅 -0.19℃，冻土层厚度较薄，仅16.7m，处于多年冻土厚度逐渐减薄及消失的边缘，如果气候持续变暖或受到较剧烈的热扰动，该处的多年冻土就会消失。

由于铁路路基的施工，受路基填料储热的影响，路基基底多年冻土仅存的一点冷储量消失殆尽，多年冻土地温降到0℃附近，下限提升，左路肩下多年冻土厚度降到3m多，右路肩下多年冻土厚度降到约10m,当路基填料储热和多年冻土冷储量达到平衡之后,路基又起到保护冻土的作用,2006年地温降低,人为上限提升。

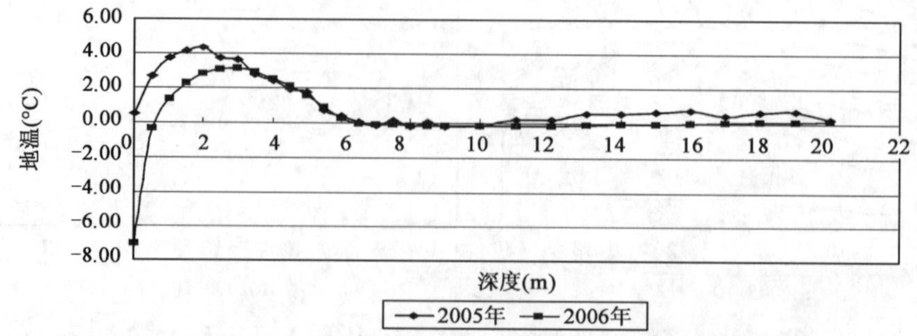

a)K1496+750断面左路肩孔2005的和2006年是大融化季节是温曲线

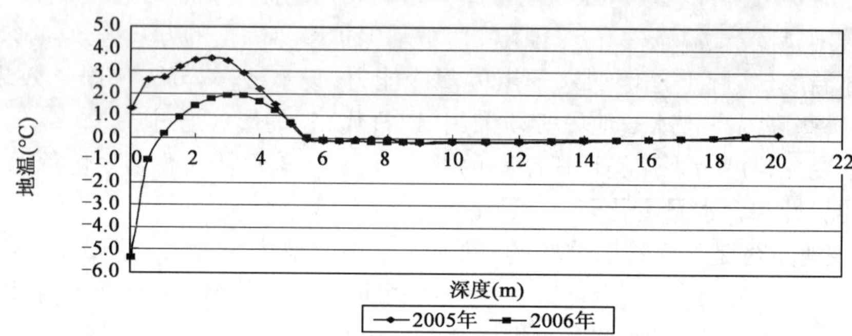

b)K1496+750断面右路肩孔2005年和2006年最大融化季节地温曲线

图4-80　K1496+750断面左、右路肩孔2005年和2006年最大融化季节地温曲线

该断面的路基变形较大,到2007年3月初,5个月的累计沉降量为左路肩53mm,右路肩38mm。沉降主要发生在2006年暖季,到寒季后沉降趋于平缓。

按照路基填筑合理高度修建的青藏铁路路基工程观测和理论分析表明,不同地段、不同环境和冻土条件下的这种路堤工程效果的主要弱点在于:

(1)基底多年冻土不能有效的得到保护,表现在多年冻土上限没有明显抬升甚至下移,从而使路基变形不能满足运行要求。

(2)基底多年冻土上限形态不对称或局部凹陷,造成路基变形不均匀,上限形态凹陷时造成上限附近易形成"水囊",造成更大的融化区。

(3)按照合理高度修建的路堤工程结构本身不能为基底多年冻土提供蓄冷能力,从而无法抵御气温变化带来的多年冻土退化趋势。

实际工程效果表明,尽管根据设计规范这种填土路堤大多分布在多冰和少冰多年冻土地段,但是根据含冰量计算,当气温抬升导致多年冻土上限下移一定程度时,由于上述几种原因造成的多年冻土融化带来的路基变形有可能满足不了运营要求,因而必须采取一定工程对策进行工程补强,以保证线路长期安全运营。

根据合理高度修建的路堤在长期运营过程中需要加强观测和巡查,结合冻土区工程长期观测系统及时进行病害预警和预防性整治。

4.3.3.2　保温板路基应用效果

保温板路基应用效果须通过实体工程试验和室内保温板性能试验进行。实体工程试验需要观测和研究保温板上下温度变化,保温板路基地温场变化,路基基底多年冻土上限变化;室内试验须对保温板导热性能、强度指标和隔水性能进行试验研究。

1)风火山保温板路基试验效果

1960 年风火山路堑试验工程应用草皮作平铺式边坡保温层、1966 年试验路堑用水平叠砌式草皮护坡、浆砌片石护墙、空心结构护冰墙等边坡保温防护试验;1970 年基底换填试验应用了轻型混凝土块为基底保温层,这些试验都是在探索合理有效的边坡、基底保温防护措施和选择合适的材料。

1976 年试验路堑边坡选择了:沥青膨胀珍珠岩板、酚醛树脂矿棉板、加气混凝土板、聚苯乙烯泡沫塑料板、聚苯乙烯泡沫球混凝土板、水泥膨胀珍珠岩板六种工业保温材料和草皮、碎石沙黏土进行边坡、基底保温防护试验(表 4-62 和表 4-63)。六种工业材料的导热系数均小于 0.1(w/m·k),最小的硬质聚苯乙烯泡沫塑料板只为 0.025 ~ 0.035(w/m·k),远小于草皮层的和碎石沙黏土的 0.4(w/m·k)和 1.2(w/m·k)。

边坡季节最大融深表 表 4-62

工 程 措 施	阳坡(m)	阴坡(m)	断面
换填沙黏土	1.96	1.64	0 + 122.5
换填草皮 + 沙黏土	1.67	1.33	0 + 105
表层两层加气混凝土块	1.36	1.10	0 + 087
表层沥青珍珠岩板	1.27	—	0 + 079

基底季节最大融深表 表 4-63

措　　施	最大融深(m)	断　　面	措　　施	最大融深(m)	断　　面
换填沙黏土	2.06	0 + 122.5 堑	基底 2 × 0.02m	—	—
基底矿棉板	1.86	0 + 087 堑	聚苯泡沫板	1.57	0 + 115 低堤
基底加气块	1.60	0 + 105 堑	—	—	—

经过施工过程和竣工后环境检验暴露出某些材料的缺陷:

(1)沥青膨胀珍珠岩板系灰黑色板材,吸热量大,抗折性差,在高原强紫外线与反复冻融条件下易脆化、脱皮、吸水而失效,是最早被剔除弃用的材料。

(2)酚醛树脂矿棉板保温性与聚苯板相近,边坡稳定性好,但吸水率大易聚冰,矿棉基料不便于施工,不理想。

(3)水泥膨胀珍珠岩板和聚苯乙烯泡沫球混凝土板自重大、抗折强度差、表层易粉化,差异冻胀后坡面错台进水而减效。

(4)硬质聚苯乙烯泡沫塑料板和加气混凝土板是高原冻土区较适宜的保温材料,但是要解决好坡面铺砌和板土固定及防水问题。

2001 年青藏铁路设计、施工中借鉴了前期试验研究成果,采用硬质泡沫塑料板如聚苯类、聚胺酯类的板材为路基保温材料。

2)青藏铁路试验工程保温板路基应用效果

保温板表面(上、下表面)温度差是保温隔热性能的标志。试验数据图 4-81 显示的保温板上下温度与时间的关系。由图可看出,保温板上下具有明显的温度差,保温板隔热效

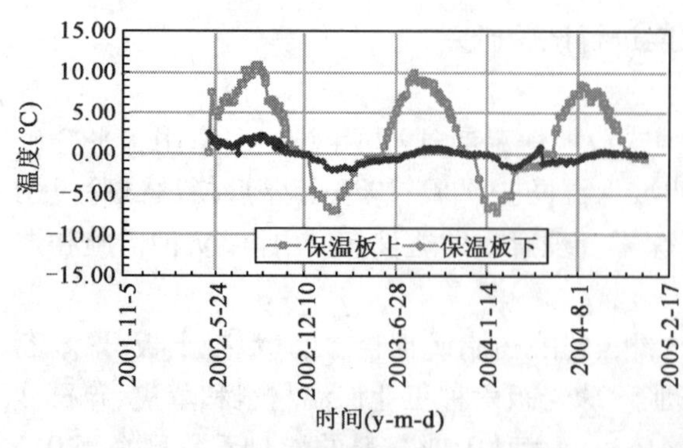

图4-81　DK1024+525观测断面保温板上下温度随时间变化

果显著。暖季保温板上表面温度高于板下表面温度,保温板上下温度差较大,最大约达到了10℃左右,保温板的保温隔热性能减少了板上热流向下的传递。寒季保温板上温度低于板下温度,说明保温板也阻止了冷量向下的传递,无论环境温度高低。保温板都在削弱热流传递强度。这种现象决定了保温板铺设尽量在寒季进行,这样可以尽量维持地基冷储量;保温板的作用对于施工过程路基及基底蓄热的消散不利。保温板上下表面的温差特性在季节冻土地区也可以用来作为防止冻胀的工程措施。

保温板对多年冻土的保护作用最终还要通过温度累积变化判断,温度累积也是热传导能量和驱动力来源。铺设保温板以后原天然地面位置地温是地基土体温度变化的能量标志。施工第一年积温差变化为正值,导致多年冻土上限下降。而后路基蓄热逐渐得到释放,年积温差逐渐变为负值(表4-64)。

不同保温材料的导热系数不同。板下地温变化幅度也不同。EPS板下地温变化幅度明显高于PU板,说明EPS板的保温效果较PU板差。不同材质的保温板上下积温相差都很明显,说明PU保温板及EPS保温板均起到了较好的保温隔热效果(表4-65和表4-66)。

保温板厚度不同,板上下积温数值也不同。0.06m厚PU板断面保温板上下的正积温差是2376.8℃·d,0.08m厚EPS板断面保温板上下的正积温差是1898.0℃·d,低于前者约478.9℃·d;0.06m厚PU板断面保温板上下的负积温差是-2851.7℃·d,0.08m厚EPS板断面保温板上下的负积温差是-2283.9℃·d,低于前者约-567.86℃·d。由此说明,即使在EPS板比PU板厚0.02m的情况下,PU板的保温效果仍要优于EPS板。

第一个积温年度路基中心原地面积温参数对比　　表4-64(一)

断面里程	2002.1.1~2002.7.22			2002.7.22~2002.12.31			年积温差(℃·d)
	时间	最低温度(℃)	负积温值(℃·d)	时间	最高温度(℃)	正积温值(℃·d)	
DK1026+250	203d	-2.78	-264	162d	3.97	333	69
DK1026+995		-0.87	-41		0.91	63.5	22.5
DK1027+045		-0.66	-68		1.98	164.5	96.5

第二个积温年度路基中心原地面积温参数对比　　表4-64(二)

断面里程	2003.1.1~2003.8.7			2003.8.7~2003.12.31			年积温差(℃·d)
	时间	最低温度(℃)	负积温值(℃·d)	时间	最高温度(℃)	正积温值(℃·d)	
DK1026+250	219d	-2.81	-249	146d	2.04	165	-81
DK1026+995		-0.79	-37		1.17	85	48
DK1027+045		-1.07	-95		1.08	81	-14

第三个积温年度路基中心原地面积温参数对比　　表 4-64(三)

断面里程	2004.1.10～2004.9.6			2004.9.6～2004.12.31			年积温差（℃·d）
	时间	最低温度(℃)	负积温值（℃·d）	时间	最高温度（℃）	正积温值（℃·d）	
DK1026+250	250	-1.505	-153.8	116	2.04	49.8	-104
DK1026+995		-0.683	-78.2		1.17	18.5	-59.7
DK1027+045		-0.805	-103.5		1.08	5.5	-98

保温材料保温效果分析(2002-5-10～2004-12-30)(℃·d)　　表 4-65

断面位置	675	775	差值（PU—EPS）
保温板埋设位置	路肩下 0.8m	路肩下 0.8m	
保温材料	PU 板厚 0.06m	EPS 板厚 0.08m	
保温板上正积温	3071.69	2849.38	222.31
保温板上负积温	-3562.21	-3209.83	-352.38
保温板下正积温	694.86	951.42	-256.56
保温板下负积温	-710.50	-925.98	215.48
保温板上下正积温差	2376.8	1898.0	478.87
保温板上下负积温差	-2851.7	-2283.9	-567.86

根据表 4-67 不同厚度保温材料保温效果分析，可以看出，0.1m 厚 EPS 板的保温效果要优于 0.08m 厚的 EPS 板。可见，保温效果随厚度的增加而增加，0.08m 厚 EPS 板比 0.1m 厚 EPS 板的单位厚度积温值要高。

不同埋设位置保温材料保温效果分析(2002-10-30～2004-12-30)(℃·d)　　表 4-66

断面位置	525	675
保温板埋设位置	地面上 0.5m	路肩下 0.8m
保温材料	PU 板厚 0.06m	PU 板厚 0.06m
保温板上正积温	2010.2	1633.89
保温板上负积温	-1126.9	-3559.30
保温板下正积温	55.5	332.98
保温板下负积温	-453.3	-710.50
板上积温平衡	883.3	-1925.4
板下积温平衡	-397.8	-377.5

不同厚度保温材料保温效果分析(2002-5-10~2004-12-30)(℃·d)　　表4-67

断面位置	725	775	差值（板厚0.1m—板厚0.08m）	单位厚度积温(℃·d/cm)	
保温板埋设位置	路肩下0.8m	路肩下0.8m			
保温材料	EPS板厚0.1m	EPS板厚0.08m		EPS板厚0.1m	EPS板厚0.08m
保温板上正积温	3211.29	2849.38	361.91	321.13	356.17
保温板上负积温	-3392.85	-3209.83	-183.01	-339.28	-401.23
保温板下正积温	958.06	951.42	6.64	95.81	118.93
保温板下负积温	-965.40	-925.98	-39.41	-96.54	-115.75
上下正积温差	2253.2	1898.0	355.28	225.32	237.24
上下负积温差	-2427.5	-2283.9	-143.60	-242.75	-285.48

对于保温板的合理埋设位置,应考虑所保护的主要对象。当路基填料冻胀性很弱,保护重点是地基多年冻土时,为了防止热量沿路基坡面向地基传递,可将保温板置于地基表面处;另外,还应考虑到列车动荷载的长期重复作用对保温板的疲劳破坏问题,保温板不能侵入受动应力作用较强的基床表层范围内。

保温板埋设位置不同,保温板上覆土层厚度亦不同,其工程效果的差异表现在:

(1)保温板上下温度随时间变化(气温变化)的规律相同,但是埋设位置低(地面上50cm处)的保温板上覆土层较厚(大致与路堤高度近似),其保温板上下温度随时间的变化幅度较小;埋设位置高(路肩下80cm处)的保温板由于上覆土层较薄,其保温板上下温度随时间变化(实际是随气温变化)幅度较大。

(2)从积温数据分析还可以看到保温板埋设位置对保温效果的影响。这主要表现在埋设位置影响到积温积累上。如路肩下0.8m处保温板上、下积温均表现为负温积累,而地面上0.5m处保温板上积温表现为正温积累,保温板下积温表现为负温积累(表4-66)。可见,随着埋设深度的增加,保温板的工程应用效果有降低的趋势。

清水河试验段保温板路基段当保温板埋设于路肩下0.8m处时,比埋设于地面以上0.5m处效果要好。当然,这种积温平衡数据与路堤高度、场地条件以及施工情况等有一定关系。路肩下0.8m处保温板的施工于2001年11月施工完成,而地面上0.5m处保温板则于2002年6月才施工完成,路肩下0.8m处保温板的施工早于地面上0.5m处保温板约半年左右,且恰好少了一个冷季作用。

从保温效果衡量,保温板的合理埋设位置越靠近路基表面越好。但还应考虑到列车动荷载的长期重复作用对保温板的疲劳破坏问题,因此,保温板应设在距路基表面一定深度处。建议保温板可设置于路肩下一定深度处,且不要侵入受列车动应力作用较强的基床表层范围内。另外,保温板的埋设位置还应考虑填土的冻胀融沉特性,当路基填料冻胀性较弱,主要目的保护地基多年冻土时,保温板可以近地埋设。

保温板的隔水性能对大气降水进入路基本体有一定阻隔作用,有利于减小保温板下部土体冻胀融沉变形。含水量测试结果表明保温板材料对降雨入渗有一定的阻隔作用。保温板上表面比下表面含水量高1%~2%。由于填料是透水性良好的砾砂土,基床表层的水分能够很快排出,因此保温板上下表面的含水量差异不至引起路基冻胀变形。

从保温板路基应用效果可以看出，路基本体铺设保温板以后，路基与外界环境的热交换被保温板隔开为两部分，保温板上部路基填土表面与大气进行热交换，这部分填土下部与保温板进行热交换，保温板下部土体侧表面直接与大气环境进行热交换，保温板下部土体表面与保温板接触进行热交换，还有与多年冻土层之间的热交换。由于各个表面性质的差异和表面温度的变化，使得这些热交换最终结果造成路基土体热量积累，导致多年冻土上限下降和冻土年平均地温升高。

路基隔热保温措施是调控热传导的工程措施，保温材料增加了土体热阻，减少了路基下多年冻土的换热量，从而延缓冻土退化，在一定时间内起到保护多年冻土的作用。在路基内安置保温层后，如果上部温度条件保持不变，根据热传导原理，由于保温材料导热系数与土体导热系数的巨大差异(约40倍)，将会导致保温层上下部形成很大温差(热阻效应)，由此决定了保温层下部土体温度的年振幅的降低，在这种情况下，最高温度包络线与深度轴相交于相对较高的深度，即多年冻土的上限位置被抬高。

影响路基隔热保温措施效果的主要因素包括：

(1)多年冻土的热状况，多年冻土温度越低，保温层维持多年冻土不发生融化的时间越长。

(2)保温层的埋设深度，一般而言，保温层埋设位置越高，其热阻效应发挥越充分，但是还需要考虑保温层对路基承载力的影响，同时也需要综合考虑路基边坡的热交换确定合理埋设深度。

(3)保温层的厚度，毫无疑问，保温层越厚，效果越好，但是工程造价也越高，保温层对道路运营的影响也会越大。分析表明保温层厚度较大时，其隔热保温效果的增加是有限的。

从短时间观测数据看，保温板埋设在高位的路基保护多年冻土的效果比埋设在低位的路基变化多年冻土的效果要好，但是根据数值计算结果，由于热量积累效应的存在，在路基修筑数十年以后，低位埋设保温板路基保护多年冻土效果要好于高位埋设保温板的路基。

4.3.4 保温型路基结构补强措施

保温型冻土路基结构和冷却地基型的路基结构工作机理不同，对冻土的影响方式也不同，因而应用条件和应用效果各不相同。尽管作为一种被动防护的工程措施在抵御多年冻土退化的工程应用上有很大局限性，但是有时线路纵坡限制等技术条件决定了在某些地段必须应用一些填土路基结构和保温板路基结构，而应用地区的冻土环境条件和冻土工程相互影响的结果使工程效果的长期可靠性有所降低(如高温冻土地段)，这时可以考虑一些保温型路基结构与 些冷却型路基结构形式组成叠加和复合的结构进行应用。

4.3.4.1 保温板热棒路基结构

保温板路基是一种被动型路基结构，它的保温功能在暖季的发挥阻隔了大气环境热量的进入，但是寒季它的保温功能的发挥同样阻隔了大气环境冷量的进入，使它不能起到冷却地基的作用。它的这一缺陷可以由热棒来补充。热棒恰恰是暖季无法发挥作用，寒季可以发挥冷却地基的作用。二者结合的路基结构在应用上是可行的，在效果上是明显的。

北麓河试验路堤平均高度为1.1m，从路堤表面向下4.2m进行了换填，填料为砂砾土。聚氨酯保温板距路堤表面0.8m，厚6cm。

热棒分别布设左右路肩和坡脚处，路肩热棒为9m长，其中地上部分为2m，地下部分为

7m；坡脚热棒为7m长，其中地上部分为2m，地下部分为5m。同时，试验段热棒按两种间距布设，其中DK1141 +930 ~ DK1141 +980段热棒纵向间距为2.4m，DK1141 +980 ~ DK1142 +030段热棒纵向间距3.2m。针对不同的热棒间距，布设了2个监测断面，分别为DK1141 +955和DK1142 +000（表4-68）。

图4-82与图4-83显示了热棒工作前后路基地温场的变化。

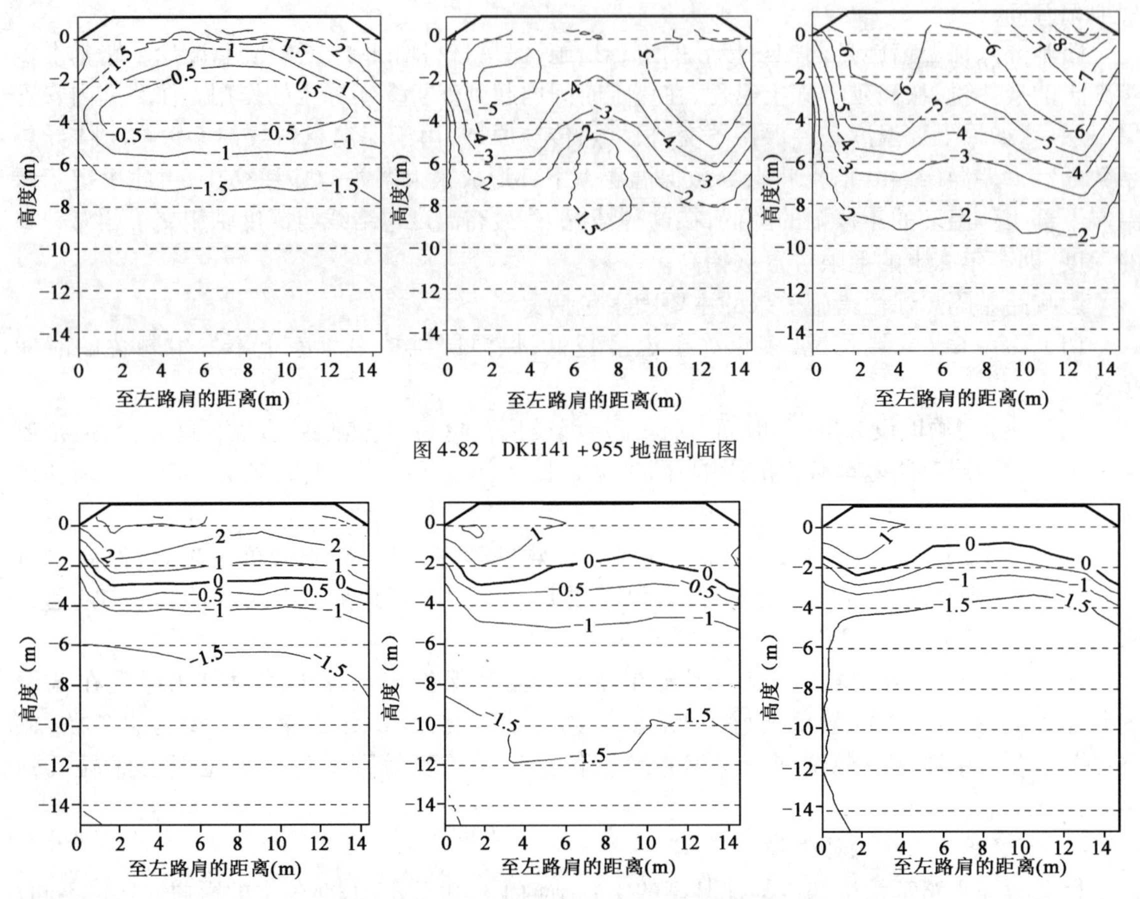

图4-82　DK1141 +955地温剖面图

图4-83　DK1142 +000（右）地温剖面图

图4-82左、中、右图是DK1141 +955断面在最寒冷季节的地温场曲线，左图为热棒工作前的地温场，中图为工作1年后的地温场，右图为工作2年之后的地温场。

图4-82左图中 -1.5℃线停留在 -7m，其上是更高温度的冻土，在路基内部还有高于 -0.5℃的"热核"。图4-82中图路基内约有一半区域地温低于 -2℃，还有将近一半的区域介于 -1.5℃和 -2℃之间，高于 -1.5℃的冻土仅存在于路基中心的一个小区域；-2℃等温线在路肩下方向下弯曲，弯曲部位正是埋设热棒的下方。图4-82右图中已经看不到高于 -1.5℃的区域，等温线较平滑，整个路基的地温非常低。

图4-83左、中、右是DK1142 +000断面在融深最大时的地温场。左、中图为热棒工作前的地温场，右图为热棒工作后的地温场。从左图到中图，0℃等温线从 -4m上升到 -2m附近，但同时 -1.5℃等温线降到了 -8m以下，最低处甚至接近 -12m，说明单纯使用保温材料不能降低土体温度。从中图到右图，0℃等温线进一步上升，而 -1.5℃等温线又回到了 -4m。

DK1141 +955 断面各测温孔的冻土上限(m) 表4-68(一)

年份	天然孔	左坡脚	左路肩	中心孔	右路肩	右坡脚
2003	-2.0	-3.2	-4.3	-4.2	-3.4	-3.7
2004	-2.0	-3.1	-3.4	-2.4		
2005	-2.1	-3.1	-2.5	-0.5	-3.4	-3.2

DK1142 +000 断面各测温孔的冻土上限(m) 表4-68(二)

年份	天然孔	左坡脚	左路肩	中心孔	右路肩	右坡脚
2003	-2.0	-2.0	-3.0	-2.8	-2.8	-3.6
2004	-2.0	-2.2	-3.0	-1.3	-2.4	-3.3
2005	-2.1	-2.2	-2.4	-0.8	-1.7	-2.9

注:上述深度均从天然地表算起。

由于路基采取了热棒和保温材料两种工程措施,上述冻土上限的抬升是两种措施共同作用的结果。为了更加清楚地显示热棒在抬升冻土上限方面的作用,以不受保温材料影响的坡脚 DK1141 +955 -4 号测温孔的冻土上限的抬升情况说明。从表 4-69 中看到,在初始上限接近的情况下,离热棒越近,冻土上限抬升就越多。

DK1141 +955 断面坡脚 1-4 号测温孔的冻土上限(m) 表4-69

年份	距热棒 0.5m	距热棒 1.0m	距热棒 1.5m	距热棒 2.0m
2004	-3.5	-3.6	-3.5	-3.4
2005	-2.9	-3.2	-3.2	-3.1
上限抬升	0.6	0.4	0.3	0.3

注:上述深度均从天然地表算起。

图 4-84 是保温板热棒复式结构路基与普通填土路基、保温板路基、热棒路基等其他路基结构同一时间温度场的比较图,这实际上是一个被动防护保温型路基结构和主动冷却地基土路基结构以及被动 + 主动复合路基结构之间在减少传入地基土体热量、冷却地基土体两种功能之间的综合比较。

它是根据北麓河试验段冻土环境条件进行的数值计算,在考虑气温升高条件下,路基修筑 50 年以后不同结构路基地温场图示。填土路基和保温板路基基底多年冻土上限下移,而热棒路基多年冻土上限仍然在天然地面以上,复合结构路基比热棒路基在多年冻土上限保持的位置和等温线显示的地温梯度上,都比其他结构路基效果要好。

青藏铁路原有试验段保温板试验地段的工程补强就是根据这种研究结果增加了热棒措施以保证线路长期运营过程路基的稳定。

4.3.4.2 草皮热棒路基结构

青藏高原风火山试验基地在 1960 年风火山路堑试验工程中应用了当地草皮作平铺式边坡保温层,1966 年试验路堑开展了水平迭砌式草皮护坡试验,1976 年试验路堑边坡选择了沥青膨胀珍珠岩板、酚醛树脂矿棉板、加气混凝土块、聚苯乙烯泡沫塑料板、聚苯乙烯泡沫球混凝土板、水泥膨胀珍珠岩板六种工业保温材料和草皮、碎石沙黏土两种当地材料开展了边坡、基底保温防护试验(图 4-85)。

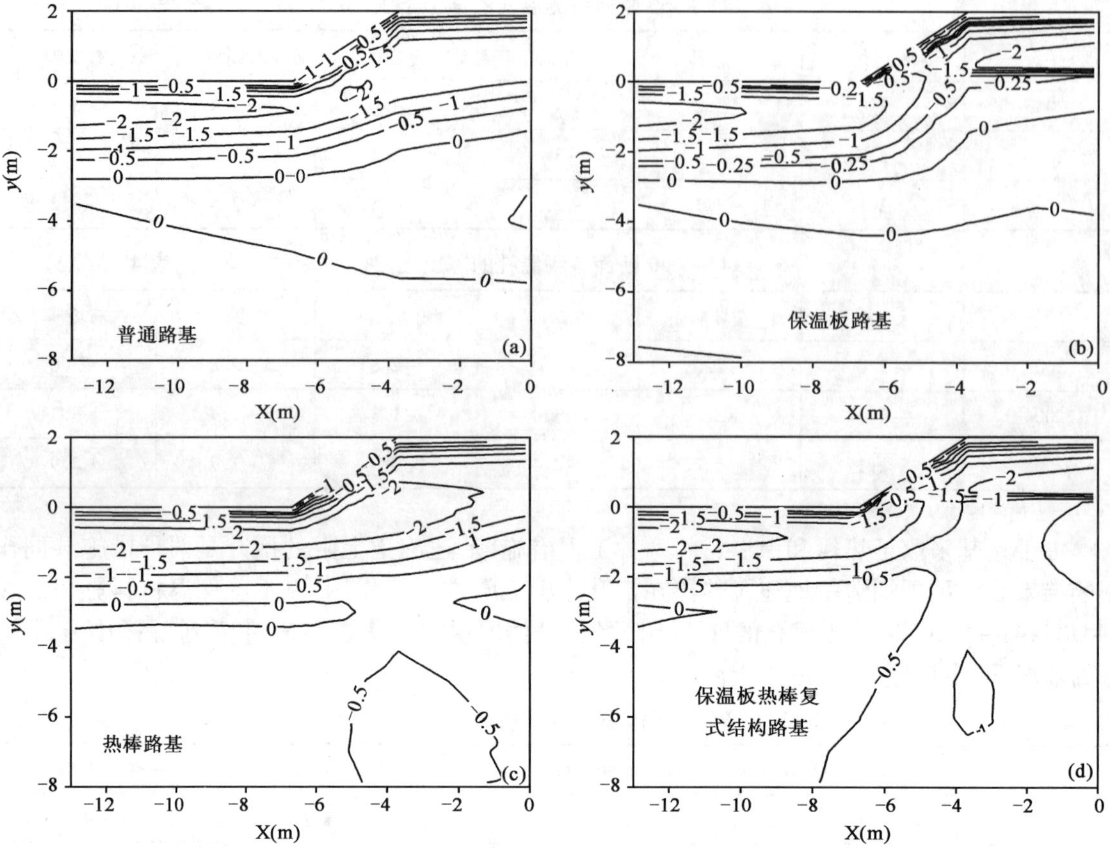

图 4-84 保温板热棒复式结构路基与其他路基温度场的比较

图 4-85 青海省柴木地方铁路草皮热棒路基

草皮保温边坡有边坡稳定性好、防冻结层上水和防边坡冲刷能力强、保温性能（导热系数 0.4w/m·k）较好、当地材料造价低等优点，但由于保护高原生态环境的要求，一般不大面积推广应用。但是在气候湿润，草皮移植成活率能够保证的条件下，如 2008 年开始修建的青海省柴达尔—木里地方铁路冻土区路堤就采用在路肩、边坡和坡脚用草皮防护，坡脚和路肩设置热棒的草皮 + 热棒复合路基结构，取得很好的效果。

但是仅靠草皮防止多年冻土退化造成的工程病害远远不够，这是因为草皮防护本质上仍然是一种被动防护措施，草皮的功能除了保温以外，它能够防止坡面冲刷，防止破坏多年冻土原有的“保温层”（即季节融化层），但是仍然不能阻止环境温度升高带来的多年冻土退化，如果与主动冷却降温的热棒结构复合处理，效果应该是长期可靠的。

2007 年作者与青海省地方铁路管理局联合进行了草皮护坡和热棒复合路基结构试验和实体运行，观测结果证明这种结构合理、可靠，可以在生态环境较好的冻土区推广应用。

4.4 冻土区桥梁灌注桩基础

青藏铁路冻土区桥梁工程分为两大类型,一是跨越流水河谷、湖塘的桥梁工程,另一类则是跨越高温极不稳定高含冰量冻土区的"以桥代路"桥梁工程。

冻土区河流地质历史的差异,导致河流沟谷区域地质构造、地形地貌、河流水文、水文地质、植被及覆盖土等地理地质条件不同,形成的各类河流多年冻土分布特征不同,桥梁基础类型及基础设计施工也因此不同。

所谓"以桥代路",主要是指在采用路基特殊结构形式时,不能完全达到设计所预期的目的,也即不能完全有把握的达到冷却地基土,减少传入多年冻土的热量,提高多年冻土的热稳定性,从而保证修建在其上的铁路建筑物稳定的设计主导思想,"以桥代路"成为冻土区路基的一种替代结构形式。

青藏铁路的高温冻土区、含土冰层埋藏较浅,厚度较大的地段;冻土湿地发育的斜坡地段;泉眼集中出露,冬季易形成冰幔地段;地势低洼、水塘积水量大,容易浸泡路基等地质复杂和应用各类路基结构不能确保对多年冻土的保护和线路安全的地段采取"以桥代路"通过。

青藏铁路多年冻土区桥梁总长度119.9km,其中因为高温高含冰量冻土以及其他不稳定性因素影响而设置的"以桥代路"的桥梁总长度约87.3km。多年冻土区最长的桥梁为清水河"以桥代路"特大桥,总长度为11.7km。多年冻土区桥梁大多采用钻孔灌注桩基础,个别桥采用了扩底灌注桩基础以抵抗冻拔力对桥梁桩基础稳定性的影响。

多年冻土区特殊路段采用以桥代路,并且采用灌注桩基础具有以下优点:

(1)在这些地段采用普通路基修筑技术,无论采取何种措施,仍然难以根治道路的融沉和冻胀破坏,处理难度很大。

(2)桥面遮阳,可"调控辐射"减少桩基周围地层冻土吸收太阳辐射的热量。

(3)路基临空,可"调控对流",通过对流冷却地面冻土,其作用类似于寒区通风地基,而后者对保护冻土的作用是实践和理论已经证明了的。

(4)不连续布置的桩基可以避免对冻土过大的连续扰动,大大减少了施工对冻土环境的不利影响。

(5)由于采用长桩基础,因此具有一定的抗冻拔和融沉能力。对于高温不稳定冻土地段,按照冻结状态考虑冻结力和融化后的摩阻力两种状态进行承载力等项检算,能够保证桥梁的安全与稳定。在高含冰量、强冻胀性地基中,钻孔灌注桩可通过扩底或抬高承台来抵抗基础上冻拔力的不利影响。

(6)架空的桥梁形成的动物迁徙通道,保护了高原生态环境。

冻土区桥梁基础工程主要研究桩基础,对青藏铁路冻土区桥梁来说,主要研究灌注桩基础,无论从减少对冻土层和冻土环境的扰动来衡量,还是从提高基础承载能力,适应未来气温变化对冻土的影响衡量,"以桥代路"都可以作为高温冻土区一种非常适宜的工程结构形式,灌注桩基础可以作为冻土区桥梁的首选基础形式。

冻土区桥梁灌注桩基础研究、工程设计、施工和施工组织设计的关键技术应该包括以下几个方面的内容:

(1)桩基承载力的构成及冻土环境对桩基承载力影响。

(2)冻土区灌注桩基础设计和冻土环境的关系。

(3)灌注桩施工和混凝土水化热对桩周土体的热扰动(热平衡状态破坏),桩基础和桩周土体新的热平衡体系形成(回冻)的规律。

(4)灌注桩施工热扰动和回冻过程桩基承载力的形成规律。

(5)桩基地温场和纵向地温场形成特征和桩基长期稳定性预测。

(6)灌注桩回冻和承载力形成过程控制的施工组织设计。

上述诸方面内容的研究主要通过桩基设计和施工前对冻土环境条件的研究和分析,桩基施工过程和回冻过程地温场观测,桩基长期地温场变化的理论计算和预测等手段进行。

4.4.1　冻土区桩基础设计特征

冻土区桩基础的设计同普通土一样,应从承载力、变形、稳定性等三方面加以考虑。桥梁桩基础应满足以下要求:

(1)桩必须能够安全承受结构荷载,即桩必须有足够的承载力。

(2)桩必须有足够的抗拉强度以抵抗由于上拔力在桩中产生的拉力。

(3)由上拔荷载、结构荷载、桩周土体等因素及其叠加作用所产生的桩的位移及不均匀位移必须小于规定的限值。

这些要求由于冻土环境的存在和变化构成了冻土区桩基础的特殊性,这种特殊性表现在:冻土环境条件(气温、冻土地温、含冰量)与桩基础之间的相互作用、相互影响决定桩基础承载力,承载力的形成过程。

4.4.1.1　桩基础设计原则

根据地基冻土特征——多年地温、冻土含冰量及地基土的岩性,同时考虑建筑物稳定性的要求,冻土区地基处理一般可采用保持冻结原则(即保持桥涵建筑物的地基土在规定的使用期间始终保持冻结状态)、控制融化速率原则(控制地基在施工和使用期间按照一定融化速率融化)、预先融化原则(地基多年冻土层厚度小,高温极不稳定,多年冻土区地基的多年冻土为强融沉性地基土时,在修筑基础前可以采用人工融化或挖除换填非冻胀土)进行设计。

桩基础地基在使用期间处于冻结或融化状态,是多年冻土地区桥涵设计首先要确定的原则。青藏铁路冻土区"以桥代路"地段桥梁大多采用混凝土灌注桩基础,桩基础设计大多按保持地基土冻结状态而进行设计。但在考虑气温升高对冻土环境的影响时,大部分高温极不稳定冻土区的桩基础按照融化状态进行设计。

冻土工程的基础设计也是从强度和变形两方面考虑。强度是指对基础形成支撑或提供冻结的程度,变形是指基础由于地基冻土可能发生的冻胀融沉变形和蠕变变形。强度指标选取和变形控制标准是冻土工程基础设计的核心。

由于冻土具有很强的流变性,所以承载力受控于其长期强度和蠕变变形,冻土的长期强度指标比瞬时强度指标小很多倍,如冻土长期抗压强度仅为瞬时单轴抗压极限强度的1/6~1/8。冻土的流变特性,表现在当作用于冻土的荷载产生的应力小于冻土长期强度时,冻土的变形是衰减的,所以在桩基设计中一般要求按承载力计算,即要求作用于桩上的荷载在受力面上产生的应力小于冻土的长期强度。这样,在荷载作用下,桩的变形是可以忽略的。因此可以说按长期极限强度原则设计桩基础时已经考虑到了变形的因素,并且可以保证其变形量不超过规定范围,所以冻土中桩基设计实际是将承载力与变形辩证的统一考虑。

考虑冻土蠕变的设计原则是控制冰的蠕变沉降和保证桩与冻土间有足够的长期冻结侧摩阻力。冻土的长期强度是桩基承载力的主要设计依据,当实践测定冻土长期强度很困难时,可以利用瞬时值或短时值换算求得。事实上,冻土的强度衰减正是在冻土发生蠕变的过程中引起的,因此冻土的长期强度又被称为蠕变强度。

地基多年冻土变形是桩基础稳定性的决定性因素，桩基础稳定性应包括两方面的考虑：

(1)由于季节的变化或人为的原因而导致冻土地温发生变化，从而桩基的承载力也会发生周期性变化，设计时应保证桩在最不利工作条件下的承载力能满足要求，承载力按冻土地基的月平均最高地温取值。

(2)当季节活动层的土具有冻胀性时，需进行桩基的抗冻拔稳定性验算。所有涉及季节活动层的问题，还应该考虑到未来气温升高引起的活动层厚度增加(即为年冻土上限下移)带来的影响。

桩周冻土温度场是桩基设计的重要依据，温度场变化的影响条件复杂多变，主要影响因素是：冻土环境特征，混凝土水化热为主的工程热扰动影响和消散过程，桩基础与桩周土层热交换过程。

4.4.1.2　冻土区灌注桩基础设计特点

冻土区桥梁灌注桩基础应用地段有两类，一类是跨河桥梁，一类是“以桥代路”桥梁地段，这些地段基本都是高温冻土区高含冰量地段多年冻土发育地段。

为使上述地段桥梁桩基础在承载力、变形和稳定性方面达到线路长期安全运营要求，设计中必须注意如下几个方面：

(1)寒区桩基承载力的来源主要是冻土对桩基础侧面的冻结力，也就是冻土与埋设于冻土地层内桩基础界面之间的胶结力，也称为冻结强度。在垂直荷载作用下，这种冻结力沿桩身的切向和桩端的法向应力共同起到桩基承载力的作用，如果桩体与土体出现相对滑移，产生的摩阻力也是切向应力之一。

(2)进行稳定平衡力系计算时，冻结力对桩基工程稳定性的作用表现在两个方面：

①抵抗冻胀，起到锚固作用。

②抵抗融沉起到摩阻作用。

它是寒区桩基础设计的一个决定性指标，冻结力是温度、含水量、外荷载及其作用时间等因素的函数。

(3)合理确定冻结强度是桩基础设计成败的关键因素。

当冻结力不足时，桩土界面可能产生剪切位移，这种相对位移则会导致切向应力的降低，其原因是基础接触点冰晶体部分发生破坏，再结晶时晶体的方位向着使冻土层对基础位移的阻力降低的方向改变，从而加剧了基础的失稳，因此合理的确定冻结强度就显得十分重要，崔托维奇介绍了土体冻结强度(冻结力)的试验方法，并给出了不同材料界面的冻结强度特点。但是，冻结强度试验与加载速率关系很大，“在加载速率低于标准加载速度的情况下冻结强度明显减小”，吴紫汪等认为在加载速度很慢时，可近似用稳定冻摩擦力以代替其长期冻结力，在 0.05 ~ 0.2MPa/min 速率下，3 ~ 4min 桩土出现相对错动，长期冻结强度是极限冻结强度的 0.5 ~ 0.6 倍。

(4)按照冻结状态考虑冻结力和融化后的摩阻力两种状态进行承载力等项检算，以保证桥梁的安全与稳定；当冻结力不足时，桩土界面可能产生剪切位移。苏联学者还发现在土相对于基础发生这种位移时，切向应力则会降低，其原因是基础接触点冰晶体部分发生破坏，再结晶时晶体的方位向着使冻层对基础位移的阻力降低的方向改变，因此按照冻结力设计承载力的旱桥桩基，应确保界面不发生相对错动。

(5)高温极不稳定高含冰量冻土地段的桩基础设计，首先要考虑 Tcp-I 区冻土年平均地温在 0 ~ −0.5℃之间，当冻土为高含冰量冻土时，处于极不稳定状态。混凝土的水化热对冻土的扰动影响，使桩周土体基本不能回冻，或处于融化状态或处于冻融土体共存的类似"零点幕"状态，在气温条件合适时，也需很长时间甚至达数年之久才能回到原来冻结状态。此状态下桩基承载力大幅度降低。

(6)当位于高含冰量、强冻胀性地基土时，钻孔灌注桩可在桩的下底部扩大直径或抬高承台的形式，从而达到抵抗基础上拔力的不利影响；

(7)通过计算结果可知，对于砂类土、泥灰岩等地基土冻结和融化两种状态相差不大。但黏性土等细颗粒土按融化计算的承载力大大低于按冻结状态计算的承载力，对于此类地基土的基础设计应慎重选择，适当留出安全余地。

(8)充分考虑气温升高不同幅度条件下冻土地温变化，对高温极不稳定区(Tcp≥-0.5℃)和高温不稳定区(-1.0℃≤Tcp≤-0.5℃)冻土区桩基础设计应考虑冻结和融化两种状态，并留有一定安全度。对于低温稳定区冻土(Tcp≤-1.0℃)，按冻结状态设计，冻结力的选择应根据地基土的工程地质条件和冻土的含冰量综合考虑，且考虑气温升高有可能使地温分区发生改变而留有充分安全预留。

(9)天然上限深度1.5倍范围内的地基土不计冻结力或摩擦力，含土冰层不计冻结力。桩底不得置于含土冰层上。钻孔灌注桩通长配筋，配筋率不少于0.6%，天然上限附近为高含冰量冻土时根据工程地质条件，另行增设短钢筋，以抵抗土壤冻胀产生的冻拔力。考虑气温变化对多年冻土上限的影响，上述数据还需要进行调整。

(10)适当加大钻孔灌注桩的桩间距，以减少钻孔和灌注混凝土对冻土的扰动和破坏，同时可增加基础的刚度，提高桥梁运营时的稳定性。青藏铁路多年冻土区钻孔灌注桩桩间距采用3倍的成孔桩径。

通过对冻土活动区冻胀力物理本质及影响因素的分析可知，如果不采取合理的工程措施，桥梁桩与承台之间可能被拉裂，基础可能被抬起。因此，采取一些措施来避免或减小冻胀力对桩基础的影响是必要的、也是非常重要的。主要工程措施如下：

(1)钻孔桩基础应检算冻胀力作用下桩基的稳定性及抗拉强度，当承台埋置于季节融化层中时，应考虑冻胀力的影响，并检算承台与桩的连接强度，加强连接钢筋。

(2)当地基的季节融化层为冻胀土时，钻孔桩基础应在季节融化层内设置钢护筒，护筒外侧涂10mm厚的渣油。

(3)当地基的季节融化层为冻胀土时，桩基承台应高出地面，即将承台底置于地面以上一定高度，使承台悬空(设计中一般采用30cm)。这种基础美观程度较差，但消除法向冻胀力效果很好。

(4)当地基的季节融化层为冻胀土、承台又无法置于地面以上时，在承台四周采用粗颗粒土换填，以避免或减小冻胀力对承台及桩基础的影响；同时，还可采用扩底桩以抵抗冻土产生的冻拔力，

(5)承台墩是在"以桥代路"地段采用的。一般情况下，"以桥代路"地段填土高度较低，采用通常的桥墩下挖很多，不利于保护多年冻土。为解决此类问题，将支承垫石直接置于承台上，取消墩身，减少基坑开挖，以达到保护冻土的目的，并能避免或降低冻胀力对桩基的影响。

总之，消除冻胀力可采取两种方式，第一种是把冻胀性土置换成非冻胀性土；第二种就是改变接触面的光滑程度或不接触，使接触面上冻结抗剪强度降低或为零。工程上这两种方法均得到广泛应用。

通过对多年冻土活动层(季节融化层)冻胀发生及影响因素的分析可知，多年冻土区桥墩

台有可能局部处于多年冻土的季节融化层,因此墩台及基础承台处于季节融化层部位需要涂1cm厚的沥青,置于地面下的承台周围换填粗颗粒土壤,减少地基土的冻胀力。所有涉及季节融化层变化的问题都应该考虑未来气温升高的影响。

高温冻土区"以桥代路"工程的核心问题是桩基础,桩基础的关键在于承载力设计计算理论和施工对冻土热扰动造成的回冻问题。

试验资料显示,当桩周土体为细颗粒土时,夏季进行高温不稳定冻土区大直径钻孔灌注桩(桩径为1.25m,桩长为14.7m)的施工并进行现场桩基静载荷试验,桩周土体未完全回冻但桩身混凝土已经达到设计强度时,荷载试验结果表明此时基桩的承载力很低,残余变形量较大。第二次加载试验至4800kN时的平均侧摩阻值为68.9kPa,桩端阻力为735.3kPa。说明随着桩周土及桩底土地温的降低,桩侧阻及桩端阻有较大的发挥,但此时相应的沉降量为13.92mm,残余沉降量为9.90mm,桩土体系在未回冻前承载力较小。试验结果说明该类冻土区的桩基础设计一般应按冻结和融化两种状态计算,取其最低承载力为设计依据。青藏铁路不同地质条件下两种状态的计算结果见表4-70。

高温极不稳定冻土两种状态桩基础承载力比较 表4-70

桩径(m)	承载力 P(kN)		工程地质条件
	冻结状态	融化状态	
1.25	3668	3080	黏性土
	6260	5290	砂砾
	6670	5200	黏性土
1.0	1580	1610	砂砾
	2410	2240	风化泥岩
	2600	2730	风化泥灰岩
	2940	2900	风化砂岩夹泥岩

4.4.1.3 冻土区桩基础适用条件

1)钻孔插入桩

钻孔插入桩,是一种先钻孔后插预制桩的基础形式。

先在桩位上钻孔,其孔径一般大于桩径或断面对角线长5~10cm,孔深达到桩底设计标高后即自由置入预制桩,然后在桩与孔之间灌注填充材料(如水中沉砂、填充水泥浆等),待材料冻结,使材料与孔壁、材料与桩壁之间冻结力形成,然后修筑桩基承台和桥墩台。这种桩型可以适用于桥梁桩基和各类冻土工程(如房屋、涵洞)的地基,钻孔孔径要求不高,无需打桩设备,因而在施工工艺和对地基的适应性方面均比钻孔打入桩优越。

钻孔插入桩沉桩工艺适用于各种岩性和冻土条件的地基。钻孔方法及施工机具的选择,根据桥梁附近地下水及工程地质条件、孔径大小确定,如遇层上水和层间水发育的松散卵砾石土、砂类土地基时,要采取有效的措施防止坍孔和流砂。由于施工作业和设备较简单,用于中、小桥和涵洞工程较为经济合理。钻孔插入桩施工对冻土扰动小,桩周地基土和填充料回冻时间短,一般都可以连续施工。钻孔插入桩的承载力比同类钻孔打入桩、钻孔灌注桩低20%~30%。

但是钻孔插入桩存在许多缺点,钻孔插入桩的承载力受回填材料和工艺的影响很大,桩周回填黏土砂浆回冻过程由于水份向桩表面迁移形成冰膜降低桩的承载能力,用砂回填捣固不密实也会使承载能力降低,而振动充填砂浆,可提高冻结强度50%,插入桩周边填充料(如砂浆、水泥浆等)灌入工艺尚不成熟,填充料的密度检测方法、检测手段缺乏研究,不能保证施工质量。另外,砂浆的冻结力如何确定等问题也缺乏系统的试验研究和工程实践,直接影响基础的承载力设计。对高温极不稳定区冻土,一旦冻土退化,插入桩承载力将急剧降低,严重影响结构的安全和稳定。

2)钻孔打入桩

钻孔打入桩,是一种先钻孔后打桩(预制桩)的基础形式,一般钻孔孔径比桩径小50~100mm。在桩位上预先钻造孔径小于桩径或截面对角线长的孔(一般为5cm);孔径大小和孔深通常由试桩确定,孔深至设计桩尖标高后,在孔中打入预制的桩。

在含大块碎石,密实的卵石层中或岩层的地基打桩过程阻力太大而不能下到设计标高,甚至桩被打坏。因此在冻土地区打入桩适用于以黏性土、砂性土为主的地基,不适用于岩层、漂石、卵石土等坚硬地基。这种桩基的优点是:对冻土地基的扰动小,对冻土破坏小,承载力比插入桩高;缺点是:对冻土区不同地质条件的适应性差,钻孔的成孔工艺要求高,施工工艺复杂。打入桩设计承载力的计算方法目前尚不成熟,设计参数的合理选用缺少试验数据和工程实践。

钻孔打入桩对冻土地基热扰动和增温作用最小,比较适用于高温冻土区桥梁桩基设计和施工。

在地基条件相同情况下,这种桩基承载能力比钻孔插入桩高,但施工过程比较复杂,打桩机具除一般锤击式外,国外也用震动式打桩器具。

3)钻孔灌注桩

钻孔灌注桩,是国内外桥梁工程广泛采用的基础形式,可适用于各类地质条件,钻孔灌注桩也适用于各类冻土、岩性和地下水条件的地基条件,同时可以建造大直径的现浇混凝土可以充分利用当地的条件,施工设备比较简单。当地砂、石料丰富的大中桥梁采用这种桩基较经济合理。钻孔灌注桩有一套完整的施工质量保证措施,设计理论和计算方法成熟,施工技术成熟,施工机械装备先进。钻孔灌注桩承载能力大,安全度高。在多年冻土地区使用的主要缺点为:灌注的混凝土水泥水化热对冻土的影响和热扰动比较大,影响时间也比较长。

施工方法和一般地区的钻孔灌注桩基本相同,最主要的技术关键在于尽量减少施工过程对冻土的热扰动,在我国多年冻土地区公路铁路桥梁工程中已开始广泛采用钻孔灌注桩桥梁基础设计和施工。

冻土区桥梁灌注桩基础设计和施工的关键技术有以下几点:

(1)灌注桩混凝土在冻土中负温环境下养生,大幅度降低了混凝土的强度,必须采用"负温混凝土"和"低温早强耐久混凝土"。

(2)由于现浇混凝土水泥水化热的影响使桩孔周围冻土升温或融化,回冻时间长,因此一般不宜用于年平均地温高于-1.0℃的冻土地基。

(3)高温冻土区采用灌注桩基础形式时,对施工工艺有严格的要求,例如当冻土年平均地温高于-1.0℃时需要采用人工冷却法缩短回冻时间。

(4)高温冻土区灌注桩基础设计应该考虑冻土环境温度变化对承载力影响,采用不同设计理论确保桩基安全。

4.4.2 冻土区桩基承载力特征

冻土区基础工程的强度和承载力都是以冻土在冻结状态时的冻结力、承载能力和抗压强度为基础进行设计的,“冷却地基”同样是冻土区基础工程设计施工的主导技术思想。

冻土作为桥梁基础的承载介质,无论是桩基础还是明挖基础都是以冻土在冻结状态时的力学指标进行设计,但是桥梁基础的施工无论是明挖基础还是桩基础都会对多年冻土造成热扰动,使冻土的承载能力降低,有时这种热扰动无法再恢复直至使冻土丧失承载能力,造成基础的不稳定。

桩基础适宜进行机械化施工,施工过程对多年冻土的热扰动比其他基础类型要小,桥梁工程的基础相对路基工程而言,对冻土区环境的扰动、对冻土层的扰动都要轻微,这种轻微一是指基础在冻土区延伸占地面积小,二是指基础本身对冻土扰动小。

混凝土灌注桩是青藏铁路冻土区桥梁工程设计中桩基础的首选基础类型,冻土区桩基础设计和施工需要解决的关键技术问题有:

(1)冻土桩基础周围冻土回冻和承载力形成过程。

(2)减小桩基础施工对冻土的热扰动技术。

(3)桥梁桩基础承载力试验。

另外,冻土区桥梁基础工程还需考虑桥梁承台位于季节融化层部分的冻胀和融沉问题,基础施工所设计的低温环境问题。

冻土区桥梁桩基础区别于一般地区桥梁桩基础的特点是:

(1)桩基础承载力由冻土的冻结强度和抗压强度决定。

(2)桩基础的长期承载力由冻土的长期强度(与冻土蠕变密切相关)所决定。

(3)桩基础承载力的形成随着桩周冻土温度场变化和低温环境混凝土凝结过程而分阶段达到设计承载力。

4.4.2.1　桩基承载力构成

未冻土中承受竖向荷载的单桩,桩顶荷载由桩侧摩阻力和桩端土体阻力共同承受,桩基稳定应保证当上部荷载小于桩基允许承载力同时满足变形控制原则。

多年冻土的桩基,在垂直荷载作用下,桩基承载力的发挥主要包括以下四项:

(1)侧摩阻力,由桩与桩周融土共同作用发挥,主要分布在多年冻土上限以上。

(2)冻结力,由桩与桩周冻土通过界面冻土冻结黏结力提供。

(3)桩端阻力,由桩底部冻土的端承力发挥。

(4)残余摩阻力,在桩土界面发生相对滑移时发挥。

在桩基承载设计的原则上,一般认为应遵循以下两条:其一,沿桩表面施加的剪应力应该低于桩与冻土之间的冻结强度,考虑到上部季节冻融层的变化,允许承载力应根据冻结力和基础与季节冻融层之间的摩擦力计算;其二,桩的沉降速度必须小于由桩在使用期限内总的允许沉降量而确定的沉降速度。

在多年冻土地区桩基的承载力发挥一般认为,桩周多年冻土上限以上的侧摩阻力一般量值不大设计中可不予考虑,而桩端承载力仅当桩端位于岩石、致密的砂或卵石中时才加以考虑,在其他土类中,桩端承载力的发挥需要比冻结强度破坏更大的位移,一般情况下不予考虑。如我国对多年冻土地区钻孔插入桩的实测结果表明荷载较小时主要由上部冻结力承担,桩底反力占荷载比例很小,随着荷载增加桩底反力逐步增加,荷载接近极限时冻土上限附近发生应力松弛而失稳,极限荷载作用下桩端反力占荷载3%~27%。可见,对于多年冻土地区的桩基其承载力的主要来源是桩土界面的冻结力。

俄罗斯西伯利亚地区桩基承载能力设计是按桩在冻土中受轴向压力的桩身强度计算得到

的桩身承载力和桩土冻结后形成的抗剪强度，计算得到的桩土承载力取两者的较小值。桩身强度取决于材料强度，桩土承载力取决于土层土壤类别、性能和温度情况及桩的埋置深度。其埋置深度一般要求桩尖应进入永冻土层2m以上。

我国多年冻土地区的桩基设计，对于高温极不稳定冻土区，则是同时按照冻土区桩基础和常规摩擦桩基础分别计算承载力，取其小者为设计单桩承载力，对于高温不稳定冻土区，计算时对可能有影响的桩长范围按高温极不稳定冻土计算承载力。

4.4.2.2　桩基础承载力和稳定性影响因素

桥梁桩基础稳定性影响因素主要取决于温度以及温度诱导下的水分迁移。冻土中温度、水分运移与相变对冻土的力学性质有很大影响。

1)桩基础周围土体回冻过程

灌注桩基础的施工热扰动、混凝土较高的入模温度以及混凝土水化热的产生使周围多年冻土温度和水分状态发生变化，新的热平衡状态形成以前，冻土的力学性质必然发生变化，这个变化过程中桩基不能形成稳定的承载力。在高温冻土区实测发现这个时间长达39~49d。高温冻土地区的工程热扰动对地层的热影响甚至可持续5年之久。而连续分布的小跨度桥梁桩基可能形成长达数公里的“热带”，影响整个桥梁结构的承载力。

2)冻土环境的变化对桩周温度和含水量影响

冻土环境的变化尤其是气温升高的趋势将引起多年冻土平均地温升高，冻土上限下降，冻土的退化特征对桩基承载力和稳定性产生难以预测的影响，对灌注桩承载力影响较大的冻土地温特征变化主要有以下几点：

(1)地温曲线变化的影响。

温度是冻土动态特征的重要标志，一定的地温曲线类型不但反映了该处冻土的历史而且反映了其现状，也是冻结力发展的方向，因而是影响桩基承载力的重要因素。

<u>放热型地温曲线</u>。分布于连续分布多年冻土地带，即高原腹部地区，冻土不论是平面和垂直方向均为连续的；不同深度土层的年平均地温是上部低于下部，年变化层内的平均地温梯度，从腹部地带的0.05~0.06℃/m，逐渐减小到边缘带的0.03~0.04℃/m，最高和最低地温包络线图中，年平均地温是倾向于低温方向。短期的气候波动或小范围的人为影响对地温扰动和影响小，桩基承载力变化较小。

<u>吸热型地温曲线</u>。这类地温曲线主要分布于连续分布多年冻土的边缘地带(南界或下界附近高温冻土区)和岛状冻土地区。在温度年变化层深度范围内，年平均地温曲线在上段是沿深度是下降的，直至一定深度，甚至到年变化深度以下，才逐渐转为温度沿深度上升，此种类型冻土是储热的，未来气温变化对其影响较大，在最高和最低地温包络线中，年平均地温是倾向于高温方向，温度年变化层内的年最高地温曲线。年变化深度处的地温就是该曲线上的最低地温。

<u>过渡性地温曲线</u>。主要分布于岛状多年冻土区的边缘地段和融区分布区的附近地段，地温梯度极小，一般小于0.03℃/m，甚至为零梯度，这是介于放热和吸热二种地温曲线之间，近似于吸热型地温曲线，侧向热流起了很大的作用，沱沱河盆地和通天河盆地地段属于此类。

(2)温度年变化层内地温年际变化影响。

气温对地温的影响都有一个随深度滞后的共同规律性，在高原冻土区上限至10m深度间最高地温出现于12月至翌年1月间。不同深度的年最高地温均相应低于自上限0°C至年变化深度处的地温联线上的温度。其差值大小是两端小中间大；不同深度的实际最高地温(即曲线上的温度)与直接上对应的温度差值,仅决定于上限深度的大小,而与冻土年平均地温的高低基本无关。上限深度、土层含水量、土质类型以及冻土平均地温等均对冻土年最低地温有影响,其中冻土年平均地温与年最低地温关系最为密切,冻土年平均地温愈低,在同一深度间,年最低地温与冻土年平均地温差值愈大。

在确定最高和最低地温后即可知道其地温的年变化幅度。

天然冻土上限越深,其土温变化波幅越小。因为季节融化层厚,每年冻融过程中在这一土层中所消耗的相变热就多。即夏季大量热量消耗于融洽层融水相变热,阻碍和减少热量往下传递,在冬季融化层回冻,水结成冰放出大量的相变潜热,抵消和减弱了土层放出的热量。

土层含水量,尤其是季节融化层的含水量愈大,土层温度年变化波幅愈小,因为含水量越大所需的相变热越多,从而减弱了土层升温或降温幅度。在相同的土质条件下含水量大小往往决定了冻土的上限深度,含水量大,上限深度小。

冻土年平均温度,与土层温度波动幅度关系最为密切。冻土年平均地温低。土层温度年变化波幅度大,因为土温低未冻水含量少,升降时所耗的相变热少。

冻土作为灌注桩基础的地基,除了承受灌注桩基础和上部桥梁荷载以外,在整个桩基础埋深范围基础侧面与冻土间还要产生冻结力,冻结力的变化和基础埋深范围的地温变化相关。

地表至7~8m深度范围内全年的地温变化规律表现为在不同时间内在整个垂直剖面上综合负温指数(指自地表至上限和上限8m深处范围任一期间剖面上的平均负温值),即:

$$\overline{t_h} = \frac{\sum_{i=1}^{n} t_i}{n} \tag{4-86}$$

式中:$\overline{t_h}$——负温指数;

t_i——同一时间不同深度的地温;

n——测温点的数目。

冻土冻结力强度是随着地温的变化而变化,这种变化影响桩基承载力的确定。

3)地震荷载及运营荷载可能引起冻土性质的改变

地震产生强烈的冲击荷载,铁路列车运行产生反复震动荷载,这些动荷载都可能使得本来在静荷载下安全的基础失稳。张建明对模型桩施加恒应力幅值动荷载试验,发现桩的冻结强度随着振动频率的增加而降低。

冻土对桩的冻结强度和桩尖处的冻土的承载力与土的颗粒组成、冻土的含冰状态有关。并随冻土温度降低而增高。这和冻土的抗剪抗压强度一样。根据青藏高原各试验场的钻孔打入桩、插入桩的试验结果提出三种地温条件下的桩底部冻土承载力和冻土对桩的冻结强度。

地温是多年冻土地区各种建筑物地基基础设计的基本参数之一。正确确定冻土地温对于合理确定灌注桩承载力、保证建筑物地基基础的稳定性都有重要意义。青藏铁路沿线过去和最边的典型地段地温连续观测资料都是桩基础设计的主要依据。中国科学院曾经在祁连山木里和热水、天山的奎先大板,青藏公路沿线的风火山,两道河和土门格拉等地进行的冻土地温长期观测资料,从理论和实践上给现在的桩基设计提供了宝贵的技术支持。

4)地基冻土盐渍度的影响

由于土中的盐分影响其冻结温度,青藏高原桩基试验场的试验表明,清水河与昆仑山两试场均属盐渍化冻土,其实测冻结强度比苏联 CHu17 II-18-76 指标低 20% ~25%。室内洗盐后所进行的室内模型桩试验结果表明冻结强度提高了 15% ~20%(见表 4-71)。

模型桩试验结果 表 4-71

土样名称	取样地点	容重 (g/cm^3)	平均温度 (℃)	含盐量 蒸发器法	电导率法	冻结强度 (T/m^2)	说明
砂砾土	昆仑山	2.31	-2.1 -2.0	0.158 0.039	0.188 0.033	14.3 17.9	洗盐后
砂黏土	清水河	2.06	-0.8 -0.7	0.138 0.629	0.135 0.029	5.0 ~6.0 6.0 ~7.0	洗盐后

根据 20 世纪 70 年代以来,青藏高原桩基试验结果,结合《铁路桥涵设计基本规范》(TB 1002.1—99)桩基的计算方法,广泛采用以下公式进行桩基承载力计算:

$$[P]=\frac{1}{K}\sum\tau_iF_i+m_0A[R] \tag{4-87}$$

式中:$[P]$——桩的允许承载力(kN);

K——安全系数;

τ_i——i 冻土层或回填料同桩侧表面的冻结强度,根据《桥规》表取值;

F_i——第 i 层冻土处桩侧表面积(m^2);

m_0——桩底支承力的折减系数;

A——桩底支承面积(m^2);

$[R]$——桩端下冻土的容许承载力,根据桥规取值。

影响桩基承载力的因素很复杂,在计算时需根据具体条件正确选择方法和参数。桩底支承力的折减系数如无试桩实测资料时,建议根据桩底条件选择 m 取 0.5 ~0.9,一般水下灌注混凝土孔中水和泥浆不能抽干时取较低值,孔中泥浆能抽干时取较大值,冻结强度指标取值一定考虑桩的表面粗糙度、回填的密实度及填料的含水量。安全系数的取值根据荷载特点,铁路桥梁荷载中活载作用时间短,建议 K 取 1.5 ~1.75。

5)冻胀力对桩基承载力影响及冻胀稳定性检算

冻胀力实际上是与桩基垂直受荷相反的力系,在特定条件下它有可能成为桩基承载力的一定安全储备,但是当冻胀力的发生破坏了冻土对桩壁的冻结力时,它就成为有害的了。所以当季节活动层为冻胀土时,基础常产生冻胀隆起现象,需要进行冻胀稳定性检算。我国"铁路桥涵设计规范"规定了冻胀稳定性检算公式,当基底位于多年冻土以内时:

$$N+C+Q_t+Q_m\leqslant mT \tag{4-88}$$

式中:N——基础顶上的荷重(kN);

C——基础重及襟边上土重(kN);

Q_m——基础与多年冻土的冻结力(kN),$Q_m=S_m\cdot A_m$;

A_m——埋在多年冻土内的基础侧面积(m^2);

S_m——多年冻土与基础表面冻结强度(kPa),由表查得;

Q_t——基础位于融化土层的摩擦力(kN),$Q_t=S_t\cdot A_t$;

S_t——基础侧面与融土的单位摩擦力(kPa);

A_t——融土层中基础侧面积(m^2);

m——安全系数;

T——基础切向冻胀力(kN),$T=A_\eta\tau+A_{\eta'}+\tau'$;

A_{η}——为70%季节冻深范围内基础和墩身侧面积(m^2);

τ——为70%季节冻深范围内基础和墩身侧面的单位切向冻胀力(kPa);

$A_{\eta'}$——河底以上冻层中墩身侧面积(m^2),冬季无结冰该项为零;

τ'——水结冰后对墩身侧面的单位切向冻胀力(kPa),可用190kPa,当切向冻胀力较大时,还检算基础或墩身拉应力。

4.4.3 灌注桩桩周土体回冻规律

冻土区混凝土灌注桩桩基工程热扰动从以下几个方面改变了地基的热平衡条件:

施工过程产生的各种热量:钻孔的摩擦热,混凝土入模前本身的热量,灌注桩混凝土水泥的水化热,大气环境通过施工过程桩孔暴露对地基冻土热侵蚀等等,这些热量的迅速产生使桩周冻土地温场发生急剧变化,引起桩周地基土一定范围内冻土升温及融化,破坏了冻土原有的热量平衡状态,整个过程称之为对多年冻土的工程热扰动。

在多年冻土和桩基础组合形成新的工程环境以后,经过冻土和桩基础之间以及二者和大气环境之间的热交换过程,地基土和桩基础之间形成新的热量平衡状态,这种状态分为两种情况:一种是桩周土体恢复冻结状态形成新的地温场形态,称为桩周土体回冻;一种是桩周土体不能够恢复冻结状态,地基土体融化或者处于冻融边缘状态。2001年冬季沱沱河桩基试验观测就出现了这种情况。

冻土区灌注桩桩基施工无论采用何种施工机具和何种工艺,都不可避免的对冻土造成热扰动。这是因为混凝土灌注过程、混凝土强度形成过程、冻结力形成过程中都有大量的水泥水化热放出,相当长一段时间内会对冻土的温度产生巨大影响。

灌注桩在施工过程中对周围多年冻土产生巨大扰动,这种扰动在多年冻土地温低于-0.3℃时,经过一定的时间仍然可以恢复到原来的地温状态。但是,由于桩基础的传热性能与天然土体的巨大差异,使桩基周围冻土的天然上限发生巨大变化,一般在施工次年的人为上限是天然上限的1.5倍,桩周地温场在某一深度以下存在恢复的可能,但在桩基上部如前所述是不可能完全恢复原状的。

桩基回冻过程实际上是桩周土体对桩基壁的冻结力形成过程,桩基回冻的概念一种观点认为是回冻到施工前,桩周冻土未受到热扰动以前的温度状态;第二种观点认为可以回冻到设计状态。

第一种观点无疑偏于安全,但是回冻时间较长,对下一工序施工影响较大;第二种安全预留小,但是对下一工序影响较小。

4.4.3.1 灌注桩桩周土体回冻阶段

冻土区混凝土灌注桩桩基工程施工改变了地基的热平衡条件,施工活动产生的各种热量,即钻孔的摩擦热,混凝土入模前本身的热量、灌注桩混凝土水泥的水化热等,使桩基地温场急剧变化,引起桩周地基土一定范围内冻土升温及融化。经过一个阶段的热交换过程,形成新的热平衡状态后,桩周地基土体恢复冻结状态,上述过程习惯称为桩基回冻过程。

回冻时间的长短对桩的设计与施工具有重要的意义,它是确定桩基类型、桩的布置、施工方法和季节的重要依据。回冻过程影响因素有地基冻土的热物理特征、混凝土入模温度、桩的几何尺寸,施工机具、施工方法及施工季节等。

研究钻孔灌注桩回冻过程,主要研究桩基周围冻土形成承载力的过程和规律,对桩基承载的各个阶段的安全性和可靠度具有重大影响。回冻时间既要求桩基及时形成承载力,又要使混凝土水化过程的正温时间达到要求,入模温度和水泥水化热放出热量是影响冻土地温场和桩基周围地基土回冻过程的主要因素，是选择混凝土防冻措施和混凝土拌和料温度的根据。这些都是高温冻土区桥梁灌注桩施工关键技术的组成部分。

灌注桩桩周土体回冻时间和回冻过程中冻结力的形成规律，也即按照承载力试验确定的施工工序的衔接时间和桩基的设计承载力形成时间和形成规律。混凝土入模温度提高以后对桩周地温场和桩基回冻及承载力形成时间的影响。这些都是评价现场施工效果和施工质量的理论根据。

通过对灌注桩钻探摩擦热量、混凝土水化热与桩周多年冻土之间热量交换和热量平衡过程分析，混凝土灌注桩桩周土体回冻过程可以分为5个阶段：

(1)施工热扰动阶段

人为工程活动和钻探摩擦热扰动对钻孔深度范围和周围多年冻土产生热扰动，桩周土体温度升高。

(2)混凝土水化热释放阶段

按照施工规范要求具有一定初始温度(入模温度)的混凝土入模浇注，由于低温早强混凝土水泥水化放热速度极快，远远大于传热速率，浇注初期混凝土进入绝热温升过程迅速达到最高温度。图4-86中最外侧温度曲线就是不同深度处的最高温度，图中不同深度处温度最高点显示的就是绝热温升过程达到的最高温度。水化热释放的时间一般在混凝土灌桩后10d放热可达总热量的94.77%，灌桩后30d放热量可达总热量的99.73%。

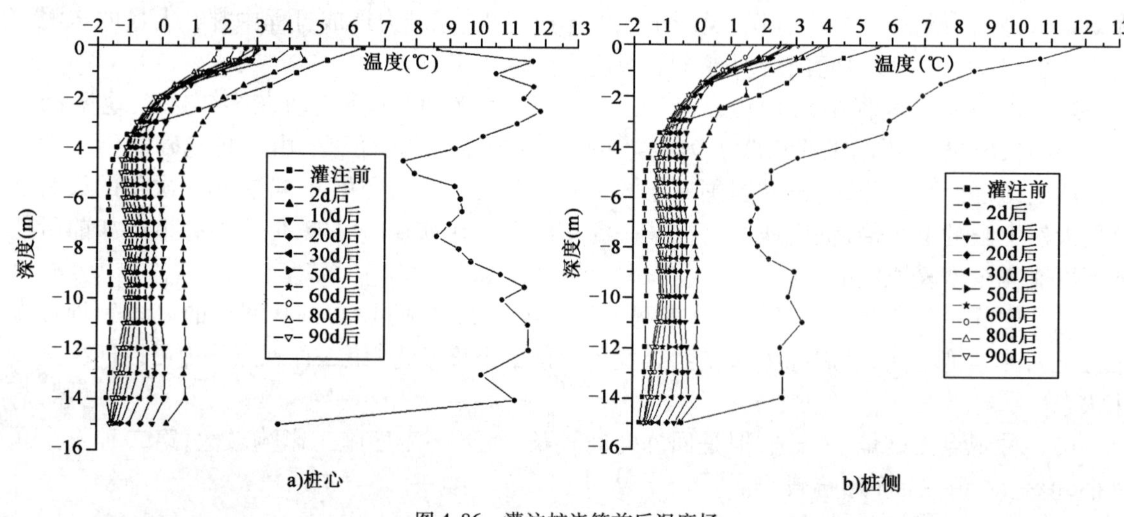

图4-86　灌注桩浇筑前后温度场

(3)混凝土向周围土体散热阶段

混凝土开始向周围冻土层传热而自身温度逐渐降低到冻土融化的临界温度，此时冻土层对应的状态是扰动半径达到最大值。

(4)桩周土体散热阶段

混凝土继续向周围冻土层散热，混凝土温度继续下降，冻土扰动半径逐渐收缩，到桩的半径范围。

(5)桩周地温场平衡阶段

经过一段时间，桩基和桩周土体达到新的热平衡状态，混凝土桩与周围冻土的温度处于长年稳定状态的温度(图4-86)。

需要指出的是，桩周土体的回冻概念应该是桩基和桩周土体达到新的热平衡状态时土体所处的冻结状态,这个状态和天然条件下的地温场有一定差别,这是因为桩基施工的热扰动和混凝土水化热的残余部分需要很长时间才能消失,而桩基置入多年冻土以后形成新的体系,这个新的体系是桩基和土体相互作用的复杂体系,与天然冻土环境条件不同,所有回冻概念不应该是恢复原来的温度状态。

4.4.3.2 桩基回冻过程地温随时间的变化

2003 年作者委托中铁三局和所指导的研究生在雅玛尔冻土区进行桩基现场试验,对混凝土灌注桩浇筑前后地温场变化进行了详细观测(2003 年6 月 ~2003 年9 月),根据温度观测数据绘制的曲线和数值计算图对比见图 4-86。

图 4-87 系列图分别是不同深度距桩中心不同距离处地温随时间的变化曲线,这些曲线真实显示了上述灌注桩桩周土体回冻过程的五个阶段。

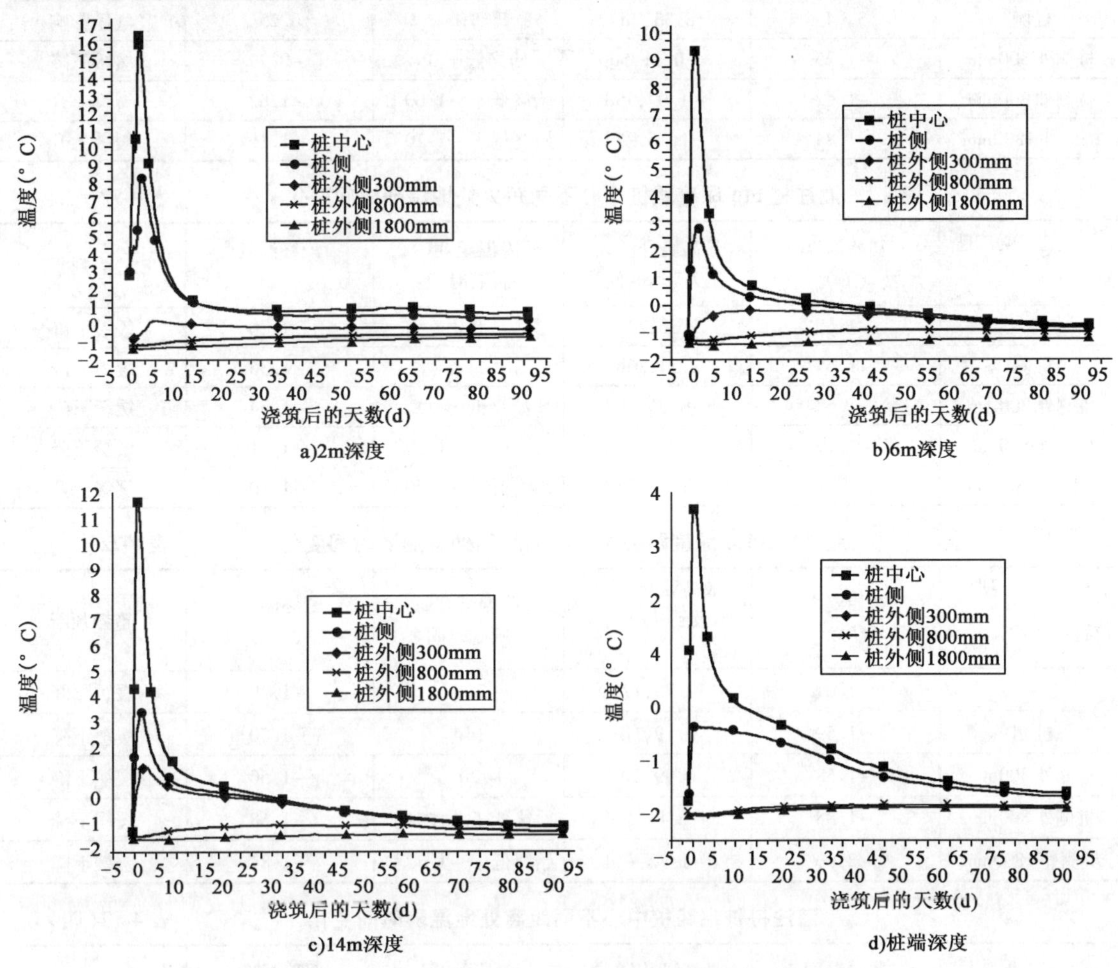

图 4-87 灌注桩距桩中心不同距离处地温随时间变化曲线

图 4-87 的温度变化曲线可见,桩身不同深度处混凝土及近桩土层温度的变化规律大体一致。在试桩浇注后,桩中心和桩侧处的温度都要经历一个急速升温,然后快速降温的过程,当降至 0℃附近时,下降速度开始放缓;冻土层中不同点位温度升到最高值的时间有一定差别,距桩基越近,时间越短,距桩基越远,时间越长;桩外侧 800mm 处土层温度的增长幅度很小,90d 内幅度不超过 0.5℃;而桩外侧 1800mm 处土层温度在整个测试期间一直处于非常缓慢的上升趋势,幅度更小,不超过 0.3℃;直到试验结束,所有测温孔除了桩端处温度基本恢复到测

试前水平外，其他深度的温度都未恢复到测试前的初始状态，与天然孔中温度有一定差距；试桩中心及桩侧的温度仍高于近桩土层地温，而且近桩土层地温总体上有所上升，说明混凝土桩身还在继续放热，而外围土体仍在被缓缓加热，要使土体温度恢复到扰动前的水平可能还需更长时间。

灌注桩不同深度距桩中心不同距离位置地温随时间的变化数据见系列表4-72。表中的数据与图4-87揭示的规律相同。

灌注桩2m深度距桩中心不同距离处地温随时间变化 表4-72(一)

项目 位置	初始温度(℃)	最高温升(℃)及到达时间	降温至0℃所需时间	最终温度(℃)	趋势判断
桩中心	2.3	16.04,1.5d	67d	-0.2	缓缓下降
桩侧	3.04	8.33,2d	最低到0.15℃	0.25	气候影响
桩侧外300mm	-1.25	-0.21,5d	始终低于0℃	-0.79	缓缓下降
桩侧外800mm	-1.62	-1.02,95d	始终低于-1.00℃	-1.02	缓缓上升
桩侧外1800mm	-1.84	-1.16,95d	始终低于-1.10℃	-1.16	缓缓上升

灌注桩6m深度距桩中心不同距离处地温随时间变化 表4-72(二)

项目 位置	初始温度(℃)	最高温升(℃)及到达时间	降温至0℃所需时间	最终温度(℃)	趋势判断
桩中心	-1.65	9.36,20h	19d	-1.20	缓缓下降
桩侧	-1.65	2.54,36h	11d	-1.36	缓缓下降
桩侧外300mm	-1.67	-0.66,15d	始终低于0℃	-1.34	缓缓下降
桩侧外800mm	-1.79	-1.39,48d	始终低于-1.39℃	-1.51	缓缓下降
桩侧外1800mm	-1.94	-1.70,95d	始终低于-1.70℃	-1.70	缓缓上升

灌注桩14m深度距桩中心不同距离处地温随时间变化 表4-72(三)

项目 位置	初始温度(℃)	最高温升(℃)及到达时间	降温至0℃所需时间	最终温度(℃)	趋势判断
桩中心	-1.69	11.73,12h	22d	-1.49	缓缓下降
桩侧	-1.69	3.19,1d	14d	-1.50	缓缓下降
桩侧外300mm	-1.68	0.99,2d	9d	-1.50	缓缓下降
桩侧外800mm	-1.88	-1.44,32d	始终低于-1.44℃	-1.68	缓缓下降
桩侧外1800mm	-2.00	-1.72,95d	始终低于-1.72℃	-1.84	缓缓下降

灌注桩桩端距桩中心不同距离处地温随时间变化 表4-72(四)

项目 位置	初始温度(℃)	最高温升(℃)及到达时间	降温至0℃所需时间	最终温度(℃)	趋势判断
桩中心	-1.44	3.7,20h	12d	-1.60	缓缓下降
桩侧	-1.78	-0.39,1d	始终低于-0.39℃	-1.72	缓缓下降
桩侧外300mm	-2.01	-1.83,40d	始终低于-1.83℃	-1.90	缓缓下降
桩侧外800mm	-2.02	-1.87,50d	始终低于-1.87℃	-1.92	缓缓下降
桩侧外1800mm	-2.00	-1.84,92d	始终低于-1.84℃	-1.91	缓缓下降

冻土区桩基周围土体温度测试表明,桩基的回冻状况与冻土的初始地温有很大关系,回冻过程中的地温曲线同原始地温曲线形状相似;桩中心和桩侧的温度经历了急速升温和快速降温的过程,随后缓缓下降;离试桩中心越远,温度升高幅度越小,下降速度越慢;在进行温度测试的100d左右时间里,距桩中心2000mm处的土层温度一直处于非常缓慢的上升趋势;混凝土施工对冻土的热影响半径大概在3倍桩径左右。

不同施工季节和不同冻土区,桩基础周围土体回冻速率差异很大。低温冻土区,一般回冻时间为20d左右,高温冻土区的回冻时间在50d以上。

结合冻土区混凝土灌注桩的回冻问题,根据桥梁工程施工特点和不同施工阶段的荷载特点,科学合理的安排后续施工工艺,使施工工期既能够符合青藏铁路整体建设要求,又能符合桩基强度和桩基承载力形成的科学规律。

4.4.3.3　灌注桩桩周土体回冻影响因素

冻土区混凝土灌注桩桩周土体回冻过程受诸多因素影响,其中最主要的是冻土地基的热物理特性、桩径大小、施工工艺、混凝土入模温度、冻土初始地温等。

1)冻土的初始地温

在开工时间和沉桩方式相同的条件下,冻土初温高,回冻时间较长。根据以往多次桩基础试验取得的数据,在高温极不稳定冻土区(年平均地温不小于-0.5℃)的冻土基本上不回冻(无法降至负温),如融区与多年冻土区的过渡地带,混凝土浇筑110d基桩周围地基土不能回冻,该段多年冻土在局部区域内冻土将不复存在;而其他地区的多年冻土基本上可以回冻。回冻时间根据冻土地温的不同而不同,一般在50d左右。低温冻土区(年平均地温小于-3.0℃)的钻孔灌注桩在桩身混凝土浇筑7d后即出现负温(即使在夏季),而且地温下降梯度很大,到桩身混凝土达到设计强度时(28d),桩壁地温已接近天然地温。青藏高原清水河试验场年平均地温为-0.7℃,钻孔灌注桩回冻时间50~60d。

2)施工方法

旋挖钻机干法成孔,不需要泥浆护壁,对周围冻土环境扰动少,对保持地基土的天然状态有益。基础群桩的施工中,由于桩间距较小,桩与桩之间相互影响,造成局部区域的地温升高,桩基回冻过程缓慢,应控制灌注桩桩间距不小于3倍桩径。施工季节宜选择暖、寒交替时期,减少基坑开挖暴露时间对桩基的回冻有利。

3)混凝土的入模温度

在混凝土中掺入一定数量的矿物质掺合料,减少水泥用量,降低水化热,控制混凝土的入模温度,这些措施都可以减少热扰动。混凝土的施工必须根据不同冻土地段、不同环境条件、不同温度范围进行配合比设计,并经过试验验证。

4.4.4　灌注桩回冻过程地温场变化

灌注桩桩周土体的回冻过程的工程意义实际上是桩基承载力形成的过程。回冻是热学过程,承载力形成则是力学过程。回冻时间是判断桩基形成承载力的重要依据,桩基的设计承载能力只能在桩周土体地温场恢复到新的平衡状态后才能够达到。

"以桥代路"工程结构基本设在高温高含冰量冻土地段,很多地段如清水河特大桥全长11.7km,全部采用8.0m桥跨,每墩两个1.25m直径的混凝土灌注桩,大量采用的这种小跨度的桥梁结构,群桩以及长达11.7km的桩群,将会形成长达数公里的特殊的纵向地温场。

由于桩基础本身热传导特性与天然土体的巨大差异,单桩、群桩和这种纵向地温场地温波动幅度较大,地温场变化对地表水和冻结层上水影响比较敏感,这些地温场对周围冻土会产生长期热效应,可能使桥梁基础本身的承载性能发生变化。

因此,在桩基回冻地温场和承载力的研究方面应该在实体工程地温场观测基础上,应用数学工具和承载力试验进行研究和预测在气候长期温升下背景下,因为混凝土本身的导热性能与桩周土体不同,冻土层原有的热交换条件改变,热量有可能在暖季通过桩体传入深部冻土层,引起地温场发生变化,对桩基承载力产生影响。

4.4.4.1 单桩回冻及其地温场

单桩问题研究有助于我们对一定混凝土入模温度条件下,桩周土体在不同季节(寒季、暖季),不同地段(湿润、干燥地段)施工后回冻过程单一影响因素有明晰的认识。

单桩问题理论研究和观测的核心是地温场及其变化。

1)计算模型

计算建立考虑基桩、地基土、大气温度变化相互作用的群桩三维数值热分析模型,建立考虑基桩传热、地基冻土、大气温度变化以及考虑混凝土中水泥水化热、混凝土入模温度变化及其相互作用的数值分析模型。

计算模型在计算多年冻土中单桩自然回冻过程时假设混凝土灌注桩产生的水化热是半无限介质中的一个热源,灌注桩的混凝土入模温度和水化热对冻土的影响被认为是在冻土中突然加的一根高于冻土温度的热桩。

以高温冻土区清水河 DK1019 + 230,3 孔 16m 中桥桩基础的钻孔灌注桩作为分析模型基础,桩直径为 1m,桩长为 20m。

考虑清水河地区水文地质条件,混凝土灌注桩本身条件及大气温度和地温随时间变化的影响,按照三维全方位空间轴对称问题分析(图 4-88)。计算模型半径取 10m,深度取 30m(即桩以下的冻土取 10m),即可满足要求。

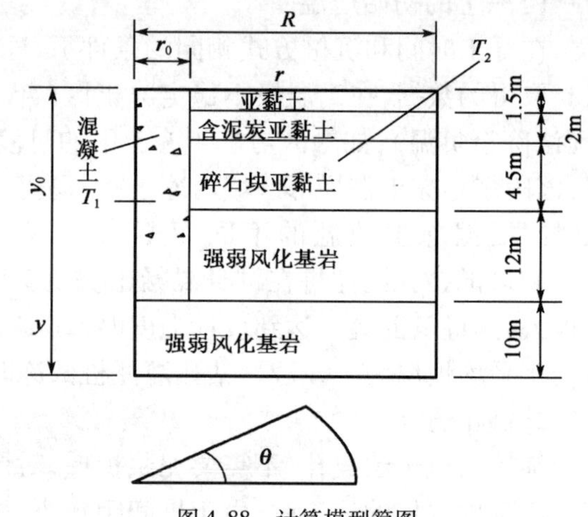

图 4-88 计算模型简图

R-桩的水化热的热扰动的影响范围(10m);θ-模型的旋转角($\frac{1}{2}\pi$)

2)数学模型

轴对称条件下热传导方程形式为:

在 Ω_f 内,$T = T_f$ 且

$$C_f \frac{\partial T_f}{\partial t} = \frac{\partial}{\partial y}\left(\lambda_f \frac{\partial T_f}{\partial y}\right) + \frac{1}{r}\frac{\partial}{\partial r}\left(r\lambda_f \frac{\partial T_f}{\partial r}\right) \tag{4-89}$$

在 Ω_u 内,$T = T_u$ 且

$$C_u \frac{\partial T_u}{\partial t} = \frac{\partial}{\partial y}\left(\lambda_u \frac{\partial T_u}{\partial y}\right) + \frac{1}{r}\frac{\partial}{\partial r}\left(r\lambda_u \frac{\partial T_u}{\partial r}\right) \tag{4-90}$$

式中:下角 f,u——分别为冻、融状态;

T_f, C_f, λ_f——分别为正冻区 Ω_f 内冻土的温度、体积比热和导热系数;

带"u"者为融区 Ω_u 内的相应物理量。整个区域 $\Omega = \Omega_f + \Omega_u$。

初始条件为:

$$T(y,r,t)\mid_{t=0} = T_1 \quad (0 \leqslant r \leqslant 0.5\text{m}) \tag{4-91}$$

$$T(y,r,t)\mid_{t=0} = T_2 \quad (r > 0.5\text{m}) \tag{4-92}$$

式中：T_1——混凝土的入模温度加绝热温升；

T_2——灌桩前冻土初始地温（据实测地温取值）。

固定边界上的边界条件为：

$$\frac{\partial T}{\partial r} = 0 \qquad (r = R) \tag{4-93}$$

$$\frac{\partial T}{\partial y} = 0 \qquad (y = 30\mathrm{m}) \tag{4-94}$$

$$T = T_a \qquad (y = 0) \tag{4-95}$$

式中：T_a——地表下附面层底温度。

在移动的相变界面 $\xi(t)$ 上，必须满足的温度连续性条件和能量守衡条件是：

$$T_u(\xi(t)) = T_f(\xi(t)) = T_m \tag{4-96}$$

$$\lambda_f \frac{\partial T_f}{\partial n} - \lambda_u \frac{\partial T_u}{\partial n} = L\frac{\mathrm{d}\xi(t)}{\mathrm{d}t} \tag{4-97}$$

式中：T_m——冻结温度；

L——含水岩土的相变潜热。

在计算过程中我们采用显热容法来模拟物质模型的相变计算。假设相变时发生在 T_m 附近的一个温度范围内（$T_m \pm \Delta T$），构造的热容表达式和导热系数的表达式为：

$$C = \begin{cases} C_f & T < T_m - \Delta T \\ \dfrac{L}{2\Delta T} + \dfrac{C_f + C_u}{2}, & T_m - \Delta T \leqslant T \leqslant T_m + \Delta T \\ C_u & T \geqslant T_m + \Delta T \end{cases} \tag{4-98}$$

$$\lambda = \begin{cases} \lambda_f & T < T_m - \Delta T \\ \lambda_f + \dfrac{\lambda_u - \lambda_f}{2\Delta T}[T - (T_m - \Delta T)] & T_m - \Delta T \leqslant T \leqslant T_m + \Delta T \\ \lambda_u & T \geqslant T_m + \Delta T \end{cases} \tag{4-99}$$

式中：L——单位质量土体中含有的可以冻融的自由水（除去了未冻水含量的自由水）的相变潜热，水的相变潜热为 79 千卡/kg（科学出版社，传热学手册，1985）。

于是式(4-61)就可简化为：

$$C\frac{\partial T_f}{\partial t} = \frac{\partial}{\partial y}\left(\lambda\frac{\partial T}{\partial y}\right) + \frac{1}{r}\frac{\partial}{\partial r}\left(\lambda\frac{\partial T}{\partial r}\right) \tag{4-100}$$

3）基本参数选取

地温初始温度值根据 2002 年 7 月 30 日 13 时清水河实测地温资料，混凝土的种类及绝热温升见第 5 章有关灌注桩混凝土内部最高温升及最大放热量的计算分析，本计算模型采用的是第二种施工方案，胶材用量 422.2kg/m^2。混凝土入模温度分别为 5℃和 12℃，即入模温度为 5℃时，不同的胶材用量的混凝土绝热温升分别为 51.2℃和 57.5℃，入模温度为 12℃时，不同胶材用量的混凝土的绝热温升分别为 58.2℃和 62.5℃（表 4-73）。

4）计算结果分析

冻土的比热和导热系数随温度变化而变化，相界面位置不固定，界面的能量守恒条件是非线性，所以单桩回冻问题是强非线性数学问题而无法获得解析解，用有限元方法求解的四分之一计算模型单元剖分图见图 4-88 图。

混凝土的种类及其绝热温升　　表 4-73

混凝土种类		入模温度(℃)	最大绝热温升(℃)
纯水泥方案	水泥用量 422.2kg/m²	5	56.2
	水泥用量 466.8kg/m²		61.1
	水泥用量 422.2kg/m²	12	63.2
	水泥用量 466.8kg/m²		68.1
水泥 + DZ 系列外加剂方案	胶材用量 422.2kg/m²	5	51.2
	胶材用量 466.8kg/m²		55.5
	胶材用量 422.2kg/m²	12	58.2
	胶材用量 466.8kg/m²		62.5
水泥 + DZ 系列外加剂 + 10% 粉煤灰方案	胶材用量 422.2kg/m²	5	46.1
	胶材用量 466.8kg/m²		49.9
	胶材用量 422.2kg/m²	12	53.1
	胶材用量 466.8kg/m²		56.9

青藏高原典型湿润性地段暖季条件下的单桩回冻规律计算将混凝土入模温度和回冻时间按照 6 种工况进行分析。图 4-89 和图 4-90 显示混凝土入模温度 12℃和 5℃时地温变化和热扰动影响范围的计算结果。

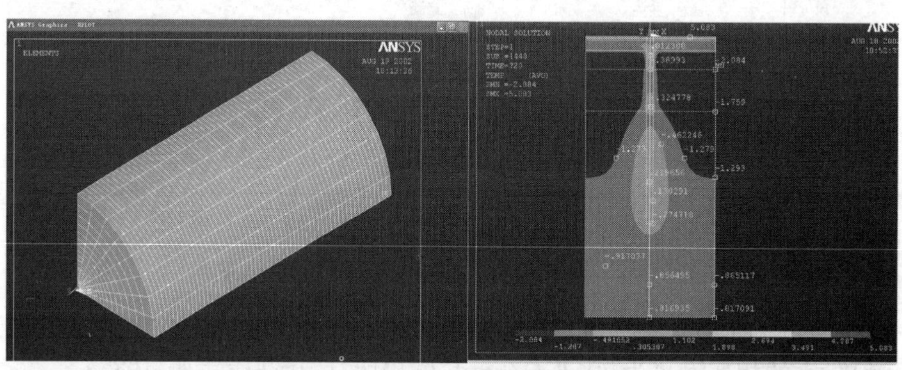

a)单元剖分图　　b)混凝土入模温度12℃回冻60d地温等温线

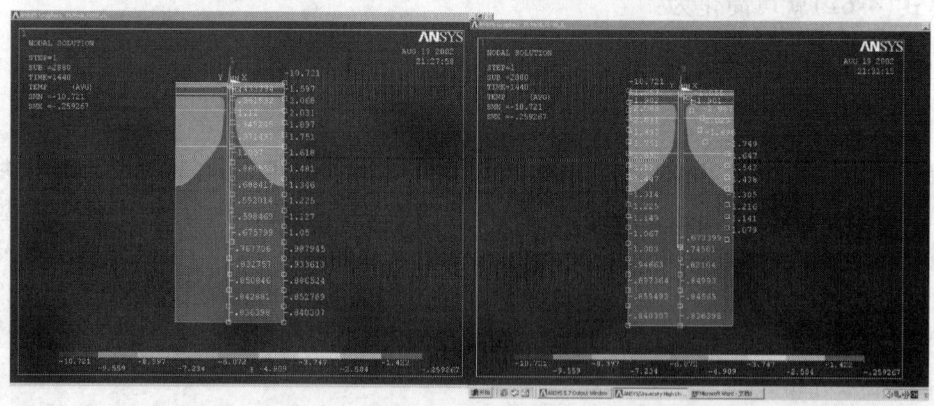

c)桩表面沿深度的温度变化　　d)热扰动影响范围

图 4-89　计算模型

图示结果所有地温等值线均正交于两侧边界,满足计算所设边界条件,所有影响范围边界点的位置都在计算模型边界边界以内,说明对单桩计算而言,计算模型的尺寸大小是可以满足计算要求。混凝土水化热对地温的热扰动影响范围随冻土层的含水量的减小而增大。这是因为土层的体积比热随着含水量的增大而增大,而在土层的体积比热较大情况下,当土层受混凝土水化热影响发生相变时,所需吸收的热量也较大,所以在水化放热量有限的条件下,其相变区域及温度受扰动区域均较小,但当土层的含水量很小以至于没有足够的自由水参与相变(如强弱风化基岩)时,混凝土水化热只能以热传导的形式扩散,这种传导散热影响范围较大。

低温稳定冻土地段地温较低,桩侧冻土的回冻速度较快,桩侧土温 15d 左右就降至零下,桩中心也不超过 20d。因此除了要采用低温、抗冻、早强混凝土,在必要时还需采取一定保温措施加强养护,确保混凝土在受冻前达到临界抗冻强度。高温冻土区冻土地温较高,桩侧冻土的回冻速度较慢,桩侧土温 26d 左右才能降至零下,桩中心要 40d。甚至有些高温冻土区(属于极不稳定冻土区)第 2 年才能回冻。因此,桩基施工时要选择合理的施工工艺,降低混凝土的入模温度,对地基土质尽可能选择传热系数高、容积热容量小的冻土类型。从而用缩短回冻时间来减缓混凝土结构工程对冻土的热扰动影响。

计算得出单桩混凝土入模前后地温变化(图 4-90)2002 年 9 月 1 日,9 月 16 日及 10 月 1 日地温曲线在地面 2m 以下与 2002 年 7 月 30 日的地温实测值曲线近似,证明这种计算方法、

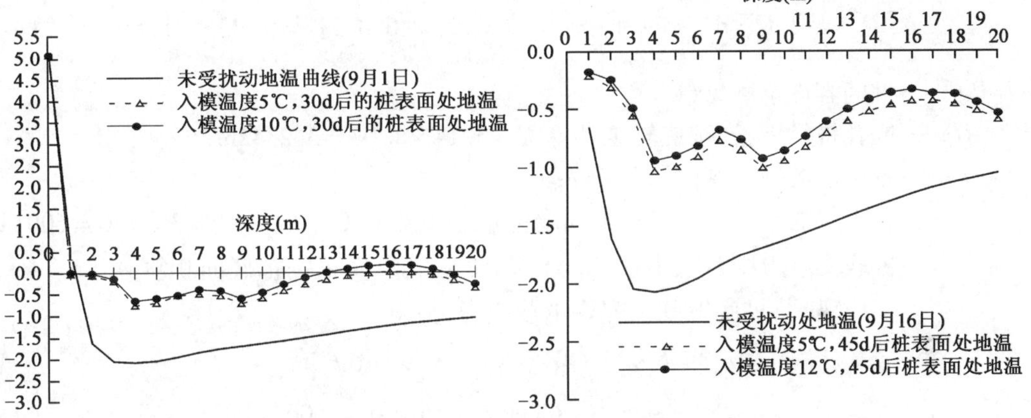

a)单桩混凝土入模30d后(左图9月1日)和45d(右图9月16日)的地温

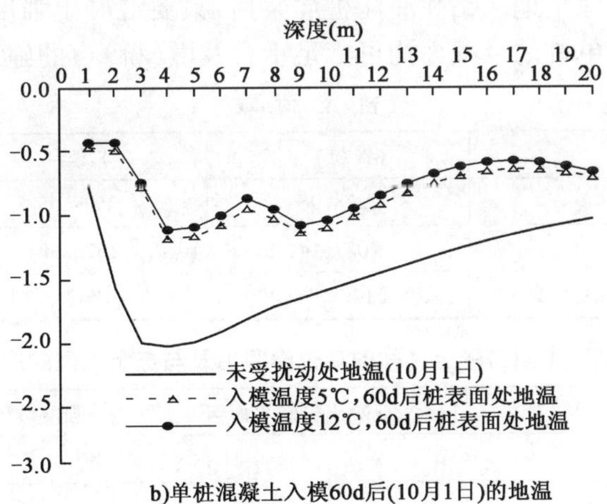

b)单桩混凝土入模60d后(10月1日)的地温

图 4-90　单桩混凝土入模前后地温变化

过程及结果是正确的。

计算结果证明(图4-90),单桩混凝土入模温度从5℃提高到12℃时对桩身表面处地温曲线的影响随着回冻时间的增加而减少,在回冻时间30~60d内的平均影响率为19.34%(即入模温度提高7℃,仅能将单桩桩身表面处地温平均提高19.34%),混凝土水化热对地温的热扰动是一个较为长期的过程,它随着回冻时间的增加而减少,但回冻两个月后单桩桩身表面处地温平均值分别在入模温度5℃及12℃条件下,也只分别达到了天然孔地温平均值的57.3%及53%,计算进一步证明所谓桩基回冻问题不是必须回冻到原始地温状态。

研究灌注桩单桩回冻规律,目的是通过地温场扰动到恢复新的热平衡的不同阶段,分析承载力形成的阶段性指标,为设计承载力的形成和施工组织设计提供依据。

以清水河DK1019+230,3孔16m中桥桩基础的钻孔灌注桩为例,根据设计资料可得其单桩设计荷载[表4-74 清水河DK1019+230,3孔16m中桥桩基础单桩设计荷载(kN)]。根据《铁路桥涵地基和基础设计规范》(TB 10002.5—99)中条款G.0.1及表G.0.1-1之规定,混凝土桩侧表面与融土之间的单位摩阻力及与冻土之间的冻结强度(按砂土及碎石土取值)见表4-75。

根据《铁路桥涵地基和基础设计规范》(TB 10002.5—99)中式6.2.2-2之规定,融土条件下本例钻孔灌注桩的容许承载力为:

$$[P] = \frac{1}{2}U\sum f_i l_i + m_0 A[\sigma] = 970.26 + 653.27 = 1623.5(\text{kN}) \tag{4-101}$$

式中:$[P]$——桩的容许承载力(kN);

U——成孔桩径周长,按旋转锥计算$U=3.14\times1.03=3.2342$m;

f_i——各土层的极限摩阻力(kPa);

l_i——各土层的厚度(m)。在本问题中根据条款G.0.1取$\sum f_i l_i=30\times20=600$(kN),桩底支承力则折减系数$m_0=0.7$,桩底支承面积按扩底面积算$A=3.14\times0.7^2=1.54\text{m}^2$,桩底地基土容许承载应力为:

$$\begin{aligned}[\sigma] &= \sigma_0 + k_2\gamma_2\cdot(4d-3) + k_2'\gamma_2\cdot 6d \\ &= 350 + 4\times16\times1 + 2\times16\times6 = 606(\text{kPa})\end{aligned} \tag{4-102}$$

由计算结果可知,在冻土地区钻孔灌注桩灌浆后,只要混凝土强度达到设计标准,不管是否回冻到原始地温状态,单桩的承载力均可满足承台及墩(桥)台的施工要求。

桥梁荷载 表4-74

各阶段荷载种种类	格(拉)台	1号台	2号台
运营荷载(主+附)	2278.96	2599.65	2599.65
架梁后(主力)	2037.14	1676.98	1676.98
架梁前(桩重+承台重+墩(桥)台重)	1402.5	1062.5	101.95

混凝土桩侧表面与融土之间的单位摩阻力及与冻土之间的冻结强度 表4-75

混凝土桩侧表面与融土单位摩阻力(kPa)	混凝土桩侧表面与冻土的冻结强度(kPa)						
	土层月平均最高温度						
	−0.5	−1.0	−1.5	−2.0	−2.5	−3.0	−4.0
30	70	110	150	190	230	270	350

根据《铁路桥涵地基和基础设计规范》(TB 10002.5—99)中式8.3.5之规定,冻土条件下本例钻孔灌注桩的容许承载力为:

$$[P] = \frac{1}{2}\sum \tau_i F_i m'' + m'_0 A[\sigma] \tag{4-103}$$

式中:$[P]$——桩的容许承载力(kN);

τ_i——各冻土层与桩侧表面的冻结强度(kPa);

F_i——各冻土层中桩侧表面的冻结面积(m^2)。

在本节计算中根据条款8.3.5,取冻结力修正系数$m''=1.4$,桩底支承力则折减系数$m'_0=0.7$,桩底支承面积按扩底面积算$A=3.14\times0.7^2=1.54m^2$,桩底冻土地基容许承载应力为$[\sigma]=\sigma_0=350kPa$。

根据表4-75混凝土桩侧表面与融土之间的单位摩阻力及与冻土之间的冻结强度,当冻土层与桩侧表面交界处月最高平均温度回冻至-0.5℃,由式4-103可得$[P]=3456kN$,此时的冻结温度已完全满足钻孔灌注桩单桩的运营设计荷载要求。因此,可将冻土层与桩侧表面交界面处月最高平均温度回冻至-0.5℃作为计算条件下钻孔灌注桩的回冻标准。当满足此标准时后续施工工序可以进行。

计算中单桩入模温度5℃及12℃,回冻时间为30d时,桩身表面处平均地温分别达到了-0.305℃和-0.19℃,可以满足承台及墩(桥)台的施工要求;回冻时间为45d时,桩身表面处平均地温分别达到了-0.659℃和-0.575℃,可以满足设计运营荷载要求(未考虑群桩效应)(表4-76)。

不同入模温度及回冻时间条件下的地温变化 表4-76

离地面深度(m)	30d			45d			60d		
	不同入模温度下的桩身表面处地温		未受扰动处地温	不同入模温度下的桩身表面处地温		未受扰动处地温	不同入模温度下的桩身表面处地温		未受扰动处地温
	5℃	12℃		5℃	12℃		5℃	12℃	
1	-0.032	0.009	0.533	-0.213	-0.179	-0.659	-0.473	-0.435	-0.79
2	-0.055	-0.012	-1.625	-0.311	-0.247	-1.611	-0.497	-0.434	-1.597
3	-0.193	-0.136	-2.053	-0.561	-0.491	-2.045	-0.791	-0.756	-2.037
4	-0.756	-0.648	-2.08	-1.036	-0.942	-2.072	-1.207	-1.132	-2.065
5	-0.698	-0.591	-2.042	-0.995	-0.901	-2.036	-1.186	-1.11	-2.031
6	-0.525	-0.521	-1.957	-0.909	-0.819	-1.953	-1.097	-1.019	-1.951
7	-0.495	-0.389	-1.845	-0.771	-0.680	-1.846	-0.966	-0.883	-1.847
8	-0.532	-0.417	-1.759	-0.856	-0.764	1.755	-1.046	-0.971	-1.751
9	-0.713	-0.598	-1.704	-1.006	-0.927	-1.695	-1.16	-1.099	-1.686
10	-0.588	-0.456	-1.644	-0.945	-0.862	-1.632	-1.118	-1.057	-1.62
11	-0.417	-0.268	-1.579	-0.828	-0.738	-1.566	-1.029	-0.964	-1.552
12	-0.271	-0.111	-1.509	-0.709	-0.612	-1.498	-0.931	-0.861	-1.483
13	-0.160	0.006	-1.436	-0.607	-0.504	-1.428	-0.839	-0.766	-1.415
14	-0.074	0.092	-1.363	-0.524	-0.420	-1.36	-0.763	-0.689	-1.349
15	-0.013	0.153	-1.294	-0.466	-0.362	-1.294	-0.706	-0.631	-1.286
16	0.019	0.182	-1.231	-0.433	-0.333	-1.234	-0.669	-0.597	-1.228

续上表

离地面深度(m)	30d			45d			60d		
	不同入模温度下的桩身表面处地温		未受挠动处地温	不同入模温度下的桩身表面处地温		未受挠动处地温	不同入模温度下的桩身表面处地温		未受挠动处地温
	5℃	12℃		5℃	12℃		5℃	12℃	
17	0.009	0.163	-1.176	-0.430	-0.367	-1.18	-0.653	-0.586	-1.176
18	-0.059	0.081	-1.129	-0.459	-0.375	-1.133	-0.659	-0.598	-1.129
19	-0.187	-0.069	-1.09	-0.517	-0.446	-1.092	-0.682	-0.630	-1.088
20	-0.364	-0.275	-1.055	-0.597	-0.540	-1.055	-0.719	-0.676	-1.052
平均值	-0.305	-0.190	-1.452	-0.659	-0.575	-1.507	-0.860	-0.795	-1.507
误差率	37.7%		—	12.74%		—	7.6%		—

另外,通过计算可以看出,单桩混凝土入模温度从5℃提高到12℃时对桩身表面处地温曲线的影响随着回冻时间的增加而减少,在回冻时间30~60d内的平均影响率为19.34%(即入模温度提高7℃,仅能将单桩桩身表面处地温平均提高19.34%),但这对基桩(单桩)承载力的形成和施工工序衔接无实际影响。

混凝土水化热对地温的热扰动是一个较为长期的过程,只要基桩承载力满足施工要求或者冻土地区钻孔灌注桩灌浆后,只要混凝土强度达到设计标准,不管是否回冻,单桩的承载力均可满足承台及墩(桥)台的施工要求。

4.4.4.2 群桩回冻及其地温场

高温冻土区"以桥代路"桥梁桩基础大多数为群桩设计,群桩施工热扰动和群桩混凝土水化热对地温场影响更大,这种热扰动有可能使冻土的冻结强度降低甚至使其融化,桩的承载力严重降低。

群桩桩距、入模温度、大气温度、冻土自身温度等是影响群桩桩周土体的回冻过程、回冻时间的主要因素,群桩回冻及其地温场变化的研究一是为施工组织设计、施工工艺改进提供可靠的理论依据,二是为研究桥梁桩基长期稳定性(即桩基长期承载力)奠定基础。

1)计算模型及基本假设

计算多年冻土中N跨梁桥群桩自然回冻过程时,假设混凝土灌注桩群产生的水化热是半无限介质中的$N+1$个热源群,灌注桩群的混凝土入模温度和水化热对冻土的影响被认为是在冻土中突然加的$N+1$个高于冻土温度的热桩群。

本节计算以清水河DK1019+230里程的3孔16m中桥桩基础钻孔灌注桩群作为分析模型,桩直径为1m,桩长为20m。用三维全方位空间分析法研究。

研究中不但要考虑单个桩群(承台)中桩与桩之间的相互影响,且要考虑桩群与桩群之间的影响,考虑到对称性等条件。单个桩群中桩与桩之间可按绝热边界条件处理,桩群与桩群之间顺桥方向也可按绝热边界条件处理,横桥方向和桩底本应取为无限大的冻土范围,为计算方便,模型取在热挠动的影响范围之内。群桩计算模型的横桥方向影响范围取20m,深度取45m(即桩以下的冻土取15m)即可满足要求。计算模型见图4-91。

数学模型与单桩计算相同,基本参数选取同单桩。计算采用胶材用量422.2kg/m^2,混凝土入模温度12℃,此时不同胶材用量的混凝土绝热温升为62.5℃。

图4-92分别给出了在入模温度为12℃时,不同回冻时间条件下的中心桩(左)及边桩(右)桩侧温度沿深度的变化,表4-77系列中各表列出了入模温度为12℃时一年内不同回冻

时间条件下的桩身表面处地温，群桩之间（顺桥半跨 $x=$ a 处）地温及计算模型中未受挠动处地温的变化值。

从以上图中可见：混凝土水化热对地温的热扰动影响范围随冻土层的含水量不同而不同，它主要随着含水量的减小而增大。这主要是因为土层的体积比热随着含水量的增大而增大，而在土层的体积比热较大情况下，当土层受混凝土水化热影响发生相变时，所需吸收的热量也较大，所以在水化放热量有限的条件下，其相变区域及温度受扰动区域均较小（如本例中 8m 以上的亚黏土，含泥炭亚黏土及碎石块亚黏土）。而当土层的含水量很小以至于没有足够的自由水参与相变（如本例中 8m 以下的强弱风化基岩）时，混凝土水化热就只能以热传导的形式扩散，从而影响范围较大。

为了更清楚的对计算结果进行分析，表 4-77 列出了入模温度为 12℃ 时群桩不同回冻时间条件下（60d 及 75d）的地温变化值，一年内不同回冻时间条件下的桩身表面处地温、群桩之间（顺桥半跨 $x=$ a 处）地温及计算模型中未受挠动处地温的变化值。

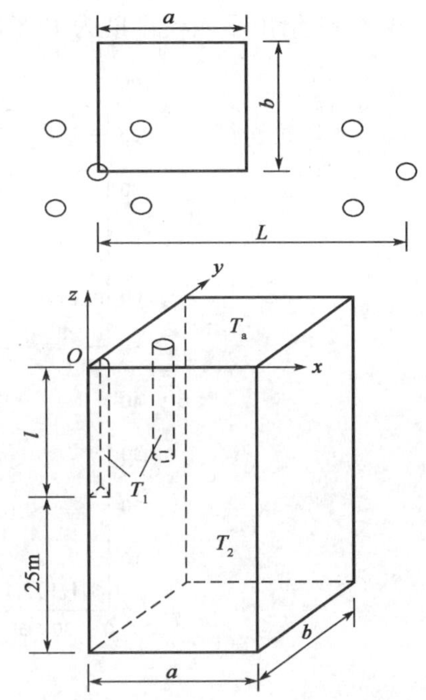

图 4-91　考虑对称性等条件的群桩计算模型
L-桥梁跨度（桩群间距）；a-计算模型顺桥方向的长度；b-计算模型横桥方向的长度；l-桩长

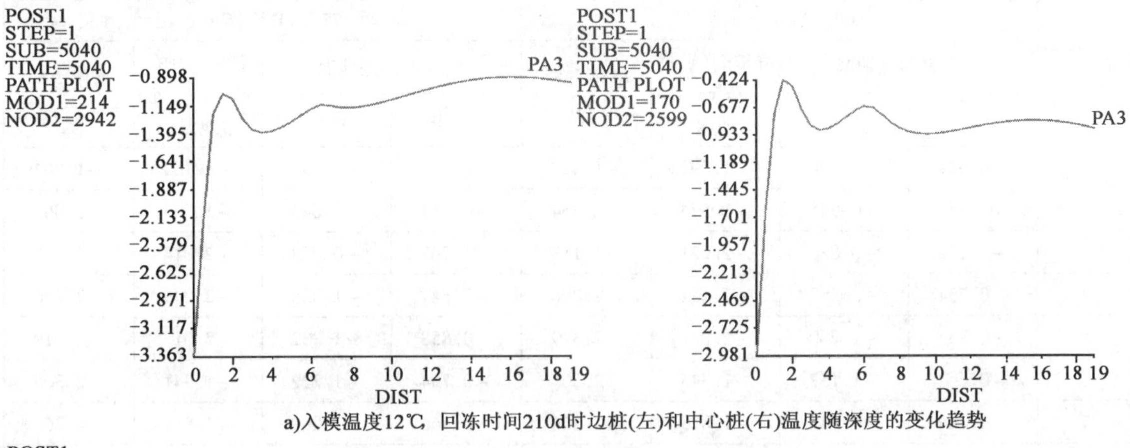

a)入模温度12℃，回冻时间210d时边桩(左)和中心桩(右)温度随深度的变化趋势

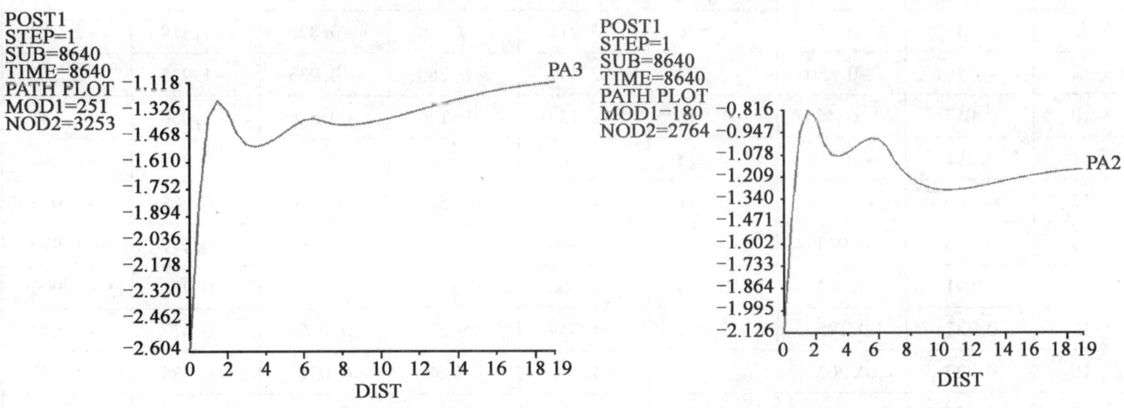

b)入模温度12℃ 回冻时间360d时边桩(左)和中心桩(右)温度随深度的变化趋势

图 4-92　入模温度为 12℃时，不同回冻时因条件下的中心桩（左）及边桩（右）桩侧温度随深度的变化

图 4-93 给出了入模温度为 12℃时一年内群桩的回冻率随时间变化的关系。

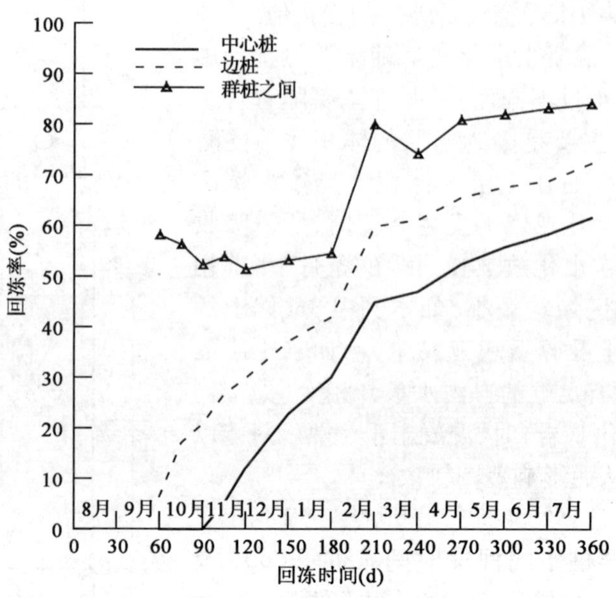

图 4-93　群桩的回冻率随时间变化的关系

群桩不同回冻时间条件下(60d 及 75d)的地温变化值　　　表 4-77(一)

深度(m)	60d(11 月 1 日)				75d(11 月 16 日)			
	桩身表面处地温		群桩间(顺桥半跨 $x=a$)地温	横桥方向 20m 处地温	桩身表面处地温		群桩(顺桥半跨 $x=a$ 处)地温	横桥方向 20m 处地温
	中心桩	边桩			中心桩	边桩		
1	-0.539	-0.770	-1.091	-1.412	-0.678	-0.891	-1.162	-1.964
2	0.067	-0.545	-1.574	-2.354	-0.051	-0.643	-1.565	-2.061
3	-0.121	-0.850	-2.021	-2.188	-0.263	-0.954	-2.014	-2.189
4	-0.734	-1.253	-2.054	-2.296	-0.841	-1.325	-2.049	-2.296
5	-0.755	-1.260	-2.022	-2.319	-0.858	-1.332	-2.017	-2.319
6	-0.647	-1.157	-1.945	-2.305	-0.734	-1.222	-1.941	-2.305
7	-0.384	-0.945	-1.823	-2.266	-0.466	-1.009	-1.811	-2.266
8	-0.152	-0.757	-1.548	-2.214	-0.279	-0.828	-1.519	-2.214
9	-0.101	-0.650	-1.297	-2.177	-0.260	-0.733	-1.275	-2.177
10	0.057	-0.466	-1.071	-2.133	-0.145	-0.576	-1.056	-2.133
11	0.251	-0.272	-0.075	-2.084	0.006	-0.409	-0.865	-2.084
12	0.436	-0.098	-0.711	-2.030	0.158	-0.256	-0.705	-2.030
13	0.588	0.043	-0.581	-1.970	0.287	-0.130	-0.577	-1.970
14	0.691	0.142	-0.405	-1.906	0.378	-0.038	-0.481	-1.906
15	0.737	0.195	-0.422	-1.839	0.425	0.016	-0.417	-1.839
16	0.723	0.202	-0.391	-1.772	0.424	0.031	-0.384	-1.772
17	0.654	0.166	-0.388	-1.708	0.378	0.010	-0.379	-1.708
18	0.545	0.093	-0.410	-1.653	0.292	-0.044	-0.398	-1.653

续上表

深度(m)	60d(11月1日)				75d(11月16日)			
	桩身表面处地温		群桩间(顺桥半跨 $x=a$)地温	横桥方向20m处地温	桩身表面处地温		群桩(顺桥半跨 $x=a$ 处)地温	横桥方向20m处地温
	中心桩	边桩			中心桩	边桩		
19	0.377	-0.011	-0.452	-1.606	0.175	-0.122	-0.435	-1.606
20	0.189	-0.132	-0.508	-1.567	0.032	-0.217	-0.486	-1.567
平均	0.094	-0.416	-1.039	-1.99	-0.101	-0.534	-1.077	-2.002
回冻	0(%)	20.9(%)	52.21(%)		5.05(%)	26.67(%)	53.80(%)	

群桩不同回冻时间条件下(90d及105d)的地温变化值 表4-77(二)

深度(m)	90d(10月1日)				105d(10月16日)			
	桩身表面处地温		群桩间(顺桥半跨 $x=a$ 处)地温	横桥方向20m处地温	桩身表面处地温		群桩(顺桥半跨 $x=a$ 处)地温	横桥方向20m处地温
	中心桩	边桩			中心桩	边桩		
1	-0.16	-0.398	-0.02	-0.566	-0.432	-0.623	-0.956	-0.892
2	-0.227	-0.600	-1.583	-1.655	0.053	-0.480	-1.582	-2.084
3	-0.340	-0.893	-2.036	-2.184	-0.127	-0.787	-2.027	-2.187
4	-0.452	-1.052	-2.065	-2.296	-0.655	-1.195	-2.058	-2.296
5	-0.401	-1.016	-2.031	-2.319	-0.672	-1.200	-2.025	-2.319
6	-0.338	-0.935	-1.95	-2.305	-0.577	-1.102	-1.947	-2.305
7	-0.131	-0.739	-1.84	-2.266	-0.323	-0.894	-1.831	-2.266
8	0.159	-0.547	-1.631	-2.214	-0.041	-0.704	-1.576	-2.214
9	0.377	-0.410	-1.39	-2.177	0.051	-0.585	-1.323	-2.177
10	0.708	-0.144	-1.173	-2.133	0.259	-0.373	-1.096	-2.133
11	1.048	-0.127	-0.987	-2.084	0.497	-0.154	-0.899	-2.084
12	1.34	0.357	-0.833	-2.030	0.718	+0.040	-0.736	-2.030
13	1.556	0.531	-0.712	-1.970	0.892	+0.193	-0.607	-1.970
14	1.686	0.645	-0.621	-1.906	1.005	+0.298	-0.511	-1.906
15	1.727	0.695	-0.559	-1.839	1.049	+0.351	-0.449	-1.839
16	1.676	0.683	-0.525	-1.772	1.024	+0.351	-0.418	-1.772
17	1.536	0.609	-0.518	-1.708	0.930	+0.303	-0.410	-1.708
18	1.311	0.478	-0.536	-1.653	0.778	+0.211	-0.439	-1.653
19	1.015	0.3	-0.574	-1.606	0.578	+0.084	-0.482	-1.606
20	0.667	0.094	-0.626	-1.567	0.342	-0.062	-0.539	-1.567
平均	0.638	-0.123	-1.111	-1.9125	0.267	-0.3164	-1.096	-1.950
回冻	0	6.4	58.09		0	17.1	56.21	

群桩不同回冻时间条件下(120d 及 150d)的地温变化值 表 4-77(三)

离地深度(m)	120d(12 月 1 日)				150d(1 月 1 日)			
	桩身表面处地温		群桩间(顺桥半跨 x = a)地温	横桥方向 20m 处地温	桩身表面处地温		群桩间(顺桥半跨 x = a)地温	横桥方向 20m 处地温
	中心桩	边桩			中心桩	边桩		
1	-0.810	-1.005	-1.259	-3.136	-1.031	-1.205	-1.435	-3.073
2	-0.167	-0.728	-1.559	-2.984	-0.371	-0.868	-1.552	-2.678
3	-0.384	-1.038	-2.007	-2.184	-0.579	-1.160	-1.994	-2.184
4	-0.924	-1.381	-2.044	-2.296	-1.040	-1.460	-2.035	-2.296
5	-0.932	-1.385	-2.013	-2.319	-1.031	-1.457	-2.005	-2.319
6	-0.796	-1.270	-1.937	-2.305	-0.879	-1.335	-1.927	-2.305
7	-0.534	-1.059	-1.798	-2.266	-0.641	-1.133	-1.772	-2.266
8	-0.384	-0.887	-1.497	-2.214	-0.548	-0.977	-1.469	-2.214
9	-0.386	-0.801	-1.264	-2.177	-0.573	-0.907	-1.259	-2.177
10	-0.302	-0.665	-1.054	-2.133	-0.526	-0.800	-1.071	-2.133
11	-0.180	-0.519	-0.870	-2.084	-0.443	-0.685	-0.906	-2.084
12	-0.054	-0.384	-0.717	-2.030	-0.350	-0.574	-0.766	-2.030
13	0.057	-0.269	-0.592	-1.970	-0.264	-0.478	-0.650	-1.970
14	0.139	-0.183	-0.498	-1.906	-0.194	-0.402	-0.561	-1.906
15	0.186	-0.129	-0.433	-1.839	-0.147	-0.348	-0.497	-1.839
16	0.195	-0.108	-0.398	-1.772	-0.127	-0.318	-0.457	-1.772
17	0.167	-0.119	-0.389	-1.708	-0.131	-0.312	-0.441	-1.708
18	0.105	-0.155	-0.402	-1.653	-0.160	-0.326	-0.444	-1.653
19	0.017	-0.215	-0.435	-1.606	-0.208	-0.358	-0.463	-1.606
20	-0.092	-0.288	-0.480	-1.567	-0.273	-0.402	-0.495	-1.567
平均	-0.254	-0.629	-1.082	-2.107	-0.476	-0.775	-1.110	-2.088
回冻	12.06(%)	29.85(%)	51.35(%)		22.80(%)	37.12(%)	53.16(%)	

群桩不同回冻时间条件下(180d 及 210d)的地温变化值 表 4-77(四)

离地面深度(m)	180d(2月1日)				210d(3月1日)			
	桩身表面处地温		群桩之间(顺桥半跨 x = a 处地温)	横桥方向 20m 处地温	桩身表面处地温		群桩之间(顺桥半跨 x = a 处)地温	横桥方向 20m 处地温
	中心桩	边桩			中心桩	边桩		
1	-1.229	-1.405	-1.587	-3.376	-3.004	-3.384	-4.1432	-4.1473
2	-0.539	-0.984	-1.554	-2.657	-0.577	-1.230	-2.0039	-2.0073
3	-0.727	-1.247	-1.981	-2.184	-0.453	-1.090	-2.0236	-2.0299
4	-1.116	-1.511	-2.027	-2.296	-0.877	-1.377	-1.7748	-2.064
5	-1.092	-1.501	-1.997	-2.319	-0.883	-1.400	-2.0667	-2.0817
6	-0.936	-1.376	-1.914	-2.305	-0.772	-1.326	-2.0647	-2.0912
7	-0.727	-1.184	-1.748	-2.266	-0.660	-1.217	-2.0418	-2.0922

续上表

离地面深度(m)	180d(2月1日)				210d(3月1日)			
	桩身表面处地温		群桩之间(顺桥半跨 $x=a$ 处地温)	横桥方向20m处地温	桩身表面处地温		群桩之间(顺桥半跨 $x=a$ 处)地温	横桥方向20m处地温
	中心桩	边桩			中心桩	边桩		
8	-0.672	-1.045	-1.454	-2.214	-0.751	-1.192	-1.9696	-2.0852
9	-0.707	-0.986	-1.267	-2.177	-0.879	-1.205	-1.0505	-1.6198
10	-0.679	-0.898	-1.099	-2.133	-0.927	-1.174	-1.6304	-2.0428
11	-0.619	-0.802	-0.952	-2.084	-0.928	-1.127	-1.5008	-2.0174
12	-0.546	-0.709	-0.826	-2.030	-0.905	-1.074	-1.3872	-1.9878
13	-0.474	-0.625	-0.720	-1.970	-0.873	-1.023	-1.29	-1.9543
14	-0.412	-0.555	-0.636	-1.906	-0.842	-0.980	-1.2092	-1.9172
15	-0.366	-0.503	-0.573	-1.839	-0.818	-0.947	-1.1445	-1.8774
16	-0.339	-0.468	-0.531	-1.772	-0.806	-0.926	-1.0956	-1.8355
17	-0.329	-0.451	-0.507	-1.708	-0.806	-0.918	-1.0618	-1.7924
18	-0.339	-0.451	-0.501	-1.653	-0.819	-0.922	-1.0421	-1.7487
19	-0.363	-0.465	-0.510	-1.606	-0.843	-0.937	-1.0349	-1.705
20	-0.401	-0.490	-0.530	-1.567	-0.877	-0.960	-1.0385	-1.6619
平均	-0.631	-0.883	-1.347	-2.103	-0.915	-1.220	-1.629	-2.038
回冻	30.01(%)	42.0(%)	54.48(%)		44.90(%)	59.86(%)	79.93(%)	

群桩不同回冻时间条件下(240d及270d)的地温变化值 表4-77(五)

离地面深度(m)	240d(4月1日)				270d(5月1日)			
	桩身表面处地温		群桩之间(顺桥半跨 $x=a$ 处地温)	横桥方向20m处地温	桩身表面处地温		群桩之间(顺桥半跨 $x=a$ 处)地温	横桥方向20m处地温
	中心桩	边桩			中心桩	边桩		
1	-1.311	-1.629	-2.0398	-2.0462	-1.496	-1.903	-2.2158	-2.2299
2	-0.390	-0.954	-1.6028	-1.6032	-0.595	-1.073	-1.6306	-1.6315
3	-0.485	-1.132	-2.0058	-2.0115	-0.651	-1.205	-1.9921	-1.9976
4	-0.921	-1.406	-1.7621	-2.0546	-0.979	-1.453	-1.7512	-2.0446
5	-0.919	-1.420	-2.0592	-2.0738	-0.969	-1.462	-2.0507	-2.0655
6	-0.812	-1.342	-2.0573	-2.0847	-0.872	-1.388	-2.0482	-2.0779
7	-0.724	-1.240	-2.0314	-2.0859	-0.811	-1.300	-2.0186	-2.0791
8	-0.836	-1.223	-1.9518	-2.0778	-0.931	-1.291	-1.9316	-2.0699
9	-0.964	-1.240	-1.0728	-1.6225	-1.053	-1.308	-1.1047	-1.6248
10	-1.017	-1.221	-1.6298	-2.0324	-1.108	-1.294	-1.6327	-2.0214
11	-1.026	-1.184	-1.5114	-2.0068	-1.123	-1.264	-1.5273	-1.9954
12	-1.010	-1.141	-1.4078	-1.9777	-1.114	-1.228	-1.435	-1.9666
13	-0.985	-1.098	-1.3188	-1.9452	-1.094	-1.190	-1.3553	-1.935
14	-0.958	-1.059	-1.244	-1.9097	-1.071	-1.155	-1.2875	-1.9009

续上表

离地面深度（m）	240d（4月1日）				270d（5月1日）			
	桩身表面处地温		群桩之间（顺桥半跨 $x=a$ 处地温）	横桥方向20m处地温	桩身表面处地温		群桩之间（顺桥半跨 $x=a$ 处）地温	横桥方向20m处地温
	中心桩	边桩			中心桩	边桩		
15	−0.936	−1.028	−1.1832	−1.8717	−1.049	−1.124	−1.2314	−1.8646
16	−0.921	−1.006	−1.136	−1.8317	−1.032	−1.101	−1.1863	−1.8264
17	−0.915	−0.994	−1.1017	−1.7903	−1.021	−1.084	−1.152	−1.787
18	−0.919	−0.991	−1.0796	−1.7482	−1.017	−1.075	−1.1276	−1.7466
19	−0.932	−0.998	−1.0685	−1.7059	−1.020	−1.073	−1.1124	−1.7059
20	−0.953	−1.012	−1.0668	−1.6639	−1.030	−1.077	−1.1052	−1.6651
平均	−0.897	−1.166	−1.414	−1.9072	−1.002	−1.2524	−1.5448	−1.9118
回冻	47.03（%）	61.14（%）	74.14（%）		52.41（%）	65.51（%）	80.80（%）	

群桩不同回冻时间条件下（300d及330d）的地温变化值 表4-77（六）

离地面深度（m）	300d（4月1日）				330d（5月1日）			
	桩身表面处地温		群桩之间（顺桥半跨 $x=a$ 处）地温	横桥方向20m处地温	桩身表面处地温		群桩之间（顺桥半跨 $x=a$ 处地温）	横桥方向20m处地温
	中心桩	边桩			中心桩	边桩		
1	−1.791	−2.120	−2.5213	−2.5587	−2.011	−2.280	−3.0877	−3.1132
2	−0.668	−1.174	−1.6635	−1.6654	−0.789	−1.271	−1.712	−1.716
3	−0.690	−1.254	−1.9812	−1.9867	−0.765	−1.298	−1.9718	−1.9774
4	−1.012	−1.468	−1.7449	−2.037	−1.045	−1.488	−1.7407	−2.0303
5	−0.999	−1.469	−2.0433	−2.0588	−1.033	−1.485	−2.0362	−2.0526
6	−0.923	−1.396	−2.0404	−2.0724	−0.956	−1.415	−2.0328	−2.0672
7	−0.871	−1.316	−2.0075	−2.0737	−0.930	−1.345	−1.9967	−2.0687
8	−0.999	−1.314	−1.9161	−2.0638	−1.059	−1.347	−1.9027	−2.0582
9	−1.116	−1.335	−1.1335	−1.6258	−1.170	−1.368	−1.1611	−1.6261
10	−1.171	−1.327	−1.6371	−2.0131	−1.223	−1.363	−1.6422	−2.0058
11	−1.188	−1.304	−1.5415	−1.9869	−1.241	−1.344	−1.5551	−1.9793
12	−1.183	−1.274	−1.4579	−1.9582	−1.233	−1.318	−1.4789	−1.9507
13	−1.166	−1.241	−1.3853	−1.9271	−1.224	−1.288	−1.4125	−1.9199
14	−1.145	−1.208	−1.3231	−1.8938	−1.204	−1.258	−1.355	−1.8873
15	−1.124	−1.179	−1.2706	−1.8586	−1.183	−1.230	−1.3058	−1.8529
16	−1.105	−1.155	−1.2275	−1.8217	−1.164	−1.205	−1.2645	−1.817
17	−1.092	−1.137	−1.1933	−1.7836	−1.146	−1.185	−1.2307	−1.7799
18	−1.083	−1.124	−1.1676	−1.7445	−1.137	−1.170	−1.2041	−1.742
19	−1.080	−1.118	−1.1497	−1.705	−1.129	−1.159	−1.1841	−1.7035
20	−1.082	−1.116	−1.1386	−1.6653	−1.126	−1.152	−1.17	−1.6648
平均	−1.0744	−1.3015	−1.5772	−1.9250	−1.1384	−1.3485	−1.6222	−1.95064
回冻	55.81（%）	67.61（%）	81.93（%）		58.36（%）	68.78（%）	83.16（%）	

群桩回冻 **360d** 时的地温变化值　　表 4-77(七)

深度(m)	360d(6月1日)			
	桩身表面处地温		群桩之间(顺桥半跨 x = a 处)地温	横桥方向 20m 处地温
	中心桩	边桩		
1	-2.126	-2.596	-2.9243	-2.9365
2	-0.945	-1.370	-1.7723	-1.7781
3	-0.863	-1.339	-1.9637	-1.9696
4	-1.078	-1.514	-1.738	-2.0241
5	-1.066	-1.511	-2.0293	-2.0467
6	-1.000	-1.447	-2.0253	-2.0624
7	-0.987	-1.385	-1.9863	-2.0641
8	-1.112	-1.388	-1.891	-2.053
9	-1.217	-1.408	-1.187	-1.6259
10	-1.268	-1.403	-1.6475	-1.9992
11	-1.286	-1.385	-1.5677	-1.9725
12	-1.284	-1.360	-1.4979	-1.9438
13	-1.271	-1.332	-1.4367	-1.9134
14	-1.252	-1.303	-1.3833	-1.8812
15	-1.232	-1.275	-1.337	-1.8474
16	-1.212	-1.250	-1.2974	-1.8124
17	-1.195	-1.229	-1.2641	-1.7762
18	-1.180	-1.211	-1.2369	-1.7392
19	-1.169	-1.198	-1.2154	-1.7016
20	-1.162	-1.187	-1.1989	-1.6637
平均值	-1.1952	-1.40455	-1.63	-1.94055
回冻	61.59(%)	72.38(%)	84.00(%)	

2)结论

根据这些图表中的数据,可得如下结论:与单桩相比,群桩混凝土水化热对地温的热扰动要大的多,这主要表现在如下几个方面:

(1)桩群中心桩的回冻时间大大推迟。如在相同的初始条件、水文地质及气候条件下,单桩桩身表面的的平均温度回冻至-0.576℃只需要45d,回冻至 -0.795℃只需要60d(见本书4.4.4.1节有关内容);对群桩而言,边桩回冻至-0.534℃需要105d,回冻至-0.775℃需要150d,而中心桩回冻至-0.476℃需要150d,回冻至-0.631℃就需要180d,总体来说,在相近的回冻温度条件下,本例群桩的回冻时间约是单桩的回冻时间的3倍。

(2)群桩混凝土水化热会使桩群之间的冻土升温,群桩之中间处(顺桥半跨 x = a 处)地温是群桩之间地温的最低点。从表4-78可看出,在群桩混凝土灌浆后,60~180d内中心桩及边桩的回冻率分别从0及6.4%上升至30.05%及54.48%,而桩群的中间处(顺桥半跨 x = a 处)地温回冻率却从58.08%下降至54.48%,这说明无法消散的群桩混凝土水化热有从桩群附近向桩群中间转移的趋势,从而使桩群之间的冻土升温,但在180d后(2~3月),由于气温和地温的降低使得桩群之间的回冻率加速上升，以后逐渐趋缓。一年后（次年 8 月 1 日）仍未完全回冻，其中中心桩及边桩的回冻率分别为 61.59% 及 72.38%，而群桩中间处（顺桥半跨 $x=a$ 处）的回冻率为 84%。如长期无法回冻，有可能在桥下顺桥方向形成一条比周围冻土地温高的“高温冻土带”，从而破坏冻土的稳定性。因此，今后开展有关这方面的研究及长期监测工作很有必要。

入模温度为 12℃时一年内不同回冻时间条件下群桩的回冻率　　表 4-78

日期	回冻天数	中心桩回冻率（%）	边桩回冻率（%）	群桩之间的回冻率（%）
10 月 1 日	60	0	6.4	58.09
10 月 16 日	75	0	17.1	56.21
11 月 1 日	90	0	20.9	52.21
11 月 16 日	105	5.05	26.67	53.80
12 月 1 日	120	12.06	29.85	51.35
1 月 1 日	150	22.80	37.12	53.16
2 月 1 日	180	30.01	42.0	54.48
3 月 1 日	210	44.90	59.86	79.93
4 月 1 日	240	47.03	61.14	74.14
5 月 1 日	270	52.41	65.51	80.80
6 月 1 日	300	55.81	67.61	81.93
7 月 1 日	330	58.36	68.78	83.16
8 月 1 日	360	61.59	72.38	84.00

（3）中心桩在 100d 左右开始回冻，即出现负温，180d 达到一级冻结强度（平均温度为 −0.631），而边桩在 45d 左右开始回冻，即出现负温，105d 达到一级冻结强度（平均温度为 −0.534），说明在 12℃入模温度条件下，群桩的承载力在回冻时间为 100d 左右即已初步形成。

冷却地基土体，减少传入地基土体热量，是冻土区工程设计和施工所贯彻的一条技术路线，主动式路基工程结构和工程措施的选择，目的在于冷却地基土体，降低土体温度，保证冻土热稳定性，进而可以保证路基工程在长期运营过程中的稳定性。

在高温极不稳定高含冰量冻土地段，当路基结构不能满足保护冻土长期热稳定性的要求时，常常采取“以桥代路”工程措施：

①高温高含冰量冻土区“以桥代路”结构的核心是桥梁灌注桩基础，桩基承载力主要由桩周冻土的冻结力和桩尖反力构成。冻结力大小除了桩基几何尺寸和材料物理性质外，主要取决于冻土地温、冻土岩性、冻土含冰量。

②多年冻土的季节融化层作用在桩侧的摩阻力随季节的变化很大，当地基土冻胀时会产生向上的冻胀力，黏性土在融化时可能产生向下的负摩擦力。为了减小切向冻胀力，一般应在季节活动层范围内采取换填或在桩表面涂刷隔离层等防冻胀措施。在工程设计中，由于季节融化层的摩阻力很小，可以忽略不计。

③高温冻土区灌注桩基础设计应该充分考虑未来长期运营期间环境气温变化对冻土地温的影响，除了考虑冻土年变化层以下冻土地温变化，还要根据多年地温观测曲线考虑年变化层到冻土上限之间温度变化规律，按照最不利条件进行冻结力计算。

④考虑未来气温变化条件不能保证冻土的冻结状态时，高温冻土区灌注桩基础应该按照融化状态进行设计。

⑤高温冻土区桩基础无论按照何种状态进行设计，它的初期工作状态都是依赖于冻土冻结力的形成和相对稳定，因此高温冻土区的灌注桩基础施工仍然需要贯彻减少热扰动，减少传入地基土体热量的原则。

⑥灌注桩基础施工后桩周土体的回冻问题是影响桩基承载力形成和发展的技术关键。钻孔灌注桩混凝土温度随时间变化规律就是桩周土体回冻规律。

⑦灌注桩地基土体回冻过程和承载力形成过程，不同阶段承载力特点的研究，对施工组织和施工设计具有重要的指导意义。

⑧桩周土体回冻过程中能否继续施工上部结构的问题。理论认为地基土未回冻，冻土对桩基础不会产生冻结力或冻结力很低，此时桩的承载力不足以承受上部结构的荷载，同时，继续施工将对冻土再次产生扰动，这些都对桩基的稳定性产生一定的影响，而桩基一旦产生过大的沉降后将很难处理。因此，必须待地基土回冻后再施工上部结构。但是施工实践说明，考虑到地基土的回冻是一个过程，随着时间的推移，冻土地温不断降低，冻结力不断提高；而上部结构的施工也是自下而上分阶段逐步进行的。尽管地基土未完全回冻，但只要地温已达到负值，桩的冻结力必然产生；即使地基土为正温（未回冻）时，此时桩周的摩擦力也足以承担桩基上部的施工荷载。因此，当桩基础混凝土达到强度后，即可继续施工上部结构，而无须等待地基土回冻，从而加快施工进度。

4.4.4.3 灌注桩基础纵向地温场特征

灌注桩基础沿线路纵向地温场的变化是在单桩和群桩地温场变化研究的基础上进行的。考虑未来冻土环境的变化，尤其是气温变化带来的冻土温度变化，进而对桩基承载力影响，这些都是判断桥梁基础稳定性的基础。

1）计算模型

计算模型在计算多年冻土中 N 跨梁桥群桩自然回冻过程时，假设混凝土灌注桩群产生的水化热是半无限介质中的 $N+1$ 个热源群，灌注桩群的混凝土入模温度和水化热对冻土的影响被认为是在冻土中突然加的 $N+1$ 个高于冻土温度的热桩群。计算研究中全面考虑水文地质条件，混凝土灌注桩本身条件及大气温度和地温随时间变化的影响，进行三维全方位空间分析。

在灌注桩纵向地温场研究中，不但要考虑单个桩群（承台）中桩与桩之间的相互影响，而且要考虑桩群与桩群之间的影响，考虑到对称性等条件。单个桩群中桩与桩之间可按绝热边界条件处理，桩群与桩群之间顺桥方向也可按绝热边界条件处理，横桥方向和桩底本应取为无限大的冻土范围。为了计算方便，模型取在热挠动的影响范围之内能满足热量在此范围内进行传导，并且不会影响计算精度果。

经过对横桥方向影响范围和桩底影响范围进行试验性计算，设计桩长 19.8m，埋深 18m，地温梯度约为 0.029℃/m，冻土下限约为 40m，故计算模型的横桥方向影响范围取 40m，深度取 40m（即桩以下的冻土取 22m）可以满足要求。考虑对称性条件的群桩基础连同桥台的四分之一计算模型见图 4-94 所示。

桩基纵向地温场研究建立在三维热传导方程基础之上：

$$C_c \frac{\partial T_c}{\partial t} = \frac{\partial}{\partial x}\left(\lambda_c \frac{\partial T_c}{\partial x}\right) + \frac{\partial}{\partial y}\left(\lambda_c \frac{\partial T_c}{\partial y}\right) + \frac{\partial}{\partial z}\left(\lambda_c \frac{\partial T_c}{\partial z}\right) + Q_\xi \tag{4-104}$$

式中：T_c，C_c，λ_c——分别为混凝土的温度、容积热容量和导热系数；

Q_ξ——混凝土水化热单位体积的热流率（$J/m^3 \cdot h$）。

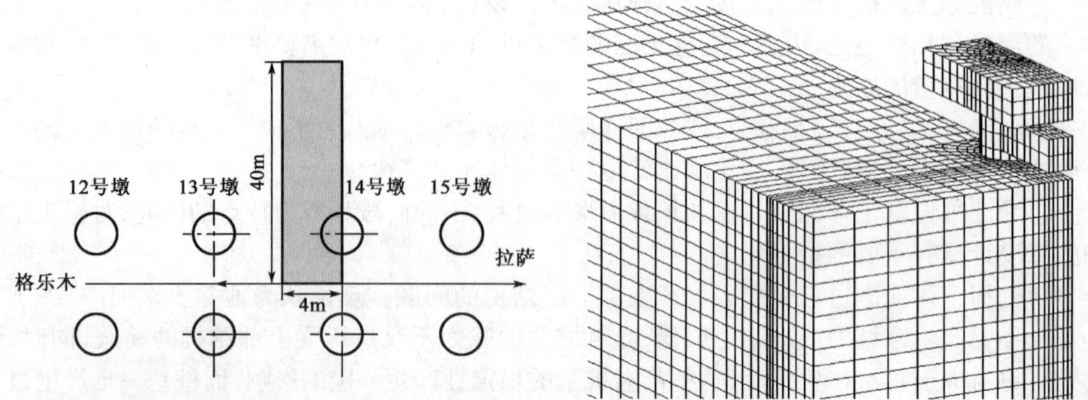

图 4-94　根据对称边界条件划取的计算模型范围（上图阴影部分）和群桩基础连同桥台的四分之一计算模型

且有：

$$Q_\xi = C_c \frac{d\xi}{dt} = \frac{C_c k_{T_0} \xi_u}{[1 + k_{T_0}(t - t_0)]^2} \tag{4-105}$$

初始条件为：

$$T(y,r,t)\mid_{t=0} = T_c(\Omega_c \text{ 内}) \tag{4-106}$$

式中：T_c——混凝土的入模温度；

Ω_c——混凝土的域。

混凝土入模初期，由于低温早强混凝土水泥的水化放热速度快，远大于传热速度，故可把浇注初期的混凝土作为绝热温升处理。在计算过程中，不同初始温度和不同龄期混凝土绝热温升可表示为（张子明等，2002）：

$$\xi = \frac{k_{T_0}(t - t_0)}{1 + k_{T_0}(t - t_0)} \xi_u \tag{4-107}$$

式中：ξ_u——混凝土最大绝热温升（℃）；

k_{T_0}——初始（入模）温度 T_0 时，混凝土水化热化学反应速率（d^{-1}），并可表示为 $k_{T_0} = Ae^{BT_0}$（对于混凝土 $A = 0.1362d^{-1}$，$B = 0.0553℃^{-1}$）；

t_0——绝热温升开始时间（d）（当 $T_0 = 5℃$ 时，取 $t_0 = 0.16$d），t 为龄期（d）。

混凝土的最大绝热温升可表示为：

$$\xi_u = \frac{M_1 Q}{\sum_{i=1}^{6} M_i C_i} \tag{4-108}$$

式中：Q——水泥的水化热（普通硅酸盐水泥可取 $Q = 313$KJ/kg）；

M_i——材料的用量（kg/m^3）；

C_i——材料的比热（J/kg·℃）；

下标 i——1，2，3，4，5，6 分别代表水泥，沙子，石子，外加剂，胶凝材料，水的材料名称。

计算过程中，混凝土的种类及绝热温升的计算采用青藏铁路建设方委托中铁十二局青藏铁路工程指挥部试验室研究的水泥 + DZ 系列外加剂方案，胶材用量 466.8kg/m^3，最大绝热温升为 50.5℃。

2)计算结果

计算方法与单桩和群桩基本相同不再赘述。计算结果显示了如下特征:

(1)桩体升温过程

如图4-95所示,混凝土水化热引起的温升由桩心向周围逐渐降低,桩心的最高温度可达20.66℃,出现在灌桩后的第2.5d,而后逐渐降低,这与一般现场观测结果相吻合,符合实际情况。

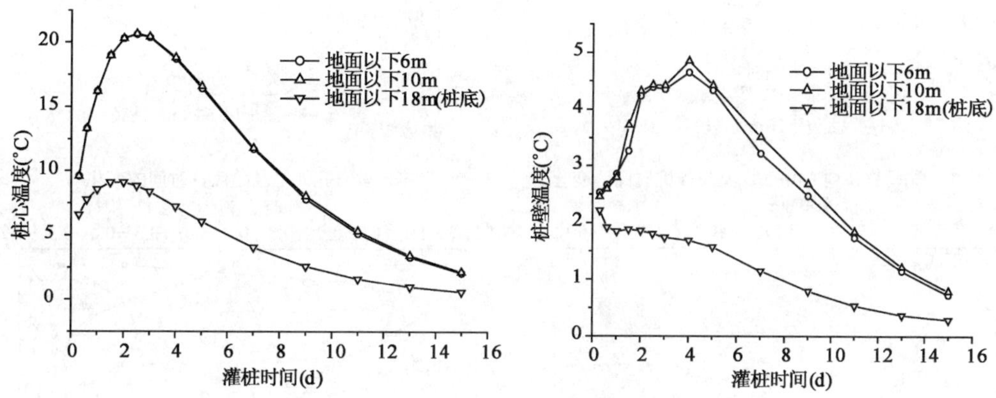

图4-95 桩心温度随灌桩时间的变化(左图)和桩壁温度随灌桩时间的变化(右图)

桩壁的最高温度4.9℃出现在灌桩后的第4d,比桩心最高温度的出现时间要晚1.5d,第5d温度开始降低。

混凝土水化热放热速率在灌桩初期最大,在灌桩后4d内,桩壁的温度逐渐升高,但是由于水化热放热速率逐渐减小,在第5d时,水化热放热对桩壁的温升效果开始小于桩周冻土对其的散热效果,桩壁初期温度才开始降低。

由于桩底与冻土直接接触,散热效果好,温度要比其他深度桩体的温度低得多。

地面以下0~4m初始地温较高,受大气温度影响大,灌桩后温度普遍较高;地面以下4~17m的沿深度温度波动不大,这主要与沿深度变化的初始地温场、水文地质条件及热物理参数有关(图4-96)。

(2)桩周冻土的温升过程

为了研究混凝土水化热对桩周冻土温度场的影响,图4-97a)、4-97b)和4-97c)分别给出垂直桥向3.4m处地温随灌桩时间的变化曲线,墩间孔处地温随灌桩时间的变化,桩侧20cm处地温随灌桩时间的变化,墩间孔地温沿深度的变化。分析图4-97的三个图可以看出:

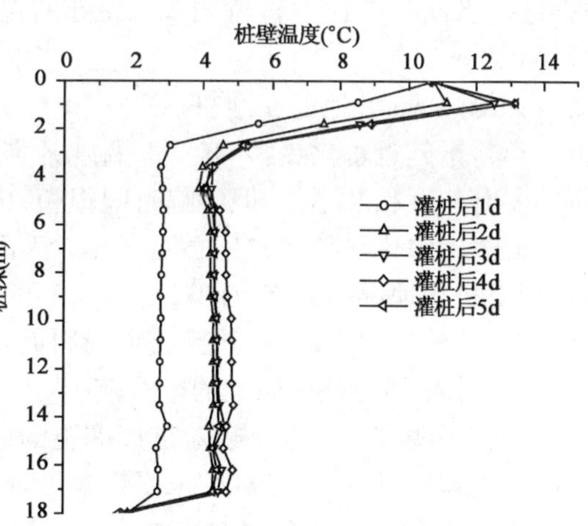

图4-96 桩壁温度沿桩身随灌桩时间的变化图

垂直桥向3.4m处在灌桩后22d之内,基本没有温度升高现象。由于垂直桥向3.4m处距离桩较远,热量还需要经它们之间的冻土传导才能到达,所以还没有温度升高的现象。

垂直桥向3.4m处在灌桩后22d之后,地温有升高的现象,但温度升高的速率没有桩壁桩芯快,而且温度升高的幅度也不大,最大的温度升高0.55℃。

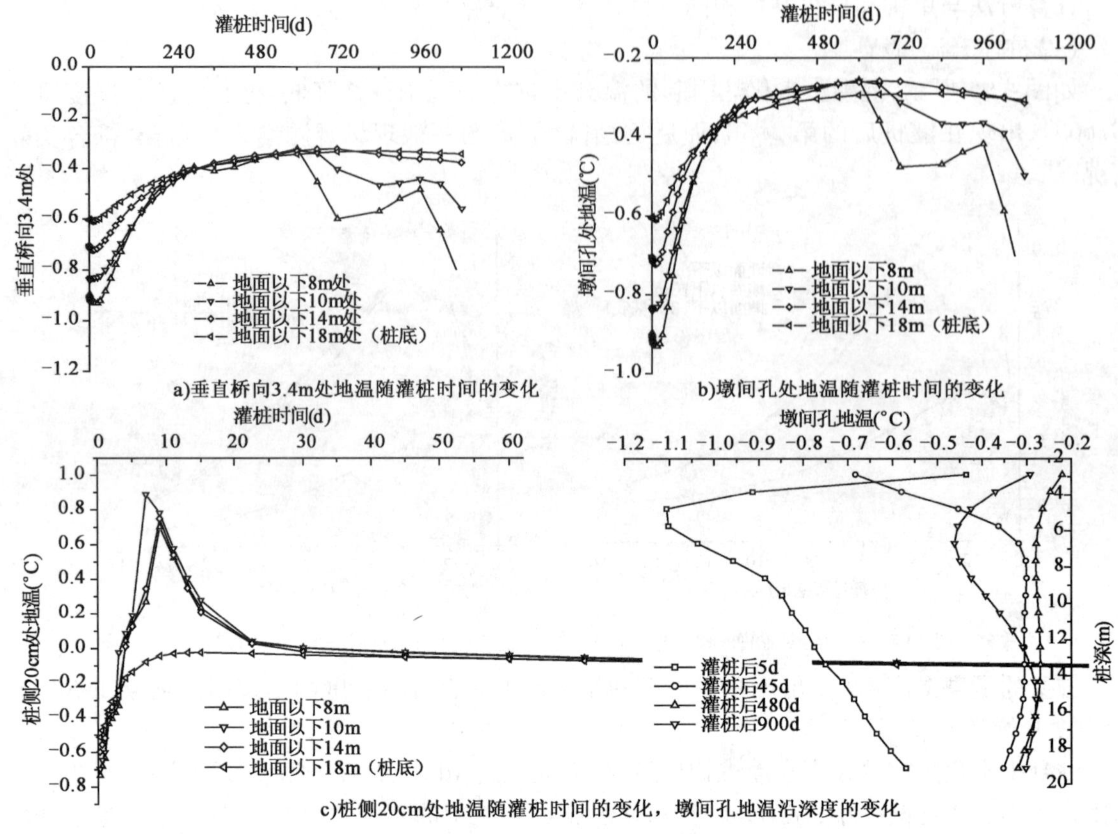

图4-97　地温随灌桩时间的变化

垂直桥向3.4m处在灌桩后大约1年8个月左右才达到最高温度,随后温度开始降低。说明此处的温升过程是十分缓慢的。

墩间孔和垂直桥向3.4m处由于距离桩的远近差不多,它们的温升过程也基本相似,灌桩后1年8个月出现最高温度,最高的温升(温度变化值)达到0.64℃,略大于垂直桥向3.4m处的温升。垂直桥向3.4m处和墩间孔分别距离桩4.37m和4.33m,距离基本相同,但是由于群桩效应,墩间孔要比垂直桥向3.4m处的温升高值大0.09℃,是垂直桥向3.4m处温升值的1.164倍。

桩侧20cm处地温在灌桩后7~9d有明显温升现象,最大温升值可达1.5℃,随后急剧降低。离桥墩越近水化热影响越大,温度升高反应迅速;而距离桥墩较远处,反映较慢,受水化热影响温升幅度相对不大,但影响时间很长,也就是说,温度升高得慢,降低得也慢。

混凝土水化热引起的桩心温度在2天内随时间增加,并达到最大值,随后随时间增加而降低,但对桩周地温的影响范围却随着时间的增长而扩大。说明混凝土水泥水化热的放热速度快,远大于传热速率,这样就造成了桩周近处和远处冻土的温升此消彼涨的现象。

(3)水化热对桩周冻土的影响范围

为了说明混凝土水化热对桩周冻土的影响程度,引入影响度的概念,影响度定义为:未受影响处地温—桩周冻土温度/未受影响处地温。当桩周土处于正温时水化热对其的影响度大于1,只有桩周土处于负温时影响度小于1,我们为了说明它的影响范围,所以只标注了小于1的影响度。为了简化起见,取地面以下9.2m处作为代表研究水化热对桩周冻土的影响,见图

4-98。从以上图中可以看出：

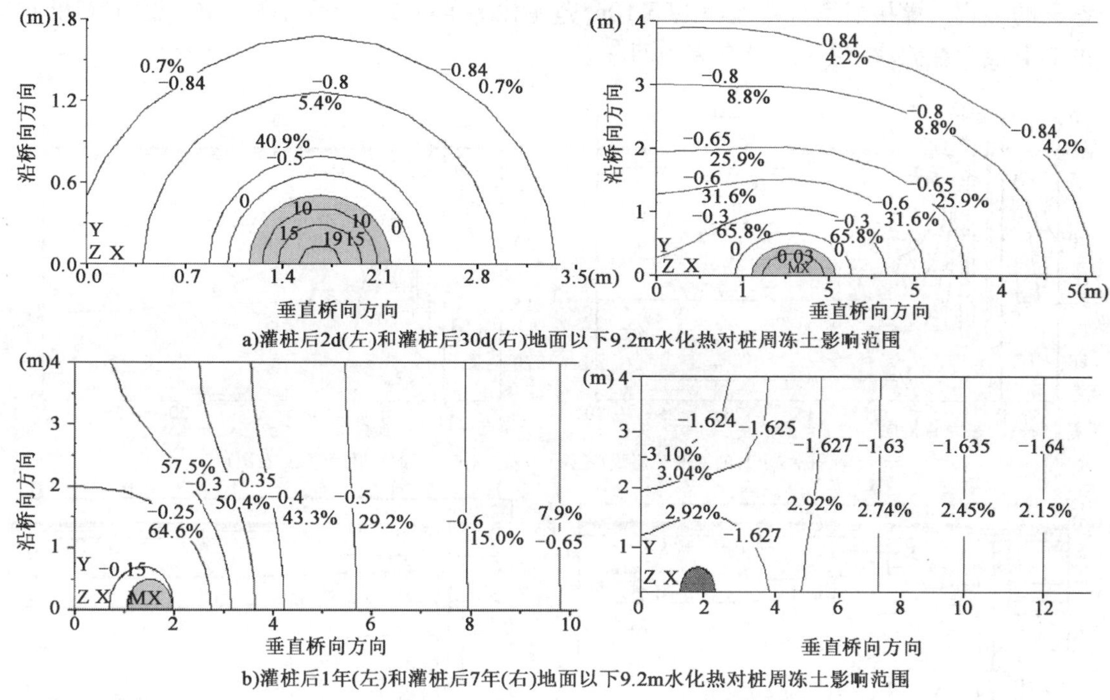

图 4-98　地面以下 9.2m 处水化热对桩周冻土的影响

桩周冻土由于混凝土水化热作用形成融化圈，灌桩后第二天融化圈厚度较小，灌桩后 15d 融化范围达到最大(50cm)，而后逐渐缩小，至第 45 ~ 60d，回冻开始，融化现象逐渐消失。

灌桩后第三个月桥下的高温冻土带（地温高于 -0.7℃）形成，温度随着时间推移逐渐增高，范围也逐渐扩大；灌桩后第二年地面以下 9.2m 水化热在垂直桥向方向影响范围达到最大，可达 15m，随着时间影响范围逐渐缩小；至第三年“热带”范围开始减小至垂直桥向 6m。

灌桩后第三年未完全回冻（恢复到未受影响地区地温），但桥下高温带地温已基本达到平衡，大部分深度的桩周或群桩中心的高温集中现象已经消失，只有桩底部分 5m 范围内还有高温集中的现象。灌桩后第四年地温仍然高出同一深度未受影响地区的地温 0.2℃。第五至第七年，地面以下 10m 深度桥下地温基本回冻到原始地温状态；但地面以下 10m 至桩底部分，桥下地温仍然高出原始地温状态 0.1℃。

灌桩后的第二年桥下的高温带开始由桩周向群桩中心位置靠拢，灌桩后的第三年桥下最高温不是出现在桩体上，而是在群桩中心位置出现最高温。说明由于群桩相互影响使桥下群桩中心位置温度升高，形成“热带”。从灌桩后第四年开始，沿桥向的地温等值线水平，说明桥下由于群桩的作用，形成一条连续的高于同深度地温的“热带”，在同一深度，其温度沿桥向相同。

从等值线图（图 4-99）中可以看出：灌桩后 1 年时间内桩的周围存在封闭的高温等值线，等值线在桩周附近接近垂直，形成了以桩为中心的高温带，其范围随灌桩时间逐渐扩大，中心温度逐渐降低。离桩较远处等值线水平，说明未受混凝土水化热影响。灌桩后的第 2 年温度等值线图中可以看出地面 7m 以下的桩周还是存在封闭的温度较高的等值线，但其中心已经不是桩而是向群桩的中心位置移动了。灌桩后第三年地面 11m 以下还是存在以群桩的中心位置为中心的封闭的温度较高的等值线，到第四年这种现象消失。

除了封闭的等值线，其他的温度等值线的坡度随着灌桩时间逐渐变缓，显示热量向桩周冻土散开的过程。灌桩后第五年地面以下 10m 范围内等值线基本水平，地面 10m 以下至桩底部分的等值线存在斜率，说明还没有完全回冻。

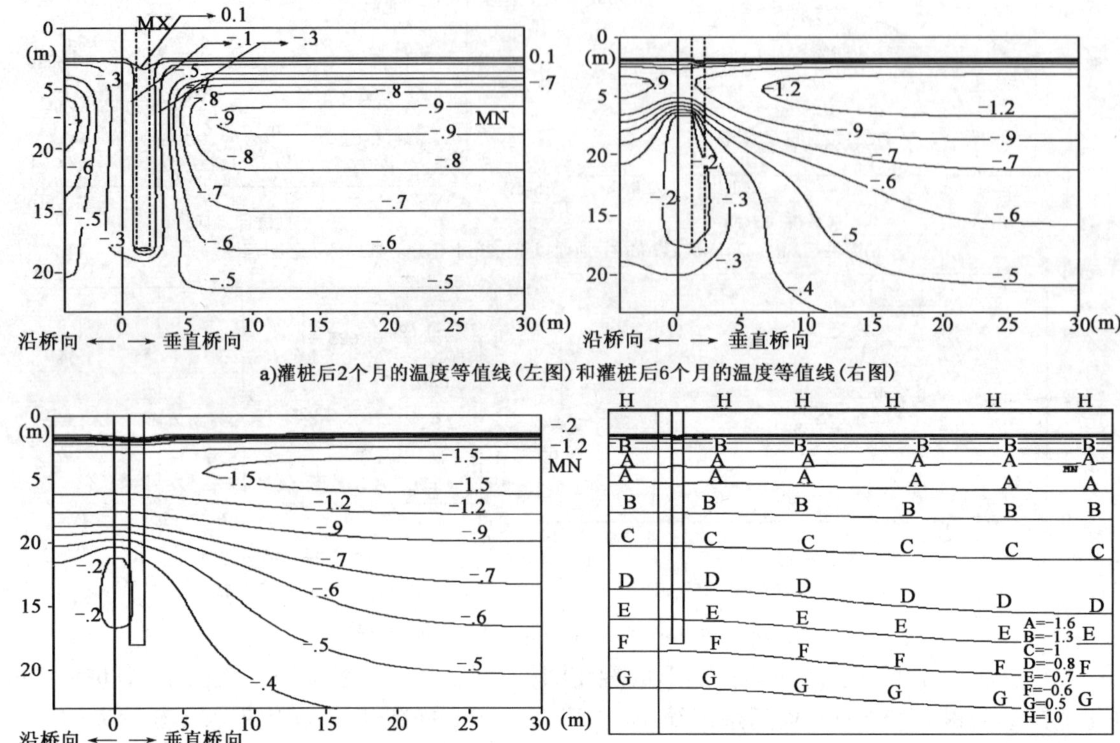

a)灌桩后2个月的温度等值线（左图）和灌桩后6个月的温度等值线（右图）

b)灌桩后3年的温度等值线（左图）和灌桩后7年的温度等值线（右图）

图 4-99　灌桩后不同时间下的温度等值线

灌桩后混凝土水化热及初始入模温度对桩周冻土的最大影响范围（等值线的弯曲范围）随着灌桩时间逐渐增大。在灌桩后 2 个月对桩周冻土的影响已扩大垂直桥轴线的 8m 处，三个月达到 10m，6 个月达到 20m，灌桩后 1 年达到 23m，2 ~ 5 年基本稳定在 27m 左右，6 ~ 7 年基本稳定在 20m 左右。影响强度（等值线的弯曲程度）随着灌桩时间增加沿深度自下而上逐渐减弱。说明灌桩后混凝土水化热及初始入模温度对桩周冻土所形成的”热带”最大宽度可达 27m，6 年以后开始缩小，故“热带”的作用是不容忽视的，它的温度升高很明显，而且恢复到原始地温需要的时间也很长。

3）桩周土体回冻程度

定义回冻率用来评价混凝土水化热对原状冻土的扰动程度：

回冻率 = 受扰动处冻土负温/原状冻土负温

如受扰动处冻土变为正温则回冻率为零。通过计算分别对桩土界面处、桩侧 20cm 处、墩间孔处桩周土体的回冻率进行分析。

灌桩后的离地面较近处的回冻率普遍高于离地面较远处的回冻率，因为桩底与冻土接触较充分，其回冻率普遍高于相邻处。

回冻率随着灌桩时间逐渐增大，但是回冻速度是逐渐减小的，到了灌桩 7 年回冻速度最小。

由于灌桩一年后未受影响地区地面以下 3 ~ 5m 处地温降低（大气温度、初始地温的平衡），而桩侧 20cm 处的温度由于受桩水化热影响，其温度变化幅度不大，所以造成灌桩一年后地面以下 3 ~ 5m 范围内回冻率的降低。

从图 4-100 中可以看出，回冻速度（曲线斜率）随着灌桩时间越来越慢，七年时间还不能达到完全回冻。

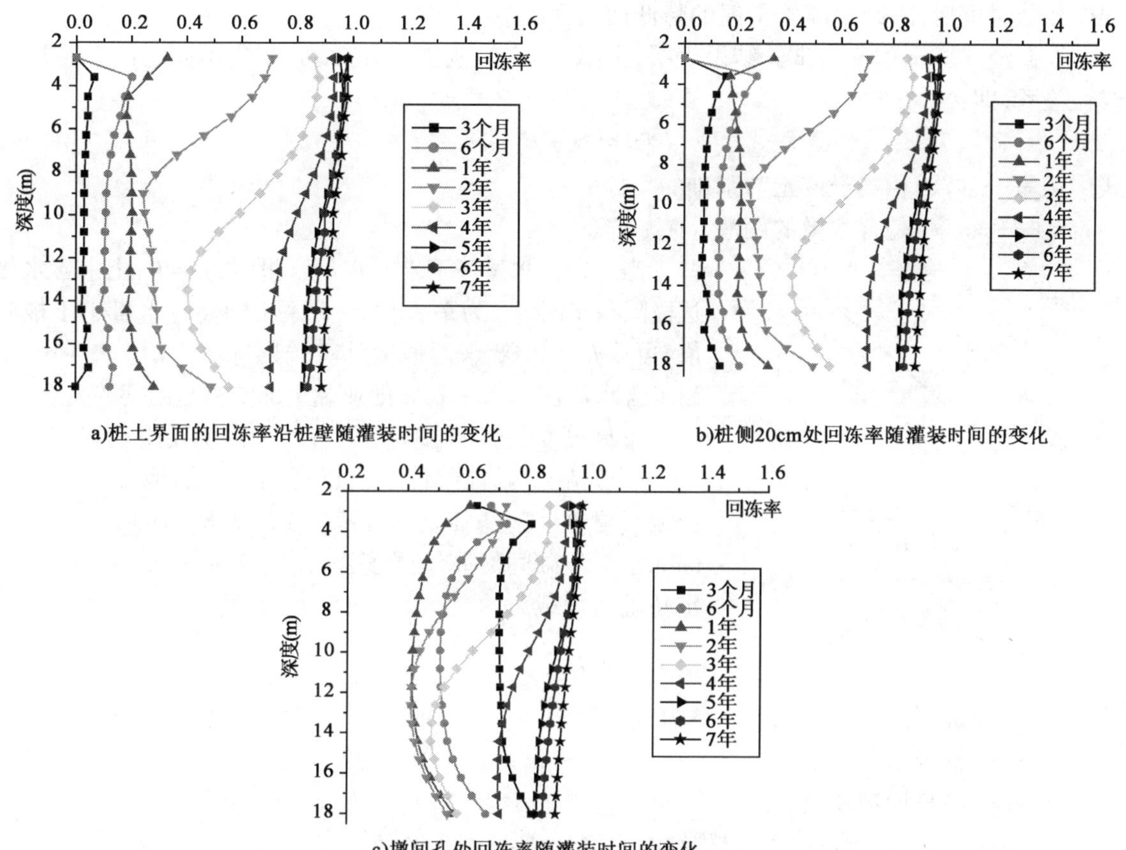

a)桩土界面的回冻率沿桩壁随灌装时间的变化

b)桩侧20cm处回冻率随灌装时间的变化

c)墩间孔处回冻率随灌装时间的变化

图 4-100 不同位置处回冻率随灌装时间的变化

从图中可以看出，墩间孔在灌桩一年时间内，回冻率逐渐降低即温度逐渐升高（实质上这时并不存在回冻，但为了说明问题，假设它存在回冻率）。灌桩后一年，墩间孔处回冻率达到最低点（地温达到最高）后逐渐升高。这也说明了无法消散的群桩混凝土水化热有从桩群附近向桩群之中间处转移的趋势，从而使群桩之间的冻土升温（一年左右升至最高）后开始降温，降温过程要比桩周滞后一年左右。

4.4.4.4 灌注桩桩周地温场和桩基稳定性评价

冻土区桥梁桩基的稳定性在很多程度上取决于桩周土体地温场的热稳定性，这是因为桩基承载力主要由土与桩基之间冻结强度决定，而灌注桩施工热扰动和施工中混凝土水化热对桩周冻土产生的短期和长期的热侵蚀，最终使桩周土体温度处在动态变化的过程中，因而桩基承载力也是处在一种不稳定状态中。

1）温度对承载力的影响

基础埋入冻土中，通过冰晶将土颗粒胶结在一起，这种胶结力称为基础与冻土间的冻结强度，也称为冻结力。在实际使用和量测中通常以这种胶结的抗剪强度来衡量冻结力大小。多年冻土层地温变化幅度较季节融化层小，具有较为稳定的负温值，因而能对置于土中的桩体提供较为稳定的冻结力，这种冻结力是形成桩基承载力的主要因素。

在一定的水分状况下，土层温度控制了土中的冰晶含量和冰晶体的内部结构，因此是影响冻结力的决定因素。冻结力的产生主要决定于土体中是否有冰，而且它又受土体的起始冻结温度的控制，砂性土土温在 -0.1~0℃、黏性土在 -0.1~ -0.3℃时，即有冻结力产生。低于起始冻结温度后，冻结力随着土温的降低而增大。

根据经典冻土理论和试验结果表明，土温在 -7℃范围内，冻结力与负温间之间存在近似线性关系，即：

$$\tau_i = \alpha + k_w |\theta| \tag{4-109}$$

式中：α——常数，相当于该土与基础的摩擦力；

k_w——斜率，是含水量的函数，即 $k_w = f(w)$。

当土中含水量等于未冻水量含量时，$k_w = 0$；土中含水量达极限状态时，k_w 为最大值；一般情况下（含水量小于极限值）可取 $k_w = 0.08$ 来近似地计算长期冻结力值。图4-101给出了含水量在15%~18%的亚黏土冻结力与温度的关系。

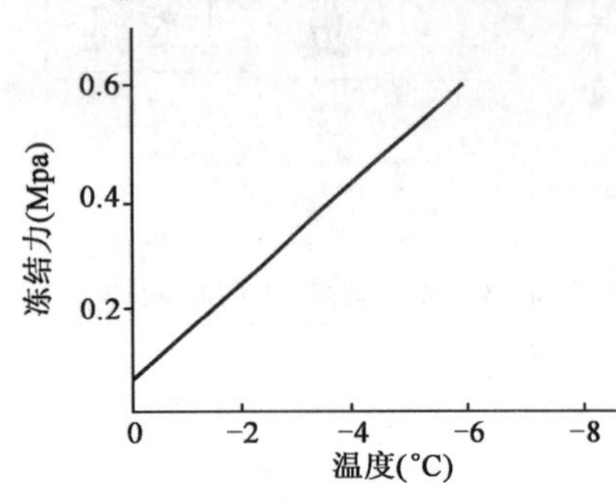

图4-101　含水量15%~18%的亚黏土冻结力与温度的关系

可见温度是影响桩土之间冻结力的主要因素。

一般情况，设计单位是根据观测的原始地温，参照《冻土地区建筑地基基础设计规范》（JGJ 118—1998）（P49）中的冻土与基础间的冻结强度设计值，按照下式（4-81）来确定基础的承载力：

$$R = q_{fp} \cdot A_P + U_P\left[\sum_{i=1}^{n} f_{ci} l_i + \sum_{j=1}^{m} q_{sj} l_j\right] \tag{4-110}$$

式中：q_{fp}——桩端多年冻土层的承载力设计值；

A_P——桩身横截面积；

U_p——桩身周边长度；

f_{ci}——第 i 层多年冻土桩周冻结强度设计值；

q_{sj}——第 j 层桩周土摩擦力设计值；

l_i, l_j——按土层划分的各段桩长；

R——单桩竖向承载力设计值；

n——多年冻土层分层数；

m——季节融化层分层数。

由于温度是影响桩土之间冻结力的主要因素，而冻结力的大小决定着桩的承载能力。所以，温度对冻土区桩的承载能力起决定性因素。

2）灌注桩水化热对桩基础稳定性的影响

施工过程对冻土的热扰动，尤其是混凝土水化热导致的在长时间内冻土地温的升高，以及在桥下形成的"热带效应"导致的冻土与基础间的冻结强度的降低及冻土强度的降低，将对整个桩基础的稳定性起到负面作用。

桩土界面的温度是决定它们之间冻结强度的决定值，所以分析桩土界面的温度随灌桩时间的变化，来分析冻土与基础间的冻结强度。

表4-79和表4-80分别给出了雅玛尔河2号以桥代路特大桥及清水河以桥代路特大桥桩

土界面处的温度，表4-81给出了《冻土地区建筑地基基础设计规范》（JGJ 118—1998）（P49）中的冻土与基础间的冻结强度设计值。

雅玛尔河2号以桥代路特大桥桩土界面处的温度（℃） 表4-79

深度（m）\回冻时间	3个月	6个月	1年	2年	3年	4年	5年	6年	7年
2.7	0.223	0.005	-0.199	-0.761	-1.144	-1.332	-1.441	-1.049	-1.054
3.6	-0.030	-0.071	-0.116	-0.920	-1.396	-1.598	-1.727	-1.434	-1.444
4.5	-0.027	-0.084	-0.133	-0.898	-1.442	-1.662	-1.791	-1.601	-1.616
5.4	-0.032	-0.093	-0.143	-0.755	-1.345	-1.566	-1.686	-1.599	-1.620
6.3	-0.030	-0.092	-0.145	-0.562	-1.176	-1.395	-1.508	-1.509	-1.536
7.2	-0.029	-0.091	-0.145	-0.389	-0.984	-1.203	-1.315	-1.378	-1.411
8.1	-0.027	-0.089	-0.145	-0.269	-0.801	-1.024	-1.140	-1.239	-1.278
9	-0.026	-0.086	-0.143	-0.201	-0.646	-0.878	-1.000	-1.113	-1.157
9.9	-0.025	-0.086	-0.143	-0.187	-0.518	-0.766	-0.894	-1.007	-1.056
10.8	-0.024	-0.083	-0.141	-0.184	-0.415	-0.682	-0.816	-0.923	-0.975
11.7	-0.023	-0.081	-0.138	-0.181	-0.340	-0.620	-0.756	-0.856	-0.911
12.6	-0.020	-0.078	-0.136	-0.179	-0.296	-0.572	-0.709	-0.802	-0.859
13.5	-0.018	-0.075	-0.133	-0.177	-0.274	-0.533	-0.668	-0.755	-0.813
14.4	-0.015	-0.061	-0.123	-0.180	-0.266	-0.501	-0.630	-0.714	-0.772
15.3	-0.029	-0.080	-0.130	-0.176	-0.264	-0.474	-0.597	-0.677	-0.736
16.2	-0.019	-0.073	-0.130	-0.181	-0.272	-0.448	-0.563	-0.640	-0.697
17.1	-0.029	-0.084	-0.140	-0.218	-0.288	-0.425	-0.530	-0.603	-0.659
18	0.016	-0.073	-0.164	-0.268	-0.302	-0.403	-0.497	-0.566	-0.620
平均温度	-0.009	-0.076	-0.142	-0.371	-0.676	-0.893	-1.015	-1.026	-1.067
冻土分区	Ⅰ区	Ⅰ区	Ⅰ区	Ⅰ区	Ⅱ区	Ⅱ区	Ⅲ区	Ⅲ区	Ⅲ区

清水河以桥代路特大桥桩土界面处的温度（℃） 表4-80

深度（m）\回冻时间	3个月	6个月	1年	2年	3年	4年	5年	6年	7年
2.18	0.08	-4.98	-0.59	-0.76	-0.82	-0.86	-0.88	-0.90	-0.91
3.27	0.01	-0.07	-1.07	-1.62	-1.86	-2.00	-2.09	-2.15	-2.19
4.36	0.04	0.01	-1.05	-1.91	-2.29	-2.51	-2.65	-2.75	-2.82
5.45	0.06	0.00	-0.40	-1.81	-2.32	-2.61	-2.80	-2.93	-3.02
6.54	0.00	-0.04	-0.09	-1.33	-1.98	-2.32	-2.55	-2.71	-2.83
7.63	0.00	-0.03	-0.08	-0.74	-1.54	-1.91	-2.16	-2.34	-2.48
8.72	0.00	-0.04	-0.09	-0.21	-1.13	-1.52	-1.79	-1.99	-2.14
9.81	0.00	-0.03	-0.09	-0.15	-0.78	-1.20	-1.48	-1.69	-1.85
10.90	0.00	-0.03	-0.08	-0.14	-0.49	-0.93	-1.22	-1.44	-1.61
11.99	0.00	-0.03	-0.08	-0.13	-0.23	-0.70	-1.00	-1.23	-1.41

续上表

深度(m) \ 回冻时间	3个月	6个月	1年	2年	3年	4年	5年	6年	7年
13.08	0.00	-0.03	-0.08	-0.13	-0.16	-0.49	-0.81	-1.04	-1.22
14.17	0.00	-0.03	-0.08	-0.13	-0.15	-0.29	-0.62	-0.86	-1.05
15.26	0.00	-0.03	-0.08	-0.13	-0.15	-0.17	-0.44	-0.69	-0.88
16.35	0.00	-0.03	-0.08	-0.13	-0.15	-0.16	-0.27	-0.53	-0.73
17.44	0.00	-0.03	-0.08	-0.13	-0.15	-0.16	-0.18	-0.37	-0.58
18.53	0.00	-0.03	-0.08	-0.13	-0.15	-0.16	-0.17	-0.23	-0.44
19.62	0.00	-0.03	-0.08	-0.13	-0.15	-0.16	-0.17	-0.18	-0.31
20.71	0.00	-0.03	-0.08	-0.13	-0.15	-0.16	-0.17	-0.18	-0.20
21.80	0.05	-0.01	-0.07	-0.12	-0.15	-0.16	-0.17	-0.18	-0.19
平均温度	0.17	0.03	-0.18	-0.42	-0.62	-0.76	-0.87	-0.97	-1.05
冻土分区	—	—	Ⅰ区	Ⅰ区	Ⅱ区	Ⅱ区	Ⅱ区	Ⅱ区	Ⅲ区

冻土与基础间的冻结强度设计值(kPa) 表4-81

融沉等级	温度(℃)						
	-0.2(1级强度温度值)	-0.5(2级强度温度值)	-1.0(3级强度温度值)	-1.5(4级强度温度值)	-2.0(5级强度温度值)	-2.5(6级强度温度值)	-3.0(7级强度温度值)
粉土、黏性土							
Ⅲ	35	50	85	115	145	170	200
Ⅱ	30	40	60	80	100	120	140
Ⅰ、Ⅳ	20	30	40	60	70	85	100
Ⅴ	15	20	30	40	50	55	65
砂土							
Ⅲ	40	60	100	130	165	200	230
Ⅱ	30	50	80	100	130	155	180
Ⅰ、Ⅳ	25	35	50	70	85	100	115
Ⅴ	10	20	30	35	40	50	60
砾石土(粒径小于0.074mm的颗粒含量小于等于10%)							
Ⅲ	40	55	80	100	130	155	180
Ⅱ	30	40	60	80	100	120	135
Ⅰ、Ⅳ	25	35	50	60	70	85	95
Ⅴ	15	20	30	40	45	55	65
砾石土(粒径小于0.074mm的颗粒含量大于10%)							
Ⅲ	35	55	85	115	150	170	200
Ⅱ	30	40	70	90	115	140	160
Ⅰ、Ⅳ	25	35	50	70	85	95	115
Ⅴ	15	20	30	35	45	55	60

从以上计算数据表可以看出：

高温冻土区灌桩后的两个月内桩土界面处温度基本处于正温，基础与土之间没有冻结强度，只有摩擦力作用。

灌桩后45～90d开始出现负温，但还有部分地区为正温，负温值大于-0.2℃，仍然不具备真正意义的冻结强度；在灌桩后3个月至1年，离地面3m以下，桩土界面温度均为负温，但负温值大于-0.2℃，还不具备冻结强度；在灌桩后2年，雅玛尔河2号以桥代路特大桥地面以下10～16m，清水河以桥代路特大桥地面9m以下温度都还没有达到第一级冻结强度(-0.2℃)，平均温度达到了第一级冻结强度的要求。

灌桩后3年，雅玛尔河2号以桥代路特大桥50%长度的桩土界面处温度均达到了第一级冻结强度要求；22.2%达到第二级冻结强度要求；27.8%处于第三级冻结强度要求；平均温度处于第二级冻结强度要求。清水河以桥代路特大桥的平均温度也达到第二级冻结强度要求。

灌桩后4年，雅玛尔河2号以桥代路特大桥22.2%长度的桩土界面处温度均达到了第一级冻结强度要求；39.2%达到第二级冻结强度要求；38.6%达到第三级冻结强度要求；平均温度达到第二级冻结强度要求。清水河以桥代路特大桥的平均温度达到第二级冻结强度要求。

灌桩后5年，雅玛尔河2号以桥代路特大桥44.4%长度的桩土界面处温度均达到了第二级冻结强度要求；另外均达到第三级冻结强度要求。平均温度已达到第三级冻结强度要求。

灌桩后5～6年清水河以桥代路特大桥的平均温度还处在第二级冻结强度要求范围内，直至第7年才达到第三级冻结强度要求。这主要是由于清水河以桥代路特大桥的地温要比雅玛尔河2号以桥代路特大桥地温高，回冻慢造成的。

从表4-77和4-78中可以看出，由于水化热影响使桩周冻土处于不同的地温分区，在灌桩后2年内桩壁冻土还是处于I区(极不稳定的高温冻土区：0～-0.5℃)；灌桩后2年多才达到第II区(高温冻土区：-0.5～-1.0℃)。

可见桩土间冻结力形成过程是十分缓慢的，需要的时间很长，一般灌桩后要经过3年以上才可能达到设计冻结强度。由于水化热影响改变了桥下冻土的分区，从而影响了桩土间的冻结强度，这就要求在设计时要充分考虑温度升高导致的冻土分区的改变，一般来说最好将原冻土分区按降低1个等级进行设计。而且在施工过程中，灌桩后何时架桥及在施工完成后何时通车都必须考虑当时冻土的温度。

3)灌注桩水化热对地温场稳定性的影响

为了分析以桥代路段灌注桩水化热对地温场稳定性的影响，图4-102分别给出了雅玛尔河2号以桥代路特大桥和清水河以桥代路特大桥的墩间孔(两桥墩中间)冻土的平均回冻率比较，及混凝土水化热对桥下冻土的最大影响范围比较曲线。

从图4-102左图中可以看出，对雅玛尔河2号以桥代路特大桥来说，墩间孔在灌桩一年时间内，平均回冻率逐渐降低即温度逐渐升高。灌桩后一年，墩间孔处回冻率达到最低点(地温达到最高)后逐渐升高。说明了无法消散的群桩混凝土水化热有从桩群附近向桩群之中间处转移的趋势，从而使群桩之间的冻土升温(一年左右升至最高)后开始降温，直至第四年，第五年降温速率逐渐降低(斜率逐渐变小)，第7年平均回冻率达到93.25%，如按5～7年的降温速率，如若达到100%的回冻率需10年以上。

清水河以桥代路特大桥的墩间孔也有相似的回冻规律，但回冻率达到最低点出现在灌桩后一年半，且第7年的平均回冻率也只达到75.23%。这主要是由于两者的水文地质条件不同造成的，前者地面2m以下的含水量为17%～27.8%、而后者地面2m以下的含水量为30%～66%。含水量越高相变所需要的潜热也越大，故升温慢降温也慢。若用回冻率—时间曲线的斜率的绝对值来表示回冻速率则可看出，回冻速率与含水量成反比，与回冻所需时间成反比。因此可将回冻速率及含水量作为评定桥下冻土稳定性的指标，即回冻速率越高及含水量越小，冻土的稳定性越好。

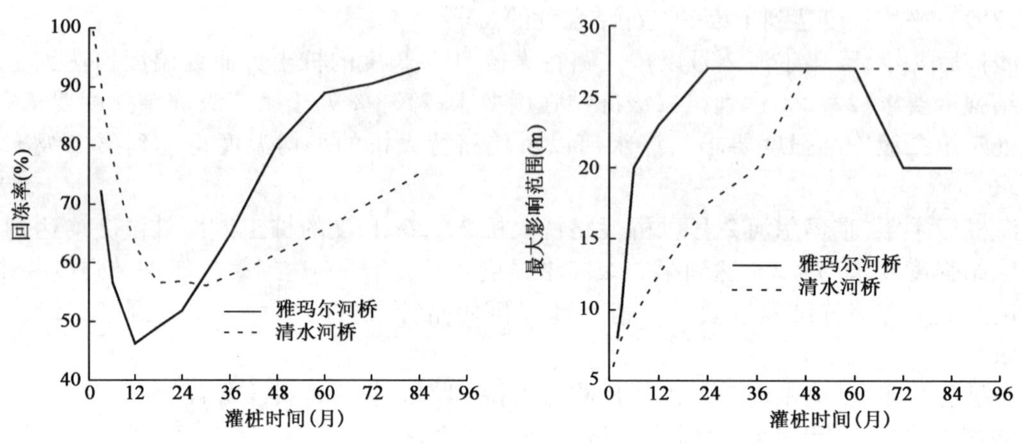

图4-102 墩间孔平均回冻率（左图）和最大影响范围（右图）比较

从图4-102右图中可以看出，对雅玛尔河2号以桥代路特大桥来说，灌桩后混凝土水化热及初始入模温度对桩周冻土的最大影响范围随着灌桩时间逐渐增大。在灌桩后2个月对桩周冻土的影响已扩大垂直桥轴线的8m处，三个月达到10m，6个月达到20m，灌桩后1年达到23m，2～5年基本稳定在27m左右，随后收缩，6～7年基本稳定在20m左右。

清水河以桥代路特大桥也有相似规律，但最大影响范围随时间的变化要慢的多（这主要是由于两者的水文地质条件不同造成的，见前面的分析），灌桩后4年达到27m，4～7年基本稳定在27m左右，未见收缩。说明灌桩后混凝土水化热及初始入模温度对桩周冻土所形成的"热带"最大宽度可达27×2＝54m。受地面气温影响，"热带"最大宽度一般出现在桩长的一半处以下深度（约10m以下），且随着灌桩时间增加向下推移，但影响强度随着灌桩时间增加沿深度自下而上逐渐减弱。至少6年以后才开始缩小。

高温冻土区小桥跨的桥梁"热带"的作用不容忽视，它使冻土的温度升高作用较明显，而且恢复到原始地温需要的时间也很长。因此在高温，高含水量（含冰量）冻土地区，"以桥代路"结构采用灌注桩基础会对冻土的稳定性产生较大影响，其影响时间可长达十余年。

根据本章的计算和分析结合实际观测试验，可以得出如下结论：

对于在高温，高含水量（含冰量）冻土地区修建的以桥代路结构，其桩土间冻结力形成是缓慢而漫长的过程，一般灌桩后要经过3年以上才可能达到设计冻结强度。由于水化热影响改变了桥下冻土的分区，从而影响了桩土间的冻结强度，这就要求在设计时要充分考虑温度升高导致的冻土分区的改变，将原冻土分区按降低一个等级进行设计，这种做法具有较大可靠性。

回冻率可以用来评价混凝土水化热对原状冻土的扰动程度，根据设计和施工资料，目前已修建的青藏铁路冻土区"以桥代路"工程，设计时安全储备较大，一般不会出现桩基稳定性问题，但对于地温相对较高，含水量（含冰量）相对较低的地段，最好在通车后的5年内对桩周地温进行监测，如发现回冻太慢，地温远高于设计地温，或者由于多年冻土上限的变化危及桩基上部冻结力形成，同时也会产生多余的冻胀力，可以在桩基础附近加装热棒来进行冷却降温补强。2010年清水河地段部分桥梁桩基附近已经安装了热棒。

4.4.5 灌注桩回冻过程承载力试验

冻土区灌注桩承载力试验因工作目的不一样，承载力试验的内容和方法也有所区别。国内早期对冻土桩基试验研究（表4-82）很多，尤其是桩基承载力试验研究为后来青藏铁路建设的桩基试验工作打下很好的基础。

国内早期多年冻土地区桩基研究基本情况（王晓黎等） 表4-82

<table>
<tr><th>地点</th><th>年平均地温（℃）</th><th>冻土上限（m）</th><th>桩型</th><th>桩径（m）</th><th>桩长（m）</th><th>回冻时间（m）</th><th>极限荷载（kN）</th><th>地基系数（t · m⁻¹）</th><th>备注</th></tr>
<tr><td>劲涛</td><td>-4.0</td><td>0.4~0.6</td><td>灌注</td><td>0.26</td><td></td><td>2~8</td><td>—</td><td>—</td><td>铁三院 1975.10</td></tr>
<tr><td rowspan="2">五道梁</td><td>-1.5~1.0</td><td rowspan="2">2.4~2.5</td><td>打入</td><td>0.4</td><td>6.5</td><td>23</td><td>60~80</td><td>3500</td><td rowspan="2">西北所等（1975.7）</td></tr>
<tr><td>-1.3~-1.0</td><td>插入</td><td>0.3</td><td>6.9</td><td>6</td><td>30~53</td><td>3000</td></tr>
<tr><td rowspan="3">清水河</td><td>-1.1~-0.6</td><td rowspan="3">2.0~2.5</td><td>打入</td><td>0.55</td><td>8.0</td><td>11</td><td>90~140</td><td>2300</td><td rowspan="3">西北所等（1976.7）</td></tr>
<tr><td>-0.6~-0.4</td><td>插入</td><td>0.55</td><td>8.65</td><td>15</td><td>60~100</td><td>2000</td></tr>
<tr><td>-0.7~-0.4</td><td>灌注</td><td>0.65</td><td>8.5</td><td>50~60</td><td>180~220</td><td>2500</td></tr>
<tr><td rowspan="4">楚玛尔河</td><td>-1.5</td><td>1.5~2.0</td><td>打入</td><td>0.4</td><td rowspan="4">—</td><td>7~11</td><td rowspan="4">—</td><td rowspan="4">—</td><td rowspan="4">西北所等 1977.7</td></tr>
<tr><td>-1.0</td><td>2.0~2.5</td><td>打入</td><td>0.55</td><td>7~11</td></tr>
<tr><td>-1.5</td><td>1.5~2.0</td><td>插入</td><td>0.3</td><td>10~15</td></tr>
<tr><td>-1.0</td><td>2.0~2.5</td><td>插入</td><td>0.55</td><td>10~15</td></tr>
<tr><td rowspan="3">昆仑山口</td><td rowspan="3">-2.0</td><td rowspan="3">1.4</td><td>插入</td><td>0.4</td><td>7.5</td><td>15</td><td>25~80</td><td>3.04e5</td><td rowspan="3">西北所等 1980.10</td></tr>
<tr><td>插入</td><td>0.38</td><td>5.0~6.5</td><td>15</td><td>—</td><td>—</td></tr>
<tr><td>灌注</td><td>0.5</td><td>7.0~7.5</td><td>45~50</td><td>60~180</td><td>5.29e4</td></tr>
</table>

灌注桩施工热扰动和混凝土水化热对周围冻土产生长期热效应，有可能使桥梁基础本身的承载性能发生变化，对钻孔灌注桩灌注后不同地温条件下的承载力及变形性质进行灌注桩回冻过程的承载力试验，是认识基桩承载力的形成及后续工程工序衔接的依据，为确定冻土区桥梁基桩回冻过程承载力及变形性质，验证桩基设计参数的合理性，青藏铁路建设期间青藏总指委托兰州交通大学进行了相关试验和研究。

本节有关内容是根据上述试验研究报告主要内容编写。

1）试验目的和试验原则

多年冻土地基的承载力会随地温的变化而周期性的变化，且混凝土的浇注会给地基土引入附加热量而导致桩侧冻土融化，承载力下降；随后冻土回冻，承载力逐渐恢复。冻结力随着地温的降低而增大，因此基桩的竖向承载力也应该随地温的变化而有所变化。考虑到冻土和桩基之间变化的特点，为了检验基桩在地基土回冻过程中不同时期的承载力，在典型冻土区进行了试桩工程试验，试验分为两个阶段，第一阶段试验在桩基还未完全回冻之前，此时地温相对较高；第二阶段试验在桩基回冻之后，此时地温较低。通过两个阶段的试验研究灌注桩的承载力随时间的变化规律，试桩目的如下：

(1)确定单桩极限承载力、桩身轴向应力、分层冻土摩擦力、极限端阻力。

(2)了解基桩随回冻过程其承载力的变化特点。

(3)验证基桩在回冻期间能否提供可靠的承载力。

考虑到多年冻土地区桩基试验的特殊性,确定以下试验原则:

(1)桩回冻已产生一定的冻结力后才能进行试验。

(2)桩身混凝土已达到规定的强度,可以承载。

(3)基桩应不受冻胀力的作用。

(4)试桩工程应在桩的最不利工作条件下进行,亦即在地温最高,季节融化深度达到最大值时进行。

(5)试桩需要考虑到冻土的流变特性,加载方式能反映桩基的长期极限承载力。桩静载试验测试结果属于短期承载力范畴,必须经过折减换算成长期极限承载力。

2)回冻过程桩基承载力

在低温多年冻土区索南达杰大桥中部外侧(DK984+096,TCP-III区),进行了未回冻状态下钻孔灌注桩竖向承载性能试验研究和高温多年冻土区清水河(DK1047+000)1~8.0m小桥(左20m)桥梁钻孔灌注桩(TCP-II区)未回冻状态下钻孔灌注桩竖向承载性能试验研究,试验对基桩在未回冻期内(35d)的竖向承载力进行了现场试验,同时研究了桩顶竖向变形性质、桩周土体地温变化、回冻规律及与竖向承载力的关系。

(1)低温冻土区桩周土体回冻过程承载力。

多年冻土区钻孔灌注桩承载力的形成与桩周冻土介质的温度密切相关,由于灌注桩在钻孔过程中对冻土的热扰动、混凝土自身的热量及水泥大量的水化热会给冻土输入一定的热量,这些热量在自然回冻过程中传递到桩体周围的多年冻土中,使天然冻土的稳定冻结状态发生变化。尤其是由于灌注混凝土的水化热给稳定的冻土带来了很大的热扰动,造成桩周冻土地温升高,导致桩周冻土在短期内处于融化状态。

桩周土体回冻过程决定灌注桩承载力的形成及桩土承载过程中的作用关系,并影响基桩承载状态。回冻应该是指桩在灌注后桩周土地温升高,随着时间的推移,桩体与桩周土达到新的热平衡,桩周土地温逐渐降低,当桩壁孔的地温达到该地区的设计采用的地温分区温度标准时,桩周土形成的冻结强度达到设计冻结强度,称为桩—土体系的回冻。

图4-103是低温冻土区试验场地地温变化图,得出的DK984+096桩特征断面地温见表4-83。

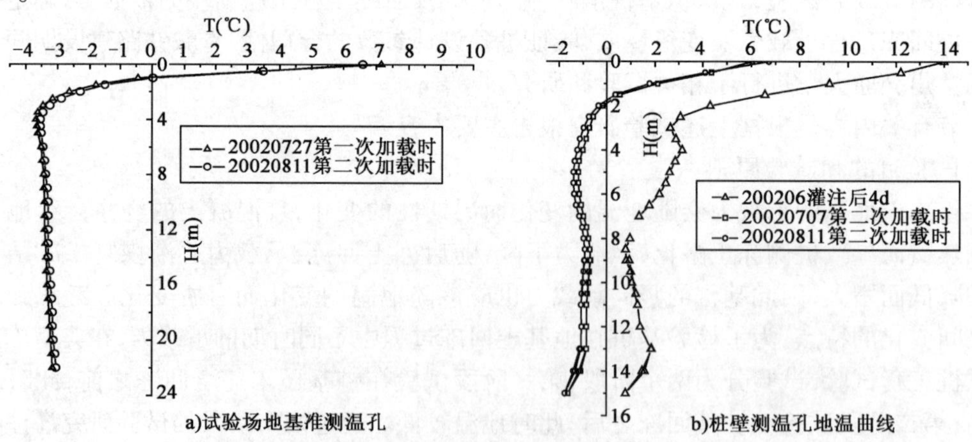

图4-103　低温冻土区试验场地地温变化图

DK984+096 桩特征断面地温变化表 表4-83

孔位	特征断面(天然地面以下)	地温(℃)		
		3d	30d	50d
SB	2.0m(天然冻土上限)	4.31	-0.43	-0.49
	14.5m(桩底断面)	1.59	-1.63	-1.85
SC	2.0m(天然冻土上限)	—	-1.01	-0.65
	14.5m(桩底断面)	—	-1.91	-2.10
JZ	2.0m(天然冻土上限)	-2.82	-2.79	-2.98
	14.5m(桩底断面)	-3.21	-3.48	-3.43

试桩桩壁孔(SB)地温显示混凝土灌注后桩周冻土层地温急剧升高,随后沿桩身各点地温逐渐降低,灌注后第3d桩壁孔在冻土上限附近(2.0m处)的地温达到4.31℃,桩底处地温升高至1.59℃,随后沿桩身各点地温逐渐降低,8d后首先在地面以下3.5~7.5m范围内(-0.027~-0.32℃)及桩底处出现负温(-0.35℃)。至30d时,试桩桩壁孔从地面以下2.0m(-0.43℃)至桩底断面均出现负温(-1.63℃),即桩身混凝土灌注后经过30d桩底断面的地温还未恢复到设计地温范围;而试桩桩侧孔从地面以下1.5m(-0.49℃)至桩底断面均为负温(-1.91℃)。至50d时,试桩桩壁孔从地面以下2.0m(-0.49℃)至桩底范围内为负温(-1.85℃),即桩身混凝土灌注后经过50d桩土界面处地温进一步降低;而试桩桩侧孔从地面以下2.0m(-0.65℃)至桩底断面为负温(-2.10℃)。

观测表明桩侧孔地温比桩壁孔地温下降得更快,基准测温孔地温随时间变化幅度不大。2002年6月30日基准测温孔在冻土上限附近(2.0m处)的地温为-2.82℃,桩底断面处地温为-3.21℃;至50d时基准测温孔在冻土上限附近(2.0m处)的地温为-2.98℃,桩底断面处地温为-3.43℃。从试桩桩壁孔地温曲线与基准测温孔地温曲线及该地区的设计地温范围相比较可知,至50d时,试桩尚未回冻。

对于低温多年冻土区,在夏季进行钻孔灌注桩施工混凝土入模温度小于11℃的情形下,经过30d后,除地表以下2m范围内为正温外,沿桩身其他各点均为负温(-0.43~-1.26℃);经过50d后,沿桩身各点地温负温均有所降低(-1.0~-1.85℃),与基准孔地温相比较可知,钻孔灌注桩未回冻。虽地温降低至零度以下,但与天然状态下地温相比较为高,说明钻孔灌注桩灌注后对桩周土的地温影响非常显著,在短期要恢复到未受扰动前的地温还不可能。

该试验场地桩基试验加载方法根据桩周土的性质确定,为研究多年冻土区钻孔灌注桩在未回冻时基桩承载力和变形性质,以便为后续承台、桥墩(台)施工、铺架等工序衔接提供技术支持,桩基试验分两次进行,第一次试验加载在试桩灌注(2002.06.27)一个月后(2002.07.27)进行,加载至1800kN(按照索南达杰桥墩自重及施工荷载的两倍来考虑,由青藏总指提供),按一般地区慢速维持荷载法逐级加载。第一次加载时试桩桩身混凝土强度已达到设计强度;第二次试验加载在2002.08.11进行,加载至7600kN,此时桩周土地温降低,冻结范围增大,考虑到冻土的流变性质以及其他因素,按冻土地区慢速维持荷载法逐级加载。

试验结果通过桩身轴力计算:根据预埋的钢筋应力计所测得频率算得应变数据,由下式计算各测量截面的桩身轴力:

$$Q_i = A_p\sigma(\varepsilon_i) \tag{4-111}$$

式中：Q_i 和 ε_i——分别为第 i 级荷载下的轴力和应变；

A_p——桩身平均横截面积。

各土层的桩侧平均摩阻力的计算公式为：

$$f_i = (Q_i - Q_{i-1})/A_p \tag{4-112}$$

桩端持力层的端阻力计算公式为：

$$Q_b = Q_{up}/A_p \tag{4-113}$$

式中：Q_{up}——桩端处桩身轴力。

第一次试验加载试桩桩身轴力(图4-104a))，图4-104a)为第一次试验荷载为1800kN时，每级荷载作用下试桩的轴力分布曲线，从轴力分布曲线可知，试桩上部的断面的轴力变化梯度较大，且随荷载增大而增大，说明桩侧冻结力较大；靠近桩底则轴力变化梯度较小，说明由于桩顶荷载较小时桩侧冻结力尚未充分发挥，根据桩端阻 Q_b 与桩顶荷载 Q 的关系，桩端阻随桩顶荷载依次增大，当桩顶荷载为1800kN时，桩端阻为83.46kN；此时的桩端阻率为4.6%；桩端阻应力为68.04kPa。桩侧平均侧摩阻力为66.76kPa。

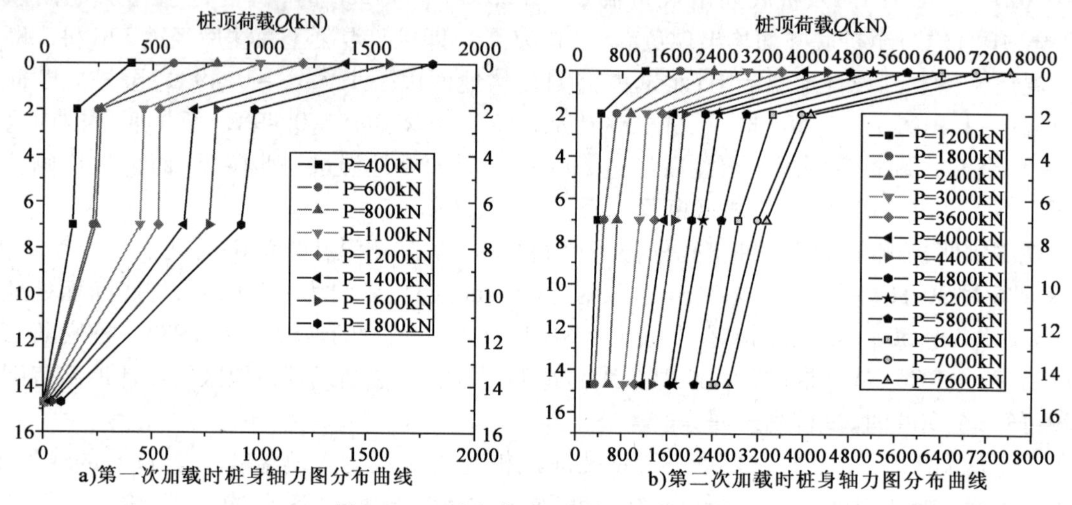

图4-104　两次加载时桩身轴力图分布曲线

图4-104右图为第二次试验加载每级荷载作用下试桩的轴力分布曲线。从轴力分布曲线仍然可以看出，试桩上部的断面的轴力变化梯度较大，且随荷载增大而增大，说明桩侧冻结力较大；靠近桩下段轴力变化梯度很小，说明在桩顶荷载作用下桩侧冻结力尚未充分发挥。由桩端阻 Q_b 与桩顶荷载 Q 的关系，可知桩端阻随桩顶荷载依次增大，当桩顶荷载为1800kN时，桩端阻为335.24kN；此时的桩端阻率为18.6%。当桩顶荷载为7600kN时，桩端阻为2683.7kN；此时的桩端阻率为35.3%。

低温多年冻土区索南达杰大桥DK984+096桩基础未回冻试验研究结果说明：夏季低温冻土区混凝土入模温度小于11℃时，灌注桩浇注30d后，除地表以下2m范围内为正温外，沿桩身其他各点均为负温(−0.43～−1.26℃)；经过50d后，沿桩身各点地温负温均有所降低(−1.0～−1.85℃)，与基准孔地温相比较可知，钻孔灌注桩未回冻。虽地温降低至零度以下仍然高于天然状态下地温，混凝土水化热影响显著；但是现场静载试验表明，第一次试验加载至1800kN时，试桩桩顶位移为0.79mm，卸载后的残余沉降量为0.24mm，回弹率为69.62%，第二次试验加载至7600kN时，试桩桩顶位移为4.93mm，卸载后的残余沉降量为1.01mm，回弹率为 79.51%。主要是弹性变形。基桩在荷载作用下变形很小，桩土体系竖向承载力较高的。在未回冻状态下（试桩龄期 35d）基桩竖向承载力可以满足承台、桥墩（台）、架梁等后续施工工序衔接的要求。

（2）高温冻土区桩周土体回冻过程承载力

桩基试验加载方法视桩周土体性质而定，清水河高温冻土区现场桩基试验分两次进行。第一次试验加载在试桩灌注（2002.07.21）一个月后（2002.08.24）进行，加载至 2400kN，考虑到试桩桩周土大部分处于正温，尚未冻结，按一般地区慢速维持荷载法逐级加载。第一次加载时试桩桩身混凝土强度为 34.7MPa，已达到设计强度。第二次试验加载在试桩灌注近二个月后（2002.09.17）进行，加载至 4800kN，此时桩周土地温降低，范围增大，考虑到冻土的流变性质以及其他因素，按冻土地区快速维持荷载法逐级加载。桩周土体地温曲线见图 4-105。

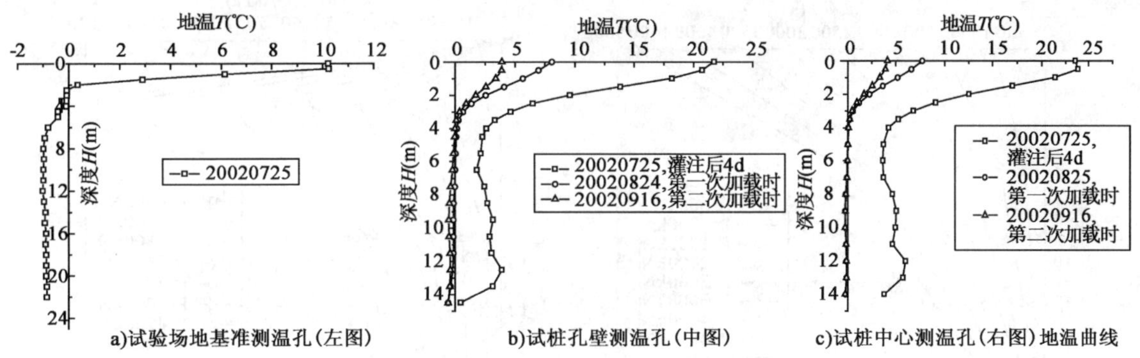

图 4-105　桩周土体地温曲线

图 4-106a）为第一次试验加载每级荷载作用下试桩的轴力分布曲线；图 4-106b）为第一次试验加载每级荷载作用下桩侧冻结力分布曲线；图 4-106c）为第一次试验加载每级荷载作用下不同土层的分段桩侧摩阻力分布曲线。从轴力分布曲线可知，试桩上部的断面的轴力变化梯度较大，且随荷载增大而增大，说明桩侧摩阻力较大；靠近桩底则轴力变化梯度较小，说明由于桩顶荷载较小时桩侧摩阻力尚未充分发挥。试验荷载为 2400kN 时，桩侧平均侧摩阻力为 34.86kPa。

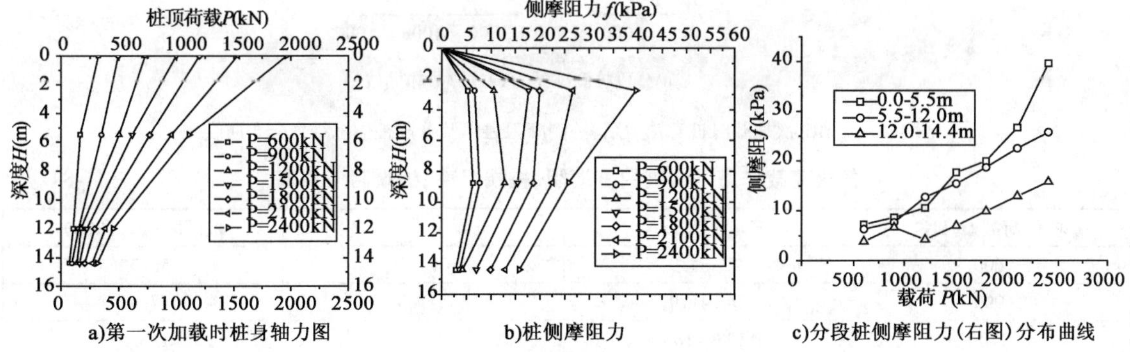

图 4-106　第一次加载时桩身轴力图、桩侧摩阻力以及分段桩侧摩阻力曲线

图 4-107 为第一次加载桩端阻 Q_b 与桩顶荷载 Q 的关系曲线，为一条近似的曲线；表 4-84 为各级荷载作用下试桩的桩端阻、桩端阻率、桩端阻应力数据值。由此可分析桩端阻的发挥特性，桩端阻随桩顶荷载依次增大，当桩顶荷载为 2400kN 时，桩端阻为 313.91kN；此时的桩端阻率为13.1%；桩端阻应力为 255.92kPa。

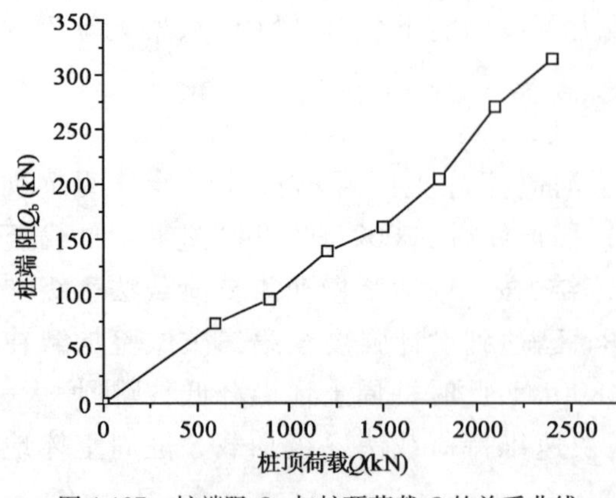

图 4-107　桩端阻 Q_b 与桩顶荷载 Q 的关系曲线

图 4-108a）为第二次试验加载每级荷载作用下试桩的轴力分布曲线；图 4-108b）为第二次试验加载每级荷载作用下桩侧冻结力分布曲线；图 4-108c）为第二次试验加载每级荷载作用下不同土层的分段桩侧冻结力分布曲线。

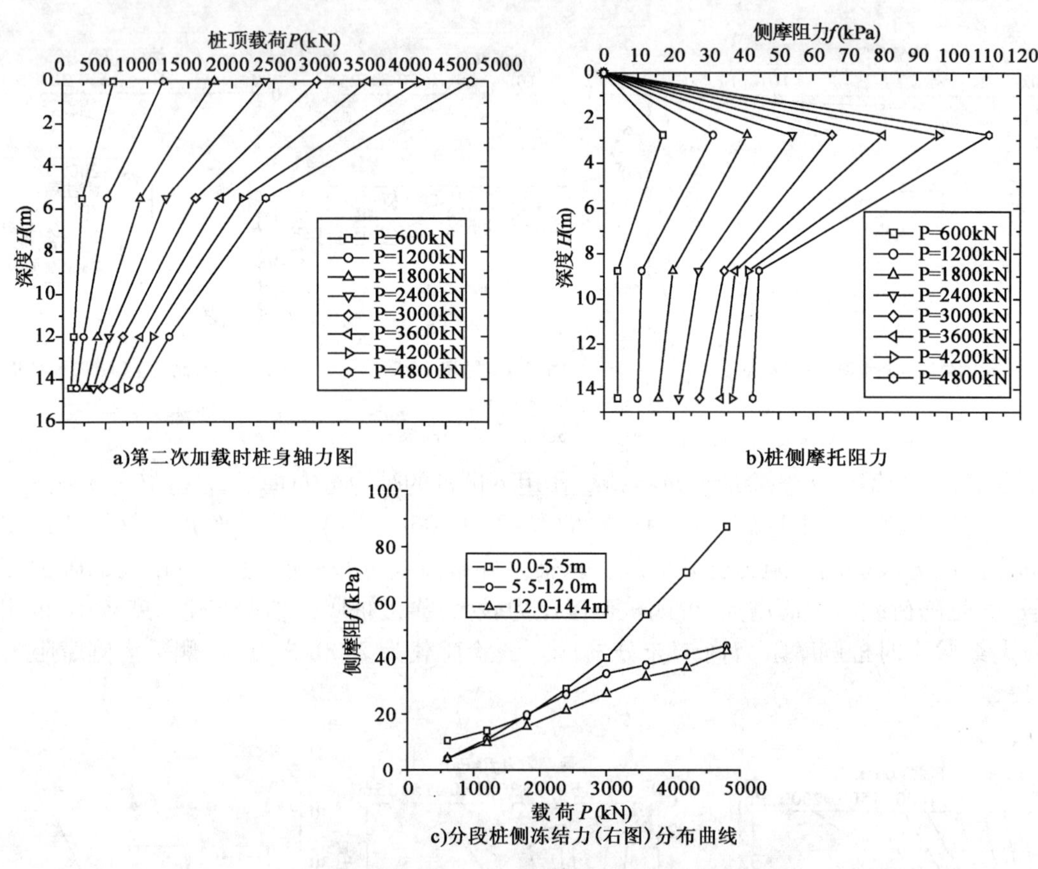

图 4-108　第二次加载时桩身轴力图、桩侧摩阻力以及分段桩侧冻结力分布曲线

各级荷载作用下试桩的桩端阻、桩端阻率、桩端阻应力值　　表 4-84

桩顶荷载 Q(kN)	桩端阻 Q_b(kN)	桩端阻率 Q_b/Q	桩端阻应力(kPa)
600	72.3419	0.121	58.32
900	94.4179	0.105	77.42
1200	138.4183	0.115	113.5
1500	160.3919	0.107	131.52
1800	204.3216	0.113	167.54

续上表

桩顶荷载 Q(kN)	桩端阻 Q_b(kN)	桩端阻率 Q_b/Q	桩端阻应力(kPa)
2100	270.1189	0.129	221.5
2400	313.9072	0.131	255.92

从轴力分布曲线可知,试桩上部的断面的轴力变化梯度较大,且随荷载增大而增大,说明桩侧冻结力较大;靠近桩底则轴力变化梯度较小,说明由于桩顶荷载较小时桩侧冻结力尚未充分发挥。

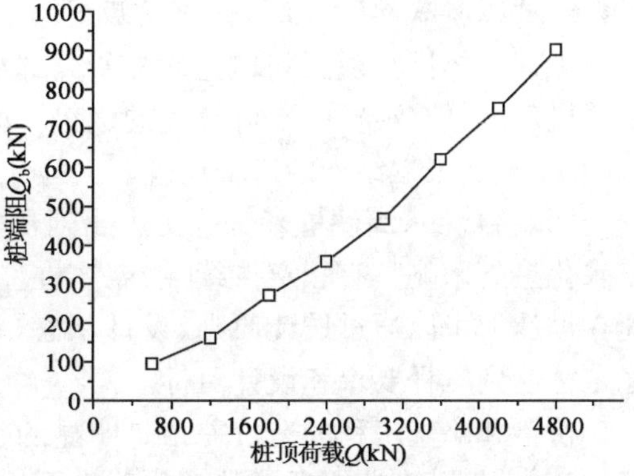

图 4-109　桩端阻 Q_b 与桩顶荷载 Q 的关系曲线

图 4-109 为第二次加载桩端阻 Q_b 与桩顶荷载 Q 的关系曲线,为一条近似的曲线;表 4-85 为各级荷载作用下试桩的桩端阻、桩端阻率、桩端阻应力数据值。由以上图表可知桩端阻随桩顶荷载依次增大,当桩顶荷载为 2400kN 时,桩端阻为 358.37kN;此时的桩端阻率为 14.9%;桩端阻应力为 292.17kPa。当桩顶荷载为 4800kN 时,桩端阻为 902.335kN;此时的桩端阻率为 18.8%;桩端阻应力为 735.66kPa。

各级荷载作用下试桩的桩端阻、桩端阻率、桩端阻应力值　　表 4-85

桩顶荷载 Q(kN)	桩端阻 Q_b(kN)	桩端阻率 Q_b/Q	桩端阻应力(kPa)
600	94.5063	0.158	77.04972
1200	160.6394	0.134	130.9672
1800	270.6086	0.150	220.6236
2400	358.3672	0.149	292.172
3000	467.7759	0.156	381.3714
3600	620.4249	0.172	505.8241
4200	750.7997	0.179	612.117
4800	902.335	0.188	735.6617

高温细颗粒多年冻土区灌注桩桩周土体未回冻状态的承载力试验研究表明:

高温冻土区(Tcp-II 区),夏季当混凝土入模温度较高时,灌桩后短时间内(35d)土体温度与设计采用的地温范围相比,除桩底外其他都难以达到回冻状态;现场静载试验表明,在基桩和土体未回冻状态竖向承载力较低,如果承载会产生较大的塑性变形,桩土体系在未回冻时即使钻孔灌注桩在桩身混凝土达到强度,也不宜承载荷载,后续工序衔接应该慎重。夏季施工冻土初始地温及混凝土入模温度对基桩回冻时间有较大影响,在不同地温分区下夏季施工时须控制混凝土入模温度,以有利于基桩的回冻。

冻土区不同地温分区地段灌注桩桩周土体回冻过程承载力试验研究给出的启示是:

冻土区大直径钻孔灌注桩由于施工扰动及桩身混凝土浇筑后输入的大量水化热,对桩周冻土产生影响。冻土区桩周土层的地温在桩身混凝土浇筑后 3 ~ 4d 内急剧升高,造成桩周土体中冰的融化。

高温细颗粒多年冻土区(Tcp-II 区)夏季进行钻孔灌注桩施工,桩身混凝土入模温度较高时,对桩周土体热扰动较大,短时间难以回冻,承载力达不到设计要求,后续工序衔接应该慎重;低温多年冻土区,夏季进行钻孔灌注桩施工,当混凝土入模温度小于 11℃时,由于原始地温较低,对基桩回冻比较有利。

基桩回冻速度在低温多年冻土区桩底断面及天然冻土上限处地温变化率分别为0.33℃·d、0.28℃·d。对于高温不稳定多年冻土区在桩底断面及天然冻土上限处地温变化率分别为0.122℃·d、0.12℃·d,低温多年冻土区比高温不稳定多年冻土区桩周土体回冻快。低温冻土区在未回冻状态下(试桩龄期35d时)桩土体系竖向承载力满足进行架梁施工所需的要求。

4.4.6 "以桥代路"工程措施应用原则

工程实体试验观测和理论计算研究都显示,青藏铁路"以桥代路"工程结构在工程应用和承载机理上具有独特的不可替代的优势。冻土区工程结构在传热学上的表现是其应用的首选原则,冻土区工程结构的工程属性在其应用中是副选原则。

"以桥代路"灌注桩基础施工本身对冻土的热扰动是阶段性的,逐渐消散和削弱的,混凝土水化热的影响具有一定持续性,灌注桩整体传热机理对承载力形成的影响是可以预知的,因此在设计上可以通过设计原则、设计状态(冻结或融化状态)决定桩基础参数,使工程的长期稳定性达到工程要求和设计目标。

桥梁和路基工程的造价差距是明显的,但是冻土区工程首先是在结构上能够适应冻土环境的变化,使其在冻土环境的变化背景下仍然能够保持稳定、可靠,保证线路安全运行。

另外冻土区桥梁桩基础工程结构的另一个特点是,桩基承载力随桩周土体回冻过程形成,不同回冻阶段土体温度不同,形成的桩基础承载力也不同,在承载力试验基础上可以使后续工序有机的衔接。

冻土区灌注桩基础的这些特点决定了它在线路工程中的应用范围和应用原则:

(1)高温高含冰量冻土环境条件不能确保路基结构冷却冻土的工程效果,应该采用"以桥代路"工程结构。这些地段,尤其是地温分区为Ⅰ、Ⅱ区的高含冰量冻土地段,同时又是低洼、地表水文条件不良地段;泉眼出露集中,含冰量较大,冬季易形成冰幔,路基难以治理的冻土地段;多年冻土与融区交界地段的高含冰量冻土地段。

(2)年平均气温较高的区域(一般在-4.0℃左右)且低温、高温冻土地段变化频率、较频繁的高含冰量地段。

(3)冻土区靠近河岸的高含冰量冻土路基,易受河流变迁和水流热浸蚀影响,无法保证未来运营期间路基稳定性。

(4)修建路基形成的次生工程环境不利于工程稳定性,寒季形成冰幔、冰椎、冻胀丘等不良冻土现象地段(包括唐古拉越岭饱和水地段)。

(5)分布有高含冰量冻土的斜坡湿地地段。

(6)地势低洼、融区和冻土区交错分布的高含冰量地区;沙害严重的片石通风路基地段,当采取适当的防沙措施效果不佳时改设桥。

4.5 冻土区涵洞地基和基础

冻土区涵洞工程附属于路基而存在,与冻土区路基工程不同之处在于:

涵洞的修筑改变了基底多年冻土与大气环境的热交换界面,也改变了热交换介质,涵洞在路基底部,对基底多年冻土既有遮阳作用,也有通风作用,结构本身对多年冻土是一种冷却型结构;涵洞的过水特性对多年冻土形成水热侵蚀,又成为多年冻土退化的诱导因素。

设置于冻土路基下面的涵洞的存在,使路基本体和地基多年冻土形成不连续的温度场,由于路基表面和涵顶是二者之间填土与大气环境进行热交换的两个界面,年际冻融循环过程热交换的结果可能出现两种情况:涵顶上方填土足够高,涵洞顶上的路堤中将形成冻土核;涵顶上方填土较低时，洞内会受到路堤向下传来的热量的影响。二者以不同方式影响涵洞基底多年冻土上限发生变化。

融化季节的涵洞流水对基底多年冻土是一种水热侵蚀，青藏高原冻结期长，融化季节短，而降水又以固体降水为主，并且有降水历时短、强度大的特点。风火山试验涵顶观测洞内水温月平均温度比涵洞外地表月平均温度低1.0～1.5℃，因此季节性水流一般不会对基底多年冻土产生不利影响。

综上所述，冻土区涵洞工程需要解决的问题有以下几个方面：

(1)涵洞基底多年冻土温度场变化和多年冻土上限变化。

(2)涵顶填土温度场变化和防冻胀。

(3)涵洞基底防冻胀和融沉的处理措施。

(4)涵洞结构类型和基础类型选择。

(5)涵洞施工热扰动形成和消散。

(6)减少热扰动的涵洞结构和施工方法。

4.5.1 涵洞冻土环境变化特征

冻土区涵洞工程的修建从以下几个方面改变原有冻土环境条件：

(1)涵洞修建过程开挖基础面对多年冻土的热扰动和基础修建过程不同基础类型与多年冻土之间形成新的热交换平衡条件。

(2)涵洞修建以后改变了基底多年冻土与大气环境的热交换平衡条件。

(3)涵洞工作过程由于其结构特点所具有的遮阳和通风作用对多年冻土形成长期冷却作用。

(4)涵洞进出口与涵洞中间部位传热条件差异使基底多年冻土地温场发生变化。

(5)涵洞顶部与路基表面之间填土厚度的年际冻融过程对涵洞形成新的热交换平衡条件。

所有这些冻土环境条件的改变最终体现在涵洞基底地温场的变化过程和地温场形态上。

4.5.1.1 涵洞基础施工热扰动和恢复

涵洞基坑开挖后基坑内和基坑外多年冻土的温度状况和热物理性质会发生变化，多年冻土层内有可能出现衔接变为不衔接的融区。地表传热条件的变化，使融化区(夹层)有逐渐发展加厚的趋势，造成多年冻土的地下冰融化，水分逐渐向地层深部冻土区迁移积累，加大上部融化土层的冻胀和融沉，危害建筑结构；同时基坑开挖造成的多年冻土融化部分，在建筑物荷载和土体自重压力作用下，使土体土内部孔隙水流失，孔隙剧烈减少，融沉变形加剧。

1)冻土区涵洞环境温度变化

涵洞内外环境温度观测表明(图4-110)，由于涵洞通风遮阳作用导致洞内的温度总体上是低于洞外1～3℃，洞内温度滞后于洞外环境气温的变化，随着年际冻融循环次数的增加，这种现象会更加明显，因而对多年冻土的保护作用逐渐累积显现。后续进行的地温观测显示，涵洞周围土体的温度逐年递减，涵洞处人为上限逐年上升，涵洞对路堤及下伏冻土降温效果日渐明显。

北麓河地区488涵洞中心位置的气温、基础及地基温度变化(图4-111)也说明这种变化的累积效应。由图可知，涵下地基恒保持负温，而涵内气温和基础温度随外界条件剧烈变化。另外，除了个别点外，涵内气温总是高于涵节温度2℃左右，因为测温总是在白天进行的，这就表示白天涵内气温高于涵节温度，而相应地，晚上涵内气温将低于涵节温度。反过来，由于受涵洞的影响，涵内气温在白天应略低于涵外气温，而在夜晚应稍高于外部气温。在观测期(240d)内，出现负温120d，负温期平均温度－5.81℃，出现正温120d，正温期平均温度6.69℃，整个观测期内的平均温度0.44℃。

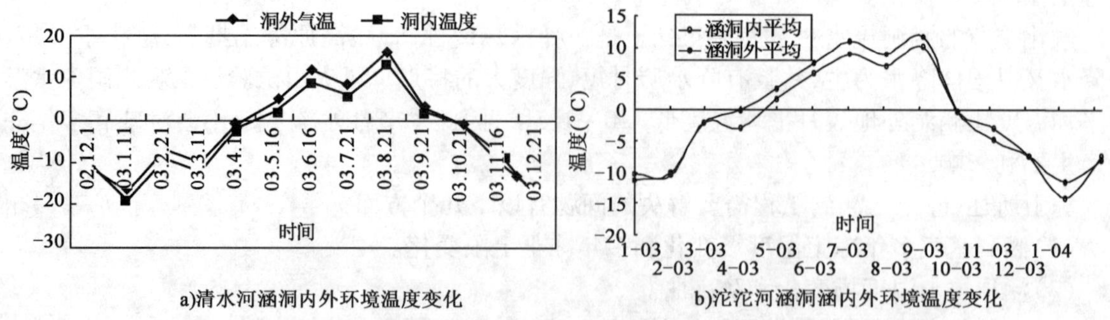

图4-110　涵洞内外环境温度变化曲线

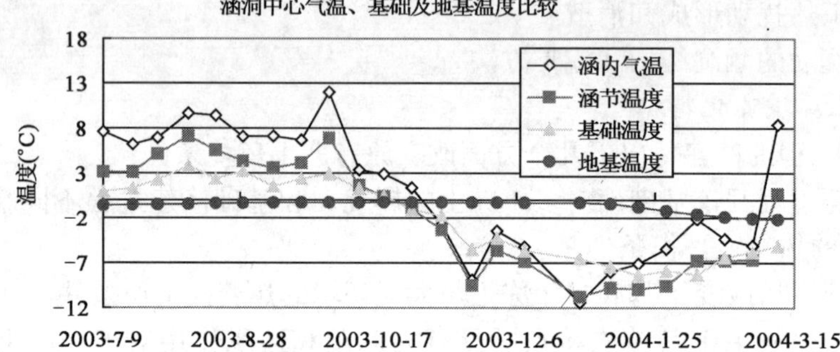

图4-111　北麓河488涵洞中心位置的气温、基础及地基温度变化

2)涵洞基础施工热扰动过程

涵洞施工热扰动消散过程和基底多年冻土回冻过程见图4-112。

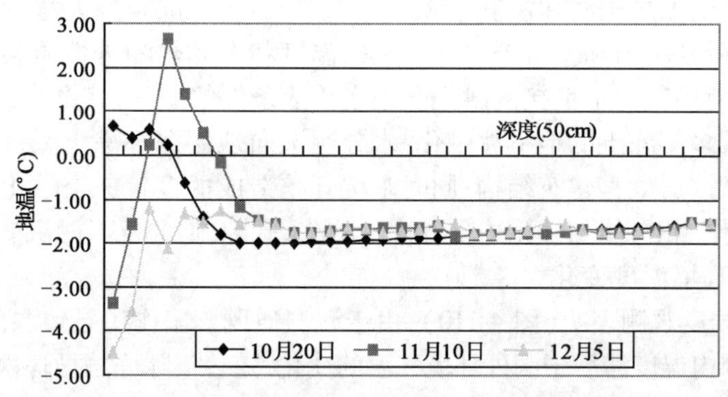

图4-112　北麓河DK1137+488矩涵地温恢复过程

北麓河涵洞基础施工对地基的影响深度一般在1.0~2.0m之间。清水河涵洞为现浇混凝土基础,在基础混凝土浇注过程中产生的水化热和基坑开挖中热能的潜入等热扰动影响到了基底以下1.2~1.5m之处,由于施工基坑开挖和混凝土的浇注时间段(基坑在下午4点后开挖,混凝土入模温度在5℃以下),环境温度低,散热条件好,潜入基底热能相对较小。而北麓河、沱沱河涵洞均是预制基础,对基底的影响深度是大气热能、水热能的潜入,而且由于基底纵坡影响,基础拼装时需进行调整,接缝需灌注砂浆,基坑暴露时间与现浇基础无太大差异。

两种类型的基础从实施的效果来看，并无明显的差异，与预想的有出入，而且拼装基础的施工工艺要比现浇基础复杂。

根据带相变瞬态温度场问题的热量平衡控制微分方程和应用伽辽金法推导的有限元计算公式，研究涵洞施工过程现浇混凝土对涵洞基底多年冻土影响，依据青藏铁路格尔木至拉萨段DK1258 +240处正在修建的涵洞现浇混凝土基础2002年的温度场作为计算条件，对涵洞基础多年冻土温度场变化进行了数值分析研究。

数值分析研究结果看出，现浇混凝土水化热在施工后半年内对涵洞周围冻土的热状况影响较大，施工后两年时这种热扰动仍然没有完全消散；为了减小这种影响，还计算分析了涵洞现浇混凝土基础下铺设厚度为10cm的保温材料的冻土温度场变化情况，保温材料分两种方式铺设：第一种方式部位材料铺设与涵洞基础等宽度，第二种保温材料铺设比涵洞基础宽度大5cm。按第二种方式铺设保温材料。两种方式对涵洞基础冻土融化深度的减小程度类似，但是按第二种方式铺设保温材料时，涵洞基础冻土的融化深度的差异减小，涵洞基础的不均匀沉降也会因此减小。计算结果认为为了减小现浇混凝土的水化热对涵洞冻土的融化深度的影响，应该在涵洞基础下按第二种方式铺设保温材料，即在涵洞现浇混凝土基础下方铺设比涵洞基础宽度大5cm的保温材料。

数值分析研究为当时青藏铁路整体现浇混凝土涵洞的施工提供了一定技术支持，建设部门和施工单位在设计单位指导下进行了合理的涵洞结构形式选择，合理的安排了施工组织设计取得成功。

4.5.1.2 冻土区涵洞基底地温场特征

涵洞本身结构和涵洞不同部位传热特征的区别形成了涵洞人为上限变化规律呈现了阴阳侧效应、端口效应和遮阳通风效应。

图4-113所示青藏铁路试验涵洞沱沱河DK1229 +214矩涵地温恢复过程。涵洞观测数据说明：多年冻土上限变化在涵洞两个端口处比涵身深，两个端口处于阳面的多年冻土上限比处于阴面的端口上限深。

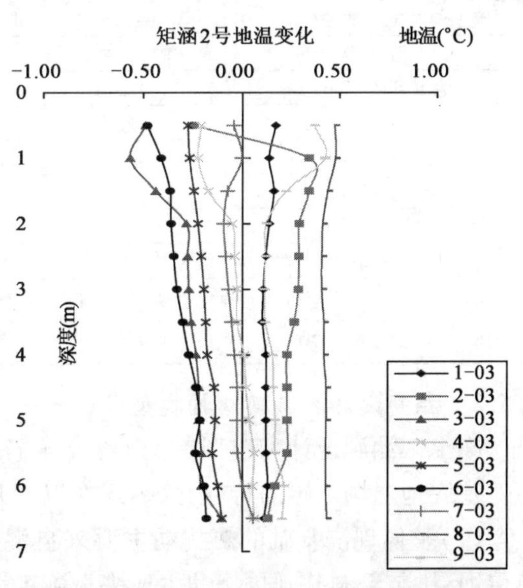

图4-113 沱沱河DK1229 +214矩涵地温恢复过程

488涵洞出口孔处的最大融深2002年为3.5m，2003年为2.5m。中心孔2003年在2m位置保持正温2个月，具有较大的温度梯度，而2.5m处没有到达正温，所以取最大融深为2.3m；在2002年，2.5m处在7月9日已为0.83℃，且具有较大正温梯度，但此时2.5m处的温度为－0.75℃，根据出口同期的变化规律，取最大融深为2.8m。而对于进口孔，我们只有2m以内的观测数据，2002年8月9日，2.5m处的温度为2.95℃，且直到11月9日仍为正温，而3m处为－0.43℃，所以根据出口同期的变化规律，取最大融深为3.4m，而2003年2m处保持正温2个月，达到的最高温度为0.57℃，根据出口同期的变化规律，取最大融深为2.4m。而天然孔上限为2.2m。根据以上数据，绘制涵洞下最大融化的年变化规律如图4-114所示。③号涵出口孔处的最大融深2002年为3.5m，2003年为2.5m。中心孔在2002年最大融深为2.8m，2003年最大融深为2.3m。对于进口孔2002年最大融深为 3.4m,2003 年最大融深为 2.4m。

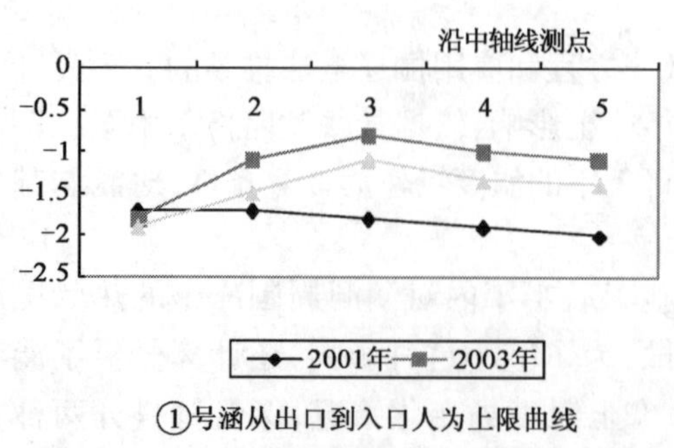

①号涵从出口到入口人为上限曲线

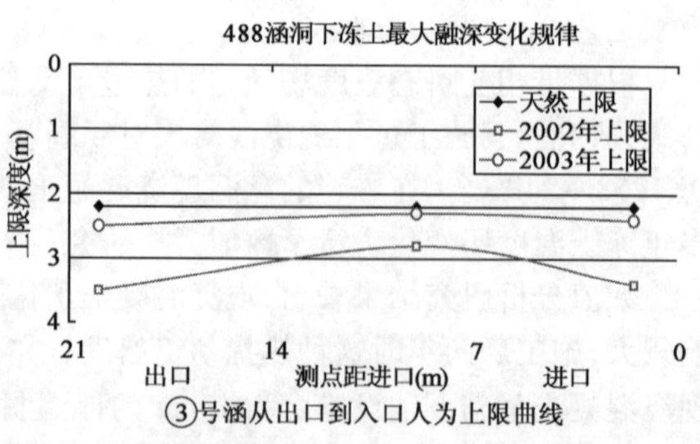

③号涵从出口到入口人为上限曲线

图 4-114 ①号、③号涵从出口到入口人为上限曲线

根据青藏铁路试验涵洞施工影响深度、天然上限变化和地基土体热扰动恢复时间,表 4-86 中数据显示了以下基本变化:

青藏铁路试验涵洞基本数据

表 4-86

项 目		清 水 河		北 麓 河	沱 沱 河
涵洞位置		DK1020 +120 圆涵	DK1020 +548 矩涵	DK1137 +488 矩涵	DK1229 +214 矩涵
涵洞编号		①	②	③	④
施工前基准孔地温(℃)		-0.87	-1.64	-0.28	-0.37
施工季节		10 月,寒季	10 月,寒季	10 月,寒季	9 月,暖寒交错期
地温分区(Tcp)		Tcp-II	Tcp-II	Tcp-I	Tcp-I(岛状冻土)
基础形式		现浇	现浇	预制	预制
基础施工影响深度(m)		3.5	3.6	3.5	3.3
天然上限(m)		2.0	2.6	2.2	上限 2.1,下限 10.5
施工影响天然上限以下深度(m)		1.5	1.0	1.3	1.2
回冻时间(d)		40	55	50	40 ~45
人为上限	02 年上限(m)	出 1.9 中 1.1 进 1.4	出 1.9 中 1.2 进 1.3	出 3.5 中 3.1 进 3.4	—
	03 年上限(m)	出 1.8 中 0.8 进 1.1	出 2.1 中 1.2 进 1.5	出 2.5 中 2.3 进 2.4	—

4.5.2 涵洞设计和涵洞结构类型

冻土区涵洞设计和选型首先需要了解冻土区涵洞基础施工热扰动对地温场影响和冻土环境对基底地温场影响的特征,这表现在以下几个方面:

(1)整体现浇基础的热扰动主要来自混凝土水化热,其次是基坑开挖时间对多年冻土的热侵蚀;拼装涵洞基础热扰动主要来自施工全过程,施工热扰动时间长,施工工艺复杂;热扰动的结果使基底多年冻土发生融沉,短时间难以消失。

(2)涵洞修筑以后对多年冻土的影响,主要来自洞顶路基填土冻胀融沉变形对洞顶强度和变形的影响;涵洞内环境温度沿轴线分布的特点造成涵洞基底多年冻土不均匀冻胀融沉变形。

(3)涵洞过水和积水都将对基底多年冻土带来水热侵蚀,引起冻胀融沉变形。

(4)涵洞端翼墙有阴阳坡受热的区别,墙后填土形成的新的季节融化区域冻胀对翼墙整体稳定性影响。

涵洞修建过程和修筑以后冻土环境发生的变化及其对涵洞洞身和基底多年冻土的影响是

设计和施工应对的重点和关键。

4.5.2.1　基础类型和基础埋深

涵洞基础设计时将上限变化深度控制在一定范围内，以保证涵洞结构物的稳定性。如基础下地基土为不融沉、弱融沉冻土，或按热工计算确定的深度以内为融沉土、强融沉土时，则在施工时分别采取人工预先融化压密或进行换填粗颗粒土，均可采用容许地基土融化的原则设计，即基础置于人为上限以上。对基本稳定或稳定冻土区（年平均地温低于－1℃）的融沉土、强融沉土或融陷土可采用保护冻土的设计原则设计，即基础置于人为上限以下一定深度。涵洞无论采用哪一种设计原则，一般都应遵循一沟一涵。避免采用双孔，尽量以原沟设置为好的原则。

涵洞基础类型的选择，一是尽量减少对基底多年冻土的热扰动，尽量使已经产生的热扰动消散；二是根据基底多年冻土类型选择基础类型。

按原则Ⅰ设计时，涵洞结构类型应以能快速施工为主要条件之一。按原则Ⅱ设计涵洞时，应选择适应变形能力较强的结构为主要条件之一。涵洞结构类型的选择除对变形有较强的适应性外，还要为快速施工创造条件，便于预制、拼装及合理分段设置沉降缝。试验证明：在冻土区通常选用的结构类型有钢筋混凝土圆管涵、钢筋混凝土矩形涵、钢筋混凝土盖板涵、还曾提到波纹管涵（后因客观原因未进行现场试验）等。青藏铁路采用的涵洞基础类型主要有整体式基础、钢筋混凝土短桩基础（采用钻孔插入桩）。

涵洞基础埋置深度确定，主要根据冻土类型（年平均地温）、天然上限以及涵洞修筑后人为上限变化规律，涵洞结构类型等因素，按出入口段、过渡段以及涵身中间段计算确定。如图4-115所示。

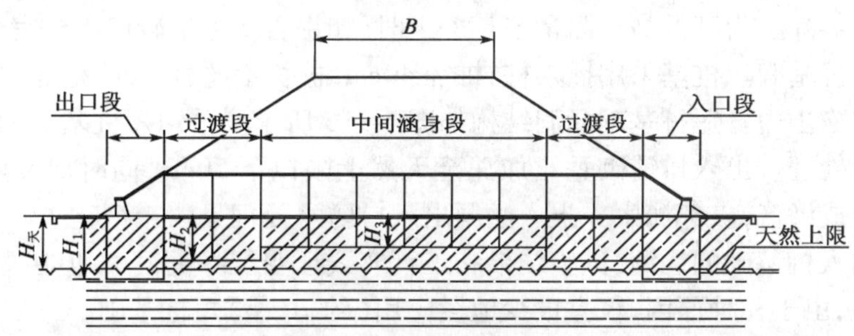

图4-115　涵洞各部位基础埋深示意图

不同的涵洞结构类型、地基冻土条件、涵洞冻土环境和水文地质条件决定了青藏铁路冻土区涵洞工程人为上限，也就是决定了涵洞基础埋置深度。

涵洞基础的埋置深度是青藏铁路多年冻土区涵洞设计重点考虑问题。在20世纪70年代，有关设计和研究部门根据试验研究成果，提出通过计算人为上限深度来确定基础埋置深度的方法。该法计算公式复杂，计算参数取值随意性较大，不易掌握。当前青藏铁路多年冻土区涵洞基础埋深的确定，是根据涵址处天然上限深度来决定，方法简单，容易掌握。基础埋深分出入口段、过渡段、涵身段三段设置，试验证明合理可行、便于设计。

在多年冻土地区设计涵洞时，确定涵基的合理埋置深度，是设计中的一个十分关键的问题。它不仅影响着涵洞修建后能否正常使用，而且也影响着涵洞的造价是否合理。

根据对试验涵洞和典型涵洞的长期观测及对青藏公路多年冻土区现有涵洞使用情况的调查、分析，认为涵洞基础埋深采用下列数值比较合理：

按原则Ⅰ利用多年冻土作为地基设计涵洞时，为使涵洞基础保持冻结状态，进出口及中间段基础均应埋在人为上限以下，即中间段涵洞基础埋于涵位处天然上限深度的2/3～3/4倍；过渡段涵洞基础埋深应比中间段加深0.4～0.8m；洞口建筑的基础应埋于涵位处天然上限($H_{天}$)以下1.00m。

根据钻探资料统计分析，季节活动层的含水量沿深度呈"K"型分布，依据土质、水分(土中水分及外界补给水分)及土中负温值是产生冻胀的三大基本要素，在天然上限2/3～3/4处的含水量最低，产生的冻胀量最小，因此，将基础埋置在2/3～3/4天然上限深度处，也是合理的。

按原则II利用多年冻土作地基设计涵洞时，中间涵段基础埋深应根据融化下沉计算确定，但其最小埋置深度不应小于1.00m。洞口建筑基础最小埋置深度不得小于1.5m。

由表4-87中试验涵基础埋深是按天然上限确定的，通过涵洞地温和沉降观测知，两年中各试验涵均未发生明显冻胀，人为上限有所上升，基础埋深设计合理。

试验涵洞冻土上限与基础埋深比较表 表4-87

试验涵		DK1020+120 圆涵①	DK1020+548 矩涵②	DK1137+488 矩涵③
人为上限(m)	入口	1.1	1.5	2.4
	涵身(中)	0.8	1.2	2.3
	出口	1.8	2.1	2.5
基础埋深	出、入口	2.2	3.1	2.7
	涵身	1.5	2.0	1.5
天然上限		2.0	2.6	2.2

涵洞基底多年冻土为高温高含冰量多年冻土时，如果含土冰层较厚无法完全清除时，涵洞基础适宜采用短桩基础。桩基采用插入桩，桩径40cm，桩长不超过10m，桩底置于含土冰层以下的多冰或少冰冻土内。短桩基础涵洞结构如图4-116所示。采用短桩基础的涵洞出入口需要加强防渗漏水处理。出入口铺砌垂裙加深至天然上限以下50cm，同时加设防水板等材料，以免水流渗漏形成潜流，破坏涵底冻土。涵洞出入口防水处理见图4-116。

这种短桩插入桩基础的涵洞，试验结果和工程实践证明沉降量很小，但在青藏铁路建设设计和施工过程中，由于种种原因，仅有极少地段应用(约70座)短桩基础。

4.5.2.2 涵洞基底处理

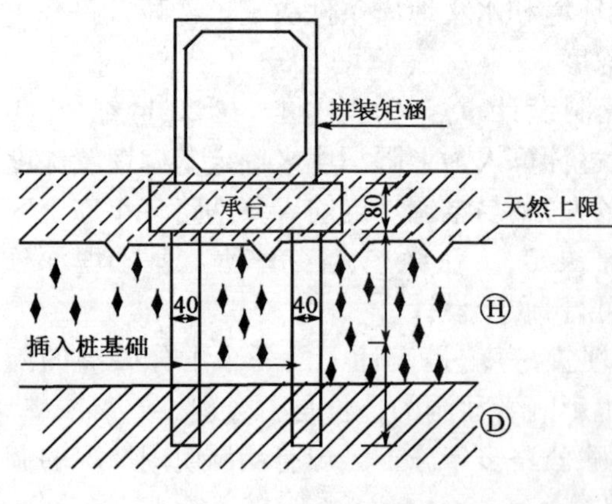

图4-116 涵洞短桩基础示意

涵洞基底处理目的是防冻胀、防融沉，冻胀和融沉的产生需要综合考虑涵洞的冻土环境条件变化特征，即涵洞修筑后形成的通风效应对基底多年冻土季节融化层深度的影响，涵洞积水和过水对基底多年冻土的热侵蚀，因此，涵洞基础侧面需要回填非冻胀砂砾石土(其中粉粘粒含量不得大于12%)。并在涵洞基础侧面及填土接触面涂抹10mm厚的渣油，以减少冻胀力的作用，防止涵洞在冻结期发生冻胀上拔现象。整体基础或拼装基础基底下建议设隔热保温层，防止施工时热量下侵，引起冻土融化，上限下降。

4.5.2.3 涵洞洞身处理

涵洞工程允许有一定下沉量，分段设沉降缝可以有效地防止不均匀变形引起的圬工开裂。涵洞修建后，涵身中间段的天然上限都要回升。上限回升的幅度中间大于两端。洞口的上限一般都是下移的。为了使涵洞在技术上可行、经济上合理，涵洞基础最好是分段设计。各段采用不同的基础埋置深度，其关系是涵洞基础中间段最浅，两端次之，洞口基础最深。这样设计既可以使洞口建筑增强承受水平力的能力，又能减小地基不均匀变形引起的开裂及倾斜，同时，还可以降低涵洞的工程造价。

加强防水防渗漏措施，沉降缝内必须填充具有防水防冻胀性能的填料（改性沥青麻绳），以及在涵洞出入口铺砌下铺设止水板，以隔断冻土层上水渗入涵底。

另外，在涵节之间以及涵节与翼墙之间设联接钢筋，旨在将各涵节及涵节与出入口紧密地联系在一起，既能适应各涵节在融沉不均匀状态下相应的沉降，又能防止各沉降缝被拉开的现象发生。

4.5.2.4 涵洞端口和翼墙处理

涵洞洞口虽然是涵洞工程的附属工程，但它直接影响着涵洞工程的正常使用，也决定着该涵洞能否承受住冻胀和融沉的作用。为此，青藏铁路多年冻土地区涵洞基础埋置深度应根据涵洞的过水情况决定，当按保持冻结原则时对于暖季小径流的涵洞，由于此类涵洞基底冻土上限也多呈上升状态，但出入口段则普遍下移，故涵洞明挖基础埋深，中间段采用 $0.7H_{天}$（$H_{天}$ 指天然上限深度）；过渡段采用 $0.8H_{天}$；出入口段采用 $1.2H_{天}$，短桩基础涵洞出入口防水处理示意图如图 4-117 所示。对于径流期长、流量大和间歇性径流的涵洞，基础埋深应适当进行增减。当按容许融化原则设计时涵洞基础埋深为 $(0.7 \sim 0.8)H_{天}$。

端墙式（一字墙式）洞口建筑为垂直涵洞轴线的矮墙，用以支挡路堤边坡填土，墙前洞口两侧为浆砌（干砌）锥体护坡，构造简单。这种洞口建筑，端墙与涵身基本形成一个整体，整体强度极强，可以抵抗冻胀、融沉及土压力引起的变形，但由于墙前洞口两侧的浆砌（干砌）锥体护坡抵抗变形的能力较差。如采用预制混凝土块沉排、无纺袋（草袋）或草皮等代替浆砌（干砌）片石锥体护坡，则效果更好。

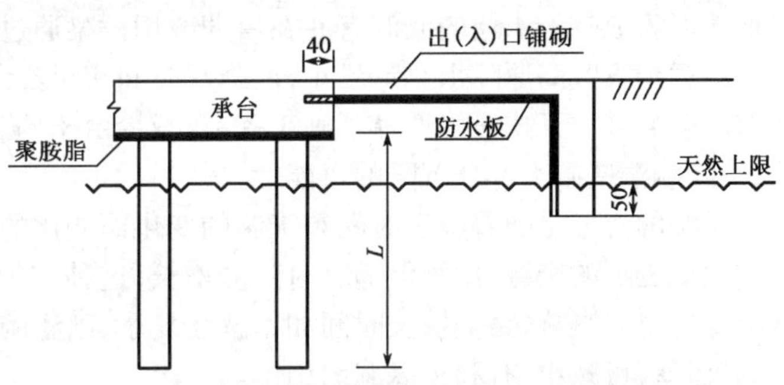

图 4-117 短桩基础涵洞出入口防水处理示意

八字墙洞口除有端墙（此端墙与一字式墙不同）外，端墙前洞口两侧还有张开成八字形的翼墙。这种洞口建筑属刚性结构，抗变形能力强，但基础要求严格如果埋置深度浅或地基承载能力差，其变形是很常见的，用材料也较多，施工要求也较严格。

洞口建筑虽然是涵洞工程的附属工程，但在多年冻土区这个附属工程，对涵洞的正常使用起着十分重要的作用，所以正确选择洞口类型，是多年冻土区设计涵洞的关键技术之一。

涵洞洞口还是水流疏导工程，是受冻胀和融沉作用最频繁的结构，其基础的稳定与否，也决定着该涵洞能否承受住冻胀和融沉作用的关键。涵洞工程在正常使用过程中，其融沉量很小，年沉降量都在 2cm 以内；而涵洞在施工过程中整体下沉量很大。一般情况下，涵洞修建后，其涵身地基上限不是下移，而是抬高。因此在设计涵洞时，洞口基础埋置深度应大于洞身基础埋置深度，涵洞基础分段设计是合理的，其沉降缝不仅可以缓冲不均匀变形，而且可以防止冻胀、融沉造成的冻害。

4.5.3 青藏铁路冻土区涵洞工程

青藏铁路冻土区涵洞工程为15585横延米(774座)。其中,多年冻土区结构类型有涵洞拼装式矩涵,整体式矩涵和桩基矩涵等,涵洞基础埋置深度充分利用路堤填筑后天然上限上升的规律,根据涵洞的过水情况、地基土的类型、涵洞的结构形式等,按出入口段、过渡段分别计算确定。涵节之间设计为刚性连接,另外将涵洞沉降缝改成遇水膨胀伸缩缝,以充分封闭接缝防止水流下渗。

青藏铁路工程实践证明,拼装式矩涵从施工角度具有施工方便,安装迅速,减少劳动强度,机械化程度高,工程质量容易控制等优点。从传热角度采用拼装式明挖基础有利于减少对冻土的扰动。试验段涵洞基础采用现浇混凝土的涵洞,基础沉降量小,整体型好、抵御变形的能力强,接缝和沉降缝容易处理,大大减少流水下渗基底,在施工季节选择得当也可推广采用。

青藏铁路冻土区涵洞基础埋置深度分二到三段设置与试验涵洞人为上限出入口大、中间小的"拱"形基本一致,沉降缝及拼缝材料采用改性沥青浸泡麻筋,使用效果不理想,填塞密实度欠佳,水流沿沉降缝或接缝渗入基础底部导致冻土上限下降,引起涵洞沉降变形。后期工程沉降缝中设置了遇水膨胀橡胶材料,并保留原有的改性沥青麻绳,采用了双重措施,以充分封闭接缝;同时,加强出入口的排水和防渗处理,以便通畅地表径流和层上水的潜流,在冻土区涵洞的出入口铺砌下设置了止水板和阻水墙。唐北段已施工的涵洞,沉降缝拟增设遇水膨胀橡胶材料,效果大为改善。

多年冻土区涵洞病害较多,有常流水、高含冰量冻土、冻土层上水饱和、有泉水出露以及地势低洼汇集成较大水塘的涵洞有些在后期改用桥梁通过。

注意到青藏高原降水总量虽小,但降水时间相对集中于暖季6、7、8三个月,涵前积水比较严重。涵洞基坑开挖正确选择了施工季节,减少由于施工过程带入大量的热量造成地基土融化,消除涵洞基础大部分沉降的可能性。

涵洞的变形是随着施工时间和气温的变化而变化的,随着气温的波动,涵洞也随之出现冻胀与融沉变形的交替过程,但随着时间的增长,这种变形越来越小。另外,路基填土时间对基础的变形也有影响,路基填土时间如不选在夏季,则涵洞沉降比较大,若选择在夏季填土,涵洞总的沉降将可减小,有利于涵洞的稳定。

4.6 冻土区的过渡段工程

冻土区的过渡段工程与一般地区不同之处是,除了不同工程结构(桥梁—路基,涵洞—路基等)之间的过渡段以外,还有地温分区和含冰量不同的多年冻土地段之间的过渡段,这种过渡段实质上因为多年冻土性质不同而采用的不同工程措施之间的过渡段。

4.6.1 桥路过渡段

路基和桥台、路基和涵洞之间由于发生变形的主体和影响因素不同常常存在变形差异。一般在路基部分的沉降变形会大一些,变形差极易产生在过渡区域,线路下部的变形差异导致线路上部轨面发生弯折,当列车通过时,必然会引起车辆与线路相互作用力的增加,加速线路状态的劣化,降低线路设备的服务质量,增加线路的养护维修费用,严重时甚至危及行车安全,这方面的不平顺称为过渡段的几何不平顺。另外路基与桥梁、涵洞等刚度差别较大,它们对列车车辆通过时的动载荷的响应会不同,从而影响到乘坐的舒适度,这方面的不平顺实质上是过渡段的力学不平顺。

对于一般非多年冻土地区来说，国内长期以来对路桥过渡段的处理问题不够重视，认为因各种因素引起的轨面变形可通过起拨道、捣固工作进行修复，在过去的设计中并没有采取明确的措施，没有提出明确的标准。在施工过程中由于路桥过渡段的位置特殊，又常使台后的填料不易达到最佳的压实效果，竣工后的沉降较大。另外，工程建设施工计划的安排也增大了过渡段处理难度。桥梁作为重点工程一般都优先进行施工，路基工程由于被认为施工难度较小而放在最后，路桥过渡段更是放在铺架前才突击完成。没有一定的静置稳定时间，运营后沉降变形大，需进行频繁养护维修才能保证轨道的平顺。大量的调查分析表明，我国普通铁路路桥过渡段的病害广泛，经常的维修使得一些线路桥台后的路基道碴囊深度较大，纵向延伸较长。

近年来关于路桥过渡段进行的大量研究工作主要是围绕着高速铁路建设开展的，特别是对于修筑于软土地基上的路桥过渡段的研究更为广泛。

青藏公路多年冻土地区路桥过渡段路基与桥梁之间的存在的沉降差异导致的较为严重的桥头跳车现象，使得青藏铁路冻土地区的铁路路桥过渡问题从建设前期就受到重视。冻土的工程性质复杂，决定了多年冻土区路桥过渡段设置不能完全按照一般地区的方法进行，必须根据冻土的特点有针对性地进行合理的处理。

1）冻土区桥路过渡段问题

相对于普通地区，由于冻土的存在，冻土热稳定性，填料的冻胀敏感性，地基的融沉性将对多年冻土地区路桥过渡段产生显著的影响。多年冻土地区路桥过渡段存在的主要问题有：

（1）冻土融化下沉变形造成的地基土沉降。

（2）过渡段内填土冻胀变形致使的桥台破坏。

（3）过渡段路基填土压实质量不高产生的工后沉降。

以上三方面原因引起轨道基础刚度变化，造成线路的几何不平顺。

桥台与路基由于材料属性不同，自身的强度、刚度、变形特性也不同，这种刚度不同引起的不平顺，在路基与桥梁的衔接区域最为明显，它可能造成轨面弯折，成为线路的力学不平顺。

轨面的这些不平顺由于路堤填料固结程度差，强度相对较低，在自重力作用下即出现沉降，在列车动荷载的作用下沉降继续发展，而桥台则基本不发生沉降。柔性（或半刚性）路堤与刚性桥台间，即在路桥过渡点附近产生不均匀沉降、导致轨面发生弯折。其变化情况如图4-118a）所示。基础刚度不平顺是由于路堤与桥台的刚度差异悬殊，桥梁结构的刚度值远远大于路基体，从而造成这部分轨道产生不平顺。轨道基础刚度变化如图4-118b）所示。

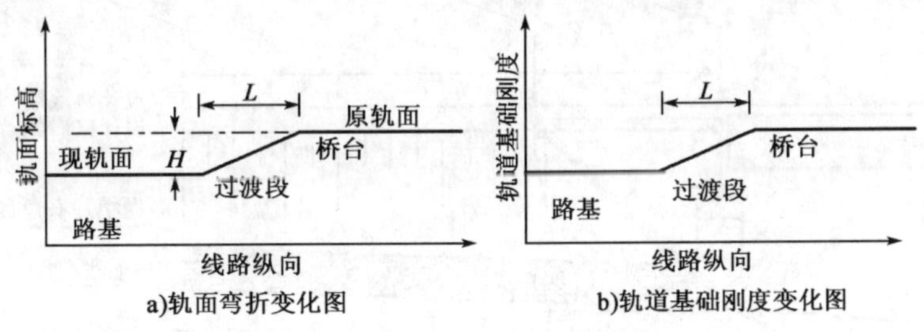

图4-118　过渡段不平顺变化示意图

2）冻土区桥路过渡段设置目的

多年冻土地区桥路过渡段的设置都是为了在不同的工程结构造成的线路的不均匀反映（主要指在列车荷载和填土或桥梁荷载作用下引起的变形差异）之间搭接缓冲带，使这种不均匀反映能够平顺变化，使线路运行平稳流畅，消除或减轻“跳跃”感，也就是一般俗称的“桥跳”。

与一般地区的桥路过渡段面临的工程介质环境不同的是：多年冻土区桥梁的稳定性大大好于路基，路基应对的是冻土的变化，因此这种桥路过渡段处理措施主要考虑的是路基侧的冷却地基和保护地基多年冻土防护措施可靠性和长期可靠性。

在路桥过渡区，上述两种不平顺可能单独存在，亦可能同时存在，当列车高速通过时，势必会增加列车与线路的振动，引起列车与线路轨道作用力的增加，影响线路结构的稳定甚至危及行车安全。为了满足列车安全、舒适且不间断地运行，必须将其不平顺控制在一定范围内。因此在路基与桥梁之间设置一定长度的过渡段，在此过渡段内进行特殊的工程处理，可使轨道刚度平缓变化，并最大限度的减少两者的沉降差，来降低列车与线路的振动，减缓线路结构物的变形，保证列车的安全运行。

设置路桥过渡段的目的主要是从两个方面考虑，一是降低路基桥台之间的不均匀沉降差，防止产生较大的轨面弯折。二是使桥台与路基之间的刚度产生逐渐的变化，降低因刚度突变而产生的桥头跳车现象。

3）冻土区桥路过渡段措施

冻土区路桥过渡段对线路的平顺性要求更加严格，冻土环境和冻土特殊的热物理特征对两种不平顺产生的影响更为显著。冻土区路桥过渡段的处理除采用已有的一般设置原则和方法外，最主要的是考虑减小土体温度的季节性变化和人类工程活动对冻土水热平衡状态破坏造成的附加影响。

一般路桥过渡段的处理应包含两个方面的内容：

（1）受列车荷载影响较大范围内（基床部分）线路结构抵抗动载变形的能力，即轨道综合模量（刚度）平顺过渡的问题。

（2）刚性桥台与柔性路基间工后沉降差引起轨面弯折变形的限值问题。

这两个方面都对列车的运行产生影响，但产生原因各不相同，影响程度也不一样，必须区别对待，有针对性的进行处理，才能起到较好的效果。

根据线路结构的特点，一般情况下路桥过渡段的技术处理措施有以下几类方法（图4-119）：

（1）通过加强路基结构来增大基床的竖向刚度，减小路基结构物的沉降，以达到减小路基与桥梁之间的刚度和沉降的差异、降低路桥间线路不平顺的目的。具体的处理方法：

①加筋土路堤法。该方法是通过在路桥过渡段中埋设一定数量的加筋材料，以增加路基

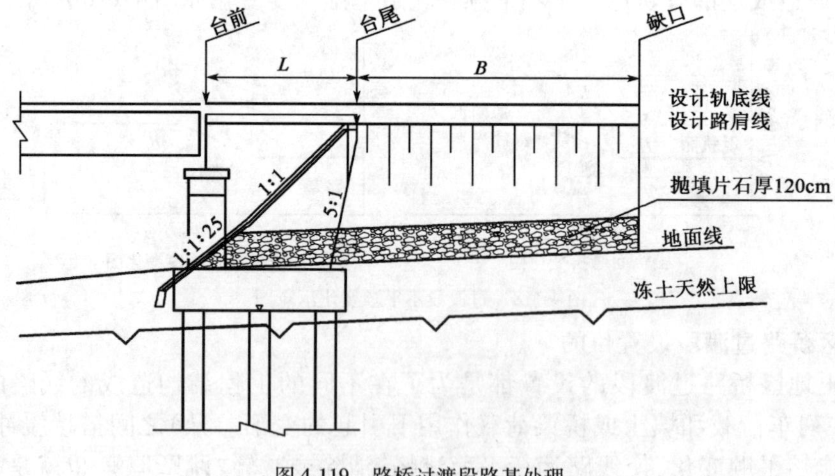

图4-119　路桥过渡段路基处理

强度,大幅度提高路堤的刚度,减小路基变形。

②级配粗粒料填筑法。为了减少路堤自身的压缩性,降低其工后沉降,在路桥过渡段中填筑强度高、变形小的级配粗粒料。包括碎石、砂砾石、水泥石灰稳定砂石土、低标号混凝土等。

③轻型材料填筑法。由于级配粗粒料含量相对较大,容易引起地基的过大沉降。近年来研究发展了轻型材料填筑法,该方法可以显著减小桥背路堤填料自身的压缩变形,减弱对地基的竖向加载作用以及对桥台结构的水平压力从而使填料对地基的变形影响减小。

④钢筋混凝土搭板法。这种方法是在路桥过渡段范围内的路基填土上现浇一块钢筋混凝土厚板,利用钢筋混凝土厚板的抗弯模量来增加轨道刚度,从而达到减小桥台与路堤的刚度不匹配和竖向不均匀沉降的目的。

(2)增加过渡段轨道的竖向刚度。这种方法是通过提高轨道的竖向刚度来减缓路桥过渡段轨道刚度的变化率,但不能解决由路桥间沉降差引起的轨面弯折问题。

(3)在桥梁一侧设置轨下、枕下、碴底橡胶垫块来减小轨道的竖向刚度。这种方法是通过调整铺设于桥梁这一刚性结构物上轨道的枕下边板刚度或设置枕下部块(无碴轨道),使轨道刚度与路堤一侧轨道刚度相匹配。

多年冻土地区路桥过渡段处理要消除冻土的季节性变化影响、防止冻土上限的下移以及线路阴阳坡向造成横向沉降差,保证线路平顺过渡。

青藏铁路冻土区路桥过渡段结合保护冻土的设计原则提出两种路桥过渡段结构形式(图4-120)。

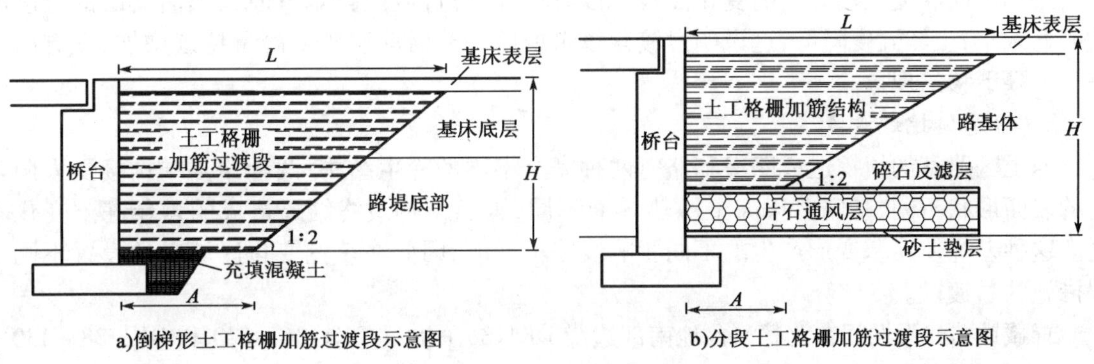

图4-120 加筋过渡段示意图

根据保持路桥间线路平顺过渡的设计原则,路基上部结构设置成一般的倒梯形方式,过渡段选用级配良好的碎石、砂砾石作填料或采用加筋土路基结构;过渡段路基底采用保护冻土的片石通风结构,即在路基底部一定范围内采用直径20~40cm的花岗岩片石作为填料;为了降低路基走向带来的横向沉降差,过渡段区路基加设保温护道结构;为了减小对冻土扰动,对于下卧天然地基体不做工程处理。

4)冻土区桥路过渡段工程效果

青藏铁路清水河地段按照上述结构设置了路桥过渡段并进行了现场观测试验研究,研究结果证明了这种结构的效果符合设计预期,主要表现在以下几个方面:

(1)通过对路桥过渡段施工完成后2个冻融循环内的路基沉降变形观测,数据显示在过渡段纵向上距离桥台越远,沉降值越大。所选用的两种复合式的路桥过渡段设置方法都可以起到使路基与桥梁间平顺过渡的目的,但从总体沉降与沉降差两方面比较,选用加筋土路基作为过渡结构的设置方法优于级配粗粒料填筑法。第三年最大融化季节时过渡段的最大沉降在阳坡达到 12cm。

(2)过渡段区路基横断面上存在着沉降差,阳坡路肩沉降量大于阴坡路肩,但沉降差异很小,过渡段采用保温护道可以降低横向沉降差异变形,阳坡路肩沉降大于阴坡。

(3)沉降变形发展规律是:完工初期沉降较快,进入寒季后,土体冻结降低了土体的压缩性,沉降变形速率减缓,在第二年融化期,沉降变形速率增加,路基沉降持续发展。在整个 2 年期间,路基体并没有出现冻胀变形,工后第 3 年的过渡段沉降变形已经基本稳定。

(4)施工 2 年后天然场地区冻土上限没有明显的变化,过渡段路基基底多年冻土上限有所抬升,抬升最大点位于路基中心下,地基土体没有出现融沉现象,应用片石通风结构起到了保护冻土的效果,保证了上部结构的稳定性。

(5)过渡段修筑完成后,路基下原天然活动层的温度波动明显减小,土体温度降低,过渡段填筑后原季节活动层积蓄冷量持续增加,没有出现冻土上限下移的现象。

路基沉降变形观测证明:两种复合式的路桥过渡段设置方法都可以起到使路基与桥梁间平顺过渡的目的。用加筋土路基作为过渡结构的沉降总量与沉降差优于级配粗粒料填筑结构;过渡段区路基横断面阳坡路肩沉降量大于阴坡路肩但沉降差异很小,保温护道能够降低横向沉降差实际应用效果基本符合设计要求,可以作为多年冻土地区路桥过渡段的结构形式。

路基不同深度处地温年的变化曲线可以看出,路桥过渡段路基下原天然活动层的温度波动明显减小,土体温度降低,这说明过渡段填筑后原季节活动层积蓄冷量持续增加,没有出现冻土上限下移的现象。

4.6.2 路基填挖过渡段

冻土区路基的填挖造成路堤和路堑两种完全不同的冷生结构,两种路基结构接受太阳辐射的表面形状不同,基底多年冻土散热界面不同,因而传热最终结果造成的多年冻土变化不同。这种差异使路基变形产生的不同影响线路不平顺,因此在填挖变化区域必须设置不同工程措施的过渡段。

青藏铁路建设期间在北麓河盆地南部边缘 DK1136 + 485 ~ DK1136 + 520 和 DK1138 + 130 ~ DK1138 + 206 的北麓河试验段内进行了填挖过渡段研究。两段填挖过渡段分别位于同一挖方地段的进出口,地层主要为上第三系泥岩、砂岩及第四系全新统粘土、粉—细砂。过渡段基底厚层地下冰极为发育。多年冻土上限一般为 2 ~ 2.5m,冻土年平均地温为 -0.6 ~ -0.7℃,工程地质分区属高温不稳定多年冻土区。

1)填挖过渡段工程措施

冻土区填挖路基采用截然不同的工程处理措施,必须设置过渡段。

第一段 DK1138 + 130 ~ DK1138 + 206 段主要采用了换填角砾土并且铺筑聚苯乙烯保温板的设置形式,整个过渡段长度 76m。

路基填方段:边坡坡度为 1:1.5,边坡左右两侧分别设置保温护道,其高度因里程位置不同而有差异,最低高度不小于 2.8m,护道宽度均为 3m。

挖方段:边坡坡度为 1:1.75。在路堑 U 形沟的两侧各设置 2m 宽的护道,在堑顶各设置

6m 宽的护道。由于本过渡段属于高含冰量地段,所以在过渡段采取了开挖换填角砾填料的办法,换填厚度一般到达冻土上限以下。在挖方段,换填厚度为 3.4m。

零断面:换填厚度为 3.8m,其中最下层为 40cm 厚的中粗砂垫层;填方段换填里程至 DK1138 + 180 为止。

在过渡段的换填范围内,在路基表面下 0.8m 处设置厚度为 0.1m 的聚苯乙烯板,铺筑长度至 DK1138 + 185 为止,以保护换填范围以下的冻土。在保温材料的上下各设置 0.2m 厚的中粗砂垫层,可以起到找平和保护保温材料的作用。

第二段 DK1136 + 485 ~ DK1136 + 520 段采取的工程措施与 DK1138 + 130 ~ DK1138 + 206 段基本一致,主要有:挖除路基面 3.5m 以下富冰、饱冰冻土,回填粗颗粒土;在路基面下 0.2m 处铺设复合土工膜,并在路基面下 0.7m 处铺设聚苯乙烯保温板;从零断面加宽 0.6m,两侧设 U 型侧沟,侧沟外留 2m 平台。

2)填挖过渡段试验结果

过渡段路基在施工完成初期,沉降发展很快,此后变形速率迅速下降,进入暖季后,沉降变形速率平缓且持续发展。经历了一个冻融循环后,冻土路基的变形速率变得更为缓慢。进入第三个寒季后,路基变形基本趋于稳定。

线路纵向沉降和地温观测证明,整个填挖过渡段的沉降差值很小,路基下的最大融深基本一致。由路基纵断面方向沉降变形曲线可以看出,对填挖过渡段的设置方法达到了保持路基平顺过渡的目的,过渡段的设置措施对于人为上限的变化起到了很好的调控作用,过渡段长度选择 35 ~ 40m 是合理的。

横断面上各测点在不同时间的沉降曲线形状基本相同,第一个冻融循环过程中,路基两侧的沉降量有一定的差异,但沉降差值在 0.1 ~ 1.2cm 之间,路基横向坡度小于 0.15%,过渡段路基横向基本保持了水平状态,这也说明在过渡段区域设置不同高度和宽度的护道,可以在一定程度上消除路基横向沉降差异。

由于换填高度和填筑高度不同,纵向上各个路基断面变形有一定差别,路基阴阳坡造成的横向变形差异明显,青藏铁路建设后期已经采用热棒进行了补强处理。填方段总沉降和沉降差较大,在青藏铁路建设后期路基左侧(阳坡侧)采用碎石护坡及热棒进行了补强处理。

过渡段所采取的保温换填措施和其他工程措施,有效地防止了由于冻土人为上限的变化所产生的过大的沉降差异,使路基变形量在设计要求范围内。

挖方段的多年冻土上限有所下降,但由于采取了超挖换填、铺设保温材料等工程措施,使冻土的人为上限控制在基底换填土层范围之内,有效地防止路基下多年冻土融沉变形的发生。

通过对比路基与天然孔浅层地温场变化情况,可以看出:在整个过渡段,浅层地温变化规律逐渐趋于协调,温度变化幅度逐渐和谐,浅层地温曲线形态基本一致,起始冻结时间和起始融化时间均基本一致,路基的稳定性能也将趋于一致,过渡段的设置对于协调路基稳定性起到了重要作用。

地温观测证明各断面天然孔之间地温变化幅度有明显差异,而过渡段的地温变化幅度明显较小,说明设置过渡段对于消除了这种差异有利路基浅层地温协调。

总之,类似上述对填挖过渡区域内多年冻土的不同处理措施,能够部分起到削弱过渡段不平顺的作用,但是由于多年冻土性质决定,这种处理方式还不能在冷却多年冻土层面上保证基底多年冻土的热稳定性,还需要进行适当的工程补强。

4.6.3 路基冻融过渡段

冻土区的冻融过渡段有两大类：

第一类是多年冻土向季节冻土过渡的冻融过渡段，这种过渡段分布在多年冻土南北界附近，由于这种过渡段的准确分界线很难通过具体工程结构界定准确位置，因此需要在大尺度范围内采取相应工程措施进行过渡处理，处理原则是处理多年冻土的工程措施尽量向季节冻土范围延伸进行；

第二类是多年冻土区域各类融区（河流、湖泊、构造融区）和多年冻土交界处的冻融过渡段；这种过渡段界限相对明确，可以进行工点范围不同工程措施之间的过渡处理。青藏铁路冻土区路基工程的冻融过渡段大多数属于这一类。

青藏铁路冻土区冻融过渡段试验在沱沱河阶地里程为 DK1229 + 800 ~ DK1230 + 150 的地段沱沱河大河融区过渡带进行。

过渡段试验区域的多年冻土地温、含冰量等基本性质差异较大，多年冻土上限分布也显示了独特的变异性。DK1229 + 800 ~ DK1229 + 830 段为多冰冻土、少冰冻土段，局部为富冰冻土；DK1229 + 830 ~ DK1230 + 150 段为融区。多年冻土上限约 2.8 ~ 3.1m，DK1229 + 825 多年冻土下限为 8.6m，试验区域下伏多年冻土层厚由冻土区至融区渐薄，厚度由 7.5m 直至 DK1229 + 825 ~ DK1229 + 837.5 断面之间尖灭。多年冻土自身性质显示了极强的过渡特征。

试验区域基底少冰、多冰冻土地段，基底以下 2 倍上限范围内夹有少量高含冰量冻土，按照《青藏铁路高原冻土区工程设计暂行规定》设计可采用允许自由融化的原则，只是须在路堤基底、路堑路基面以下 2 倍上限范围内夹有少量高含冰量冻土时预留沉降量。

试验区域冻土区段路基未作特殊防护工程措施，只预留沉降量，并在 DK1229 + 609 ~ DK1230 + 700 段路基右侧修筑高 1.5m，顶宽 1.0m，底宽 5.5m，边坡 1∶1.5 的挡水埝；路基各段填土高度不同，从 DK1229 + 800 断面至 DK1230 + 150 断面路基高度逐渐降低，其中 DK1229 + 800 断面填高约 4.9m，DK1229 + 825 断面填高约 4.2m，DK1230 + 150 断面填高约 2.6m。

地温和变形试验观测及分析证明：

(1)多年冻土地温年较差逐年减小，路基基底积温均为正值。修筑路基后，多年冻土逐渐融化。经历三个冻融循环以后，多年冻土上限下降 0.95m，下限上升 0.43m，多年冻土厚度减小 1.38m，路基阳侧路肩比阴侧路肩冻土层减小的厚度大；在平面上冻土面积缩小。试验区域垂直剖面已经出现不衔接的多年冻土层，是多年冻土退化的明显标志。

(2)在三个冻融循环周期内，多年冻土区最大累计沉降量约 173mm，融区地段最大累计沉降量为 50mm，相差 123mm。但从年沉降速率来看，路基不会产生突降，且随着沉降速率逐渐减小，路基趋于稳定。

(3)经过三个冻融循环周期，路基变形以冻胀变形为主，其中多年冻土区最大冻胀量约 10mm，融区最大冻胀量约 8mm，冻胀量差异不大，寒季路基冻胀变形不会影响线路平顺度。

(4)由于采用允许多年冻土融化的原则，过渡段路基预留沉降量。分别考虑沉降变形差、冻胀变形差及多年冻土融化情况，计算多年冻土与融区过渡段路基合理长度约 75m。

(5)从多年冻土变化情况、路基变形及路基工程措施三个方面衡量，过渡段路基的结构满足工程要求。

青藏铁路冻融过渡段试验研究和工程结果虽然在预留沉降量这一点上衡量是成功的，但是笔者认为像这种复杂的冻融过渡区域的设计，在多年冻土残留厚度已经不大时，应该采用挖除换填为主的处理措施,更能够消除冻融过渡区域变形差异引起的线路不平顺。目前这种处理方式的缺点在于给线路养护留下了过大的不确定性,从而增加养护工作量。

4.7 冻土区隧道工程特征

冻土区隧道的基本问题已经在几本专著中有所详细论述,本章节仅就青藏铁路冻土区仅有的两座冻土区隧道,也是我国冻土区工程中最典型的昆仑山隧道和风火山隧道的特殊性上对青藏铁路冻土区隧道的特殊问题论述一些看法。

4.7.1 冻土区隧道冻土环境特征

冻土区隧道最大的特殊性在于隧道的修筑彻底改变了隧道所处的冻土环境条件。

冻土区隧道分类可以分为全多年冻土隧道、局部多年冻土隧道和非多年冻土隧道三大类,根据隧道埋设深度在三类隧道又分为不同亚类。青藏铁路冻土区两座隧道昆仑山隧道属于全多年冻土隧道(图 4-121),就埋设深度所分的亚类来划分,仍然属于深埋隧道,但是由于中部穿越的山谷地段造成局部浅埋的隧道,而这部分浅埋地段最终成为了昆仑山隧道出现病害的关键地段。风火山隧道属于深埋全多年冻土隧道(图 4-122)。

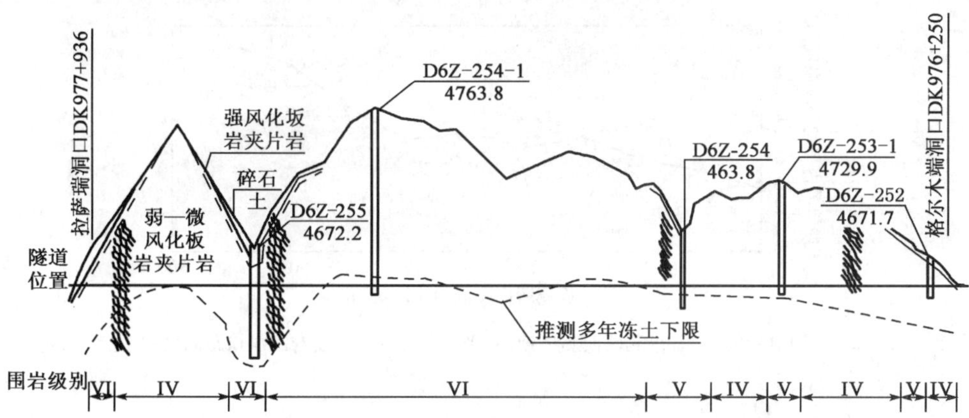

图 4-121　昆仑山隧道纵断面图

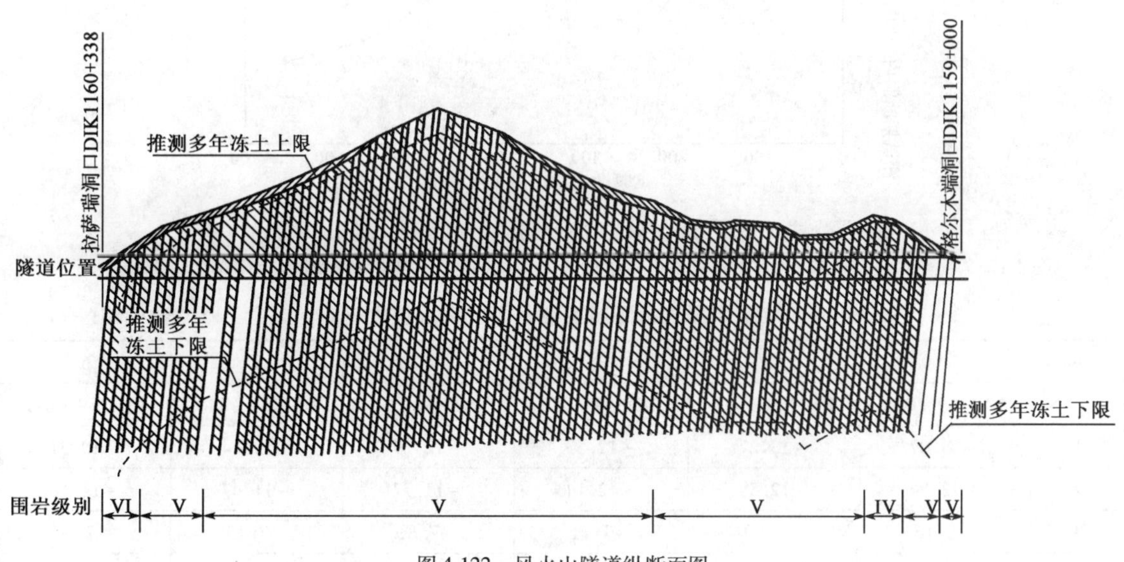

图 4-122　风火山隧道纵断面图

冻土区隧道工程施工和建成使用过程对冻土环境的改变主要表现在以下几个方面：

(1)隧道开挖破坏了原始多年冻土的连续性,隧道围岩形成新的换热界面,成为多年冻土与变化了的大气环境(实际上就是隧道内大气环境)的主要热交换界面。

(2)隧道本体形成细长型筒状通风管道,管道内和端口的压力差以及自然风组合对隧道围岩多年冻土形成通风效应,有助于改善多年冻土散热条件。

(3)多年冻土在隧道洞内新的环境条件下发生新的年际冻融循环过程,形成新的季节融化层;新的冻结层上水系统,新的水分排泄通道。

以上冻土环境的变化给隧道衬砌结构设计和冻土层上水以及衬砌背部泄水,带来新的技术问题,需要根据隧道周围多年冻土环境变化和隧道埋设条件采取相应工程措施。

4.7.2 冻土区隧道洞内环境气温变化

隧道工程的修建遮挡了太阳的直接照射,阻隔了辐射热对围岩表面影响,洞内环境气温呈现与洞外环境气温迥异的特征。隧道的贯通与未来列车行驶的影响,都会增强对流换热效果,改变了洞内温度。青藏铁路建设和开通运营初期对两座隧道环境温度的观测(图 4-123 和表 4-88)呈现以下特征：

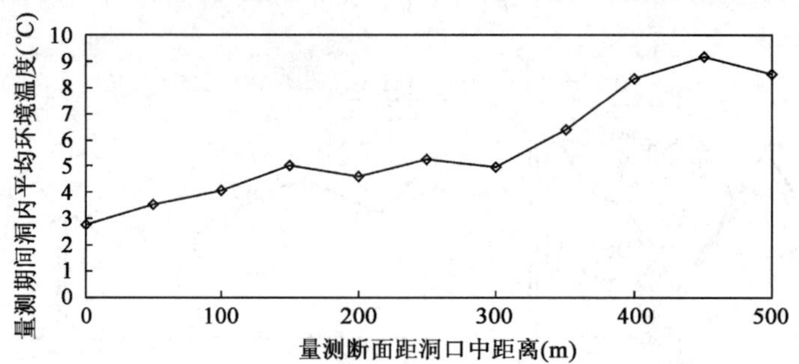

a)昆仑山隧道进口各量测断面测试期间,平均洞内环境温度与距洞口距离的关系

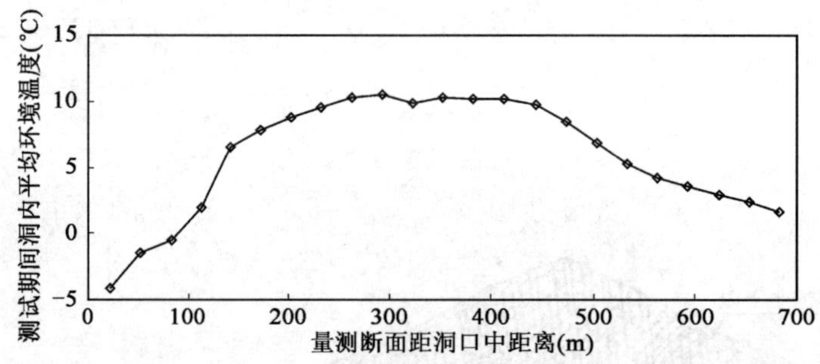

b)风火山隧道出口各量测断面测试期间平均洞内环境温度与距洞口距离的关系

图 4-123 昆仑山隧道进口、风火山隧道出口各量测断面测试期间,平均洞内环境温度与距洞口距离的关系

2004 年风火山隧道实测月平均气温值之一 表 4-88(一)

月份 \ 编号	1	2	3	4	5	6
	DK1159 +046	DK1159 +058	DK1159 +070	DK1159 +220	DK1159 +418	DK1159 +671
1	-13.07	-13.27	-12.53	-12.29	-12.14	-12.21
2	-12.54	-12.58	-12.14	-11.77	-11.47	-11.18
3	-8.16	-7.99	-7.71	-7.62	-7.45	-7.59
4	-3.96	-3.80	-3.87	-4.24	-3.72	-3.45

续上表

月份＼编号	1 DK1159 +046	2 DK1159 +058	3 DK1159 +070	4 DK1159 +220	5 DK1159 +418	6 DK1159 +671
5	-1.02	-1.08	-0.89	-1.22	-1.53	-1.44
6	0.56	0.64	0.62	0.54	0.53	0.16
7	3.32	3.25	3.20	3.01	2.77	2.58
8	3.73	3.67	3.56	3.47	3.25	3.30
9	1.22	1.19	1.20	1.43	1.77	1.96
10	-3.19	-3.22	-2.78	-2.85	-2.43	-2.44
11	-8.49	-8.41	-8.25	-8.13	-7.73	-8.03
12	-11.22	-11.13	-11.13	-10.28	-10.30	-10.29
年平均	-4.40	-4.55	-4.36	-4.23	-4.19	-4.16

2004 年风火山隧道实测月平均气温值之二 表 4-88(二)

月份＼编号	7 DK1159 +977	8 DK1160 +116	9 DK1160 +278	10 DK1160 +292	11 DK1160 +302
1	-12.59	-13.28	-14.21	-14.13	-15.43
2	-10.87	-11.25	-11.55	-11.39	-12.76
3	-7.24	-7.03	-7.09	-6.66	-6.35
4	-3.43	-3.56	-3.42	-2.49	-3.42
5	-1.25	-1.25	-1.53	-1.42	-1.50
6	0.48	0.42	0.45	0.49	0.17
7	2.69	2.63	2.51	2.59	2.18
8	3.64	3.57	3.77	3.90	3.60
9	2.25	2.16	2.22	2.26	2.00
10	-2.62	-3.07	-3.41	-3.43	-3.82
11	-8.82	-9.59	-10.14	-10.20	-10.63
12	-10.63	-11.05	-11.20	-11.26	-11.49
年平均	-4.17	-4.42	-4.63	-4.44	-4.93

(1)沿隧道进深不同段落气温普遍降低:天然条件下,隧道开挖时,洞中、围岩温度均高于相应地点的地表温度与气温,隧道贯通运行后,洞中年平均气温、围岩表面温度则低于相应地点的地表温度与气温。天然条件下气温低于相应的地表温度,青藏高原一般差值为 3 ~ 4.5℃,隧道内,洞中气温与围岩(衬砌层)界面温度接近。

(2)自然条件下地面温度随气温变化而变化,基本同步变化。一年内均表现为地面温度高于相应气温,仅是差值不同,而在隧道内气温与围岩温度虽然也是同步变化,但是在隧道内不同进深段落的气温与壁面温度在一年中可以高于或低于洞外的气温。暖季洞内温度低于洞外气温,寒季高于洞外气温。

(3)隧道洞内温度沿进深呈抛物线分布,暖季中间段低,寒季相反。隧道内不同地段温度差值受隧道长度制约,隧道越长,洞外—洞口—洞内温度差值逐渐加大。这个特点对不同进深围岩的冻融深度有很大影响。

(4)隧道内气温年较差减小,不同段落不同,进出口段温度年较差小于洞外温度年较差,中间段最小,隧道越长这种较差越小。

4.7.3 隧道围岩冻融圈形成及危害

隧道的开挖和修筑,使原始多年冻土内部出现新的换热界面——隧道围岩表面,多年冻土地区隧道施工和竣工后的使用过程,以围岩表面作为新的散热面,多年冻土与隧道内的大气环境进行热交换,最终形成新的季节融化层,称之为隧道围岩冻融圈。隧道工程的特殊性的核心问题是隧道冻融圈形成和形成的不同阶段对隧道工程稳定性影响。

图 4-124 为 2003 ~2005 年度,昆仑山和风火山隧道衬砌背后 5m 深度范围内,不同深度围岩地温的月变化曲线(按隧全部测试断面平均统计),图 4-125 为 2005 年,两隧道衬砌背后 5m 深度范围内,围岩年平均温度沿隧道纵向的分布情况。测试显示,风火山隧道竣工后经过一年时间(2003 年 10 月 ~2004 年 12 月),其衬砌背后 5m 深度范围内的围岩年均温度全部进入负温,而昆仑山隧道经过两年以上时间(2003 年 2 月 ~2005 年 12 月,其中 2004 年 7 ~10 月全隧注浆)全部进入负温。

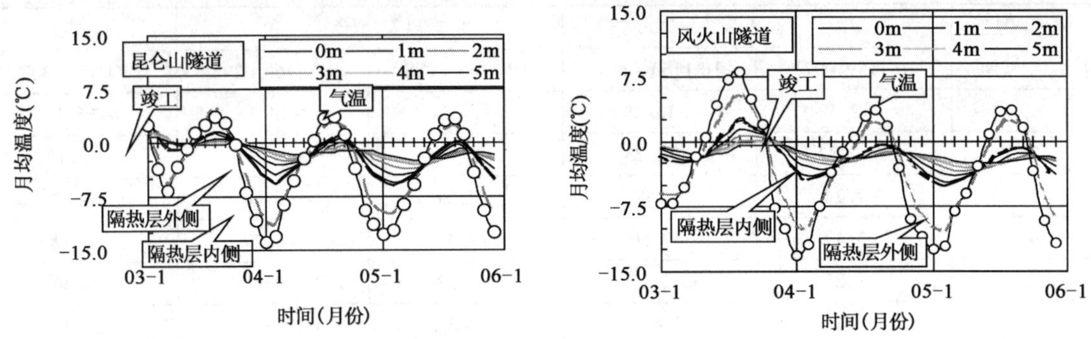

图 4-124 昆仑山和风火山隧道不同深度围岩地温月变化曲线(按全隧平均统计)

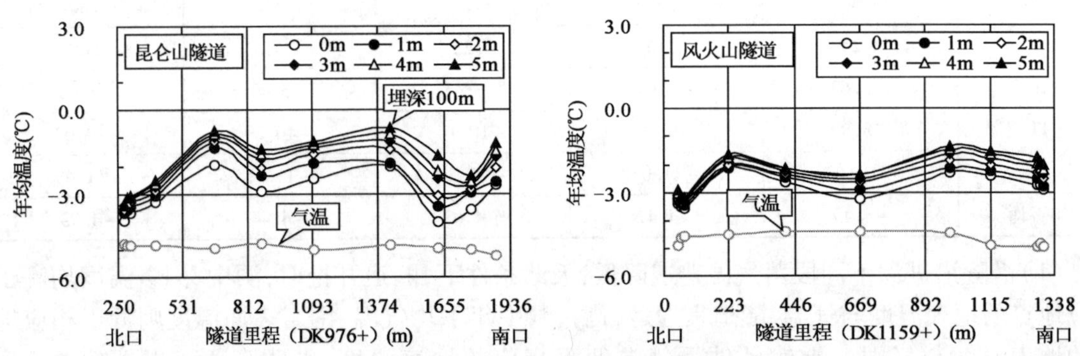

图 4-125 2005 年度两隧道衬砌背后 5m 深度内,围岩年均温度沿隧道纵向的分布

图 4-126a)、图 4-126b)和图 4-126c)是风火山隧道一个代表性测试断面(DK1159 +046)不同测试部位(左边墙,拱顶、右边墙)、不同时间段沿深度变化的地温曲线。洞口段试验数据表明,衬砌背后围岩存在冻融圈,且在施工期间,冻融圈的范围大于该地段多年冻土的上限值。以断面 1159 +046 左边墙为例,2002 年 8 月 ~11 月期间融化圈逐渐增大,由 1.8m 变为 3.1m,直至 12 月才开始回冻,融化圈范围变为 2.2m。2003 年 1 月 ~5 月围岩全部处于冻结状态。而对比风火山隧道洞外月平均气温可以看出,仅 5 月 ~9 月洞外气温处于正温,其余时间均处于负温状态。由此可知,围岩的冻结与融化有滞后于外界气温变化的趋势。分析认为,施工期

间除了洞外气温外，洞内施工行为影响了冻融圈的范围。隧道断面测点温度随着纵向深度的增加及靠近施工面，施工的影响逐渐增大，并成为主要的影响因素。实测数据亦表明，与洞口段相比较洞身段冻融圈范围略小。

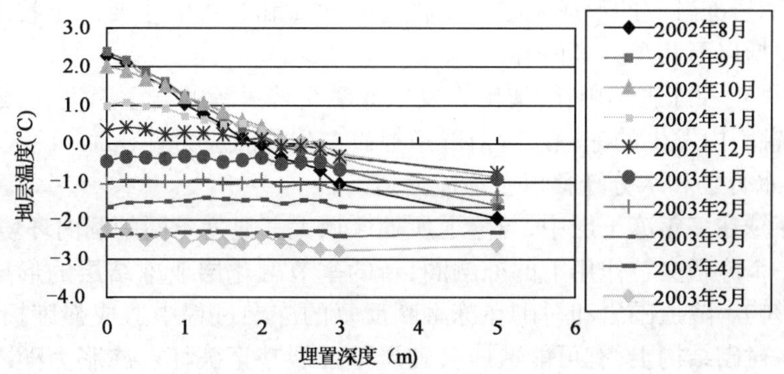

a）DIK1159＋046 左边墙地层温度—围岩深度关系曲线

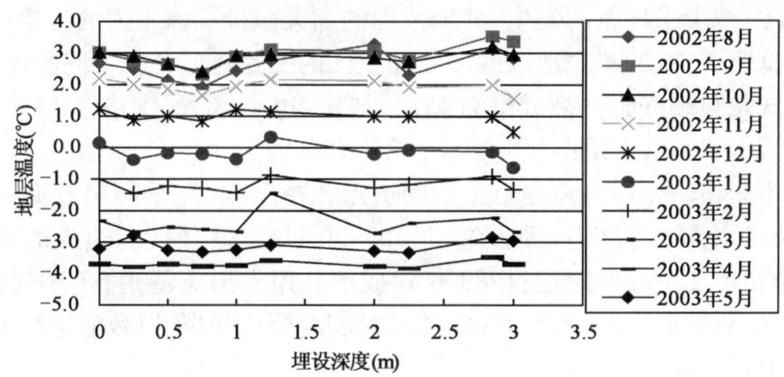

b）DIK1159＋046 拱顶地层温度—围岩深度关系曲线

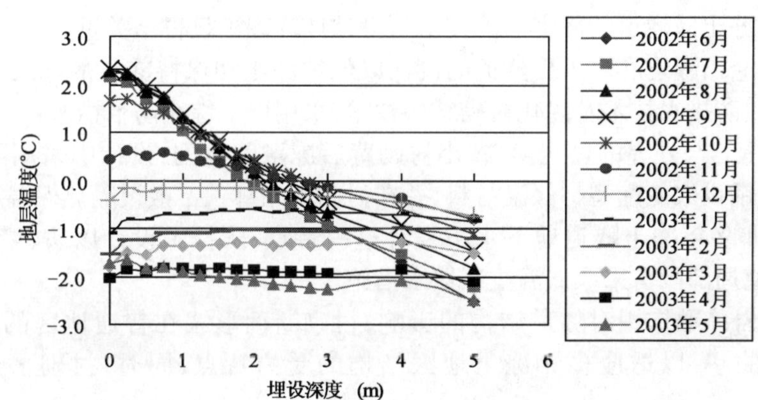

c）DIK1159＋046 右边墙地层温度—围岩深度关系曲线

图 4-126　风火山隧道一个代表性侧线断面（DIK1159＋046）不同测试部位（左边墙、拱顶、右边墙）不同时间段围岩深度变化的地温曲线

上述的温度变化曲线说明以下几个问题：

（1）在三个温度观测年份里，围岩地温和气温经过三个完整的冻融循环变化，围岩变化相位滞后于气温变化，围岩地温变化幅度小于气温变化幅度。

（2）地温变化幅度随深度增加而递减。

(3)同一深度地温沿深度纵向的分布北口低，南口高，中间位置地温高于两侧端口附近地温。

(4)温度变化证明深度冻融圈的存在和温度变化规律。

因此，隧道围岩冻融圈的形成是隧道工程需要面对和解决的主要冻土技术问题。隧道冻融圈问题主要包括以下几个方面内容：

(1)冻融圈厚度和冻胀作用:隧道围岩发生冻融交替过程的岩土厚度，决定发生冻胀作用的土层厚度，冻融圈内发生的冻融过程对隧道衬砌产生冻胀应力。

(2)冻融圈水分场和水分迁移以及泄流通道。

隧道全部穿越在多年冻土层中，与隧道所处区域大气温度不同的洞内环境温度的变化，使隧道围岩形成一个冻融交替作用下的冻融圈，新的季节融化层或冻结层的形成对隧道衬砌稳定性产生不利影响。隧道围岩和衬砌在冻融圈反复的冻融过程中造成强度损失，冻融圈内发生的冻胀作用在衬砌结构上，有可能造成衬砌严重开裂甚至破坏。冻胀力随冻结膨胀层距衬砌的距离增大而急剧降低，因此在隧道超开挖部分回填质量对冻胀力的产生至关重要，密实整体的处理岩体裂隙，减少了冻胀的发生，处理范围的加大减少了冻胀力的传递。

年平均气温低于 -1℃的严寒地区或多年冻土区的线路隧道存在不同程度的病害，较为普遍的冻融病害形式是衬砌冻胀开裂、酥落、剥落、挂冰、边墙冰溜、线路冒水、积水、结冰等(马万一,1990;吕康成等,2001;铁道第三勘察设计院,2002)。

青藏铁路西宁—格尔木段关角隧道出现的道床冬季上鼓、夏季翻浆冒泥和下沉，衬砌纵、横、斜向裂缝以及渗水挂冰等冻害(孙吉堂,2001);20 世纪 80 年代初建成的新疆天山 2 号隧道，隧道渗漏冬季结冰几乎报废隧道;1989 年建成的甘肃七道梁隧道，冬季气候寒冷，排水沟冻结而使隧道排水不畅，造成衬砌背后冻胀诱发衬砌混凝土开裂，以致隧道渗漏、路面结冰，影响行车安全(陈建勋等,2001)。

这些冻害严重影响行车安全、威胁隧道结构稳定、降低隧道的使用年限以及增加隧道的维护费用等。因此冻土区隧道的冻害防治技术与设计计算理论显得至关重要。

青藏铁路昆仑山隧道和风火山隧道的设计以保护冻土和保持冻土的冻结状态为原则，应用隔热保温技术、防排水技术及优化衬砌结构技术，采用以下综合防治措施：

(1)为减少围岩与外界的热交换，减小衬砌背后冻融圈范围，设计中采用隔热保温技术，在支护与二衬间铺设聚氨酯型材保温材料，并在衬砌内轮廓预留敷设隔热保温层的条件。

(2)结合两座多年冻土隧道地下水不发育这一特点，防排水设计以防、堵为主，排、截为辅，在昆仑山隧道局部段落采取低温注浆堵水措施。

(3)考虑围岩冻融作用对隧道结构的影响，衬砌断面形式在普通地区的基础上进行优化，加大了边墙曲率，以适应多年冻土地区结构的受力特点，同时，衬砌采用钢筋混凝土结构。

(4)考虑多年冻土地区气温及围岩岩面温度较低，喷混凝土在施工工艺及施工质量方面难以保证，以及考虑铺设隔热保温层对圆顺基面的要求，隧道支护采用模筑混凝土。同时，安排现场进行喷混凝土支护试验，并及时将喷混凝土支护技术应用到施工支护上。

(5)为确保多年冻土地区混凝土的施工质量以及耐久性要求，进行了低温早强耐久混凝土技术的应用研究。

(6)为确保洞内作业环境达到劳动卫生标准及满足施工的特殊要求，进行了高原隧道供氧及通风技术及施工机械性能与配套技术的研究。

4.7.4 青藏铁路冻土区隧道设计特点和工程效果

低温冻土区的工程设计一般采用保护冻土的原则,青藏铁路冻土区隧道(昆仑山隧道、风火山隧道)都是处于典型的年平均气温较低的低温冻土区,所以设计时采用了保护冻土的原则,并且考虑隧道工程与一般地基工程的区别,其工程措施以减少对冻土的热扰动和保温隔热为主。

4.7.4.1 冻土区隧道设计特点

选择洞口位置时,为减少对原地表的破坏,隧道进口和出口均接明洞,进口 35m,出口 23m,并及早做好洞门和对冻土层的保护工程。明洞段的富冰、饱冰冻土边坡开挖后用粗颗粒土换填。洞门端、挡墙背后设置 50cm 厚的砂石垫层,以缓解墙后的冻胀力(王旗兵,2003)。为保证洞门结构的稳定,端墙采用钢筋混凝土,挡墙采用混凝土现浇。

冻土区隧道衬砌背后的多年冻土形成的冻融交替的冻融圈,使衬砌结构处在冻胀力反复作用的不利环境中,为了避免造成衬砌严重开裂甚至破坏对冻融圈范围和动态变化的控制是十分必要的。水是寒区隧道产生病害的根源,也是冻融圈的主要影响因素,所以完整有效的防排水体系是多年冻土隧道设计的关键。

为避免因冻融圈的变化而产生病害,风火山隧道和昆仑山隧道设计应用隔热保温技术、加强防排水及优化衬砌结构,采取了综合防治措施。

设计中采用铺设隔热保温层的措施以减少洞内外气温与围岩间的热交换,从而减小冻融圈的范围。国内外在严寒地区采用隔热保温技术的隧道,其铺设隔热保温层的方式有两种:一种是在衬砌内缘表面铺设保温层,如国内的大坂山公路隧道,在衬砌表面铺设聚氨脂泡沫板,日本严寒地区许多既有隧道,为防止挂冰而在隧道建成后采取了表面绝热处理(邵福元,1999;王有科,2000;刘国玉,2001),如图 4-127a)所示;另一种是在两层衬砌之间铺设保温层,如日本采用新奥法施工的某新建隧道,在初期支护与二次衬砌之间铺设了保温层,如图 4 -127b)所示。

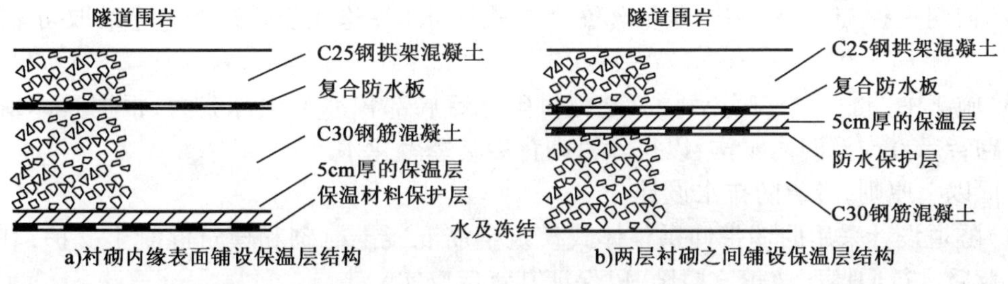

图 4-127 衬砌内缘表面以及两层衬砌之间铺设的保温层结构

风火山隧道结合其地质和气温条件,采取保护冻土的原则,选择如图 4-126 右图所示的形式,即在模筑混凝土支护与模筑衬砌之间铺设 5cm 厚的隔热保温层,其结构的设计示意图如图 4-128 右图所示。

由于隔热保温层作为低弹模材料夹在两层衬砌之间,整个结构的稳定性是一个不容忽视的问题。如果保温效果良好,冻胀力和土压力都将控制在一个很小的范围,衬砌的变形也会足够小,这种双层衬砌夹保温层的结构是可行的;如果保温效果不好,在受较大的土压力或冻胀力作用下衬砌将产生较大的变形,隔热保温材料作为软弱夹层,对整个隧道结构的稳定性是不利的。

风火山隧道和昆仑山隧道都是按照如下原则进行设计:

(1)遵循“以堵为主,防、截、排、堵、隔热、保温等多道防线综合治理”的原则,充分考虑“保护冻土”的设计原则,尽量减小融化圈范围并有利于冻土的恢复。

(2)隧道防水做到衬砌不渗水,安装设备的孔眼不渗水;道床排水通畅,不浸水;衬砌背后不积水,排水沟不冻结。隧道防水充分利用混凝土自防水能力,其抗渗等级不得低于P8。

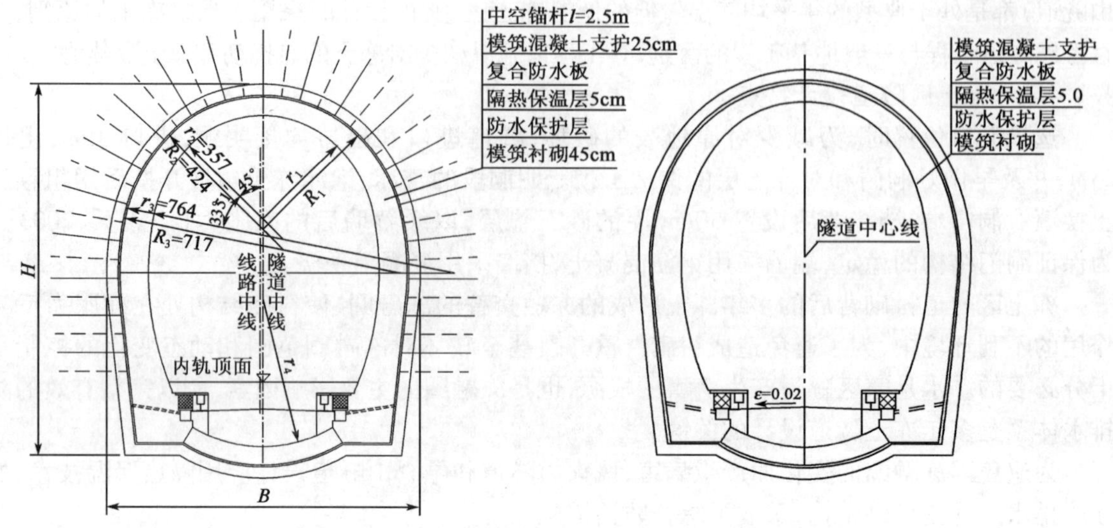

图4-128 昆仑山隧道(左)和风火山隧道(右)衬砌结构示意图

(3)冲沟段(尤其浅埋段)地表水及洞内防排水的处理,应注意:

①地表宜采取疏导、铺砌等措施,防止地表积水及下渗。

②确保冻结层上水的排泄通畅,隧道工程的设置应尽量避免截断其排泄途径。

③应避免大开大挖或施工坍塌等因素导致形成局部融区。

④应采取有效措施防止地表水及冻结层上水进入洞内排水系统。

⑤冲沟段在洞内应分段防水,必要时设置可维修防水设施。

(4)初期支护与二次衬砌间宜设置全包式防水层;施工缝、变形缝应采取可靠的防水措施。

(5)施工中控制超挖,避免坍方,避免衬砌背后局部积冰产生冻胀力,根据具体情况考虑设置衬砌背后盲沟及洞内水沟,以排除衬砌背后暖季融化水。

根据以上原则,隧道防排水设计:

(1)隧道设计采用曲墙带仰拱整体式模筑钢筋混凝土衬砌和模筑混凝土支护,其拱部模筑支护背后进行回填压浆填充空隙,以保证其背后密实。

(2)全隧道墙脚设双侧保温沟,墙脚纵向设ϕ100mm的PVC盲沟,通过“三通”及ϕ50mm的PVC泄水管与洞内保温侧沟连接,侧沟水通过检查井与拉萨端洞外保温暗沟连接引排。洞内结合环向施工缝在模筑支护与防水层之间设ϕ50mm的环向透水盲沟,间距10~20m,通过“三通”与衬砌墙脚纵向盲沟连接。泄水孔穿过防水板及隔热保温层处,两侧应粘贴橡胶垫进行防水处理。

(3)二次衬砌环向施工缝设置遇水膨胀止水条,并用WJ水泥基界面剂处理。洞口300m范围内的施工缝设置伸缩缝,间距20~30m,在设置伸缩缝的断面处,模筑钢筋混凝土衬砌截面中间安设橡胶止水带,在靠近支护一侧衬砌外缘安置宽100mm的遇水膨胀橡胶止水条,其余空隙用渣油麻筋充填或浸油木板填塞。

(4)隧道全断面铺设防水隔热保温层,铺设于模筑支护与二次模筑钢筋混凝土衬砌之间,结构形式采用“复合防水板+隔热保温层+复合防水板”。

(5)保温层采用聚氨脂泡沫板,洞外预制,其规格为 1900mm × 500mm × 50mm,主要性能为:导热系数 λ 小于 0.03(W/(m · ℃)),抗压强度大于等于 0.5MPa,体积吸水率低于 3%,自重大于 $60kg/m^3$,弹性模量 E 为 7 ~ 10MPa,老化寿命高于 50a,具有一定的弹性和低毒性。

冻土隧道设计与普通隧道有较大的区别,设计中心思想是要解决施工及运营的全过程冻融圈土体的冻胀与融化产生的病害。

在冻土融化和冻结的过程中,"融化"可直接破坏冻土、冻岩的结构稳定性,导致松散及软塑状的滑移和坍塌,施工难以成洞,还可以使隧道衬砌背后形成冻融圈,产生融化水,遗害隧道本体使用;另一方面,"冻结"是与"融化"相关联的必然过程,其破坏也须重点考虑,尤其是衬砌背后的融化水,冻胀力是一重大破坏因素。

风火山隧道设计的特点主要有以下方面:

(1)隧道设计断面加大。

(2)特别加强了衬砌措施:环向为封闭的曲墙带仰拱结构,衬砌分为两层,初衬和二衬,初衬为 C25 素混凝土,二衬为 C30 钢筋混凝土,在两层衬砌之间,设有 5cm 厚防水保温层,采用两层防水布夹一层保温板,全断面封闭的形式。

(3)防、排水、保温措施充分考虑了风火山地区气候特点和隧道所处位置的冻土特点:

①全隧道洞内设双侧保温水沟,墙角纵向设 Φ100mmPVC 盲沟,环向每 5m 设 Φ50mm 盲沟与墙角纵向盲沟相连,每隔 10 ~ 20m 通过墙角三通及泄水管引入洞内保温水沟,并通过低洞口端外保温暗沟引排,其出水口做好防冻设施。

②防水及隔热保温层按"防水板 + 隔热层 + 防水保护层"的结构形式,沿隧道全长全断面铺设,形成隧道二次衬砌完全和地层隔离,在基底与仰拱部位设防水板及无纺布。

③洞口两端各 300m 范围结合施工缝设置伸缩缝,间距 20 ~ 30m,施工缝浇筑新混凝土前涂 2mm 厚的 WJ 接口黏接剂,在衬砌截面中间布置遇水膨胀止水条;在预设衬砌伸缩缝、沉降缝的隧道断面处,中间处设橡胶止水带,靠近支护的衬砌外缘设 10cm 的遇水膨胀橡胶,缝内其余空间采用渣油麻筋或浸油木板填塞。

④明洞衬砌拱部背后铺设甲种防水层,边墙铺设复合防水板及隔热保温层。

(4)进出口均设计有明洞,进口 35m,出口 23m。

昆仑山隧道设计特点与风火山基本相同,隧道均采用曲墙带仰拱整体式模筑钢筋混凝土衬砌,支护作为隧道结构的一部分采用模筑混凝土的形式,支护与衬砌间设聚氨酯型材作为隔热保温层,隔热保温层两侧设放水板。洞内设双侧保温水沟,隧道环向和纵向设盲沟,并与水沟连通;施工缝采用遇水膨胀橡胶止水带防水;洞内线路高程接近冻土下限地段,为防止层下水向洞内转移,结合中空锚杆采取围岩注浆堵水措施。

4.7.4.2 冻土区隧道工程效果

冻土区隧道设计欲达到的工程效果除了常规工程应该达到的结构强度、整体变形等标准以外,最主要的是防排水效果和冻融圈应力水平。冻融圈应力水平是衬砌结构长期强度和保温层长期隔热保温效果的控制因素,冻融圈应力水平主要由冻融圈冻胀应力决定,衬砌背后排水效果对冻胀应力有很大影响。

风火山隧道地处全线冻土区最为稳定的风火山地温稳定多年冻土地段,昆仑山隧道虽然地处低温稳定多年冻土地段,但是地层岩性比风火山差,主要表现在基岩裂隙比较发育,隧道埋深变化较大,尤其是还存在浅埋段,对冻融圈影响和洞内外层上水的交互影响不容忽视。

隧道竣工后两座隧道的工程效果分以下几方面评价:

(1)隔热保温效果

两隧道隔热层的测试结果表明，隔热层具有抑制最热、最冷月气温对外侧温度的影响程度、从而使强烈的气温变化得到明显衰减的作用。而正是由于暖季的融化以及强烈的温度变化，使多年冻土隧道围岩中将产生不利的冻融循环。因此，在昆仑山和风火山隧道衬砌背后设置隔热层，对抑制围岩中产生不利的冻融循环、保护衬砌背后多年冻土具有重要作用。

测试显示，竣工后两隧道隔热层内侧的月均温度全隧平均每变化1℃，隔热层外侧月均温度将平均变化：昆仑山隧道为0.45℃，风火山隧道为0.3℃。从整体上看，风火山隧道隔热层外侧温度相对内侧的衰减要大于昆仑山隧道，即前者隔热层隔温效果整体上好于后者。测试表明，两隧道隔热层的隔热与隔冷的效果并不相同。在洞内空气冻结指数远大于融化指数的气温环境下，隔热层的隔冷效果明显大于隔热（按积温统计，前者为后者2～3倍）。

(2)排水功能

昆仑山隧道衬砌背后的水压力普遍较小，除在2003年5月在二号冲沟浅埋段出现41kPa、隧道进口段出现20kPa的静水压力外，其余时间全隧道的衬砌背后水压力值均小于10kPa，由于量级很小，应主要为测试噪声所致。因此，昆仑山隧道在采取隔热保温、堵防结合等综合治理措施以后，衬砌背后基本无流动的水存在，这为周边围岩的回冻创了造良好的条件。

测试显示，在寒季最冷月时，昆仑山和风火山隧道保温水沟内的温度均明显高于洞内气温，变化幅度也明显低于洞内气温的变化幅度。但沟温分布显示，10月份以后，受大的负温、冻土环境的影响，洞口水沟温度逐渐进入负温，并向洞内延伸。分析表明，在多年冻土区，自然的排水通道难以畅通，保温材料只能延缓水沟进入负温的时间，而无法阻止水沟在寒季的冻结。因此，两座多年冻土隧道对保温水沟的主要功能定位于“排除衬砌背后暖季围岩的融化水”是正确的，隧道采取“以堵为主，防、截、排、堵、隔热、保温等多道防线综合治理”的设计原则是合理的。

根据水沟流量测试，2003年寒暖换季时水沟排出的水主要来自衬砌背后的冰融化。其流量每天1～2方，维持时间不长。而进入7、8月份，水沟流量突增，单沟流量最大达到184m³/d。连通试验结果显示，水沟内水量突然增大是由于浅埋冲沟的冻结层上水及地表水下渗进入隧道排水系统。大量地表水及冻结层上水的涌入增加了隧道防排水的负担，导致了施工期间衬砌渗漏及道床积冰。因此，洞口段、冲沟浅埋段应采取多道堵防措施，避免冻结层上水及地表水进入洞内排水系统，这在多年冻土地区显得尤为重要。

(3)围岩冻融圈温度特征

隧道贯通后，暖季热风由隧道北口进南口出，寒季负积温较大的冷风由隧道南口进北口出，伴随气温在隧道内传递过程中的热交换，导致两隧道洞内年均气温呈北高南低、气温年变化幅度呈北低南高的分布特性，两隧道洞内气温均在南端洞口温度更低、变化更剧烈。

测试表明，竣工后昆仑山隧道洞内年均气温整体上低于风火山隧道。根据空气冻融指数比的统计，前者洞内空气冷量供应总体上大于后者。对位于主风向上的昆仑山隧道而言，其洞内空气的对流显然更强烈，气温也更接近于洞外。

两座隧道气温的差异最终表现在围岩年平均温度随深度变化的分布形态上，两隧道在隧道建成后第二年（2004年），随着洞内气温的显著下降，衬砌背后5m深度范围内的围岩已进入放热、趋于冻结的回冻阶段，围岩地温较2003年显著下降。进入2005年，两隧道围岩地温继续下降，全隧5m深度范围内围岩的年平均温度均为负温（风火山隧道围岩地温下降更快些,2004 年全隧围岩年均温度已均为负温)。同时,衬砌背后季节融化层逐年减小,2005 年两隧道仅局部地段(冲沟及最大埋深附近)出现季节融化层,最大融深昆仑山隧道小于 1.5m,风火山隧道小于 1m。

两隧道围岩地温年变化幅度以及月变化规律显示,目前昆仑山和风火山隧道衬砌背后 5m 深度范围内的围岩,均处于地温年变化层内,该深度内围岩地温均随气温而变化,但变化幅度随深度增加而明显衰减,变化周期也呈不同程度滞后。其中,砂岩、泥岩结构的风火山隧道,其围岩地温随深度增加相对洞内气温变化的滞后性大于板岩结构的昆仑山隧道。

根据围岩年均温度沿隧道纵向的分布特性,两隧道在洞口段的围岩年均温度均明显呈北坡低南坡高的差异,其中以山形较陡峭的昆仑山隧道更为显著。因此,洞内热交换除受空气对流影响外,在洞口浅埋段还显著受到太阳辐射的影响,表现出阴坡洞口围岩地温低、阳坡洞口围岩地温高的差异,并且陡坡比缓坡差异更明显。这与两隧道洞内气温的分布正好相反,表明两隧道在洞口浅埋段太阳辐射对围岩地温的影响大于洞内气温的影响。

测试显示,围岩地温随埋深增加而有所升高,其中以埋深较大的昆仑山隧道较为明显。该隧道最大埋深(100m)断面 5m 深度范围内的围岩,年均温度高于其他断面。

对昆仑山隧道两个冲沟处围岩地温的测试显示,冻土隧道上方冲沟的存在,对下方围岩地温的影响比较显著,尤其是覆盖层较薄的情况,其围岩地温的变化较为剧烈,是容易产生冻融循环的不利地段。

综合两隧道气温地温特性可以看出,尽管竣工后昆仑山隧道洞内气温比风火山隧道低,但后者围岩地温的下降却比前者更快、围岩地温也更低(主要是 2m 以上深层围岩地温较低)。这与风火山隧道全隧位于低温稳定的冻土层中其原始地温相对较低有关(风火山隧道 Tcp 为 -2 ~ -3℃,昆仑山隧道 Tcp 约 -2℃)。而昆仑山隧道除 Tcp 较高外埋深也较大,其隧道中部在冻土下限附近原始地温可能较高,同时施工期间曾进行冬季封闭取暖施工、竣工后 2004 年又进行了全隧注浆施工,这些因素使其围岩地温的下降相对较慢。

(4)冻胀力水平

冻胀力现场测试结果显示:对于"一次衬砌 + 隔热保温层 + 二次衬砌"的保温及支护衬砌结构,在深埋地段,作用在二衬上的围岩压力及冻胀力较小,基本上是热胀冷缩的温度效应引起了衬砌结构受力的变化;而在浅埋地段,由于有水分补给,而且受到大气温度变化的影响较大,因此围岩压力及冻胀力的表现较深埋地段明显。

现场实测到的作用于初期支护上的冻胀力最大值为 0.3MPa,就目前的结构也很安全;而初期支护与二次衬砌之间的冻胀力更小,仅为 0.12MPa,说明二次衬砌就相当安全了。

4.7.5 冻土区隧道浅埋段渗水整治

青藏铁路冻土区昆仑山隧道的特殊性在于,隧道里程 DK977 +600 ~ DK977 +660 之间是浅埋段,洞顶覆盖土层最小只有 2.8m,使原来全多年冻土隧道变成局部融区的的隧道。如果是在定线之前,这种形态可以通过挪移线路位置改变这种浅埋形态,但是一旦定线施工,就变成如何对待这种浅埋现象了。

4.7.5.1 昆仑山隧道浅埋段渗水现象

冻土区隧道浅埋影响最主要的是:洞内外环境温度对冻融圈的影响、衬砌背后排水路径变化以及由此引发的冻融圈层上水与隧道外地表水或者层上水贯通引起的病害。这种影响和变化在施工期间和运营期间都已经存在并发展。

昆仑山隧道浅埋地段的问题证明了这种影响的后果。

昆仑山隧道顶部发育有两条大的冲沟，分别处于1号横洞和2号横洞附近，沟心里程分别为DK976+834及DK977+630，沟床下面隧道埋深较浅，1号横洞浅埋段最小埋深约27m左右，2号横洞浅埋段最小埋深约3m左右。

在施工中发现，昆仑山隧道的地下水主要为冻结层上水及基岩裂隙冰，由于隧道处于多年冻土层中，总体上地下水不发育，部分段落岩面稍湿，围岩破碎处有渗水，局部岩层间夹有冰晶。2号横洞浅埋段在施工过程中和主体工程完成后出现涌水。

昆仑山隧道浅埋段里程为隧道顶部地表发育一条冲沟，沟心里程为DK977+630，地表起伏较大，最小覆盖厚度2.8m，浅埋段多年冻土上限为3m左右。设计中采取了洞内和地表注浆加固及沟心铺砌的综合处理措施。

2002年7月施工该段时发生坍塌冒顶，并形成局部贯通融区，洞内出现大面积涌水。当时的现场勘察和分析认为，此次涌水的主要来源为冻结层上水和冲沟地表水，通过局部贯通融区和隧道融化圈向洞内补给。在此认识的基础上，对隧道浅埋段涌水进行了防、排、截、堵综合处理措施：

(1)浅埋段洞内全断面采取注浆堵水措施。

(2)对沟床陷坑内松散物质清除后采用混凝土回填并进行了防水、保温处理。

(3)在沟床上游30m，下游20m范围沿冻土上限附近设钢筋混凝土板进行隔水处理。

(4)隔水板上换填粗颗粒土以利冻结层上水排泄，并对沟床上游50m，下游30m进行铺砌，以防地表水下渗。

(5)为确保冻结层上水在钢筋混凝土板以上通过，沿钢筋混凝土板周边设热棒，以提高冻土上限，避免冻结层上水下渗。

通过以上措施的处理，洞内大面积涌水得到处理，一次衬砌表面干燥无水后施工单位开始施作防水板及隔热保温层，并于2002年12月底完成二次衬砌。2003年2月开始部分设置热棒，到5月初完成。

2003年5月22日，DK977+620施工风发生涌水，随后，浅埋段的施工缝和避车洞多处发生不同程度的渗漏水。根据调查情况分析，此次隧道内涌水的主要补给给来源应为冲沟内地表水，去年病害整治设计构筑的“四道防线”(隔水板、注浆堵水、双层防水层板及二次衬砌)均有不同程度的失防，地表水与隧道间存在着良好的通道。为彻底根治隧道渗漏水，经过建设方、设计、监理和施工单位四方研究，决定处理方案第一步，继续按原设计做地表铺砌(沟床上游地表铺砌有22m尚未施做)，并加深、加宽上游垂裙，同时在线路上游侧(距墙边约3m)和垂裙上游侧进行地表注浆堵水；第二、根据第一步的处理后的洞内渗漏水情况确定下一步系统处理方案及措施。目前，第一步的处理已基本结束，除了个别施工缝合避车洞有小的渗水外，浅埋段大的渗漏水已基本得到治理。

当年8月25日、29日现场调查发现，已经处理过的DK977+620已干燥无水，但洞内局部段落仍然存在渗漏水的现象，渗漏水段落主要集中在隧道进口段(进口里程为DK976+250)、一号横洞浅埋段和二号横洞浅埋段前后；隧道衬砌渗漏水的部位主要为：衬砌墙脚、施工缝和避车洞。

4.7.5.2 昆仑山隧道渗漏水原因分析

昆仑山隧道浅埋段出现的渗漏水现象发生原因有热学原因和工程原因两部分。热学原因是由浅埋地段隧道覆盖土体冻融变化引起的；工程原因则是工程措施处理的针对性和有效性引起的。渗漏现象的原因决定处理原则和工程措施。

昆仑山隧道位于大片连续多年冻土区，受外部环境的热扰动影响，多年冻土相对较为稳定。隧道内的气温冬季要高于隧道外气温，夏季要低于隧道外气温，且隧道内气温变化与距隧道进出口距离的远近呈一定的规律变化。这种变化规律对隧道冻融过程及冻结和融化深度产生极为重要的影响。冬季，隧道内的土（岩）体开始冻结的时间要晚于隧道外的土（岩体），冻结过程较隧道外土（岩）体要长；夏季，隧道内的土（岩）体开始融化的时间要晚于隧道外，且融化过程的时间要较隧道外的土（岩）体短。冻融过程的这种规律性的变化较为有利于多年冻土热状态的恢复。若不考虑气温变化的影响，在一定时间内多年冻土可以处于发展状态中。昆仑山隧道的环境温度变化导致融化圈的厚度会逐渐减小，且较为稳定。但若隧道渗漏水问题的得不到根治，融化圈就不一定能够逐渐达到稳定状态。

但是浅埋地段冻融圈变化就不同，浅埋地段覆盖层全部厚度范围内土层已经变成季节冻结层，多年冻土的在浅埋地段一定范围内已经不复存在。这部分覆盖层成为洞外地表水渗入隧道冻融圈的一个通道。这就是渗漏现象的热学原因。

隧道内渗漏水点分布在进口段，1 号横洞浅埋段（23 ~ 27m）和 2 号横洞浅埋段（2.5 ~ 2.8m），这三个段落的共同特点是埋深较浅，地表冲沟发育。

排水沟内水的来源主要有以下几个部分：

（1）主要出水段落冻融圈范围内的水。这些段落由于埋深较浅，地表又发育有冲沟，因而隧道周围围岩破碎，冻融圈范围基岩裂隙水发育，使洞内融化圈范围内的水和冻结层上水与地表水贯通并存在补给关系；

（2）集中出水点主要在 4 个避车洞，出水的原因分析有二：一是避车洞是施工的薄弱环境，由于防水设施失防，排水通道堵塞所致；二是该点附近水量比较集中，使得出水点水量大，压力较大，其地下水来源与浅埋段地表水补给有关。

（3）其他段落由于埋深较大，基岩相对完整，冻融圈范围基岩裂隙水不发育，也没有其他补给来源，所以进入水沟的水量非常有限。

设计中采用的双层防水板可以较好的防止围岩融化范围内的水进入二次衬砌，同时，敷设在一次衬砌上的环向和纵向盲沟为排除暖季融化圈范围内的水提供了良好的通道。另外，二次衬砌施工缝也采取了严格的防水处理措施，除了涂刷 WJ 接口黏结剂以外，还在衬砌中间布置遇水膨胀橡胶止水条，通过低温和冻融条件下试验结果表明，这种防水处理可以有效地避免衬砌背后的水从施工缝渗漏。但是洞内出现的多处渗漏水说明排水设施失效。围岩范围内的水已通过防水板接缝或破损部位进入二次衬砌，这是导致衬砌渗漏水的一个主要原因。另外，施工缝处衬砌混凝土收缩严重，使得施工缝处于不同程度的张开状态，遇水膨胀止水条也没有很好的起到防水的作用。

由于设计中已充分考虑到冻融圈范围的水的存在，因此，在防排水设计中为排除这部分水设置了“环向盲沟 + 纵向盲沟 + 泻水管 + 双侧保温水沟”这个排水通道。环向盲沟结合施工缝位置设置，纵向盲沟在水沟部位全隧道贯通设置，纵向盲沟通过泻水管与保温水沟连通。只要这个通道是畅通的，防水板背后的水完全可以通过该通道进入水沟，但从当时情况分析，一些段落的盲沟可能存在不同程度的堵塞或衔接不畅的情况，使得这些段落的水没有排入水沟，而是通过防水板及二次衬砌的薄弱环境渗漏至洞内。另外避车洞与正洞的防水设施衔接不牢导致避车洞洞内或避车洞与正洞连接处渗漏水。

总之，昆仑山隧道的“保温一防排水”综合系统主要由设置在初支和二衬之间的保温板和防水板的组合层以及疏水盲沟等组成，构造比较复杂。这种系统在隧道处于低温稳定状态的大部分区段，效果良好。但在暖季产生融化，水源补给充沛的浅埋段，地下水易于突破防水层和衬砌的薄弱环节（例如防水板焊缝、衬砌施工缝仰拱和边墙连接处等）渗入（漏入）隧道，加以寒季水体冻结，加剧了对衬砌防水性能的不利影响。

4.7.5.3　昆仑山隧道渗漏水整治分析

昆仑山隧道渗漏水的整治措施应该建立基于以下病害产生原因分析之上：

(1)浅埋地段冻融圈变化的特点和影响范围。

(2)渗漏水的来源主要由三部分组成：对应隧道浅埋段部位外部地表冲沟接受的大气降水形成的地表水；对应隧道浅埋段部位周围一定范围内多年冻土层上水向水沟的汇集；隧道开挖施工后，经过一定的热量平衡过程后形成的隧道围岩冻融圈内的冻土层上水。

(3)渗漏水的通道：由穿越隧道内外的构造破碎含水带（融道），不同基岩接触的风化过渡带，隧道浅埋段之上非冻结的风化基岩，裂隙发育基岩和风化松散层组成的通道，隧道围岩冻融圈内的环向和纵向盲沟以及底部两侧纵向侧沟构成的排水系统。

根据上述三个原因决定整治措施：

(1)昆仑山隧道浅埋段较短，而且洞顶两侧有较为破碎的陡峭的山坡，取土有一定方便条件，因此，通过开山碎石在隧道顶部覆盖一定厚度碎石层，可以冷却覆盖层土体形成多年冻土，使昆仑山隧道成为全多年冻土隧道，最终形成一个稳定的融化圈的厚度。

(2)对隧道浅埋段部位外部地表冲沟接受的大气降水形成的地表水和隧道浅埋段部位周围一定范围内多年冻土层上水向水沟的汇集，采取以堵为主的工程措施，这里堵包含堵水和堵热两层意思。

具体措施在对应于两段浅埋段外部地表，沿冲沟溯源而上至一定位置，均采取底部铺设一定厚度黏性土（1.5m 以上），再填筑粒径在 7 ~ 15cm，无一定颗粒级配的碎石（风化严重的不可取），顶部铺设 1.5m 厚的黏性土。黏性土和碎石层结构利用了对流换热原理，降低了土层温度，形成新的多年冻土，并使层上水滞留于上部黏性土范围内。多年冻土成为良好的隔水层。为防止冲沟两侧山体破碎带岩土冻土层上水的侵入，防止成为新的渗水通道，对两侧山体松散风化层进行换填、夯实、碾压，必要时进行注浆处理。

(3)针对第三类水源及其通道应该采取以疏排为主，排水沟出口保温为辅的工程措施，对于已经形成的含水围岩，局部采取注浆措施。

系统的处理方案应当充分考虑到多年冻土地区地下水的特殊性，在对地下水的补给，径流和排泄情况充分认识的基础上，结合工程的设置对多年冻土状态和地下水分布的影响，提出系统，稳妥的处理措施，达到一次根治，不留后患的目的。

最终昆仑山渗漏水的整治采用了全断面注浆和隧道外井点降水的综合措施，具体措施如下：

(1)浅埋段隧道内全断面采取注浆堵水措施。

(2)冻土上限附近设钢筋混凝土板进行隔水处理。

(3)对沟床陷坑内松散物资清除后采用混凝土回填并进行了防水、保温处理。

(4)地表换填粗颗粒土以利冻结层上水排泄，并对地表进行铺砌。

(5)为确保冻结层上水在钢筋混凝土板以上通过，沿钢筋混凝土板周边设热棒，以提高冻土上限，避免冻结层上水下渗（图 4-129）

这样治理以后初期效果很好，但是随着浅埋地段冻融循环作用的累积，注浆仍然不能彻底解决根本性问题，即浅埋造成的冻融特殊性问题，这需要在青藏铁路长期运营过程进行跟踪观测，进一步进行后续治理，才能达到长期可靠的效果。

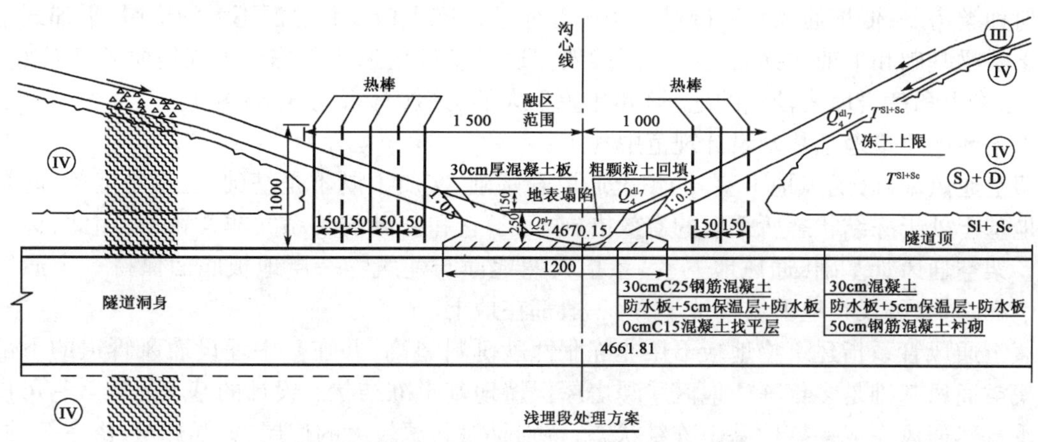

图 4-129　昆仑山隧道浅埋段处理方案示意图

4.8　冻土区房屋建筑工程特征

冻土区房屋与一般房屋最大区别在于由于冬季采暖热量通过房屋基础传入地基冻土，最终使多年冻土上限下凹形成不规则的融化盘，进而使房屋发生不均匀变形影响使用。

房屋建成后使用时取暖，等于在天然的热源中增加了一个新的人为热源。此热源热量向房屋外散发，也从室内地面流入地基冻土中。冻土受热开始融化，而后形成一个盘状融冻界面，被称谓采暖房屋融化盘。采暖热量一年四季不断地流人地基土中，地基冻土融深逐渐增大，融冻界面逐渐扩大，融速则因地基融化土的增厚而减缓，最后趋近于 0，形成新的热力平衡。此时融深达最大值，融冻界面也随之达最大值而趋稳定，是谓“采暖房屋稳定融化盘”，见图 3-1 ~ 图 3-3。冬季回冻时，稳定融化盘，盘面缩小为最小融化盘；夏季时又恢复到稳定融化盘（最大融化盘），所以稳定融化盘是相对而言的。

房屋冻土地基的最大融深，在融沉性冻土地基尤其是按容许融化原则设计的地基设计中是一个重要指标。冻土地基基础设计时，首先须知道冻土地基的最大融深，据此选择基础类型及埋深，进而计算地基的承载力、变形和稳定性。

多年冻土地区的房屋基础除按地基的承载力、变形来选择基础类型外，尚须考虑冻土地基融沉与冻胀对基础的作用。设计时应根据地基土的设计原则来选择相适应的基础。

中铁西北科学研究院于 1976 年在青藏高原多年冻土区的风火山进行了四种形式的房屋基础试验（马宗龙，1983 年）（图 4-130），取得了成功的经验。这四种形式房屋基础是：

（1）平铺式钢筋混凝土圈梁基础。

（2）低填通风管冷基础。

（3）桩基架空通风冷基础。

（4）平铺式钢筋混凝土圈梁架空通风

图 4-130　中铁西北科学研究院风火山低填通风管冷基础房屋

基础。

四种房屋基础经试验观测得出如下结论：桩基架空通风基础可适用于任何条件冻土地基和任何种类房屋；低填通风管基础可适用于任何条件冻土地基和热源不大的房屋；平铺式钢筋混凝土圈梁基础和平铺式钢筋混凝土圈梁架空通风基础仅适用于冻土工程地质条件较好（少冰、多冰冻土和基岩埋藏较浅的地段）和热源不大的房屋（马宗龙，1983 年）。

冻土地区建筑地基基础设计规范中规定：

架空通风基础（通风地下室）与填土通风管基础，实质上既不是基础，也不是地基，而是为保持地基土处于冻结状态所采取的有效措施，由于它和基础的关系又非常密切，因此，称其为基础。架空通风管基础（通风地下室）系指天然地面与建筑物一层地板底面保持一定通风高度的下部结构，可设在地下或半地下，但一般都在地上。

填土通风管系指建筑物地板下用非冻胀性砂砾料垫高，并在基中埋设通风管道的下部结构。架空通风基础是多年冻土地区采暖房屋保持地基土冻结状态设计的基本措施。它可以利用冬季自然通风完成保持地基土冻结状态，特别是对热源较大的房屋，如锅炉房、浴室等，同时也适用于各种地貌、地质条件下的冻土地基。我国青藏地区和东北大兴安岭阿木尔、满归地区均采用这种措施（表 4-89），使用效果良好。

架空通风基础使用说明　　表 4-89

地区	地点	多年冻土分布特征	年平均气温（℃）	建筑物下夏季最大融深（m）	全部回冻月份	基础类型	房屋类型	架空高度（mm）	地基条件
东北	阿木尔劲涛	大片连续	-5 ~ -6	2.1	1	柱下单独基础，钻孔灌注柱	住宅	—	—
	朝晖站	同上	-5	2.9	1	爆扩桩	住宅	—	—
	满归	同上	-4.5	2.74	1	砂砾垫层上墙下条基	住宅	540	多冰冻土
青藏	风火山	同上	-6.6	—	—	钻孔插入桩	住宅	800	—
	风火山	同上	-6.6	—	—	平铺钢筋混凝土圈梁	住宅	330	少冰及多冰冻土

从东北大兴安岭和青藏地区试验房屋的实践来看，在大片连续多年冻土地区使用架空通风基础在一月份均可全部回冻。我国岛状融区地区年平均气温为 -2.5℃，冬季月平均负气温总和$\sum T_f$与冻结由夏季融化的土层所需的负温度总值$\sum T_m$之比，即$\sum T_f/\sum T_m$均在 2.16 ~ 3.53之间，说明该地区有足够冷量使融化土回冻。对于岛状冻土地区，架空通风基础能否采用，应进行热工计算和技术经济比较后确定，一般情况下，$\sum T_f/\sum T_m \geqslant 1.45$ 以上采用架空通风基础回冻融化土层没有什么问题，但必须开启更多通风孔面积或做成敞开式。

架空通风基础主要由桩基、柱下单独基础或墩式基础与上部结构梁板组成。其他基础如墙下条基、柱下条基由于在施工阶段对土热扰动较大，在使用阶段传递热量较多，不利于地基保持冻结状态。

根据通风孔开启情况有勒脚处带通风孔的隐蔽形式和全通风敞开形式，可根据热工计算及当地积雪条件确定。自然通风空间高度 h 与建筑物宽度 b 之比应满足 h/b 大于或等于0.02，当不满足时应采用强制性通风。根据隐蔽式通风的空间，其通风孔构造要求，高度 h 按下式计算，$h=a+h_1+c$，其中 a 为通风孔底至室外散水坡表面最小高度，由防止雨雪堆积通风空间决定，一般为0.30～0.35m；h_1 为通风孔高度，一般为0.25～0.35m；c 为通风孔上部到通风空间顶棚的距离，取0.25～0.30m，所以 $h=0.8\sim1.0$m。另据中科院冰川冻土研究所1987年对前苏联西伯利亚地区考察报告资料，该地区多年冻土地区架空通风基础高出地面1.0～1.5m。从我国实际工程使用情况及技术经济条件，规定架空通风空间高度不小于0.8m。

填土通风管保持地基土冻结状态在青藏地区热源不大的房屋已多处使用，效果良好。

(1)填土通风管保持地基土冻结状态时(多年冻土天然上限保持不变)所需的通风管数量，是根据一维稳定导热将建筑物附加热量由通风管通风带走的前提下，将矩形垫层区域变换成同心半圆域，使外半圆弧长度等于填土层外轮廓总长，内半圆半径 r 待求，并使内半圆的面积等于 n 根通风管的净面积之和。

根据流向通风管壁总热量和通风管内壁面放出的热量平衡条件，对东北多年冻土地区及青藏多年冻土地区的填土通风管数 n 进行计算。对年平均气温高于-3.5℃时不宜采用，而年平均气温低于-3.5℃地区也应按具体条件进行热工计算；

(2)填土高度应考虑下列因素：

室内地面荷载扩散到原地面软弱土层时满足软弱土层强度要求，在填土层下季节融深范围内，因融沉作用使填土整体下沉时不致妨碍管道通风所需的预留高度(一般取0.15m)；室内地面不直接接触通风管以便设置地面保温层。

低填和高填通风管基础设计的关键是通风管的尺寸和数量应能将房屋传入地基中的热量大部分通过管中空气对流带走。地基的融化深度应控制在填土内。填土采用冻结敏感性低的粗颗粒土，填土高度由热工计算确定。

在青藏铁路使用的房屋基础形式大致分为两类，一类是低填通风管基础，另一类是架空通风基础，这些房屋除部分为生产用房外大多属生活用房。为了尽可能减少人类活动对多年冻土的热影响，在经济比选的基础上，选择了架空通风基础、低填通风管基础(两种类型)作为青藏铁路站房设计的主要结构形式。

第5章 运营期冻土区线路变化和工程病害防治预警

运营期青藏铁路的冻土环境和冻土工程之间的热交换进入动态平衡状态，冻土工程逐渐趋于稳定，主要表现是线路变形和地温场形态处于基本稳定状态。但是，多年冻土本身是一种对温度十分敏感而且性质不稳定的特殊土体，冻土含冰量随温度发生的变化直接影响冻土工程的力学稳定性，而这种温度又和外界环境温度及线路工程的修建带来的环境条件变化相互影响，并产生累积效应。冻土环境与冻土工程之间的热交换的动态平衡状态有可能因为这种累积效应而被打破，线路平稳安全运行会受到一定影响。研究和观察冻土环境和冻土工程相互影响产生的累积效应，认识这种效应带来的线路变化，并提出相应的工程养护对策，是青藏铁路冻土区运营期的主要工作。

运营期冻土区线路变化和工程病害防治预警工作，应该基于对研究对象的系统观察，将"大气—冻土—工程建筑物"体系作为其各部分相互关联、相互作用的统一体进行研究，遵循工程冻土学的基本理论，通过对冻土冷生过程、动态的工程冻土预报及其控制方法研究和实体工程调查监测，建立工程建筑物与多年冻土之间热学、力学相互作用分析模式，在研究、分析、总结青藏铁路冻土区线路工程经验的基础上，实时的调查研究青藏铁路冻土区线路工程运营期已经出现的工程现象，预测长期运营过程中线路状态的变化，为安全运营提供技术保证。

将冻土区线路工程这种"大气—冻土—工程建筑物"体系作为各部分相互关联、相互作用的统一体进行研究，需要对冻土区线路工程的温度、变形特征进行系统观测，从温度特征出发分析各类工程措施的功效，以变形特征为基础，结合地温特征分析产生变形和变形差异的原因，充分考虑水分对地温和变形的影响，分析线路变化特征，提出工程维修和养护的应对措施。

"冷却地基"的指导思想在冻土工程设计和施工阶段已经充分体现在以冻土环境条件为初始条件，冻土环境动态变化为边界条件所进行的工程结构选择和工程措施的补强上，运营期冻土区线路工程维修和养护工作在技术路线上仍然承继"冷却地基"的指导思想，结合冻土区铁路运营和养护工作，以冻土区工程长期观测系统提供的数据为依据，以日常线路巡查、养护、维修工作为基础，消除和减少不利于冻土保护的水热环境变化和热量积累，及时的应用冷却地基土体的补强工程措施，做好运营期冻土工程病害的防治和预警。

冻土区路基工程病害分为路基本体病害和危及路基稳定的环境病害。

一般认为，危及铁路行车安全的路基非正常形态（变形、滑塌、裂缝等）称之为路基本体病害，严格地讲，不能保证铁路设计运营速度的路基变形形态都应该称之为路基本体病害。

危及路基稳定性的周围环境的非正常形态（危及路基边坡和基床的热融滑塌、冻土退化引起的坡脚积水、路基附近的不良冻土现象等)成为环境病害。由于多年冻土地温场变化和冻土退化而具有向病害发展的路基称为具有潜在病害的路基,具有向病害发展的周围环境称为潜在病害环境。

5.1 冻土区线路变化和病害防治预警基础

冻土环境对冻土的影响是缓慢的,渐进的逐渐积累的过程,在冻土环境渐进变化的过程中,冻土工程的变化也是缓慢而渐进的,冻土工程病害最终都是通过温度对水分的影响发生的,水的相变潜热特征延缓了多年冻土剧烈退化的可能,也就减少了冻土工程发生突变灾害的可能性。

冻土环境的改变和工程结构中发生病害的是一个量变到质变的过程,有害因素的累积最终会演变成工程的病害,这种累积的消散和根治,须从冻土环境指标,尤其是温度场特征值的初始变化阶段开始进行监测和分析研究。

5.1.1 冻土区路基工程温度场

线路变化的工程表现主要是变形,冻土区工程结构物的变形由冻胀和融沉变形组成,这种变形发生在季节融化层内和土体冻融过程有关,发生在多年冻土层内则和冻土蠕变变形有关,两种情况都和地基土体温度场有关。与冻土区线路变化具有关联性的温度场形态、温度特征值主要有:

(1)冻土路基工程人为上限处(季节融化层底面)温度年平均值

(2)路基工程特殊界面(如片石气冷路基的下界面)温度年平均值

(3)不同深度土体的传热状态特征,主要通过温度－深度地温曲线和年平均温度－深度曲线反映

(4)路基地温场形态,指路基地温场等温线的对称形态及其发展趋势。

冻土区路基工程温度场的数据由冻土区工程长期观测系统布置在典型地貌单元、典型冻土区、典型路基结构处的地温观测站定时自动提供,数据整理可以由相应软件处理,必要时根据工作需要将基本观测数据单独处理。

5.1.2 桥梁工程地温场

冻土区桥梁工程的变化主要是桥梁桩基础、桥梁墩台、桥路过渡段和桥面变化。

桥梁工程的上述变化由桥梁墩台和桩基地温场(包括纵向地温场差异)、桥路过渡段地温场决定。多年冻土层退化,冻土上限降低从而降低了桩土间的冻结强度及基础的承载力,破坏以桥代路结构的安全性和长期稳定性。

桩基础设计根据原始地温,参照现行《冻土地区建筑地基基础设计规范》(JGJ 118—1998)(P49)中的冻土与基础间的冻结强度设计值,按照式(5-1)来确定基础的承载能力:

$$R = q_{fp} \cdot A_P + U_P\left[\sum_{i=1}^{n} f_{ci} l_i + \sum_{j=1}^{m} q_{sj} l_j\right] \tag{5-1}$$

式中:q_{fp}—— 桩端多年冻土层的承载力设计值(kPa);

A_P—— 桩身横截面积(m^2);

U_p——桩身周边长度(m);

f_{ci}——第 i 层多年冻土桩周冻结强度设计值(kPa);

q_{sj}——第 j 层桩周土摩擦力设计值(kPa);

l_i、l_j——按土层划分的各段桩长(m);

R——单桩竖向承载力设计值(kN);

n——多年冻土层分层数;

m——季节融化层分层数。

由于温度是影响桩土之间冻结力的主要因素，而冻结力的大小决定着桩的承载能力。所以，温度的变化是冻土桥梁桩基础承载力变化的决定性因素。

施工热量(混凝土水化热和钻探过程摩擦热等)导致长时间内冻土地温升高，并在桥下形成“热带效应”，降低了冻土与基础间的冻结强度和冻土强度，进而影响桩基础的稳定性。

桩周冻土层温度场变化是影响桥梁工程稳定的主要因素，观测这种变化一般是在桩基础周围不同距离布置地温观测孔，根据不同深度地温变化判断桩基础周围多年冻土上限变化和不同深度温度变化，还需要依据这些地温观测数据进行线路长期运营过程中地温场变化分析。

5.1.3 涵洞工程地温场

涵洞工程为过水建筑，荷载较小，允许变形较大，由于涵顶路堤填土的隔热效果，对地基多年冻土起到一定的保护作用。涵洞施工活动破坏了地基水热平衡，路堤和涵洞结构改变了地基的水热交换条件，在施工完成和线路运营初期逐渐回冻形成新的冻土上限。

线路长期运营过程中，涵洞工程的变化主要有以下几种形式：涵洞地基产生不均匀变形造成的涵洞管身脱节、错位，端翼墙裂缝、外倾等。

这些变化由变形引起，变形由地温场和水热环境条件决定，所以，涵洞工程变化和病害判断必须根据涵洞内外气温变化、涵洞基底地温场、涵洞进出口地温场、涵洞过水条件观测确定，涵洞洞顶填土地温场变化也是判断涵洞病害的参考因素。

5.2 青藏铁路运营期冻土区线路变化

青藏铁路冻土区线路变化规律是工程病害预警和防治的基础。从热交换和热平衡角度分析，冻土区线路工程的热稳定性经历了几个发展阶段：

(1)工程热扰动阶段。

(2)工程热扰动消散阶段。

(3)工程结构物冷却效果(或工程效果)稳定发挥阶段。

(4)工程结构物冷却效果(或工程效果)衰减阶段。

上述冻土区线路工程热稳定性的发展阶段对应的工程经济活动阶段分别是：

(1)线路工程修筑初期阶段，即路基修筑后第一个冻融循环阶段，此时工程热扰动使路基及基底多年冻土处于动态变化阶段。

(2)线路工程修筑中期阶段，即路基修筑后经历 1 ~ 2 个冻融循环过程，工程热扰动散失，路基和基底多年冻土热交换处于相对稳定阶段。

(3)线路工程长期运营阶段，指路基修筑已经经过 3 个以上的冻融循环过程，热交换过程已经进入稳定平衡期，季节融化层厚度基本稳定(长期变化影响未计)，路基结构各个组成部分工程作用正常发挥。

对应上述各个阶段，线路工程地温场、变形及水热环境变化都有一定规律和特征，了解这些特征发生、发展过程，是线路运营期内工程病害预警和防治的技术基础。

5.2.1 冻土区路基地温场变化阶段

冻土区路基地温场包括填方路基(路堤)和挖方路基(路堑)地温场。挖方路基(路堑)的修筑过程，从冻土路基修筑的热学过程本质讲，仅仅是将大气和土体的热交换界面下移(即开挖后形成新的热交换界面)，冻土埋藏深度减小，结果将形成新的季节融化层，为了改善季节融化层性质，进行了一定的换填处理后，一般经过一个冻融循环过程就可以达到新的热力平衡,我们不作重点剖析。填方路基(路堤)的修筑过程就比较复杂。从热学过程的本质来讲,填方路堤使大气和土体的热交换界面上移,而且界面几何形态变得比较复杂,冻土不能直接通过地表和大气进行热交换,而是通过热量传递性能各不相同的路堤结构和大气进行热交换,同时由于新的热力平衡状态形成之前,路堤作为附加荷载作用在处在变化状态下的冻融界面以上土体和冻融界面以下冻土上,使得冻胀和融沉变形变化过程复杂化。

冻土区路基地温场形成比较稳定的形态在高温冻土区一般需要经过3~5年,低温冻土区一般3年便可以稳定。

第一年,修筑施工阶段和竣工初期,由于路堤修筑改变了地表散热条件,施工期间工程活动的热影响、填土自身热量不能及时消散,路基基底原天然条件季节融化层在冻结季节土体不能及时冻结,冻土本身有可能受到扰动造成部分融化,路基地温场没有稳定形成。

第二年,施工热扰动逐渐消散,各类路基结构的传热特征开始发挥作用,路基土体和多年冻土之间的热交换开始正常进行,路基基底以下原季节融化层部分开始向冻结发展。

第三年,经过两年的热扰动恢复和路基结构保护冻土作用的发挥,路基温度场开始趋于平衡,多年冻土上限开始缓慢上升,及至长期运营阶段,地温场形态(最大季节融化季节的多年冻土上限形态,各个深度年平均温度等)开始稳定。

1)低温冻土区地温场变化

低温冻土区由于气候冻结能力和冻土地温等因素的影响,填土蓄热和施工热量影响在第一个冻结期就大大削弱,冻土天然上限以上土体能够及时冻结,冻土本身受到扰动较小,第一个冻融循环期间低温冻土区(昆仑山区、风火山区等)冻土上限已经抬升。

风火山低温冻土区试验路基是在20世纪气温还没有逐渐升高时于1976年竣工的,1977年10月经过一个冻融循环以后,多年冻土上限就已经上升到原天然地面以上而进入了路基本体(图5-1)。

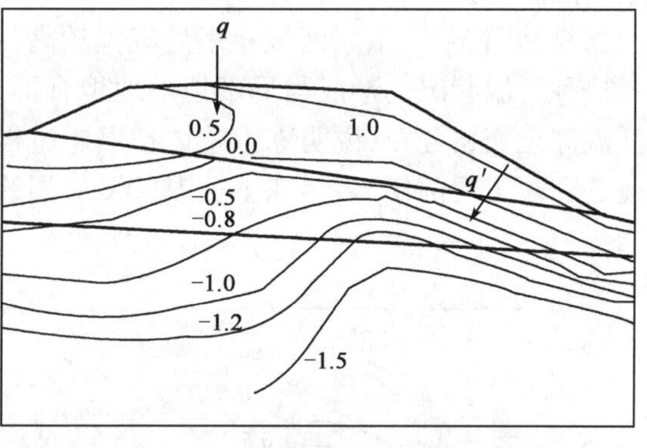

图5-1 DK0+280断面最大季节融化深度已经进入路基本体(图中0℃等温线)

2003年开始的试验,尽管气温已经有升高趋势,但是在低温冻土区五道梁(年平均气温-5.6℃,冻土年平均地温-2.3℃)的试验证明(表5-1),低温冻土区五道梁试验路基施工完成后一年,即经过一个冻融循环后,2004年10月上旬观测到的各断面多年冻土上限变化情况,试验段左右路肩下多年冻土上限都得到了抬升,抬升最高的也已经接近地面。

低温冻土区五道梁试验路基多年冻土上限变化　　表5-1

断面及位置		最大融化深度(m)	天然冻土上限(m)	上限抬升高度(m)
K1074+091.54	左路肩	1.05	2.28	1.23
	右路肩	2.08	2.28	0.2
K1074+141.54	左路肩	1.16	2.28	1.12
	右路肩	1.24	2.28	1.04
K1074+191.54	左路肩	0.88	2.28	1.4
	右路肩	1.21	2.28	1.07

续上表

断面及位置		最大融化深度(m)	天然冻土上限(m)	上限抬升高度(m)
K1074 +341.54	左路肩	-0.18	2.28	2.46
	右路肩	1.72	2.28	0.56
K1074 +391.54	左路肩	1.01	2.28	1.27
	右路肩	1.08	2.28	1.2
K1074 +441.54	左路肩	1.1	2.28	1.18
	右路肩	0.26	2.28	2.02
K1074 +491.54	左路肩	0.71	2.28	1.57
	右路肩	1.38	2.28	0.9
K1074 +541.54	左路肩	-0.17	2.28	2.45
	右路肩	0.97	2.28	1.31

图 5-2 中,左图揭示的是年平均气温较高、局部是低温冻土的北麓河试验段(该地段年平均气温 -3.8℃,冻土年平均地温为 -1.6℃,属低温基本稳定多年冻土),天然上限 3.0m,DK1134 +302.16 的路基修筑第二年地温场变化情况。路基 2002 年冬季填土竣工,2003 年秋季增加片石护坡和护道工程措施,2004 年 10 月为竣工后两年的最大融化季节,根据地温观测数据绘制图 5-2。虽然区域年平均气温较高,达到与高温冻土区年平均气温值相同的水平,但是这种气温状况的形成与局部地形地貌有很大关系,从这个区域冻土分布状况看,高温冻土和低温冻土交错分布,说明冻土整体在退还过程,但是局部的低温多年冻土决定的冻土环境条件还是在竣工后两年,多年冻土上限(0℃等温线位置)仍然全部抬升,中心部分抬升已经接近地面。

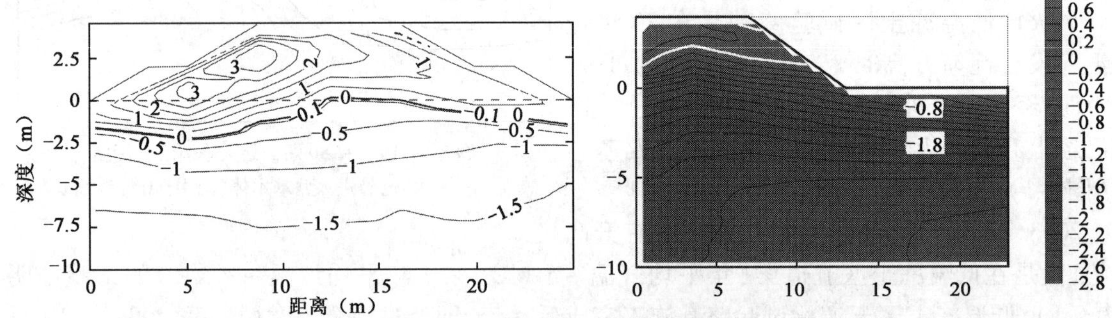

图 5-2　气温较高的低温冻土区(DK1134 +302.16)路基修筑后第二年(2004-10-17)多年冻土上限变化(左)和气温较低的低温冻土区(DK1093 +710)最大融化季节多年冻土上限变化(右)

图 5-2 中,右图揭示的是气温较低的五道梁低温冻土区 2006 年即已经趋于稳定的长期运营阶段地温场形态图,图中多年冻土上限仍然稳定在原地面以上。

但是,气温较高的这种区域以多年冻土上限的抬升为特征的地温场状态,与气温较低的低温冻土区地温场状态应该区别对待,它的冻土环境条件不具备长期支撑其地温场形态的能量条件,这在本书有关冻结指数和融化指数的分析中已经指出。

2)高温冻土区地温场变化

青藏铁路典型高温冻土区(楚玛尔河地区、沱沱河盆地等)年平均气温在 -4.0℃左右,由于气候冻结能力差和冻土地温高,填土蓄热和施工热量影响散失较慢,第一个冻结期冻土天然上限以上土体未能够及时冻结，冻土本身受到的扰动难以迅速恢复，第一个冻融循环期间冻土上限少有抬升，甚至出现下降，试验和观测说明了这个结论。

图5-3是北麓河高温冻土区段DK1128+572.16路基修筑一年后最大融化季节2002年10月的地温场形态图，从图5-3可以看到，多年冻土上限（此地段为0℃等温线位置）几乎没有抬升，该地段冻土年平均地温为-0.4~-0.5℃，属高温极不稳定多年冻土，天然上限1.8~2.0m。

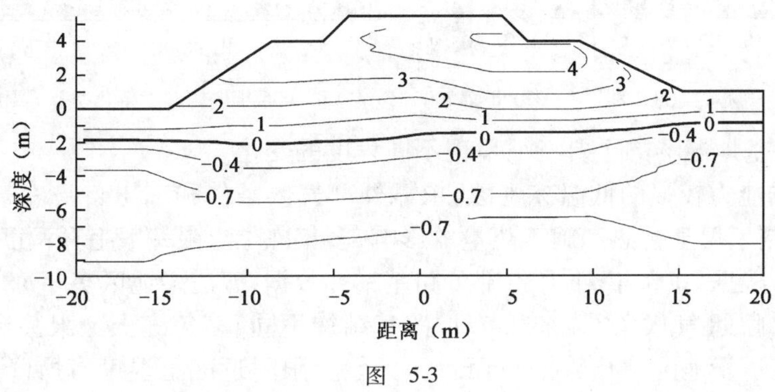

图 5-3

经过一个冻融循环以后，虽然工程活动热影响和热扰动开始弱化，但是气候条件和冻土条件不同的路基地温场仍然呈现了不同特征。

图5-4是典型的气温高（年平均气温为-4.0℃）的高温冻土区段（开心岭DK1262+430）片石路基修筑后的不同时间（2004.10和2005.10）内，多年冻土上限（0℃等温线位置）的抬升幅度明显小于低温冻土区，该地段年平均气温为-4.3℃，多年冻土年平均地温为-0.78℃，属高温不稳定多年冻土，天然上限2.5m。

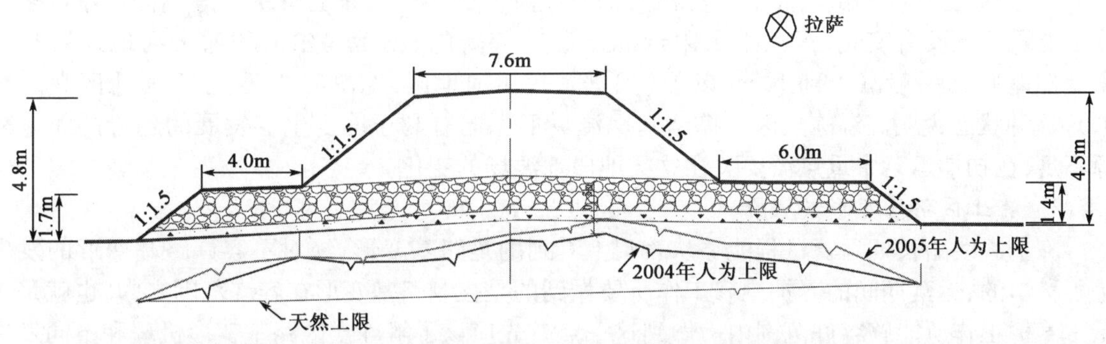

图5-4 开心岭高温冻土区DK1262+430断面最大融化季节的冻融交界面路基修筑后两个冻融循环最大融化季节多年冻土上限位置变化（年平均气温为-4.3℃，多年冻土年平均地温为-0.78℃）

图5-5是开心岭地区碎石护坡路基DK1254+020试验观测断面的地温场形态图，2005年是路基竣工后第三年，2006年是第四年，已经进入正常运营阶段，地温场已经稳定，多年冻土上限虽然较原来位置有所抬升，但是仍然在原天然地面以下。

青藏铁路冻土区线路运营期需要关注和研究的路基地温场的变化内容和意义在于：

（1）不同冻土分区典型地段典型路基结构地温场形态形成历史和趋势昭示着不同地区路基基底多年冻土生存的能量条件不同。这种隐形的不同能量条件在长期运营期间有可能导致潜在病害或显现病害的发生和发展。

（2）经过两个冻融循环以后，冻土区路基地温场都在逐渐稳定，但是气候条件和冻土条件

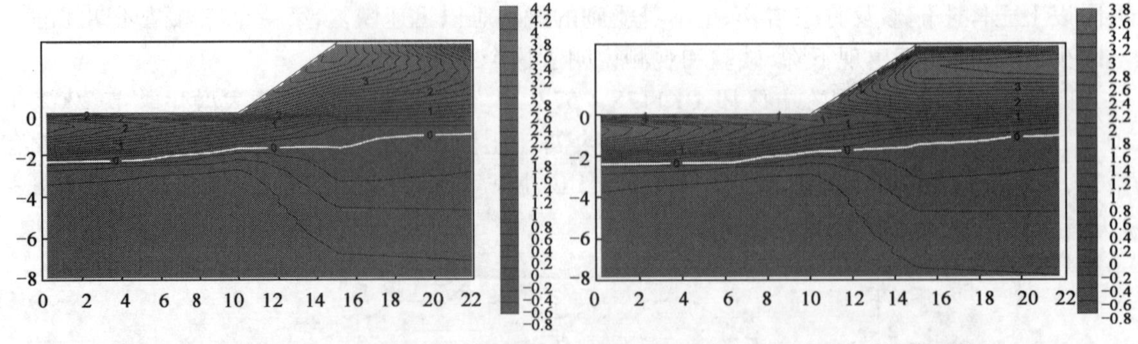

图5-5　开心岭地区 DK1254 +020 断面2005 年(左)和2006 年(右)最大融化季节等温线图

不同的冻土区,路基地温场的主要特征呈现不同程度的变化。

(3)气候冻结能力较强的低温冻土区,依靠外部气候条件和冻土自身冷量以及主动冷却路基结构基本抑制了填土蓄热和施工热量的影响,多年冻土上限一般上升幅度较大,发生冻融的土层厚度减小(根据2003 年11 月份部分路基钻孔数据,五道梁地区多年冻土上限上升2 ~ 2.5m左右),部分地段(气候条件、冻土条件、路基结构不同)多年冻土上限甚至于上升到天然地面以上(根据五道梁地区钻孔数据);而且原天然上限附近冻土温度有所降低,路基变形大幅度减小(如五道梁地区、昆仑山区、风火山区第二年路基变形一般减小到5cm 左右),这种变化趋势在长期运营阶段仍然在继续,但是,在气温逐年升高的大趋势下这种变化的持续性需要密切注意地温和气温变化趋势的联动观测。

(4)气候冻结能力较弱的高温冻土区,依靠外部气候条件和冻土自身冷量以及主动冷却路基结构继续削弱填土蓄热和施工热影响,融化的多年冻土开始冻结,发生冻融的土层厚度不再增加。多年冻土上限一般上升幅度较小,一般在0.4 ~2.0m 之间(根据楚玛尔河地区2003年11 月份钻孔资料和试验段部分资料),部分地段(气候条件、冻土条件、路基结构不同)多年冻土上限位置没有变化,天然上限附近冻土温度较高(根据楚玛尔河和通天河地区钻孔数据),路基变形一般减小到10cm 以下(根据楚玛尔河地区、沱沱河地区、通天河地区观测数据),这种状态说明高温冻土区支撑路基地温场形态向有利于冻土生存发展的趋势的能量来源不足,在初期运营中重点需要关注这类地段地温场的变化。

5.2.2　冻土区路基变形发展阶段

冻土区线路长期运营过程能够从表观上看到的是路基变形,绝对不容许路基变形的发生是不科学的,运营期间的养护维修工作所要做到的是控制路基变形在容许范围之内,也就是在正常养护工作所能够容许范围内。做到这一点首先应该了解冻土区路基变形机理和不同发展阶段,以便区分路基变形的不同阶段和对策。

1)路基变形机理

冻土区路基工程变形发生机理与土体冷生过程(冻融过程)密切相关。工程活动对冻土热扰动及消散过程,以及这种热扰动消散过程中地温场形成稳定状态的过程,也就是路基变形发生发展到稳定的过程。

铁路路基施工通过人为工程活动、填土自身蓄热或挖方改变散热面,给路基土体冷生过程带来大量外界热量影响,填土和挖方也改变了天然岩性、水分和地表形态,从而使土体冷生过程发生很大改变。这种改变指的是土体冷生过程处在动态变化中时,参与冻融变化土体形态处在动态变化中,导致不同阶段发生冻融变化的土体厚度增加,另外,这种冷生过程最后表现的土体温度差异,影响了路基基底下面一定范围内冻土的压缩变形和长期蠕变变形,因而使路基变形处于不稳定状态。不同阶段土体冻胀、融沉变形、冻土压缩变形、冻土长期蠕变变形，这四类变形在路基土体冷生过程不同阶段具有不同量级和热学上的特征，这四类变形也是冻土区路基不同阶段变形的组成部分。

冻土区从修筑路基到长期运营，其变形发生和发展大体可以划分为三个阶段，即路基修筑阶段、路基趋于稳定阶段和路基稳定阶段(铁路长期运营阶段)。如果根据修筑路基前后土体冷生过程(冻融过程)发生发展和主要冷生特征(地温场形态)，以及不同阶段路基土体传热特征来划分，这三个阶段可以分别对应工程热影响和热扰动阶段、工程热影响和热扰动削弱渐消失阶段和热平衡逐渐稳定阶段。各个不同阶段由于土体冷生作用不同，引起的路基变形特征也各不相同。由于挖方路基即路堑的修筑仅仅是开挖形成新的折线型散热界面，经过一段时间会形成的地温场，相对路堤情况要简单，以下以路堤作为主要研究对象。

(1)路基修筑阶段即工程活动热影响和热扰动阶段。

在天然地面修建路基(主要指填方路堤)，在寒季(日平均气温为负温季节)，环境温度形成的冻结能力使冻土的冷生过程在冻结因素起主导作用情况下进行。路基本体从表面开始自上而下的冻结；路基基底原天然地面以下至冻土天然上限之间的土体，受填土路基结构其他组成部分(如片石层)蓄热影响和路基结构本身相对原天然地面散热能力的削弱，使自上而下(大气降温)和自下而上(下伏多年冻土的冷生作用)的双向冻结作用削弱，原天然地面以下至天然上限之间的土体不能全部冻结，而且由于填土热量不能及时消散，在某些地段会造成多年冻土上限下移，多年冻土发生局部暂时融化的现象。

在暖季(日平均气温为正温季节)，随环境温度变化地表平均温度上升，冻土的冷生过程在融化因素起主导作用下进行。已经冻结的路基本体和路基基底以下至天然上限之间冻结的土体，开始自上而下的融化；由于寒季自上而下的热量(散热形成的冷却作用)残余影响以及下伏多年冻土的热量影响(也是散热所致的过冷)，在抵御了填土蓄热后，多年冻土的融化停止。部分地段第一个暖季末土体冻融界面有可能在原冻土天然上限左右。

工程施工对冻土的热影响表现在：改变原来冻土散热界面特征(指天然地面变为工程界面)、填土热量和工程结构散热特点对冻土产生巨大热影响。

这一阶段变形包括填土路基变形、原来天然上限到地表面之间土层变形，以及多年冻土受到热扰动有可能产生的融化压缩变形。因此，这一阶段部分地段路基变形值较大，青藏铁路冻土区路基建设期间 2002 年曾经布置路基变形观测网，施工完毕 2 个月观测的路基变形仍然比较大，当时观测变形值超过 7cm 的典型断面有 40 多个。

(2)路基变形趋于稳定的工程活动热影响和热扰动逐渐削弱阶段。

在这一阶段，气温和地表温度变化仍然周而复始，但是由于原来填土蓄热影响已经逐渐消失，在寒季，路基本体和基底以下土体在双向冻结作用下(土体通过地面向大气散热和季节融化层底面向多年冻土层散热)发生连续冻结；在暖季则发生自上而下的连续融化。这和原来天然地表以下土体的冻融过程发展趋势近似。所不同的是，路基本体结构的不同(填土或片石层)，和大气进行热交换的界面形状、性质和原天然地面不同，路基本体结构的散热降温能力也不同，冷生过程的结果也不同，导致最大融化季节时冻融界面上升位置和形态不同。

这阶段的路基变形主要包括填土路基季节冻融变形和原来天然上限到地表面之间土层的季节冻融变形。

(3)路基变形稳定阶段，冻土和冻土路基工程之间逐渐形成稳定的热平衡。

从这一阶段到长期运营阶段，施工外来热扰动短暂影响已经消失，大气环境—路基结构—

多年冻土之间的热交换过程形成了新的稳定的热力平衡状态,在路基工程表面和大气之间新的散热条件和工程结构传热条件下,多数地段多年冻土上限稳步抬升,相当多地段观测数据表明,冻土上限已经接近或超过天然地面。

这一阶段的路基变形主要包括路基本体或冻土人为上限以上土层的季节冻融变形和多年冻土的长期蠕变变形。

2)路基变形差异性

根据以上对路基变形机理、路基变形阶段和路基变形组成的分析,以及冻土区工程长期观测系统的观测数据,可以看出冻土区路基变形存在明显的差异性。路基变形的差异最终将影响线路的平顺性。

冻土区路基变形的差异就平面分布来讲,由于冻土地温不同,环境气温不同,区域地形地貌不同造成的土体岩性不同,在平面分布上存在明显差异。一般来讲,气温较低的低温冻土区路基变形普遍较小。

不同路基结构冷却多年冻土的效果不一样,多年冻土上限变化幅度不一样,发生路基变形的季节融化层厚度不同,也使不同结构路基变形存在一定差异。片石气冷复合型路基变形最小,填土路堤变形最大。

同一地段同样结构路基的横断面也存在变形差异。冻土区铁路路基无论是东西走向还是南北走向,即使路基的几何形状关于路堤中轴线对称,但是由于路基坡向不同造成受热不均,使路基两侧表面温度均存在一定的差异,导致路基温度场形态在冻融发展过程中和稳定状态下均表现出明显的不对称。这种不对称表现在:①路基人为上限形态的不对称,实质上是路堤两侧季节融化深度存在一定的差异;②冻融发展过程明显的不同步,冻融发展过程中土体冻融界面(融化季节不同时间融化温度0℃或稍低一些等温线)位置和形态不对称,也就是坡向不同时冻融深度不同,发生冻胀、融沉变形的时间和大小不同。在其他条件相同情况下,环境温度较低的地区坡向对路基温度场的影响较环境温度高的地区更大。

对这种变形差异在冻土区路基设计和施工中已经采取了相应的工程措施进行预防,如片石气冷路基结构中采用阴阳坡不同宽度的片石护道,阴阳坡不同厚度片石护坡,阴阳坡热棒不同埋设间距和不同纵排数等,根据现有观测数据和运行期工程表现,这些措施都取得了较好的效果,但是还是应该注意观测环境温度变化带来的影响。

3)路基变形影响因素

路基地温场决定了路基变形的方式发展,但是还应该明确在地温场变化中决定路基变形的主要影响因素。

路基变形的决定性因素是路基土体冷生过程形成的地温场形态,对路基变形起着决定性影响的地温场形态特征是:

(1)土体冻结温度(0℃或稍低一些)等温线位置(冻土工程人为上限位置,决定了发生季节冻胀融化土层的厚度,决定了冻结季节或融化季节路基冻胀融沉变形总量大小)。

(2)土体冻结温度(0℃或稍低一些)等温线形态(冻土工程人为上限形态,决定了阴阳坡变形差异)。

(3)冻融交界面附近冻土温度变化(融化过程冻土长期压缩变形受温度控制,决定了路基长期蠕变变形)。

(4)沿深度的瞬时地温曲线和年平均地温变化曲线类型(路基结构保护冻土长期效果和抵御未来气温升高能力的体现,冻土稳定趋势和变形长期发展趋势的决定性因素)。

土体冻结温度(0℃或稍低一些)等温线形态,它决定冻土区路基横向变形差异及低于这个温度的等温线位置和形态,它决定运营期间路基长期变形发展。未稳定的土体冻结温度(0℃或稍低一些)等温线形态,标志着冻融发展过程中路基土体发生冻胀融沉变形的土层厚度差异。稳定以后土体冻结温度(0℃或稍低一些)等温线形态,实际上是冻土人为上限形态,标志着长期冻融过程中路基土体发生冻胀融沉变形的土层厚度差异,它决定常年路基横向和纵向变形差异。

实际上地温场形态的最终表现是多年冻土层的最大季节融化深度和不同深度的多年冻土温度,把冻土路基—多年冻土作为综合地质工程体,不同传热特点的路基结构(片石气冷路基、碎石护坡路基和热棒路基)和多年冻土在环境变化条件下的互动效应,使多年冻土层的最大季节融化深度及不同深度的多年冻土温度发生变化,降低了冻土层温度,抬升了多年冻土上限,使多年冻土得到有效的保护,减少了发生季节冻胀融沉变形的土层厚度。多年冻土区路基附属结构(挡水埝和护道)能抬升结构基底多年冻土上限,改善冻土层上水的径流条件(改变路基内侧和外侧冻土层上水的水力梯度),阻挡地表水侵入路基本体,减少对路基本体的侧向热侵蚀,保护路基工程基底多年冻土生存的局部环境条件,使路基土体冷生过程向着有利于减少路基变形,提高路基本身的安全可靠性的方向变化。

青藏铁路冻土区线路进入长期运行阶段以后,路基变形在不同时间的变形和总变形都逐渐稳定,线路运行阶段的路基变形特点主要表现在以下几点:

(1)运行阶段路基变形大部分发生在填土路基本体内。冻融界面以下冻土的压缩变形占比较小的比例。根据冻土区典型地段天然上限变化概率、季节融化层岩性和含水量、填土类型和填土高度等影响因素对这部分土层变形影响的研究和计算,运行期间填土部分变形在2~4cm,部分气温地温较高地段天然上限至路基基底变形仍然存在,但是发生变形的土体一般不超过原天然上限的30%。冻土压缩变形每年不超过1cm。以"冷却地基土体"为主导设计思想,采用能够冷却地基土体的过程结构和过程措施,路基地温场呈现有利于保护冻土的变化。因而上述变形逐渐趋于稳定。

(2)路堤高度低于当地气候的潜在冻结能力,也就是低路堤地段基底范围内季节融化层还没有形成与多年冻土衔接的新的冻土,这部分多年冻土的土体变形和路基本体变形以及冻土压缩变形是需要特别注意的。

(3)运行期间,是填土路基和基底多年冻土综合体热传导的相对稳定期,最主要的特征表现在土体冻结温度(0℃或稍低一些)等温线形态和多年冻土地温等温线形态相对稳定,即冻土工程人为上限位置相对稳定,地温曲线所表现出来的土体热状态(散热、吸热或过渡状态)趋势明显。

大部分地段此期间土体冻结温度(0℃或稍低一些,即最大融化季节冻融界面,路基工程人为上限位置)等温线形态和多年冻土地温等温线形态较为稳定。因而参与每次冻融循环过程土层厚度稳定,路基变形总量和变形差异均稳定。

运行期间路基变形主要取决于土体冻结温度(0℃或稍低一些)等温线以上土体在冻结过程中的冻胀变形和融化过程中的融化压缩变形,以及冻融界面以下冻结土体的压缩变形和蠕变变形。由于路基土体冻融发展过程各个不同阶段,路基不同部位发生冻结和融化的土层厚度不同,导致不同阶段土层变形不同;另外,这种冻融过程使不同部位土体温度产生的差异,影响了路基基底下面一定范围内冻土的压缩变形和长期蠕变变形。路堤作为附加荷载作用在处在变化状态下的冻融界面以上土体和冻融界面以下冻土上,这是运行期间产生冻胀和融沉变形变化以及冻土压缩变形变化的复杂原因之一。

5.2.3 冻土区线路水热环境变化

线路运行期间冻土区水热环境变化包括两个方面:①天然水热环境,指路基周围(尤其是靠近路基)的热融湖塘、热融洼地;②人为造成的水热环境和冻土环境的变化,路基修筑的人为的截断地表水和冻土层上水的径流通道,例如,路基坡脚附近由于工程活动和施工便道修建引起的天然地面性状变化,这种改变主要表现为水分和密实度。

(1)区域水热环境变化

冻土区路基较近处已经存在的热融湖塘和热融洼地,大多处于厚层地下冰地段,由于大气降水形成的水热侵蚀形成洼地积水,或者人为形成洼地积水,积水逐渐引起厚层地下冰融化形成大片热融洼地,持续的大气降水聚集与原有的过程叠加最终形成热融湖塘。

道路施工过程中,在路基两侧形成人为的范围较小的积水洼地,并扰动了冻土的生存环境,冻土冷生过程发生变化,在高含冰量路段容易形成小型人为干扰热融湖塘。其他类型路段,在青藏高原的雨季时,地表洼地上形成积水洼地,路基两侧积水洼地由于长期暴露在大气中,水温较高,随水分的渗透热量带入土体,从而加速了上限处地下冰的融化,形成更多的水分。这样的人为干扰就形成热融洼地并发展成为热融湖塘,有些在青藏高原主导风向的影响下,热融湖塘逐渐扩大,相应的影响范围也逐渐扩大。

这种天然热融洼地和湖塘对路基附近冻土环境变化起到长期的潜移默化的作用。必须注意长期存在的这些热融现象向路基方向的变化,及时采取措施避免其对路基形成直接的侧向热侵蚀。

(2)路基修建引起的水热环境变化

水热环境变化是路基修建引起的冻土环境变化中的主要问题,它和土体冷生过程一样都会给路基变形和路基稳定性造成不可逆转的影响。

路基填筑引发的冻土环境问题主要表现在两方面:①路堤填土改变了多年冻土与大气圈的热交换条件(如地表换热条件的改变、换热面形态的变化、填料土性与基底土性的差别及基底土压所造成的热物理性质的改变),引起原天然上限位置的变化,并可能导致多年冻土地温升高,路基基底发生融沉;②由于路基填方之前对原天然地面进行压实处理,连同修筑以后的路基本体,共同形成近似无限延伸的隔离带,路基的修筑隔断或者改变了原来的地下水、地表水和冻土层上水径流途径,在路基横断面的上游侧容易形成层上水的富集,地表水的聚集和地下水的水头压力剧增等水文地质环境的改变,路堤填筑,阻隔了地表水的径流,在上游侧路基坡脚雨季可能积水,而积水有可能引起坡脚发生热融沉陷,从而导致路基出现纵向变形裂缝;路基结构和周围环境改变导致的冻土天然上限的变化,改变了地下水(主要是冻结层上水)的径流条件及通道,可能在上游侧引发冰锥、冻胀丘等次生不良冻土现象,甚至可能导致路基下游侧的植被减少、荒漠化加重,地表散热条件改变,进一步影响路基本体冻土上限变化。路堤填筑造成地表水径流的重新分布,一方面路基面和路堤排出大量的地表水,加上附近地形地表水径流的改变,会加强邻区地表的侵蚀作用;另一方面,路基面汇水积水和边坡排水会诱发和加重不良冻土现象。

路基挖方施工即路堑施工引发的环境工程地质问题主要表现在两个方面:①在高含冰量冻土区,特别是地下冰层埋藏较浅时,可能引起热融滑塌和融冻泥流等次生工程病害;②在地下水富集地段,路堑工程对地下水通道的切割可能导致冰锥、冻胀丘的产生,对地表水径流的改变有可能导致植被减少,冻土沙化现象发生。开挖深路堑时,当路基标高低于该区段的地下水位时,可能导致该区段地下水位下降,影响附近供水系统(水井和泉水)的地下补给量和流量。同时,对于进入路堑中的地下水,还必须采取有效的工程措施给予排除。

冻土区路基施工遗留的施工便道一般为高度 0.7 m 的压实砂砾路面,如果距离路基本体太近,对路基将产生的影响表现在:压实的粗颗粒砂石地面传热条件改变,便道基底多年冻土上限下降,靠近便道的路基坡脚附近多年冻土上限也受到一定影响,路基坡脚附近冻结层上水径流条件改变,路基稳定性受到影响。坡脚热融现象的存在和路基坡脚部分积水造成侧向热侵蚀,坡脚附近天然地面密实度增加会增加对路基本体的侧向热流。这种对路基内部的传热过程影响会对路基温度场形态产生循序渐进的长期影响。

如青藏铁路高温冻土区清水河试验路基 DK1027 附近便道紧邻路基,2002 年观测数据表明,坡脚处多年冻土上限比相同其他部位低 0.4m。楚玛尔河车站附近 DK1048 + 800 右侧施工便道紧邻并平行路基,路基坡脚附近积水严重影响坡脚稳定,最终在路肩部位形成多条 2 ~ 3m 长的纵向裂缝。

冻土沼泽或沼泽化湿地地表水的存在及长期作用,维系着湿地的水热平衡,路基修筑时排除或截断(有时采取排除与截断地表水也很困难)地表水,破坏多年形成的热平衡状态,将会诱发新的不良冻土现象和病害。已经采取的设计在铁路通过冻土沼泽地段时,以渗水土填筑或抛填片石处理,虽然没有采用排除地表水的措施,但是减小了对地表水径流的改变,对维持冻土沼泽地段原来的水热平衡有利。

(3)不同工程结构水热环境变化

桥涵对其下的多年冻土产生的遮阳和通风作用,改变了多年冻土的水热平衡条件,使小桥涵中部多年冻土上限上升,而涵端和洞口多年冻土上限下移,致使涵洞墩、台身流水方向的冻胀融沉不均程度加剧,使小桥涵的两端和洞口产生开裂下沉等病害。小桥涵的早期开裂沉降,排入涵洞的水,部分渗漏于涵铺砌层下,水中的潜热进入多年冻土层内,又使多年冻土上限下移,季节活动层增厚,使冻胀、融沉加剧,当小桥涵工程难于抵抗这种反复冻胀、融沉作用时,就加剧产生不同类型、不同程度的破坏。

地下冰最为集中分布在多年冻土上限附近,修筑路堤后如果引起多年冻土上限变化,其结果就会造成地下冰融化,导致路堤产生融化下沉破坏。由于地下冰受多因素控制,在空间上形成不均匀的和不同的含冰状态。这种不同的含冰状态直接影响着冻土路基的稳定,而富冰、饱冰冻土和含土冰层一旦融化就会对工程造成巨大的破坏。

对于其他类型工程建筑物来说,比如桥涵、路堑、高边坡等,高含冰量冻土的影响同样是极为关键的问题。在路基稳定性方面,还必须同时面临冻融灾害问题,即不良冻土现象。这些与冻融过程有关的不良地质现象,当它们威胁到铁路安全运营和工程稳定性时,就演变为一种工程灾害。这种工程灾害主要与地下冰、冻融过程和冻土温度有关。

高含冰量、高温多年冻土的斜坡地段,微弱的工程热扰动可能就会引起冻土区斜坡稳定性变化,对于这样一些地表敏感性极强的多年冻土地段,工程勘测、设计和施工都应给予极大的重视。对于斜坡地段出现的冰锥、冰丘、延流冰,对工程的危害非常大,常会导致铁路的破坏和运营的中断。对于路基附近出现的冰锥、冰丘,常会导致路基产生冻胀问题,也应对其予以极大的重视,并针对具体情况给出其防治措施。

(4)线路各种附属结构可能引起的变化

线路附近配套设施主要有输变电塔、通信线路基础和路基防护围栏,这些建筑的存在改变了线路原来单一的工程环境,使已经发生改变的水热环境又增加了一些未知的影响因素,这些建筑的基础都有可能造成局部水热侵蚀洼地，进而破坏冻土和周围工程环境的平衡条件。

(5)桥梁桩基引起的周围水热环境改变

高温冻土区地下冰地段采用“以桥代路”工程结构，桥墩周围土体多年冻土上限变化可能造成积水，积水的热侵蚀会带来桥梁桩基承载力下降，桩基承台埋在上限变化部分的侧面受到切向冻胀力作用，仍然会影响桥梁墩台稳定性。还要注意运营期桥梁墩台附近积水桩基变化突出表现在桥梁桩基承台的季节融化层部分、桥梁墩台锥体护坡和路桥过渡段部分。

为防止季节冻结时产生的冻胀作用对桩基承台和桩基的冻拔力，桩基承台和桩基埋在多年冻土季节融化层部分都进行了防冻胀处理，或涂沥青渣油，或安装钢护筒，但是在气温升高过程中，多年冻土上限发生变化，尤其是高温冻土区多年冻土上限变化幅度较大，应该特别注意变化部位的防冻胀问题，也可以采用冷却墩台周围土体的工程措施，如已经实施的设置热棒的墩台，可以观测其冷却土体的效果。

(6)过水涵洞水热环境侵蚀

涵洞修建的目的是集排横向流水，但是由于路基两侧水热环境的差别和路基的阻隔作用，有可能在涵洞入口形成积水，对涵洞基础稳定性造成不利的影响，也可能对路基坡脚造成侧向热侵蚀。

青藏铁路建设期间和运营期的现场调查说明很多典型地段的水热环境变化导致了次生不良冻土现象的发生。

DK1091 +000 的路基右侧泉冰幔，就是由于路基对冻土层上水的阻隔作用造成的。DK1138 +776 日尔拉玛中桥右侧上游侧泉水出露形成较大冰幔，并有冰锥发育，冰锥最大开裂宽度约 50cm，可见深度约 40cm。DK1139 +510 日南中桥左侧因地下水流出露结冰而形成较大的冰幔，横向距离约有 150m，纵向约有 100m，并发育多个小冰锥。这些现象产生的原因皆因为桥梁修建改变了纵向多年冻土上限位置，阻挡了冻土层上水的正常紊流路径，冻土层上水在薄弱部位出露结冰形成。

有些已经修筑片石气冷路基的地段(如 DK1181 +740 ~ DK1182 +050 段片石路基上游侧)也产生冰幔，冰幔厚度大于片石填料厚度，在消融期使片石间孔隙积冰或充水，影响片石路基的冷却效果；路基坡脚积水是路肩融沉裂缝的诱因，坡角冰锥融化水流，沿路基的坡面流去冲刷路基表面。

由于冻土区线路水热环境变化导致的类似次生冻土现象是病害发生的诱导性因素。

5.3 青藏铁路运营期线路病害

在冻土区路基工程建设和病害调查基础上，结合试验工程以及理论研究，对路基稳定性问题进行系统的研究，从冻土学理论和工程实际的要求进行详尽分析，总结工程建设期间路基稳定性标志和影响因素以及铁路长期运营期间路基稳定性标志和影响因素，并提出路基长期稳定性的标准和保证路基长期稳定性的应对工程措施，成为青藏铁路建设中正在广泛认识的主要技术问题。

冻土区环境温度、岩性、水分、与大气接触的地表形态和冻土温度是土体冷生过程的主要影响因素。填土路基中发生的冷生过程，从宏观概念上讲，就是土体的冻结融化过程和路基温度场的形成过程。理论分析，现场监测和工程实践表明，这种以冻结融化现象为主要表现的冻土冷生过程是青藏铁路冻土区路基变形的主导和控制性因素。研究伴随这个过程发生的冻胀融沉变形，研究路基地温场形态决定的路基变形及其调控措施，具有重大的工程意义。

填土路基中周而复始的发生的冻融循环过程由太阳辐射造成的环境温度差异，通过不同温度、水分的路基填土和基底土体来体现。发生冻融循环的土体厚度决定了冻融循环过程中土体变形的动态变化，填土路基冷生过程稳定以后（路基工程人为上限形成以后），季节融化层厚度决定了路基冻胀融沉变形大小。填土路基变形由季节融化层土体冻胀融沉变形、冻土压缩变形、冻土长期蠕变变形组成，其冷生过程最终结果是：稳定的季节融化层形成，不均匀地温场形态（等温线位置和形态）形成，冻土温度相对稳定，这是决定路基变形三个组成部分的三个控制性因素，也是判断线路路基病害时的控制性指标。

控制填土路基冷生过程稳定时间，控制填土路基冷生过程的结果（地温场形态、季节融化层厚、冻土温度）有利于减少冷生过程中和铁路运营过程中的路基变形，减小变形不均匀性，减少线路路基病害的发生，保证冻土区路基工程的长期稳定性。

5.3.1 线路病害判断

冻土问题对线路的影响，主要是温度和水分因素的介入使得线路的力学性质的表现变得长期和缓慢。线路本身的温度变化在水分的影响下，滞后于环境温度的变化，深部温度滞后于浅部温度，水分的相变特征使冻土区的线路变化力学表现滞后于热学表现。

运营期冻土区线路的变化主要表现在显形变化和隐形变化两个相互关联的方面，变形是表现，地温场是起因，冻土区线路病害标准是以路基变形表现为控制指标，以产生这种变形的内因—路基地温场形态特征为判断其潜在变化的基础。

按照青藏铁路长期运营期间人员少和少维修的原则，以一个冻结或融化期为维修周期，则线路变化力学表现（主要体现在路基变形和裂缝）必须在一个维修周期内满足铁路运营速度要求的轨道平顺性标准，线路热学变化应该从长期运营期间线路路基地温场的发展趋势对路基变形和裂缝影响，危及路基以上两方面稳定的水热环境问题则是线路变化的重要因素。在这三种标准基础上我们研究判断冻土区线路变化分类。

危及铁路行车安全的线路非正常形态（变形、滑塌、裂缝等）称之为线路病害，严格地讲，不能保证铁路设计运营速度的线路变形形态都应该称之为线路病害。危及线路路基稳定性的周围环境的非正常形态（危及路基边坡和基床的热融滑塌、冻土退化引起的坡脚积水、路基附近的不良冻土现象等）成为环境病害。由于多年冻土地温场变化和冻土退化而具有向病害发展趋势的路基称为具有潜在病害的路基，具有向病害发展趋势的周围环境称为潜在病害环境。

冻土区线路的不同设计运行速度对应着一定的轨道平顺性标准，而轨道的平顺性则由其基础，即线路路基的稳定性来保证。

路基变形特征是工程的直接表现，根据不同运行速度下对轨面平顺性的要求，在一定养护周期内，冻土区路基阶段变形总量和即时差异变形量应该局限在一定范围之内，才能满足修建其上的轨道在其养护维修周期内保持一定的平顺性。

青藏铁路冻土区铁路设计运行速度为100km/h，按照铁路运行规范要求，能够保证冻土区铁路平稳运行速度100km/h的轨道平顺性标准的是轨面高差≤4mm，由此可以计算出满足轨面高差条件的路肩高差为19.79mm，近似取值20mm。

按照最不利条件进行分析，如果在冻结季节或融化季节左右路肩变形均不超过20mm，自然高差也不超过20mm。

应该指出的是，轨道和轨枕钉联体近似为一个刚体，道床和路基填土则是弹塑性体，变形的传递不是一种刚性传递，因此，应用上述计算推算路基变形对轨面高差的响应有一定误差。目前，尚未对这种关系进行深入研究，采用上述计算判断路基变形对轨面高差的影响应具有偏安全的误差。青藏铁路建设期间曾经以此作为判断路基病害地段的标准，运营期间应该在此分析基础上，结合养护工作周期所能够处理的路基最大变形，综合制定路基变形病害标准。

5.3.2 线路病害隐形因素

冻土区线路工程发生的病害一般都是以工程变形为外观特征，工程变形有垂直方向的沉降变形和水平方向的张拉变形，纵向和横向变形的差异最终表现为线路的纵向不平顺和横向张拉裂缝，张拉裂缝还会因为变形差异而裂开甚至滑塌，形成严重病害。

所有线路工程病害的发生及其诱发特征都与冻土区工程地温场的一些特征变化相关。

1）地温—深度曲线表现的线路变化趋势

土体沿深度的地温变化曲线形态是内部和外部条件热力交换过程的真实写照，它反映了冻土层的生成环境、存在环境和发展趋势。对于线路工程来讲，它是线路工程修建后工程措施长期效果的对比标志。冻土层在其生命的不同时期地温曲线状态在不断变化，这种变化提供了冻土层演变过程的信息；线路工程修建后，这种变化提供的是冻土层在各类路基结构作用下冻土状态演变的信息。它提供的是过程结构的长期有效性。这种冻土温度场及其状态是评价线路地基稳定性和工程措施正确性的重要依据。

冻土区线路长期运营期间观测和绘制的地温—深度曲线为以下几种形态和类型时，线路变化具有潜在危险：

（1）负梯度吸热型地温曲线（图5-6a）。

这种地温曲线表现在从冻土上限至年变化深度再往下到某一深度，地温逐渐降低，然后回升转为正梯度型。这说明历史气候的转暖及人为活动的影响。它不利于冻土生存和发展。

（2）零梯度型地温曲线（图5-6b）。

这类地温曲线实际上是自冻土上限至年变化深度以下一定深度内冻土温度变化很小甚至于没什么变化，因此，称之为零梯度地温曲线。

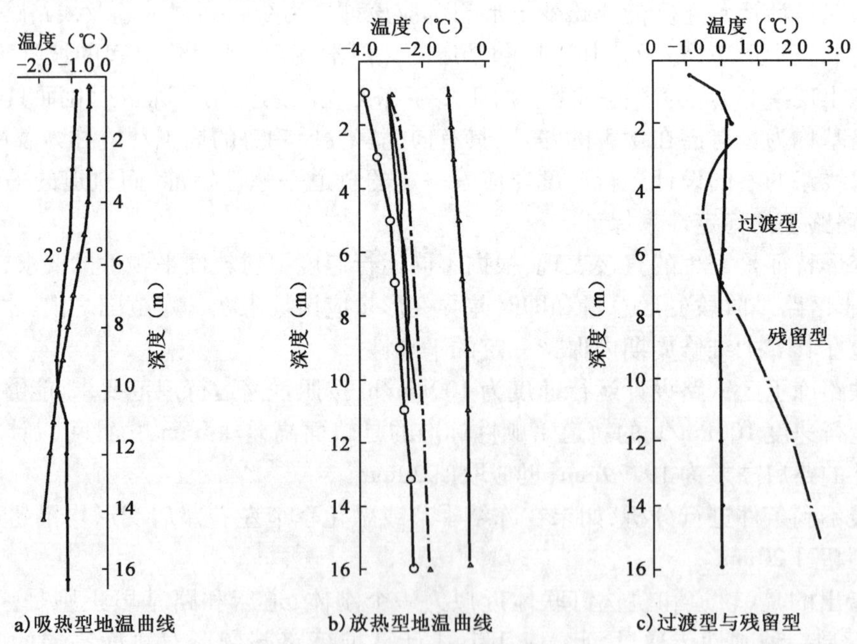

图5-6 暗示冻土存在状态的地温曲线类型

(3)残留过渡型地温曲线(图5-6c))。

该类地温曲线随深度时而为正梯度,时而为负梯度,并且正负交替出现。

线路修建以后,由于气候转暖和工程环境影响,线路基底多年冻土可能产生退化。冻土层的成层性及不均匀性,造成地温回升速度差异,因而形成折曲状地温曲线,甚至于由于有的层位原来含冰量小,或构造裂隙发育,地下水循环强烈,从而使得冻土率先退化,地温升温至正值。分析线路基底冻土层的地温状况,对于判别线路路基或冻土工程修建以后地基稳定性的长期变化趋势具有很重要的意义。

沿深度某一时刻地温曲线的类型(吸热、放热、过渡)表征这一时刻土体所处的状态(吸热状态还是放热状态),沿深度年平均地温曲线的类型(吸热、放热、过渡)表征土体全年热周转的结果,决定不同路基结构下面的多年冻土发展趋势(保持、退化和发展),也决定了发生冻胀融沉变形的土层厚度变化趋势,即路基变形发展趋势。

青藏铁路冻土区年平均气温高于 -4℃,尤其是年平均气温在 -3℃左右的一些盆地冻土区,块石路基结构和碎石护坡路基的传热效果使多年冻土上限变化不明显,年平均地温曲线一般是过渡型曲线,抵御气温升高保护冻土的能力较弱,这些是特别值得引起注意的地段。图5-7是北麓河地段应用碎石护坡的路基地温曲线,左路肩下的地温曲线呈现吸热形态,说明多年冻土有可能向退化方向发展,原有的路基结构没有起到保护多年冻土的作用,尤其是在左路肩阳坡面应该补强工程措施。

2)温度场特征揭示的变形趋势

路基土体温度场的有些特征往往能够揭示路基变形的现状,而这些特征的变化趋势则可以揭示路基变形发展趋势。

能够揭示路基变形特征和变化趋势的路基土体温度场主要特征指的是土体冻结温度(0℃或稍低一些)等温线形态和多年冻土地温等温线形态。后者决定了不同温度的冻土层厚度,是影响冻土层压缩变形和长期蠕变变形的主要因素。

(1)土体冻结温度(0℃或稍低于0℃)等温线位置。

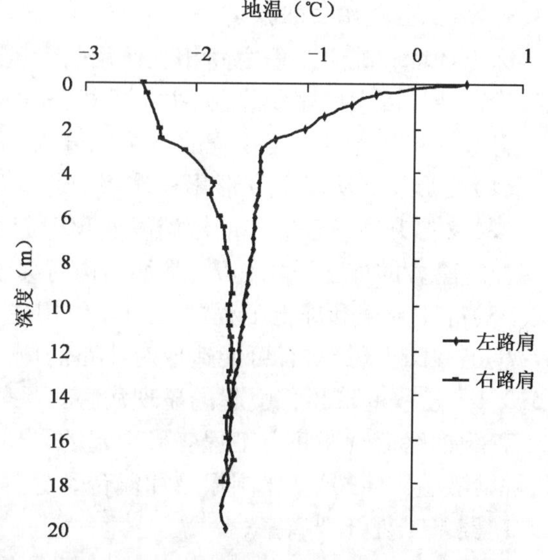

图5-7 北麓河地段DK1152 +750左右路肩年平均地温曲线

天然地面以下最大融化季节土体冻结温度(0℃或稍低一些)等温线位置,实际上是多年冻土天然上限位置。路基表面以下不同时刻土体冻结温度等温线位置,标志着冻融过程中路基土体发生冻胀融沉变形的土层厚度大小,最大融化季节土体冻结温度等温线位置,实际上是路基人为上限位置,它决定了路基横向和纵向变形程度。

气候冻结能力较强的低温冻土区,多年冻土上限一般上升幅度较大(据2003年11月份部分路基钻孔数据,五道梁地区多年冻土上限上升2~2.5m左右),部分地段(气候条件、冻土条件、路基结构不同)多年冻土上限甚至上升到天然地面以上(据五道梁地区钻孔数据),而且原来天然上限附近冻土温度比原来有所降低,这些变化使路基变形稳定在1~2cm左右(五道梁地区、昆仑山区2004年观测数据绝大部分都在2cm左右)。气候冻结能力较差的高温冻土区,多年冻土上限一般上升幅度较小,一般在0.4~2.0m之间(楚玛尔河地区2003年11月份钻孔资料和试验段部分资料),部分地段(气候条件、冻土条件、路基结构不同)多年冻土上限位置没有变化,天然上限附近冻土温度较高(楚玛尔河和通天河地区钻孔数据),这些地段路基变形一般在2~5cm之间。

(2)多年冻土地温等温线形态。

最具工程意义的多年冻土地温等温线形态是土体冻结温度(0℃或稍低一些)等温线形态,它决定不同时刻冻土区路基的横向变形差异。

冻土区铁路路基无论是东西走向还是南北走向,即使路基的几何形状关于路堤中轴线对称,但是由于路基坡向不同造成受热不均,使路基两侧表面温度均存在一定的差异,导致路基温度场形态在冻融发展过程中和稳定状态下均表现出明显的不对称。这种不对称的表现为:①路基人为上限形态的不对称,实质上是路堤两侧季节融化深度存在一定的差异;②冻融发展过程明显的不同步,冻融发展过程中土体冻结温度(0℃或稍低一些)等温线位置和形态不对称,也就是坡向不同时冻融深度不同,发生冻胀、融沉变形的时间和大小不同。在其他条件相同情况下,环境温度较低的地区坡向对路基温度场的影响较环境温度高的地区更大。

多年冻土年变化深度范围内(地表以下10~15m),温度变化最不稳定的土体在上限也即冻融交界面附近,其中-0.5℃等温线以上分布区域,是冻土发生压缩变形和长期蠕变变形的主要区域,因此,-0.5℃等温线位置和形态对冻土区路基未来长期变形总量和变形差异起着决定性作用。

5.3.3 冻土区线路工程病害分类

冻土环境和冻土工程之间相互作用、相互影响的长期、复杂和渐变特征,以及冻土区线路工程病害诱导因素的累积作用,决定了线路病害的分类特征。

青藏铁路冻土区线路工程病害可以分为:

(1)变形发展阶段和变形累积作用引起的显现病害,如裂缝、开裂、滑塌病害。

(2)气温升高背景决定的地温场变化引起的潜在病害,如多年冻土上限下移趋势、衰减型地温曲线隐含的冻土退化趋势、路基结构对冻土的保护作用衰退等。

(3)冻土环境和冻土工程之间相互作用造成的工程环境变化,尤其是水热环境变化引起的次生工程冻土现象,有可能造成对线路的侧向水热侵蚀进而发展成为路基本体的工程病害。

5.3.3.1 工程变形累积引起的显现病害

青藏铁路运营期间由工程变形引起的显现病害主要是路基工程裂缝、路桥过渡段沉降变形、桥梁墩台锥体裂缝、涵洞塌腰和涵台裂缝等。

1)路基工程开裂病害

路基工程裂缝的发生与路基横向沉降变形差异、寒冻气候条件有关,其后的发展过程还与列车振动荷载、路基坡脚水热环境条件有关。冻土区路基开裂病害发展过程的共同特征是:从初期裂纹和裂缝,发展为中期开裂,最后导致后期裂开并滑塌,分为三个发展阶段,不同阶段的影响因素不同,发生部位基本处在填土路堤的季节融化层范围内,但和多年冻土的热稳定性有关,也和周围水热环境条件密切相关。

初期裂纹和裂缝产生的动力和影响因素有三种:

(1)冻土地区和寒冷地区特有的冻缩开裂作用,是产生裂纹的原因之一。由于土的种类、温度、含水率和黏聚力的不同,已经冻结的土体在温度降低时仍然有收缩而开裂的作用,称为冻缩开裂作用,是产生寒冻裂缝的因素之一。

(2)冻结期末融化初期的振动荷载作用也是初期裂纹产生的原因之一。这是因为冻结期末路基表面土体刚刚进入融化阶段,振动荷载虽然不大,但是根据动载试验在融化初期其影响深度在路基面以下 1 ~1.5m。这样由于融化初期已融化土体较薄,振动力和下伏冻结土体的坚硬阻尼作用使薄层的融化土体容易产生裂纹。

(3)有的地段由于土体自身性质和地表温度差条件的关系,振动荷载和寒冻风化并没有使地表产生裂纹或裂缝,但是随着融化土体厚度的发展,由于冻融界面形态不对称,而且呈抛物线状,竖向变形差异造成沿冻融界面的下滑力,初期有可能形成有垂向错落的裂缝。

图 5-8 系列图是青藏铁路不冻泉—清水河地段的三处开裂病害,根据以上分析,初期沿路肩产生的平行裂纹或裂缝是冻缩开裂作用造成的(坡面和路基面受热差异造成温度差异,易形成寒冻裂缝);离开路肩较远靠近道床的平行裂纹裂缝产生的原因应该是以振动荷载为主冻缩开裂作用为辅形成的。5 月份融化活跃期开始出现的裂缝,主要是融化土层厚度增加,竖向变形差异产生沿冻融界面的下滑力是主要因素,这期间振动荷载起到一种催化作用。

a)冻土区不冻泉DK1001+600路肩裂缝

b)冻土区不冻泉DK1016+000路肩纵向裂缝

c)冻土区不冻泉DK1004+300路肩裂缝

d)冻土区不冻泉DK1016+000裂缝向道床发展

图 5-8 青藏铁路不冻泉—清水河地段的三处开裂灾害

从水分重分布的角度分析,路基修筑后经过一个冻融循环,路堤填土中水分发生了重新分布,路堤上部含水率小,路堤中、下部含水率相对较大,原活动层中的水分也有所增加。根据未冻水的不等量迁移原理,路堤在冻结过程中,水分向路基体内发生少量迁移,在路堤融化过程中,水分向下迁移量较大,而且在原天然状态下,活动层的含水量基本已达到液限。当基底下原活动层主要为砂黏土、黏土、粉土等细颗粒土组成时,原活动层冻融界面附近出现一个含水量高的软弱带。由于冻融交界面的非平面形状,冻融交界面上的软弱带强度较低,受路基土体挤压明显,因而融土中出现拉应力。当融化深度达到一定值时,融土中的拉应力有可能超过土体的极限抗拉强度,从而产生裂缝,见图 5-9。

图 5-9　裂缝发生初期和线路周围水热环境

运营期间裂纹和裂缝发展的第二阶段就是路基开裂。

大气降水的侵入和昼夜温差较大,使裂纹、裂缝继续向宽发展,进入融化活跃期以后横向不均匀沉降变形的进一步发展,加速加剧了裂纹和裂缝向开裂发展,同期比较坡脚融化深度比路基其他部位要大,附近水热环境(热融湖塘,地表水系)的侧向热侵蚀使坡脚融化进程加速,排水不畅使坡脚土体进一步松软,这些都会加剧裂缝向开裂发展,并使裂缝产生一定程度的竖向变形差异。

路基开裂发展到第三阶段成为路基滑塌。

当路基裂纹和裂缝发展为中期的开裂现象以后,上述所有影响因素都会使这种路基病害向着后期裂开并滑塌发展,促使这种病害最后发展为灾难性病害的最合适的季节在融化后期的 8 ~ 10 月份,最主要的因素是路基横向变形的差异进一步加剧,因此,各种路基结构冷却地基和保护多年冻土的程度成为主导因素,而路基周围水热环境在这个季节对路基的侧向热侵蚀(路基坡脚融化深度继续增大,路基不均匀沉降变形进一步发展,路基基底多年冻土温度升高或抬升的上限附近土体温度升高)使路基本体的稳定性降低,最后多种因素叠加可能导致路基裂开并滑塌。

2006 年不冻泉—清水河地区路基工程裂缝的发展证明了以上分析和结论。

2006 年 6 月 29 日和 7 月 25 日,分别对 DK1004 + 300、DK1016、DK1001 + 600 地段附近先后出现的路基开裂现象(图 5-8)进行了调查,现场分析了这些裂缝发展变化的历史和原因。

根据现场病害发生现状和前期发生情况,结合附近长期观测系统的观测资料,以及参照同类情况观测断面和试验路基的一些观测资料,可以发现三个地段发生的病害具有很多共同性:

(1)路基结构为一般填土路基,高度约 4 ~ 5m,坡面以骨架护坡进行防护,路肩表面封闭平铺了片石。

(2)病害现场表现均为自路基顶部沿路肩向拉萨方向出现上宽约 10 ~ 15cm,深约 1m 左右的纵向裂缝,裂缝横剖面呈锥形或梯形,延长 10 ~ 30m 不等,个别有拐向线路中心的发展趋势,或已经发展到轨枕下面。

(3)根据工务维修部门对这几段病害地段路基裂缝初期显现的回忆,2006 年 3 月末在裂缝部位开始出现“蚯蚓”状裂纹,大部分路肩覆盖的片石板掩盖了后期的发展过程,由于 2006

年融化季节初期和中期降水量较大，降水集中，加剧了裂缝发展，导致了如图 5-8 所示的病害情况。

不冻泉—清水河地段地表水系发育，间断性河流河道不规则摆动，线路左右侧均有热融湖塘发育，地表潮湿，路基两侧均布有挡砂石方格，方格内土体表面和浅层潮湿（图 5-9）。

该地段低温、高温多年冻土，高含冰量或少冰多冰冻土等类型交错分布，发生病害地段根据原设计资料符合一般填土路基条件，因而采用填土和骨架护坡。

根据 2005 年 DK1023 + 150 长期观测断面的地温观测数据，左路肩处最大融深 - 7.49m，天然上限抬升 0.75m，右路肩处最大融深 - 5.3m，天然上限抬升超过原地面 0.2m，但是在抬升上限位置以下 2 ~ 4m 有 0℃夹层。

根据 2004 年 ~ 2005 年附近长期观测断面 DK1010 + 000（相当于 K1001）、DK1014 + 000（相当于 K1005）和 DK1023 + 150（相当于 K1014）地段地质钻探资料显示，多年冻土层上水比较发育（周围水文地质环境也可以看出），当上限抬升以后，原季节融化层稳定冻结以后部分土层含冰量相当于富冰、饱冰多年冻土，由于温度在 0℃左右，其热稳定性较差，轻微热扰动便可能引起融化下沉。

路基本体季节融化层部分由于冻融疏松作用，使部分地段上一年融化末期的大气降水不能及时疏运和蒸发，导致路基部分填土含水率大于原来施工期间控制的填土含水率。在冻融交替期间由于道床底部的含水量大于道床外侧土体的含水量，容易使平行裂缝向中心发展。

由于上述病害发生地段路肩表面铺满片石，致使表面导热能力和隔水性能加强，除造成路肩下面融化深度加大外，还阻止了路基表面的蒸发强度，在融化季节促进了上述过程和结果，还掩盖了裂缝发生初期的痕迹，使裂缝不能及早地发现和采取处理措施。

综上所述，裂缝初期产生的原因是路基横向和垂向变形差异、寒冻风化以及列车振动荷载的影响（因为没有深入研究，缺乏准确数据）。裂缝产生后，由于被片石护面的遮挡，没有及时发现处理，大气降水的侵入和昼夜温差较大，使裂纹、裂缝继续向宽发展；进入融化活跃期以后横向不均匀沉降变形的进一步发展，加速加剧了裂纹和裂缝向开裂发展；同期比较坡脚融化深度与路基其他部位相比最大，附近水热环境（热融湖塘、地表水系）的侧向热侵蚀对坡脚融化进程加速，排水不畅使坡脚土体进一步松软，这些都会加剧裂缝向开裂发展，并使裂缝产生一定程度的垂向变形差异。当路基裂缝得以发展后，上述所有影响因素都会使这种路基病害向着裂开并滑塌的趋势发展，最后多种因素叠加可能导致路基裂开并滑塌，如 K1004 + 300 左侧坡脚附近积水且已经呈现下沉迹象，这是路基开裂病害进一步发展的标志，必须立即采取措施。

2）路基变形裂缝病害

气候和冻土条件使天然土体以及路基填土产生寒冻裂缝，寒冻裂缝是伴随土体的融化和冻结过程而产生的一种土体冷生现象，冻土学认为：和工程有关的较为单一的冷生现象—寒冻裂缝及其影响因素，主要是由于冻土与冰在温度降低时收缩而开裂的作用，这种冻缩开裂作用，是产生寒冻裂缝的因素之一。寒冻裂缝与土体冻结过程的冻裂作用有关。由于路基土体岩性、地温梯度、含水率、路基不同部位处温度较差的不同，使得冻结土体中产生张拉应力，在土体相对薄弱部位，例如，路桥、路涵过渡段，不同工程措施过渡段等产生裂缝。温度较差越大，越易产生寒冻裂缝，且寒冻裂缝的密度越大。寒冻裂缝深度主要取决于年平均地温和填料特性，而地温梯度决定了水分迁移的强度和结果。经过几个冻融循环后寒冻裂缝的宽度又在增大，大多为 20 ~ 50mm。

寒冻裂缝的危害性有两点：

(1)寒冻裂缝是在寒季土体冻结时逐步出现的,第二年春季冻害回落时,它又恢复了原来的状态。但是,年复一年的反复冻融,造成冻缩土的结构逐渐松散解体,所以,对路基的稳定性有一定影响。

(2)当寒冻裂缝发生在路基的两侧路肩上或钢轨下时,由于水和冻融作用,逐年加剧,在列车振动下可能引起滑塌。

寒冻裂缝的发生主要取决于土体表面温度较差,温度较差越大,产生寒冻裂缝的可能性越大;寒冻裂缝向地面以下深入发展则主要由不同深度的年平均地温和岩性决定,年平均地温越低,土颗粒越细,越难以深入发展。当岩土的性质和均质性不同时,由于地质约束面位置不同,约束面上交替发生的土体冻结和融化结果不同,因此,在不同地区产生土的寒冻劈裂程度不同。

2001 年底修建的青藏铁路清水河试验段,2002 年底、2003 年初也出现过许多寒冻裂缝。2001 年 11 月竣工的青藏铁路冻土区路基试验工程经过近一个冻融循环周期时(2002 年 9 月中旬),清水河路基试验段开始发现路基表面局部纵向变形阳坡侧裂纹 42 条,占总数的 84%;阴面裂纹有 8 条,占总数的 16%。阳坡侧裂纹中,23 条位于护道顶面,11 条位于护道边坡上,5 条位于路肩上,3 条位于路基面上。图 5-10 为修筑初期清水河普通路堤路肩裂缝和清水河通风路堤的裂缝照片。

图 5-10　清水河普通路堤路肩裂缝(左)和清水河通风管路堤护道裂缝(右)

上述裂缝按与线路的相对位置分,有横向裂缝、纵向裂缝和斜向裂缝三种。横向裂缝最多,纵向裂缝次之,也有少量斜向裂缝。横向裂缝在路桥、路涵过渡段、不同工程措施过渡段及测试断面上出现较多;纵向裂缝多分布于阳坡路肩、坡面及护道上;斜向裂缝出现在热棒路基上。裂缝宽度多数为 5 ~ 20mm,裂缝长度 10 ~ 30m。裂缝垂向呈“V”字形或“U”字形。

初期这种工程裂缝的分布特点是片石气冷路基、片石护坡路基、加筋土路基基本少见裂缝,热棒路基出现的变形裂缝基本上远离热棒中心。另外,现场路基工程裂缝分布阳坡比阴坡多,无特殊防护的地段比有特殊防护的地段多,护道上比路基顶面多。这些现象说明坡向不同,接收太阳辐射的程度不同,路基基底地温状况不同,变形程度不同,工程措施应当有所区别,才能最大限度的消除沉降变形的差异,保证线路横向上的均一性和纵向上的平顺性。

初期裂缝的发育现象反映出:纵向裂缝占绝大多数,说明路基横向沉降变形的不均匀特征;片石气冷路基吸收变形的能力、片石护坡的降温和反压作用、加筋路基刚性的增强等均能减小路基横向沉降变形的不均匀性,具有抑制裂缝产生的效能。

冻土区路基工程试验段裂缝在发现初期多数为裂纹,随后逐渐有张开趋势而逐渐发展成裂缝,并有沿路基纵向发展贯通成纵向裂缝的趋势,个别地段有垂直于路基纵向的贯通裂纹即路基横向裂纹出现,但是大多不会形成类似纵向裂缝的形态。

2002 年 9 月至 2003 年 6 月,已经竣工的冻土区路基工程现场陆续发现路堤的路肩、边坡和护道部位产生纵向裂缝,这些裂缝长度和宽度不一,大多产生在高含冰量地段的仅设土护道或设保温材料的路堤路段,部分纵向裂缝施工单位进行了填筑处理,没有发现重新开裂和发展的迹象。

纵向裂缝的发生特点大致为:

(1)仅设土护道的一般路基或试验段对比段路基出现纵向裂缝的概率最大,裂缝最严重,宽度最大可达 30mm。

(2)设保温材料的路堤以及热棒路基出现纵向裂缝的概率大,尤其是热棒试验段新增裂缝达 11 条,但热棒路基的裂缝发生在远离热棒位置。

(3)片石通风路基和冻土加筋路堤分别发现了 1 条和 2 条位于边坡上的裂缝,出现纵向裂缝的概率最小。

(4)从地质情况分析,高温区饱冰冻土、含土冰层较其他类型冻土地段产生纵向裂缝的概率大,细粒土地基地段较粗粒土地基地段产生纵向裂缝的概率大。

2002 年 9 月路堤横向裂缝还极少见,只是发生在地基不同地层过渡段(高含冰量和低含冰量过渡段)、路桥或路涵过渡段以及不同工程措施过渡段,且窄短细微。冬季(2003 年 1 月)发现横向裂缝绝大多数还是产生在以上过渡段,但其数量和宽度都有了一定程度的发展,这说明进入寒季后,经过一段时间的冻结作用,除原有的横向裂缝外,又有部分新生的横向裂缝在此期间产生。2002 年寒季试验段路基横向裂缝分布情况见表 5-2。

2002 年寒季试验段路基横向裂缝表 表 5-2

断面里程	条数	裂缝位置	裂缝长度(m)	裂缝宽度(mm)	工程措施
DK1024 +400 ~ +500	6	路面	1.3 ~ 14	3 ~ 5	热棒试验工程
DK1024 +575 ~ +800	5	路面、两侧坡面	3 ~ 15	3 ~ 8	保温材料试验工程
DK1024 +945 ~ +970	3	路面、两侧坡面	7 ~ 19	5 ~ 15	路基沉降试验工程
DK1025 +025 ~ +080	4	路面、右侧坡面	8 ~ 14	3 ~ 10	站场路基试验工程
DK1025 +205 ~ +260	3	左侧路肩、路面	6 ~ 11	3 ~ 5	通风管试验工程
DK1025 +420 ~ +540	4	路面	4 ~ 10	3 ~ 10	冻土加筋试验工程
DK1025 +595	1	路面	10	3 ~ 5	片石通风路基工程
DK1025 +630 ~ +990	10	路面、两侧坡面 及路肩、左侧护道	2 ~ 15	3 ~ 15	一般路基
DK1026 +155 ~ +295	2	路面	4 ~ 9	3 ~ 10	片石护坡试验工程
DK1026 +330 ~ +525	7	路面、两侧坡面	7 ~ 13	3 ~ 15	通风管试验工程
DK1026 +640 ~ +940	5	路面、左侧坡面	7 ~ 17	3 ~ 15	一般路基
DK1027 +020 ~ +250	3	路面、两侧坡面	10 ~ 30	5 ~ 15	保温材料试验工程
DK1050 +700 ~ +820	10	路基表面	贯穿	5 ~ 8	一般路基
DK1100 +773 涵	1	路面两侧	10	1 ~ 2	冻土加筋工程
DK1101 +000 涵	1	路面两侧	10	1 ~ 2	一般路基
DK1101 +260 涵	1	路面两侧	10	1 ~ 2	一般路基
DK1137 +370 涵	1	路面右侧	5	2	一般路基
DK1141 +110 ~ DK1140 +975	3	路基表面	8 ~ 14	8 ~ 10	通风管试验工程

续上表

断面里程	条数	裂缝位置	裂缝长度(m)	裂缝宽度(mm)	工程措施
DK1229 +200 ~ +330	4	路基表面	10 ~ 15	8 ~ 15	高含冰量冻土与多冰冻土过渡段
DK1229 +775	1	路基表面	8.5	8 ~ 10	HPM 改良土护坡
DK1229 +850	1	路基表面	14.3	8 ~ 10	多年冻土与融区过渡带试验
DK1020 +548 涵	1	路基表面	贯穿	8 ~ 10	片石通风路基工程
DK1137 +378 涵	1	路基表面	3.2	8 ~ 10	一般路基
DK1156 +580、DK1156 +600	2	路基表面	3 ~ 9	5 ~ 8	一般路基

路堤横向裂缝发生的特点可归纳为以下几点：

(1)在工程过渡段，包括地基地层过渡段、路桥或路涵过渡段，以及不同工程措施过渡段处，横向裂缝发生的密度较大，宽度也较宽，最宽可达 10 ~ 15mm。

(2)细粒土地基段较粗粒土地基段路基产生横向裂缝的概率大。

(3)横向裂缝出现地段，两侧天然地表大多数也有延伸到路基方向的裂缝。

(4)饱冰冻土和含土冰层地段较其他类型冻土段路基产生裂缝的概率大。

(5)片石通风路基仅发现 2 条横向裂缝，产生的概率最小。

3)路基变形裂缝产生原因初步分析

冻土路基修筑后，路基形状的不规则导致地基人为上限的不规则，呈现两边低、中间高的凸形形态(冻土学理论以及试验段阶段性成果已经证明了这一点)，进而造成了路基在横向各个部位固结压密层厚度的差异，当暖季融化因素起主导作用时，这种压缩层厚度的不同就造成了路基在横向的不均匀沉降，一旦产生的不均匀沉降超过一定值时，路基填土中的拉应力也将超过其极限值，从而开裂形成路堤纵向裂缝，这是形成纵向裂缝的主要原因。当寒季冻结作用起主导因素时，由于冻结收缩和冻结劈裂作用，已形成的纵向裂缝将会进一步发展，形成宽度更大的裂缝，这是纵向裂缝在寒季继续发展的原因。经回填处理的纵向裂缝在回冻过程中并没有产生明显的重新开裂和发展的迹象，也说明寒季的冻结作用并不是造成纵向裂缝产生的主要原因，亦即路基发生开裂释放拉应力后，冻结收缩和冻结劈裂对裂缝继续发展的作用是有限的。

从横向裂缝产生的时间和特点可以看出，由于路基在纵向不均匀沉降相对较小，且大部分纵向不均匀沉降都发生在各种过渡段，因此，暖季横向裂缝少、宽度较小且大都发生在过渡段；不同地质条件、不同工程措施对地基人为上限的形成是有差异的，路基裂缝与天然地表的裂缝可以产生相互影响；路基产生横向裂缝的原因主要是冻土冻结收缩和冻结劈裂作用。

根据线路修建以后不同阶段路基变形调查监测和数据分析，冻土区线路变形病害地段多分布在气温和冻土地温均高的大河盆地和河流冲积以及冰积的高平原地区，如楚玛尔河高平原地区、沱沱河盆地、开心岭附近、乌丽盆地、唐古拉山南麓等。中心地段一般具有相同的基本特征：冻土地温较高，热稳定性差，天然条件下季节融化层厚度较大，含水率较大而且多以细颗粒土为主，中心地段的路基工程抬升多年冻土上限的幅度较小，冻融季节交替过程中参与冻胀融沉变形的土层厚度相对较大，因而变形也比较大。

在越岭地段和其他一些地段，受线路纵向坡度控制，路基无法达到合理设计高度，形成冻土区一些低路堤地段,本身保护多年冻土的作用是有限的,虽然在建设阶段后期对部分地段进行了工程补强,但是这些地段(补强和未补强地段)仍然应该引起注意。

根据 DK1142 +000 试验段(填土高度2.5m),2003 ~2004 年观测上限以下 -1.5℃等温线不断下移,负温区的地温梯度绝对值减小,说明升温所需要热量减小,这是冻土没有得到有效保护,可能发生退化的信号。

DK1226 +530 断面路基左侧路肩填高为3.09m,右侧路肩填高为2.55m,路肩中心填高约为2.82m。天然上限为2.47m。DK1226 +530 断面路基面下上限基本没有抬升,变形值虽然绝对值小于2cm,但2003 ~2005 年呈现增加趋势。

低路堤地段在施工完成初期(第一年或第二年)问题没有明显出现,这与低路堤冻融发展过程特点有关。另外,低路堤变形主要发生在基底以下,路基本体由于高度小,填料控制使路基本体变形很小。

DK1241 +850 ~DK1244 +200 路堤高度为2 ~2.5m,为低路堤地段,2003 年10 月 ~2005 年4 月的变形情况说明在这类低路堤地段目前已经采取的工程措施不一定能够保护冻土并使冻土上限上升。统计该段路基变形监测断面为24 个,监测断面反映的是普遍现象还是应该引起我们注意,统计变形数据(表5-3)如下:

DK1241 +850 附近地段变形(mm) 表5-3

序　号	1	2	3	4	5	6	7	8	9	10	11	12
03 冻结季节	-30	-20	-30	0	-36	-49	-20	-36	-15	-46	-31	-61
04 融化季节	-34	-40	-47	-11	-45	-4	-17	-41	-27	-48	-33	-88
05 冻结季节	41	37	44	16	42	58	25	46	24	55	40	25
序　号	13	14	15	16	17	18	19	20	21	22	23	24
03 冻结季节	-45	-83	-22	-46	-37	-30	-5	-40	-25	-30	-20	-30
04 融化季节	-69	-100	-52	-62	-54	-36	-14	-70	-42	-59	-48	-42
05 冻结季节	68	101	55	59	56	33	15	67	45	56	45	41

位于 DK1024 +700 附近的楚玛尔河高平原低路堤地段,在2002 ~2003 年变形不大,2004 年暖季累积沉降变形5cm,2004 ~2005 年冬季累积沉降变形仍然达到5cm。

上述路基变形情况都有可能发展为路基病害地段,是影响线路长期正常运行的潜在病害。

线路变形裂缝这类力学表现是由温度、温度较差等传热学特征决定而发生的,并在土体冷生过程及其冷生结果影响下发展的。分析这样的特殊问题主要从特殊性及其影响因素出发,而工程对策的核心则是改变起诱导作用的传热学特征,遏止诱导过程发生。

除了裂缝以外,逐渐累积的线路沉降和冻胀变形也是显现病害。例如,采用一般填土路堤和骨架护坡的地段基本是低含冰量冻土地段,当冻土层上水比较发育时,上限抬升造成的冻结土体含冰量较高,采用一般填土路基结构时,冻土上限虽然能够上升,但是由于上限抬升造成原季节融化层的冻结土体温度较高,热稳定性较差,对路基稳定性有影响,这部分冻结土体有融化下沉的可能,这会加速变形发展。应该采用保护冻土降低土体温度的工程措施来维持这种变化,否则这有可能演变为路基下沉病害。

5.3.3.2　工程地温场变化显示的潜在病害

线路工程修建以后,路基地温场变化经过如上所述的三个不同阶段,但是,由于冻土环境的变化可能导致这种变化向不利于冻土生存的方向发展,这就有可能发生由于冻土退化而导致的路基病害。显示路基基底多年冻土退化的地温场变化的一些特殊标志，可以认为是线路工程潜在病害。

冻土区路基病害标准除了考虑路基变形指标作为外在表现的控制指标，还应该考虑以产生这种变形的控制性内因，即路基地温场形态特征所显示的路基潜在病害特征。

这种显示路基潜在病害发生的地温场特征主要指本章5.3.2线路病害隐形因素指出的：

1）地温—深度曲线类型

以长期观测数据绘制的地温曲线评价冻土区路基工程结构的对多年冻土的冷却效果，它反映了目前各类结构下路基基底多年冻土生存状况，竣工初期、中期和目前运营期地温曲线类型的变化提供我们判断路基结构长期工程效果的依据。如果地温曲线有散热型向过渡型甚至吸热型转换，那标志基底多年冻土已经开始向退化方向发展，路基结构已经不能够继续对多年冻土发挥冷却功能，需要采取一定补强措施保证多年冻土的稳定。

2）多年冻土上限位置变化

多年冻土上限位置的变化表现在最大融化季节土体冻结温度（0℃或稍低一些）等温线位置的变化上。

在路基土体（填土和基底多年冻土）发生冻融循环过程中，不同时刻土体冻结温度（0℃或稍低一些）等温线位置，实际上是当时冻融界面的位置，作为土体中水分的相变界面是在不断变化中，这个变化决定当时路基变形发生的总量；最终在最大融化季节相变界面位置就是多年冻土上限位置，决定了路基在整个冻融循环过程发生冻融变形的土层最大厚度，也就是路基总变形的决定性因素。

多年冻土上限位置变化趋势（抬升或下降）则是路基变形变化趋势的主要因素。

3）多年冻土地温等温线形态

多年冻土地温等温线形态是指不同时刻土体冻结温度（0℃或稍低一些）等温线形态和最大融化季节土体等温线形态特征。它决定冻融循环不同时刻冻土区路基横向变形差异和最大融化季节路基变形差异。

冻土区路基结构在几何尺寸上的不对称设计是为了校正这种地温场形态的不对称，以减少路基横向变形差异，保证线路运行的平顺性。

4）多年冻土上限区域地温

多年冻土上限区域地温决定冻土蠕变变形的发生和发展。多年冻土年变化深度范围内（地表以下10～15m），温度变化最不稳定的土体在上限也即冻融交界面附近，其中－0.5℃等温线以上分布区域，是冻土发生压缩变形和长期蠕变变形的主要区域，因此，－0.5℃等温线位置和形态对冻土区路基未来长期变形总量和变形差异起着决定性作用。

根据以上分析，结合目前青藏铁路冻土区观测数据可以看出一些潜在病害发生区域：

（1）在一些年平均气温高于－4℃，尤其是年平均气温在－3℃左右的一些盆地冻土区，尽管采取一些块石路基结构和碎石护坡措施，路基地温场主要特征的变化趋势不利于冻土工程的稳定。这表现在：

①多年冻土上限变化不明显。

②上限附近冻土温度较高，接近0℃。

③年平均地温曲线一般是过渡型曲线，抵御气温升高保护冻土的能力较弱，一旦热量积累达到一定范围，虽然土体冻融过程“零点幕”现象的存在对短期内冻土工程稳定性有一定保护能力，但是在高含冰量地段冻土工程（路基）的长期可靠性受到质疑。

(2)低路堤本身保护多年冻土的作用是有限的，它的地温场变化趋势（多年冻土上限位置、上限附近冻土温度、年平均地温曲线类型）是否会发生不利于保护冻土的变化，应该跟踪观察。

(3)冻土区斜坡地段采用路基结构以后，坡向差异引起地温场的不对称，沿冻融界面滑移的危险增加，上游侧坡脚积水和积水的能力增加，坡脚冻融变化深度增加，采用抗滑结构的支挡建筑基础传热变化对自身稳定性和路基边坡地温场影响，这是几个与温度场有关的病害隐患因素，值得引起注意。

5.3.3.3　工程环境变化引发的路基工程病害

工程环境引发路基工程病害主要指路基纵向和横向一定范围内，由于自然地质营力地形地貌发生的危及路基本体稳定性的变化，或者非冻土原因路基基底土体的力学稳定性受到破坏使路基发生的灾害性变形。因为上述原因有可能发生病害的路基为潜在病害路基。病害路基需要进行工程整治，潜在病害路基则需要超前预警并提出工程对策，抑制或遏止病害发生。由于多年冻土的存在使这类病害或加速或加剧，应该加强宏观现象观测。

1)工程环境造成的潜在病害

线路工程建筑物的修建，不可避免的造成一些特殊形态的工程环境，这些线路特殊形态在冻土区有可能形成潜在病害，必须从冻土环境和冻土工程之间的互相影响关系分析这些特殊形态对多年冻土影响，研究这些影响的发展趋势，抑制这种发展趋势对冻土区线路工程稳定性的不利影响。

(1)斜坡不对称路基（几何形态不对称）

修筑于斜坡上的冻土路基，由于地势的限制，路堤两侧边坡及天然地表在几何上表现为强烈的不对称，由此导致路堤两侧受太阳直接辐射的面积和与大气直接接触的面积均存在很大的差异，路基温度场呈强烈的不对称。青藏铁路存在许多这种斜坡路堤，其路基温度场的不对称状态十分典型。根据研究，路堤在上坡侧的冻土人为上限埋深小于路面中轴线上人为上限的埋深，而路堤在下坡侧的冻土人为上限埋深大于路面中轴线上人为上限的埋深。融化季节路堤下冻融分界面为一倾斜的滑动面，融化状态持续的时间较长，这很容易引起路堤滑动或突陷。

(2)坡向不对称路基（几何形态对称）

路基南坡与北坡或东坡与西坡接收太阳辐射和传热的差异导致路堤两侧融化深度也存在一定的差异，路基温度场表现为明显的不对称。事实上，任意走向的冻土路基两侧表面温度均存在一定的差异，只是差异的大小不同而已，严格意义上的对称路基是不存在的，对青藏铁路已经先期施工的试验段路基地温场的观测资料说明了这种不对称温度场的存在。

当路基温度场呈强烈的不对称时，冬季由于未冻水的不等量迁移作用，路基阴阳坡两侧的含水率和冻结深度都将产生差异，使路基产生明显的不均匀冻胀，而暖季融化开始时，冻土路基中将形成倾斜的冻融滑动面，在填土荷载作用下（运营过程中还将受到行车的振动荷载作用），融化后含水率较大甚至处于饱和状态的黏性土易沿冻结面挤出，造成路基阳坡侧路肩及边坡开裂、下滑，影响铁路的正常运营。

(3)越岭地段低路堤

这类路堤是指由于线路纵断面坡度限制，在某些越岭地段难以达到路基最小设计高度，采用了一定厚度的保温板的路基。考虑未来气温变化和保温板的寿命性能影响，这类结构有可能成为路基病害的隐患地段。如果考虑应用主动工程措施，增加地基冻土的冷储量，以应对气温变化和材料失效的影响,是积极有效的。

(4)冻土层上水发育地段路堤

这类路堤地表水系和冻土层上水的发育,对路基坡脚的稳定和坡脚部位基底冻土季节融化层的变化有很大影响。在路基施工完成后,如果应用热棒降低坡脚部位基底土体温度,减少季节融化层土体的厚度,对保持路基稳定,减少不均匀变形会有很一定的作用。

工程实践表明,利用不同路基结构(遮阳棚路基结构、片石层路基结构和热棒路基结构)调控填土路基冷生过程,可以调控路基变形的发生和发展,降低冻土温度,保证工程的长期稳定性;对几何形态不对称的路基和几何形态对称但是地温场形态不对称的路基,通过对上述三种结构设计参数的调整(片石层延伸出路基坡面尺寸以及片石层厚度、不同坡向路基坡脚埋设热棒间距等),可以最终达到温度场形态对称,从而减少变形差异,保证路基工程纵向和横向变形以满足铁路运营速度的要求。

(5)冻土区沼泽地和饱和层上水发育地段的路基

青藏铁路安多段分布着大范围的冻土沼泽化斜坡湿地,饱和层上水十分发育,这类水文地质条件在温度作用下对路基稳定性造成的不良影响,对路基稳定性造成影响的冻土区路基排水设施设计施工不一样,易导致路基病害发生。

冻土沼泽地段和饱和层上水地段路基基底处理的原则应该是在疏干过余层上水的同时,降低土体温度,保护多年冻土,使其上限稳定上升,只有这样才可以既能够提高浸水土体强度,又可以减小路基变形,保证路基运营期间的稳定性。

2)工程环境造成的显现病害

工程活动直接对冻土环境和高原生态环境构成了较大影响,目前修建有青藏公路(109 国道)、格尔木至拉萨输油管线工程、兰西拉通信光缆工程和青藏铁路工程,沿线不到 10km 范围内进行这些大型线性工程建设,对冻土环境和高原生态环境影响非常大。在青藏公路建设初期,由于对冻土环境和生态环境保护意识不强,导致了线性工程两侧冻土退化、草原植被退化、沙漠化趋势增强等,并导致工程稳定性变化。伴随着冻土退化,青藏公路沿线自然环境也在发生着巨大的变化,其中最突出的是草场严重退化、荒漠化及生态环境恶化等。多年冻土退化造成了活动层厚度增大,多年冻土消失,地下水位下降,表土层水分减少,植被覆盖度降低,使高寒沼泽草甸草原逐渐演变为高寒草甸草原。

冻土区路基所处环境的热融现象引发路基病害也属此类。多年冻土作为影响冻土区生态和工程建筑的环境因子,对热扰动特别敏感,冻土退化和地下冰的融化将导致热融沉陷或热融滑塌等次生不良地质现象发生,从而造成工程建筑物环境的破坏。在含冰量较低的粗颗粒冻土地段,局地环境对气候转暖所表现出的反应速度相对较快。因为冻土所获得的热量可以使较少的冰体融化较快,在较短的时间内达到新的水热平衡。而在富冰冻土等含冰量较大的地段,气候转暖所增加的热量往往使冻土变化的速度极缓慢地进行,但可以在较大范围造成热喀斯特等冻土地貌发育。

工程环境和冻土环境都可能造成热融病害。已有的研究资料表明,随着气温升高,青藏铁路沿线多年冻土区地温升高且季节融深有加大的趋势,并由此导致的热融湖塘和热融沉陷等热喀斯特现象逐渐增多。目前,多年冻土南界附近的头儿九山南麓及两道河盆地的热融湖塘均为淡水湖,且大部分处在发育阶段,而且已经干枯的湖塘融区内没有再形成新的多年冻土,该现象是地温升高引起多年冻土退化的一种表现。如公路 122 道班附近的热融湖边 250m 处试坑剖面资料(0~1.1m 为粉细纱,整体状冻结;1.1~1.5m 为纯净的层状冰;1.5~2.5m 为未冻结的淤泥层)和湖心试坑资料说明这一点(试坑深度1.8m,1975年5月已经融化0.3m,0.3~1.1m为季节冻结层,1.1m至坑底都没有冻结)。这类热融和冻土的变化对路基工程的影响也应该引起注意。

在高含冰量冻土分布的斜坡上,由于人为活动(路堑开挖、施工取土等)或自然因素(河流侵蚀坡脚)而造成高含冰量冻土暴露,在融化季节由于地下冰融化使其上融土失去支撑而在自重作用下塌落,塌落土体后使其上方又有新的地下冰暴露,地下冰再次融化产生新的塌落,如此反复并溯源向上发展造成热融滑塌。

热融滑塌的发生受季节融化层土的成分、含水量、年平均温度、地表温度年较差以及冻土层上水控制,而工程(如路堑)施工方法及季节选择是诱发热融滑塌和融冻泥流发生的外因。设计和施工已经对可能产生的这种不良冻土现象进行了成功的控制。

冻土区工程建设对地表植被和地表水径流状态的改变是诱发沙害的主要原因,在冻土区主要工程完工后第二年即2003年,这种诱发的次生沙害已经明显显现。

路基工程阻挡上游侧水分,破坏下游侧植被水分补给,诱发下游侧沙害产生。青藏铁路技术期间典型地段的沙害现象说明这一点。

DK1088+370段路基两侧为低山丘陵状地貌(典型厚层地下冰地貌),路基左侧为参差不齐的台阶状,植被较好;路基右侧为斜坡地貌,植被较差,呈半沙化状,沙化现象严重,在该段路基右侧的石方格防沙措施中,方格内积沙较多,该防沙措施不太有效,不是长久之计。本沙化地段为风蚀地貌,风蚀现象严重,并且在发展之中。

DK1089+420段片石路基,路基左侧坡脚积沙较多,且片石间的孔隙中填充大量风沙,风向为NW20°,路基方向为SW5°。

DK1088~DK1091段路基右侧为小型热融塌陷,植被较差,易形成沙源,而且该地区盛行西北风(NW20°),路基走向SW5°,所以,风沙对该处的片石具有填充作用,从而降低了片石基础的通风冷却效果,随着时间的延续,风沙有可能从左坡面开始掩埋路基本体,对铁路路基的稳定性造成一定的影响。此段要加强防沙工程措施。

该段风沙面积大,规模广泛。红梁河特大桥7号墩与拉台附近已被风沙部分掩埋,沿坡面漫铺,且该桥拉萨方向的片石通风路基左侧边坡的片石已被沙子完全掩埋至边坡顶面,风积沙坡度22.5°,已经小于路基边坡坡度33°。路基右侧边坡的片石间的孔隙已被沙子填充,从而导致片石未能达到通风的目的,其长度达1km左右,路基方向为SW15°,风沙流向为NW60°。其主要原因是在该段路基右侧2km范围内,有连续的沙源,且该地区风向以西北风为主。

DK1091+000桥右侧15m处的冰锥已消融大部分,且残留冰呈棱刺状存于积沙中,表面附有潮湿的风沙,有少量的积水现象,在路基右侧5~8m下游侧有小规模的热融湖塘,附近的片石通风路基的片石空隙里填充大量的风沙,路基方向SW15°。

DK1181+420涵洞附近路基右侧风积沙较多,涵洞积沙达70cm,已高于涵洞口顶,完全塞堵,风积沙覆盖在冰上,阻止了冰的融化。该涵洞在寒季已被积冰堵塞,积沙下约70cm左右为原冰幔消融后的残冰。附近的片石通风路基坡脚积有大量的风积沙。风向与路基方向一致,右侧严重,左侧轻。

2004年到2005年调查上述典型地段沙害继续发展,而据2006年最新调查结果,青藏铁路冻土区沙害已经发展到110处之多。

3)冻土环境变化导致工程环境变化引发病害

气温升高导致冻土环境发生的变化将对上述病害的产生起到催化、加剧的作用。气温升高引起冻土温度的变化，从而导致冻土退化，影响冻土区路基工程稳定性。近年来，青藏公路沿线冻土退化已被诸多的研究结果所证实。近年来的沿线冻土地温监测结果表明，20 世纪 70 年代到 90 年代青藏公路沿线的季节冻土、融区及岛状多年冻土区的地温升高了 0.3 ~ 0.5℃，连续多年冻土区年平均地温升高了 0.1 ~ 0.3℃，天然状态下北界向南退化 0.5 ~ 1.0km，南界向北退化 1 ~ 2km，而在工程作用下，多年冻土北界向南退化约 5 ~ 8km，南界向北退化约 9 ~ 12km。由此可见，叠加于冻土自然退化趋势之上的工程扰动引起的冻土退化现象更为剧烈。此外，青藏公路沿线大部分钻孔多年冻土层下限附近自下而上的热流大于自上而下的热流，二者比值为 0.91 ~ 1.8，这将必然导致多年冻土下限的抬升，即多年冻土厚度的减薄。

对于青藏铁路来说，冻土退化、年平均地温升高、地下冰融化、多年冻土厚度减薄等都会直接影响和威胁青藏铁路路基、桥涵、大中型桥梁地基、旱桥地基等的稳定性。

5.4 冻土区线路病害预警防治

冻土区路基病害是伴随着路基地温场的变化而发生发展的，施工建设期间工程活动热扰动和新的热力平衡体系的建立对基底多年冻土产生显著的影响，这种影响有些可以随着路基结构的热学性能长期稳定的发挥，逐年使地层的年际热量收支以散热为主导，外界热扰动逐渐消失，多年冻土逐渐稳定，路基工程趋于稳定；但是由于外界环境条件的差异和气候条件变化对路基结构热传导性能的影响，上述过程可能向着相反方向发展，最终使多年冻土热稳定性和路基工程的稳定性受到破坏，从而产生路基病害。这些都和冻土区自然环境及工程地质条件有关。

5.4.1 冻土区线路病害预警防治理论

冻土区路基病害分析的基础，首先，应该对冻土区路基施工建设期间和未来长期运营期间稳定性进行科学的认识和客观的评价，其次，应该对青藏铁路冻土区路基工程地质条件的一致性和差异性及其对路基病害发生和发展的影响有明确的认识。

冻土区路基建设期间的稳定性和运营期间的长期稳定性从三个方面研究和评价：

(1)根据目前地温场形态计算路基现阶段变形，与建设期间观测变形数值比较，评价现阶段以路基变形为主要标志的路基稳定性现状；

(2)根据路基地温场形态基本特征评价地温场现状，即根据多年冻土上限上升和上限形态发展趋势；

(3)通过路基基底地温和原来天然上限位置地温变化规律分析，判断多年冻土上限上升的同时降低土体温度的效果，结合相应的数值计算预测地温场发展趋势，并根据预测的地温场形态变化，预测路基长期变形发展，并根据长期运营速度和对路基变形的要求评价冻土区路基的长期稳定性。

再次，根据青藏铁路冻土区运营速度要求确定青藏铁路冻土区路基稳定和安全可靠的标准，即一是确定对保证运营速度有直接影响的路基变形标准，二是确定对冻土区路基变形具有决定性影响的路基地温场稳定性标准。在此基础上综合评价冻土区路基工程工作状态，讨论冻土区路基病害发生标准，提出冻土区路基病害预警方法，并根据病害种类和产生机理提出相应工程对策。

冻土区线路病害整治方针是预防为主，整治原则是从源头根治。因而从设计和施工阶段就应该考虑到，由于地温场的原因和外部环境变化的原因有可能造成的一些病害的基础。冻土区线路路基工程设计和施工所遵循的以“冷却地基土体”为主的技术路线，从路基结构的选择上以及施工过程对外部热源控制上，都为抑制病害打下基础。

冻土区路基工程病害整治从根本上讲是路基地温场的控制，从表现上是对路基有害工程变形和裂缝的抑制。冻土区路基病害整治技术应该包括施工期预防性技术、潜在期控制技术和显现期整治技术。

通过对路基土体冷生过程及其对路基变形影响的研究，认为在冷生过程的各个阶段，控制发生冻融循环变化的土层厚度，从而控制路基阶段变形量，缩短路基稳定过程；调控冷生过程最终结果，使路基地温场形态对称，从而减少变形差异；使路基人为上限尽量抬升，控制多次冻融循环过程中路基变形总量，降低冻土温度，减少路基长期变形。这些是冻土区路基病害整治的关键。

冻土区线路工程病害最终是以路基工程变形的形式表现出来的，病害的潜在发生和发展是以路基地温场特征显现的。冻土区路基稳定性发展趋势判断主要依赖于路基地温场形态特征的变化，这种变化主要通过冻土区工程长期观测形态的观测数据对以下特殊地温特征变化进行分析。

（1）冻土工程人为上限的多年变化值

路基工程人为上限的多年变化值，实际上是基底以下多年冻土上限抬升以后的波动情况。多年冻土上限的抬升实际上是路基填土（或结构）和原天然地面以下土体组成的热传导综合体，在新的散热界面和内部新的传热介质条件下发生冻融过程的结果。经过几个冻融循环以后，这种抬升趋缓直至新的多年冻土上限稳定形成，即路基工程人为上限形成。考虑外界热源（环境温度）在长尺度时间范围的缓慢变化和内部介质（土体或新结构材质）在这种变化条件下热传导效果的改变，路基工程人为上限的位置和形态也会发生变化。

如上所述，路基工程人为上限变化这些变化影响路基变形的发展，对线路运营状态产生缓慢影响。因此，通过地温观测数据分析路基工程人为上限的多年变化趋势，是路基变形和地温场病害预警的关键之一。

（2）冻土路基工程人为上限处（季节融化层底面）温度年平均值

天然条件下季节融化层的埋深与季节融化层底面的温度年平均值有密切关系，即季节融化层底面的年平均温度越低，季节融化层的埋深越浅。普通路基工程或热棒路基工程人为上限处（季节融化层底面）年平均温度与人为上限的埋深同样也有直接关系，这个温度越低，路基土体冻融过程中多年冻结部分（人为上限以下）散热大于吸热，土体降温效果越好，人为上限位置越稳定，路基稳定性越好。

冻土路基工程人为上限处（季节融化层底面）温度年平均值逐年升高时，路基工程人为上限将有下降趋势。

具有不同材质组成的特殊路基结构（片石气冷路基等），当人为上限在结构层以上时，冻土路基工程人为上限处（季节融化层底面）温度年平均值具有同样的警示作用；人为上限在结构层以下时，其值需要和路基工程特殊界面（如片石气冷路基的下界面）温度年平均值综合分析来预警。

（3）路基工程特殊界面（如片石气冷路基的下界面）温度年平均值

路基工程特殊界面（如片石气冷路基的下界面）温度年平均值是衡量路基特殊结构传热性能的标志，也是基底以下多年冻土生存条件的能量标志。

如上所述，当路基结构为填土时，仍然以季节融化层底面（路基工程人为上限处）的年平均地温判断路基稳定性，但是当路基填土中存在抬升结构层，如片石气冷路基的片石层，且人为上限抬升在片石层以下时，片石层底部年平均温度及其发展趋势是判断路基稳定性的重要标志。

(4)不同深度土体的传热状态

根据不同深度地温观测数据绘制的温度—深度地温曲线和年平均温度—深度曲线，反映了土体在不同时间段和不同温度段以及土体全年不同温度段散热吸热收支平衡状态的变化。这些变化可以判断多年冻土年变化深度以上土体的热量平衡过程和收支状态。以此可以预警路基基底多年冻土稳定性的长期发展趋势，从而预警路基稳定性的长期发展趋势。

对上述地温特征的分析主要通过与相邻天然地温观测进行类比进行。结合工程变形多年发展趋势也是判断路基病害发生的重要依据。对长期变化趋势则可以结合计算机数值模拟计算进行。

(5)路基地温场形态

路基地温场等温线的对称形态及其发展趋势，决定了路基变形的差异和发展。融化过程(直至最大融化深度时刻)中0～-0.5℃等温线位置与高温冻土压缩变形有直接关系。

在根据上述地温场特征预警的同时，特别注意冻土区低路堤(填土高度小于3m的路堤)地温场和变形发展，根据计算50年后低路堤基底多年冻土有可能变为季节冻土，必须密切关注这个漫长的变化过程。

(6)不良冻土环境引发的路基工程病害预警

根据对不良冻土环境引发的路基工程病害的论述，可以得知这类病害问题的核心是热融和冻胀作用通过水分表现出来的工程变形和位移。预警问题关键在于对地表冻土现象(冰锥、冰丘、热融洼地、热融湖塘、热融边坡)来源及发展趋势的观测，对有可能危及路基的这些冻土现象提前引导或阻止其向路基本体侵蚀。

(7)工程环境变化引发的路基工程病害预警

对路基纵向和横向一定范围内，自然地质营力对地形地貌的改变和发展趋势，或者非冻土原因路基基底土体的力学稳定性的变化，热融活跃地段宏观热融作用对路基稳定性影响，这些都要通过宏观观测及土体力学性质化验来判断对路基稳定性影响。

5.4.2 线路病害潜在期控制方法

施工建设期的预防性控制技术是线路潜在病害控制的重要环节。通过对路基土体冷生过程及其对路基变形影响的研究，认为在冷生过程的各个阶段，控制发生冻融循环变化的土层厚度，从而控制路基阶段变形量，缩短路基稳定过程；调控冷生过程最终结果，使路基地温场形态对称，从而减少变形差异；使路基人为上限尽量抬升，控制多次冻融循环过程中路基变形总量，降低冻土温度，减少路基长期变形。这些是冻土区路基病害整治的关键。

施工建设期间的预防控制技术首先是贯彻"冷却地基"的思想，针对不同气温条件和冻土地温条件的区段，采取能够降低土体温度的特殊路基工程结构和工程措施。考虑未来气温变化的影响，对各类结构的设计参数从冷却效果上给予充分预留。如热棒自身传热性能设计参数；片石气冷路基的片石层厚度、宽度；碎石护坡的厚度等等。

施工过程在路基填土初期主要是通过冻土区路基施工季节、施工工艺(分年度、分层填土厚度)的选择等，尽量减少施工活动对冻土的热影响，减少填土蓄热，缩短土体进入稳定冻融循环的时间，从而减少初期路基变形，缩短路基稳定周期，减少工程量。这在高温冻土区是至关重要的，因为在年平均气温较高的高温冻土区，受到热扰动的冻土有可能不能恢复冻结状态。总而言之，尽量减少传入地基土体的热量，有利于缩短路基土体冷生过程稳定时间，使过程结构降低土体温度的功能尽早显现。

运营期间必须对处于潜在期的线路病害进行防治和调控。所谓潜在期是指经过一定时间的运营过程，路基本体和基底多年冻土作为综合体和大气之间热交换已经进入平衡期，施工期临时性外界热量影响已经消失，路基地温场已经开始形成相对稳定的形态，但是这个形态不是一成不变的。缓慢的气温升高过程对路基结构的热交换效果可能会向着不利于多年冻土生存的方向发展，也就是会向着不利于路基稳定的方向发展，从地表温度、路基本体温度、冻土层温度及人为上限形态诸方面都可以判断出这种发展的趋势。这种发展趋势就是病害的潜在发展趋势，及时采取措施，控制这种潜在病害的发展，避免演变成为工程上的表现是很必要的。

对于冻土区路基工程病害整治来讲，最重要的一点是加强对地温场的系统的长期观测，在地温场形态的发展趋势显现出不利于冻土稳定的时候，提前采取有效的降低土体温度，有利于冻土稳定的工程措施，尽可能的减缓由于环境温度变化所导致的路基工程结构工程效果的降低给冻土稳定性带来的影响，保证铁路安全运营。

控制潜在病害的发展主要是控制地表温度、路基本体温度、冻土层温度及人为上限形态最终控制地温场形态。

遮阳棚路基是最有效的控制地表温度的工程结构。在整个路基表面（高于列车运行要求的净空高度）或路基某一部分（基床上部高于列车运行要求的净空高度或边坡表面1m以上）搭棚，用以遮挡太阳辐射热量，直接且大幅度降低地表温度，改变大气和地表之间热交换结果，最终改变了地温场形态，降低土体温度，大大减小了路基土体冻融过程各个阶段的变形。

片石层路基在地面铺设一定厚度片石层，上部填筑一定厚度土层的路基结构。片石层上下表面温度差使片石层内部发生 Rayleigh 效应，降低了路基基底温度，进而改变了其下土体温度场形态，大幅度减小了路基变形。

热棒路基指在路基土体内插入一种无源制冷设备——热棒，降低路基土体温度，改变温度场形态，减小路基变形。

对几何形态不对称的路基和几何形态对称但是地温场形态不对称的路基，通过对上述三种结构设计参数调整（片石层延伸出路基坡面尺寸、不同坡向路基坡脚埋设热棒间距），最终达到温度场形态对称，减少变形差异，保证路基工程纵向和横向变形满足铁路运营速度要求的目的。

上述特殊路基结构，工作原理和热学性能虽然不同，但都是通过改变路基土体温度改变了地温场形态，减小了路基变形，从本质上讲都是一种控制性技术。

考虑冻土对环境变化响应的滞后，冻土区线路工程病害控制技术应该是预防为主，控制原则是从源头根治。因而冻土区线路工程从设计和施工阶段就应该考虑到，由于地温场的原因和外部环境变化的原因有可能造成的一些病害的基础。目前在冻土区路基工程设计和施工所遵循的以“冷却地基土体”为主的技术路线，从路基结构的选择上以及施工过程对外部热源控制上，都为根治病害打下基础。

5.4.3 线路病害显现期整治对策

线路工程病害显现期的工程表现有两种：①通过正常维修措施可以保证线路正常运行的线路变化，如路基边坡热融滑塌、路基坡脚热融沉陷、各种有害工程环境和水热环境变化、逐年累积的路基变形等；②已经危及线路正常运行，线路工程的变化已经不能维持正常运行，需要采取抢险措施的病害，如路基严重开裂和滑塌、突发的影响线路运行的路基变形等。

1)路基边坡热融滑塌

路基边坡热融滑塌的防治措施为根据其形成原因、影响因素的主要和次要条件及其发展阶段分别治理。

对可能发生的滑塌地段,应加以预防,如遇到变形快的滑塌,则应采取应急措施。但热融滑塌往往是综合因素造成的,治理也应采取综合的整治方案。

防治人工开挖或其他原因造成的热融滑塌时,其原则和主要措施是基本相同的:在满足工程建筑物及边坡稳定的条件下,尽可能减少对冻土的扰动。

对热融滑塌的防治主要有以下措施:

(1)路堑边坡融塌可在堑顶设挡水埝和埝外天沟,组成路堑外部排水体系,消除流水对路堑边坡的影响。采用渗沟与明沟相配合的引水工程,处理滑塌体内的泉水与湿地,排出山坡上层滞水、疏干边坡。在滑塌体的松散土层、地表水易停积下渗部位,应进行整平夯实,然后采取抗滑支挡结构等加固措施,对滑塌体进行加固。

(2)路堤边坡融坍可先对边坡和坡脚进行清理,将难以保持稳定的部分地下冰或富冰饱冰冻土予以清除,换填其他土料(如砂砾石、黏性土、草皮等)和保温材料。坡脚增加支挡结构或铺设保温护道,以建立新的稳定的热学平衡和力学平衡。加强排水措施,对滑塌体以外的地表水,以拦截和旁引为主,对滑塌体内的地表水要防渗,尽快汇集和引出,同时在坡脚设侧沟,以防止在水的作用下重新滑塌。

2)路基工程裂缝治理

线路工程已经发生的工程裂缝应该在探明裂缝深度和宽度的基础上及时进行深度处理,防止在寒冻风化作用下加剧裂缝发展,给路基工程的正常运营带来灾难影响。采取填补处理措施时,应采取与原土体较为一致的填料比较好,以免造成人为的差异界面在冻结过程中形成界面上水分集中,也减少继续发生寒冻裂缝的条件。

3)次生冻土现象治理

次生冻土现象主要指水热环境变化造成的冰锥、冰幔、冻胀丘等。对次生不良冻土现象的处理原则是疏通和顺流各种水的径流。因为路基修筑诱发的以上游挡水解决,涵洞诱发的可以扩大涵洞孔径或改桥,桥梁墩台和桥跨诱发的不要压缩桥跨和用上游挡水措施。

对已经发生冰锥、冰幔、冻胀丘的地段,主要整治方法是改善冰锥或冻胀丘的水文地质条件,基本上是以排水及截水为主,加强排水能力,切断补给水源。可广泛使用冻结沟、积冰沟、地下截水墙和保温排水渗沟对其防治。

①冻结沟:在含水层较薄、隔水底板埋藏不深的地段防治冰锥或冻胀丘时,可在其上游开挖与地下水流向垂直的天沟,在冻结前它是排水沟,在冻结季节,沟下土层首先冻结,便形成了一道冻结“墙”,起到拦截地下水的作用。

②地下截水墙:可以单独使用,也可以和冻结沟联合配置,截水墙的作用与冻结沟基本相同,在寒季积冰形成一堵冰墙,起到拦截地下水的作用。

③保温排水渗沟:保温排水渗沟可有效的将冰锥场或冻胀丘场的地下水排到河谷或远离建筑群的洼地。

④爆破开冰放水:作为一种应急措施,该种方法需与排水设施配合,破坏其形成条件,使地下水流出排走,降低地下水压力。

⑤钻孔降低地下水位:如果含水层较厚,前面几种措施无效,可钻孔以抽取地下水,形成降位漏斗,该种方法可彻底根治冰锥和冻胀丘,但是费用较为昂贵。

4)路基沉降变形应急处理

不同的线路变化根据长期观测得到的冻土环境和冻土工程变化趋势和变化数据采取不同的工程措施维护、补强和应急抢险。

冻土区路基工程病害整治应该尽量从潜在期开始整治,尽量避免工程变形超过了铁路运行所容许范围,周围出现灾害性地质环境的病害显现期的形成。病害显现期整治一般分为迅速的整治病害(使路基工程恢复到铁路运行要求标准应急性施工)和根治病害的长远性措施施工,应急性施工除了采用现场工程措施(如填土、支挡、排水等)外,暖季突发灾难性病害抢险和整治可以考虑人工制冷技术。人工制冷技术包括两方面内容:①人工采集天然冷量存储于地下,利用气候的变化和多年冻土的温度变化和冷量运移特征,按需要主动调控冷量于需要地层;②以人工制冷,保持路基的合理温度场,维护冻土路基。天然冷量及人工制冷冷量的采集、存储与释放的时机、方式、量值,冷量的利用、损失及效率的计算与分析,调控冷量的工艺系统和技术参数等是需要深入研究的关键理论和技术。

另外,冻土区路基病害发生季节不同,整治方法不同,寒季整治不受散热条件限制,整治方法和施工方法比较多样化,但是暖季任何新的工程结构施工都不利于地层散热,有可能带来热干扰,因此,必须采取一些类似施工初期的工程防护措施。但是任何一种能够降低土体温度的工程措施均不能立竿见影,需要经过热量传递效果的积累,所以,冻土区路基工程病害整治最主要的还是在潜在期的观测判断和控制。

5.5 冻土区线路工程养护

冻土区线路工程养护与一般地区线路工程养护最大的区别在于养护工作的重点不仅是线路本身,还需要对线路周围环境进行养护和保持。

冻土环境变化与冻土工程稳定性相互影响的特点决定了冻土区线路工程养护工作的原则和指导思想应该是与冻土区工程建设“冷却地基”的指导思想保持一致,在线路工程日常养护工作中,保持冻土区线路工程既有环境现状,及时恢复因正常维修工作破坏的既有工程环境,保证冷却地基工程结构物的冷却功能,及时清除妨碍或降低其冷却功能的障碍,线路外观的巡查工作与线路内在状态的长期观测系统数据分析紧密结合,实时的巡查和历史的巡查结合,把握冻土工程趋势性变化与现实变化的联系,综合判断可能发生的病害,提前采取相应的工程措施,力争把线路病害控制在潜在期进行治理。

5.5.1 冻土区线路工程养护内容

冻土区线路养护方法的特殊性在于以保护冻土环境为核心,控制病害发生的方式方法为关键,养护工作特殊内容包括以下几个方面:

(1)冻土环境和工程环境养护。

(2)冷却地基工程结构物功能养护。

(3)线路工程外观养护。

在运营养护中,应充分考虑反复冻融对土体的影响,注意保证路基排水系统畅通,降低土体含水率,从而提高路基抵抗反复冻融循环的能力,提高路基土体强度。施工和运营过程中减少新的有害水热环境的发生,降低已有水热环境对路基的侧向热侵蚀,减少对路基工程状态的拉动和诱发作用。

冻土区涵洞养护是一项重要的养护工作,同样也是包括涵洞建筑物本体、附属建筑和涵洞周围水热环境的养护。

(1)涵洞本体养护包括:涵洞与路面接头检查(对于暗涵则应检查涵顶路基),由于修建涵洞后,使原天然地面上限都有不同程度的抬高,而路堤又因填土吸热和各类结构的路基抬升天然上限的程度不一,因而涵位处路基与涵两侧路基有可能产生不均匀沉降形成涵坎发生跳车,影响行车安全,因而要加强养护,达到涵位无跳车的要求。

洞内积水和涵底渗漏水在融化季节和冻结季节对路基和涵洞影响很大。及时清除淤积、冰塞,保证涵洞通畅;应经常检查填塞涵底与洞口铺砌间的裂缝,铺砌裂缝,沉降缝,防止水渗、漏于涵底以下对涵洞地基造成水热侵蚀。

(2)涵台竖向裂缝的养护:由于冻胀及融沉作用,导致涵台产生的竖向裂缝,多发于施工阶段或竣工后的第一年。经过多年使用一般变化不大,而且涵洞地基也形成了一个基本稳定的人为上限。这时只对涵台裂缝进行处理,当裂缝宽度大于5cm时,将涵台圬工凿毛、挂钢筋网喷射混凝土即可,这样即可增大涵台的整体性,又能防止流水从裂缝渗入涵底地基。当裂缝宽度小于5cm时,仅用弹柔性填塞,防止渗、漏水即可。

(3)涵台间产生不均匀沉降的养护:涵台间产生的不均匀沉降,如果涵顶路基对行车影响不大时,这种不均匀沉降缝不再加剧时,采用弹柔性填塞,防止渗、漏水即可(即只处理不均匀沉降处的裂缝)。如果这种沉降虽不再加剧,但已经影响行车和涵洞的泄水能力,则应将涵洞盖板抽下,整平涵台和涵底,再加盖板,修复涵洞。

(4)涵底铺砌和洞口铺砌的破碎的养护:涵底铺砌和洞口铺砌的破碎,将旧铺砌清除,重新加铺30cm厚C20混凝土铺砌。当涵底铺砌下被掏空时,应将原铺砌打碎、清除,回填被掏空的地基,并重新加铺30cm厚C20混凝土铺砌。对涵底开裂、涵身与洞口间接缝以及沉降缝的漏渗水者,应用沥青麻絮或其他弹柔性填塞,防止漏、渗水,加剧涵洞的破坏。

八字墙倾斜的养护:八字墙无论是内倾或外倾,一般不影响涵洞的正常使用,用带状弹柔性材料填塞八字墙与涵身间的裂缝。及时清除由于八字墙倾斜造成的淤砂、冰塞,保持涵洞水流畅通。为减少水对涵洞的危害,还应填平涵洞进出水口30m以内的天然或人工湖塘(为平衡水位而设的涵洞除外)。对涵洞使用情况应经常调查,做到心中有数,发现病害及时养护,免使病害加剧影响涵洞的正常使用。在对涵洞进行加固或养护修复时,严禁乱开挖,注意保护多年冻土,保护多年冻土环境。

5.5.2 冻土区线路工程养护方法

冻土环境和冻土工程变化时段的特殊性决定养护工作巡查的重点时间段,线路水热环境对线路工程稳定的潜在影响决定养护工作巡查的重点地段,冻土区线路工程变化的长期性和渐进性决定了冻土区工程长期观测系统与经常性巡查线路外观等养护工作紧密结合的必要性。

养护工作重点巡查地段:

(1)在一些年平均气温高于-4℃,尤其是年平均气温在-3℃左右的一些盆地冻土区,尽管采取一些块石路基结构和碎石护坡措施,路基地温场主要特征的变化趋势不利于冻土工程的稳定。这表现在:

①多年冻土上限变化不明显;

②上限附近冻土温度较高,接近0℃;

③年平均地温曲线一般是过渡型曲线。

这些地段抵御气温升高保护冻土的能力较弱,一旦热量积累达到一定范围,虽然土体冻融过程"零点幕"现象的存在对短期内冻土工程稳定性有一定保护能力,但是在高含冰量地段线路工程(路基)的长期可靠性受到质疑。

(2)未采取补强工程措施的填土路堤地段。

(3)斜坡不对称路基(几何形态不对称)地段。

斜坡上的冻土路基,由于地势的限制,路堤两侧边坡及天然地表在几何上表现为强烈的不对称,由此导致路堤两侧受太阳直接辐射的面积和与大气直接接触的面积均存在很大的差异,路基温度场呈强烈的不对称。

青藏铁路存在许多这种斜坡路堤,其路基温度场的不对称状态十分典型。根据过去的研究,路堤在上坡侧的冻土人为上限埋深小于路面中轴线上人为上限的埋深,而路堤在下坡侧的冻土人为上限埋深大于路面中轴线上人为上限的埋深。融化季节路堤下冻融分界面为一倾斜的滑动面,融化状态持续的时间较长,这很容易引起路堤滑动或突陷。

过去的研究工作表明,在气温年平均值低于 -4.5℃的冻土区,若忽略气候持续变暖对地表及冻土地温的影响,则计算所得斜坡不对称路基温度场逐年变化很小,但当气候变暖时这种变化将加大,需要通过增加地基冷储量的方式(如使用遮阳棚路基结构、片石层路基结构和热棒路基结构等,并调整其结构设计参数)来抵御和防治。

另外,冻土区斜坡地段采用路基结构以后,坡向差异引起地温场的不对称,沿冻融界面滑移的危险增加,上游面坡脚积水和积水的能力增加,坡脚冻融变化深度增加,采用抗滑结构的支挡建筑基础传热变化对自身稳定性和路基边坡地温场影响,这是几个与温度场有关的病害隐患因素,值得引起注意。

(4)土区沼泽地和饱和层上水发育地段。

青藏铁路安多段分布着大范围的冻土沼泽化斜坡湿地,饱和层上水十分发育,这类水文地质条件在温度作用下对路基稳定性造成的不良影响,如前所述对路基稳定性造成影响的冻土区路基排水设施设计施工不当一样,易导致路基病害发生。

5.5.3 冻土线路工程变化应急处理

根据对冻土区路基工程修筑初期地温场和路基变形及相互关系的调查研究可以得知:初期路基热交换尚未达到平衡稳定阶段,多年冻土上限位置在变化过程中,路基变形在发展,因此裂缝也处在动态变化之中。从铁路路基基底处理和填料要求以及施工过程的控制来讲,在第一年路基横向变形的不均匀造成的沉降裂缝是最主要的矛盾,它可能贯穿基底,而寒冻裂缝是局部的和次生的,根据温度的不同,其发育程度也不同。在扰动后的土体冻结过程中,如在铁路路基修建后,在第一个冻结期填土热量还未散失时,路基基本上是以压密变形为主,由于横向变形的不均匀性最终导致纵向沉降裂缝发生,因此,在真正意义上的第一个冻结期到来后,寒冻劈裂作用基本上是沿原有的沉降裂缝发展,同时也有部分不规则的寒冻裂缝出现。这种裂缝处理以一般工程方法处理即可。因此,这一阶段的变形和裂缝抑制主要针对以下几种情况:

(1)对已经成型的路基上产生的裂缝,采用同质土充填夯实的方法处理整治。裂缝的处理整治必须结合补强设计进行,工程措施主要是在高含冰量地段采用几何尺寸不对称结构的片石气冷路基、片石护道、热棒路基等能够主动保护多年冻土、抬升多年冻土上限、减小土体地温梯度、控制横向不均匀沉降量的工程措施,以减少纵向裂缝的发生和发展。

(2)对不均匀地层过渡段、路桥或路涵过渡段,以及不同工程措施过渡段进行预防性补强处理,减少路堤在横向和纵向的不均匀沉降。

(3)对于初期发生的少部分横向裂缝,除应采取主动保护多年冻土的措施,来控制纵向不均匀沉降以外,还应加强过渡段处保护多年冻土的措施,控制填料含水率和压实度。

(4)在高路堤地段,应采用加筋路堤措施,提高路堤本体的抗拉强度和整体性,以减少纵向裂缝和横向裂缝的产生。

冻土区路基工程全面完成到铺架开通运行前,土体的冷生过程基本稳定,多年冻土上限抬升到一个相对稳定位置,这时的工程裂缝主要发生在路基本体以内,因此,裂缝的处理对策是以一般整治为主,同时注意水热环境变化造成的侧向热侵蚀,变形仍然发展的地段还要采取一定补强的措施。

水热环境整治主要针对已失效的挡水埝和路基坡脚之间的积水地段,将挡水埝改为护道;对使用良好的挡水埝,应加强挡水埝与路基坡脚之间的纵向排水。对低洼积水地段,采用填高、整平等顺坡措施,并增加护道,防止积水。

具体措施的裂缝处理措施为:从路基边坡开始,开挖至裂缝内侧 0.3m 处,垂直分段下挖至新鲜界面,然后用添加水泥的灰土分层夯实,并于路基面向下 0.3m 处采用复合土工膜封闭。对冻土区 51km 细颗粒土地段的路基进行补强,路基两侧设置土护道,宽度 4m,高度不低于 2.5m 且不低于路堤高度的 1/3,低洼积水及热融湖塘地段适当加宽,并设热棒。土护道上增设片石护坡,阳坡侧水平宽度采用 1.6m,阴坡侧采用 1.0m 片石。融区地段不设片石护坡。

对尚未采取主动保护多年冻土措施的路基,无挡水埝地段两侧填土顺坡,底宽 4m,高 1.5m;平地有挡水埝的地段拆除原挡水埝,改做两侧填土顺坡,底宽 4m,高 1.5m;斜坡有挡水埝的地段保留原挡水埝,并在路基与挡水埝间填土护坡,一般可以采取底宽 4m,高 1.5m(图5-11)。

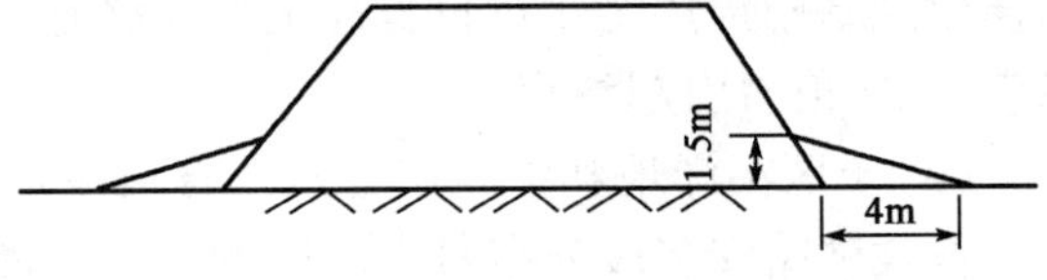

图 5-11　挡水埝处理示意图

结合工程调查,为了更好的保护多年冻土,消除引发有害工程状态(变形、裂缝)的因素,需要对部分地段采用不对称片石气冷路基和热棒路基,目的是抬升稳定多年冻土上限,减少路基变形,减缓上限形态的坡度,减少对裂缝发展的诱发作用。

青藏铁路冻土区路基开通运营以后陆续出现的一些有害工程状态以大范围和大尺度的路基裂缝为主,这些裂缝都是由初期裂纹和裂缝、发展为中期开裂及后期裂开并滑塌三个阶段。虽然不同阶段的影响因素不同,但裂缝的深度基本处在填土路堤的季节融化层范围内,且与多年冻土的稳定性及周围水热环境条件密切相关。因此,整治和补强也从这些方面进行。

运营期间路基工程的特点是:路基体内热交换体系已经稳定,热交换和热平衡结果也已经稳定,地温场在冻融过程中的发展变化具有一定的规律性,地温场形态的不对称性,部分地段路基周围有害水热环境已经形成,应该针对引发有害工程状态的最不利条件进行整治。

运营期间冻土的冷生结果已经确定的条件下,冻土的上限形态、上限位置和土体温度是决定路基工程状态的先决因素,路基周围水热环境是催化和拉动因素,因此整治应该从根本做起,也就是在发生较大变形和裂缝甚至滑塌的地段,在采用治标措施之后紧接着应该采用治本的措施。

有些区域年平均气温较高(-4.2℃),整个地区低温和高温冻土交错分布,实际上多年冻土整体处于不稳定状态,尤其是受局部地形地貌和水文地质条件(地表水、热融湖塘影响)的影响,多年冻土正在向融区发展或者已经成为融区的地段都是病害容易发生的区域。

根据对病害从裂纹向裂缝发展和发展为滑塌病害的原因分析,整治重点从控制裂纹向裂缝发展的因素入手,消除有可能发展为滑塌的因素,从路基结构组成上对裂纹的产生进行根本性抑制;从维护工作中时刻监视裂纹产生,及时进行早期处理。

整治病害有以下几个原则:

(1)按最不利原则进行保护多年冻土设计,即高温、低温和高含冰量低含冰量冻土交错分布地段,按照最不利冻土条件进行防护设计。

(2)冻土层上水发育地区,考虑多年冻土上限抬升,可能使季节融化层土体成为与高含冰量高温冻土热稳定性类似的冻结土体,这时应考虑采用较强的冷却土体措施,使其处于稳定状态。

(3)填土路基的季节融化层土体在冻结末期和融化初期受振动荷载影响,易产生裂纹,应该采取片石护坡等主动冷却土体的工程措施,在融化过程中有利于保持其力学稳定性,在寒季可以减少土体温度差,减少产生寒冻裂纹、裂缝的可能。

(4)由于阴阳坡在接受太阳辐射上的差异性,决定了不同坡向路基稳定性不同,整治措施也应有所差异,另外,特别加强对影响边坡稳定的坡脚部位的防护。

现场处理一般可以采用以下应急工程措施:

(1)阴阳坡铺设厚度不等的片石层,对边坡和基底冻土进行主动防护,同时由于其降温作用减小了路基表面温差,有助于抑制初期寒冻裂纹、裂缝的产生,片石层的荷载也有利于减小振动荷载对初期裂纹裂缝发生的影响。

(2)坡脚填平低洼汇水部位后作一定厚度的土护道,阳坡护道内侧埋设热棒,在阻挡层上水和地表水侧向热侵蚀的同时,减少坡脚融化深度。

(3)周边热融湖塘或不规则流动水流与路基坡脚距离较近时,在一定部位地面设置挡水(地表水)设施,或填土抬升地面以后再进行其他工程措施施工,同时防止地表水侵入路基本体。

对开裂地段路基的处理和补强加固措施为:裂缝现场处理一般从路基边坡开始,开挖至裂缝内侧0.3m处,垂直分段下挖至新鲜界面,然后用原填料分层夯填密实,并于路肩面以下0.3m处采用复合土工膜封闭。路基两侧设置土护道,高度采用2m,水平宽度阳坡侧4m、阴坡侧2.5m,低洼积水及热融湖塘地段适当加宽,并设热棒。土护道上增设片石护坡,水平宽度采用阳坡侧水平宽2.5m、阴坡侧1m(图5-12)。

表5-4是采用上述处理原则和方法,对2006年暖季出现的裂缝进行处理的段落和效果统计表。从表中列出情况可以看出,采用上述处理方法取得了很好的效果。

2006年暖季出现裂缝的处理段落和效果统计表 表5-4

序号	地段	裂缝长度(m)	开裂情况	2007年7月30日调查状态
1	K1001+585~615	30	线路左侧道床坡脚路肩开裂	未开裂
2	K1004+300附近	30	线路左侧路肩开裂	未开裂
3	K1015+000附近	35	线路左侧路肩开裂	未开裂
4	K1112+605~625	20	线路右侧轨枕头至路肩边缘开裂	未开裂
5	K1113+340~360	20	线路右侧路肩开裂	未开裂
6	K1116+280~300	10	线路右侧路肩开裂	未开裂
7	K1128+500~540	20	线路右侧路肩开裂	未开裂
8	K1132+685~720	40	线路左侧路肩开裂	未开裂
9	K1139+390~420	30	线路左侧路肩开裂	未开裂
10	K1146+400~430	30	线路左侧路肩开裂	未开裂
11	K1168+040~060	20	线路右侧路肩开裂	未开裂

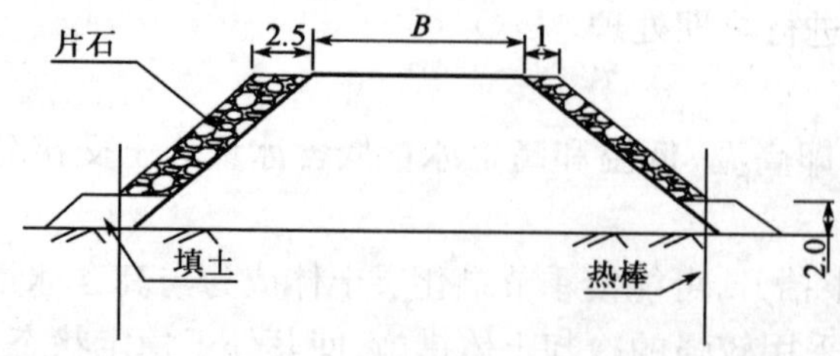

图5-12　片石护坡整治方法示意图(尺寸单位:m)

冻土区线路工程状态变化本质上是伴随土体冻结和融化过程发生的冷生现象。在路基发生较大变形条件下,由于区域气候条件不同,主要是气温较差的不同,不同路基结构的表面性质影响了不同种类和数量的路基裂缝的发生。在地温场形态类似时,区域气候条件决定路基裂缝的发生,路基水热环境条件决定其发展程度。

冻土区线路工程状态变化与天然条件下地面寒冻裂缝发展的不同之处在于:路基填土改变了原来天然条件下的地表性状,路基结构改变了季节融化层和其下多年冻土的界面和温度特征,因而也制约了路基工程状态的发展过程。

采用热学不对称的路基结构,在抬升多年冻土上限同时,还能减缓上限形态的不对称性,减缓上限坡度,从而减小路基横向差异变形,抑制路基工程裂缝的发生和发展。

填土抗剪、抗拉力学强度性质成为一定条件下的决定性因素,在保证填土内冻胀保持在容许范围内的条件下,黏粒含量较大时有害路基工程状态较少发生。

产生裂缝的水热环境包括两个方面:天然水热环境和路基的修筑人为的截断地表水和冻土层上水的径流通道。应该针对这两方面采用不同工程措施截断路基的侧向热侵蚀的源头,减少对路基工程状态的拉动和诱发作用,遏止裂缝发展。

第6章 青藏铁路冻土工程施工和建设管理技术

青藏铁路冻土区工程建设是包括科学研究、工程勘察和设计、工程施工和建设管理四个密切相关的建设环节在内的系统工程。这个系统工程的标的对象是冻土,解决方法是各种冻土工程设计和施工方法,系统工程的指导思想是“冷却地基,减少对冻土热扰动”,冻土问题和冻土工程必须由系统工程的各个环节在统一的指导思想下完成。

冻土问题的特殊性要求工程施工和建设管理在技术指导思想上与科学研究和工程勘察设计保持高度的一致性,这种一致性赋予施工和建设管理前所未有的科学性和探索性。

6.1 冻土区工程特殊施工技术和施工工艺

青藏铁路冻土工程设计文件是设计原则和设计思想的全面体现,是制定施工工艺、实施施工作业和制定监理细则的基本依据。理解设计思路、掌握设计要点,保持施工技术原则和细则与设计原则的一致性,是冻土工程施工技术和施工工艺的指导思想。

青藏铁路建设中的冻土工程问题是通过特殊的工程结构措施解决的,不同的工程结构类型有不同的施工作业工序,对应不同的施工工艺、施工机械和不同的施工季节和施工时段。

青藏铁路冻土区工程建筑物施工技术,第一是基于对施工区域地段多年冻土基本性质的认识,即首先应该准确的认识施工地段多年冻土温度特征,在此基础上理解设计原则和设计思想;第二,要对多年冻土的工程分类特征有一个准确的认识,在此基础上对所采取的工程结构和工程措施有本质上的了解;第三,对多年冻土季节冻融过程要有全面和准确的理解,进而对施工技术细则准确把握,在此基础上把握施工进度,控制整体工期,保证冻土区工程结构的施工质量。

青藏铁路冻土区工程结构的特殊性,在于它必须以热传输上的特征作其工程有效性的主要判断标准。施工工艺与设计思想的一致性不仅是调整和处理好地质、地形、土质和水分这四大要素的关系,更重要的是要考虑由于周期性冻融过程的存在和温度引发的各种工程结构效果的变化,而且要充分突出温度概念。

高温冻土区“以桥代路”的关键施工技术(桥梁桩基施工工艺)的确定和施工机具的选择,充分突出了温度概念来考虑,在桩基施工过程中,减少对冻土的扰动,把对冻土的破坏降低到最小程度,是施工技术的关键。施工技术和施工工艺选择基于对多年冻土的热稳定性和热敏感性的深刻认识,基于对冻土环境的保护原则,制定一系列特殊的施工工艺和保护措施,在保护冻土环境的前提下,达到保证工程建筑物稳定的目的。

6.1.1 冻土区路基工程施工技术

多年冻土地区的路基是由路堤、路堑及其交界处的填挖过渡段(浅堑、零断面、低路堤)和不同类型冻土的过渡段所组成的。设计和施工的要点不仅是调整、处理好地质、地形、土质和水分这四大要素的关系,更重要的是要考虑由于周期性冻融过程的存在和温度所引起的基于相变机理的土性变化,要将温度变化所引发的各种变形特征与地质、地形、土质和水分这四大因素紧密结合起来,充分突出温度概念,是青藏铁路冻土工程设计和施工的要点。

路基的组成要素包括:高度(填高、挖深)、基面宽度、边坡坡率、路基本体结构(基床表层、底层)、支护结构(包括护道)和排水设施六项。一般地区,设计和施工规范对这些要素均有相应规定。高原冻土区除遵守基本规定外,还在某些方面有自己的特殊规定,而这些规定又均与气候条件、冻土条件紧密相关。基于以上所谈到的多年冻土的特殊性,冻土工程施工应当掌握和了解以下五个方面的问题:

(1)该段路基设计原则。

(2)区段气候条件与环境条件特点,及边坡、基底的多年冻土类别。

(3)设计文件对路基纵横断面、路基结构的要求。

(4)路基排水设施的设计原理与断面形式。

(5)路基工程的施工季节与施工工艺。

认识上述五个方面的问题,理解与把握设计意图和要求,科学的安排施工作业,才能达到预定的工程质量目标。

冻土区路基施工技术包括:

(1)冻土环境保护技术(取土场、弃土场、施工道路、临建工程的统一规划和统一设计)。

(2)路基基底处理技术(普通路基基底、片石气冷路基基底以及冻土沼泽湿地路基基底)。

(3)路基填料选择和路堤填筑技术。

(4)高含冰量地段路堑(包括挖方和边坡施工爆破技术)施工技术。

(5)特殊路基结构(片石粒径确定和片石层填筑、热棒路基)施工技术。

6.1.1.1 冻土环境保护技术

冻土区工程施工过程中,冻土环境保护和高原生态环境保护的理念和意识,是贯穿始终的一条主线。咎其本质而言,青藏铁路高原冻土区的勘察设计暂行规定、施工暂行规定、施工技术细则与一般地区的规范不同之处,就是基于对多年冻土的热稳定性和热敏感性的深刻认识,基于对冻土环境的保护原则,制定了一系列特殊的施工工艺和保护措施,在保护冻土环境的前提下,达到保证工程建筑物稳定的目的。

取土场和弃土场在冻土工程施工中对冻土环境有很大影响,弃土场如果距离线路较近,会因为对地表水径流的阻隔作用,使弃土场上游侧季积水发生局部热融沉陷对路基产生局部侧向水热侵蚀,取土过程破坏了天然的草皮保温层,引起多年冻层融化,导致冻土上限下降,特别在高温、高含冰量地段如果取土场处于高含冰量地段,且取土深度超过季节融化层的2/3厚度,高含冰量冻土的融化极有可能产生热融湖塘,热融湖塘的产生往往可成为热融过程进一步发展的因素(因为水层厚度随时间增加,使地表年平均温度很快上升,融化深度将继续增加)。如果取土距线路很近,热融湖塘的形成和发展将严重危及铁路路基的稳定。另一方面,在地下水富集地段,取土场对地下水通道的切割可能导致冰锥、冻胀丘的产生,对地表水径流的改变有可能导致植被减少,冻土环境沙化现象发生。

由于青藏铁路主要以路堤填方形式穿过多年冻土区,沿线数量多、面积大的取土场和弃土场对地表水和冻土层上水系统的干扰作用最终成为影响路基稳定性的不可忽视的问题。

建设部门组织设计、施工、科研部门联合对沿线多年冻土区望昆—唐古拉山口段共设计的

103 个取土场（含 13 个取、弃合用场地）的位置逐一核实，这些取土场数量的设计密度约为每 4.2km 一处，其中 24 个设置在河漫滩、河谷或河流融区；47 个设置在丘陵、坡地或山包植被稀疏的低含冰量地带；32 个设置在山前冲洪积、植被欠发育或中等发育的低含冰量平坦地带。但是，在风火山区 DK1140 ~ DK1168 段有 8 个取土场设置（含 4 个取、弃合用场地）在植被良好的高寒草原、草甸斜坡地带，尽管该部分取土场的多年冻土为低含冰量冻土，但由于对覆盖良好的植被的破坏，对多年冻土环境及地表植被景观的影响将比较明显，为此进行了改移。

在沿线 10 个站场的设计中共计约有 207 万 m^3 的填方，为了尽量减少取土场对冻土环境的影响，每个站场只设计 1 个取土场，其中不冻泉、五道梁、秀水河、二道沟、尺曲各站场的取土场设置在植被稀疏、少冰多冰的小山包坡地地带；楚玛河、通天河站场取土坑设计在河流滩地；沱沱河、雁石坪和温泉等站场的取土坑设置在融区，这些取土场的设置对多年冻土环境的影响相对较小，因而对路基本体的稳定性影响也降到最低。

沿线多年冻土区的砂卵石场共计 11 个，均设置在有融区存在的河流滩地；碎石、片石场共计 9 个均设置在有基岩裸露地带。从对多年冻土环境保护的角度来看，在裸露的基岩区采料不会对多年冻土环境造成明显的破坏。另外，根据青藏高原的河道具有宽、缓的特征，适当地将常水位以上的砂砾石料开采利用，不会引起较大的水土流失问题。

高原上的河流有许多尽管是属于非贯通融区，但其冻土上限均较深，有限制的开采后，只要做好河道及时整理、疏通，其对环境的影响相对较小，对于离路基较近的大河河道融区地段，禁止破坏性开采取土石，以免对路基形成日益加剧的侧向热侵蚀。

为了降低取土对多年冻土的热扰动，尽量保护多年冻土环境，取土遵循“分段、集中”取土的原则，在路堤上坡侧 200m 以远，植被稀少的山包、丘包、融区、河滩及少冰、多冰冻土地带设置取土场，取土后要求及时平整，取（弃）三角坑（场）设置必要的排水顺坡及出水口，避免形成人为的积水坑（积水坑的形成可能会成为热融沉陷或热融湖塘产生的诱因），并采取覆盖等环境保护恢复措施（见图 6-1）。

取土场的统一规划，避免了在融冻泥流和热融滑塌等冻融侵蚀发育的地带，富冰、饱冰、含土冰层地带，横坡明显的坡地边缘地带，植被发育良好的地带，冻土沼泽湿地设置取土场。当路堑挖方、隧道弃渣为高含冰量冻土时，禁止作为路基或保温护道填料，并在路基下侧远离路基的地方合理选择弃土（渣）场，间隔堆放，使冻土融化后能顺利排泄，避免对路基稳定造成影响。

为了尽量减少施工对多年冻土的热扰动，取（弃）土都选用挖掘机配自卸汽车，禁止采用推土机和铲运机作为取（弃）土的运输机械。

6.1.1.2 冻土湿地和路基基底处理技术

在冻土沼泽（沼泽化湿地），由于地表水的存在及长期作用，维系着湿地的水热平衡，若路基修筑时排除或截断（有时采取排除与截断地表水也很困难）地表水，破坏多年形成的热平衡状态，将会引起新的病害。青藏铁路格尔木—拉萨段通过唐古拉山区的冻土沼泽地段时，采用渗水土填筑或抛填片石处理，而不采用排除地表水的措施，就是为了尽量降低对地表水径流的改变，维持冻土沼泽地段原来的水热平衡。

图 6-1 取土场草皮移植保护冻土环境

在路基工程热融病害的防治措施中，基底换填是最为广泛采用的一种处理技术，高含冰量冻土地段采用粗颗粒土换填的方法处理，它是用粗砂、砾石等粗粒土置换冻胀性或融沉性地基土，以达到消减地基土的冻胀或融沉性。

换填法预防路基病害的效果取决于换填的深度、换填料的粉黏粒含量、换填料的排水条件、地基土质及地下水位等因素。

换填施工对多年冻土的水热干扰比较严重，若开挖和处理不当，会影响路基的稳定，必须高度重视和认真对待。

少冰冻土、多冰冻土属低含冰量冻土。当路堤基底2倍天然上限深度范围内含土冰层的累计厚度小于0.15m，饱冰冻土层的累计厚度小于0.4m，富冰冻土层的累计厚度小于0.6m时，在基底处理时按低含冰量冻土对待。

路堤通过低含冰量冻土分布地段时，基底处理根据路堤高度按以下方法进行：

(1)当地面横坡缓于1:5，路堤高度≥2.5m时，将原地表平整压实，但不得清除地表植被，路堤高度<2.5m，基底强度不符合要求时，将基底土层翻挖并分层回填压实，翻挖深度满足设计要求。

(2)当地面横坡陡于1:5，路堤高度≥2.5m时，将原地面挖成宽度≥1.0米的台阶后压实，路堤高度<2.5m，基底强度不符合要求时，将基底土层翻挖，做宽度≥1.0米的台阶，并进行分层回填压实。

回填土压实标准规定如下：回填土位于基床以下时，按基床以下部位填土质量标准控制；回填土位于基床范围内时，按基床填土质量标准控制，回填土质量要求同基床填筑标准。

高含冰量冻土分布地段(富冰、饱冰冻土区和含土冰层)路堤基底处理：

当地表横坡缓于1:5，$H \geq H_s$(最小设计高度，基底多年冻土处于冻结状态的最小填筑高度，也即路堤的保温层厚度)且$H \geq 2.5$m时，保存地表植被，平整地面，重型压路机压实，基底表层和第一层填土可不做压实检测；当地表横坡陡于1:5，$H \geq H_s$且$H \geq 2.5$m时，地表挖成不小于1.0m宽台阶，平整压实，压实标准同于路堤；$H < H_s$且$H < 2.5$m时，按设计宽度、深度进行基底换填处理(图6-2)。

图6-2　唐古拉山区湿地路基基底处理

换填土要分层回填压实，压实质量标准视回填土层位置而定。当回填土层位于基床以下时，按路堤本体填筑控制。当回填土层位于基床范围内时，按基床填土质量标准控制。当用粗颗粒土做换填料时，在地面设复合土工膜防渗层，防渗层表面做成4%的横坡，防渗层的铺设和处理应满足设计要求。另外，基底换填要注意临时隔热防护，防护的主要方法是保温覆盖和搭遮阳棚等。

冰锥、冻胀丘、热融滑塌、热融湖塘、沼泽湿地等不良冻土现象分布地段的基底处理原则首先是核查清楚水的来源，地下水的流向、流量，多年冻土的工程类别等。然后是修建永临结合的排水系统，用挡水埝或盲沟的形式拦截疏通，排干地表和冻结层上水，对已出露的高寒冰量冻土应支挡和覆盖，不使其再融化。最后采用清除或抛石挤淤法排除软弱层的影响，按高含冰量冻土地段基底处理原则做进一步的压实或换填处理。沼泽湿地严禁取土,也不能开挖排水沟,不得挖除表层和草皮。

冻土沼泽湿地地基对道路工程的最大危害在于承载力不足和变形过大,处理的目的是提高软弱地基的强度、保证地基的稳定,降低软弱地基的压缩性、减少地基的沉降和不均匀沉降,防止地震时地基土的振动液化,消除区域性土的湿陷性、胀缩性和冻胀性。因此,其处理的原则也是紧紧围绕其目的展开的。处理措施有以下几种:

(1)应用传热理论的方法确定出计算防冻厚度,在此基础上考虑软土的承载能力确定换填的厚度,经过试验路段的验证,证明此种方法在确定冻土湿地软土地基处理换填厚度时是可行的。

(2)当冻土湿地软弱土层较浅时,可以采用换填的方法。换填砂砾、素土、粉煤灰、石灰土都是可行的。但通过试验表明,素土的沉降要比其他处理方法大一些,承载力经过一个冻融循环下降也相对较大。从沉降考虑,处理效果依次为石灰土、粉煤灰、砂砾、素土。从承载力考虑依次为石灰土、砂砾、粉煤灰、素土。

(3)当软弱土层较厚时,采用砂石桩、碎石桩、石灰桩是可供选择的方案。从处理效果来看,石灰桩在地下水位较高时,表现出了明显的优越性。采用成桩法进行处理的软基和换土相比,沉降相对较小,承载力的提高也比较显著。砂石桩和碎石桩的处理效果相差较小,石灰桩在承载力方面表现出某些优越性,它们之间的沉降相差较小。

(4)应用抛石挤淤处理浅层的淤泥有着很好的效果。特别是应用挤淤法和反压护道的联合处理方法,地基的承载力得以改善,减小了冻土湿地的沉降,是一种较为经济合理的处理方案。综合以上方法,结合经济效益分析考虑,可以认为,处理浅层软基应用抛石挤淤、换填砂砾或石灰土是比较经济科学的。处理较深层的软基,结合当地的实际情况,可以选用石灰桩、砂桩等方法处理。

考虑到多年冻土湿地的地质特点,从青藏高原的特殊环境出发,结合青藏公路建设和整治方案,大兴安岭林区国道301线K153~K176段的工程实践表明,路基结构及地基处理措施可大致归纳为以下几种:

(1)抛石挤淤处理地基的方法。石料最大粒径不宜超过40cm,个别不平整处,用细石块找平,同时采用25t振动压路机进行碾压,提高下湿地地基的承载能力;对有明显回弹的地段,处理的方法是再卸一层石料进行碾压,直至达到要求;对含水率过大、深度在2m以内的潮湿土,挖去湿土换填适用的干土或挖方石渣、天然砂砾等,并分层压实达到标准。

(2)排水设施及填料控制。处理好填挖交界处的边沟,为了防止雨水浸淹路基基底,做好排水设施十分重要。用强度满足路基要求且水稳性良好的材料填筑,30cm一层,分层碾压,压实度达到93%以上,再进行下层填筑。

(3)横坡度较大路段的路基基底的处理。对路基基底横坡度较大的路段,采用挖掘机挖出横向台阶。基底处理合格后,从底层台阶开始填筑路基,底层台阶与第二个台阶填平后,包括第二个台阶用25t振动压路机碾压合格后(压实度93%以上),再连同第二个台阶一起填筑,直至所有台阶填平再按路基全宽填筑。

(4)路基结构为土工格室加渗水土方案。针对青藏高原三江源自然保护区布曲河谷地及温雁断陷盆地多年冻土湿地地质条件,路堤设计采用路堤下部1m采用土工格室内填渗水土、两侧设渗水护道、上部填普通土、渗水土和普通土中间设复合土工膜隔断层(两布一膜),土工膜上下各设一层0.1m的中粗砂垫层的施工方法,确立了适用于此环境路基湿地地段病害的处理办法，总结出土工格室和复合土工膜的施工方案及施工工艺。

根据冻土湿地路基变形特点及前述分析结论，对于地基而言，关键影响因素包括地基土性质、地基条件或形式和保温条件。对于路基而言，其稳定的关键在于结构措施；其填筑质量的关键因素主要是填料的性质、含水率、压实度、施工前后的排水等；主要技术指标为压实系数、孔隙率和结构措施等。

6.1.1.3　路基填料选择和路堤填筑技术

冻土区路基填料选择在考虑尽量保护冻土的热学原则前提下，首先，考虑减少有限条件下(路基人为上限形成过程)的冻胀融沉变形的力学原则，还要考虑抑制路基裂缝发生的土质学原则。由于填土类型的不同，土壤的热物理状态不同，其热传导性能也就有差异。由于热容量不同，在冻融交替过程中，吸热、放热状态的蓄热和散热速度和时间均不一致。从传热学的角度，在一维情况下，多年冻土存在和发展的热量条件可表达为：

$$Q_d = |Q^-| - Q^+ \geqslant Q_g \tag{6-1}$$

式中：Q^-——寒季土放出的热量；

Q^+——暖季土吸收的热量；

Q_g——一年内地中热流总量。

潜热是控制融化(冻结)深度的主导因素，因此，可近似地认为：

$$|Q^-| = h_f Q \tag{6-2}$$

$$Q^+ = h_u Q \tag{6-3}$$

式中：Q——单位体积土的融化(冻结)潜热；上标“－”，下标“f”表示冻结状态；上标“＋”，下标“u”表示融化状态；

h_f、h_u——潜在的季节冻结或融化深度。

$$h = \sqrt{\frac{2\lambda}{Q}\int_0^T f(t)\,\mathrm{d}t} = \sqrt{\frac{2\lambda\Omega}{Q}} \tag{6-4}$$

式中：λ——土的导热系数；

$f(t)$——地表温度函数；

T——地表保持正(负)温的时间；

Ω——地表积算热(寒)度。

由此可得：

$$\sqrt{2Q}(\sqrt{\lambda^- - \Omega_f} - \sqrt{\lambda^+ \Omega_u}) \geqslant Q_g \tag{6-5}$$

路堤下上限的抬升速度和幅度取决于$|Q^-| - Q^+ = Q_d$。Q_d 越大，即寒季土放出的热量越多，暖季土吸收的热量越少，则上限抬升越快，幅度越大。由(6-5)式可知，为了造成有利于路堤下上限上升的条件，应该选择 Q 值大、$(\sqrt{\lambda^- \Omega_f} - \sqrt{\lambda^+ \Omega_u})$亦大的填料。用黏性土填筑时，一般比较紧密，含水率大，孔隙率小，因此，空气充量小，基本上是以土颗粒本身进行热传导，其传导的速度慢，热量传递较浅。用粗颗粒土填筑时，含水率低，在相同压实度条件下，粗颗粒土的导热系数要比细颗粒土的大，因而热传导性能强，热源能量传递较深。所以，从传热学的角度分析，细颗粒土比粗颗粒土更符合这一条件。

产生路基冻胀有三个基本条件，即冻胀敏感性的土、产生冻结的负温总量和路基土中水的补给。这三个条件缺少任一项，路基就不会发生冻胀。因此，必须采用渗水性好的卵砾石或细粒含量不超过5%的粗粒土作填料。对细粒土或含细粒较多的粗粒料，主要是隔断水的补给，包括地下水、地表水和大气降水，其次是保护基底多年冻土，采取措施使其处于不融状态。这是最有效的处理方法。

从减少路基活动层（季节融化层）的冻胀融沉变形出发，青藏铁路采用级配良好的粗颗粒土可以提高路基的强度和减少路基的冻胀变形，建设单位和设计单位均要求使用A组、B组粗颗粒土作为路基填料。

以细颗粒土为路基活动层表面的路基地表年平均温度较低，用细颗粒土作填料的路堤基地多年冻土上限上升幅度较粗颗粒土大，但路基冻融变形也大，路基稳定性差，细颗粒土层在季节融化层内时，难以满足青藏铁路多年冻土段设计时速100km/h的行车速度对路基变形的要求。粗颗粒土虽然传热影响较深，但是只要路堤达到一定高度，在一定的压实度标准下，其人为上限也可达到细颗粒土的水平，在冻融变形量级上比细颗粒土好，路基强度和稳定性也好。

由于路基工程人为上限形态不对称和较陡形态的存在，使路堤土体中出现细小裂缝，而后串接为宏观裂缝，再由宏观裂缝演化为最后的失稳裂缝。线弹性断裂力学理论说明，在拉伸条件下，扩展大体上是不稳定的，只要有一条裂缝扩展，就可能导致断裂，而且是脆性断裂破坏。冻土的断裂韧度 $K_{Ic}=0.3\mathrm{MPa}\cdot\mathrm{m}^{\frac{1}{2}}$ 决定了这种脆性断裂破坏，它与填料的含水率与温度有关。

因此，选择填料时应该在以上三方面条件之间寻求最大的平衡。

在确定冻土区路基填料选取原则以后，控制路基填土质量对控制路基变形和变形裂缝具有重要意义：使路基有足够的强度、水稳性、较小的压缩性，减少路基病害和冻害的发生。

冻土区一般填土路基的工程质量，具体表现在其消除冻胀融沉变形的效果上，抑制路基变形裂缝能力，在设计参数和设计目标下保护冻土的程度。

路基填土冻胀主要影响因素有：土的粒径组成的影响、土的矿物成分的影响、土的含水率和密实度的影响、土的含盐量等。在冻土区要确保路基质量，先决条件是在消除路基冻胀的外部因素情况下，考虑控制路基填土质量的若干措施，也就是考虑路基土冻结过程是处于封闭系统的条件。在这一条件下，控制路基填土质量需进行如下几个步骤：

①按填料的强度、渗水性、塑性进行土的分组。

②按照分组中填料具体情况，如果是属于细粒土，则需做室内击实试验，确定土的最佳含水率和最大干密度，然后需要做压缩、剪切、毛细水上升高度试验和冻胀试验；如果属于粗粒土则要做相对密度试验，做压缩、剪切、毛细水上升高度试验和冻胀试验。

③根据路基层位选择压实系数，相对密度或孔隙率（粗粒土）、地基系数。

④根据试验结果对填料进行质量评价。

图6-3是北麓河路堤填筑施工时的施工情况。

青藏铁路多年冻土区冻土路堤填筑技术主要由以下几个方面组成：

（1）施工工艺

采用全断面全宽纵向水平分层填筑压实，冻土区暖季属于多雨季节，因此，在施工中坚持机械化、短区段、快速流水作业施工，随填随压随检测。填土路堤按“三阶段、四区段、八流程”填筑压实工艺进行。

（2）填料的选择和取土场的选取

多年冻土区路堤采用A、B类填料，最大粒径不大于15cm。选择填料要充分考虑冻结层上水的发育情况及填料的冻胀敏感性，尽可能采用冻胀性能小的粗颗粒土和卵碎石土作填料。

取土场选择地表植被覆盖少或基本无植被覆盖的地段；选择在河道或河道两侧阶地，集中取土，这些地段，皆为粗颗粒土和卵碎石类土。

取土在暖季进行，在河道中取土时，将土料堆积起来滤水，等土源晒干后再运料；河滩阶地土料较干可直接用来填筑。为控制颗粒粒径不大于15cm，在运土车辆车斗上放置过滤筛，填料通过过滤筛装入车斗，剔除大颗粒粒径的填料。

图 6-3　北麓河路堤填筑施工

(3)施工中采取措施减少路堤填料的蓄热

高温高含冰量多年冻土地段高路堤填筑存在的主要问题是填料蓄热引起地基多年冻土的融化导致路堤下沉。为减少填料的蓄热采取的方法是：

①路堤的填筑在暖季(5～9月份)进行，为减少传入地下热量，路基下部1～2m厚填筑安排在寒暖交替的4、5月份前或9、10月份完成。

②施工采取分两次填筑。头年填至最小设计高度，寒季路堤冻透后，来年暖季继续填剩余部分路堤。

③高原夜间气温较低(低于0℃)，让填料冷却，清晨将填料覆盖，控制填料温度在5℃以下，可有效减少填料蓄热。

④选择最佳填筑施工时段。高原暖季夜间温度低，早晚较凉，而中午气温高，太阳辐射较强，填料吸热升温快。因此，路堤填筑要避开中午时段。

⑤基底保温隔热层，在4月份进行，在活动层融化开始前完成。

(4)路基沉降观测及预留沉降量的选取

对多年冻土区域范围内路基每100m设一观测断面，每一断面设6个观测桩，其中路肩、路基坡脚或护道与坡脚相交处、坡脚以外20m处各设1处。

水准点及参照桩均按冻土区永久性标志桩埋设。采用ϕ25以上钢筋埋置深度大于2倍的天然上限，用混凝土包桩，外侧用粗颗粒土回填。

观测时间为每年3月1日至12月10日，观测密度为每月1次。根据观测，施工中按平均堤高的1%～1.5%取值预留。

6.1.1.4　高含冰量地段路堑施工技术

青藏高原多年冻土区铁路路堑开挖，受到客观条件的严峻考验：空气稀薄、气候严寒。如果在寒季施工，可以保证冻土不融化，但机械难以开挖，且效率太低，无法正常施工；如果在暖季施工，则冻土暴露地表后，很快就融化。若施工方法不当或拖延时间过长，就会造成融沉、塌滑、流泥等严重病害。给工程带来很大困难。所以研究冻土开挖快速施工方法就成为在高原冻土区修筑铁路路堑的重要问题。

开挖前按设计要求做好排水系统及土石方施工临时排水系统，防止地表水和冻结层上水流入路堑。施工前按多年冻土环境保护要求选好临时弃土场地、修建施工便道，同时选好换填粗颗粒土，做好土工试验，准备好施工机械，保障施工的连续进行(图6-4)。

开挖一段，处理一段。分段长度根据多年冻土的工程地质条件、施工力量和施工季节确定。换填时采取临时隔热防护措施，如设遮阳板、遮阳棚或保温材料覆盖等，主要是遮断太阳的直接照射；换填土分层回填、压实，填筑压实质量标准根据所处位置，按路基本体或基床相应标准执行。

图 6-4 高含冰量路堑冬季施工

爆破法是开挖冻土的有效方法之一，它能在短期内为土方机械准备大量的冻土方量，缩短整个工期。爆破的主要指标——爆破体的数量和质量，在很大程度上决定了冻土挖掘和运输的效能。为提高冻土的松动效果，必须根据冻土开挖深度的大小，开挖数量的多少，来确定采用浅孔爆破、深孔爆破或深孔药壶爆破的施工方法。

适用于高原多年冻土的爆破和一些整体性强、联结性好、较难爆破的土体、岩石。采用潜孔钻成孔，成孔后底部合理的装药量，小松动爆破，增大成孔底部面积，然后进行二次大剂量装药起爆，二次起爆采用起爆顺序微差网络。

原理：潜孔钻成孔后，根据冻土地质情况，确定底部扩孔的合理装药量，既能达到成孔底部面积的扩大，又不使成孔的上部破坏。然后装药实施小松动爆破，达到成孔底部面积扩大的效果。然后清孔，实施二次大剂量装药起爆，二次起爆导爆管网络实施起爆顺序微差作用，先起爆的作为后起爆的临空面。

工艺流程：方法与传统的爆破施工方法相同，只是在成孔后，在成孔的底部实施了一次小松动爆破，扩大了成孔底部的面积，增大了底部装药量。在二次起爆中采用了微差起爆顺序，先起爆的冻土是后起爆冻土的临空面。

工艺流程为：定位→钻孔→清孔→合理装药→起爆→清孔→大剂量装药→联结起爆网络→起爆→检查爆破效果。

施工方法：

(1)合理的底部扩孔装药量：潜孔钻成孔后，要进行成孔底部成功扩孔，装药量至为关键。确定药量要结合冻土地质情况和正式爆破前进行的“试炮”装药量经验，选定合适的装药量。只有这样才能既达到扩孔增腔的效果而又不破坏上部的成孔。

(2)导爆管起爆顺序微差网络：扩孔成功后，采取二次大剂量装药，完毕后，起爆网络采用导爆管非电起爆系统。具体做法是在同列安置同段的毫秒雷管，不同列间安置跳段毫秒雷管，串联起爆雷管均为同段。这样，利用毫秒雷管的微差起爆时间，为后起爆冻土的爆破力有一个导引方向，即临空面。而不像传统爆破，没有临空面，而冻土的整体性又好，爆破力只能冲天而起，炸成一个个土窝。

(3)施工注意事项：第一次扩孔增腔爆破，要采用火雷管、导爆索爆破，随成孔随爆破扩孔，爆破是为了扩孔增腔，所以不用堵塞炮眼。扩孔成功后，就进行二次大剂量装药，若发现冻土有融化迹象，要选用乳化炸药。

二次大剂量装药时，不同段别间的导爆管安装一定要正确，否则影响爆破效果。装药时要用炮棍反复捣实药卷。

确保二次装药后，孔口的堵塞质量。

在堵塞过程中，要用炮棍反复捣实，注意不要损坏导爆管，堵塞长度不小于 1m，堵塞材料不应使用钻出的冻土，要选取一定湿度的含砂黏土。孔口预留 50cm 要用炮泥堵塞紧密，炮泥要求不能太稀。

成功爆破后要及时检查，一是要检查爆破效果；二要检查是否有哑炮，若有导爆管断裂形成的哑炮，要立即引爆。

爆破开挖路堑后，要求宽度、堑底标高、边坡坡度符合设计要求。

6.1.1.5　片石气冷路基施工技术

青藏铁路冻土区采用的特殊路基结构中片石气冷路基和热棒路基的施工技术具有区别于一般路基的特点。

图 6-5　片石气冷路基施工

片石气冷路基施工过程和工艺流程见图 6-5 和图 6-6。

在施工工艺流程中注意料源选择及备料，片石饱水抗压强度不小于 30MPa，预先熟悉设计图纸及文件，充分领会设计意图；详细调查现场地形地质情况，以便确定合理的施工方案和切合实际的处理措施。

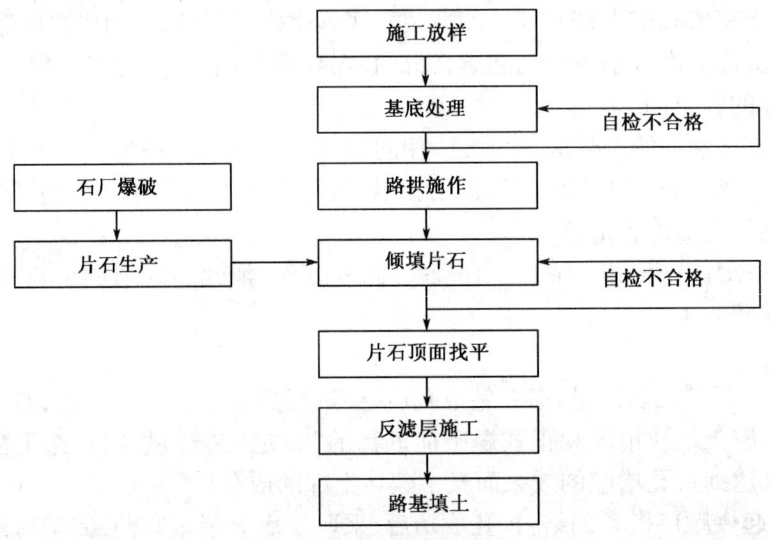

图 6-6　片石气冷路基施工工艺流程图

当路基基底底洼积水时，在施做基底路拱时要将路拱顶面标高适当抬高，并将路拱适当加宽 3 ~ 5m，以防止地表水浸泡路堤坡脚。严格进行路基基底处理，路拱填料采用粗颗粒土，最小厚度控制在 30cm，采用后倾法倒土填筑。路拱坡度控制在 2% ~ 4%。

片石粒径直接影响压实条件下片石层的孔隙率，并影响片石层的对流换热效果，因而片石气冷路基施工对片石粒径要求很高，设计片石粒径规格为 20 ~ 30cm。

片石生产过程是片石粒径质量控制的关键，一般在采石场采用如下措施：采取小洞室爆破方案，通过合理选择爆破施工的各项技术参数，取得良好的爆破效果，对片石的粒径进行初步控制；采用挖掘机进行选料和装车，将大于 30cm 片石挑选出来，进行解小或采用冲击气锤分解；将小于 20cm 的石块挑出集中堆放，用于片石层顶面找平。

采取后倾法填筑片石，人工配合挖掘机进行倾填片石层整形，边卸车边整理。按顺序一次成型。填筑时,先根据片石层厚度及宽度、虚堆系数等计算填石数量,并在土路拱表面上用白灰划出方格网,按方格网卸料。采用插钢筋挂线方法,控制片石层厚度。片石层顶面坡度应与路拱顶面一致;片石填筑采用先低后高、先两侧后中央投料、水平不分层的填筑方法;对少量不合格的片石,及时进行清理。小石块用于顶面找平,大石块人工改锤。

为保证片石顶面平整,并防止将片石空隙堵塞,在片石倾填过程中,及时采用粒径为5~10cm的小石块将顶面找平,并堵住空隙,以防止碎砾石漏入片石空隙,影响气冷效果。

片石气冷路基的碎砾石及中粗砂反滤层施工采用边填筑边推进的方法,施工前在片石边坡铺设彩条布或其他材料(并伸入护道顶面50cm),以防碎砾石滑入边坡堵塞空隙影响对流换热效果,中粗砂填筑前进行外观、筛分析、细度模量、含泥量、有机物含量等检验,选用颗粒级配良好、质地坚硬耐久的中粗砂,砂中不得含有杂草、垃圾及粒径大于10mm的石块等杂质,含泥量不得大于5%,根据设计厚度及填筑宽度、长度、虚铺系数计算出填料数量,同时在其碎砾石顶面上用白灰画出方格网,按方格网卸料。

填筑后推土机初平,平地机配合人工终平,碾压采用YZ18T压路机,碾压时遵循先两侧后中间、先慢后快,先静压后振动的原则,行与行之间重叠0.4m以上,前后相邻地段重叠2.0m以上。在填筑碎砾石和中粗砂时,路基边部采用人工配合摊铺整平,以防止填料落下。

片石层填筑完成后,其上的路基土方填筑按照"四区段、八流程"正常工艺施工。

片石气冷路基施工应安排在寒季末、暖季初施工,以减少带入路基的热量,寒季施工要提前进行路拱填料、片石、碎砾石、中粗砂的备料。如果在暖季施工时,应将路拱施工安排在每日温度较低时段进行。施工中要严格控制各道工序和各个环节的质量,关键要把好片石的质量关;片石粒径要在采石场源头上解决。

6.1.2 冻土区桥梁灌注桩施工技术

冻土区桥梁灌注桩施工技术的关键在于从施工机具选择、钻探工艺、桩身混凝土配置和浇筑工艺等方面减少对桩周多年冻土的热扰动,使桩周多年冻土迅速回冻,缩短与后续施工工序的衔接时间。

青藏铁路冻土区钻孔灌注桩施工工艺流程见图6-7,施工过程见图6-8。

施工关键技术:

(1)施工准备

了解冻土地质条件及地层岩性,场地测量放样后的重要工作是防冻胀的护筒加工并在施工前采用旋挖钻机的护筒驱动器旋转压入地面。暖季钻孔施工外护筒要高出地面30cm以上,埋至冻土上限以下不小于0.5m处,内护筒成孔后安装为永久护筒。

(2)旋挖钻机成孔技术

调平钻机,保持钻机垂直稳固、位置准确,钻进时原地顺时针旋转开孔,然后以钻头自重加以液压作为钻进压力,初钻入冻土须采取不给进量钻进,在钻进岩层时,提高下压力,钻到坚硬岩层旋挖钻头无法钻进时,换用短螺旋嵌岩钻头破岩,利用旋挖筒钻出渣。

当钻头被旋转挤满钻渣后,停止下压及回旋,逆时针方向转动动力头,稍向下送行,关闭钻头回转底盖。上提钻斗时缓慢进行,防止提速过快,钻头碰撞孔壁。提离孔口后,钻机自身旋转至翻斗车处,用动力头顶压顶杆,将底盖打开,倾卸钻渣。然后关闭底盖,旋回孔位,对准孔位慢慢将钻斗放至孔底,继续钻进。

钻进到设计深度时,及时检查孔深及沉渣厚度,当沉渣厚度大于规范允许厚度时,及时清孔。清孔时,将钻斗放至孔底顺时针旋转将虚渣清除。清孔后,再次进行孔深、孔位及垂直度检测,合格后转入下道工序。在清孔前,对设置内护筒的范围(约 5m)进行扩孔,孔径扩大10cm。

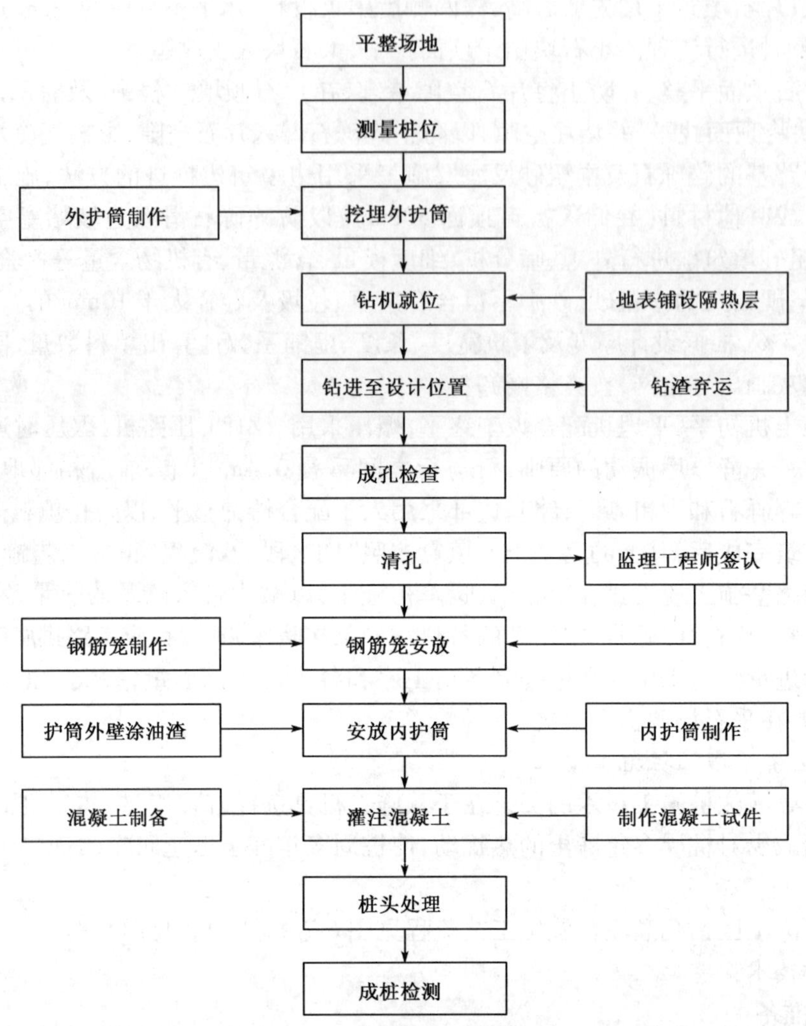

图 6-7　青藏铁路多年冻土区钻孔灌注桩施工工艺流程

当孔深距设计标高差 0.5m 左右时,就应将钢筋笼、导管及其他机具、材料等准备就绪,以避免因等待机具、材料而造成不必要的时间浪费。

钻探工艺的核心是减少钻探摩擦热,有利于缩短桩基周围土体回冻时间。

(3)钢筋笼制作安装技术

钢筋加工棚顺桥纵向设置,提高棚内加工成型效率,现场整体吊装,缩短桩孔暴露时间以减少冻土层吸热。

(4)桩基混凝土灌注技术

混凝土配制:采用"高原多年冻土区耐久混凝

图 6-8　清水河"以桥代路"特大桥灌注桩施工

土”施工技术配制桩基混凝土，选择具有高减水率、超塑化、高坍落度保持性能特点的复合外加剂，通过合理调整混凝土配合比参数，配制能在低温、负温条件下正常凝结硬化的、具有高流动性的自密实耐久混凝土，以保证在不需振捣的条件下灌注的桩基混凝土达到质量要求。

根据计算研究结果选择能够减少水化热的配制方案，有利于缩短桩基周围土体回冻时间，研究（据中铁十二局研究结果，表6-1）认为：

三种方案对比数据 表6-1

混凝土种类		入模温度（℃）	最大温升 t_{max}（℃）	降温至 -2℃的总放热量（千卡）
纯水泥方案	水泥用量422.2kg/m³	5	56.2	35960.6
	水泥用量466.8kg/m³		61.1	39393.3
	水泥用量422.2kg/m³	10	61.2	39050.0
	水泥用量466.8kg/m³		66.1	42514.8
水泥 + DZ 系列外加剂方案	胶材用量422.2kg/m³	5	51.2	32826.5
	胶材用量466.8kg/m³		55.5	35839.8
	胶材用量422.2kg/m³	10	56.2	35911.7
	胶材用量466.8kg/m³		60.5	38956.3
水泥 + DZ 系列外加剂 + 10% 粉煤灰方案	胶材用量422.2kg/m³	5	46.1	29679.6
	胶材用量466.8kg/m³		49.9	32352.4
	胶材用量422.2kg/m³	10	51.1	32764.8
	胶材用量466.8kg/m³		54.9	35469.2

①当混凝土的入模温度由5℃升为10℃时，胶凝材料用量为422.2kg/m³ 的三种混凝土（纯水泥 + 高效减水剂、水泥 + DZ 系列外加剂、水泥 + DZ 系列外加剂 + 粉煤灰）的总放热量增加值分别在8.6% ~10.4%之间，胶凝材料用量为466.8kg/m³ 的三种混凝土的总放热量增加值分别在7.9% ~9.6%之间。

②当混凝土的胶材用量为422.2kg/m³ 时，入模温度为10℃的内掺10% DZ 系列外加剂的混凝土的总放热量比入模温度为5℃的不掺 DZ 系列外加剂的混凝土的总放热量降低0.14%，而当混凝土的胶材用量为466.8kg/m³ 时，入模温度为10℃的内掺10% DZ 系列外加剂的混凝土的总放热量比入模温度为5℃的不掺 DZ 系列外加剂的混凝土的总放热量降低1.1%。可见，入模温度为10℃的掺 DZ 系列混凝土外加剂的混凝土的总放热量还略低于入模温度为5℃的不掺 DZ 系列外加剂的混凝土总放热量。

③当胶材用量为422.2kg/m³ 时，入模温度为10℃的内掺10% DZ 系列外加剂再内掺10%粉煤灰的混凝土的总放热量比入模温度为5℃的仅掺10% DZ 系列外加剂混凝土的总放热量降低0.19%，而当胶材用量为466.8kg/m³ 时，入模温度为10℃的内掺10% DZ 系列外加剂再内掺10%粉煤灰的混凝土的总放热量比入模温度为5℃的仅掺10% DZ 系列外加剂混凝土的总放热量降低1.0%。即入模温度为10℃的内掺 DZ 系列混凝土外加剂再掺加10%粉煤灰的混凝土的总放热量比入模温度为5℃的仅掺 DZ 系列外加剂混凝土的总放热量还要低。可见，混凝土中同时掺用 DZ 系列混凝土外加剂和适量粉煤灰，对于降低混凝土的总放热量是非常有效的。

混凝土拌和：在集中拌和站进行，采用具有自动计量上料系统的强制式搅拌机搅拌。搅拌时间一般控制在2～3min，但最长不得超过5min。混凝土拌和物含气量一般控制在3.5%～5.5%。

不同季节拌制混凝土控制混凝土出料温度，寒季混凝土拌制采取原材料加热措施，暖季拌制混凝土时采用材料降温措施，并根据气温情况选择混凝土拌制和浇筑施工时段，以满足混凝土入模温度要求。

试验表明，寒季夜间环境温度低，灌注混凝土困难，白天10时至16时温度适宜施工，当气温低于－10℃时，混凝土拌和水温30～40℃，出料温度7～12℃为宜。表6-2为寒季清东8号大桥施工的部分桩基混凝土拌和温度统计。

寒季清东8号大桥部分桩基混凝土拌和温度表　　表6-2

桩号	灌注日期	气温(℃)	混凝土拌和温度(℃)				混凝土入模温度℃
			水	砂子	碎石	混凝土出料	
格-1	2001.12.18	－13	38	0	0	7	5
6-1	2001.12.16	－12	35	0	0	6	4
7-2	2001.12.06	－5	30	3	3	6	5
11-2	2001.12.12	－8	32	2	2	6	4
11-3	2001.12.13	－9	32	1	1	6	4
12-4	2001.12.24	－16	40	－1	－1	8	5

表6-3为巴拉大才曲特大桥暖季施工的部分桩基混凝土拌和温度情况统计。试验表明，在30m深的井内储水，可降低水温2～4℃，砂子、碎石储存在遮阳棚内可降低温度3～5℃；在夜间进行桩基混凝土施工，有利于控制混凝土出料温度。

巴拉大才曲特大桥部分桩基混凝土拌和温度统计表　　表6-3

桩号	灌注日期	气温(℃)	混凝土拌和温度(℃)				混凝土入模温度(℃)
			水	砂子	碎石	混凝土出料	
265-1	2002.07.15	10	8	6	5	6	7
272-2	2002.07.16	10	8	6	5	6	7
310-1	2002.07.20	12	9	8	7	8	9
325-2	2002.07.22	12	9	8	7	8	9
342-1	2002.08.05	13	10	10	8	9	10

混凝土运输：远距离运输混凝土采用混凝土搅拌罐车，运输途中以2～4rad/min的转速转动，卸料前以常速再次搅拌。当气候寒冷时，混凝土罐车设保温罩减少混凝土运输过程中的热量损失。

混凝土灌注：钢筋笼吊装验收后尽快灌注桩身混凝土缩短桩孔搁置时间；混凝土入模温度要求控制在2～10℃范围内，根据现场温度检查情况随时调整拌和出料温度。

采用导管法灌注桩基混凝土，以防止混凝土离析并确保混凝土密实。混凝土坍落度控制在18～22cm，灌注混凝土时要对混凝土面的位置随时测量，保证导管埋入混凝土的深度控制在2～4m。浇筑混凝土需连续进行，施工中边灌混凝土边提升导管，并拆除地面以上导管。为确保桩头混凝土质量，桩顶以上超灌厚度不小于0.5m的混凝土。

桩基检验：灌注混凝土7d左右，及时凿除桩顶超灌混凝土，预留20～30cm。混凝土龄期达到15d后，将桩顶预留层凿除并用砂轮磨平。当为群桩时，桩顶预留5cm以伸入承台中。桩基达到一定强度后按要求进行小应变无损检测。对桩身混凝土质量有疑问时钻芯取样鉴定。

青藏高原多年冻土区采用旋挖钻机进行桩基钻孔施工时，施工时间宜安排在暖季初或末期(4~5月份、10~11月份)。如果单从钻孔施工考虑，则在寒季施工最好；但在寒季时，混凝土施工困难较大。施工技术的核心是缩短工序衔接时间，减少对桩基周围土体热扰动，缩短回冻时间以利工序衔接。

6.1.3 低温环境混凝土施工技术

混凝土的主要组成为水泥、细骨料、粗骨料等，加水搅拌后，与水发生化学反应，生成水化硅酸钙凝胶、水化硫铝酸钙、铁铝酸钙等。随着水化反应的发展，结晶产物逐渐形成，混凝土由塑性状态向刚性状态转化。这一过程可分为三个阶段，即塑性阶段、凝固阶段、硬化阶段，其中初凝则是塑性状态的终止，终凝即是刚性状态的开始，终凝结束时约有15%的水泥被水化，而大部分水化在硬化阶段完成。凝结硬化的混凝土将粗、细骨料胶结在一起，最终形成强度很高的混凝土。水化反应是这一过程的主要内容，水在水化中起着关键的作用。

低温状态使水冻结成冰，会给混凝土中的水泥造成不可恢复的损害，即水泥浆体中的孔隙体积大约增长9%，半径大于0.1μm的毛细孔大量增加，造成水泥与骨料间的黏结力降低，最终导致混凝土强度下降大约13%。

硬化阶段的低温影响可分为初期受冻及后期受冻，硬化初期的混凝土，其内部的水饱和程度较高，此时受冻将对混凝土的内在质量造成伤害，使其各项物理力学指标遭到不可恢复的损失；硬化后期的混凝土，冻害则多在环境温度在正负之间反复变化时发生。已充分硬化的混凝土抵抗反复冻融的能力主要取决于硬化水泥浆体的渗透性和游离水的含量，渗透性越高，水的含量越高，其抗冻融的能力就越差。

冻土区低温环境下混凝土施工的关键在于防止混凝土中水的冻结，并保证混凝土在养护期间的温度，以保证水化过程能按正常的速度进行。采用的技术一是在混凝土中添加外加剂，使新拌混凝土中水成为溶液而冰点降低；二是采用加热、保温的方法提高混凝土的温度。

高原多年冻土区低含氧、低气压、低气温、大风速、强辐射及昼夜温差大的恶劣自然条件，给混凝土工程的施工提出了极高的要求。为了很好地解决上述主要技术难点，在施工中首先必须按设计要求采用低温早强耐久混凝土和低温早强耐久耐侵蚀混凝土。

在混凝土中掺入防冻剂，使配成的混凝土在规定的低温条件下，不仅不会遭到破坏，而且能通过一段较长时间的低温硬化，使强度继续增长到能抵抗冰冻作用的抗冻临界强度。待转入正温养护后，强度能迅速增长到设计强度，具有早强、耐低温和耐久性好的特点。这种混凝土称为低温早强耐久性混凝土。

在混凝土中掺入低温早强耐久耐侵蚀混凝土外加剂，使配成的混凝土在规定负温条件下能获得足够的抗冻临界强度，待恢复正温养护后强度能很快的达到设计强度，并能抵抗有害离子的侵蚀。这种具有低温早强耐久性和耐侵蚀性特点的混凝土称为低温早强耐久耐侵蚀混凝土。

低温环境混凝土施工工艺流程如下(图6-9)。

1)混凝土的配置

(1)按施工养护环境温度分别为0℃、-10℃、-20℃条件考虑。

(2)采用32.5级普通硅酸盐水泥、42.5级普通硅酸盐水泥。

(3)尽量降低水泥用量。

(4)拌和物的坍落度满足泵送施工工艺要求。

(5)掺加多功能的复合型外加剂,简化现场施工程序,保证施工质量。

(6)采用清洁、级配良好、非碱活性、质地坚硬、级配良好,不易冻裂的砂石料。

2)外加剂的掺加

选用具有以下多重效能的复合高效外加剂:

(1)高效减水:降低混凝土的水灰比和单方水泥量,提高混凝土的耐久性,降低混凝土的水化热温升。

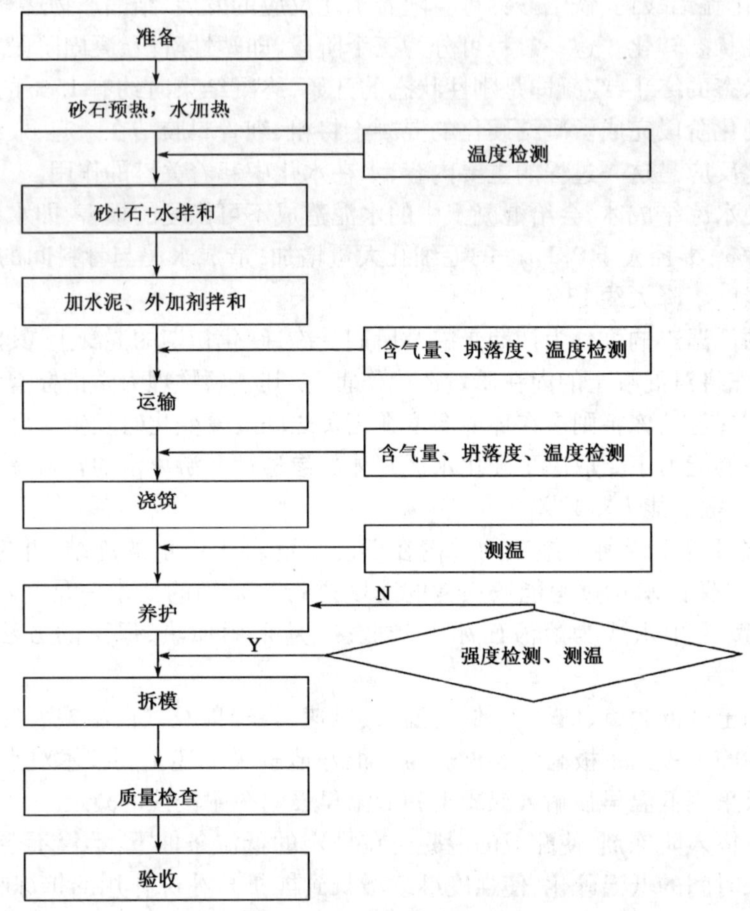

图6-9　低温环境混凝土施工工艺流程

(2)早强:促进水泥的水化反应,提高混凝土早期抵抗冰晶应力破坏的能力。

(3)防冻:降低混凝土毛细孔中水的冰点,转变冰晶的晶型结构,有效降低毛细水冰晶应力的破坏作用。

(4)引气:混凝土引气成分改善混凝土内部的孔结构和孔形态,使微孔中的自由水变成吸附水,表面张力增大,冰点降低,封闭孔可缓冲水结冰时产生的水压力,有效地缓冲冻融过程中冰晶应力对混凝土造成的疲劳破坏作用。

(5)增实:细化水泥石的孔结构,进一步改善混凝土的抗渗性、抗冻性以及其他耐久性。

(6)保塑性:可适当延长混凝土的初凝时间,又能明显缩短混凝土的初、终凝时间差,从而既能减少混凝土在运输及泵送过程中的坍落度损失,混凝土能迅速凝结硬化,获得足够的抗冻临界强度。

掺入改善混凝土内部结构的外掺料。

外掺料改善混凝土的耐久性能是非常明显的,由于外掺料对混凝土的综合效应不仅使混凝土的远期强度明显提高,同时新拌混凝土性能的改善和硬化后混凝土内部结构的进一步改善使得混凝土的耐久性显著提高。

3)合理控制混凝土的水灰(胶)比和水泥用量

合理选用水灰(胶)比使硬化后的混凝土内部变得均匀密实,自由水减少,连通、粗大的孔隙减少,封闭、微小的孔隙分布合理。

通过一整套完整的施工搅拌、养护工艺的控制,保证混凝土的入模温度和混凝土水化硬化初期正常化学反应所需的化学能。

4)低温早强耐久混凝土的施工工艺

低温早强耐久混凝土及低温早强耐久耐侵蚀混凝土的施工与普通混凝土的施工有很大的差别。低温环境混凝土施工关键是外加剂的选型及掺量的确定,各种原材料的选择与质量控制,配合比的优化设计,混凝土各阶段的强度发展、抗冻临界强度值达标,施工质量保证等。

(1)原材料的选择与质量控制

水泥选用普通硅酸盐系列产品,选用强度等级为42.5的硅酸盐水泥和强度等级为32.5R、42.5R的普通硅酸盐水泥。水泥由指挥部的物办从总指挥部的物资部统一调购,运抵工地的水泥均进行检验和抽检。

骨料是混凝土的骨架,骨料必须选用级配良好,含泥量少、针片状颗粒含量少、压碎指标小、不易被冻坏、质地坚硬、无碱活性反应的连续级配骨料;骨料根据实际情况采取保温措施。

外加剂的选用注意以下几点:①外加剂选用具有早强、减水、防冻、引气、能细化孔结构等功能的复合型产品,不宜选用液体类产品;②外加剂技术性能应通过部级鉴定评审;③掺用外加剂之前,应根据产品性能要求和工程使用的水泥、砂、石、水、掺和料等原材料的实际情况,进行适应性试验。试验内容包括:混凝土的坍落度及其损失、混凝土含气量、混凝土泌水率、混凝土凝结时间、混凝土强度等。耐久混凝土的八项指标按要求进行检测;试验结果应满足设计、施工和有关混凝土耐久性指标的要求。

搅拌混凝土时,根据设计、施工和混凝土性能需要,可掺用适量掺和料,且其掺量应通过试验确定。

(2)混凝土配合比控制

根据不同冻土地段、不同环境条件、不同温度范围以及不同地质条件的具体要求进行混凝土配合比设计,耐久混凝土的八项指标按要求进行检测;并经过试验验证。根据耐久混凝土施工配合比选定周期长的特点,制定耐久混凝土配合比。混凝土配合比应根据混凝土设计强度等级和耐久性、耐侵蚀性能要求,以及原材料的检验结果和对混凝土性能的要求确定,同时还必须考虑混凝土在硬化过程中放出热量对冻土的影响。正常施工期间,每班搅拌混凝土之前,应根据当班测定的含水率随时调整混凝土的施工配合比。W/C 宜控制在0.4~0.55范围内,水泥用量宜控制在400~500kg/m^{3}范围内。

(3)混凝土搅拌温度及入模温度的控制

为了保证混凝土入模温度控制在5~10℃所需的初始温度,混凝土拌和前应先进行热工计算和实际试拌,以确定水和骨料需要预热的最高温度。

加热时,优先采用加热水的预热方法,但水加热温度不超过80℃;当水温高于60℃时,应先投入骨料和水拌和,再加入水泥、外加剂等。水加热采用锅炉加热或电加热方法;加热水所用水箱或水池应保温且容积足够，确保拌和时的水温准确和加热水量充足并供应及时。骨料加热：当加热水还不能满足要求或骨料中含有冰、雪等物时，可将骨料均匀地进行加热，骨料采用地炉（火坑铁板）加热；地炉的设置应满足拌和用料的要求并保证骨料加热均匀，每次开盘前应提前12h对骨料进行加热，确保预热骨料的供应，骨料加热的最高温度为40℃。

水泥和外加剂不得直接加热，宜在使用前放在暖棚预热。

(4)混凝土拌和过程控制

混凝土的生产采取集中拌和，统一供应，禁止分散拌和。采用具有自动计量上料系统的强制式搅拌机（拌和站）搅拌。拌和设备设在温度不低于10℃的暖棚内。混凝土拌和施工时，应进行抽检试验，并填写"耐久混凝土拌和过程检查表"；报监理签证后实施。

搅拌混凝土之前，应根据测定的骨料含水率随时调整混凝土的施工配合比。拌和站砂、石料置于保温棚内。保温棚采用钢结构拼装骨架，墙体及棚顶采用保暖棉布帐篷安装，四周设置缆风绳拉紧。为方便装载机装料，保暖棚安装时保证足够高度的帐蓬及保证装载机装料口能开启。混凝土拌和时，应使水在搅拌机内与骨料充分拌和均匀，将热量传递给骨料，再投入水泥。拌和时骨料中不得夹有冰屑、雪团和冰块。

混凝土的拌和时间较常温延长50%左右。搅拌时间不宜超过5min，不宜少于2min。混凝土温度控制和外加剂计量允许偏差应符合规范要求。

(5)混凝土运输及浇筑过程控制

熟料混凝土的运输采用混凝土运输车，混凝土搅拌车在严寒时运输应有保温措施，尽量缩短运输时间，并减少中间倒运，混凝土运至现场后立即浇筑入模，整个浇筑过程连续不间断进行。

用吊斗（罐）运输混凝土时，吊斗（罐）出口到承接面间的高度不得大于2m，吊斗（罐）底部的卸料活门应开启方便，并不得漏浆。

灌注混凝土施工时段安排在白天阳光较充足的时段(12:00～18:00)，以避免灌注过程中采取保温养护措施前混凝土结构物表层受冻或混凝土运输途中热量损失过大，影响混凝土入模温度。混凝土在倒装、分配或浇筑时，应采用滑槽、串筒或漏斗等金属类器具。

混凝土浇筑前，将附着在模板、钢筋和运输通道上的冰雪污垢清扫干净，不得直接将冰雪融化，避免融化的水重新冻结。浇筑对冻土层有直接影响的混凝土结构时，混凝土入模温度应控制在2～5℃。浇筑在低温或负温下养护且不与冻土层直接接触的混凝土结构时，混凝土入模温度应控制在5～10℃。混凝土浇筑时，分层连续进行，捣固棒振捣，保证捣固密实；已浇筑层的混凝土温度在未被上层混凝土覆盖前不应降至热工计算数值以下，最低不低于2℃。

施工缝的处理，要保证混凝土接合面有5℃以上温度。

5)混凝土养护及拆模

养护是混凝土拌和物经密实成型后，保证水泥能正常完成早期水化反应，演变成水泥石结构，以便获得预定的物理力学性能和耐久性能所采取的工艺控制措施。它是获得优质混凝土的关键工艺之一。

混凝土在振捣密实以后，裸露的表面应立即用塑料薄膜和保温材料覆盖，进行保温保湿养护。但应注意模板外和混凝土表面覆盖的保温层，不应采用潮湿状态的材料，也不应把保温材料直接覆盖在潮湿的混凝土表面。

桩基混凝土浇筑后先在表面覆盖一层塑料薄膜，然后再用一般或高效保温材料覆盖于塑料薄膜上；桩基承台及墩台身混凝土浇筑后先在表面覆盖一层塑料薄膜，然后再用保温材料覆盖于塑料薄膜上和模板表面，进行保温保湿养护。拆模后，同样在混凝土表面覆盖一层塑料薄膜，进行保湿养护。必要时，搭设保温棚，以便防风、保温和减少混凝土水分蒸发。

为了保证混凝土施工质量，混凝土一定要达到规定的拆模强度后方可拆模。桥梁墩台身混凝土，承重结构必须达到设计强度的75%后方可拆模，非承重结构混凝土强度达到4MPa即可拆模。

混凝土养护施工采用综合养护工艺，在混凝土中加入适量早强剂、防冻剂等复合而成的外加剂，对原材料预先适当加热，搅拌站和混凝土输送车适当保温，使混凝土拌和物浇筑后的温度一般达到10℃以上，通过蓄热保温或人工加热，使混凝土在浇筑后的1～1.5d内处于正温养护阶段，直至终凝以后温度才降至0℃以下，然后逐渐与环境气温相平衡。

应严格控制混凝土的养护温度不低于混凝土外加剂规定的最低适用温度：

①掺用DZ-1型低温早强耐腐蚀混凝土外加剂适用最低环境温度为－0.5℃；

②掺用DZ-2和WQDZ-2型低温早强耐腐蚀混凝土外加剂适用最低环境温度为－10℃；

③掺用DZ-3和WQDZ-3型低温早强耐腐蚀混凝土外加剂适用最低环境温度为－20℃。

当环境温度低于0℃时，应采取临时保温措施，直至混凝土的强度达到临界抗冻强度。其中掺用DZ-1、DZ-2和WQDZ-2型低温早强耐腐蚀混凝土外加剂时其临界抗冻强度为3.5MPa；掺用DZ-3和WQDZ-3型低温早强耐腐蚀混凝土外加剂时其临界抗冻强度为5.0MPa。

在混凝土拆模前的养护过程中，应选择有代表性的混凝土结构部位定时测定浇筑后混凝土表面和内部的温度，其温差不宜大于15℃；若混凝土表面温度和内部温度之差大于15℃时，则应对混凝土采取有效的保温措施。

混凝土结构拆模后，表面温度与环境温度之差不宜大于15℃；若混凝土表面温度与环境温度之差大于15℃，也应对混凝土采取有效的保温措施，并同时采用帆布或塑料布等材料覆盖混凝土表面，或在混凝土表面喷洒混凝土养护液继续进行养护，直至混凝土强度达到设计要求。覆盖物应完好无损，养护期间，其表面应具有凝结水珠，其表面应用草袋、砂土等柔软物质进一步加以覆盖保护。

在施工中常采用蓄热法养护，蓄热法是通过保温围护结构使之具有初温的混凝土在缓慢自冷却到冰点的过程中达到受冻临界强度。混凝土浇筑完毕后，立即将混凝土表面用麻袋、棉被和塑料薄膜等保温材料覆盖，进行保温、保湿养护。当采用覆盖保温时，模板外和混凝土表面覆盖的保温层不应采用潮湿状态的材料。不应将保温材料直接铺盖在潮湿的混凝土表面。新浇混凝土表面应铺一层塑料薄膜。必要时搭设养护棚，在棚内用暖炉或暖风机供暖养护，养护时间视施工现场环境条件而定。在混凝土施工完立即用保温棉帐篷覆盖；同时用暖风机对蓬内供暖风（图6-10）。

当混凝土已达到规范所要求的强度及抗冻强度后方可拆除模板；采用外部热源养护的混凝土，当环境温度低于0℃以下时，养护完毕后，应待混凝土冷却至5℃以下才可拆除模板；拆模板后混凝土表面覆盖或包裹塑料薄膜（同时保持棚罩保暖）以保证混凝土结构物在适宜的养护温度范围内，提高混凝土养护、养生质量。

总之，对混凝土结构物的养生应该分两阶段采取措施：

（1）采用蓄热保温、保湿养护法

混凝土早期养护采用保温、保湿补水养生，即首先在混凝土结构物表面包裹一层蓄水物质（如麻袋等），然后再用塑料薄膜包裹封闭（必须保证密封）。在混凝土养生期内，需对蓄水物质定时注水保证持续湿润状态，养生时间按规定不得少于14d，在有条件时应尽可能延长，确

图 6-10　低温环境混凝土养护

保混凝土早期水化质量。环境温度低于 5℃时，不得洒水养护，应采用养生液养护。

(2)喷涂保湿养生剂法

剥离塑料薄膜，停止养生时，应立即在混凝土结构物表层喷涂一层混凝土保湿养生剂，以封闭混凝土内部残余水分不被蒸发，保证混凝土后期水化的持续进行。

6.1.4　冻土区涵洞施工技术

冻土区涵洞施工技术包括基础施工和涵洞主体施工两部分，基础施工分为整体现浇基础、拼装基础和钻孔插入桩基础施工三部分，涵洞主体施工分为整体现浇和拼装涵洞两部分。

涵洞施工过程要对冻土形成热扰动，施工技术的核心是使施工工艺减少这种热扰动，还要减少冻土季节融化部分对涵洞基础和主体的冻胀融沉作用。

图 6-11 是冻土区矩形涵洞施工时的情形。

1)冻土区涵洞总体施工技术

涵洞基础施工主要控制施工季节，施工过程减少对多年冻土热扰动，减少冻土层暴露时间。主要施工技术和程序(图 6-12)：

(1)对地表干燥、地基良好的地段安排在暖季施工；地表松软潮湿，含冰量大的地段安排在暖、寒季交替期施工；而厚层地下冰地段安排在寒季施工。

暖季施工时采取有效的防排水及遮阳措施，避免基坑暴晒和积水，做好准备工作连续快速施工，尽量缩短基坑暴露时间，减少施工对地基冻土的热扰动。寒季施工环境温度过低须采取保温措施，提高接缝砂浆的养护温度，保证接缝质量。

(2)在涵洞的施工工序安排中应特别注意，如果施工安排在暖季，由于基坑开挖过程中容易造成冻土层的融化，不但基坑很快滑塌，而且引起基底融化深度加深，给工程留下隐患。采用分段开挖(在开挖时先挖出入口，待出入口基础施工后再开挖中间段)可大大消除上述的弊端。但是必须注意开挖时间，根据气温变化规律，一般安排在下午 4 时左右开始开挖，并随时在基坑边坡上铺设碎石，可防止冻土的融化。

图 6-11　冻土区矩形涵洞施工

(3)对有常流水的涵洞，施工前应加强临时排水措施，且宜修筑边沟顺排，不应在涵前拦截形成积水。基坑在开挖过程中设积水坑，并配泥浆泵抽出污水。通过上述措施减少水对冻土的扰动。当冻土层上水丰富时，将基坑开挖线放大 2m，先用挖掘机挖到冻土上限后，采用挡板将融化层支护好，再开挖冻土层，进入冻土开挖时，基坑放大 1m。

(4)涵侧回填：路基施工时在涵侧预留适当的空间，可便于机械化回填作业。采用推土机在涵洞两侧同时分层摊平回填料，压路机分层碾压，保证压实质量，提高工作效率，减少作业时间。

(5)多年冻土地区涵洞工程冬期施工有敝也有利。首先,涵洞工程地基基础冬期施工对冻土的热扰动较小。地基内仅较浅的层位受到微弱影响,且回冻迅速。其次,对于冻结层上水丰富地段,采用冻结法施工,可有效地解决基坑积水问题。

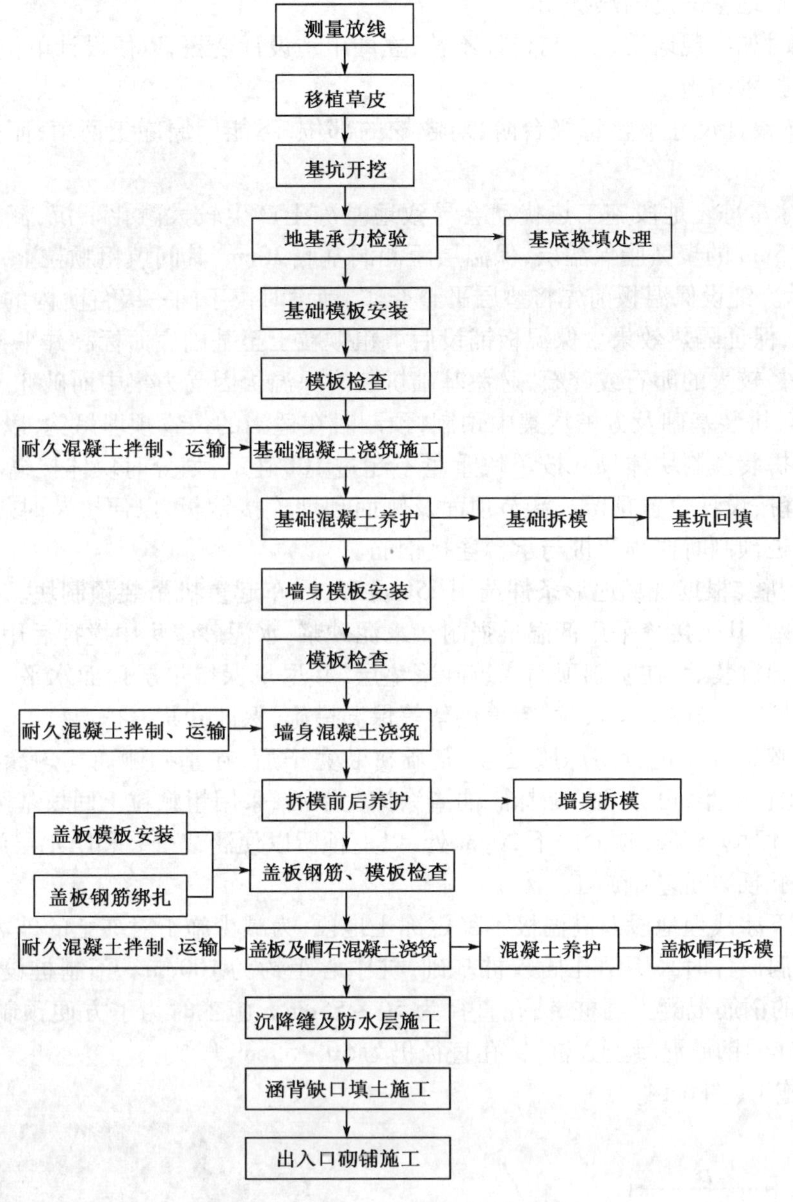

图6-12　冻土区涵洞施工工艺流程

但是,涵洞工程冬期施工存在混凝土养生困难、回填料压实问题以及涉及跨年度施工等问题。可以通过对涵洞设计、施工工艺的改进和施工组织科学化,兴利除敝,可消除季节对施工的限制,延长高原作业期。

(6)拼装基础施工时,在涵洞基坑开挖前,核对基础预制件的数量及尺寸,将粗颗粒土、保温材料、沥青木板、沥青油渣、麻绳等材料准备就绪,涵洞施工所用的吊车、挖掘机、混凝土输送车等机械设备就位。

(7)基坑开挖采用钻孔爆破机械出渣的方法开挖,以便加快施工速度、缩短基坑暴露时间。少冰、多冰冻土在暖季施工时可采用挖掘机直接开挖，以节约施工成本。

(8)基坑开挖时，采取埋设挡水板、填筑临时挡水埝等有效措施防止地表水及冻结层上水注入坑内，暖季施工时增加遮阳棚等遮阳防雨设施，避免太阳辐射或雨水入侵导致冻土融化，尽量减少施工对地基冻土的热扰动。

基坑开挖时如发现地质条件与设计不符，立即申请设计变更，以便设计单位根据现场地质条件及时调整技术措施。

开挖后，按设计尺寸平整每级台阶，对超挖的部位，不能用原冻土回填，而采用粗颗粒土回填。

(9)高含冰量冻土地段施工热扰动会导致地基冻土产生较大融化下沉，涵洞基底之下设计增设了厚度5cm的聚氨脂保温层，保温层距涵洞基底30cm，其间填粗颗粒土，基底换填断面如图6-13所示。铺设保温板前先将垫层平整夯实，铺设时位于同一级台阶内的保温板用黏结剂黏结成整体，保证隔热效果。保温板铺设后填粗颗粒土至基础底面标高并平整夯实，回填土中不能含有粒径较大的卵石或碎石，避免基础拼装时保温板因受力集中而破坏。

(10)涵节、拼装基础及方桩均集中预制，预制时在适当的位置预埋吊钩，以便运输及安装时起吊。基础拼装预制块体尺寸按单块重量不超过10t确定，划分时块体接缝尽量与涵节接缝错开，沉降缝按设计位置预留。涵节顶面及侧面预埋连接钢板，以便拼装时焊接连接钢筋。钢筋混凝土方桩预制时要预留桩与承台连接钢筋。

(11)基础拼装根据现场地形条件选用25t或32t汽车起重机吊装预制块。拼装时沉降缝用沥青木板填塞，其余接缝采用低温早强耐久水泥砂浆，水泥砂浆集中搅拌后用混凝土输送车运输供应。基础拼装后，在基础顶面浇筑砂浆垫层，并尽量保持垫层顶面水平。在寒季施工，当环境温度过低时，采取搭设帐篷、覆盖棉絮等保温措施，保证砂浆养护温度。

(12)基础侧面需要进行防冻胀处理，基础拼装完毕后，在基础侧面均匀涂抹10mm厚油渣，油渣涂抹比较困难，可分几层涂抹。油渣涂抹完毕后，采用粗颗粒土回填基坑，回填时用打夯机分层夯实，回填至基础顶面以下20cm处，以上预留以便涵节拼装和防水层施工。

2)涵洞钻孔插入桩基础施工

在厚层地下冰浅埋地段及高温极不稳定冻土地段，为减少施工对冻土的破坏，拼装式钢筋混凝土矩形涵洞设计时采用钻孔插入桩基础，桩中心距约为100cm。预制桩设计为桩长4～7m，桩径$\phi 40$的钢筋混凝土圆桩，钻孔直径为50～55cm。施工时为了方便预制，将预制桩改为35cm×35cm的钢筋混凝土方桩，钻孔直径仍为50～55cm。

(1)钻孔施工(图6-14)

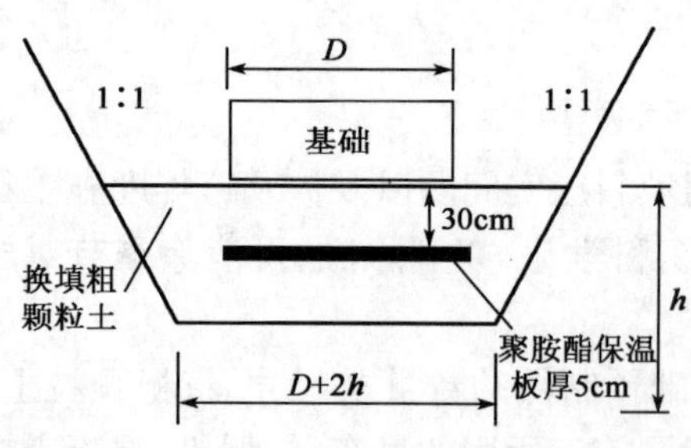

图6-13 高含冰量冻土段涵洞基底换填示意图

图6-14 北麓河涵洞钻孔插入桩基础施工

钻孔前先将预制的钢筋混凝土方桩运至现场，采用旋挖钻机配50cm直径的钻头钻孔，成孔工艺同桥梁桩基础成孔工艺。因插入桩较密，孔间距很小，钻孔施工时应注意相互间的影响，合理安排钻孔顺序，钻孔过程中注意保护孔壁，尽量少碰撞。

(2)插桩及灌浆

钻孔完毕并复核孔底标高后，起吊方桩，人工配合将方桩竖直插入孔内，避免碰坏孔壁。插稳后测量桩顶标高并计算复核方桩下端是否置于孔底，确认无误后用调整方桩桩顶位置，将桩顶置于孔中央并用混凝土垫块固定，保证方桩四周与桩孔均有间隙，以免回填砂浆不能包裹方桩。

插桩完毕后，随即向孔内回填M20低温早强耐久水泥砂浆，砂浆集中搅拌，混凝土输送车运输供应。砂浆入模温度控制在5～12℃，灌注时用粗钢筋人工振捣，保证回填密实。

(3)承台施工

桩孔回填砂浆达到一定强度后，可开挖承台基坑。承台基坑采用挖掘机开挖，避免爆破振动影响损坏桩基。基坑开挖到设计标高后，立即铺设保温层并换填粗颗粒土至承台底标高，尽量缩短基坑暴露时间。

承台混凝土采用低温早强耐久混凝土，施工时混凝土集中搅拌，混凝土输送车运输供应，浇筑后立即覆盖进行保湿养护，寒季施工环境温度过低时需增加保温措施。

混凝土浇筑时各台阶之间的沉降缝按设计要求预留，拆模后采用沥青木板填塞沉降缝。

(4)防冻胀处理

承台模板采用钢模板，以保证承台侧面光滑。与拼装基础防冻胀处理相同，承台模板拆除后，在承台侧面涂抹10mm厚的油渣涂层，并用粗颗粒土回填基坑，以削弱承台所受的切向冻胀力。

3)拼装式涵洞施工

承台混凝土达到一定强度后，在承台顶面浇筑砂浆垫层，便可开始拼装涵节。涵节拼装采用16t或25t汽车起重机起吊，拼装时涵节间接缝预留1cm宽，沉降缝预留3cm宽，并且保证涵身预留沉降缝与基础预留沉降缝在一条竖线内，不能错台。

拼装时，起重机吊起预制涵节，移动到位后缓缓放下起重绳，以免放下时移位。如需调整已安装涵节的位置，也应采用起重机，不能人工撬移。整座涵洞的涵节均吊装调整到位后，在涵节错台处浇筑混凝土帽石，然后用M20水泥砂浆塞填各涵节间接缝及沉降缝内侧(外侧5cm预留)。

涵节拼装完毕后，用$\phi16$钢筋焊接连接相邻涵节间的预埋钢板(翼墙施工后还应连接翼墙)，将各涵节及出入口紧密联结在一起，既能适应各涵节在不均匀融沉状态下相应的沉降又能防止各沉降缝被拉开的现象发生。

沉降缝内侧用M20水泥砂浆塞填，外侧深约5cm范围内用具有防水防冻胀性能的改性沥青麻绳塞填，塞填时保证麻绳填满沉降缝，不留空隙。沉降缝塞填完毕后，施作涵节接缝及沉降缝外侧50cm内防水层，接缝防水处理下端伸入基础20cm。处理时，先浇石棉沥青一层，接着铺设沥青麻布一层，然后再浇石棉沥青一层。铺设沥青麻布时，将沥青麻布推抹密贴于涵身表面。接缝防水处理完毕后，沿涵身满涂两次热沥青，最后在涵顶满铺2cm厚水泥砂浆保护层。

端翼墙施工及出入口铺砌：拼装式钢筋混凝土矩形涵洞的端翼墙为现浇，混凝土采用低温早强耐久混凝土，模板采用整体钢模，浇筑时加设护面钢筋，避免混凝土受冻融循环破坏而剥蚀。多年冻土区涵洞出入口铺砌采用C20混凝土预制块铺砌，铺砌下设10cm厚碎石垫层。在高含冰量冻土地段，铺砌下先铺设5cm的保温层并回填粗颗粒土垫层。如铺砌段较长且地基土为冻胀土，施工时每隔2～5m设一道沉降缝，缝宽2cm，用改性沥青麻筋填塞，避免法向冻胀力破坏铺砌。

多年冻土区拼装式钢筋混凝土矩形涵洞施工时，只有合理选择机械设备，施工前做好充分的准备，才能实现连续快速施工，缩短基坑暴露时间，减少施工对地基冻土的热扰动。

冻土地区涵洞工程采用装配式结构，将质量保证的关键环节由零散分布的安装工地转移到集约化管理的预制厂，由生活工作条件恶劣的高原地区转移到环境相对较好的地区，便于实现标准化、工厂化生产，便于施工质量的控制和提高以及制造效率的提高。

青藏高原冬期较长，涵洞工程采用装配式结构，一方面，施工方便，安装迅速，可大幅度提高现地施工安装效率、加快施工进度，有效地利用施工的最佳季节，缩短工期；另一方面，进一步减少混凝土养生的环节，加大拼装化比率，可以延长一年中施工可利用的时期。

涵洞工程采用装配式结构便于机械化施工，有利于降低高原区作业人员的劳动强度。缩短基坑的暴露时间，减轻工程对冻土的热扰动，有利于实现工程的稳定。装配式涵洞工程对施工技术要求较高，更适用于批量生产、运输和安装、吊装设备方面的要求。

4）现浇涵洞基础施工

现浇施工的关键是做到快速施工，并有效降低混凝土水化热对基底冻土的影响。

研究资料表明：多年冻土区涵洞基础现浇混凝土的水化热在第一年的前半年内对基底多年冻土的温度影响较大，以后影响逐渐减少，到第二年几尽消失。为此涵洞基础采用现浇施工，在基底除换填粗颗粒土外，应采取一定的保温隔热措施，抵消或削弱现浇混凝土的水化热对涵洞基底多年冻土热状况的影响，确保涵洞施工质量。

实际施工中，现浇涵洞基础，采用在基底铺设10cm厚的聚氨脂保温板，同时采用负温、早强、耐久混凝土施工，降低混凝土水化热，以有效降低混凝土水化热对基底多年冻土的扰动。基坑开挖采用分段开挖，快速施工，减少基坑暴露时间，同时搭设遮阳防雨棚，截引地表水，最大限度减少对基底冻土的热扰动。

现浇涵洞基础施工由于混凝土水化热对基底冻土的扰动影响，建议在高含冰量冻土区慎用，在采取上述措施以后，青藏铁路冻土区涵洞有近一半采用了整体现浇设计和施工。

5）现浇和拼装涵洞基础施工技术对比

多年冻土区涵洞基础施工无论采用哪种施工方法，为防止冻胀、融沉破坏，必须注意做到以下几点：

（1）换填地基土。因为粗颗粒土冻胀小甚至不冻胀，而细粒土一般冻胀较大，所以应按要求对基底换填粗颗粒土，以削弱冻胀影响。

（2）设置保温层。设置保温层可有效阻止混凝土水化热和施工时外部热量对基底冻土的热扰动。

（3）选择合理的施工季节。选择寒末暖初或暖末寒初施工，可大大降低环境对基底冻土的热扰动。

（4）做好防水防渗漏措施。防止涵洞进出口积水。因为土体含水率大，则冻胀严重。所以有效防水是减弱冻胀影响的关键。

（5）基坑开挖宜采用爆破法快速施工工艺，减少基坑暴露时间，同时避免基坑曝晒和积水。

(6)基础侧面涂刷10mm厚沥青渣油,以减少切向冻胀力影响。

(7)合理布置施工场地。

拼装式涵洞基础的优点主要有:水化热在工厂预制阶段已经提前散发,降低了对冻土的热扰动,工厂化生产降低高原作业人员的劳动强度,适用范围广。其缺点有:拼装过程中,预制块精确对位难度大,不易控制,基坑暴露时间长,不利于保持冻土冻结状态;预制块须在白天温度较高时安装,带入基坑热量大;预制块之间采用水泥砂浆连接,基础整体性差,不利于防冻胀。

现浇整体式涵洞基础的优点主要有:基础整体性好,有利于防冻胀;基坑开挖暴露时间短,且避开白天高温天气,易于夜间温度较低时施工;对施工场地要求较低,机械设备投入少,施工简单,易控制;施工总工期短。其缺点有:混凝土水化热消散时间长,可能对冻土产生热扰动,须采取隔热措施。

现浇法及预制拼装法各有一定的适用范围,现浇法施工适用于基底为粗粒土、软岩等,弱冻胀、弱融沉地层,且为少冰、多冰地层。高含冰量地层(富冰、饱冰和含土冰层)慎用。预制拼装法适用于基底为富冰、饱冰冻土等各种地层,适用范围广。

现浇法施工和预制拼装施工相比减少了预制场建场费用、预制块运输费用和预制块吊装费用,以青藏铁路冻土区DK1098+283的1-1.5m涵洞基础施工为例,用现浇法施工可节省预制块运输费用3万元,节省吊装费用1.5万元,经济效益显著。

6.1.5 冻土区隧道特殊施工技术

青藏铁路冻土区风火山隧道和昆仑山隧道施工技术的特殊性在于,施工技术应该保证有效控制与改善洞内施工环境(温度、含氧量、粉尘及有害气体),施工工艺应该减少围岩温度变化。因此,高原冻土区隧道的通风与供热所需的风温、风量,隧道施工通风、施工热源和冻土围岩间的相互热交换与热平衡,冻土热融引起的围岩力学性能降低与隧道稳定性变化,必须将矛盾的两方面达到最佳平衡。这就是现代施工需要解决的人性化和科学化的结合技术难题,也是高原冻土区隧道特殊施工技术的关键(图6-15)。

图6-15 风火山隧道开挖初期

6.1.5.1 冻土隧道施工的特殊要求

冻土区隧道施工技术关键在于控制适合施工工作的生理环境温度和符合各类工序操作的工程环境温度。

1)隧道洞内施工环境气温控制标准和控制方法

根据有关课题对高海拔、高寒区、冻土隧道洞内施工环境温度场的理论模型建立和施工过程的数值模拟研究,分析求出:

隧道施工工作面气温在0℃左右时,压入式供热风筒末端所需的风温值:导坑施工时在1℃左右,正洞全断面施工时在0℃左右;隧道掘进长度为200m、400m和600m时,压入式供热风筒始端的风温应分别为6℃、13℃和25℃。

计算值的确定为系统的设计和调节提供了重要参数。

以0℃为洞内施工环境气温控制目标,通过不断调节送风温度和风量实现对隧道洞内沿程环境气温全面控制。控制标准高于部颁标准《青藏铁路多年冻土区施工暂行规范》对冻土隧道洞内环境温度-5~5℃的要求。

选用适宜的温度控制标准有利于保护围岩冻土，节省混凝土施工中的保温养护特殊措施。

2）冻土隧道围岩温度场研究提供设计和工序安排依据

冻土隧道围岩温度场理论及数值模拟研究，为隧道初次衬砌、隔热保温层和二次衬砌结构的设计和施工工序安排提供了科学依据。

(1)根据研究得出的洞内气温越高，围岩融化圈越大的规律，在通风系统调控时尽量避免洞内温度升高，实现保护冻土的目标。

(2)根据冻土围岩的暴露时间越长，围岩融化圈深度越大的规律，在隧道开挖后尽快修筑初期支护以封闭围岩表面，尽可能缩短围岩暴露时间。

(3)研究发现初衬混凝土施工中混凝土水化热对冻土围岩地温场的扰动最大，其次是洞内气温和衬砌混凝土施作时机(或围岩暴露时间)的影响，为此，在施工中使用了低水化热水泥、控制混凝土入模温度和及早施作初衬混凝土支护。

(4)研究得出冻土隧道初衬和二衬之间设置了5cm厚聚氨脂泡沫保温、隔热层后，在二衬混凝土施作后5d，保温层内外侧最大温差达30℃。证明了隔热保温层起到了良好的保温、隔热作用，在施工中应尽早施作隔热保温层。

(5)虽因隔热、保温层的作用，二次衬砌混凝土施工对冻土围岩地温场的再扰动相对较小，但在工序安排时，还应尽早施作二次衬砌，使冻土隧道的衬砌整体结构尽早形成，并具有较好的凝固环境及稳定的围岩条件。

(6)冻土围岩融化前、后其物理力学指标产生了明显改变，施工作业破坏了冻土地层的热力学平衡，开挖后冻土融化圈最大深度为1.42m。开挖后的洞室围岩塑性区深度较无融化时增大了0.96m，初衬后冻土融化圈深度为4.79m，初衬后的围岩塑性区深度较无融化时增大了1.55m，据此检算衬砌结构的安全性。

3）环境监测的技术保障作用

长期、系统的环境监测，为施工生产提供了决策依据：

(1)隧道洞口洞外气温历时一年的实测气温资料。

(2)洞内气温和围岩温度的长期系统监测，验证了高海拔、高寒区、冻土隧道洞内环境控制理论模型和控制系统的正确性，也为施工生产提供了决策依据。

(3)洞内温度和空气质量的全面测试，表明各项指标符合规定的国家劳卫标准。

4）高原制氧通风系统和设备的研制保证了施工技术的实施

研制适应高海拔、高寒区、冻土隧道施工通风模式的专用隧道施工风机和制氧机，保证了施工工艺和施工技术的实施。

6.1.5.2　冻土隧道特殊施工技术要点

冻土隧道的同时施工技术是针对冻土隧道的特殊设计形成的，冻土隧道设计与普通隧道设计的区别，在于解决洞体周围施工及运营过程中冻胀与融化产生的病害问题。设计采取的支护措施、衬砌形式及防排水、保温体系都是针对冻土在冻土融化和冻结过程中的特点而形成的，冻土工程中“融化”可直接破坏冻土、冻岩的结构稳定性，导致松散及软塑状的滑移和坍塌，施工难以成洞，还可以使隧道衬砌背后形成冻融圈，产生融化水，导致隧道病害发生；冻结是与融化是相互关联的必然过程，融化以后的冻胀也是一种破坏因素。

1）高原多年冻土隧道信息化施工技术

“冷却地基”的设计思想和冻土的热敏感性是矛盾的两个方面，二者之间求得最佳平衡则是多年冻土隧道施工技术的难度所在。

高海拔多年冻土地区隧道的冻土环境条件，决定了施工过程洞内外环境温度和围岩温度、围岩土压力、冻胀力、衬砌背后水压力以及冻土隧道锚杆抗拔力之间的动态关联，建立上述技术参数的信息采集、信息处理与信息反馈处理的施工控制体系，是冻土区隧道施工的技术关键。

(1)隧道变形量测信息指导施工工序衔接

通过量测隧道内空收敛及地表下沉，监视围岩变形随着时间的变化情况，预测预报最终位移及变形速率的变化；根据内空变位速度预报险情和确定二衬衔接时段；根据围岩变化，计算围岩变形的空间分布，研究围岩稳定性特征，合理设计支护系统(图6-16)。

图6-16 昆仑山隧道支护

(2)围岩表面温度数据反馈指导施工

量测开挖工作面温度、洞内外气温及围岩内部温度指导施工进度和工序。开挖工作面围岩表面温度过高，高含冰量冻土易产生热融滑塌影响施工安全；温度过低影响混凝土质量。通过监测洞内外与开挖工作面温度连续变化，及时反馈，调节隧道洞内通风温度，使开挖工作面温度保持均衡，使施工得以顺利进行。

另外，对隧道洞口段及洞身段进行隔热保温层内外侧温度的测量，确认和确保保温隔热措施长期有效。

(3)水压监测

在隧道的拱腰、边墙、仰拱等处防水层及保温板内外侧分别布置水压力计，量测评价施工中防水板以及排水系统的施工质量，及时发现隐患采取补救措施。

(4)锚杆抗拔力量测

冻土区锚杆抗拔力由冻土的冻结力提供，施工中隧道温度变化影响冻土层的冻结力，通过锚杆抗拔力量测的结果和设计值的比较，可以判断锚杆设置是否能够满足设计要求，若低于设计要求则需要用增加锚杆锚固长度、增加锚杆直径等方法调整；同时通过锚杆轴力量测来分析锚杆长度、间距是否合理。风火山隧道对系统锚杆选择3%进行了抗拔力量测。

隧道施工中这些关键参数的量测和信息反馈对施工工序衔接，施工环境条件保证，施工质量判定起到重要作用。

2)多年冻土隧道防排水及保温施工技术

冻土区隧道开挖形成新的冻土环境条件，冻融圈的形成使隧道施工和竣工后因为水和负温而出现病害，围岩冻土、冻岩融化水和地下水是冻土区隧道的主要水源。

冻土区隧道的排水系统遵循“防、截、排、堵、以防为主、防排结合、多道防线、综合治理”的原则进行设计和施工。防水及隔热保温层按“防水板+隔热层+防水保护层”的结构形式，沿隧道全长全断面铺设，形成隧道二次衬砌完全和地层隔离。排水系统采用环向透水盲管连接纵向排水管，再穿过防水、保温层通向保温水沟，由保温水沟将水引排至洞外设置的深埋保温暗沟。施工缝刷2mm厚的WJ接口黏结剂、布置遇水膨胀止水条，伸缩缝采用橡胶止水带、膨胀橡胶，填塞沥青麻筋或浸油木板的方法。

贯彻实现设计思想和设计目的的施工技术的关键有：

(1)防水及隔热保温层“防水板+隔热层+防水保护层”结构形式的无钉法铺设新工艺，采用“绷铁线法”，将三层材料分层、分段铺设、连接，防水板采用渗膜热合机双焊缝焊接，保温板采用聚氨酯黏合材料胶合。

(2)排水系统设置保温措施,防止积水结冰形成冻害。施工时重点控制环向、纵向盲管的接口和水管穿透防水保温层的接口,胶接紧密、密封。

(3)对明洞、洞口段的高含冰量冻土,采取完善的防水、排水、保温系统,施工选在寒季冻结期,严格控制质量,保证排水畅通无冻害。

3)冻土区隧道的低温早强混凝土施工技术

冻土区低温环境和频繁的冻融交替作用导致混凝土剥落、破坏,冻土环境和其他外因加剧破坏了混凝土耐久性。

低温早强耐久性混凝土配制应以混凝土的强度发展为基础,以优良的耐久性为目标。低温早强耐久混凝土施工技术应该把混凝土耐久性放在混凝土配制的首要位置,并突出它的主导地位;冻土区隧道低温早强耐久混凝土配制和施工中的关键技术包括:

(1)按高性能混凝土配制的原则,严格控制混凝土的水灰(胶)比和水泥用量,合理选用水灰(胶)比,较合理的水灰比及水胶比使得硬化后的混凝土内部变得均匀密实,自游水减少,连通、粗大的孔隙减少,封闭、微小的孔隙分布合理。

(2)混凝土掺和具有减水、早强、防冻、引气、增实、保塑等功能的高效多功能复合型外加剂,以保证在混凝土的流动性满足施工要求的前提下,最大限度地降低混凝土的水灰比和单方水泥量,降低混凝土的水化热温升;促进水泥的水化反应,提高混凝土早期抵抗冰晶应力破坏的能力,从而获得足够的抗冻临界强度。

(3)增加外掺料使混凝土的远期强度提高以改善混凝土耐久性能,同时提高混凝土的抗冻、抗渗、耐腐蚀等性能。

(4)原材料预热及拌和水加热措施保证混凝土出机温度和入模温度。

(5)施工中严格检查拌和物坍落度和含气量,同时采取切实可行的保温、保湿养护等一系列工艺措施,保证混凝土入模温度和混凝土水化硬化初期正常化学反应所需化学能。

4)冻土隧道施工光面爆破技术

隧道施工破坏了冻结岩体自然结构,衬砌背后围岩及支护结构体系将处于周期性冻融过程中,给隧道运营养护造成极大困难。施工中采取适当的爆破技术,减少对围岩结构的破坏,使隧道围岩活动层减少,冻岩光面爆破技术也是一项重要的前期保证性技术措施。适宜的爆破技术对隧道施工质量,以及后期的隧道维护产生重要影响。

冻土区隧道施工过程通过实验室模拟试验、数值模拟和现场爆破振动测试等手段对多年冻土(岩)爆破技术进行了系统研究,研究分析了冻土(岩)的物理力学性质和冻土(岩)的爆破性;分析了围岩中爆破应力场、速度场和温度场的影响范围,得出主要影响区范围;通过数值计算和现场试验,提出了合理地爆破方案和爆破参数的优化设计方案,在Ⅳ类围岩采取全断面一次爆破成型的爆破方案,Ⅴ类围岩采用正台阶爆破分部掘进的方案。

另外,研究了盐水介质对爆生气体的降温效果,采用 NaCl 盐水水炮泥封堵炮孔降温除尘技术;现场测试确定冻土边坡中的最大爆破振动速度控制在 2 ~ 5cm/s 为宜,隧道掘进围岩最大爆破振动速度控制在 5 ~ 10cm/s 为宜。

除了上述隧道施工关键技术外,还在洞口和浅埋地段,选择合适施工季节并控制施工环境温度,采取边坡防护,防止施工时洞内外热扰动层贯通发生热融滑塌,在整个施工工序中突出保温、控温两大互相制约、互相矛盾的难题,采用工序网络管理技术,使相互干扰的 9 个主要工序:开挖、出渣、支护、初衬、初衬背后注浆、两布一板铺设、仰拱、二衬钢筋、二衬混凝土合理衔接，平行作业、减少干扰，使各工序井然有序，衔接紧密，施工达到了较高的效率。

冻土区隧道施工关键技术的研究和实施是两大冻土区隧道实现设计目标及保证长期安全运营的基础。

6.2 青藏铁路建设管理技术

青藏铁路的建设管理由于冻土技术问题的特殊性、生态环境的脆弱性和高原及人体生理的不适应性三大技术难题的存在，在中国铁路建设管理工作中更具有特殊性和探索性。

冻土技术难题的存在要求青藏铁路的建设管理工作认识到：冻土热学特征是影响工程设计和工程质量进而影响工期的首要技术问题，生态环境的脆弱性使施工工艺流程和施工组织变得复杂，高原和生理的不适应性要求施工作业程序的安排必须科学合理。建设管理工作也必须贯彻“冷却地基，减少对冻土的热扰动”这样的技术原则，保证建设管理工作，尤其是施工组织工作与设计和科学研究在技术路线上保持一致。

青藏铁路建设管理的特点是建设目标高、三大难题攻关任务艰巨、有效施工期短、后勤保障面广难度大等，因此，在建设方针、建设目标、建设管理体制、队伍管理方式、目标控制体系、建设与运营管理模式等方面具有独特的创新性。

青藏铁路建设管理针对可能出现的以冻土环境变化带来的不确定因素，坚持以科学发展观为指导，坚持高起点、高标准、高质量，统筹安排，系统优化，合理配置生产要素，科学调整全线施工组织设计；根据动态管理的思想，加强工程建设管理和监督检查，顺利推进了工程建设；并将青藏铁路建设看作一个系统工程，协同解决其中出现的工程技术难题，加快了建设进度，切实保证了建设目标的全面实现。

建设管理技术的核心是施工组织设计，在完成施工组织设计组织冻土区施工过程中，必须了解历史的和试验工程的科学研究成果，抓住施工组织设计迫切需要解决的关键技术问题，通过现场调查、室内试验、现场试验和理论计算与分析，继续组织研究和解决影响施工组织设计的关键技术难题，并在施工组织设计中科学合理的应用这些研究的结论和成果。和任何冻土区工程建设一样，青藏铁路施工组织设计需要解决的问题有：

(1)确定冻土区路基填土和基底处理的最优施工季节，以便最大限度的减少填土路堤对基底冻土的热扰动，充分利用自然条件的散热，尽快稳定路基热状态，使路基填筑工序科学合理。

(2)冻土区“以桥代路”主要工序混凝土灌注桩在不同地温条件下桩基土体受热扰动以后的回冻规律问题，为桩基承台、桥梁墩台和架梁工序的施工组织提供了科学依据。

(3)冻土区隧道在高海拔、低气压低氧环境下施工作业特点，解决特殊条件下隧道施工条件和特殊施工技术问题。

(4)冻土区整体现浇涵洞基础对冻土的热扰动和散热规律以及减少热扰动施工工艺问题，为修正设计规定和按时完成控制工程提供依据。

(5)保护冻土环境，合理安排和统一进行冻土区取土场和弃土场设计，在冻土区尽量减少近线路部分对冻土的热扰动。

(6)掌握冻土的动态变化对线路变形的影响，施工组织设计中加入施工建设期间路基变形观测网和冻土区工程长期观测系统建设，根据冻土工程变化，科学的进行补强设计和施工。

根据上述各个方面研究结论和成果对青藏铁路全线进行的施工组织设计，组织施工，达到工程设计科学严谨，施工工期紧凑合理，施工工序衔接有序，使施工组织设计为三大技术难题的突破、工程质量的保证奠定基础。

6.2.1 冻土区施工组织设计

冻土区施工组织设计关键在于要对路基通过的高原多年冻土区的气候特征、冻土条件及冻结融化规律有较深入的了解和认识，从施工准备开始，对有可能干扰多年冻土天然热平衡状态的行为都要认真对待，并有意识地积极恢复或营造可替代的新的热稳定状态。从保护冻土环境、维护高原生态及路基工程自身稳定性需要的角度，自觉严格遵守有关设计、施工和监理规定。安排好施工季节和施工程序，采取少扰动地表的钻爆作业和快速施工方法，规划好施工便道和车辆、机械行走路线，对集中营地采用支垫架空式住房和用暖隔热措施，规定污水排放方式和地点等，以保证施工作业的正常进行和路基工程质量。

6.2.1.1 影响施工组织设计的冻土工程特征

影响施工组织设计的冻土路基工程特征主要表现在冻土环境改变方面，路基填筑引发原天然上限位置、多年冻土地温变化，路堤填筑改变了地下水（主要是冻结层上水）的径流条件可能引发次生不良冻土现象；路堑施工引发热融滑塌和融冻泥流等次生工程病害；路基附属结构（挡水埝和护道）改变冻土层上水的径流条件（改变路基内侧和外侧冻土层上水的水力梯度），可能阻挡地表水侵入路基本体，也可能因纵向排水不畅又会造成局部积水，路基取弃土场的热影响类似路基填土和挖方影响冻土环境。

桥梁工程的主要特征是不同地温分区和不同含冰量的桩基础施工和强度的形成特点。

(1)灌注桩混凝土在冻土中负温环境下养生，大幅度降低了混凝土的强度，必须采用负温混凝土和低温早强耐久混凝土。

(2)由于现浇混凝土水泥水化热的影响使桩孔周围冻土升温或融化，回冻时间长，因此，一般不宜用于年平均地温高于 -1.0℃的冻土地基。

(3)高温冻土区采用灌注桩基础形式时，对施工工艺有严格的要求，例如，当冻土年平均地温高于 -1.0℃时需要采用人工冷却法缩短回冻时间。

(4)高温冻土区灌注桩基础设计应该考虑冻土环境温度变化对承载力的影响，采用不同设计理论确保桩基安全。

6.2.1.2 施工组织设计的季节特征

不同季节冻土环境与冻土工程之间的相互影响具有不同的特征，这些特征决定了青藏铁路冻土区工程施工季节安排的特殊性和必要性。

不同的路基结构形式应该选择不同的施工季节，对于路堤来说，其关键在于避免填土多余热量传入路基下多年冻土层；对于路堑来说，避免开挖后形成的新地表面吸收多余热量传入下伏多年冻土，从而破坏原有的热平衡关系，使之向着破坏原有冻土稳定性的方向发展。因此，施工技术细则上规定路堑开挖应在 3、4、5 月份或 9、10、11 月份为好，建设单位施工组织设计过程经过分析认为，以地表温度为 0℃以下的季节为宜。

充分考虑人力、机械设备、工程对象特点（路堤或路堑）在不同气候条件下的协调。既要避开气温与氧分、气压最低、人员和机械都难以适应的严寒月份（12、1、2 月份）施工；也尽可能地不在热融作用最活跃的月份（如 7、8 月份）安排高含冰冻土的开挖换填作业。

热融作用活跃期（6 月中旬开始至 9 月中旬）虽然不适宜大规模路基施工，但由于此间人员、机械最适应，可安排大于路堤最小设计高度（但小于 6m）的填方作业和低含冰冻土的或石质的路堑开挖作业；无需开挖换填基底的路基工程（如低含冰冻土或融区的沼泽化湿地路堤、用抛石挤淤法填筑的路堤等）；以及备料，机械检修、预制件制作等。如因工期要求，必须在热融作用活跃期间安排挖填作业，则应提前做好准备工作，快速施工，连续作业，采取防护措施减少热融影响，保证施工进度和质量。

6.2.1.3 施工组织设计的工序衔接特征

施工过程和施工工艺最大限度的减少对多年冻土的热扰动要求各类冻土工程的施工工序有一定间隔和停顿，这就要求施工组织对冻土工程的热扰动恢复过程特征有预研究。青藏铁路冻土区施工组织设计对填土路基、挖方路堑、桥梁灌注桩回冻、涵洞基础开挖等各个工序对多年冻土的热扰动特征进行了针对性研究，使施工组织设计的工序衔接具有科学性、可行性和紧凑性，保证工程建设顺利进行。

1)路基施工

少冰、多冰冻土地段、融区的路基工程，可按照非多年冻土地区的施工工艺安排作业，基底处理按基床填土质量和施工要求办理。路堤可直接填筑在天然地面，但不宜清除地表植被。

高含冰量冻土地段路基的施工工艺往往是施工成败的关键，对具有挖土换填的路堑、零断面、低路堤和支挡结构基础尤为重要。在快速施工的总原则下，各工序统筹安排、前后衔接，根据不同的工程对象按照施工技术细则制定相应的施工工艺。

大于或等于最小设计高度(但小于6m)的路堤，及不需要换填作业的路基工程，按设计文件和施工质量要求备料和安排施工作业。

当路堤高度大于6m时，宜安排在暖季后期施工。在此期间，气温地温均逐渐降低，填料选择的余地大，带入堤中的热量较少，对基底多年冻土热融影响小，而且填成后即堤中土开始进入散热阶段，易于保持冻土和路基稳定。采用两阶段施工方法，即当年暖季后期(如9月份)填筑到一定高度(大于最小高度，小于4m)，次年任意时间再填到设计标高(注意续填基面要作处理)。充分利用寒季的过余冻结降低基底温度、增加基底冷储量，以抵消续填土带入热量的影响。而续填时原有的路堤厚度保护天然上限以下的多年冻土，使续填填料带入的热量已不可能对基底多年冻土造成热融影响。

如安排在暖季填筑，尤其是在7~9月份，由于填料带入了较多的热量难以散发，即使经过一个寒季，也往往还会在基底附近残留融化夹层而影响路基稳定。

选择适宜的施工季节和施工工艺，对青藏高原多年冻土区高路堤的稳定性是至关重要的。

按规定，高度大于6.0m的路堤，应在向阳坡面的一侧或路堤两侧设计护道，以改善高路堤人为上限不对称的影响。但是暖季填筑高路堤时，若同时建成护道，路堤中心基底附近蓄入的热量增大而且不易散逸，对路堤稳定不利。最好是让路基本体经历一个寒季的散热后，再在次年暖初填筑护道，或路堤本体和护道均在寒初、暖末填筑，或全断面均采用两阶段施工方法，或采用抛石护道。

2)桥梁基础施工和上部结构施工的工序衔接

多年冻土地区的桥梁基础基本上为钻孔桩基工程，桩基成孔设备根据地质情况和环境保护的要求选择。钻孔桩的施工推行干法成孔，以减少基础施工对冻土地基的热扰动，避免其他基础成孔方式对地面环境的干扰和破坏，减少桩基回冻时间，加快成孔及上部工程的施工速度。桩基混凝土达到设计强度后应根据桩基承载力情况确定承台、墩身施工及梁体架设时间。根据对冻土Ⅰ、Ⅲ、Ⅳ区摩擦桩桩基非回冻承载力试验，上部结构施工时间可不受限制，冻土Ⅱ区摩擦桩施工完成一个月后方可施工上部结构。

回冻时间的长短对桩的设计与施工具有重要的意义，它是确定桩基类型、桩的布置、施工方法和季节的重要依据。回冻过程的影响因素有地基土的热物理特征、桩的类型及大小、钻孔施工方法及施工季节等。

钻孔灌注桩在施工过程中,施工季节气候特点,使混凝土的入模温度或高或低,造成灌注桩桩周土体的回冻时间不确定,有可能与预定施工工期产生矛盾,因此,需要对钻孔灌注桩回冻过程进行深入研究,以便从理论和实际上确定桩基周围冻土形成承载力的过程和规律,对今后桩基承载的各个阶段的安全性和可靠度从理论和实践上给出回答。入模温度的变化对冻土地温场的影响和对桩基周围地基土回冻的影响以及水泥水化热放出热量对地基土温度的影响及其对桩周地基土回冻影响,是选择混凝土防冻措施和混凝土拌和料的温度的根据。回冻时间既要求桩基及时形成承载力,又要使混凝土水化过程要求的正温时间达到要求。

根据桩基的设计承载力形成时间和形成规律(回冻时间和回冻过程中冻结力的形成规律)研究和承载力试验确定施工工序的衔接。

根据典型高温冻土区雅玛尔大桥的计算得出灌注桩灌桩后温度变化:

(1)灌桩后的2个月内桩土界面处温度基本还处于正温,这时基础与土之间还不具备冻结强度,只有摩擦力作用。

(2)灌桩后45~90天开始出现负温,但还有部分地区为正温,负温值大于-0.2℃,还不具备冻结强度。

(3)在灌桩后3个月至1年,离地面3m以下,桩土界面温度均为负温,但负温值大于-0.2℃,还不具备冻结强度。

(4)在灌桩后2年,雅玛尔河2号"以桥代路"特大桥地面以下10~16m,清水河"以桥代路"特大桥地面9m以下温度都还没有达到第一级冻结强度(-0.2℃),平均温度达到了第一级冻结强度的要求。

(5)灌桩后3年,雅玛尔河2号"以桥代路"特大桥50%长度的桩土界面处温度均达到了第一级冻结强度要求;22.2%达到第二级冻结强度要求;27.8%处于第三级冻结强度要求;平均温度处于第二级冻结强度要求。清水河"以桥代路"特大桥的平均温度也达到第二级冻结强度要求。

(6)灌桩后4年,雅玛尔河2号"以桥代路"特大桥22.2%长度的桩土界面处温度均达到了第一级冻结强度要求;39.2%达到第二级冻结强度要求;38.6%达到第三级冻结强度要求;平均温度达到第二级冻结强度要求。清水河"以桥代路"特大桥的平均温度达到第二级冻结强度要求。

(7)灌桩后5年,雅玛尔河2号"以桥代路"特大桥44.4%长度的桩土界面处温度均达到了第二级冻结强度要求;另外,均达到第三级冻结强度要求。平均温度已达到第三级冻结强度要求。

(8)灌桩后5~6年清水河"以桥代路"特大桥的平均温度还处在第二级冻结强度要求范围内,直至第7年才达到第三级冻结强度要求。这主要是由于清水河"以桥代路"特大桥的地温要比雅玛尔河2号"以桥代路"特大桥地温高,回冻慢造成的。

桥梁上部结构施工组织设计可以根据桥梁灌注桩施工以后的温度变化情况决定其他工序的衔接时间。

6.2.1.4 施工组织设计的冻土技术特征

施工组织设计中根据路基、桥梁、涵洞的冻土工程技术特征确定施工特殊技术。

1)冻土区路基施工组织

多年冻土段路基施工前,要求对工程地质资料进行核对,现场地质条件与设计不符时,及时申请修改完善设计文件。重点核查的地段是:高含冰量冻土分布地段,冰锥、冻胀丘分布地段,热融湖塘分布地段,热融滑塌、沼泽化湿地分布地段。根据工程数量、工程特点、多年冻土工程地质条件、工期及环保要求,编制各段路基工程施工组织设计,施工组织应考虑高原及多年冻土的特点,充分利用路基施工的最佳季节,正确选用施工方法,合理组织施工,确保路基工程质量。

(1)路堑施工

多年冻土区的路堑施工对多年冻土的水热干扰最为严重,开挖和处理不当,可导致多年冻土大量融化,使施工无法进行,并严重影响路基工程的稳定。因此,应特别重视及认真对待路堑施工。路堑施工,应选择合适的施工季节。高含冰量冻土路堑在9、10、11月份和3、4、5月份进行开挖,在6月底前完成基底和边坡的换填和隔热处理。坡面修整、路基面平整以及堑内排水系统的修建可在暖季进行。路堑顶部保温护道应用细粒土填筑,低含冰量冻土路堑及石质冻土路堑在寒、暖季均可施工。

路堑开挖前,应按设计要求做好堑顶排水系统及土石方施工临时排水系统,防止地表水和冻结层上水流入路堑。施工前选好临时弃土场地,按多年冻土环境保护要求修建施工便道。废弃土石方不得在堑顶堆放。

少冰和多冰冻土、软岩和风化岩石路堑可全长分层开挖,宜选用机械方式进行,机械无法开挖时采用爆破方法开挖。爆破开挖路堑时,爆破方法的选择原则是爆破后应能保持基床、边坡和堑顶山体的稳定,爆破出的坡面平顺、底板平整。高含冰量冻土路堑采用设计全宽分层分段施工,开挖一段,处理一段。分段长度根据多年冻土的工程地质条件和施工力量确定。

路堑挖方为岩石、少冰冻土、多冰冻土时,符合填料要求的,先堆放在临时弃土场,融化后应全部作为填料。

路堑施工应安排好各道工序的衔接,开挖后及时进行换填和隔热处理,尽量减少冻土暴露时间,防止多年冻土融化,必要时采取适当的遮阳措施。

(2)路堤施工

路堤填筑安排根据不同的设计原则来安排:

①基底有保温覆盖层地段路基易安排在6月底前铺设完保温板,保温板以上路堤施工时段不受限制。

②通风路堤施工时段不受限制。

③普通路堤地段,对于既无季节选择可能又未能在寒末对填筑范围进行保温覆盖处理的地段,暖季填筑路堤时应严格控制日施工时段。取土填筑施工应控制在晚9:00~早9:00间时段,其余时段不宜取土填筑路堤施工,并应对取土场采取遮护、保温措施,以免大量的热能被储存于路堤本体之中。

④路堤护道和路堤本体填筑不应同时施工,特别是暖季的施工,以免造成路堤本体内蓄热迁延至路基基底导致热融。

⑤路堤保温层的铺设有条件时应安排每年的3、4月份进行,以增加路堤内、地基下的冷储量。路基挡水埝应用细粒土,先于路基安排于暖季初,寒季初施工,以形成冻土核或保持挡水埝处冻土上限处于较高位置。以截排冻结层上水,顺利进行路堤填筑施工。

塑料挡水板施工应注意对环境的影响。

(3)不良地质段路基施工

湿地路基(安多以南有15%即65.5km的地段为湿地,少数“以桥代路”,大部分设计为路基）主要采取碎石桩基、挖淤换填、抛填片石等措施。为确保此类地段路基工程质量，要求湿地、类湿地段落在施工前挖设探坑，查明地质情况，确保设计工程措施适当；施工时对湿地地段地表水或浅表水禁止大范围使用疏干积水方式，以免引起土地沙化问题。

对采用碎石桩基础的路基，关键控制碎石的施工质量，其施工机械应采用振动、套管式成桩机，禁用水压式成桩机，以免破坏环境及污泥污染桩内碎石而影响排水。碎石桩所用碎石应严格控制含泥量。碎石桩施工时应确保振动时间保证挤密要求。施工质量检验采取自检与抽检双重控制，抽检频率要求为桩挤密检验2%（按桩长总数）、单桩地基复合承载力检验1.5‰（按桩数）；对挖淤换填段路基，在施工工艺上，要求开挖一段、换填一段，避免基坑长时间暴露及雨季积水而影响换填质量。在施工组织方式上，应避开雨量集中时节，防止基坑积水。在质量过程控制上，关键是开挖务必彻底，换填料质量务必合格，碾压务必到位。此类施工要求旁站监理，填筑质量采用核子密度或K_{30}检测；对抛填片石段路基，要求填料级配良好，保证设计抛填厚度并采用重型压路机碾压8遍以上，填筑质量采用K_{30}检测。

地下水路堑的特点是开挖施工中有地下水不断涌现，防水、排水是确保施工顺利、防止水泡路基而保证工程质量的关键。施工前应先形成路堑外排水系统，以导引地下涌水；施工季节应选择在非雨量集中季节即寒初、寒末施工，减少开挖施工中的涌水量；开挖施工中应自上而下分段分层开挖，开挖中应注意形成自路基向两侧、自开挖工作面向路堑外的排水坡，每层开挖前先在路堑两侧形成临时排水沟，将涌水排入堑外排水系统，确保开挖施工过程中路基不被浸泡是地下水路堑的施工要点。地下水路堑施工措施应结合工程实际，不断进行改进完善。

其他不良地质段路基，如风沙段、地震液化层段、风吹雪段、山体危岩及落石和崩塌段，及深季节冻土段路基的稳定和安全通过设计措施解决。施工要求与前述技术措施要求无异。但此类地段施工前应加强设计优化工作，确保有恰当的设计工程措施。

2）路基施工通用技术措施

（1）路堤填筑应尽可能选择粗粒土，禁止使用富含腐殖质的土、草炭土、泥炭土、草皮以及冻土作为路堤填料。对设计的取土场要进行填料取样试验，填料合格方可使用。

（2）路堤填筑前，选择适当地段做填筑试验，以确定配套的机械设备、填料虚铺厚度、洒水量、晾晒时间、压实遍数、检测方法等工艺要求及工艺参数。

路堤填筑按“三阶段、四区段、八流程”的工艺流程组织施工。每区段长度根据施工机械配备能力确定，但最多不宜超过250m，即每个路基填筑作业面长度不超过1km（本线规定）。填土区段采用挖掘机、装载机、自卸车等，不得采用铲运机和推土机作为运输机械。填土时，根据计算好的每车料的摊铺面积“画格卸料”堆放；平整区段使用推土机初平，再用平地机进行终平。应控制层面无明显的局部凹凸。对于非渗水填料，平整面应做成向两侧4%的横向排水坡；碾压区使用重型振动压路机，原则上压路机等级不应低于16t（加激振力48t）。路堤压实在冻土区应注意对隔热层进行防护，避免对其造成损坏。碾压要遵循先轻后重、先慢后快的原则。碾压时应先两侧，后中间。衔接处沿线路纵向搭接长度不小于2.0m，横向重叠0.4m；检测区段的检测手段根据填料性质确定，细粒土、黏砂、粉砂以及可击实的砾石类土、碎石类土检测压实系数和地基系数；细砂、中砂和粗砂以及不可击实的砾石类土、碎石类土检测地基系数和相对密度；块石类混合料检测地基系数。

（3）为保证路基填筑质量，雨天集中时段不应进行路基填筑施工，对控制工期地段，必须施工而又在雨天来临时未完成碾压工序的路段应采取苫盖措施，以免雨水浸泡。

（4）桥、涵两侧填土施工，按本施工组织设计中的质量保证措施一章相关要求执行。该类工程施工要求监理旁站。

3)冻土隧道施工技术特殊性和施工组织

(1)冻土隧道施工技术特殊性主要表现在几个方面:

①多年冻土地区隧道在建成后,由于气温等外界条件的影响,衬砌背后的多年冻土会形成一个冻融交替的冻融圈,使衬砌结构处在冻胀力反复作用的不利环境中,往往造成衬砌严重开裂甚至破坏。因此,冻融圈是影响隧道结构稳定的一个极其重要的因素,对其范围和动态变化的控制是十分必要的。水是寒区隧道产生病害的根源,也是冻融圈的主要影响因素,所以完整有效的防排水体系是多年冻土隧道设计的关键(臧恩穆等,1998;杨其新等,2002;武志萍,2002)。为避免产生病害,风火山隧道设计从应用隔热保温技术、加强防排水及优化衬砌结构等方面出发,采取了综合防治措施。

②面对含冰量高达50%的富冰冻土浅埋段,在保护冻土结构稳定的前提下,尽量减少人为扰动,防止融化塌方,研究冻土光爆技术、开挖方法、低温快速支护技术,安全快速成洞。

③以信息化施工为手段,加大超前预报、过程监测、温度控制等信息监控力度,确保施工的有效控制。高海拔、高寒区、冻土隧道洞内施工环境温度场的理论模型建立和施工过程的数值模拟研究,为保护冻土及施工环境温度调节与控制奠定了理论基础,找出了合理的施工环境温度值。

④由于隔热保温层作为低弹模材料夹在两层衬砌之间,整个结构的稳定性是一个不容忽视的问题。如果保温效果良好,冻胀力和土压力都将控制在一个很小的范围,衬砌的变形也会足够小,这种双层衬砌夹保温层的结构是可行的;如果保温效果不好,在受较大的土压力或冻胀力作用下衬砌将产生较大的变形,隔热保温材料作为软弱夹层,对整个隧道结构的稳定性是不利的。施工中如何确保保温、防水措施的施工工艺,衬砌背后冻融圈的保护也是重点,冻土隧道一旦发生渗漏现象,由于冻胀的原因,后果将不堪设想。

⑤隧道环境恶劣,劳动效率、机械效率严重下降;风火山隧道施工中在隧道外安装蒸汽锅炉,在洞内安装蒸汽暖气片升温,并利用蒸汽养生,拌和站和砂石料。搭建大跨度钢结构保温棚,提高砂石料温度,利用暖风机升温,以确保洞内环境温度;隧道衬砌暖季施工,实行通冷风调节,针对隧道内空气中含氧量更低的特点,在洞外设置了大型制氧站,向隧道进行连续的弥漫式供氧。另外,在选择机械设备,特别是内燃型的机械设备时,一是要考虑选择具有功率恢复性技术的高原型柴油机,保证其机械功率下降率低;二是要考虑选择具有预热机体辅助系统,能有效解决低温启动问题的机械设备。

针对高海拔、高寒区的气候环境以及冻土围岩的特性,应减少施工对冻土原始地温场的扰动,确保隧道混凝土结构质量并维持人员、设备的正常作业。洞内环境气温的控制是关键环节之一。铁道部颁发的《青藏铁路多年冻土区施工暂行规范》对冻土隧道施工要求洞内主要工作面环境温度宜为 $-5\sim5$℃。结合该隧道的具体情况,经研究提出以0℃为系统的控制目标,通过不断调节送风温度和风量来实现对隧道洞内沿程环境气温全面控制。这样既有利于保护围岩冻土,又无需寒季工程施工中的混凝土保温模板及局部火炉或蒸汽蓄热和加热措施。

从高原空气稀薄、制氧效率低,现场无动力电源以及设备系统的高原可靠性差等具体特点和问题出发,提出了吸附式制氧、隧道氧吧和便携呼吸器相结合的制氧与供氧系统方案。

风火山、昆仑山隧道针对高海拔、高寒区、冻土隧道的特点,建立了高原冻土隧道中的围岩温度场及施工环境温度场理论体系;采用供暖与洞口防寒保温相结合;加热升温后的洞外空气经通风风筒送入隧道掌子面、隧道洞内回风流至洞外的洞内环境供热系统;洞外和洞内沿程各点设温度传感器与锅炉蒸气温度、供汽量和通风机供风量的自动调节或人工调节系统；洞口制氧和供氧卫生健康保障系统；洞内外温度和空气质量监测反馈系统，实现高海拔、高寒区、冻土隧道洞内施工环境的全面控制，保护冻土，保证工程质量和保障施工作业人员的健康。

(2)多年冻土区隧道施工要点：

①隧道洞口开挖，要根据施工季节采取适当遮阳措施。洞口浅埋地段为高含冰量冻土时应认真研究，加强防护措施，确保安全进洞。

②洞身开挖，采用台车钻眼，立爪扒渣机、梭矿、电瓶车出渣进行双轨运输。洞身混凝土施工，仰拱超前，墙、拱一次整体衬砌，尽早形成受力圈。采用耐久混凝土，采用自动计量拌和，泵送入模，衬砌台车灌注拱墙混凝土。

③施工中严格按照适应低温环境的耐久性混凝土配方、掺量要求施工，确保混凝土的施工质量。施工中严格控制施工环境温度，避免冻土热融失稳，并满足混凝土施工温度要求。

④隧道施工组织特征是由两座冻土区隧道(青藏铁路昆仑山隧道和风火山隧道)自然条件的特殊性决定的。

(3)青藏铁路冻土区隧道施工特殊性在于：

①氧含量不足平原的50%，超过人类生命需氧极限，严重伤害参建人员的身心健康，员工的以人为本，健康保障，劳动保护工作非常困难。

②空气稀薄，气压只有平原的55%，人的身体所需常规气压不能保证，体内器官扩张，严重损害健康。

③每年寒季长达7个月，最低气温 -41℃，在这样的超低温下保证正常施工，史无前例，生活保暖、施工保温均是大难题。

④非常特殊的高原冰雪型气候，气候变化频繁、变化幅度大，沙尘暴、冰雹、雪天气，频次极高，寒季气候更恶劣，对施工影响极大。昼夜温差大，最高达30℃，对工程质量尤其是混凝土质量影响较大。

⑤隧道洞室施工是铁路施工中环境最差的一项工程，面对室外恶劣的环境，洞内将更艰苦。由于空气稀薄和严重缺氧，导致机械功率严重下降，多数国产机械无法使用，如何保证机械使用及机械配套是一个难题。

4)冻土区桥梁施工组织特征

(1)多年冻土区桥梁基础工程施工组织特征：

①多年冻土地区的桥梁基础基本上为钻孔桩基工程，桩基成孔设备根据地质情况和环境保护的要求选择。钻孔桩的施工推行干法成孔，以减少基础施工对冻土地基的热扰动，避免其他基础成孔方式对地面环境的干扰和破坏，减少桩基回冻时间，加快成孔及上部工程的施工速度。

②桩基混凝土达到设计强度后应根据桩基承载力情况确定承台、墩身施工及梁体架设时间。根据对冻土Ⅰ、Ⅲ、Ⅳ区摩擦桩桩基非回冻承载力试验，上部结构施工时间可不受限制，冻土Ⅱ区摩擦桩施工完成一个月后方可施工上部结构。

③桥梁基础基坑开挖应快速回填，基坑范围内的回填，一律采用粗粒土回填，以防止冻胀、冻拔问题的发生。

④冻土区段低桩承台从设计到施工均应做好防冻胀措施，避免出现冻胀拔桩。

(2)墩台工程主要是严寒条件下混凝土施工技术。

①严格原材料的选择(水泥、细骨料、粗骨料、外加剂、掺合剂和拌和水)。

②根据工程结构环境及施工条件确定水灰(胶)比和胶凝材料用量,科学的进行耐久混凝土配合比设计。

③集中拌和、集中供应,采用加热、预热、保温等方法严格满足拌和温度要求。

④远距离运输用混凝土搅拌运输车,近距离运输混凝土采用机斗车运输,运输过程中保证不发生离折、漏浆、严重泌水及坍落度损失过多等现象。

⑤浇筑对冻土层有直接影响的桩基或埋入式基础的混凝土结构时,混凝土的入模温度寒季控制在 2~5℃,暖季时不大于 10℃。

⑥浇筑在低温或负温下养护且不与冻土层直接接触的混凝土结构时,混凝土的模板温度不低于 -3℃,混凝土的入模温度一般控制在 10℃左右,最高不大于 15℃;预应力耐久混凝土的入模温度一般为 10~20℃,暖季时最高不大于 25℃。

⑦混凝土浇筑过程中,混凝土拌和物实测坍落度与要求坍落度之差的允许偏差符合以下规定:要求坍落度≤40mm 时,允许偏差为 ±10mm;要求坍落度为 50~90mm 时,允许偏差为 ±20mm;要求坍落度≥100mm 时,允许偏差为 ±30mm。

⑧桩头混凝土早期养护温度不低于外加剂规定温度,暖季墩台混凝土养护采取保温、保湿措施。寒季墩台混凝土养护,采取搭设暖棚进行加温的养护措施。在大体积混凝土拆模前的养护过程中,选择有代表性的混凝土结构部位测试浇筑后混凝土表面和内部的温度,根据温度监测情况及时调整保温养护措施,保证温差符合设计要求。

⑨先张法预应力混凝土耐久梁采用蒸气养护时,养护过程分为静养、升温、恒温、降温四个阶段。

⑩耐久性混凝土拆模强度应符合设计要求。拆模按立模顺序逆向进行,若混凝土的表面温度与环境温度之差大于 15℃,则迅速对混凝土采取有效的临时性保温措施,待混凝土表面温度与环境温度之差小于 15℃时,再进行保湿养护的包裹作业程序。

⑪暖季拆模后混凝土的养护时间应不少于 60d。外部热源养护的混凝土,当环境温度低于 0℃以下时,养护完毕后,待混凝土冷却至 5℃以下再拆除模板。

6.2.1.5 青藏铁路冻土区站前施工组织设计

根据以上施工组织设计技术基础完成的青藏铁路冻土区站前工程施工组织设计:

(1)2001 年施工组织:南山口至望昆段路基基本成型,完成冻土区试验段施工,为全面验证设计工程措施奠定基础;探索冻土区施工组织管理方式。格尔木—望昆段全面开工建设,年内完成线下主体工程的 80%;其中格尔木—南山口间既有线改造年内基本完成;清水河、北麓河、沱沱河试验段工程年内基本完成;南山口铺架基地 9 月底前建成并投产。

这一年年内开始清水河、北麓河、沱沱河试验段及昆仑山隧道试验段工程建设,完成观测点、观测孔的布设;通过试验工程段的施工,不断探索冻土区施工工艺、有效的环境保护措施、高原地区劳动卫生保障等工作;不断总结推广克服“三大难题”、新措施、新经验,不断整体推进具有青藏高原特色的施工管理水平,为青藏铁路大规模开工建设奠定管理经验、技术基础;总结施工机械在特殊的高原地理、气候环境下的适应特点,改造铺架机械的适应能力。

(2)2002 年施工组织:冻土区望昆—布强格段开工,是冻土区大规模施工的第一年,冻土工程必须在设计和施工技术方面解决关键问题并有所突破。加强冻土区试验研究,边设计、边施工、边总结、边完善是年内工作的重要特点。年内对 4 个试验段工程进行连续观测和分析研究,总结、提出阶段性研究成果。根据试验结果,初步评估冻土区设计工程措施的有效性,甄选冻土区“骨干”设计工程措施,进一步完善望昆—布强格段设计工程措施;对冻土区施工工艺初步总结和推广,使施工工艺更适合质量、环保双优需要。

格尔木—望昆段线下工程全部完成;昆仑山隧道 11 月底达到铺轨程度;望昆至不冻泉线下主体工程完成达铺轨程度;不冻泉至楚玛尔河线下主体工程基本完成;楚玛尔河至沱沱河线下主体工程完成 80%;沱沱河至布强格线下主体工程完成 50%;控制工程昆仑山隧道、重点工程风火山隧道年内完工。

(3)2003 年施工组织:确定突破“三大难题”的目标和保证措施。布强格—拉萨段全面开工,年内开始全线最后一段(布强格—安多)多年冻土区的施工。在冻土工程第一冻融循环观测、研究的基础上,阶段性全面评估冻土区工程措施及施工工艺的适应性和有效性,进一步完善设计原则,布强格以北局部补强设计,布强格—安多固本措施一次到位;全面总结施工工艺并推广于冻土区施工之中;实现冻土工程基本突破的目标。

安多—拉萨段重点控制沼泽化湿地、斜坡湿地、深季节冻土等地带的现场核对优化及基底处理工作质量,确保不留隐患。

全面实行耐久混凝土标准,实施专业总监监理,执行耐久混凝土施工的强制性工艺标准,重点控制耐久混凝土拌和、运输、灌注、养生四个环节,保证耐久混凝土施工质量。

本年度布强格以北补强设计、施工年内基本完成;布强格—安多段线下主体工程(含补强施工)年内完成 80% 以上;安多—拉萨间线下主体工程完成 50%。暖末寒初,布强格以北段安排设计碎石护坡、片石护坡施工,尽可能多完成工作量,有利于增加冻土路基冷储量。

(4)2004 年施工组织:随着布强格—安多间冻土工程的全面完成,建立、建全冻土区工程稳定性的长期观测系统;对经过一个冻融循环试验的站后设备进行系统观测、总结,完善站后工程设计原则;对年内完工的沼泽化湿地、斜坡湿地、地下水路堑、深季节冻土等路基地带设置沉降观测系统。年内站前附属工程、站后工程大量开工,加强其环保工作,延续站前工程环保结果。

年初,4 月底前的寒末暖初季节,布强格以北段继续施工设计碎石护坡、片石护坡,争取全面完成。年内安多以北冻土区工程全面完成;唐南段线下主体工程基本完成,附属工程完成 50%;为配合安多口铺架工作,央尕尔布茸“以桥代路”特大桥(含)以南线下主体工程 2004 年 5 月 25 日前完;央尕尔布茸“以桥代路”特大桥—头二九“以桥代路”特大桥(不含)间线下主体工程 2004 年 6 月 15 日前完成;头二九“以桥代路”特大桥主体工程 2004 年 7 月 15 日前完成。格尔木站线下改造工程、格尔木至南山口线下改造工程年内完成。

(5)2005 年施工组织:冻土工程历经三载冻融循环,沼泽化湿地、斜坡湿地、地下水路堑、深季节冻土等不良地质路基地带大部经历 2 年多沉降考验。在继续深化冻土工程试验研究的基础上,全面总结评价冻土区、唐南不良工程地质段工程措施的有效性,评估线下工程的稳定性并得出基本结论。对影响整体功能发挥的“瓶颈”地段,局部完善,确保整体功能不留隐患。

本年度全线线下主体工程完成,附属工程绝大部分完工。8 月份安多以北铺架贯通,年底全线铺架贯通,全线补渣整道工作紧随铺架工作面,保证铺架一段、补足一段;当雄以北全面补渣做道,线路整道成型,初步保证列车运行速度 60km/h。

(6)2006 年施工组织:全线线路整道成型。大机养后提高列车临运速度 80km/h。6 月份组织对安多以北段站前、站后、环保恢复预验工作;9 月份对安多以南站前、站后工程、环保恢复工作组织预验。继续对全线线下工程稳定性进行观测,补充完善 2005 年线下工程质量评估基本结论,对个别“不放心”工点继续补强。10 月 1 日全线试运行。

全线线下收尾 5 月 1 日前完成;全线线上整道 7 月 1 日达预验程度;站后工程 9 月全面配

套、系统联调完成。

(7)2007 年施工组织:完成加强沉落整修。5 月 1 日前全线线路进行第二次大机养,确保列车运行速度 100km/h 的线路条件;全线站前、站后工程在初验及试运行基础上进一步完善。5 月上旬至中旬全线分段、分类同时初验。5 月下旬全面总结试运营以来线下工程的稳定性、站后及运营设备的可靠性、匹配性,并以此为基础对全线站前、站后工程进行整体评估,确定开通速度及进一步整修项目。6 月份站后设备进一步全面调试、调整,试运营进入准开通状态,7 月 1 日全线开通。

6.2.2 冻土区建设管理技术

6.2.2.1 设计管理

冻土、生态环境、高原三大技术难题的解决,仅仅依靠设计单位的努力势单力薄,必须动员科研院校、施工单位等社会各方力量,还要借鉴汲取国内外冻土工程、环境保护等各个方面的经验教训。三大难题攻关作为设计管理的核心内容,建设单位多次组织路内外有关科学技术人员进行了认真的研讨和论证,同设计部门一起,对冻土工程的设计原则、工程措施、施工方法和环保措施以及人员健康保障工作进行深入探讨,对已经施工路段的实际效果开展反复调查研究,对发现的问题及时分析研究原因,制定新的改进措施,不断创新优化设计。这是我国其他铁路建设中未曾遇到的,需要建设单位加强协调和组织,从而增加了设计管理的深度、广度和难度。图 6-17 是青藏铁路设计管理流程。

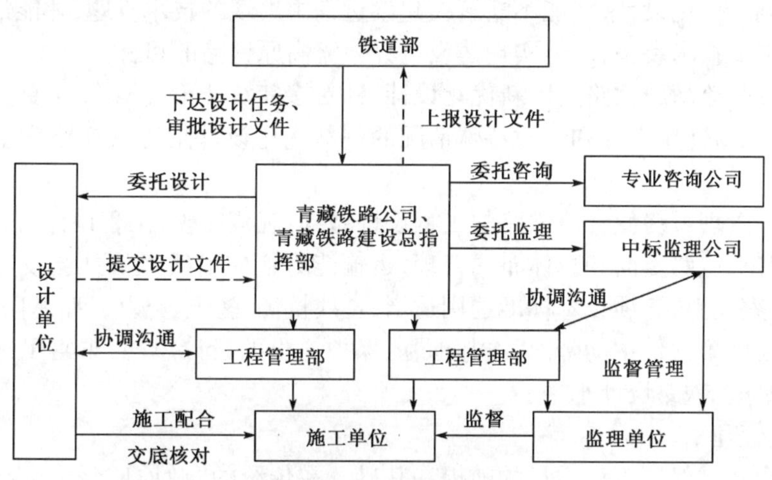

图 6-17 设计管理流程

为了保证工程质量,首先要有高质量的设计;控制投资必须贯彻强本减末的原则,优化设计方案;保证工期必须优化施工组织设计,及早针对控制工程采取有效措施;实现环境保护目标必须要有完善的环保设计,从选线、施工环境、动物通道、取弃土场等各个方面保护环境;设计还必须考虑施工期间和运营以后的健康保护和卫生管理工作,采取相应的保障措施。因此,与其他铁路建设相比,青藏铁路大大增加了设计的范围和内容,也增加了设计管理的难度。

青藏铁路建设面临三大难题,而攻克三大难题的过程是一个反复进行科研试验的过程,通过试验研究,有的设计方案要优化更改,有的工程措施要修正补强;还要考虑未来长远的气候变化,确保全球变暖时青藏铁路安全运营;特别是为了建成世界一流高原铁路,必须进一步优化线路条件,采用国内外先进成熟高可靠免维修的行车设备。这就要求建设单位和设计单位一起，不断优化设计。图6-18是青藏铁路设计管理中应用的四步优化管理程序图。

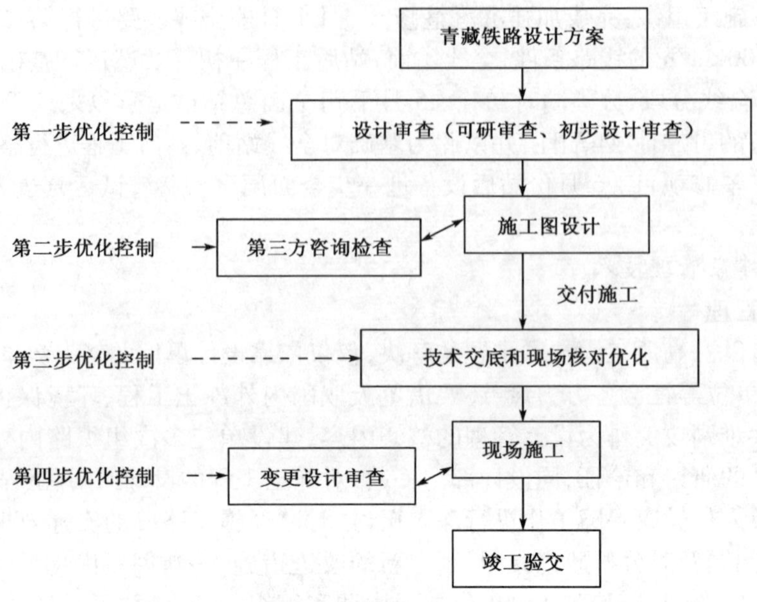

图6-18　四步优化控制管理设计程序图

通过不断创新优化设计，才能不断解决建设过程中出现的技术难题，才能消化吸收并成功应用国内外先进的技术装备，才能实现建设世界一流高原铁路的目标。

为建设世界一流高原铁路的创新优化设计、针对多年冻土和全球气候变暖的创新优化设计、应对地震的创新优化设计和针对特殊情况的创新优化设计是青藏铁路冻土区工程设计优化的主要内容。

成功的设计管理最终使青藏铁路的工程设计做到：规范完善，工程设计符合国家颁布的技术标准、设计规范；线路走向和总体布局合理；运输能力适应沿线经济社会发展和路网长远发展需要；地质勘察完整，各项技术标准选用适当，全线桥涵、隧道、路基及路基防护、环保设计科学合理。在冻土区确立了主动降温、冷却地基、保护冻土的设计思想，丰富了冻土工程设计理论，提升了高原冻土铁路设计水平。

6.2.2.2　质量管理

质量管理模式是保证工程质量的前提和基础。在传统的“政府监督、社会监理、参建各方主体负责”的工程质量保证体系的基础上，结合青藏铁路质量管理的特殊性，建设管理部门创建了“建设单位统一管理、使用单位提前介入、科研单位先行指导、设计单位优化配合、施工单位严格自控、监理单位认真核查、政府监督全面到位”的质量管理模式，为青藏铁路的质量管理提供了组织保证。图6-19为青藏铁路建设实施阶段的质量管理组织机构框图。建设单位通过研究和实际，建立了冻土工程质量技术标准。

青藏铁路的设计与施工在广泛借鉴和吸收国内外冻土工程理论研究和工程实践成功经验的基础上，确立了“主动降温、冷却地基、保护冻土”的设计思想，通过实践—认识—再实践—再认识，在多年冻土工程设计上实现了对冻土环境分析由静态转变为动态，对冻土保护由被动保温转变为主动降温，对冻土治理由单一措施转变为综合施治的“三大转变”。编制了青藏铁路多年冻土区勘察、设计、施工的暂行规定，并在实践中不断加以补充完善，提出了评价多年冻土热稳定性的地温分区和工程分类方法，考虑了全球气候变化可能带来的影响，突出了主动降温措施的动态应用，确定了冻土区桥涵基础形式和设计参数。这些理念的突破和质量技术标准的建立对保证青藏铁路的工程质量起到了积极的作用，并为高原冻土铁路建设质量管理积累了宝贵的技术经验，充分体现了中国高原冻土技术的最新水平。

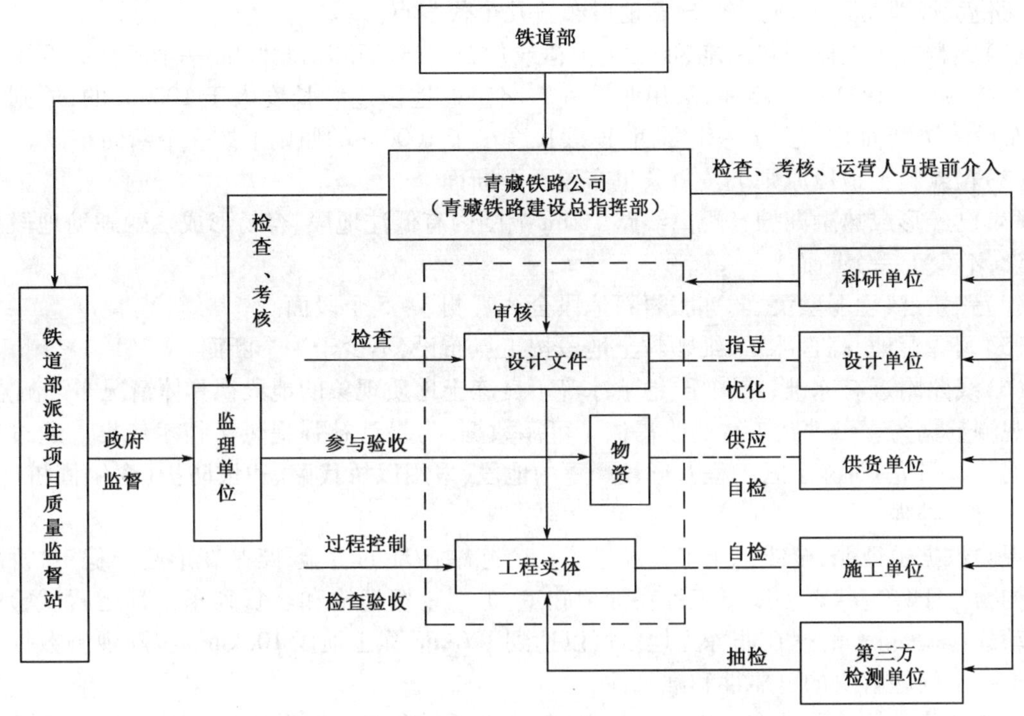

图 6-19　青藏铁路建设实施阶段工程质量管理组织关系图

青藏铁路建设创建了特殊环境下铁路建设质量管理新模式。青藏铁路的建设没有成熟的经验可以借鉴，面临“三大难题”的严峻挑战，其建设过程就是不断探索的过程，整个建设过程处于设计与施工交织进行、互为促进，科研与施工互为指导的特殊情况，特别需要各参建单位协调配合，共同推进，与一般铁路建设情况有很大不同。因此，青藏铁路公司和青藏总指挥部创建了“建设单位统一管理、使用单位提前介入、科研单位先行指导、设计单位优化配合、施工单位严格自控、监理单位认真核查、政府监督全面到位”的质量管理模式，参建各方各司其职、相互协作，形成建设单位统一管理下，以施工单位自控为基础、以科研设计单位的指导为配合、以监理单位的监督为约束、以政府全面监督为指导和制约的严密的质量管理体系，实践证明，这样的质量管理模式可以充分发挥参建各方的优势，对于保证过程质量起到了重要作用，为特殊环境下铁路建设及我国高速铁路建设质量管理积累了宝贵的经验借鉴。

在加强工程措施的基础上，2002 年建起了路基沉降观测系统。考虑到我们对冻土的研究和认识，尤其是对铁路工程和冻土之间的相互作用研究还很不够，必须以变形为切入点，对修建路基工程以后冻土的变化和路基工程的稳定性问题进行观测研究，及早发现问题，及早通过补强和变更加以改正。2002 年 9 月 15 日建设单位联合施工、设计、科研单位对青藏线多年冻土区路基开始进行变形观测，全面收集路基变形数据。

沉降工程系统以青藏铁路通过多年冻土区的大地貌单元及典型冻土特征为基础，结合工程情况计划将地温监测路基变形监测划分为若干个监控区段。即在昆仑山、楚玛尔河高平原、五道梁、北麓河、风火山、乌丽、沱沱河、开心岭、雁石坪、唐古拉山铁路垭口饱和湿地，头二九至安多，11 个区段，每个区段根据设计资料从监测路基变形角度确定若干典型监测地段。

在结合含冰量情况的基础上，原则上细颗粒土地段断面布设稍密，粗颗粒土地段断面布设稍密，路堑、浅埋弱融沉、弱冻胀岩石地段布置几个代表点。

(1)细颗粒土地段一般路基、加设土护道或片石护道的路基每 200m 一个断面并要求不同的路基结构至少保证一个断面；采用倾填片石路基的地段连续长度大于 1000m 的，原则上每公里布设一个断面并不少于一个断面；连续长度小于 1000m 的原则上按一个断面布设。

(2)粗颗粒土地段原则上按每公里布置一个断面。

(3)已经形成热融湖塘且距离线路 100m 范围内有低洼地段、容易形成热融湖塘地段按工点布设，不少于一个断面。

(4)路堑、浅埋弱融沉、弱冻胀岩石地段全线观测 3 ~ 5 个段面。

(5)沼泽湿地、高含冰量、细颗粒土地段按工点布设，不少于一个断面。

(6)线路附近有冻锥、冻胀丘、地下冰等不良冻土地质现象的地段视具体情况布设测点。

观测数据为青藏铁路工程验收提供了可靠数据，为设计补强提供了技术依据。通过对观测数据分析研究，对冻土区工程变形较严重的地段，采用以桥代路、边坡防护(含锚固桩等)等措施进行了补强。

观测数据也证明：全线冻土工程经过了几个冻融循环的考验，路基变形趋于稳定，桥隧涵等结构物处于稳定状态。线下工程在铺架施工、工程物资运输和客货列车工程运营试验中经受了动载检验，行车时速在非冻土地段可以达到 120km，冻土地段 100km。沉降观测数据证明了冻土技术问题解决的可靠性和准确性。

围绕新建青藏铁路及多年冻土的特点，还建立了一套冻土工程长期监测系统，观测系统围绕气温变化条件下冻土和冻土工程互动影响这一复杂的变化过程的主要影响因素气温，冻土变化体现形式—地温，工程表现形式—工程建筑物变形，进行建设和观测。系统观测的核心数据是冻土区典型地段的气温变化规律、修筑铁路前后冻土温度特征的变化，施工过程和运营期随着冻土温度特征变化的工程建筑物变形变化。

青藏铁路冻土工程长期观测系统包括冻土区典型地段和典型工程建筑物观测断面建设、典型气候分区内自动气象站建设、冻土区各类工程建筑物变形观测断面建设。

对冻土环境和冻土工程的系统监控，评估和预报工程与冻土稳定的发展过程，为及时采取必要的养护维修措施，保证青藏铁路的安全运营提供技术支持。

6.2.2.3　环境保护管理

冻土环境的保护是青藏铁路冻土区工程稳定性的前提条件，以冻土环境保护为核心的青藏铁路冻土区生态环境保护和环境保护的重要环节是管理技术。

1)冻土区环境保护的特殊性

青藏铁路冻土区环境保护的特殊性表现在以下五个方面：

(1)冻土环境的敏感性：冻土的热敏感性使冻土环境具有敏感特征，地表、植被、水土的变化都会引起多年冻土的变化，而多年冻土季节融化层的变化直接影响植被生态环境的恶化。

(2)地理位置的特别性：青藏高原是世界气候的调节器，我国和南亚地区的“江河源”。江河流域与高原内部水热条件的差异，形成了由高寒河谷灌丛、高寒草甸、高寒草原、高寒荒漠组成的高寒生态系统，在这些生态系统组成的水平地带系列中还间或分布有一定面积的沼泽植被、垫状植被，又有高寒草原、高寒草甸、冰雪带等垂直带系列。自东南向西北呈现的高寒灌丛、高寒草甸、高寒草原、高寒荒漠渐次更替的自然景观的多样性。其中的高寒草原分布最广，它至今还基本保持着原始的自然演变过程。

(3)生态环境的脆弱性：严酷的气候条件使生态系统中物质循环和能量的转换过程缓慢，致使高原生态环境十分脆弱。植被一旦破坏很难恢复，而且将加速冻土融化、土地沙化以及水土流失等。沿线大量分布的湿地，是地球上具有多功能的、独特的生态系统，这一系统既是天然蓄水库，在补充地下水、调节气候、维持河川径流的平衡、蓄洪防灾、净化水质等方面起着重要作用，也是蕴藏丰富的生物资源和生物多样性的摇篮及物种基因库，在维护生态平衡、降解环境污染等方面具有重要作用。

(4)珍稀物种丰富：珍稀特有动物物种多，如哺乳动物中的特有种有 11 种，占总种数的 68.7%；鸟类科特有种 7 种，占总种数的 23%。其中的藏羚、藏野驴、黑颈鹤等属国家保护的珍稀、濒危种类。这些珍稀特有动物原来生境的连续性、自由迁徙活动以及基因的正常交流等，因修筑铁路而有可能被破坏。

(5)生态环境的不可逆转性：青藏铁路沿线生态环境具有极强的不可逆转性，使青藏高原成为世界上仅有的独特生态系统和世界山地生物物种一个重要的起源和分化中心，并被称为全球重要的“生态源”。世界自然基金会(WWF)特别看重青藏高原的特殊生态价值和科学研究价值，将其列为全球生物多样性保护最优先的地区。我国也相应地将青藏高原列为国家生物多样性保护行动计划优先保护的区域。

2)冻土区环境保护管理技术关键

在青藏高原这种高寒、原始、独特、敏感、极其脆弱的冻土环境和生态环境下建设青藏铁路，环境变化管理技术的关键在于以下几个方面。

(1)自然保护区保护问题

为保护青藏高原独特的高原高寒生态系统，我国建立了可可西里、三江源、色林错等国家级自然保护区。青藏铁路将对自然保护区生态环境产生切割影响。如何把建设对自然保护区的影响降到最低，是设计、施工和建设管理面临的技术难题。

(2)野生动物保护问题

青藏高原复杂多样的生态环境，为各种高原动物提供了繁衍生息的有利条件，虽然高原动物物种少，但珍稀特有动物物种多，种群数量大。如何保护野生动物生存的生态环境不受影响，是青藏铁路建设环境保护的重要内容。特别是南北走向的铁路可能阻隔东西方向的野生动物迁徙路径，如何设置野生动物通道是青藏铁路建设管理面临的全新课题。

(3)植被和自然景观保护问题

青藏高原自然景观和旅游名胜玉珠峰、错那湖，雁石坪、唐古拉山南坡喀斯特岩溶地貌的天然神奇，沿线植被环境和自然景观的保护成为技术管理技术难题。

(4)江湖水源保护问题

青藏高原是中国和南亚地区的“江河源”、高原湖泊星罗棋布。青藏铁路跨越柴达木内陆河、长江、扎加藏布内河及怒江、雅鲁藏布江等五大水系，线路沿错那湖岸边穿行 20 多公里。江湖水源水质保护也是关键难题之一。

(5)冻土环境保护问题

青藏高原冻土具有温度高、厚度薄和敏感性强的特点。青藏铁路穿越从昆仑山北麓至安多长达 550km 的连续多年冻土区，其中，高温不稳定性和高温极不稳定性冻土地段长度为

210km;多冰、富冰、饱冰冻土和含土冰层路段长达300km,占多年冻土区总长度的一半以上。另有岛状冻土、深季节冻土分布。铁路的修建会对多年冻土环境产生影响。多年冻土环境变化,将导致高温冻土区的冻土退化,高含冰量冻土地段地表破坏,导致发生热融沉陷等问题。保护冻土环境是建设青藏铁路的关键所在。

(6)水土保持问题

唐古拉山以北大部分路段植被稀疏,荒漠化严重,而且在长期低温环境下生长的高寒植物和地表植被,一旦破坏,很难恢复,具有不可逆转性,并会加速冻土融化,引起土壤沙化和水土流失。必须采取切实可行措施,搞好工程防护。唐古拉山以南湿地发育。线路经过湿地,既要确保工程稳定可靠,又要保持湿地水源的联通性,防止湿地萎缩。

3)青藏铁路冻土区环境保护目标

青藏铁路环境保护的总体目标为:确保多年冻土环境得到有效保护,江河源水质不受污染,野生动物迁徙不受影响,铁路两侧自然景观不受破坏,努力建设具有高原特色的生态环保型铁路,并把"努力将铁路建设对高原生态环境的影响控制在最低,确保高原生态系统在人为干扰后的自我修复功能不受破坏,维持高原生态的自我平衡状态、促进人和自然的协调发展、生态平衡和区域经济的全面协调发展"作为青藏铁路建设环保管理工作的主要目标。

首次,在国内铁路建设中推行环保监理制度,并构筑了由青藏铁路公司(青藏总指挥部)统一组织领导,施工单位具体落实并承担责任,工程监理单位负责施工过程环保工作日常监理,环保监理单位对施工单位和工程监理单位的环保工作质量实施全面监控的并被实践证明为行之有效的"四位一体"的环保管理模式(图6-20)。贯彻"预防为主、保护优先、开发与保护并重"的环保工作原则,推行"生态环保与工程质量并重"、"管理措施与技术措施并行"的建设管理思路,坚持依法环保、科技环保、全员环保,收到了良好效果。

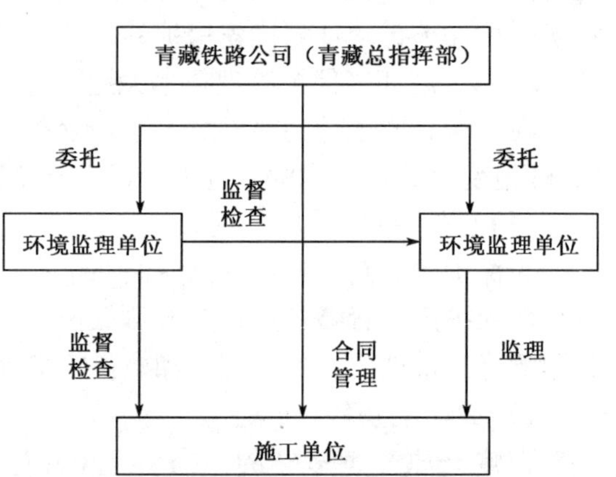

图6-20　青藏铁路的环境保护管理组织框图

4)冻土区环境保护管理措施

组织环保科研力量,与建设、设计、施工单位一起开展环保科研攻关和环保工艺创新。从青藏铁路建设立项开始,对沿线自然保护区、珍稀野生动物、生物多样性和多年冻土环境现状进行了8次大规模现场调研、踏勘和采样。设计阶段开展了青藏铁路格尔木—拉萨段"环境影响评价总体设想"、"主要环境敏感问题"和"设计、施工期的环境保护方案"等6个专题的科学研究,编制了"青藏铁路格拉段自然保护区野生动物专题报告"。施工阶段开展了"野生动物通道适应性以及通道功能评价"、"铁路隔离带对野生动物生存环境选择和遗传多样性的影响"、"青藏铁路高寒植被恢复与再造试验"等课题研究。大力开展环保工艺创新,总结推广路基边坡、水沟和取土场植草等先进工法。用取得的大量科研试验成果指导青藏铁路建设的环保设计和施工,在攻克"生态脆弱"难题中起到了重大作用。

环保工程设计把对生态环境的影响降到最低程度作为前提,采用冷却地基的工程措施保护冻土环境,优化线路设计避开野生动物栖息、活动的重点区域,减缓对保护区的切割,减少对自然保护区的干扰。对动物通道形式进行优化设计,最大限度地保证铁路沿线野生动物的正常活动。对全线295处取弃土场和砂石料场逐个进行现场核对和优化设计以保护沿线自然景观,共优化238处。进行专项环保设计,专门编制了江河源、错那湖和拉萨河大桥等重点路段施工专项环保设计篇章。优化沿线车站站房设计,努力做到一站一景,使沿线车站成为新的景观。

依靠科学研究突破生态环境保护难题,特别应用桥梁的设计和建设保证铁路两边生态环境的连续性,将保护区内以及保护区与周边地区之间进行充分的联通,使保护区仍然成为一个有机的整体。在通过自然保护区的试验区时增加了"以桥代路"工程的设计和建设,使保护区与实验区之间的廊道数量有所增加,保证了保护区内物种的连通性,使隔离在铁路两边的物种仍保持流通、觅食和栖息等。

将可可西里和三江源保护区段的施工营地、砂石料场等临时工程,严格控制在线路两侧2km范围内;在错那湖路段采取了控制爆破措施,增设了20km砂袋挡墙,优化了砂石料场的位置,保护了自然保护区的功能完整。

依据不同的生态系统类型、地形地貌,考虑野生动物的种类、数量、分布规律、生活习性,充分利用铁路通过区域的地形、地貌,将通道设置在野生动物迁徙、饮水、觅食活动所经过的路段上或附近,尽可能利用铁路工程补充野生动物通道的设置。

为了很好的保护高寒植被,对临时设施的设置进行了严格控制,在施工准备阶段,组织对施工单位提出的各类施工场地、施工便道和施工营地进行现场核对和优化,划定了用地范围,明确了用地数量,严格划定施工范围和人员、车辆行走路线,防止对施工范围之外区域的植被造成碾压破坏。临时设施的设置尽可能利用了沿线公路废弃便道、场地、道班以及乡村道路等,有效减少施工对高原植被生态的破坏。针对青藏高原植被很难人工恢复的技术难题,在沿线沱沱河、安多、当雄等(海拔4500m以上)地段,开展了高寒草原、草甸地区草种直播、草皮移植、植被自然演替恢复等人工再造与恢复试验研究。通过研究,筛选出了适宜高寒草甸地区植被再造的草种和草皮移植工艺,开创了世界高原、高寒地区人工植草成功先例。施工中,对高寒草原、草甸地段的路基基底、取土场、桥梁施工场地表土和植被均采取了异地移植和保存,对安多以南路基坡面和取土场采取了植被人工恢复措施。

为落实江湖水源保护,在桥梁施工中采取旋挖钻干法作业,设置泥浆沉淀池减少泥浆对江河水源的污染;施工营地生活污水经沉淀处理分别利用;生活垃圾分类处理等,防止工程建设过程污水对江湖水源的污染。

冻土工程的设计目的是由冻土区工程的建设管理通过施工组织具体实现的,青藏铁路冻土工程施工和建设管理技术应该作为冻土区不可或缺的独立学科进行研究。

冻土工程设计的指导思想是"冷却地基,减少对多年冻土的热扰动",建设管理技术的核心也是紧紧围绕这个指导思想和技术路线进行施工组织设计和设计、质量、环境管理,这是冻土区工程成功建设和安全运营的技术保证。

6.2.3 青藏铁路冻土工程建设管理启示

冻土工程设计目的是由冻土区工程的建设管理通过施工组织具体实现的,青藏铁路冻土工程施工和建设管理技术应该作为冻土区不可或缺的独立学科进行研究。

铁路工程的建设管理工作一般包括组织施工、执行设计文件、协调施工和设计和保证工程质量和投资计划四个组成部分,其核心是严格执行设计和保证工程质量,冻土工程建设的管理工作的特殊性在于要在总体技术指导思想和建设管理过程每一个环节与冻土工程设计的指导思想“冷却地基,减少对多年冻土的热扰动”保持高度一致。

冻土区工程建设是一个庞大的系统工程,它是由科学研究、工程勘察和工程设计、工程施工、工程监理和工程建设管理五个密切相关的部分组成,这五个组成部分的统一指导思想就是“冷却地基,减少对多年冻土的热扰动”,冻土工程建设管理是这个系统工程链条的最后一部分,也是一条生产线的总成部分。

如果说青藏铁路冻土区工程建设的成功,科学研究提供了成功的理论基础,工程设计提供了成功的技术保证的话,那么建设管理工作则是提供了成功的平台。

青藏铁路冻土区建设管理技术是冻土技术难题的重要组成部分,建设管理工作也是解决冻土技术难题的重要环节。

参考文献

[1] 韩文峰.第三届全国环境工程地质学术研讨会论文集[M].兰州:甘肃民族出版社,1995.

[2] 胡广韬.关于环境工程地质学的研究对象与其基本内容[J].水文地质工程地质, 1992,19(6):34-36.

[3] 陆森,马促文,等.环境评价[M].上海:同济大学出版社,1990.

[4] 刘传正.环境工程地质学导论[M].北京:科学出版社,1995.

[5] 谢德荣.环境工程地质[M].西安:陕西人民教育出版社.

[6] 王华东,薛纪瑜,等.环境影响评价[M].北京:高等教育出版社,1989.

[7] 王绍令.冻土退化与青藏高原冻土环境问题探讨[C].第五届全国冰川冻土学大会.

[8] 童长江,王国尚,吴青柏.我国寒区环境工程地质研究现状和任务[C]//第五届全国冰川冻土学大会论文集(下).甘肃文化出版社,1996:863-876.

[9] 吴青柏,刘永智,童长江,等.寒区冻土环境与工程环境间的相互作用[J].工程地质学报,2000,Vol.8(3):281-287.

[10] 周幼吾,程国栋,郭东信,等.冻土环境研究现状及任务[C]//第四届全国冰川冻土学术会议论文选集(冻土学).科学出版社,1990:171-176.

[11] 王志坚,张鲁新.青藏铁路建设过程中的冻土环境问题[J].冰川冻土,2002,24(5):588-592.

[12] 张鲁新.青藏铁路高原冻土区冻土及环境保护基础[M].青藏铁路高原多年冻土区施工技术基础培训教材,2002.

[13] 吴青柏,朱元林,施斌.工程活动下的冻土环境研究[J].冰川冻土,2001,Vol.23(2):200-207.

[14] 王思敬,戴福初.环境工程地质评价、预测与对策分析[J].地质灾害与环境保护,1997,Vol.8(1):27-34.

[15] 吴青柏,施斌.论青藏铁路修筑中的冻土环境保护问题[J].水文地质工程地质,2002,No4:14-20.

[16] 李相然,胡广韬.试论环境工程地质学的科学性质与学科发展[J].环境科学进展,1999,Vol.7(6):116-121.

[17] 林宗元.环境工程地质学的兴起与发展[J].勘察科学技术,1990,No2:32-35.

[18] 黄润秋,张倬元,王士天.当前环境工程地质领域的几个主要问题及研究对策[J].工程地质学报,1996,Vol.4(3):10-16.

[19] 中国科学院寒区旱区环境与工程研究所.中国科学院知识创新工程重大课题“青藏铁路工程与多年冻土相互作用及其环境效应”年度科学报告[R].兰州,2002.

[20] 王绍令,赵秀峰,郭东信,等.青藏高原冻土对气候变化的响应[J].冰川冻土, 1996,18(增刊):157-165.

[21] 王绍令.近数十年来青藏公路沿线多年冻土变化[J].干旱区地理,1993,16(1):1-7.

[22] 周幼吾,郭东信,邱国庆,等. 中国冻土[M]. 北京:科学出版社.2002.

[23] 秦大河,等. 中国气候与环境演变(上、下卷)[M]. 北京:科学出版社,2005.

[24] 秦大河,等. 中国西部环境演变评估(四卷本)[M]. 北京:科学出版社,2002.

[25] 金会军,李述训,等.气候变化对中国多年冻土和寒区环境的影响[J].地理学报,2000,55(2).

[26] 黄小铭.青藏高原多年冻土地区路堤人为上限的规律[R]//铁科院西北分院研究成果报告,1979.

[27] 黄小铭,张鲁新.青藏铁路高原冻土区地温变化对路基稳定性的影响[R]//铁道部科学研究院研究报告,1999.

[28] 黄小铭,舒道德.厚层地下冰地段路堑的设计与施工[C]//第二届全国冻土学术会议论文选集.兰州:甘肃人民出版社,1983,385-390.

[29] 黄小铭.青藏高原多年冻土地区铁路路堤临界高度的确定[C]//第二届全国冻土学术会议论文选集.兰州:甘肃人民出版社,1983.

[30] 铁科院西北分院.国外多年冻土地区的路基及建筑物基础[M].1978.

[31] 赫贵生,张鲁新,李东庆,等.青藏高原风火山地区气温变化和铁路试验路基热稳定性分析[J].冰川冻土,2000,22(增刊).

[32] 李小和,张鲁新,张先军.厚层地下冰地段桥梁钻孔灌注桩基础试验研究综述[J].铁道标准设计,2002,No12:28-31.

[33] 吴少海.青藏铁路多年冻土区涵洞类型选择及基础埋置深度[J].中国铁路,2002,No12:38-41.

[34] 原思成,张先军,张鲁新,等.青藏铁路多年冻土区现浇混凝土涵洞基础水化热对路基热状况影响[C]//2002 年全国岩石力学与工程学论文集.

[35] 张先军,林传年,张俊兵.昆仑山隧道围岩冻融状况数值分析[J].岩石力学与工程学报,2003,Vol.22(增2):2643-2646.

[36] 张先军.青藏铁路昆仑山隧洞内气温及地温分布特征现场试验研究[J].岩石力学与工程学报,2005, Vol.24(6):1086-1089.

[37] 马宗龙,王子元.青藏高原多年冻土地区的几种房屋基础[C]//第二届全国冰川冻土学大会论文集.甘肃文化出版社,1983.

[38] 铁道部科学技术司.青藏铁路多年冻土科研成果汇编[M]. 2002.

[39] 牛富俊,张鲁新,俞祁浩,等,青藏高原多年冻土区斜坡类型及典型斜坡稳定性研究[J].冰川冻土,2002,Vol.24(5):608-613.

[40] 程国栋,何平.多年冻土地区线性工程建设[J].冰川冻土,2001,23(3):213-217.

[41] 程国栋. 用冷却路基的方法修建青藏铁路[J].中国铁道科学,2003,24(3):1-4.

[42] 程国栋. 局地因素对多年冻土分布的影响及其对青藏铁路设计的启示[J].中国科学(D辑),2003,33(6).

[43] H.A.崔托维奇.冻土上的地基与基础[M]. 北京:中国工业出版社,1978.

[44] 铁道部第三勘测设计院.冻土工程[M]. 北京:中国铁道出版社,1994.

[45] 令锋.青藏铁路格尔木-拉萨段冻土路基热状况变化趋势的数值分析[R]//中国铁道科学研究院博士后研究工作报告,2003.

[46] 李述训,程国栋,郭东信. 气候持续变暖条件下青藏高原多年冻土热状况变化特征的数值模拟[J]. 中国科学(D辑),1996,39(4):434-441.

[47] 吴少海.青藏铁路多年冻土区桥梁设计特点[J].中国铁路,2002(9):35-37.

[48] 章金钊. 高原多年冻土地区桥涵设计与施工研究[J]. 中国铁道科学,2001,22(4):40-46.

[49] 张乐群. 青藏铁路多年冻土区桩基础的设计与施工[J]. 铁道建筑技术,2003(增):83-85.

[50] 叶尔绍夫. 工程冻土学(冻土学原理第五卷)[M]. 张长庆,译. 兰州:中国科学院寒区旱区环境与工程研究所,2002.

[51] 冯文杰,马巍,张鲁新,等. 遮阳棚在寒区道路工程中的应用研究[J]. 岩土工程学报,2003,25(5):567-570.

[52] 吴紫汪,等,冻土路基工程[M]. 兰州大学出版社,1996.

[53] 冯文杰,马巍,张鲁新,等. 碎块石护坡在寒区道路工程中的应用[J]. 冰川冻土,2003,25(6):632-637.

[54] 崔托维奇. 冻土力学[M]. 张长庆,等译. 北京:科学出版社,1985.

[55] 吴紫汪,程国栋,朱林楠. 冻土路基工程[M]. 兰州:兰州大学出版社,1988.

[56] 黄小铭. 论高原冻土区铁路路基的设计原则及其应用[J]. 中国铁道科学. 22(1):23-31.

[57] 张鲁新,原思成,杨永平. 青藏铁路多年冻土区路基工程变形裂缝发生机理及其防治[J]. 第四纪研究,2003,23(6).

[58] 吴志坚. 青藏铁路冻土区路基稳定性研究[D]. 中国科学院博士论文,2005.

[59] 张鲁新. 青藏铁路高原冻土区地温变化规律及其对路基稳定性影响[J]. 中国铁道科学,21(1):37-47.

[60] 丁靖康,赫贵生. 年平均气温临界值-设计青藏高原多年冻土区路堤临界高度的一个重要因素[J]. 冰川冻土,2000,22(4):333-339.

[61] 李栋梁,钟海玲,吴青柏,等. 青藏高原地表温度的变化分析[J]. 高原气象,2005,24(3):291-298.

[62] 潘卫东,余绍水,贾海锋,等. 青藏铁路沿线多年冻土区地温场变化规律[J]. 冰川冻土,2002,24(6):774-779.

[63] 潘卫东,王全才,余绍水,等. 青藏铁路沿线多年冻土地温变化及工程地址特征响应研究[J]. 中国科学(E辑),33(增刊):69-78.

[64] 吴青柏,董献付,刘永智. 青藏公路沿线多年冻土对气候变化和工程影响的响应分析[J]. 冰川冻土,2005,27(1):50-54. .

[65] Dongqing Li,Ziwang Wu etal. Heat Stability Analysis of Embankment on the Degrading Permafrost district in the East of Tibetan Plateau[J]. Cold Regions Science and Technology,1998.

[66] 冯文杰,李东庆,马巍,等. 不同边界条件下对多年冻土上限影响的模型试验研究[J]. 冰川冻土,2001,23(4).

[67] 赖远明,张鲁新,张淑娟,等. 气候变暖条件下青藏铁路抛石路基的降温效果[J]. 科学通报, 2003,48(3),292-297.

[68] 赖远明,张鲁新,张淑娟,等. 利用抛石护坡调节冻土路基阴阳坡的温度分布[J]. 岩石力学与工程学报, 2004,23(24):4212-4220.

[69] 米隆,赖远明,张克华. 冻土通风路基温度场的三维非线性分析[J]. 冰川冻土,24(6),2002.

[70] 李述训, 程国栋. 冻融土中的水热运输问题[M]. 兰州:兰州大学出版社,1995.

[71] 李述训.气候持续变暖条件下青藏高原多年冻土热状况变化特征近似分析[C]//第五届全国冰川冻土学大会论文集(上).兰州:甘肃文化出版社.

[72] 李述训,程国栋.气候变暖条件下青藏高原高温冻土热状况变化趋势的数值模拟[J].冰川冻土,1996,18(增刊).

[73] 马巍,余绍水,吴青柏,等.青藏高原多年冻土区冷却路基技术现场实效监测研究[J].岩石力学与工程学报.2006,25(3):563-571.

[74] 盛煜,张鲁新,杨成松,等.保温处理措施在多年冻土区道路工程中的应用[J].冰川冻土,2002,24(5):618-622.

[75] 青藏铁路昆仑山碎都渗漏水治理研讨会汇报材料[C].铁道第一勘察设计院青藏铁路指挥部,2003.

[76] 吴青柏,赵世运,马巍,等.青藏铁路块石路基结构的冷却效果监测分析[J].岩土工程学报,2005,27(12):1386-1390.

[77] Y.-M. Lai, Z. Wu, Y, Zhu, et al. Nonlinear analysis for the coupled problem of temperature and seepage fields in cold regions tunnels[J]. Cold Regions Science and Technology, 1999, 29: 89-96.

[78] Xuefu Zhang, Yuanming Lai, et al. Non-Linear analysis for the freezing-thawing situation of the rock surrounding the tunnel in cold regions under the conditions of different construction seasons, initial temperatures and insulations[J]. Tunnelling and Underground Space Technology, 2002, 17:315-325.

[79] Yuanming Lai, Jianjun Li, Fujun Niu, et al. Nonlinear thermal analysis for Qing-Tibet Railway Embankments in Cold Regions[J]. Cold Regions Engineering, ASCE, 2003.

[80] 李宁,陈波,陈飞熊,等.寒区复合地基的温度场、水分场与变形场三场耦合模型[J].冰川冻土,2002(2).

[81] 李东庆,吴紫汪,等.多年冻土退化的数值模拟计算[C]//第五届全国冰川冻土学大会论文集(下册).兰州:甘肃文化出版社,1999.

[82] 李东庆.青海省214国道(青康公路)多年冻土退化与路基稳定性分析研究[D].中国科学院寒区与环境工程研究所,1999.

[83] 王补宣.工程传质传热学(上、下册)[M].北京:科学出版社,1982.

[84] 库德里雅采夫.工程地质研究中的冻土预报原理[M].郭东信,马世敏,丁德文,刘经仁,译.兰州大学出版社,1992.

[85] 何平,程国栋,俞祁浩,等.饱和正冻土中的水、热、力场耦合模型[J].冰川冻土,2000,22(2).

[86] 安维东,陈肖柏,吴紫汪.冻土的温度、水分、应力及其相互作用[M].兰州:兰州大学出版社,1989.

[87] 孔祥谦.有限单元法在传热学中的应用[M].北京:科学出版社,1998.

[88] 郭宽良.计算传热学[M].北京:中国科学技术大学出版社,1989.

[89] 中华人民共和国铁道部标准.青藏铁路高原多年冻土区工程设计暂行规定(2003年局部修订版)[S].北京:中华人民共和国铁道部,2003.

[90] 中华人民共和国铁道部标准.青藏铁路高原多年冻土区工程勘察暂行规定(试行)[S].北京:中华人民共和国铁道部,2001.

[91] 中华人民共和国铁道部标准. 青藏铁路高原多年冻土区工程施工暂行规定(2003 年局部修订版)[S]. 北京:中华人民共和国铁道部,2003.

[92] 铁道第一勘察设计院. 新建铁路青藏线格尔木至拉萨段(西大滩至安多多年冻土区)综合地质报告[R]. 2001.

[93] 铁道第一勘察设计院、中铁西北科学研究院. 路基新结构热棒路基试验研究[R]//青藏铁路多年冻土区路桥涵关键技术的研究阶段成果报告,2004.

[94] 铁道第一勘察设计院、中铁西北科学研究院. 路基新结构片石通风路堤试验研究[R]//青藏铁路多年冻土区路桥涵关键技术的研究阶段成果报告,2004.

[95] 铁道第一勘察设计院、中铁西北科学研究院. 路基新结构通风管路堤试验研究[R]//青藏铁路多年冻土区路桥涵关键技术的研究阶段成果报告,2004.

[96] 铁道第一勘察设计院、西南交大、铁道建筑研究设计院、中科院寒区旱区环境与工程研究所. 路基新结构保温材料试验研究[R]//青藏铁路多年冻土区路桥涵关键技术的研究阶段成果报告,2004.

[97] 青藏铁路建设总指挥部. 青藏铁路多年冻土区桥梁钻孔灌注桩基础未回冻试验研究成果总报告[R]. 兰州交通大学,2005. 3.

[98] 青藏铁路建设总指挥部. 青藏铁路冻土区以桥代路段桩基础及地温场的稳定性及其对冻土环境的影响研究[R]. 兰州交通大学,2004. 8.

[99] 张鲁新,吴亚平. 青藏铁路冻土地区混凝土灌注桩桩周地基土回冻时间和承载力形成规律—系列研究报告[R]. 2002,8.

[100] 曹玉新. 青藏铁路五道梁地区片石气冷路基工程效果研究[D]. 北京交通大学博士论文,2007.

[101] 程红彬. 青藏铁路冻土区低温热管应用技术研究[D]. 中国科学院博士论文,2007.

[102] 刘端. 青藏铁路格尔木至拉萨段施工组织设计及其关键技术研究[D]. 中国科学院博士论文,2008.

[103] 韩利民. 青藏铁路唐古拉山区冻土低路堤工程热稳定性研究[D]. 北京交通大学博士论文,2008.

[104] 况成明. 青藏铁路风火山隧道信息化施工关键技术研究[D]. 中国科学院博士论文,2007.

[105] 李建军. 青藏铁路冻土区路基病害分析和整治技术研究[D]. 中国科学院博士论文,2006.

[106] 李永强. 青藏铁路运营期多年冻土区路基工程状态研究[D]. 兰州大学博士论文,2008.

[107] 刘登科. 青藏铁路沱沱河盆地冻土工程补强理论的研究和实践[D]. 中国科学院博士论文,2006.

[108] 余绍水. 青藏铁路高温冻土区“以桥代路”应用技术研究[D]. 中国科学院博士论文,2005.

[109] 刘建坤. 多年冻土地区路堤路堑过渡段试验研究[R]//青藏铁路试验工程研究报告,2005.

[110] 青藏铁路公司. 青藏铁路技术总结——管理篇(初稿).

[111] 张鲁新. 青藏铁路冻土技术的研究——路基的调查监测与整治措施的研究(铁道部科技司科技开发研究项目(2003G021—A 研究报告)[R].

[112] 张鲁新.试验段路基变形和地温数据分析及开展多年冻土路基科研工作的意见[R].2002.
[113] 张鲁新.青藏铁路建设设计和施工过程对冻土问题认识的回顾与思考[R]//.咨询报告,2003.
[114] 张鲁新.青藏铁路冻土区工程变形分析[R]//咨询报告,2004.
[115] 张鲁新.冻土区路基变形和路基地温场综合分析[R]//咨询报告,2005.
[116] 张鲁新.青藏铁路冻土区工程长期观测系统建设总报告[R].2006.

冻土环境和冻土工程图片

风火山冻土定位观测站

中铁西北科学研究院沿线冻土地温观测场

风火山试验路基

风火山试验路基周围地形地貌

1997 年风火山遮挡式路基试验

1997 年碎石护坡试验

2001 年 2 月青藏铁路开工建设前楚玛尔河高平原冰椎发育

广泛发育的不良冻土现象热融湖塘

公路路基修建引发的不良冻土现象

集中规划的砂石料场

集中取土场

北麓河通风管路基施工

北麓河厚层地下冰路堑挖出的冰晶体

多年冻土北界路基

昆仑山隧道内

北麓河路堑试验段

楚玛尔河成型路基

路堤填筑阻隔引起的水热环境变化

灌注桩承载力试验

清水河“以桥代路”特大桥施工

工程环境变化引发的沙害

路基工程裂缝初期

路基裂缝发展

路基坡脚处的热融洼地积水结冰

路基阻挡地表水的径流途径

公路和铁路距离最近处工程活动造成热融洼地

保温板路基施工

安多热棒路基试验段

热棒片石复合路基

开心岭试验段热棒路基

唐古拉山区遮挡式路基

挡水埝(后来拆除)和路基之间形成积水

唐古拉山垭口铁路

冻土工程长期观测系统控制中心

青藏铁路开通运营期间冻土南界错那湖车站

后　　记

中国地形图西南部那些棕红色的区域所标志的海拔 4000m 以上的青藏高原，空气稀薄暴风雪肆虐的唐古拉山口，蓝天白云下高原上浮动的牦牛和羊群，充满宗教氛围的藏北藏南，总是给人们带来无尽的遐想。沉睡在地下晶莹透明的冰层和坚硬的冻土，和中国版图上大片的铁路空白同样刺激着冻土科学工作者和铁路建设者的心脏，一代又一代科学研究人员和铁路建设者承载着一种期望，为填补这大片的空白，前赴后继，艰苦卓绝，用数十年的努力，使青藏铁路通车运营在 2006 年成为现实。

本书作者们正是实现青藏铁路建设梦想的科学研究人员和铁路建设者的普通一员，我们有幸在这一伟大工程建设进程中分别参与了不同阶段的青藏铁路地质勘察、科学研究、设计施工和建设管理工作，在长期科学研究和工程建设实践活动中，承载着希冀，借鉴着既往，探索着发展，对青藏铁路的冻土工程问题不断进行着学习、思考、实践，在青藏铁路已经通车运营五年的今天，写出这本浅见拙书，与各位同仁共同回顾、思考和共勉。

作者没有遵从一般著书论述的通路，剖析青藏铁路冻土工程的理论基础和实践验证，而是试图按照建设进程，遵从发现问题、提出思路、理论剖析、工程验证、预测评判的认识方法，写出《青藏铁路冻土环境和冻土工程》这本书。

本书对青藏铁路多年冻土及冻土工程的认识基础在于：

(1)青藏铁路的多年冻土是自然界能量交换和能量平衡过程的综合地质体系，青藏铁路冻土工程是人类活动改变了原有的能量交换和能量平衡过程的综合工程体系。

(2)青藏铁路所处的青藏高原多年冻土地区的环境气候条件就是上述能量交换和能量平衡过程的基本能量来源，多年冻土和冻土工程结构物则是这种过程的载体和介质。

作者从以上认识出发，认为青藏铁路建设的不同阶段的冻土工程研究可以分为：

(1)能量基础条件研究，主要包括高原多年冻土区环境气候条件和气候冻结融化能力及变化趋势研究。

(2)能量转换过程研究，重点在于天然条件下和工程结构物条件下土体冻结融化过程及影响因素研究。

(3)能量交换和平衡过程载体研究，主要是指天然条件下及工程条件下土体热学和力学基本性质研究。

(4)能量平衡过程结果研究，主要指天然条件下多年冻土最大融化深度及其变化和工程条件下最大融化深度变化研究，以及伴随这些变化所表现的不同部位温度分布。

(5)能量变化趋势及影响研究，主要指能量来源的基础，也即环境气候条件变化趋势及其对上述条件和过程变化的影响和变化趋势研究。

作者书中涉及的一切都应该看作是所有青藏铁路建设者和科学研究人员的共同财富，多年冻土研究，尤其是青藏铁路的多年冻土研究，离开集体是一无所成的。

作者在成书过程中，得到中铁西北科学研究院各位领导和同事的支持，在此略表谢意。

作　者

2011 年 5 月